L'Officiel des prénoms

Stéphanie Rapoport et Claire Tabarly Perrin

2021

FIRST
ÉDITIONS

ISBN : 978-2-412-06030-8
Dépôt légal : septembre 2020
Imprimé en Espagne

Correction : Natacha Kotchetkova
Mise en page : Ma petite FaB - Laurent Grolleau
Illustrations : Anne-Laure Varoutsikos

Éditions First
92, avenue de France, 75 013 Paris
Tél. : 01 44 16 09 00
Fax : 01 44 16 09 01
E-mail : firstinfo@efirst.com
Site Internet : www.editionsfirst.fr

Sommaire

Prénoms féminins

Les encadrés thématiques

Prénoms féminins

Les focus prénoms

Prénoms masculins

Les encadrés thématiques

Prénoms masculins

Les focus prénoms

Introduction

Le choix du prénom d'un enfant est l'une des premières grandes responsabilités que doivent assumer les parents. Ceux-ci le font souvent avec enthousiasme, mais non sans mal… Et pour cause ! Jamais le prénom n'a été autant utilisé pour désigner l'individu, qu'il soit à l'école, au travail, ou dans un cadre plus privé. Le prénom, plus que le nom, est désormais l'élément central de notre identité. Le choix des parents n'en est que plus décisif. Or, dans le même temps, le stock des prénoms recensés n'a jamais été aussi vaste : le répertoire national compte **vingt fois plus** de prénoms aujourd'hui qu'il y a un siècle. Les parents ont littéralement… l'embarras du choix !

Plus de 12 000 prénoms réellement portés en France

Depuis 18 ans, *L'Officiel des prénoms* propose une sélection de plus de 12 000 prénoms réellement portés en France, mis à jour chaque année d'après les chiffres de l'Insee, afin d'offrir des données objectives aux parents. Quelques prénoms sont susceptibles d'être encore inédits (ou très peu portés) en France ; ils sont alors signalés par les pictos  - de 30 (- de 100) Français ou  - de 30 (- de 100) Françaises.

Dans leur grande majorité, ces prénoms sont d'origine latine, sémitique (hébraïque et arabe), germanique ou grecque, sans oublier les prénoms régionaux, basques, bretons et corses, très en vogue actuellement. Cet ensemble constitue la base de la grande famille des prénoms « français ». Mais, avec l'assouplissement de la législation de 1993, une nouvelle génération de prénoms est apparue, engendrant des sonorités venues du monde entier. On voit aujourd'hui fleurir dans les maternités des petits noms aux accents celtes, scandinaves, indiens, italiens, anglophones, russes, arabes, perses, polynésiens, japonais ou chinois. En les recensant, cet ouvrage offre une « photographie » de la société française par le prisme des prénoms donnés en France.

Les variantes et les accents

Les déclinaisons les moins répandues sont référencées avec le prénom auquel elles se rapportent. Cateline apparaît sous la forme d'une variante de Catheline, la première étant portée par une trentaine de Françaises, la seconde, par environ 300. Notons que le classement de ces dérivés a été effectué de manière phonétique. Suivant ce principe, Alissia et Licia se trouveront classées avec Alicia plutôt qu'Alice.

En matière d'accents, nous avons orthographié les prénoms, quelles que soient leurs origines, selon la forme la plus utilisée en France. De cette manière, un prénom comme Lucia apparaît une seule fois et non trois (Lúcia en portugais et Lucía en espagnol). Dans le cas de Léna, nous avons retenu la forme accentuée car elle est plus fréquente (présente dans les deux tiers des naissances), mais le nombre de Françaises portant ce prénom prend en compte le nombre total de ses attributions (avec et sans accent).

Notons que les adjectifs « français », « anglais », « espagnol », « allemand » et « portugais » associés aux prénoms renvoient respectivement aux mondes francophone, anglophone, hispanophone, germanophone et lusophone, en englobant l'ensemble des régions dans lesquelles ces prénoms sont répandus.

Les projections

Les informations basées sur des chiffres (graphiques, fréquences, tendances, prénoms par départements) se fondent sur les données statistiques les plus récentes de l'Insee (Fichier des prénoms, édition 2019). Des données statistiques des instituts nationaux de nombreux pays ont également été utilisées pour analyser l'évolution globale des pratiques d'attributions.

Les prénoms recensés dans cet ouvrage ont fait l'objet d'une étude approfondie et de projections statistiques. Elles permettent d'estimer le nombre d'attributions d'un prénom et d'anticiper leur positionnement dans le palmarès français pour les mois à venir.

Les graphiques

Les prénoms faisant l'objet d'un encadré approfondi (zoom) sont indiqués avec des graphiques statistiques grâce au picto . L'abscisse des graphiques désigne l'année et leur ordonnée indique le niveau d'attribution du prénom. Notons que l'échelle utilisée pour les graphiques diffère selon la spécificité du prénom. Ainsi, le graphique consacré à Liam commence en 1990 car ce jeune prénom n'a pas émergé avant cette décennie. Au contraire, celui de Louis remonte aux années 1900 afin de refléter sa plus longue carrière.

Les fréquences

La fréquence associée à chaque prénom est précédée du pictogramme ; elle indique le nombre estimé de personnes portant ce prénom en France. Ces dernières sont nées en France et étaient toujours vivantes au moment où les statistiques de l'Insee ont été compilées.

Palmarès féminin			Palmarès masculin		
Rang	**Prénom**	**Estimations pour 2021**	**Rang**	**Prénom**	**Estimations pour 2021**
1er	Emma	4 200	1er	Gabriel	5 200
51e	Giulia	1 200	51e	Malo	1 300
101e	Ella	650	101e	Milan	750
201e	Nomi	340	201e	Sami	340
301e	June	210	301e	Célian	200
501e	Shayna	110	501e	Sébastien	110
701e	Maena	70	701e	Rémy	70
901e	Marie-Lou	50	901e	Laël	50
1 001e	Yzia	45	1 001e	Sayan	40

Le niveau de popularité

La mention TOP 50 signifie que le prénom figure parmi les 50 premiers rangs des attributions. La mention TOP 100 signifie qu'il se place entre le 51e et le 100e rang des attributions. Et ainsi de suite jusqu'à l'indication TOP 2 000 ou TOP 5 000 qui indique un classement entre le 1 001e et le 2 000e rang des attributions. Lorsqu'un prénom figure dans le top 2 000 des attributions estimées pour 2021 en France, l'information est indiquée.

Lorsqu'un prénom ne figure pas dans les 2 000 premiers rangs des attributions estimées pour 2020, aucun « top » ne lui est associé. C'est le cas de Marc-Antoine qui est classé 2 001e.

Comme le montre le tableau ci-contre, le niveau d'attribution des prénoms chute fortement dès lors que le prénom ne figure pas dans le top 50 national.

Les tendances

Les tendances ont été calculées d'après l'évolution suivie par chaque prénom sur une période de 6 ans (on compare l'évolution du prénom au cours des trois dernières années par rapport aux trois années précédentes). Les prénoms portés par plus de 200 personnes entrent dans le champ d'application. Si l'on prend l'exemple d'Iris et Marceau (p. 119 et 444), on peut lire que ce prénom est en forte croissance. En se référant au tableau ci-dessous, on conclut que leur progression a été supérieure à 50 % au cours de ces trois dernières années.

À noter : Les prénoms qui ne montrent pas d'évolution statistiquement significative n'ont pas de tendance indiquée (exemple : Arlette n'est quasiment pas attribué depuis de nombreuses années ; aucune tendance ne lui est associée).

Tendance	Signification
↑ en forte croissance	progression supérieure à 50 %
↗ en croissance modérée	progression de 5 à 50 %
→ stable	état stationnaire
↘ en décroissance modérée	diminution de 5 à 50 %
↓ en forte décroissance	diminution supérieure à 50 %

La caractérologie

Les prénoms de *L'Officiel des prénoms* ont fait l'objet d'une étude caractérologique. Fondée sur la numérologie, cette analyse permet d'associer à chaque prénom cinq traits de caractère principaux.

Prénoms féminins

A

Abby
2 000 TOP 300

Source de joie (hébreu). Abby est très répandu dans les pays anglophones. *Variantes :* Abbie, Abi, Abie. *Caractérologie :* sociabilité, optimisme, pragmatisme, communication, créativité.

Abélia
120

Souffle, respiration (hébreu). *Variantes :* Abela, Abelie, Abella, Abelle, Abelia, Abellia. *Caractérologie :* organisation, enthousiasme, pratique, communication, détermination.

Abeline
- de 100

Souffle, respiration (hébreu). Dans l'Hexagone, Abeline est plus traditionnellement usité au Pays basque. *Variantes :* Abelina, Abelone. *Caractérologie :* organisation, résolution, pragmatisme, optimisme, communication.

Abigaël
3 000 TOP 500

Source de joie (hébreu). *Variantes :* Abygaël, Abygaëlle. *Caractérologie :* énergie, détermination, innovation, autorité, bonté.

Abigaëlle
3 000 TOP 500

Source de joie (hébreu). Féminin français. *Variantes :* Avigaël, Gaïl. *Caractérologie :* résolution, rectitude, humanité, sympathie, rêve.

Abigaïl
2 000 TOP 500

Source de joie (hébreu). Féminin anglais et allemand. *Caractérologie :* indépendance, curiosité, dynamisme, courage, organisation.

Abriana
- de 30

Féminin italien d'Abraham : père des nations (hébreu). *Caractérologie :* dynamisme, direction, détermination, indépendance, assurance.

Aby
800 TOP 700

Source de joie (hébreu). *Caractérologie :* direction, audace, indépendance, assurance, dynamisme.

Acacia
- de 100

Fleur protectrice du mal (grec). *Caractérologie :* humanité, rectitude, générosité, rêve, ouverture d'esprit.

Ada
750 TOP 1 000

Ornement (hébreu). *Caractérologie :* bienveillance, conscience, paix, sagesse, conseil.

Adama
1 000 TOP 1 000

Fait de terre rouge (hébreu). Féminin anglais et sénégalais. *Caractérologie :* diplomatie, loyauté, réceptivité, sociabilité, bonté.

Adara
- de 30

Feu (hébreu). *Caractérologie :* sagacité, philosophie, connaissances, spiritualité, originalité.

Addison
110

Fils d'Adam (anglais). Addison est très en vogue au féminin aux États-Unis. *Caractérologie :* optimisme, communication, pragmatisme, volonté, résolution.

Adélaïde
9 000 TOP 500

De noble lignée (germanique). Cette forme médiévale d'Alice fut portée par deux reines de France et plusieurs souveraines européennes. Sainte Adélaïde, épouse d'Otton Ier, fit notamment rayonner le nom en devenant impératrice des Romains au Xe siècle. Après une

Le top 20 en 2021

Emma Jade Mia Sofia Romy
Alice Anna
Victoire Agathe
Louise Léna
Inès Éléna
Rose Mila Iris Nour
Julia
Chloé
Lina Léa Inaya
Juliette Lou
Lucie
Giulia Ambre Jeanne

Découvrez le **top 20**
en scannant cette page
avec l'application lisez!
disponible sur l'App Store
et Google Play.

La vague des prénoms rétro restera puissante en 2021. Après avoir régné pendant près de 20 ans, Emma cède du terrain, mais se maintient, avec Alice et Louise, dans les premiers rangs du classement. De leur côté, Anna et Rose poursuivent leur ascension vers le sommet. Et si Eva et Zoé s'éclipsent, Jeanne, Lucie et Juliette se postent en embuscade aux portes du top 20. D'autres représentantes du style rétro se pressent déjà pour prendre la relève, à l'image de Victoire et Victoria, qui n'ont jamais aussi bien porté leur nom.

Mais les prénoms de la belle Époque doivent résister à l'essor d'une autre tendance, multiculturelle cette fois. Ainsi, Jade, Lina, Inès et Ambre font recette avec leurs origines cosmopolites qui séduisent les parents de tous horizons. On remarque qu'ils sont courts. Et pour cause : pas de prénoms à rallonge dans la cour des grands, les stars donnent le la avec 1 à 2 syllabes et 5 lettres en moyenne.

Les terminaisons en « a », apparues avec force au début des années 2000, ne sont pas en reste. De Léa à Anna, en passant par Mila, ces désinences sont incontournables. La percée d'Éléna en est d'autant plus remarquable : en plus d'avoir gagné 40 places en deux ans, cette variante internationale d'Hélène se décline en trois syllabes.

Mais les désinences en « a » pourraient être menacées par l'envol des « ia », dont Mia et Julia sont les fers de lance. La première, Mia, était inconnue en France avant les années 1990. Tout le contraire de Julia qui a beaucoup d'histoire. Mais ces deux prénoms, nouveaux ou anciens, ont joué l'atout d'une sonorité moderne et internationale pour s'imposer dans le top 20. Ils font des émules parmi les prénoms du top 50 : Sofia, Inaya, Giulia et Olivia connaissent une croissance vigoureuse.

À contre-courant de ces sonorités tendance, Iris et Romy ont misé sur leur « is » et leur « y » pour se distinguer avec brio. Cela n'a pas échappé à Nour qui s'élève à l'horizon…

longue parenthèse, Adélaïde connaît une petite vogue en France, en Italie et dans les pays anglophones au XIXe siècle. La popularité de la reine anglaise Adélaïde (reine consort, épouse de William IV) a peut-être donné des ailes au prénom. Elle est à l'origine du nom de la ville australienne Adélaïde, créée en 1836 en son hommage. *Variantes :* Adelaida, Adelaig. *Caractérologie :* énergie, décision, originalité, audace, découverte.

Adèle
31 000 TOP 50

Noble (germanique). *Variantes :* Adela, Adélia, Adelise, Adelle. *Caractérologie :* rêve, humanité, rectitude, tolérance, générosité.

Adelice
- de 100

Forme médiévale d'Alice : noble (germanique). *Caractérologie :* communication, pragmatisme, décision, créativité, optimisme.

Adélie
3 000 TOP 700

Noble (germanique). *Caractérologie :* humanité, rectitude, tolérance, rêve, résolution.

A

Adelina
1 000 TOP 2 000

Noble (germanique). *Caractérologie :* ambition, innovation, décision, autorité, énergie.

Adeline
49 000 TOP 2 000

Noble (germanique). Féminin français et anglais. *Variantes :* Adelyne, Adine, Édeline. *Caractérologie :* dynamisme, curiosité, indépendance, décision, courage.

Adelphine
- de 100

Noble, loup (germanique). *Variantes :* Adelphia, Adelphina, Adolpha. *Caractérologie :* réussite, sociabilité, réceptivité, diplomatie, action.

Adena
- de 30

Noble, parée de bijoux (grec), ou forme anglophone d'Éden. *Variantes :* Aderia, Adina. *Caractérologie :* originalité, spiritualité, connaissances, philosophie, sagacité.

Adenora
- de 100

Forme bretonne d'Éléonore. En breton, *enor* signifie « honneur ». *Variante :* Adenor. *Caractérologie :* méthode, volonté, détermination, ténacité, fiabilité.

Adixia
200

Ce prénom né en 2013 en France est aussi le pseudo d'une des stars de l'émission de télé-réalité Les Ch'tis. *Caractérologie :* communication, pratique, optimisme, adéquation, partage.

Adolphine
300

Noble, loup (germanique). *Caractérologie :* communication, enthousiasme, réalisation, pratique, raisonnement.

Adonie
- de 30

Seigneur (hébreu). *Variante :* Adonia. *Caractérologie :* habileté, ambition, management, passion, volonté.

Adriana
3 000 TOP 700

Habitant d'Adria, Italie (grec). Adriana est très répandu en Italie, dans les pays hispanophones et lusophones. C'est aussi un choix traditionnel basque et occitan. *Variantes :* Adria, Adriane, Adrianna, Adrianne, Hadria. *Caractérologie :* décision, communication, pragmatisme, optimisme, créativité.

Adrienne
7 000

Habitant d'Adria, Italie (grec). Féminin français. On peut estimer que moins de 30 enfants seront prénommés ainsi en 2021. *Caractérologie :* connaissances, sagacité, originalité, spiritualité, décision.

Adèle

Fête :
24 décembre

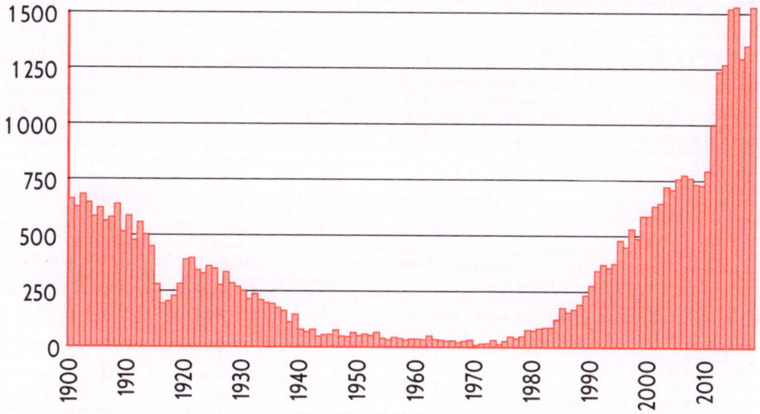

Étymologie

Du germain *adal*, « noble ». En usage dès le Moyen Âge, ce vieux prénom fut porté par la fille du roi Dagobert II, la sainte fondatrice de l'abbaye de Pfalzel au VIIe siècle. Mais c'est Guillaume le Conquérant qui propage le prénom outre-Manche en l'attribuant à sa fille au début de la conquête normande (1066). Au fil des siècles, Adèle, et ses différentes graphies (Adela, Adelle, Adelina, Adelia), se répand en Europe et connaît une renaissance au XIXe siècle.

Après avoir failli disparaître des radars dans les années 1970 (moins de dix attributions annuelles), Adèle anticipe le retour du rétro et prend un nouveau départ au milieu des années 1980. Son ascension est lente, mais elle lui permet de percer au moment où la chanteuse britannique Adèle sort *19*, son premier album au succès retentissant (en 2008). En attendant de briller à l'échelle planétaire, ce prénom a bondi dans le top 10 parisien et les 50 premiers choix nationaux.

En dehors de l'Hexagone, Adèle a déjà percé dans les tops 40 québécois et wallon.

Adèle de Champagne, troisième épouse de Louis VII, fut reine de France au XIIe siècle. Elle met au monde le prince que les premières épouses du roi n'avaient pas pu engendrer, lequel régnera sous le nom de Philippe Auguste.

Au cinéma

Les amours tragiques d'**Adèle Hugo**, fille de Victor Hugo, ont inspiré le film de François Truffaut *L'Histoire d'Adèle H* en 1975.

Personne célèbre

Adele Laurie Blue Adkins, dite simplement **Adele**, née le 5 mai 1988 à Londres, est une autrice-compositrice-interprète britannique.

Statistiques

Adèle est le 65e prénom féminin le plus donné en France depuis l'an 2000. Ce prénom est attribué à près d'une fille sur 210 aujourd'hui.

Aela
900 TOP 800

Forme bretonne d'Ange : messagère (grec). *Variantes :* Aelaïg, Aélie, Aelig, Aeline, Aelez. *Caractérologie :* dynamisme, direction, audace, indépendance, assurance.

Aélia
900 TOP 1 000

Messagère (grec). Ancien prénom romain. *Variante :* Aélya. *Caractérologie :* direction, raisonnement, audace, détermination, dynamisme.

Aelis
350 TOP 2 000

Forme occitane d'Alice : de noble lignée (germanique). *Caractérologie :* dynamisme, direction, résolution, indépendance, audace.

Aëlle
170

Forme bretonne d'Ange : messagère (grec). *Caractérologie :* ambition, management, passion, force, habileté.

Aelys
1 500 TOP 600

Forme occitane d'Alice : de noble lignée (germanique). *Variante :* Aelis. *Caractérologie :* dynamisme, direction, audace, indépendance, détermination.

A

Aéna
- de 100

Aube (grec), violette (latin). *Caractérologie :* communication, générosité, pratique, adaptation, enthousiasme.

Aenor
300

Forme bretonne d'Éléonore. En breton, *enor* signifie « honneur ». *Variante :* Aanor. *Caractérologie :* habileté, ambition, passion, décision, force.

Aéris
350 TOP 900

Nom porté par une héroïne du jeu vidéo *Final Fantasy*. *Caractérologie :* savoir, intelligence, indépendance, détermination, sagesse.

Agathe
50 000 TOP 50

Bonté (grec). *Variantes :* Agata, Agate, Agatha. *Caractérologie :* paix, conseil, conscience, sensibilité, bienveillance.

Aglaé
1 500 TOP 900

D'une beauté rayonnante (grec). Féminin français. Dans la mythologie grecque, Aglaé est la plus jeune des trois Grâces tant célébrées par les poètes. Ces divinités symbolisent la beauté, la générosité, la douceur et la sagesse. *Variantes :* Aglaée, Aglaïa, Aglaïane. *Caractérologie :* achèvement, ardeur, amitié, stratégie, vitalité.

Agnès
93 000 TOP 600

Chaste, pure (grec). Jeune Romaine du IVe siècle, Agnès refusa de renier sa foi et se laissa conduire au martyre. En dehors de l'Hexagone, Agnès est répandu dans les pays anglophones, en Suède et en Allemagne. *Variantes :* Anessa, Agnela, Enès, Nese, Neza. *Caractérologie :* autonomie, innovation, énergie, autorité, ambition.

Aïcha
16 000 TOP 200

Forme francisée d'Aisha : celle qui vivra, vitalité (arabe). Fille d'Abou Bakr, Aïcha fut la troisième épouse de Mahomet. Ce prénom est répandu dans les cultures musulmanes. *Variante :* Aïsha. *Caractérologie :* ténacité, méthode, fiabilité, sens du devoir, engagement.

Aïda
3 000 TOP 600

Récompense (arabe), celle qui ornera (hébreu). Féminin anglais et espagnol. *Caractérologie :* exigence, famille, équilibre, influence, sens des responsabilités.

Agathe

Fête :
5 février

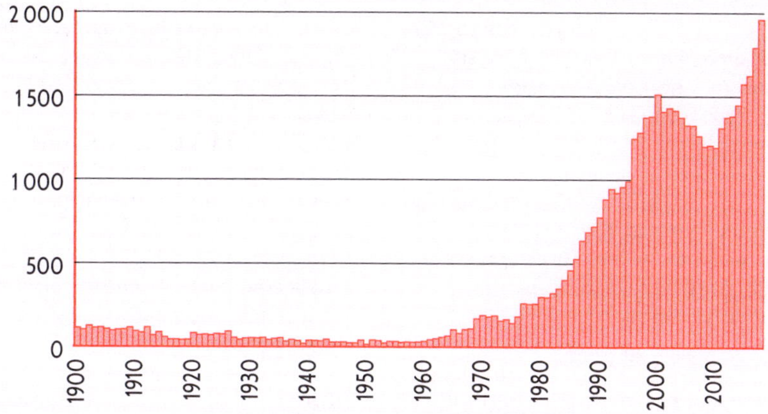

Étymologie

Agathe tire son origine du grec *agathos*, « bon ». C'est sans doute au nom de cette sollicitude originelle qu'elle est devenue la patronne des nourrices.

Son histoire n'a pourtant pas toujours été placée sous les auspices de la douceur. En 251, sainte Agathe de Catane, réputée fort belle et vertueuse, fut martyrisée sur ordre de Quintien, le consul de Sicile, pour avoir refusé sa demande en mariage. La légende prétend qu'au moment de sa mort, la terre trembla. Un an plus tard, l'Etna entra en éruption, menaçant la ville de Catane. Les habitants s'emparèrent alors du voile de sépulture d'Agathe et les rubans de lave se tarirent immédiatement.

Après avoir été en usage au Moyen Âge, Agathe s'éclipse des registres d'état civil. Elle fait, dès son retour en grâce dans les années 1970, figure de prénom chic et intemporel. En quarante ans, elle a tranquillement, mais inexorablement, balayé les obstacles sur son parcours. Elle a pris l'ascenseur du top 20 national et sa progression ne fait que commencer. Avis aux amateurs de prénoms classiques non dépourvus d'originalité ni d'une certaine distinction « à la française » !

Dans les pays francophones, sa carrière est moins assurée. À l'international, elle est quasiment inexistante. Les variantes Agatha et Agata séduisent surtout les parents des pays d'Europe de l'Est (Pologne ou République tchèque) ainsi que la Russie.

Personnes célèbres

Agathe Backer (1847-1907), pianiste norvégienne ; Agatha Christie (1890-1976), femme de lettres britannique ; Agathe Bonitzer, actrice, née en 1989 ; Agathe Lecaron, animatrice des « Maternelles », née en 1974.

Statistiques

Agathe est le 48e prénom féminin le plus donné en France depuis l'an 2000. Ce prénom est attribué à près d'une fille sur 150 aujourd'hui.

Aïko
200

Enfant de l'amour (japonais). *Caractérologie :* idéalisme, altruisme, réflexion, dévouement, intégrité.

Aimée
8 000 TOP 800

Qui est aimée (latin). Féminin français. *Variante :* Aymée. *Caractérologie :* conseil, paix, bienveillance, résolution, conscience.

Aimy
1 500 TOP 600

Travailleuse (germanique). Féminin anglais. *Variante :* Aimie. *Caractérologie :* pratique, communication, réalisation, adaptation, enthousiasme.

Aina
1 500 TOP 500

Toujours (scandinave), amour (japonais), forme catalane et occitane d'Anne. *Caractérologie :* volonté, philosophie, connaissances, sagacité, originalité.

Ainara
190

Hirondelle (basque). *Caractérologie :* ambition, passion, habileté, décision, force.

Aines
- de 100

Forme basque et occitane d'Agnès : chaste, pure (grec). *Caractérologie :* décision, communication, pragmatisme, créativité, optimisme.

Ainhoa
1 500 TOP 1 000

Prénom basque qui désigne la Vierge Marie. *Variantes :* Ainoa, Idoia, Idoya. *Caractérologie :* communication, optimisme, pragmatisme, créativité, décision.

Airelle
- de 100

Se rapporte à l'airelle, un petit arbuste montagnard de la famille des éricacées, et son fruit, une baie comestible de couleur rouge ou noir bleuté. *Variante :* Erelle. *Caractérologie :* réflexion, détermination, humanité, intégrité, générosité.

Aitana
180

Père de tous les Basques (mythologie basque). *Caractérologie :* audace, direction, indépendance, décision, dynamisme.

Akiko
- de 30

L'enfant de l'automne (japonais). *Caractérologie :* relationnel, intuition, fidélité, adaptabilité, médiation.

Akila
650

Intelligente (arabe). *Caractérologie :* savoir, intelligence, organisation, méditation, indépendance.

Alaia
400 TOP 1 000

Vertueuse (arabe), bonheur, joie (basque). *Caractérologie :* bienveillance, sagesse, conseil, paix, conscience.

Alaïs
1 000

De noble lignée (germanique). Féminin occitan. *Caractérologie :* paix, conseil, conscience, sagesse, bienveillance.

Alana
2 000 TOP 500

Belle, calme (celte). Alana est plus traditionnellement usité en Angleterre, en Écosse et en Bretagne. *Variante :* Alanis. *Caractérologie :* réceptivité, sociabilité, loyauté, diplomatie, bonté.

Alara
- de 100

Reine de tous (germanique). Féminin breton. *Variante :* Elara. *Caractérologie :* conscience, paix, bienveillance, sagesse, conseil.

Alba
2 000 TOP 300

Blanc (latin). Alba, qui signifie « aube » en espagnol et en italien, est plus particulièrement usité dans les régions du monde où ces langues sont parlées. Alva

A

Les plus portés aujourd'hui

Les prénoms les plus portés en France ne sont pas ceux qui y sont les plus attribués aujourd'hui. Le tableau ci-dessous nous en fait la démonstration. Ces prénoms sont classés par ordre décroissant, du 1er au 50e prénom le plus porté en 2020.

Les dates entre parenthèses indiquent les années record d'attribution de chaque prénom pour la période de 1900 à 2020.

1. Marie *(1901)*
2. Nathalie *(1966)*
3. Isabelle *(1965)*
4. Sylvie *(1964)*
5. Catherine *(1963)*
6. Françoise *(1949)*
7. Monique *(1946)*
8. Martine *(1954)*
9. Christine *(1963)*
10. Nicole *(1947)*
11. Anne *(1971)*
12. Valérie *(1969)*
13. Jacqueline *(1946)*
14. Sandrine *(1971)*
15. Sophie *(1971)*
16. Stéphanie *(1974)*
17. Véronique *(1963)*
18. Céline *(1979)*
19. Chantal *(1954)*
20. Patricia *(1961)*
21. Julie *(1987)*
22. Christiane *(1947)*
23. Brigitte *(1959)*
24. Annie *(1947)*
25. Camille *(1998)*
26. Léa *(2001)*
27. Aurélie *(1983)*
28. Émilie *(1980)*
29. Hélène *(1920)*
30. Laurence *(1966)*
31. Manon *(1995)*
32. Sarah *(2000)*
33. Virginie *(1974)*
34. Michèle *(1947)*
35. Corinne *(1963)*
36. Élodie *(1988)*
37. Dominique *(1955)*
38. Jeanne *(1920)*
39. Chloé *(2000)*
40. Christelle *(1972)*
41. Caroline *(1978)*
42. Laura *(1988)*
43. Laetitia *(1982)*
44. Florence *(1968)*
45. Emma *(2006)*
46. Audrey *(1984)*
47. Lucie *(1998)*
48. Cécile *(1971)*
49. Danielle *(1947)*
50. Pauline *(1991)*

Malgré la chute actuelle de ses attributions, **Marie** est le seul prénom féminin qui soit porté par plus d'un million de Françaises. Largement distancés, les prénoms allant de **Nathalie** à **Monique** se placent dans la tranche des 300 000 personnes. Viennent ensuite les prénoms qui, de **Martine** à **Chantal**, désignent plus de 200 000 femmes. Au 50e rang, **Pauline** est porté par un peu plus de 134 000 Françaises.

est sa variante portugaise. *Caractérologie :* sagacité, originalité, connaissances, spiritualité, organisation.

Albane
11 000 TOP 200

Blanc (latin). Féminin français. *Variantes :* Albana, Albanie, Albanna, Albanne, Albannie. *Caractérologie :* passion, ambition, organisation, force, habileté.

Alberte
4 000

Noble, brillante (germanique). En dehors de l'Hexagone, Alberte est particulièrement usité dans les pays scandinaves. *Variante :* Alberta. *Caractérologie :* idéalisme, intégrité, altruisme, décision, gestion.

Albertine
4 000 TOP 2 000

Noble, brillante (germanique). Ce prénom français a connu une certaine faveur dans l'Hexagone au XIXe siècle. Il s'est raréfié à partir des années 1940 mais pourrait bien renaître prochainement. *Variantes :* Albertina, Albéria, Albérie, Aubertine. *Caractérologie :* découverte, énergie, organisation, résolution, audace.

A

Albina
200

Blanc (latin). Albina est plus traditionnellement usité en Allemagne et en Bretagne. *Caractérologie :* enthousiasme, pratique, communication, gestion, décision.

Alda
300

Noble (germanique). Prénom corse. *Variante :* Alderine. *Caractérologie :* rêve, humanité, ouverture d'esprit, rectitude, générosité.

Aldora
- de 30

Cadeau (grec). *Caractérologie :* bienveillance, conscience, paix, conseil, analyse.

Alena
800 TOP 900

Éclat du soleil (grec). Forme corse d'Hélène. *Caractérologie :* paix, bienveillance, conscience, conseil, sagesse.

Aléria
- de 30

Comme un aigle (latin). Aleria est le nom d'une cité antique corse qui fut conquise par les Grecs puis les Romains. C'est aujourd'hui une ville très visitée pour ses vestiges historiques. *Caractérologie :* direction, décision, audace, indépendance, dynamisme.

Alesia
400 TOP 2 000

Défense de l'humanité (grec). *Caractérologie :* intuition, relationnel, médiation, décision, fidélité.

Alessandra
800

Défense de l'humanité (grec). *Caractérologie :* engagement, méthode, fiabilité, ténacité, sens du devoir.

Alessia
3 000 TOP 500

Défense de l'humanité (grec). Alessia est un prénom italien. *Caractérologie :* communication, pratique, enthousiasme, adaptation, décision.

Aleth
650

Ailée (latin), vérité (grec). Située sur une presqu'île proche de Saint-Malo, en Bretagne, la cité d'Aleth fut la première capitale du peuple gaulois des Coriosolites. Elle fut ensuite conquise par les Romains puis devint une ville fortifiée au Moyen Âge. *Variantes :* Alette, Alet. *Caractérologie :* dynamisme, organisation, finesse, indépendance, assurance.

Alethia
- de 30

Vérité (grec). *Caractérologie :* médiation, intuition, résolution, relationnel, finesse.

Alice

Fête :
16 décembre

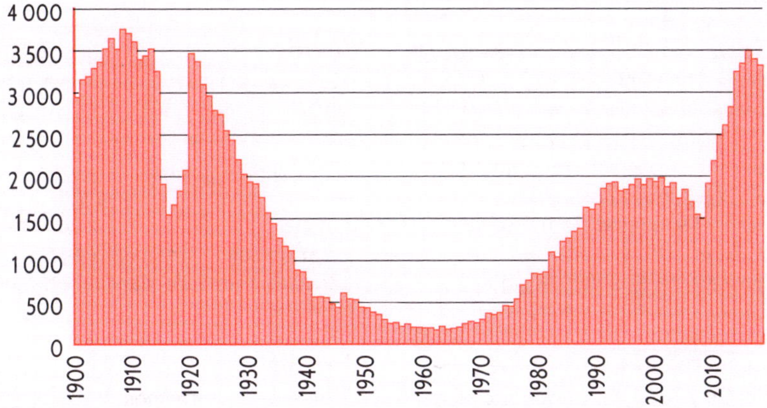

Étymologie

Cet ancien dérivé d'Adélaïde vient du germain *adal*, « noble », et *heit*, « lignée », d'où la signification : « de noble lignée ». Il est fréquent dès le Moyen Âge en France et en Europe, ce qui facilite l'essor de nombreuses variantes. Dans l'Hexagone, Alaïs, Alis, Alix, Alison et les formes régionales bretonne (Adelice) et occitane (Aelis) connaissent alors une belle progression. Alice est très usité jusqu'au XVIIe siècle, puis se fait oublier jusqu'à ce que le roman de Lewis Carroll, *Alice au pays des merveilles*, contribue à sa renaissance à la fin du XIXe siècle.

Ce prénom se raréfie dans les années 1930, mais revient discrètement à la fin des années 1990. Il brille aujourd'hui dans les tops 5 national et parisien. On observe son retour en Europe, du nord jusqu'au sud. Il triomphe en Suède depuis plus de 10 ans et séduit de plus en plus de parents italiens ou portugais. Alice a réalisé un triplé francophone en s'imposant dans les tops 5 québécois, romand et wallon. Ces succès profitent à Alicia qui prospère dans de nombreux palmarès occidentaux.

Issue d'une famille aisée à Remiremont, dans les Vosges, **sainte Alice** se convertit à l'âge de 21 ans et fonda plusieurs pensionnats destinés à l'éducation des jeunes filles. Leur fonctionnement perdura des siècles après sa mort, en 1622.

Personnes célèbres

Alice Coltrane, musicienne et compositrice de jazz américaine (1937-2007) ; Alice Munro, femme de lettres canadienne, née en 1931 ; Alice Ferney, écrivaine française, née en 1967.

Statistiques

Alice est le 21e prénom féminin le plus donné en France depuis l'an 2000. Ce prénom est attribué à près d'une fille sur 100 aujourd'hui.

A

Alexa
2 000
Défense de l'humanité (grec). Féminin anglais. *Caractérologie :* savoir, intelligence, indépendance, méditation, sagesse.

Alexandra
92 000 TOP 500
Défense de l'humanité (grec). En dehors de l'Hexagone, Alexandra est particulièrement répandu dans les pays anglophones et scandinaves. *Variantes :* Aléandra, Aleksandra, Alessandra, Alexandréa, Alexandria. Forme basque : Xandra. *Caractérologie :* achèvement, stratégie, caractère, vitalité, logique.

Alexandrine
6 000
Défense de l'humanité (grec). Féminin français. On peut estimer que moins de 30 enfants seront prénommés ainsi en 2021. *Caractérologie :* habileté, ambition, volonté, analyse, force.

Alexane
4 000 TOP 2 000
Contraction d'Alex et Anne. On peut estimer que moins de 30 enfants seront prénommés ainsi en 2021. *Variantes :* Alexana, Alexanna, Alexanne. *Caractérologie :* habileté, ambition, force, passion, management.

Alexia
37 000 TOP 400
Défense de l'humanité (grec). Féminin grec, anglais, français et allemand. *Variantes :* Alexe, Alexide, Alexya, Olessia. *Caractérologie :* savoir, intelligence, méditation, analyse, résolution.

Alexiane
2 000
Défense de l'humanité (grec). On peut estimer que moins de 30 enfants seront prénommés ainsi en 2021. *Caractérologie :* détermination, habileté, ambition, force, raisonnement.

Alexie
1 500 TOP 1 000
Défense de l'humanité (grec). *Caractérologie :* intuition, relationnel, raisonnement, médiation, détermination.

Alexine
1 000 TOP 2 000
Défense de l'humanité (grec). Féminin anglais. *Variante :* Alexina. *Caractérologie :* intelligence, décision, savoir, logique, méditation.

Aleyna
2 000 TOP 500
Éclat du soleil (grec). *Caractérologie :* ténacité, méthode, fiabilité, engagement, bonté.

Alfreda
1 500
Noble paix (germanique). *Variantes :* Alfredine, Frédine, Elfrida. *Caractérologie :* réceptivité, caractère, sociabilité, diplomatie, logique.

Alia
4 000 TOP 200
Noble, admirable (arabe), qui monte (hébreu). *Variantes :* Allia, Aliya, Aliye. *Caractérologie :* dynamisme, curiosité, courage, indépendance, charisme.

Alice
110 000 TOP 50
De noble lignée (germanique). *Variantes :* Adelice, Aelis, Alis. *Caractérologie :* communication, pragmatisme, optimisme, résolution, créativité.

Alicia
50 000 TOP 100
De noble lignée (germanique). Alicia s'envole en France et dans de nombreux pays européens, anglophones et hispanophones aujourd'hui. Voir Alice. *Variantes :* Allissia, Licia, Lissia. *Caractérologie :* stratégie, ardeur, achèvement, leadership, vitalité.

A

Alida
700

Noble (germanique). *Caractérologie :* rêve, humanité, ouverture d'esprit, rectitude, générosité.

Aliénor
5 000 TOP 300

Compassion (grec). Duchesse d'Aquitaine, Aliénor épousa Louis VII et devint reine de France en 1137. Mais l'union s'avéra malheureuse et Aliénor s'empressa d'obtenir son annulation. En épousant en secondes noces Henri Plantagenêt, la belle Aliénor devint reine d'Angleterre le 18 mai 1152. Les plus connus de ses huit enfants sont Richard Cœur de Lion et Jean sans Terre. Alienor est plus particulièrement usité en Occitanie (surtout en Provence) et au Pays basque. *Caractérologie :* logique, diplomatie, sociabilité, décision, réceptivité.

Aliette
2 000

De noble lignée (germanique). On peut estimer que moins de 30 enfants seront prénommés ainsi en 2021. *Caractérologie :* organisation, idéalisme, altruisme, détermination, intégrité.

Alima
900 TOP 900

Sage, raisonnable (arabe). *Caractérologie :* réflexion, intégrité, altruisme, idéalisme, dévouement.

Alina
2 000 TOP 600

Noble (germanique). Féminin italien, allemand, slave et roumain. *Caractérologie :* autorité, innovation, énergie, décision, ambition.

Aline
67 000 TOP 400

Noble (germanique). Féminin français et portugais. *Variante :* Alyne. *Caractérologie :* dynamisme, courage, curiosité, indépendance, détermination.

Aliona
200

Mon Dieu est lumière (hébreu). Prénom russe. *Variante :* Éliona. *Caractérologie :* analyse, méditation, résolution, intelligence, savoir.

Alison
16 000 TOP 2 000

De noble lignée (germanique). En dehors de l'Hexagone, cette forme médiévale d'Alice est répandue dans les pays anglophones. *Variante :* Alisonne. *Caractérologie :* détermination, intelligence, raisonnement, savoir, méditation.

Alissa
2 000 TOP 2 000

De noble lignée (germanique). Féminin anglais. *Variante :* Alisa. *Caractérologie :* sagacité, connaissances, spiritualité, philosophie, originalité.

Alissia
1 000

De noble lignée (germanique). *Caractérologie :* originalité, connaissances, spiritualité, philosophie, sagacité.

Alisson
4 000

De noble lignée (germanique). Féminin anglais. On peut estimer que moins de 30 enfants seront prénommés ainsi en 2021. *Variante :* Alissone. *Caractérologie :* force, ambition, résolution, habileté, analyse.

Alix
23 000 TOP 100

Forme médiévale d'Alice : de noble lignée (germanique). Féminin français. *Caractérologie :* innovation, autorité, énergie, logique, ambition.

Alixe
850 TOP 2 000

De noble lignée (germanique). *Variante :* Alixen. *Caractérologie :* paix, bienveillance, conscience, détermination, raisonnement.

Alixia
450 ↗

De noble lignée (germanique). *Caractérologie :* sociabilité, réceptivité, diplomatie, loyauté, analyse.

Aliya
6 000 TOP 200 →

Noble, admirable (arabe), qui monte (hébreu). *Variantes :* Aaliyah, Aliyah, Allya, Aliye. *Caractérologie :* communication, pragmatisme, optimisme, créativité, sociabilité.

Alizé
2 000 ↘

De noble lignée (germanique). Cette forme d'Alice se rapporte également au nom du vent qui souffle sur les îles des Caraïbes. On peut estimer que moins de 30 enfants seront prénommés ainsi en 2021. *Variantes :* Alise, Aliséa, Alisée, Aliza, Alize, Alizia. *Caractérologie :* achèvement, vitalité, stratégie, ardeur, résolution.

Alizéa
700 ↘

De noble lignée (germanique). Voir Alizé. *Variante :* Aliséa. *Caractérologie :* idéalisme, détermination, altruisme, intégrité, réflexion.

A

Alizée
13 000 TOP 400 ↘

De noble lignée (germanique). Voir Alizé. Féminin français. *Caractérologie :* persévérance, structure, sécurité, efficacité, détermination.

Allison
5 000 →

De noble lignée (germanique). Féminin anglais. On peut estimer que moins de 30 enfants seront prénommés ainsi en 2021. *Variantes :* Allisson, Allyson. *Caractérologie :* détermination, autorité, innovation, énergie, raisonnement.

Allyn
- de 30

Belle, calme (celte). *Caractérologie :* innovation, autorité, énergie, amitié, ambition.

Alma
4 000 TOP 200 ↑

Nourrissant (latin). Au VIe siècle, Alma, ou Almeda, fut assassinée par le prétendant qu'elle refusait d'épouser au pays de Galles. Prénom italien. *Caractérologie :* rectitude, rêve, humanité, ouverture d'esprit, générosité.

Almarine
- de 30

Gouverner, travailler (germanique). *Variante :* Almerine. *Caractérologie :* audace, dynamisme, direction, résolution, indépendance.

Almeda
- de 30

Ambitieuse (latin). Voir Alma. *Variante :* Almida. *Caractérologie :* rêve, rectitude, ouverture d'esprit, humanité, générosité.

Almeria
- de 30

Princesse (espagnol, arabe). *Caractérologie :* dynamisme, indépendance, curiosité, courage, résolution.

Aloïse
600 TOP 2 000 ↘

Très sage (vieil allemand). *Variantes :* Aloïs, Aloyse, Aloysia. *Caractérologie :* raisonnement, méditation, intelligence, détermination, savoir.

Aloyse
130

Très sage (vieil allemand). Aloyse est plus particulièrement recensé au Luxembourg. *Caractérologie :* curiosité, dynamisme, courage, indépendance, sympathie.

Alphanie
- de 30

Se rapporte au patronyme italien Alfani, du latin *elephantus* (« éléphant »). *Variantes :* Alphania, Alphéna, Phania. *Caractérologie :* communication, générosité, amitié, adaptation, action.

Alphonsine
1 500

Noble, vive (germanique). Féminin français. *Variante :* Alphie. *Caractérologie :*

Les thématiques tendance

Une vague de prénoms courts déferle en France depuis la fin des années 1990. Qu'ils soient anciens, nouveaux, issus du terroir français ou du monde entier, ces choix enrichissent le répertoire collectif de sonorités inédites. Alors que les très internationales Mia, Sophia et Victoria font monter les terminaisons en « ia », l'engouement des Français pour les prénoms régionaux est sans précédent. Celui-ci a répandu des sonorités jusqu'alors spécifiques à la Bretagne, au Pays basque ou à l'Occitanie (voir l'encadré sur les prénoms régionaux). Cela n'empêche pas les prénoms rétro de briller avec insolence dans le top 20 (Alice, Anna, Emma, Juliette, Louise, Rose et Zoé).

Les tendances qui influencent la mode des prénoms peuvent être rassemblées autour de plusieurs thématiques. En voici un aperçu, qui prend en compte des perles rares tout juste apparues en France.

Les courts (une ou deux syllabes)

Alix, Ambre, Anna, Ava, Aya, Camille, Charlie, Chloé, Éden, Emma, Em(m)y, Éva, Flora, Inès, Iris, Jade, Julia, Kenza, Lana, Léna, Lila, Lilou, Lily, Lina, Loane, Lola, Lou, Louane, Louison, Louna, Lucie, Luna, Lya, Maya, Mia, Mila, Nina, Nora(h), Nour, Romy, Rose, Sara(h), Sasha, Sofia, Tess, Thaïs, Zélie, Zoé.

Les celtes et les irlandais

Alana, Allyn, Arlene, Armaëlle, Armelle, Brenda, Brianna, Ciara, Clervie, Cliona, Dara, Edna, Éloane, Erin, Érine, Évana, Falone, Fiona, Glenda, Iseult, Isolde, Kacie, Kelly, Kiara, Kyla, Loane, Lou, Louane, Maé, Maëlle, Maëlys, Mahé, Maylis, Nara, Nola, Nuala, Olwen, Orla, Rihana, Shannon, Tara, Youna.

Les rétros

Adèle, Agathe, Aimée, Alice, Angèle, Anna, Antoinette, Apolline, Augustine, Blanche, Céleste, Célie, Clarisse, Églantine, Élise, Émilie, Emma, Eugénie, Félicie, Hortense, Irène, Jeanne, Joséphine, Juliette, Léontine, Léopoldine, Louise, Lucie, Madeleine, Marguerite, Mathilde, Ophélie, Pauline, Rose, Sidonie, Suzanne, Victoria, Victorine, Zélie, Zoé.

Les médiévaux

Adélaïde, Adèle, Agathe, Aliénor, Alice, Alix, Aloyse, Anne, Bathilde, Béatrice, Beatrix, Berthe, Blanche, Clémence, Clothilde, Colombe, Constance, Éléonore, Élisabeth, Florie, Hélène, Héloïse, Irène, Isabeau, Iseult, Isolde, Jeanne, Jehanne, Mahaut, Margot, Marguerite, Mathilde, Mélissande, Pétronille, Yolande.

Les prénoms de source biblique (Ancien Testament)

Abigaël, Dana, Daria, Déborah, Dinah, Éden, Élisabeth, Élona, Esther, Ève (Éva), Hannah, Héléa, Ilana, Jessica, Judith, Léa, Liorah, Myriam, Noa, Noémie, Rachel, Rébecca, Ruth, Salomé, Sarah, Sharon, Talia, Yaël, Yona.

découverte, énergie, audace, ressort, analyse.

Althea
350 ➔

Guérisseuse (grec), mauve (latin). Dans la mythologie grecque, Althée est l'épouse d'Œnée, le roi de Calydon. *Caractérologie :* diplomatie, sensibilité, réceptivité, sociabilité, organisation.

Alvina
600 ↗

Elfe, amie (vieil anglais). *Variantes :* Alvia, Alvie, Alvana, Alvine, Alvira. *Caractérologie :* découverte, énergie, résolution, audace, originalité.

Alwena
1 000 TOP 2 000 ↘

Elfe, amie (vieil anglais). *Variante :* Alwina. *Caractérologie :* médiation, fidélité, adaptabilité, intuition, relationnel.

Alya
7 000 TOP 100 ↑

Noble, admirable (arabe), qui monte (hébreu). *Variante :* Alyah. *Caractérologie :* enthousiasme, pratique, adaptation, communication, générosité.

Alycia
6 000 TOP 400 ↘

De noble lignée (germanique). *Caractérologie :* équilibre, famille, sens des responsabilités, influence, exigence.

Alyson
3 000 TOP 2 000 ↘

De noble lignée (germanique). *Variante :* Alysone. *Caractérologie :* curiosité, dynamisme, courage, sympathie, indépendance.

Alyssa
11 000 TOP 300 ↘

De noble lignée (germanique). Alyssa est très répandu dans les pays anglophones, notamment aux États-Unis. *Caractérologie :* dynamisme, indépendance, curiosité, charisme, courage.

Alyssia
4 000 TOP 700 ➔

De noble lignée (germanique). *Caractérologie :* découverte, énergie, séduction, audace, originalité.

Alysson
1 500 TOP 2 000 ↘

De noble lignée (germanique). On peut estimer que moins de 30 enfants seront prénommés ainsi en 2021. *Caractérologie :* conscience, paix, bienveillance, amitié, conseil.

Alyzée
650 TOP 2 000 ↘

De noble lignée (germanique). Voir Alizé. *Variantes :* Alyséa, Alysée. *Caractérologie :* intuition, médiation, fidélité, relationnel, cœur.

Ama
- de 100

Mère (basque), variante provençale d'Amadia, née un samedi (ghanéen). *Caractérologie :* sens des responsabilités, équilibre, exigence, famille, influence.

Amadea
- de 30

Amour de Dieu (latin). *Variante :* Amadia. *Caractérologie :* spiritualité, sagacité, philosophie, originalité, connaissances.

Amaëlle
500 ➔

Variante moderne de Maëlle : chef, prince (celte). *Caractérologie :* efficacité, structure, persévérance, sécurité, honnêteté.

Amaia
1 500 TOP 800 ➔

Fin (basque). *Caractérologie :* connaissances, spiritualité, sagacité, philosophie, originalité.

Amal
3 000 TOP 2 000 ↗

Espoir (arabe), travail (hébreu). *Caractérologie :* réflexion, idéalisme, intégrité, altruisme, dévouement.

A

Amale
600

Espoir (arabe), forme basque d'Amélie. *Caractérologie :* découverte, originalité, audace, énergie, séduction.

Amalia
3 000 TOP 300

Travailleuse (germanique). Féminin allemand, finlandais, néerlandais, espagnol, italien, grec et roumain. Aux Pays-Bas, la naissance de Catharina-Amalia (la fille du prince Willem et de Maxima) a donné des ailes à cette composition. *Caractérologie :* audace, direction, dynamisme, indépendance, assurance.

Amalie
- de 30

Travailleuse (germanique). Féminin allemand. *Caractérologie :* découverte, résolution, énergie, audace, originalité.

Amalys
- de 30

Resplendir (grec). Féminin anglais. *Variante :* Amelys. *Caractérologie :* ambition, force, management, passion, habileté.

Amance
200

Aimée (latin). *Caractérologie :* ténacité, méthode, fiabilité, engagement, sécurité.

Amanda
6 000 TOP 900

Aimée (latin). En dehors de l'Hexagone, ce prénom est particulièrement porté dans les pays anglophones. *Variante :* Manda. *Caractérologie :* méditation, savoir, indépendance, sagesse, intelligence.

Amandine
95 000 TOP 500

Aimée (latin). Féminin français. *Variantes :* Amande, Amandyne, Amantine. *Caractérologie :* méditation, décision, savoir, indépendance, intelligence.

Amane
170

Maternité (basque). *Caractérologie :* savoir, intelligence, méditation, sagesse, indépendance.

Amani
1 000 TOP 700

Qui aspire à quelque chose (arabe). *Variante :* Amany. *Caractérologie :* relationnel, fidélité, intuition, décision, médiation.

Amanza
- de 30

Aimée (latin). Amanza est plus particulièrement usité en Italie et en Corse. *Caractérologie :* bonté, diplomatie, sociabilité, loyauté, réceptivité.

Amara
450

Immortelle (sanscrit). Amara est plus particulièrement usité en Arménie et en Inde. *Variante :* Amaria. *Caractérologie :* savoir, intelligence, méditation, sagesse, indépendance.

Amarande
- de 100

Aimer (latin). Féminin français. *Caractérologie :* pragmatisme, communication, créativité, décision, optimisme.

Amaranthe
- de 30

Plante ornementale dont le nom vient du latin *amaranthus*, et du grec *anthos* (« fleur »). Amaranthe est fêté avec Fleur, le 5 octobre. *Variantes :* Amarante, Amarantha. *Caractérologie :* humanité, rectitude, générosité, sensibilité, volonté.

Amaria
450

Dieu a parlé (hébreu), bâtisseuse (arabe). *Caractérologie :* sagesse, indépendance, intelligence, savoir, méditation.

Amarine
- de 100

Aimer (latin). *Caractérologie :* savoir, analyse, méditation, indépendance, sagesse.

Amaris
- de 100

Promise par Dieu (hébreu). *Caractérologie :* savoir, intelligence, méditation, sagesse, indépendance.

A

Amaryllis
250 ↑

Resplendir (grec). Les poètes Virgile, Théocrite et Ovide ont en commun d'avoir loué la beauté légendaire d'Amaryllis. Ce prénom français est fêté avec Fleur, le 5 octobre. *Variantes :* Amarillis, Amarylise. *Caractérologie :* relationnel, intuition, médiation, fidélité, réalisation.

Amaya
2 000 TOP 400 ↑

Aimée (latin), fin (basque). Amaya est plus traditionnellement usité en Espagne et au Pays basque. *Caractérologie :* découverte, énergie, audace, originalité, réalisation.

Amayelle
- de 100

Dans la saga fantastique Les Chevaliers d'Émeraude, d'Anne Robillard, Amayelle est la princesse des elfes. *Caractérologie :* réalisation, diplomatie, loyauté, sociabilité, décision.

Ambérine
- de 30

Voir Ambre. *Caractérologie :* méthode, fiabilité, sécurité, détermination, résolution.

Ambre
49 000 TOP 50 →

Cette forme féminine d'Ambroise tire ses origines du grec *ambrosios*, « immortel ». *Variantes :* Ambar, Amber, Ambra. *Caractérologie :* optimisme, pragmatisme, communication, créativité, détermination.

Ambrine
3 000 TOP 2 000 ↘

Voir Ambre. *Caractérologie :* vitalité, ardeur, achèvement, stratégie, décision.

Ambroisine
450

Voir Ambre. *Variante :* Ambrosine. *Caractérologie :* conscience, bienveillance, volonté, paix, détermination.

Amel
12 000 TOP 400 ↘

Espoir (arabe). *Caractérologie :* structure, efficacité, sécurité, persévérance, honnêteté.

Amele
450

Espoir (arabe). *Caractérologie :* altruisme, intégrité, idéalisme, réflexion, dévouement.

Amélia
13 000 TOP 100 ↗

Travailleuse (germanique). Grâce à la popularité de la princesse anglaise du même nom, Amelia a connu une certaine faveur en Angleterre au XVIIIe siècle. Depuis, ce prénom s'est largement répandu en Italie, en Allemagne et dans les pays anglophones, hispanophones et lusophones. Ce choix traditionnel basque et corse pourrait prochainement supplanter Amélie dans le classement français. *Caractérologie :* dynamisme, courage, indépendance, résolution, curiosité.

Amélie
81 000 TOP 500 ↘

Travailleuse (germanique). Peu attribué par le passé, Amélie bourgeonne au XVIIe siècle grâce à la popularité de la princesse anglaise Amelia. Ce prénom fait des émules dans les familles royales et prénomme d'autres têtes couronnées (incluant quelques Marie-Amélie) avant de se répandre plus largement en France. Il revient à lui après un long sommeil, à la fin des années 1980, s'imposant dans les vingt premiers rangs à son dernier pic, en 1991. *Variantes :* Amelia, Amellia, Amélya, Amely, Amelys, Amilia. *Caractérologie :* réflexion, altruisme, résolution, intégrité, idéalisme.

Ameline
2 000 ↘

Travailleuse (germanique). Féminin français. On peut estimer que moins de 30 enfants seront prénommés ainsi

Ambre

Fête :
7 décembre

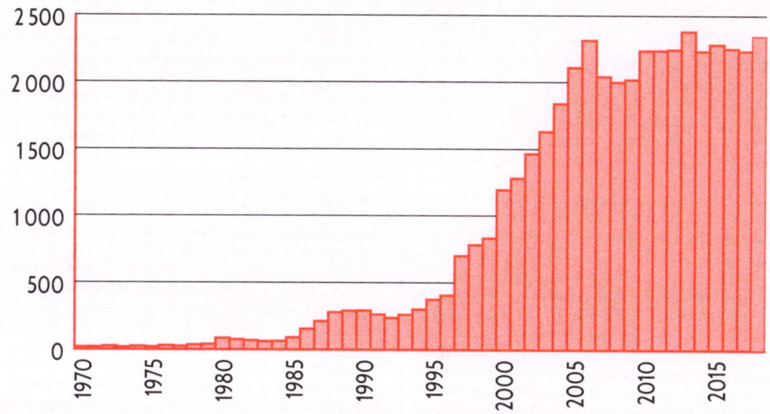

Étymologie

Cette forme féminine d'Ambroise tire ses origines du grec *ambrosios*, « immortel ». Dans la mythologie, les dieux de l'Olympe se nourrissent de l'ambroisie, gage d'immortalité. L'ambre est également une substance végétale sécrétée par les conifères. Il est utilisé comme bijou ou talisman.

Au cours de l'histoire, les Latins appelaient l'ambre jaune *succinum* et les Arabes nommaient l'ambre gris *ambar*. Cet héritage multiculturel fait d'Ambre un prénom prisé par les couples mixtes.

Amber, la forme anglophone du prénom, émerge dès le XIXe siècle. Mais c'est le roman *Forever Amber*, de Kathleen Winsor, paru en 1944, qui lance sa carrière. Amber atteint son pic de popularité aux États-Unis à la fin des années 1980 (top 15), avant d'obtenir un succès comparable en Angleterre.

Ambre, la version française, apparaît pour la première fois dans l'Hexagone en 1952, mais passe inaperçue, avec trois attributions seulement. Elle ne fait guère d'émules avant les années 1990, où son destin change soudainement. Happée par la vague des prénoms inspirés de la nature et la gloire d'une autre pierre précieuse (Jade), Ambre supplante Océane et gravit les échelons de la postérité. On a pu croire un moment à son reflux. Fausse piste, elle vient de rebondir dans le top 20 et a fait son entrée dans le top 50 parisien !

En dehors de la France, ce prénom se fait plutôt discret. Il ne convainc pas les Québécois mais séduit davantage en Wallonie (top 40) et en Romandie (top 70).

Apparue en 1991 dans l'Hexagone, la variante Ambrine est désormais portée par près de 2 500 Françaises. Ce joli succès n'a pas entraîné l'éclosion des très discrètes Ambérine, Ambrosia, Ambroisine et Ambrosine.

Personnes célèbres

Amber Heard, actrice américaine, née en 1986 ; Amber Valetta, top model et actrice américaine, née en 1974.

Statistiques

Ambre est le 28e prénom féminin le plus donné en France depuis l'an 2000. Ce prénom est attribué à près d'une fille sur 140 aujourd'hui.

A

en 2021. *Variantes :* Amelina, Amelyne. Formes basques et corses : Ameli, Amelia. *Caractérologie :* originalité, énergie, découverte, résolution, audace.

Amelle
1 500 ↗

Espoir (arabe). *Caractérologie :* enthousiasme, pratique, adaptation, générosité, communication.

Aménis
- de 100

Se rapporte à Améni, pharaon de la XIIIe dynastie égyptienne. *Caractérologie :* résolution, connaissances, sagacité, spiritualité, originalité.

Amicie
500 →

Aimée (latin). *Caractérologie :* engagement, méthode, fiabilité, ténacité, sens du devoir.

Amina
13 000 TOP 200 →

Loyale, digne de confiance (arabe). *Variante :* Amine. *Caractérologie :* relationnel, intuition, médiation, fidélité, décision.

Aminata
8 000 TOP 300 →

Loyale, digne de confiance (arabe). *Caractérologie :* curiosité, courage, résolution, dynamisme, indépendance.

Amira
8 000 TOP 200 ↗

Prince (arabe), proclamée (hébreu). *Caractérologie :* paix, bienveillance, conscience, conseil, sagesse.

Amy
4 000 TOP 300 →

Qui est aimée (latin). Féminin anglais. *Caractérologie :* optimisme, pragmatisme, créativité, communication, réussite.

Ana
11 000 TOP 200 →

Grâce (hébreu). Ana est très répandu dans les pays hispanophones, lusophones et slaves méridionaux. C'est aussi un choix traditionnel basque. *Variantes :* Ane, Ani. *Caractérologie :* connaissances, spiritualité, sagacité, originalité, philosophie.

Anabel
600 ↘

Grâce (hébreu). Prénom espagnol. *Caractérologie :* organisation, force, ambition, habileté, passion.

Anabelle
2 000 ↘

Grâce (hébreu). On peut estimer que moins de 30 enfants seront prénommés ainsi en 2021. *Variantes :* Anabela, Anabella. *Caractérologie :* savoir, intelligence, indépendance, méditation, organisation.

Anaé
9 000 TOP 200 →

Contraction d'Anne et Hanaé. Féminin français et japonais. *Variante :* Naé. *Caractérologie :* adaptation, communication, pratique, enthousiasme, générosité.

Anaël
1 500 TOP 2 000 →

Grâce (hébreu). On peut estimer que moins de 30 enfants seront prénommés ainsi en 2021. *Variante :* Annaël. *Caractérologie :* équilibre, sens des responsabilités, influence, exigence, famille.

Anaëlle
24 000 TOP 200 →

Grâce (hébreu). Cette forme bretonne d'Anne peut également être orthographiée sans tréma. *Variantes :* Anaële, Enaëlle. *Caractérologie :* curiosité, dynamisme, indépendance, courage, charisme.

Anaia
450 TOP 800 →

Dieu a répondu (hébreu), frère (basque). Bien que ce nom apparaisse au masculin dans l'Ancien Testament, Anaia est uniquement attribué aux filles dans

A

l'Hexagone. *Caractérologie :* force, ambition, habileté, résolution, passion.

Anaïg
150

Grâce (hébreu). Cette forme bretonne d'Anne peut également être orthographiée sans tréma. *Variantes :* Anaïck, Anaïk. *Caractérologie :* découverte, énergie, audace, originalité, résolution.

Anaïs
131 000 TOP 100

Grâce (hébreu). Ce dérivé d'Anne fleurit en France dans les années 1980 alors que le parfum du même nom connaît un succès fulgurant. Anaïs atteint très vite son zénith, s'imposant au 4e rang du classement en 1993, avant de décliner. Ce prénom rendu célèbre par Anaïs Nin, écrivaine américaine d'origine cubaine (1903-1977), est peu répandu dans les pays anglophones. Dans l'Hexagone, il est plus particulièrement usité dans le Pays basque et en Occitanie. *Variante :* Annaïs. *Caractérologie :* habileté, ambition, force, passion, détermination.

Analia
200 TOP 2 000

Contraction espagnole d'Ana et Lia. *Caractérologie :* résolution, diplomatie, loyauté, réceptivité, sociabilité.

Anastasia
7 000 TOP 200

Résurrection (grec). Anastasia est plus particulièrement répandu en Grèce, en Russie, dans les pays anglophones et hispanophones. C'est aussi un choix traditionnel occitan. *Variantes :* Anastassia, Anasthasia. *Caractérologie :* fiabilité, ténacité, méthode, engagement, décision.

Anastasie
950

Résurrection (grec). *Variante :* Anasthasie. *Caractérologie :* vitalité, achèvement, stratégie, décision, ardeur.

Anathilde
- de 30

Contraction d'Anna et Mathilde. *Caractérologie :* autorité, innovation, décision, attention, autonomie.

Anatolie
- de 100

Aube, soleil levant (grec). *Variantes :* Anatolia, Anatoline. *Caractérologie :* audace, énergie, découverte, résolution, analyse.

Anaya
1 000 TOP 400

Unique, inégalée (sanscrit), variante d'Anaia. Prénom indien d'Asie. Anaya est également un nom de lieu et un patronyme espagnol. *Caractérologie :* conscience, bienveillance, conseil, paix, sagesse.

Anceline
- de 100

Servante (latin). *Caractérologie :* ouverture d'esprit, rêve, décision, humanité, rectitude.

Andréa
31 000 TOP 100

Force, courage (grec). Andrea apparaît dans les pays anglophones dès le XVIIe siècle, mais ses attributions restent modestes jusque dans les années 1950, où il connaît un boom de popularité. Son succès se propage en France, et lui permet en 1995 de s'imposer dans le top 60 féminin. Une fortune qui a permis de révéler Andrea au masculin. Ce prénom est également répandu en Allemagne, en Hongrie, dans les pays scandinaves, au Pays basque et en Occitanie. *Variantes :* Andréane, Andréanne, Andria, Andreva. *Caractérologie :* intelligence, savoir, méditation, indépendance, décision.

Andréanne
110

Contraction d'Andrée et Anne. *Caractérologie :* sécurité, persévérance, efficacité, résolution, structure.

A

Andrée
82 000

Force, courage (grec). Ce féminin d'André se révèle au début du XXe siècle et culmine au 10e rang féminin en 1919. Bien qu'il ait grandi dans le sillon d'André, ce prénom a été trois fois moins attribué que son masculin au siècle dernier. *Variantes :* Andrèse, Andrésia, Andrésine, Andrette, Andrey, Andrèze. *Caractérologie :* intuition, relationnel, médiation, résolution, fidélité.

Andreia
700 TOP 2 000

Force, courage (grec). Ce prénom est particulièrement répandu au Portugal. *Caractérologie :* connaissances, spiritualité, originalité, sagacité, détermination.

Andria
- de 30

Forme anglophone d'Andrée : force, courage (grec). Au masculin, Andria est également une forme italienne et corse d'André. Une ville italienne située dans la région des Pouilles s'appelle ainsi. *Caractérologie :* relationnel, médiation, fidélité, intuition, détermination.

Andriana
- de 100

Force, courage (grec). Féminin scandinave. *Variantes :* Andriane, Andrianna, Andrianne, Andrina, Andrienne, Drina. *Caractérologie :* stratégie, motivation, management, passion, ambition.

Andriette
- de 30

Force, courage (grec). Féminin scandinave. *Variante :* Andrietta. *Caractérologie :* équilibre, conscience, volonté, influence, exigence.

Andrine
- de 30

Diminutif scandinave d'Alexandrine ou d'Andrée. *Caractérologie :* décision, diplomatie, fidélité, adaptabilité, intuition.

Anémone
150

Nom de fleur (grec). *Caractérologie :* structure, persévérance, sécurité, efficacité, volonté.

Ange
2 000 TOP 2 000

Messagère (grec). *Variantes :* Angie, Angy. *Caractérologie :* humanité, rectitude, rêve, générosité, tolérance.

Angel
850 TOP 2 000

Messagère (grec). Angel est très attribué aux États-Unis. *Caractérologie :* optimisme, communication, sympathie, pragmatisme, créativité.

Angéla
8 000 TOP 600

Messagère (grec). Féminin anglais, allemand, grec, néerlandais, roumain, russe et slave. *Variante :* Angella. *Caractérologie :* efficacité, structure, persévérance, amitié, sécurité.

Angèle
26 000 TOP 400

Messagère (grec). Prénom français. Sainte Angèle de Merici, fondatrice de l'ordre des Ursulines, vécut en Italie au XVIe siècle. *Variantes :* Angélia, Angélie, Angelle. *Caractérologie :* habileté, ambition, cœur, passion, force.

Angelica
1 500 TOP 2 000

Messagère (grec). Féminin italien, roumain, espagnol et portugais. On peut estimer que moins de 30 enfants seront prénommés ainsi en 2021. *Caractérologie :* sagacité, connaissances, spiritualité, résolution, sympathie.

Angelina
19 000 TOP 300

Messagère (grec). Angelina est plus particulièrement répandu en Italie, en Russie, en Pologne, en Allemagne et dans les pays anglophones. *Caractérologie :* rectitude, humanité, détermination, amitié, rêve.

A

Anna

Fête :
26 juillet

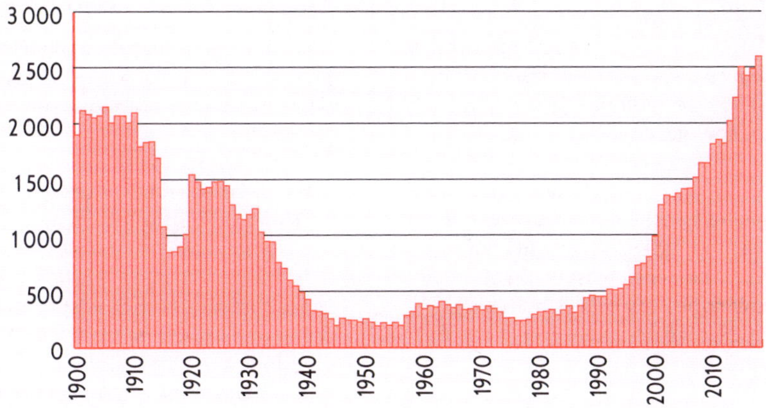

Étymologie

De l'hébreu *hannah*, « grâce ». La tradition bretonne dit que sainte Anne serait née en Bretagne, qu'elle serait allée en Judée pour y épouser Joachim, et qu'elle serait revenue terminer ses jours dans son pays natal. Avant qu'elle ne devienne la très populaire patronne de la Bretagne, et bien avant les débuts du christianisme, les Gaulois vénéraient Ana, la déesse mère de la Fertilité et des dieux celtes. Son assimilation à sainte Anne, la mère de Marie dans la Bible, a épaissi la part de mystère qui lui est associée.

Ce prénom employé en Orient aux premiers siècles est très attribué au Moyen Âge dans le monde chrétien. La forme Anna se diffuse à partir du XVIIIe siècle dans les pays occidentaux et dispute rapidement la suprématie d'Anne dans les pays anglophones. Aujourd'hui, cette valeur sûre revient un peu partout en Europe, en Russie et dans les pays hispanophones. Anna conforte sa position dans les 10 choix préférés des Parisiens et pourrait faire de même au niveau national en 2021. Elle s'est également hissée dans les 50 premiers rangs des palmarès romand, québécois et wallon.

Dans l'histoire

De nombreuses saintes, princesses et reines illustrèrent ce prénom. **Anne d'Autriche**, épouse de Louis XIII, fut reine de France en 1615. À la mort de son époux, elle prit la régence du royaume de 1643 à 1651 jusqu'à la majorité de son fils Louis XIV. **Anne Boleyn**, dont le mariage avec Henri VIII est à l'origine du schisme anglican, fut reine d'Angleterre jusqu'à ce que le roi la fasse décapiter pour adultère, haute trahison et inceste, à Londres le 19 mai 1536. **Anna Ivanovna** fut également impératrice de Russie de 1730 à 1740.

Ce prénom fut, par le passé, employé au masculin, mais il n'est plus que marginalement attribué à des garçons. **Anne-Louis Girodet**, peintre français (1767-1824), et **Anne de Montmorency** (1493-1567), figure influente de la Renaissance française, ont illustré ce prénom.

Personnes célèbres

Anna Freud, psychanalyste britannique d'origine autrichienne (1895-1982) ; Anne Brontë, femme de lettres britannique (1820-1849).

Statistiques

Anna est le 35e prénom féminin le plus donné en France depuis l'an 2000. Ce prénom est attribué à près d'une fille sur 130 aujourd'hui (contre une fille sur 5 000 pour Anne).

Angeline
11 000 TOP 2 000 ↘

Messagère (grec). Féminin français. *Caractérologie :* résolution, structure, sécurité, persévérance, sympathie.

Angélique
89 000 TOP 2 000 ↘

Messagère (grec). Féminin français. *Caractérologie :* autorité, innovation, action, énergie, cœur.

Angie
3 000 TOP 2 000 ↘

Messagère (grec). Féminin anglais. On peut estimer que moins de 30 enfants seront prénommés ainsi en 2021. *Caractérologie :* résolution, humanité, tolérance, rêve, rectitude.

Anh
110

Reflet, rayon lumineux (vietnamien). *Caractérologie :* découverte, énergie, séduction, originalité, audace.

Ania
1 500 TOP 400 →

Grâce (hébreu). Ania est très répandu en Pologne et en Russie. *Caractérologie :* savoir, intelligence, méditation, indépendance, détermination.

A

Anicette
550

Invincible (grec). *Variantes :* Anicée, Anicet, Nicette. *Caractérologie :* détermination, dynamisme, audace, gestion, séduction.

Anick
2 000

Grâce (hébreu). *Variante :* Anik. *Caractérologie :* sociabilité, gestion, diplomatie, décision, réceptivité.

Anie
500

Grâce (hébreu). *Caractérologie :* intuition, médiation, relationnel, fidélité, décision.

Aniela
300 ↑

Messagère (grec). Dans l'Hexagone, Aniela est plus traditionnellement usité au Pays basque. *Caractérologie :* éthique, famille, influence, équilibre, détermination.

Anissa
19 000 TOP 400 ↘

Sociable, sympathique (arabe). Ce prénom est particulièrement répandu dans les cultures musulmanes francophones. *Variantes :* Anicia, Anise, Annissa, Anissia, Anyse, Anysia, Anyssa, Anyssia. *Caractérologie :* décision, réflexion, altruisme, idéalisme, intégrité.

Anita
26 000 TOP 800 →

Grâce (hébreu). Féminin espagnol, portugais, anglais, français, néerlandais et scandinave. *Caractérologie :* humanité, rêve, rectitude, détermination, tolérance.

Ann
550

Grâce (hébreu). Féminin anglais. *Caractérologie :* relationnel, intuition, médiation, fidélité, adaptabilité.

Anna
68 000 TOP 50 ↗

Grâce (hébreu). *Caractérologie :* adaptation, communication, enthousiasme, pratique, générosité.

Annabel
2 000 ↓

Grâce (hébreu). Féminin anglais. On peut estimer que moins de 30 enfants seront prénommés ainsi en 2021. *Caractérologie :* structure, persévérance, sécurité, organisation, efficacité.

Annabella
700 ↘

Grâce (hébreu). Féminin anglais. *Variante :* Anabella. *Caractérologie :* ambition, force, organisation, habileté, passion.

Annabelle
18 000 TOP 500 →

Grâce (hébreu). En dehors de l'Hexagone, Annabelle est répandu dans les pays anglophones. *Caractérologie :*

pragmatisme, communication, optimisme, créativité, organisation.

Annaëlle
6 000 TOP 500

Contraction d'Anne et Maëlle. *Caractérologie :* innovation, autonomie, énergie, autorité, ambition.

Annaïck
1 000

Grâce (hébreu). *Caractérologie :* habileté, organisation, force, ambition, détermination.

Annaïg
1 000

Forme bretonne d'Anne : grâce (hébreu). *Caractérologie :* décision, audace, direction, dynamisme, indépendance.

Annalie
- de 30

Contraction d'Anne et Nathalie. *Caractérologie :* médiation, relationnel, fidélité, adaptabilité, intuition.

Anne
244 000 TOP 800

Grâce (hébreu). Anne et ses formes dérivées sont très attribuées dans les pays occidentaux du haut Moyen Âge au début du XIXe siècle. Ses occurrences fléchissent ensuite mais se maintiennent à un niveau élevé, de sorte qu'Anne a peu d'efforts à fournir pour s'imposer dans le top 20 français de 1960 à 1973. En France comme dans les pays anglophones, Anne se replie plus nettement depuis le début des années 2000. La formidable ascension d'Anna n'est pas étrangère à ce reflux (voir le focus sur ce prénom). ◇ Plusieurs têtes couronnées illustrèrent ce prénom. Au XVIIe siècle, Anne d'Autriche assura la régence de la France pendant treize ans jusqu'à ce que Louis XIV soit en âge de gouverner. Sainte Anne, épouse de saint Joachim, fut la mère de Marie et la grand-mère de Jésus. La tradition bretonne dit qu'elle serait née en Bretagne, qu'elle serait allée en Judée pour y épouser Joachim, et qu'elle serait revenue terminer ses jours dans son pays natal. *Caractérologie :* connaissances, sagacité, spiritualité, philosophie, originalité.

Anne-Cécile
4 000

Forme composée d'Anne et Cécile. Féminin français. *Caractérologie :* vitalité, achèvement, stratégie, décision, ardeur.

Anne-Charlotte
4 000

Forme composée d'Anne et Charlotte. Féminin français. On peut estimer que moins de 30 enfants seront prénommés ainsi en 2021. *Caractérologie :* innovation, énergie, autorité, attention, logique.

Anne-Claire
6 000

Forme composée d'Anne et Claire. Féminin français. On peut estimer que moins de 30 enfants seront prénommés ainsi en 2021. *Caractérologie :* énergie, innovation, résolution, autorité, ambition.

Anne-Élisabeth
650

Forme composée d'Anne et Élisabeth. Féminin français. *Caractérologie :* connaissances, sagacité, détermination, spiritualité, sensibilité.

A

Anne-Laure
20 000

Forme composée d'Anne et Laure. Féminin français. On peut estimer que moins de 30 enfants seront prénommés ainsi en 2021. *Caractérologie :* résolution, innovation, autorité, ambition, énergie.

Anneliese
450

Contraction d'Anne et Élisabeth. Anneliese est plus particulièrement répandu en Allemagne. *Caractérologie :* communication, pratique, enthousiasme, adaptation, détermination.

Anne-Lise
8 000 ↘
Forme composée d'Anne et Lise. Féminin français. On peut estimer que moins de 30 enfants seront prénommés ainsi en 2021. *Caractérologie :* intelligence, savoir, méditation, détermination, indépendance.

Annelyse
650
Grâce (hébreu). *Caractérologie :* audace, découverte, énergie, originalité, cœur.

Anne-Lyse
700
Forme composée d'Anne et Lyse. Féminin français. *Caractérologie :* courage, dynamisme, curiosité, indépendance, cœur.

Anne-Marie
85 000 →
Forme composée d'Anne et Marie. Féminin français. On peut estimer que moins de 30 enfants seront prénommés ainsi en 2021. *Caractérologie :* force, ambition, habileté, passion, détermination.

Anne-Sophie
32 000 →
Forme composée d'Anne et Sophie. Féminin français. On peut estimer que moins de 30 enfants seront prénommés ainsi en 2021. *Caractérologie :* intelligence, résolution, méditation, savoir, ressort.

Annette
22 000 ↗
Grâce (hébreu). Féminin français. *Caractérologie :* intelligence, méditation, indépendance, savoir, sagesse.

Annick
115 000
Grâce (hébreu). Féminin français. *Caractérologie :* organisation, résolution, spiritualité, sagacité, connaissances.

Annie
187 000 TOP 2 000 →
Grâce (hébreu). Ce diminutif d'Anne atteint son pic de popularité dans les pays anglophones peu après avoir émergé à la fin du XIXe siècle. Il décolle dans les années 1930 en France et bondit au 8e rang féminin en 1947, son point culminant. On peut estimer que moins de 30 enfants seront prénommés ainsi en 2021. *Caractérologie :* intelligence, indépendance, savoir, méditation, décision.

Annik
2 000
Grâce (hébreu). *Caractérologie :* structure, sécurité, efficacité, décision, persévérance.

Anny
8 000
Grâce (hébreu). Féminin français. *Caractérologie :* altruisme, idéalisme, réflexion, dévouement, intégrité.

Anouchka
1 500 →
Grâce (hébreu). Féminin russe et polonais. On peut estimer que moins de 30 enfants seront prénommés ainsi en 2021. *Caractérologie :* sensibilité, sociabilité, réceptivité, diplomatie, organisation.

Anouck
3 000 TOP 800 →
Grâce (hébreu). Féminin français. *Variante :* Annouck. *Caractérologie :* organisation, diplomatie, réceptivité, sociabilité, loyauté.

Anouk
10 000 TOP 200 →
Grâce (hébreu). Ce prénom français est très attribué aux Pays-Bas. *Variante :* Annouk. *Caractérologie :* achèvement, vitalité, stratégie, organisation, ardeur.

Anthéa
1 500 TOP 2 000 →
Fleur (grec). Forme corse : Antea. *Caractérologie :* sécurité, persévérance, structure, efficacité, attention.

A

Antinea
120

Fleur (grec). *Variante :* Anthinéa. *Caractérologie :* innovation, énergie, autorité, ambition, détermination.

Antoinette
23 000

Inestimable (latin), fleur (grec). Féminin français. On peut estimer que moins de 30 enfants seront prénommés ainsi en 2021. *Caractérologie :* équilibre, sens des responsabilités, famille, influence, détermination.

Antonella
1 500

Inestimable (latin), fleur (grec). *Caractérologie :* méthode, ténacité, engagement, fiabilité, gestion.

Antonia
4 000 TOP 700

Inestimable (latin), fleur (grec). Féminin italien, espagnol, anglais, allemand, scandinave, roumain, polonais, basque et corse. *Variante :* Antonie. *Caractérologie :* résolution, intuition, relationnel, fidélité, médiation.

Antonie
- de 100

Inestimable (latin), fleur (grec). *Caractérologie :* famille, influence, équilibre, détermination, sens des responsabilités.

Antonina
350

Inestimable (latin), fleur (grec). *Caractérologie :* méditation, intelligence, savoir, décision, indépendance.

Antonine
750

Inestimable (latin), fleur (grec). *Caractérologie :* intuition, médiation, fidélité, relationnel, résolution.

Anwen
- de 100

Très belle, blanche, heureuse (gallois). *Caractérologie :* communication, pratique, enthousiasme, adaptation, générosité.

Any
500

Grâce (hébreu). *Caractérologie :* structure, sécurité, persévérance, honnêteté, efficacité.

Anya
1 500 TOP 500

Grâce (hébreu). Prénom russe. *Caractérologie :* énergie, audace, séduction, originalité, découverte.

Apolline
17 000 TOP 100

Qui vient d'Apollonie (grec). Dans la mythologie grecque, Apolline se rapporte à Apollon, le dieu de la Lumière. Féminin français. *Variantes :* Apoline, Apollonie, Appolonie, Appollonie, Polonia, Polonie. *Caractérologie :* pragmatisme, optimisme, communication, sympathie, analyse.

Appoline
1 500 TOP 900

Qui vient d'Apollonie (grec). *Caractérologie :* intelligence, méditation, sympathie, savoir, analyse.

April
1 500 TOP 400

Qui bourgeonne (latin). Féminin anglais. *Caractérologie :* relationnel, adaptabilité, médiation, intuition, fidélité.

Araia
- de 30

Nom de rivière (basque). *Caractérologie :* communication, pragmatisme, créativité, optimisme, sociabilité.

Arana
- de 30

Nid d'oiseau (tahitien). *Caractérologie :* habileté, ambition, management, passion, détermination.

Araxie
- de 30

De l'Araxe, fleuve arménien (arménien). Féminin arménien. *Caractérologie :* fiabilité, méthode, engagement, décision, ténacité.

Arcadia
- de 30

Qui vient d'Arcadie (latin). L'Arcadie est une zone montagneuse du Péloponnèse située en Grèce. *Variante :* Arcadie. *Caractérologie :* innovation, énergie, autorité, autonomie, ambition.

Argane
- de 100

Argent (celte). Féminin breton. *Caractérologie :* énergie, autorité, ambition, innovation, décision.

Aria
3 000 TOP 200

Le mot italien aria désigne un air de musique. *Variante :* Arya. *Caractérologie :* intuition, médiation, relationnel, fidélité, adaptabilité.

Ariana
1 000 TOP 400

Sacré (grec). Dans l'Hexagone, Ariana est plus particulièrement usité en Corse et en Occitanie. *Variante :* Arianna. *Caractérologie :* stratégie, achèvement, détermination, ardeur, vitalité.

Ariane
10 000 TOP 400

Sacré (grec). Féminin français et allemand. *Variante :* Arianne. *Caractérologie :* communication, enthousiasme, pratique, adaptation, décision.

A

Aricie
- de 30

La meilleure (grec). Dans la mythologie grecque, la princesse Aricie est l'épouse d'Hippolyte, le fils du roi d'Athènes. *Caractérologie :* humanité, rectitude, rêve, tolérance, résolution.

Arielle
3 000 TOP 2 000

Lionne de Dieu (hébreu). Féminin français. *Variante :* Ariel. *Caractérologie :* achèvement, vitalité, ardeur, stratégie, décision.

Arima
- de 30

L'âme (basque). *Caractérologie :* conscience, bienveillance, paix, conseil, sagesse.

Aristée
- de 30

Le meilleur objectif (grec). *Caractérologie :* indépendance, curiosité, dynamisme, courage, décision.

Arlène
400

Promesse (irlandais). Féminin anglais. *Variantes :* Arlena, Arlina, Arline. *Caractérologie :* indépendance, audace, direction, dynamisme, résolution.

Arlette
57 000

Promesse (irlandais). Féminin français. *Variante :* Arletty. *Caractérologie :* détermination, rêve, rectitude, humanité, organisation.

Armance
750 TOP 2 000

Forte, armée (germanique). *Caractérologie :* direction, audace, indépendance, dynamisme, détermination.

Armande
4 000

Forte, armée (germanique). Féminin français. *Variante :* Armanda. *Caractérologie :* sociabilité, décision, diplomatie, loyauté, réceptivité.

Armandine
900

Forte, armée (germanique). *Variante :* Armantine. *Caractérologie :* sagacité, originalité, connaissances, spiritualité, résolution.

Armantine
- de 100

Forte, armée (germanique). *Variantes :* Armantia, Armentine. *Caractérologie :* audace, énergie, originalité, décision, découverte.

Armelle
24 000 TOP 2 000 ↘

Prince, ours (celte). Féminin français et breton. On peut estimer que moins de 30 enfants seront prénommés ainsi en 2021. *Variantes :* Armel, Armeline. *Caractérologie :* pragmatisme, créativité, décision, communication, optimisme.

Artéa
- de 30

Arbre, verdure (basque). *Caractérologie :* humanité, rectitude, ouverture d'esprit, rêve, détermination.

Arthémise
- de 100

Artémis, la fille de Zeus et Léto dans la mythologie grecque, est la déesse de la Chasse. Elle est l'équivalent grec de la déesse romaine Diane. *Caractérologie :* achèvement, vitalité, stratégie, détermination, sensibilité.

Arthurine
- de 30

Ours (celte). Féminin français. *Variante :* Arthuria. *Caractérologie :* finesse, conscience, paix, bienveillance, résolution.

Arwa
700 TOP 900 ↗

Chèvre de montagne (arabe). *Caractérologie :* intelligence, savoir, méditation, indépendance, décision.

Arwen
1 500 TOP 900 ↘

Surnommée « Étoile du Soir », Arwen est l'elfe immortelle du *Seigneur des Anneaux*, de Tolkien. *Caractérologie :* indépendance, méditation, savoir, intelligence, résolution.

Arya
3 000 TOP 100 ↑

Noble, honorée (sanscrit), variante d'Aria. Arya est également une héroïne de la très célèbre série américaine *Game of Thrones*. Féminin anglais, indien d'Asie. *Caractérologie :* rêve, générosité, tolérance, intégrité, humanité.

Arzu
450

Ours (celte). Prénom breton. *Caractérologie :* enthousiasme, communication, pratique, générosité, adaptation.

Asha
- de 100

Espoir (sanskrit). Asha est répandu en Inde. *Caractérologie :* médiation, intuition, fidélité, adaptabilité, relationnel.

Ashley
5 000 TOP 400 →

Frênes dans un pré (anglais). Ce prénom mixte est très en vogue aux États-Unis. En France, Ashley est plus fréquemment attribué aux filles. *Caractérologie :* intelligence, méditation, savoir, amitié, indépendance.

Asia
550 ↘

Celle qui guérit (arabe), résurrection (grec). Féminin anglais. *Variante :* Azia. *Caractérologie :* pragmatisme, communication, optimisme, créativité, sociabilité.

Asma
9 000 TOP 300 →

Sublime, de haut rang (arabe). *Variantes :* Asmaa, Assma, Smahen. *Caractérologie :* spiritualité, philosophie, connaissances, sagacité, originalité.

Asmin
350 TOP 2 000 ↗

Prénom arabe emprunté au persan signifiant « fleur de jasmin ». *Caractérologie :* intuition, loyauté, adaptabilité, médiation, détermination.

Assia
19 000 TOP 100 →

Celle qui guérit (arabe). Dans la tradition islamique, Assia est l'épouse du pharaon qui recueillit Moïse du Nil et en fit son fils adoptif. Ce prénom est attribué de longue date dans les cultures musulmanes. *Variantes :* Assa, Hassya, Essia, Essya. *Caractérologie :* ténacité,

A

sens du devoir, méthode, fiabilité, engagement.

Assya
4 000 TOP 300 ↗

Celle qui guérit (arabe). *Caractérologie :* intuition, relationnel, médiation, fidélité, adaptabilité.

Astrid
17 000 TOP 500 →

Divine (vieux norrois). Ce prénom a été illustré par Astrid, la très populaire reine des Belges au début du XXe siècle. *Variante :* Astrée. *Caractérologie :* ambition, force, habileté, management, passion.

Asya
1 500 TOP 600 ↗

Celle qui guérit (arabe), résurrection (grec). *Caractérologie :* autorité, innovation, énergie, ambition, autonomie.

Athalie
- de 30

Dieu est exalté (hébreu). *Variante :* Athalia. Forme basque : Atalia. *Caractérologie :* sociabilité, réceptivité, diplomatie, attention, décision.

Athéna
2 000 TOP 400 ↑

Dans la mythologie grecque, Athéna est la déesse de la Sagesse, des Sciences et des Arts. En 2012, la princesse Marie et le prince Joachim de Danemark ont prénommé leur fille Athena. *Variantes :* Athène, Athénéa, Athina. *Caractérologie :* finesse, méthode, fiabilité, ténacité, engagement.

Athénaïs
3 000 TOP 300 ↑

Contraction d'Athéna et Anaïs. Féminin français. La plus célèbre des Athénaïs est sans aucun doute la marquise de Montespan. Longtemps favorite de Louis XIV, avec lequel elle eut sept enfants, Athénaïs de Montespan veilla à établir une cour fastueuse, raffinée et dominée par le bel esprit (Molière, La Fontaine). Libre d'esprit, elle choisit d'être appelée par son deuxième prénom, Athénaïs, au détriment du premier (Françoise). *Variantes :* Athanaïs, Athanasia, Athanase, Athanaïse, Athanasie, Athénaïse. *Caractérologie :* audace, découverte, décision, attention, énergie.

Atika
650 ↗

Noble, pure, d'une grande beauté (arabe). *Caractérologie :* paix, bienveillance, conscience, sagesse, conseil.

Aubane
850 TOP 2 000 ↘

Blanc (latin). *Variantes :* Aubana, Aube, Aubina. *Caractérologie :* organisation, achèvement, vitalité, stratégie, ardeur.

Aube
- de 100

Blanc (latin). *Caractérologie :* sociabilité, réceptivité, loyauté, organisation, diplomatie.

Aubeline
120

Blanc (latin). *Caractérologie :* organisation, sens des responsabilités, équilibre, famille, détermination.

Aude
31 000 TOP 2 000 ↘

Richesse (germanique). Féminin français. On peut estimer que moins de 30 enfants seront prénommés ainsi en 2021. *Variantes :* Audélia, Audélie, Audeline, Haude. Formes occitanes : Auda, Audeta, Audia. *Caractérologie :* ténacité, méthode, engagement, fiabilité, sens du devoir.

Audren
- de 100

Au-dessus, royal (celte). *Caractérologie :* altruisme, idéalisme, réflexion, résolution, intégrité.

Audrey
140 000 TOP 2 000 ↘

Noble, puissante (germanique). Ce prénom est apparu au VIIe siècle, mais il ne s'est pas vraiment propagé avant

A

le XXe siècle. Il décolle dans les pays anglophones puis en France, où son apogée date de 1984 (au 6e rang). Audrey est depuis retombé dans les profondeurs du classement. ◇ Au VIIe siècle, sainte Audrey rompit le mariage royal auquel on l'avait contrainte et fonda l'abbaye d'Ely, en Angleterre. *Variantes :* Aodrena, Audray, Audréane, Audrée, Audren, Audrenn, Audrena, Audrène, Audrina, Audrine, Audrie, Audry. *Caractérologie :* relationnel, intuition, cœur, médiation, réussite.

Audrina
200

Au-dessus, royal (celte). *Caractérologie :* patience, foyer, constance, détermination, confiance.

Augusta
3 000 TOP 2 000

Vénérable, grande (latin). Féminin allemand, italien, portugais et anglais. *Caractérologie :* idéalisme, réflexion, intégrité, altruisme, gestion.

Augustine
7 000 TOP 300 ↗

Consacré par les augures (latin). Féminin français. *Variantes :* Agustina, Augustina. *Caractérologie :* altruisme, idéalisme, intégrité, détermination, bonté.

Aurane
550 ↗

Contraction d'Aurélie et Anne. *Caractérologie :* sens des responsabilités, équilibre, influence, décision, famille.

Aure
600 TOP 2 000 →

En or (latin). *Variantes :* Aura, Auréa. *Caractérologie :* intégrité, idéalisme, réflexion, détermination, altruisme.

Aurégane
130

De haute naissance (celte). Prénom breton. *Variante :* Aurégan. *Caractérologie :* altruisme, idéalisme, intégrité, détermination, bonté.

Aurélia
17 000 TOP 900 ↘

En or (latin). Féminin français, anglais, hongrois, italien et roumain. *Variantes :* Aurela, Orélia. *Caractérologie :* détermination, ténacité, fiabilité, méthode, engagement.

Auréliane
250

Contraction d'Aurélie et Anne. *Variantes :* Aurélienne, Aurelne. *Caractérologie :* curiosité, dynamisme, indépendance, courage, détermination.

Aurélie
176 000 TOP 2 000 ↘

En or (latin). Adopté par les puritains anglophones au XVIe siècle, Aurelia est, comme l'Aurélie française, peu visible dans l'Hexagone avant la fin du XXe siècle. Au terme d'une envolée fulgurante, Aurélie s'impose au 1er rang national de 1983 à 1986, entre les règnes de Céline et Julie. Le palmarès féminin est alors nettement dominé par les terminaisons en « ie ». Sa chute, aussi vertigineuse que son ascension, ne s'explique pas vraiment. ◇ Fille d'Hugues Capet et sœur du roi Robert le Pieux, sainte Aurélie échappa au mariage en se retirant dans un ermitage construit par l'évêque de Ratisbonne (XIe siècle). On peut estimer que moins de 30 enfants seront prénommés ainsi en 2021. *Variantes :* Aurèle, Aurelle, Aurely, Aurielle. Forme bretonne : Aourell. *Caractérologie :* détermination, ardeur, stratégie, vitalité, achèvement.

Auréline
800

Contraction d'Aurélie et Line. *Caractérologie :* efficacité, persévérance, structure, sécurité, détermination.

Auria
200 →

En or (latin). Dans l'Hexagone, Auria est plus traditionnellement usité au Pays

A

basque. *Caractérologie :* découverte, audace, séduction, énergie, originalité.

Auriana
300
En or (latin). *Caractérologie :* intuition, médiation, fidélité, détermination, relationnel.

Auriane
6 000 TOP 900
En or (latin). *Variantes :* Auriana, Aurianna, Aurianne. *Caractérologie :* sens des responsabilités, famille, influence, détermination, équilibre.

Aurora
750 TOP 2 000
En or (latin). Dans la mythologie romaine, Aurora est la déesse du Matin. Aurora est plus traditionnellement usité en Espagne, dans les pays anglophones et au Pays basque. *Caractérologie :* intuition, relationnel, raisonnement, fidélité, médiation.

Aurore
64 000 TOP 300
En or (latin). Voir Aurora. Féminin français. *Caractérologie :* équilibre, famille, sens des responsabilités, analyse, résolution.

A

Automne
300 TOP 2 000
Désigne la saison qui succède à l'été. Né en 1995 dans l'Hexagone, ce nouveau prénom est porté par environ 115 personnes en France. *Caractérologie :* force, passion, volonté, loyauté, ténacité.

Auxane
1 000 TOP 2 000
Hospitalier (grec). *Variantes :* Auxanne, Euxane. *Caractérologie :* communication, pratique, enthousiasme, adaptation, générosité.

Ava
6 000 TOP 200
Vie, donner la vie (hébreu). Ava est plus particulièrement attribué dans les pays anglophones. *Variantes :* Avelina, Aveline. *Caractérologie :* sagesse, bienveillance, conscience, conseil, paix.

Avara
- de 30
La plus jeune (sanscrit). Féminin indien d'Asie. *Caractérologie :* connaissances, sagacité, originalité, philosophie, spiritualité.

Aveline
190
Variante d'Évelyne. *Variantes :* Avaline, Évaline, Évalyn. *Caractérologie :* énergie, décision, découverte, audace, originalité.

Aventine
- de 30
Avènement (latin). *Caractérologie :* intégrité, réflexion, altruisme, détermination, sagesse.

Avia
- de 30
Aïeule (latin). Féminin anglais. *Caractérologie :* famille, sens des responsabilités, équilibre, influence, exigence.

Aviva
150
Printemps (hébreu). *Caractérologie :* direction, audace, dynamisme, indépendance, assurance.

Avril
750 TOP 2 000
Qui bourgeonne (latin). Féminin français et anglais. *Caractérologie :* achèvement, stratégie, ardeur, vitalité, leadership.

Awa
3 000 TOP 300
Vie, donner la vie (hébreu). *Variante :* Ava. *Caractérologie :* sagacité, connaissances, spiritualité, originalité, philosophie.

Awen
200
Noble amie (irlandais). Awen est plus traditionnellement usité en Irlande et en Bretagne. *Variante :* Aven. *Caractérologie :* intelligence, sagesse, savoir, méditation, indépendance.

Awena
650
Noble amie (irlandais). Awena est plus traditionnellement usité en Irlande et en Bretagne. *Caractérologie :* force, habileté, passion, ambition, management.

Axelle
24 000 TOP 300
Mon père est paix (hébreu). Voir Axel. *Variantes :* Axelane, Axele, Axelia, Axeliane, Axeline, Axella, Axellane. *Caractérologie :* énergie, audace, découverte, originalité, séduction.

Aya
17 000 TOP 50
Soie tissée, couleur (japonais), vertu (arabe). Ce prénom est également usité au Ghana et en Côte d'Ivoire pour désigner les filles nées un jeudi. Ancien prénom biblique masculin, Aya renaît dans les cultures musulmanes francophones actuellement. *Variantes :* Ayah, Ayana. *Caractérologie :* altruisme, idéalisme, dévouement, réflexion, intégrité.

Ayame
- de 100
Iris (japonais). *Caractérologie :* intégrité, idéalisme, altruisme, réalisation, réflexion.

Ayana
1 500 TOP 400
En route (sanscrit), et variante d'Aya. *Caractérologie :* paix, bienveillance, conscience, conseil, sagesse.

Ayla
1 500 TOP 300
Gazelle (hébreu). *Caractérologie :* pragmatisme, créativité, sociabilité, communication, optimisme.

Aylin
3 000 TOP 500
Clair de lune (turc). *Caractérologie :* amitié, méditation, savoir, détermination, intelligence.

Ayline
2 000 TOP 300
Variante francisée d'Aylin. *Caractérologie :* enthousiasme, communication, décision, pratique, cœur.

Ayna
850 TOP 500
Variante d'Aina ; prénom turc signifiant « miroir ». *Caractérologie :* découverte, dynamisme, charisme, originalité, courage.

Ayse
2 000 TOP 2 000
Forme turque d'Aïcha : celle qui vivra, vitalité (arabe). Ayse est également le nom d'une commune française située en Haute-Savoie. Cette forme turque d'Aïsha est répandue en Turquie. *Caractérologie :* originalité, audace, séduction, énergie, découverte.

Azélie
650 TOP 800
Sec (grec), forme dérivée de Zélie. *Variante :* Azéline. *Caractérologie :* résolution, sécurité, persévérance, structure, efficacité.

Azeline
450 TOP 2 000
Jeune âne (latin). Prénom breton. *Variante :* Aseline. *Caractérologie :* humanité, rectitude, détermination, ouverture d'esprit, rêve.

Aziliz
1 000 TOP 2 000
Forme bretonne de Cécile : aveugle (latin). *Variantes :* Azilis, Azylis. *Caractérologie :* fidélité, relationnel, adaptabilité, intuition, médiation.

Azora
- de 30
Ciel bleu (persan). *Caractérologie :* indépendance, intelligence, savoir, méditation, sagesse.

A

B

Babette
190

Dieu est serment (hébreu). Féminin français. Forme occitane : Babet. *Caractérologie :* direction, indépendance, dynamisme, audace, assurance.

Bahia
850 TOP 2 000

D'une beauté resplendissante (arabe). *Caractérologie :* créativité, pragmatisme, communication, optimisme, sociabilité.

Baptistine
750

Immerger (grec). *Variantes :* Baptista, Baptistelle, Baptistina. *Caractérologie :* sagacité, spiritualité, connaissances, originalité, détermination.

Barbara
25 000 TOP 900

Étrangère (grec). Féminin anglais, italien, français, allemand, corse et occitan. *Caractérologie :* intelligence, savoir, indépendance, méditation, sagesse.

Bathilde
250

Audacieuse, combattante (germanique). *Variante :* Bathilda. *Caractérologie :* connaissances, sagacité, sensibilité, spiritualité, détermination.

Baya
2 000 TOP 600

Noble, distinguée (turc), d'une beauté resplendissante (arabe). *Variante :* Bahia. *Caractérologie :* relationnel, adaptabilité, intuition, médiation, fidélité.

Béatrice
124 000 TOP 900

Heureuse, qui rend heureuse (latin). Nièce d'une reine de Castille au XVe siècle, sainte Béatrice de Silva quitta la Cour et ses prétendants pour fonder une congrégation dédiée à l'Immaculée Conception. En dehors de l'Hexagone, Beatrice est plus particulièrement répandu en Italie et dans les pays anglophones. Forme diminutive : Béa. *Caractérologie :* rectitude, humanité, organisation, rêve, détermination.

Beatrix
2 000

Heureuse, qui rend heureuse (latin). Féminin anglais et néerlandais. *Caractérologie :* originalité, connaissances, sagacité, spiritualité, résolution.

Beatriz
850 TOP 2 000

Heureuse, qui rend heureuse (latin). Féminin italien, portugais, breton et occitan. Variante occitane : Beatris. *Caractérologie :* intégrité, détermination, altruisme, sensibilité, idéalisme.

Belinda
4 000

Belle (italien), doux (germanique). Féminin italien et anglais. On peut estimer que moins de 30 enfants seront prénommés ainsi en 2021. *Variante :* Béline. *Caractérologie :* intuition, médiation, organisation, détermination, relationnel.

Bella
1 500 TOP 500

Dieu est serment (hébreu), belle (latin). Féminin italien et anglais. *Variante :* Belle. Formes basques : Bela, Belen. *Caractérologie :* audace, découverte, énergie, originalité, gestion.

Bénédicte
33 000 TOP 2 000

Bénie (latin). Féminin français. On peut estimer que moins de 30 enfants seront prénommés ainsi en 2021. *Variantes :* Benedetta, Benedite, Benita. Forme basque : Benedita. Forme occitane : Beneta. *Caractérologie :* engagement, ténacité, méthode, fiabilité, sens du devoir.

Benjamine
500

Fils du Sud (hébreu). Féminin français. *Caractérologie :* indépendance, direction, détermination, audace, dynamisme.

Benoîte
550

Bénie (latin). Féminin français. *Caractérologie :* intelligence, indépendance, savoir, sagesse, méditation.

Bérangère
7 000

Esprit, ours (germanique). Féminin français. *Caractérologie :* pratique, communication, adaptation, enthousiasme, résolution.

Bérengère
8 000

Esprit, ours (germanique). Féminin français. *Caractérologie :* savoir, intelligence, méditation, sagesse, indépendance.

Bérénice
11 000 TOP 300

Qui apporte la victoire (grec). Féminin français, anglais et italien. *Variante :* Bernice. *Caractérologie :* méditation, savoir, intelligence, indépendance, sagesse.

Bergamote
- de 30

Nom du fruit du bergamotier. *Caractérologie :* habileté, ambition, management, passion, épanouissement.

Bernadette
107 000

Force, ours (germanique). Féminin français et anglais. On peut estimer que moins de 30 enfants seront prénommés ainsi en 2021. *Variantes :* Bernarde, Bernadeta. *Caractérologie :* ténacité, fiabilité, méthode, engagement, décision.

Bernardine
350

Force, ours (germanique). Féminin français. *Caractérologie :* altruisme, réflexion, idéalisme, intégrité, résolution.

Bertha
400

Brillant (germanique). Forme basque : Berta. *Caractérologie :* altruisme, résolution, idéalisme, intégrité, finesse.

Berthe
9 000

Brillant (germanique). Reine des Francs et mère de Charlemagne, Berthe de Laon eut une grande influence sur les décisions de son époux, Pépin le Bref, puis sur celles de ses fils lorsqu'ils accédèrent au pouvoir. C'est son pied-bot qui lui valut le surnom de « Berthe au grand pied ». Ce prénom ancien a connu son dernier apogée au XIXe siècle. *Variantes :* Berthéa, Bertheline, Berthina, Berthine, Bertina, Bertine, Bertie, Berty. *Caractérologie :* persévérance, sécurité, finesse, structure, efficacité.

Bertille
5 000 TOP 500

Qui brille au combat (germanique). Féminin français. *Variantes :* Berthilda, Berthilde, Berthile, Berthilie, Berthille, Bertile, Bertilie. *Caractérologie :* médiation, intuition, relationnel, fidélité, adaptabilité.

Bertrande
120

Brillant, corbeau (germanique). Féminin français. *Variante :* Bertrane. *Caractérologie :* bienveillance, paix, conscience, détermination, conseil.

Béryl
950 TOP 700

Pierre précieuse vert pâle (grec). Féminin anglais. *Caractérologie :* stratégie, vitalité, ardeur, achèvement, bonté.

Béthanie
120

Maison de la pauvreté (araméen). *Caractérologie :* direction, résolution, dynamisme, audace, finesse.

Betsy
250

Dieu est serment (hébreu). Féminin anglais. *Caractérologie :* ardeur, vitalité, achèvement, stratégie, leadership.

B

Bettina
3 000

Dieu est serment (hébreu). Féminin italien et allemand. On peut estimer que moins de 30 enfants seront prénommés ainsi en 2021. *Caractérologie :* passion, ambition, force, habileté, décision.

Betty
14 000

Dieu est serment (hébreu). En dehors de l'Hexagone, ce prénom est particulièrement porté dans les pays anglophones. On peut estimer que moins de 30 enfants seront prénommés ainsi en 2021. *Variantes :* Bess, Besse, Bessie, Bessy, Beth, Bettina, Bettie. *Caractérologie :* ouverture d'esprit, générosité, rectitude, rêve, humanité.

Beverly
1 000 TOP 2 000

À proximité de castors (anglais). Féminin anglais. *Variante :* Beverley. *Caractérologie :* habileté, ambition, passion, force, cœur.

Bianca
2 000 TOP 500

Clair (germanique). Bianca est très répandu en Italie et dans les pays slaves. C'est aussi un choix traditionnel corse. *Variante :* Bianka. Variante occitane : Banca. *Caractérologie :* pratique, communication, gestion, décision, enthousiasme.

Bintou
3 000 TOP 600

Fille (arabe). Prénom africain. *Caractérologie :* humanité, rêve, rectitude, raisonnement, ouverture d'esprit.

Blanca
130

Clair (germanique). Blanca est répandu dans les pays hispanophones. C'est aussi un choix traditionnel basque et occitan. *Variante :* Blanka. *Caractérologie :* organisation, équilibre, famille, éthique, influence.

Blanche
10 000 TOP 400

Clair (germanique). Deux reines de France ont illustré ce prénom au XIIIe siècle. Blanche de Castille assuma la régence du royaume à la mort de Louis VIII jusqu'à ce que son fils, le futur Saint Louis, soit en âge de gouverner. Blanche de Bourgogne ne régna que quelques mois : elle fut enfermée dans la forteresse de Château-Gaillard pour cause d'infidélité, et son mariage avec le roi Charles IV fut rapidement dissous. *Variante :* Blanchette. *Caractérologie :* humanité, rêve, rectitude, organisation, sensibilité.

Blandine
26 000 TOP 2 000

Caressant, flatteur (latin). Féminin français. On peut estimer que moins de 30 enfants seront prénommés ainsi en 2021. *Caractérologie :* intelligence, méditation, détermination, organisation, savoir.

Bleuenn
1 500 TOP 1 000

Fleur blanche (celte). Féminin breton. Selon la tradition du pays bigouden, Bleunienn était la cuisinière de Santez Berc'hed (Brigitte d'Irlande). Une chapelle aurait porté son nom à Peumeurit. *Caractérologie :* audace, direction, dynamisme, indépendance, assurance.

Bleuette
400

Nom courant du bleuet (latin). *Variante :* Bluette. *Caractérologie :* ténacité, engagement, méthode, fiabilité, sens du devoir.

Blondine
130

Caressant, flatteur (latin). *Caractérologie :* caractère, communication, optimisme, pragmatisme, logique.

Blue
- de 100

Bleu (anglais). *Caractérologie :* sécurité, efficacité, patience, structure, honnêteté.

B

Boécia
- de 30

Qui vient de la Béotie (latin). *Caractérologie :* logique, achèvement, vitalité, stratégie, décision.

Bonnie
750 TOP 2 000

Belle (écossais/anglais). Féminin anglais. *Variante :* Bonny. *Caractérologie :* originalité, énergie, découverte, séduction, audace.

Brandy
180

Princesse (celte), épée (vieux norrois). Féminin anglais. *Caractérologie :* innovation, autorité, énergie, détermination, réalisation.

Brenda
4 000

Princesse (celte), épée (vieux norrois). Brenda est très répandu en Suède, en Norvège et dans les pays anglophones. On peut estimer que moins de 30 enfants seront prénommés ainsi en 2021. *Variantes :* Branda, Brandana, Brendana. *Caractérologie :* résolution, achèvement, vitalité, stratégie, ardeur.

Briana
500

Puissance, noblesse, respect (celte). Féminin anglais. *Variantes :* Brianna, Brianne. *Caractérologie :* réflexion, décision, intégrité, idéalisme, altruisme.

Brigitte
187 000

Force (celte). Ce prénom émerge au XIXe siècle dans plusieurs pays européens, mais il reste longtemps invisible en France. Il se révèle dans les années 1930 et s'envole si haut qu'il met fin au règne incontesté de Marie en 1959. Il surfe ensuite sur la vague de Brigitte Bardot, actrice sex-symbol des années 1960, avant de s'éclipser. ◇ Déesse de la Forge, de la Poésie, de la Médecine et de la Fertilité dans la mythologie celtique, Brigid, sous ses nombreuses graphies, est vénérée en Irlande, en Écosse et en Bretagne aux premiers siècles. Son culte fut si important qu'au VIe siècle, les évangélisateurs chrétiens nommèrent ainsi une sainte homonyme, fondatrice du couvent de Kildare, qui devint la sainte patronne de l'Irlande. Une sainte du XIVe siècle, Brigitte de Suède, a également été désignée comme l'une des trois patronnes de l'Europe. On peut estimer que moins de 30 enfants seront prénommés ainsi en 2021. *Variantes :* Brigit, Brigite, Brigitta, Bridget. Forme bretonne : Berched. Formes basques : Brigita, Brita. *Caractérologie :* humanité, rectitude, rêve, générosité, tolérance.

Brina
- de 30

Protection (slave). Féminin slave et anglophone. *Caractérologie :* ambition, force, habileté, passion, résolution.

Brine
- de 30

Puissance, noblesse, respect (celte). *Caractérologie :* pragmatisme, communication, créativité, optimisme, sociabilité.

Britany
600

Qui vient de Grande-Bretagne (latin). *Caractérologie :* vitalité, décision, stratégie, ardeur, achèvement.

Britney
350

Qui vient de Grande-Bretagne (latin). Cette forme familière de Brittany a été attribuée pour la première fois dans l'Hexagone en 1999. La chanteuse britannique Britney Spears a indéniablement contribué à sa découverte. *Caractérologie :* communication, pragmatisme, créativité, optimisme, sociabilité.

B

Brittany
600

Qui vient de Grande-Bretagne (latin). Brittany et ses formes dérivées furent très en vogue dans le monde anglophone au XVIIIe siècle. Aujourd'hui, Britany (avec un seul « t ») est sur le point de devenir aussi répandu que sa sœur dans l'Hexagone. *Variantes :* Britanie, Britany, Britanny, Brittanie. *Caractérologie :* innovation, ambition, autorité, énergie, décision.

Brooklyn
190

Ruisseau (anglais). Ce nom désigne également l'un des cinq arrondissements de la ville de New York, aux États-Unis. C'est le prénom choisi par David et Victoria Beckham pour leur fils aîné. *Caractérologie :* persévérance, structure, sécurité, sympathie, analyse.

Bruna
1 500 TOP 2 000

Armure, couleur brune (germanique). Féminin italien, portugais et occitan. On peut estimer que moins de 30 enfants seront prénommés ainsi en 2021. *Variante :* Brunaëlle. *Caractérologie :* relationnel, intuition, médiation, organisation, détermination.

Brune
2 000 TOP 400

Armure, couleur brune (germanique). *Variantes :* Brunette, Brunella, Brunelle. *Caractérologie :* équilibre, exigence, famille, sens des responsabilités, influence.

Brunehilde
250

Armure, couleur brune (germanique). Dans l'Hexagone, Brunehilde est plus traditionnellement usité en Alsace. *Variantes :* Brunhild, Brunhilde. *Caractérologie :* ambition, force, habileté, passion, finesse.

C

C

Caitlin
400

Pure (grec). Caitlin est une forme irlandaise et galloise de Catherine. *Variantes :* Catriona, Caitline, Kaitlin, Riona. *Caractérologie :* organisation, détermination, audace, énergie, découverte.

Caledonia
- de 30

Se rapporte à un ancien lieu-dit en Grèce. *Caractérologie :* direction, dynamisme, volonté, audace, analyse.

Calie
5 000 TOP 200

Qui a une belle voix (grec), énergie (sanscrit). Prénom indien d'Asie. *Variantes :* Cali, Calia. *Caractérologie :* détermination, pragmatisme, communication, optimisme, créativité.

Caline
- de 100

Victoire du peuple (grec). *Caractérologie :* ardeur, achèvement, vitalité, résolution, stratégie.

Calista
2 000 TOP 800

La plus belle (grec). *Variantes :* Calisté, Calistée, Calysta. *Caractérologie :* organisation, relationnel, fidélité, gestion, affection.

Callie
1 500 TOP 600 →

Qui a une belle voix (grec), énergie (sanscrit). *Caractérologie* : influence, équilibre, exigence, famille, détermination.

Calliope
170

Fille de Zeus et de Mnémosyne (déesse de la Mémoire), Calliope est la Muse de la Poésie épique. *Caractérologie* : dynamisme, direction, raisonnement, indépendance, assurance.

Callista
500 ↘

La plus belle (grec). *Variante* : Calixte. *Caractérologie* : découverte, énergie, audace, originalité, organisation.

Calypso
1 500 TOP 900 →

Qui dissimule (grec). Dans *L'Odyssée* d'Homère, la nymphe Calypso, reine d'Ogygie, recueillit Ulysse lorsqu'il fit naufrage sur son île. Éperdument amoureuse du héros, elle tenta de lui faire oublier son royaume (Ithaque) et son épouse (Pénélope). Elle alla jusqu'à lui promettre l'immortalité pourvu qu'il reste auprès d'elle, en vain. Résignée, elle relâcha son prisonnier au bout de sept ans. *Variante* : Calipso. *Caractérologie* : ambition, autorité, innovation, énergie, autonomie.

Camélia
9 000 TOP 200 →

Jeune assistante de cérémonies (étrusque). Camelia est très répandu en Roumanie. *Variantes* : Camélie, Camellia. *Caractérologie* : ambition, force, passion, habileté, décision.

Caméo
- de 30

Pierre précieuse sculptée, portée comme bijou (italien). Féminin anglais. *Caractérologie* : autorité, innovation, ambition, volonté, énergie.

Cameron
450 →

Nez crochu (écossais). Cameron est très répandu dans les pays anglophones. *Variante* : Camerone. *Caractérologie* : volonté, raisonnement, équilibre, sens des responsabilités, famille.

Camilia
2 000 TOP 600 ↘

Jeune assistante de cérémonies (étrusque). *Variantes* : Camila, Camilla, Kamilia. *Caractérologie* : générosité, communication, pratique, adaptation, enthousiasme.

Camille
186 000 TOP 50 ↘

Jeune assistante de cérémonies (étrusque). *Variante* : Cammie. *Caractérologie* : énergie, innovation, ambition, résolution, autorité.

Camillia
550 →

Jeune assistante de cérémonies (étrusque). *Caractérologie* : paix, bienveillance, conscience, conseil, sagesse.

Candice
23 000 TOP 100 →

D'un blanc éclatant (latin). En dehors de l'Hexagone, ce prénom est particulièrement porté dans les pays anglophones. *Variantes* : Candyce, Kandys. *Caractérologie* : pragmatisme, communication, créativité, optimisme, détermination.

Candie
350

D'un blanc éclatant (latin). Féminin anglais. *Caractérologie* : humanité, ouverture d'esprit, rectitude, rêve, décision.

Candy
2 000 ↓

D'un blanc éclatant (latin). Féminin anglais. On peut estimer que moins de 30 enfants seront prénommés ainsi en 2021. *Caractérologie* : médiation, relationnel, sympathie, réalisation, intuition.

Cannelle
1 000

Substance aromatique contenue dans l'écorce du cannelier (français). *Variante :* Canelle. *Caractérologie :* pratique, adaptation, communication, enthousiasme, générosité.

Capucine
24 000 TOP 100

Cape, capuchon (latin). Originaire des montagnes d'Amérique du Sud, cette plante à feuilles rondes et à fleurs orangées fut remarquée par les conquistadores au XVIe siècle. L'éperon de la fleur, qui rappelait l'habit à capuche des moines capucins, est à l'origine du nom. Le calendrier révolutionnaire aurait pu faire figurer Capucine aux côtés d'Anémone, de Jasmin ou Valériane, mais son concepteur, le poète Fabre d'Églantine, en a jugé autrement. C'est bien plus tard, en 1868, qu'un chansonnier communard la place au cœur d'une comptine populaire, *Dansons la capucine*. Si son succès n'a pas transformé le nom en prénom, celui de la chanson, encore chantée de nos jours, a transcendé les siècles. Nées dans les années 1960, les premières Capucine de France font peu d'émules avant les années 1980, où ce prénom décolle véritablement. Il s'impose dans le top 100 français au début des années 2000 et perce dans le top 50 parisien à son apogée. *Caractérologie :* rêve, rectitude, humanité, cœur, décision.

Cara
400 TOP 2 000

Chère à quelqu'un, bien-aimée (latin). Cara est plus particulièrement usité dans les pays anglophones. C'est aussi un choix traditionnel occitan. *Variantes :* Kara, Karah. *Caractérologie :* énergie, audace, séduction, découverte, originalité.

Carène
450

Pure (grec). *Variantes :* Caren, Carenne. *Caractérologie :* ambition, autorité, innovation, énergie, résolution.

Carina
950

Pure (grec). Carina est répandu en Allemagne, dans les pays scandinaves et anglophones. C'est aussi un choix traditionnel corse et occitan. *Caractérologie :* résolution, direction, audace, dynamisme, indépendance.

Carine
45 000

Pure (grec). Féminin français. On peut estimer que moins de 30 enfants seront prénommés ainsi en 2021. *Variante :* Carin. *Caractérologie :* décision, dynamisme, curiosité, indépendance, courage.

Carinne
1 500

Pure (grec). *Caractérologie :* audace, direction, indépendance, dynamisme, décision.

Carla
26 000 TOP 200

Force (germanique). Ce dérivé italien de Charlotte émerge en Provence et en Corse dans les années 1980. L'engouement pour ce nouveau venu ne tarde pas à faire des émules, et Carla s'impose dans le top 50 français de 2001 à 2005. Carla est très répandu en Italie, en Corse, dans les pays lusophones et hispanophones, mais on le rencontre également en Allemagne et dans les pays anglophones. *Caractérologie :* force, passion, ambition, management, habileté.

Carline
550

Force (germanique). *Variantes :* Carlana, Carlène, Carlia, Carlie. Forme corse et italienne : Carlina. *Caractérologie :* ambition, habileté, force, passion, décision.

C

Camille

Fête : 14 juillet

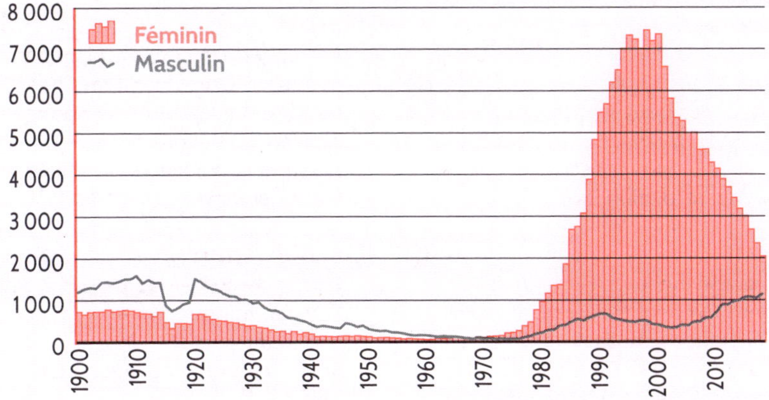

Étymologie

L'étymologie de Camille est obscure, mais on lui attribue généralement une origine étrusque. À Rome, *camillus* était le nom donné au jeune assistant des prêtres pendant les cérémonies. Après deux décennies de carrière glorieuse, Camille chute dans le top 30 national.

Devrions-nous préciser qu'il s'agit du classement féminin ? D'aucuns se le rappellent, Camille est mixte. Ce vieux prénom a même longtemps désigné une majorité de garçons, comme au XIXe siècle et au début du XXe, où Camille était attribué à deux tiers de Français. Il a fallu attendre le début des années 1960 pour que la parité soit atteinte, puis 1965 pour que la version féminine prédomine. Mais Camille n'a pas fini de nous surprendre. En effet, alors que cette étoile des années 1990 poursuit son reflux, une proportion grandissante de garçons naît sous ce nom (40 % en 2021). Du jamais vu depuis 1976 ! La renaissance de Camille au masculin est désormais confirmée…

En attendant son changement de sexe, Camille se maintient dans les tops 25 féminins wallon, suisse romand et québécois.

Dans l'histoire

Journaliste et membre du club des Cordeliers, Camille Desmoulins appela le peuple aux armes le 14 juillet 1789, incitant la foule à se rassembler devant les portes de la Bastille. Il fut guillotiné le même jour que Danton à Paris en 1794.

Dans la littérature

Camille est le prénom choisi par Corneille pour incarner l'héroïne forte et passionnée d'*Horace*. Elle est tantôt une petite fille modèle, tantôt une jeune fille pure et idéalisée dans de nombreux romans de la comtesse de Ségur.

Personnes célèbres

Camille Pissarro, peintre français (1830-1903) ; Camille, compositrice et chanteuse française contemporaine, née en 1978 ; Camille Lacourt, nageur français, champion du monde dans plusieurs épreuves de dos, né en 1985.

Statistiques

Camille est le 6e prénom féminin le plus donné en France depuis l'an 2000. Ce prénom est attribué à près d'une fille sur 190 (contre un garçon sur 300) aujourd'hui.

Carlotta
250

Force (germanique). Carlotta est plus traditionnellement usité en Italie et en Corse. *Variante :* Carlota. *Caractérologie :* humanité, rêve, organisation, rectitude, raisonnement.

Carlyne
250

Force (germanique). *Variantes :* Carley, Carly, Carlyn. *Caractérologie :* bienveillance, paix, conscience, sympathie, résolution.

Carmela
1 500

Vigne divine (hébreu). Féminin italien et espagnol. On peut estimer que moins de 30 enfants seront prénommés ainsi en 2021. *Variantes :* Carmélia, Carmella. *Caractérologie :* vitalité, achèvement, ardeur, détermination, stratégie.

Carmelle
140

Vigne divine (hébreu). *Variantes :* Carmel, Carmeline. *Caractérologie :* conseil, bienveillance, paix, conscience, résolution.

Carmen
19 000 TOP 500

Chanson, hymne (latin). Féminin espagnol et occitan. *Variante :* Carmina. *Caractérologie :* idéalisme, détermination, altruisme, réflexion, intégrité.

Carol
3 000

Force (germanique). Féminin anglais. *Variante :* Caroll. *Caractérologie :* fiabilité, ténacité, engagement, méthode, logique.

Carola
- de 100

Force (germanique). *Caractérologie :* audace, découverte, énergie, originalité, analyse.

Carolane
1 500

Contraction de Carole et Anne. Féminin anglais et français. *Variantes :* Carolann, Carolanne, Karolane. *Caractérologie :* famille, équilibre, sens des responsabilités, détermination, raisonnement.

Carole
103 000

Force (germanique). Féminin français et anglais. On peut estimer que moins de 30 enfants seront prénommés ainsi en 2021. *Caractérologie :* intégrité, détermination, altruisme, idéalisme, raisonnement.

Carole-Anne
750

Forme composée de Carole et Anne. Féminin français. *Variante :* Carol-Ann. *Caractérologie :* intelligence, raisonnement, méditation, détermination, savoir.

Carolina
1 000 TOP 2 000

Force (germanique). *Caractérologie :* résolution, direction, audace, analyse, dynamisme.

Caroline
147 000 TOP 700

Force (germanique). *Caractérologie :* courage, curiosité, dynamisme, raisonnement, détermination.

Carolyn
350

Force (germanique). *Caractérologie :* finesse, sagacité, amitié, connaissances, raisonnement.

Cassandra
24 000 TOP 500

Qui aide les hommes (grec). Ce prénom a surgi en France dans les années 1980 et s'est imposé dans le top 50 national en 1993. Il est bien plus rarement attribué dans l'Hexagone aujourd'hui. Cassandra est très répandu dans les pays anglophones. *Variantes :* Casandra, Cass, Cassendra. *Caractérologie :* ambition, force, résolution, habileté, passion.

C

Les sonorités actuelles

Penchons-nous sur les sonorités, les rythmes et les parcours empruntés par les prénoms dont la gloire est confirmée ou dont l'existence est à découvrir. Composés de deux syllabes ou moins (Louise, Jade et Rose se contentent d'une seule), les prénoms qui triomphent depuis la fin des années 1990 sont courts. Le millésime 2021 confirme leur formidable longévité. Les terminaisons en « a » tiennent le haut du pavé, mais de nouvelles sonorités pourraient bientôt leur voler la vedette.

Les « a »

Après l'apogée d'Emma, l'avènement d'Anna, Lina et Mila confirme la domination des terminaisons en « a ». Pour ne laisser aucune place au doute, sept désinences en « a » se sont imposées dans le top 20 féminin. Leur triomphe est conforté par l'essor d'Éléna, Inaya, Nina et Luna, pour ne citer que quelques étoiles montantes du moment.

Les « ia »

Qu'elles soient rares ou répandues, anciennes ou nouvelles, les désinences qui riment avec Julia gravissent des montagnes. Et pas seulement en France. Du moderne branché (Lya, Mia, Tia, Zia) au plus traditionnel ou international (Alicia, Amélia, Julia, Olivia, Sonia, Sofia et Victoria), la montée des « ia » s'observe à l'échelle planétaire. Restent des perles plus ou moins rares dont la prospérité est plus spécifiquement française. Ainsi, Alia, Izia, Inaya, Lia, Malia, Naïa et Nélia rencontrent un engouement national croissant. Giulia, le prénom attribué par Carla Bruni et Nicolas Sarkozy à leur fille en 2011, continue pour sa part sa progression dans le top 60 féminin. Quant à l'étoile montante Arya, inspirée par la série *Game of Thrones*, elle pourrait prochainement s'afficher dans les 100 premiers rangs.

Les « L »

L'engouement pour les prénoms en « L » a propulsé des petites nouvelles au firmament : un quart des prénoms du top 20 arborent cette première lettre. Avant les années 1960, seules Lucienne, Louise et Liliane avaient occasionnellement percé dans l'élite. Mais jamais en même temps. Il a fallu attendre 1997 pour que Léa, Laura et Lucie marchent ensemble vers la gloire. Aujourd'hui, la vague des « L » se nourrit du succès de Léna, Lina et Lola... sans oublier le triomphe de Louise !

Les « ie »

Marie a chuté à la 88e place du classement féminin, mais cela n'empêche pas les désinences en « ie » de s'épanouir : Léonie et Noémie se sont envolées dans le top 100, encourageant de jeunes pousses comme Ellie, Noélie ou Maddie à prospérer. La renaissance de Charlie, qui flirte avec le top 40, y est sans doute pour quelque chose. À quand le rebond de Rosalie et Sophie ?

La fronde des autres sons

Dans ce concert de sonorités bien orchestrées, des rebelles clament leur différence. Avec succès, à en juger par l'essor croissant d'Héloïse, Candice, Iris, Nour, Romy et Roxane dans le top 100 français. Ces graines de stars feront l'actualité de demain.

Cassandre

13 000 TOP 200

Qui aide les hommes (grec). Dans la mythologie grecque, la belle Cassandre avait le don de prophétie, mais elle rejeta Apollon qui, pour se venger, la condamna à ne jamais être crue. C'est ainsi que les Troyens, faisant fi de ses prédictions, ouvrirent les portes de la ville au cheval de bois piégé qui entraîna la destruction de Troie. Cassandre renaît dans les années 1990 au moment de la percée de l'anglophone Cassandra. Il talonne ce dernier dans le classement français aujourd'hui. *Caractérologie :* communication, optimisme, pragmatisme, créativité, résolution.

Cassidy

1 000 TOP 900

Se rapporte au patronyme gaélique O'Caiside. *Variantes :* Cassie, Kassidy. *Caractérologie :* vitalité, achèvement, stratégie, ardeur, réalisation.

Cassie

4 000 TOP 300

Qui aide les hommes (grec). Voir Cassandre. Cassie est répandu dans les pays anglophones. *Variantes :* Casia, Cassia, Kasia, Kassia. *Caractérologie :* intuition, relationnel, fidélité, médiation, résolution.

Cassiopée

1 000 TOP 500

Large constellation d'étoiles dans la Voie lactée (grec). Féminin français. *Caractérologie :* réceptivité, sociabilité, sympathie, analyse, diplomatie.

Cassis

- de 30

Nom du fruit. *Caractérologie :* caractère, attention, méditation, liberté, décision.

Cassy

2 000 TOP 800

Qui aide les hommes (grec). Voir Cassandre. Féminin anglais. *Caractérologie :* engagement, méthode, ténacité, sens du devoir, fiabilité.

Castille

1 000 TOP 400

Patronyme, prénom et nom qui désigne une région d'Espagne. *Caractérologie :* altruisme, détermination, organisation, réflexion, générosité.

Catalina

1 000 TOP 700

Pure (grec). Catalina est plus particulièrement répandu dans les pays hispanophones, en Corse, en Occitanie et au Pays basque. *Variante :* Catalin. *Caractérologie :* savoir, intelligence, méditation, organisation, résolution.

Catarina

800

Pure (grec). Catarina est particulièrement usité en Italie, au Portugal, en Galice, en Corse et en Occitanie. *Caractérologie :* méthode, ténacité, fiabilité, organisation, résolution.

Catharina

250

Pure (grec). Catharina est particulièrement usité dans les pays néerlandophones et scandinaves. *Variantes :* Caterina, Caterine, Catharine, Catherina, Catrina, Katrina. *Caractérologie :* pragmatisme, optimisme, communication, décision, attention.

Catheline

300

Pure (grec). Cette variante française de Catherine était recensée dès le Moyen Âge en France. *Variantes :* Cateline, Cathel, Cathelle, Cathelyne. *Caractérologie :* énergie, finesse, audace, découverte, résolution.

Catherine

345 000 TOP 2 000

Pure (grec). Durant le Moyen Âge, les croisés de retour d'Orient ravivent le culte de sainte Catherine, vierge d'Alexandrie martyrisée au IVe siècle pour avoir tenté de convertir l'empereur Maximien. Porté par cette ferveur, Catherine (Katherine, Katharine, etc.) se répand dans toute l'Europe et en France,

C

où le prénom est largement attribué jusqu'au début du XIXe siècle. Catherine revient en force dans les années 1950 et s'impose au 1er rang français en 1960. Il est alors attribué à une fille sur 23 et reste massivement choisi jusqu'à la fin de cette décennie. ♢ Dans l'histoire, plusieurs reines ont porté ce prénom, dont trois épouses du roi d'Angleterre Henri VIII. Patronne de l'Europe, sainte Catherine de Sienne lutta pour la restauration de l'unité de l'Église au XIVe siècle. Elle incita notamment le pape Grégoire à quitter Avignon pour s'installer à Rome. *Caractérologie :* diplomatie, sociabilité, réceptivité, détermination, sensibilité.

Cathia
1 500

Pure (grec). *Variantes :* Catia, Cathya. *Caractérologie :* organisation, famille, équilibre, sens des responsabilités, influence.

Cathie
2 000

Pure (grec). Féminin français. *Caractérologie :* audace, direction, attention, dynamisme, décision.

Cathleen
250

Pure (grec). Féminin anglais et irlandais. *Caractérologie :* courage, curiosité, gestion, dynamisme, attention.

Cathy
27 000 ↘

Pure (grec). Féminin anglais et français. On peut estimer que moins de 30 enfants seront prénommés ainsi en 2021. *Caractérologie :* pratique, communication, enthousiasme, adaptation, organisation.

Caty
700

Pure (grec). *Variantes :* Cati, Catie, Catty. *Caractérologie :* méthode, organisation, fiabilité, engagement, ténacité.

Cécile
137 000 TOP 800 ↘

Aveugle (latin). Le nom Caecilii, dont Cécile est dérivé, était celui d'une puissante famille romaine. Issue de cette famille, celle qui est devenue sainte Cécile aurait refusé de renier sa foi et subi le martyre aux premiers siècles. Sa légende fut véhiculée par de nombreux tableaux, dont un très célèbre de Raphaël. Le prénom, peu attribué au Moyen Âge, se diffuse plus largement du XVe au XVIIIe siècle. Moyennement attribué au XIXe siècle, Cécile prend tout son temps pour décoller dans les années 1960. Le succès de *Cécile ma fille*, chanté par Claude Nougaro, accélère son envol jusqu'aux portes du top 20 féminin dans les années 1970. Aujourd'hui encore, Cécile est connue pour être la patronne des musiciens. *Caractérologie :* autorité, innovation, ambition, autonomie, énergie.

Cécilia
19 000 TOP 900 ↘

Aveugle (latin). Voir Cécile. Cecilia est un prénom anglais, italien, espagnol, portugais, français et scandinave. C'est aussi un choix traditionnel occitan. *Variantes :* Cecila, Cecillia. *Caractérologie :* résolution, sens des responsabilités, équilibre, famille, influence.

Céléna
1 500 TOP 2 000 ↘

Lune (grec). *Caractérologie :* structure, persévérance, sécurité, honnêteté, efficacité.

Céleste
9 000 TOP 200 →

Qui se rapporte au ciel (latin). Ce prénom français est également recensé dans les pays anglophones. *Caractérologie :* éthique, équilibre, influence, gestion, famille.

Célestine
6 000 TOP 200 ↗

Qui se rapporte au ciel (latin). Féminin anglais. *Caractérologie :* résolution,

C

relationnel, intuition, organisation, médiation.

Célia
60 000 TOP 100

Aveugle (latin). Voir Cécile. Ce diminutif de Cecilia est apparu au XVIIe siècle dans les pays anglophones et a sombré dans l'oubli après un pic de popularité au XIXe siècle. Son succès est beaucoup plus récent en Italie, dans les pays hispanophones et lusophones. Son envol français, concomitant au déclin de Cécile, a débuté dans les années 1980, et n'a sans doute pas atteint son apogée. *Variantes :* Cellia, Celya, Cilia, Selia, Selya. *Caractérologie :* communication, pratique, adaptation, enthousiasme, décision.

Céliane
900

Contraction de Célia et Anne. *Variantes :* Céliana, Cyliane. *Caractérologie :* engagement, ténacité, méthode, fiabilité, décision.

Célie
1 000 TOP 2 000

Aveugle (latin). Voir Cécile. Féminin français. *Caractérologie :* sagacité, philosophie, originalité, spiritualité, connaissances.

C

Célina
4 000 TOP 2 000

Lune (grec). Féminin russe, allemand, anglais, italien et polonais. *Caractérologie :* habileté, force, ambition, détermination, passion.

Céline
225 000 TOP 500

Lune (grec). Peu usité par le passé, Céline connaît un miniboom durant la première moitié du XIXe siècle. Alors qu'il était en voie de disparition, ce prénom renaît dans les années 1960 et croît de manière exponentielle en 1967, un an après le succès de *Céline*, chanté par Hugues Aufray. Céline détrône Stéphanie en 1978 et gardera sa couronne jusqu'en 1981 pour la céder à Aurélie. ◇ Sainte Céline fut la mère de saint Remi, évêque de Reims au Ve siècle. *Variantes :* Célimène, Célanie, Célenie, Célinie, Celinda, Celynda, Celyne, Ceylin. Forme basque : Ismene. *Caractérologie :* enthousiasme, pratique, communication, générosité, adaptation.

Célya
3 000 TOP 800

Aveugle (latin). Voir Cécile. *Variante :* Céllya. *Caractérologie :* autorité, innovation, énergie, ambition, sympathie.

Cendrine
3 000

Défense de l'humanité (grec). *Caractérologie :* rêve, humanité, tolérance, rectitude, générosité.

Cerise
1 000 TOP 2 000

Ce prénom issu du calendrier révolutionnaire renvoie au fruit du cerisier. *Caractérologie :* énergie, découverte, audace, originalité, décision.

Césarine
350

Tête aux cheveux longs (latin). *Variantes :* Cesaria, Césarie, Cézarina, Cézarine. *Caractérologie :* intuition, relationnel, médiation, fidélité, détermination.

Ceylan
200

Ce nom, qui désignait le Sri Lanka avant 1972, est également un prénom turc d'origine perse signifiant « gazelle ». *Caractérologie :* conseil, conscience, amitié, bienveillance, paix.

Cézanne
- de 100 TOP 2 000

Origine possible : clown (italien). Nom du célèbre peintre impressionniste français Paul Cézanne (1839-1906). *Caractérologie :* énergie, découverte, audace, séduction, originalité.

Chadia
1 000

Au chant mélodieux (arabe). *Caractérologie :* force, habileté, passion, management, ambition.

Chahinez
2 000 TOP 2 000

Prénom perse d'origine arabe signifiant « la préférée ». *Variantes :* Chahinaz, Chahinaze, Chahines, Chahinese, Chahineze, Chahnez, Chaïna, Chaïnaze, Chaïnes, Chaïnese, Chaïness, Chaïnesse, Chaïnez. *Caractérologie :* sociabilité, décision, diplomatie, loyauté, réceptivité.

Chaïma
8 000 TOP 600

D'une grande beauté (arabe). *Variantes :* Chaimaa, Chaimae, Chama, Shayma, Sheyma. *Caractérologie :* achèvement, ardeur, vitalité, stratégie, leadership.

Chandra
- de 30

Lune (sanscrit). Chandra est répandu en Inde. *Caractérologie :* sécurité, structure, persévérance, résolution, efficacité.

Chanel
2 000 TOP 2 000

Patronyme devenu prénom. Gabrielle « Coco » Chanel, la fondatrice de la célèbre maison de couture française, et saint Pierre Chanel, un missionnaire parti évangéliser l'île de Futuna au XIXe siècle, ont porté ce nom. Féminin anglais et français. On peut estimer que moins de 30 enfants seront prénommés ainsi en 2021. *Variantes :* Chanael, Chanaelle, Chanele, Channel, Shanel. *Caractérologie :* sagesse, intelligence, savoir, méditation, indépendance.

Chanelle
900 TOP 2 000

Voir Chanel. *Caractérologie :* équilibre, influence, famille, sens des responsabilités, exigence.

Chantal
212 000

Pierre (occitan). Ce prénom provençal est peu connu sur le plan national lorsqu'il s'élance dans les années 1930. Il s'envole si vigoureusement qu'il atteint le firmament en deux décennies. Rivalisant avec Marie et Martine, Chantal se place 3e pendant deux ans et figure parmi les dix premiers choix français de 1946 à 1959. Il est démodé aujourd'hui. Chantal est également un nom de famille ancien. ◇ Aristocrate née à Dijon en 1572, sainte Jeanne-Françoise Frémyot de Chantal fonda l'ordre de la Visitation-Sainte-Marie, congrégation destinée aux femmes de santé fragile. On peut estimer que moins de 30 enfants seront prénommés ainsi en 2021. *Caractérologie :* organisation, découverte, audace, énergie, sensibilité.

Chantale
4 000

Voir Chantal. *Caractérologie :* autorité, innovation, énergie, finesse, organisation.

Charleen
300

Force (germanique). Féminin anglais. *Caractérologie :* pratique, enthousiasme, communication, résolution, adaptation.

C

Charlène
32 000 TOP 800

Force (germanique). En dehors de l'Hexagone, Charlene est répandu dans les pays anglophones. *Variantes :* Charlaine, Charleyne. *Caractérologie :* communication, pragmatisme, optimisme, décision, créativité.

Charlette
1 500

Force (germanique). *Caractérologie :* résolution, intuition, relationnel, médiation, finesse.

Charlie
12 000 TOP 50

Force (germanique). Surgi dans le sillon de son homographe masculin dans les années 2000, Charlie s'est envolé comme une fusée. Il a, dès 2014, atteint le seuil des 1 000 attributions, mais l'attentat contre Charlie Hebdo, en janvier 2015, a coupé son élan : en 2015, le nombre de ses attributions a chuté de 40 %. Sa croissance a repris depuis 2016, et la féminisation de ce prénom se poursuit (Charlie est désormais féminin dans 63 % de ses attributions). *Variante :* Charly. *Caractérologie :* médiation, relationnel, intuition, fidélité, détermination.

Charline
31 000 TOP 200 ➔

Force (germanique). Féminin français. *Caractérologie :* méditation, savoir, indépendance, intelligence, détermination.

Charlotte
118 000 TOP 50 ➔

Force (germanique). Attribué dès le Moyen Âge, ce féminin de Charles est devenu très courant en France et dans les pays anglophones du XVIIe au XIXe siècle. Après une période moins faste, Charlotte revient parmi les 30 premiers choix français dans les années 1980, et s'y maintient encore aujourd'hui. Ce prénom classique est très répandu dans l'ensemble des pays occidentaux. C'est en l'honneur de la reine consort Charlotte de Mecklembourg-Strelitz (1744-1818), épouse de George III, que le dessert du même nom aurait été créé. ◇ Épouse de Louis XI, Charlotte de Savoie n'eut guère l'existence dorée d'une reine. Elle donna la vie à sept enfants, mais seuls trois d'entre eux survécurent à leur naissance. Elle se consacra à l'éducation de ces derniers et vécut simplement à Amboise, loin de la Cour et de son mari distant. Elle mourut en 1483 à l'âge de 38 ans. Une sainte portant ce nom fut guillotinée avec les sœurs du carmel de Compiègne en 1794, sous la Terreur. *Variantes :* Charmaine, Lote, Lotte, Lottie. *Caractérologie :* optimisme, communication, pragmatisme, attention, logique.

Charlyne
3 000 TOP 2 000 ↘

Force (germanique). Féminin anglais. *Caractérologie :* énergie, audace, cœur, action, découverte.

Chayma
2 000 TOP 2 000 ↘

D'une grande beauté (arabe). Ce prénom est particulièrement répandu dans les cultures musulmanes francophones. *Variante :* Chaymaa. *Caractérologie :* sens des responsabilités, famille, réalisation, influence, équilibre.

Chelsea
2 000 TOP 500 ➔

Port de mer (anglais). Chelsea est aussi le nom d'un quartier branché de la ville de New York. *Variante :* Chelsy. *Caractérologie :* stratégie, achèvement, vitalité, ardeur, leadership.

Chérazade
400

Femme de la haute ville (prénom arabe d'origine perse). *Variante :* Charazed. *Caractérologie :* achèvement, stratégie, résolution, vitalité, ardeur.

Cherine
2 000 TOP 2 000 ↘

Charmante, agréable (arabe, perse). On peut estimer que moins de 30 enfants seront prénommés ainsi en 2021. *Variante :* Cheryne. *Caractérologie :* leadership, achèvement, vitalité, stratégie, ardeur.

Cheryl
750 ➔

Cerise (latin). Féminin anglais. *Caractérologie :* force, ambition, sympathie, habileté, ressort.

Cheyenne
3 000 TOP 2 000 ↘

Langage inintelligible (amérindien). On peut estimer que moins de 30 enfants seront prénommés ainsi en 2021.

C

Variante : Sheyenne. *Caractérologie* : originalité, sympathie, spiritualité, connaissances, sagacité.

Chiara

9 000 TOP 300

Illustre (latin). Féminin italien et corse. *Caractérologie* : méthode, ténacité, fiabilité, sens du devoir, engagement.

Chimène

700

Forme francisée du prénom féminin espagnol Jimena, équivalent de Simone (« qui est exaucée » en hébreu). Ce prénom, rendu célèbre par la pièce de Corneille *Le Cid*, est inspiré d'un personnage réel de l'histoire espagnole, Doña Jimena, issue de l'illustre famille des rois de León. *Caractérologie* : dialogue, créativité, communication, optimisme, pragmatisme.

Chloé

158 000 TOP 50

Jeune pousse (grec). *Variantes* : Chloée, Chloélia, Cloélia, Kloé. *Caractérologie* : savoir, méditation, intelligence, indépendance, sagesse.

Chris

170

Diminutif des prénoms formés avec Christ. Féminin anglais et néerlandais. *Caractérologie* : pratique, communication, enthousiasme, adaptation, générosité.

Christa

1 000

Messie (grec). *Caractérologie* : bienveillance, paix, conscience, conseil, organisation.

Christel

21 000

Messie (grec). En dehors de l'Hexagone, ce prénom est particulièrement porté dans les pays anglophones. *Variante* : Christal. *Caractérologie* : méthode, fiabilité, ténacité, décision, attention.

Christèle

13 000

Messie (grec). Féminin français. *Caractérologie* : décision, idéalisme, altruisme, intégrité, attention.

Christelle

153 000 TOP 2 000

Messie (grec). Si Crystal apparaît dans les pays anglophones dès le XIXe siècle, les premières Christelle de France voient le jour en 1940. Ce prénom met une vingtaine d'années à émerger avant de s'envoler dans les années 1960. Il figure parmi les dix premiers prénoms féminins dans les années 1970 et s'éclipse nettement depuis le début du IIIe millénaire. *Caractérologie* : pragmatisme, optimisme, communication, détermination, sensibilité.

Christiana

650

Messie (grec). Christiana est plus particulièrement répandu dans les pays anglophones et en Grèce. *Caractérologie* : décision, communication, pratique, attention, enthousiasme.

Christiane

194 000

Messie (grec). Quasi inconnu avant le XXe siècle, Christiane s'élance dans les années 1920 et s'impose avec force dans les dix premiers rangs féminins de 1935 à 1952. Sa gloire entraîne celle de Christian, qui se maintient dans les choix prisés bien après que son féminin a disparu des radars, dans les années 1980. On peut estimer que moins de 30 enfants seront prénommés ainsi en 2021. *Variante* : Chrystiane. *Caractérologie* : méditation, intelligence, savoir, résolution, finesse.

Christianne

5 000

Messie (grec). Féminin français. *Caractérologie* : communication, pragmatisme, optimisme, détermination, sensibilité.

C

Christie
850 ➜

Messie (grec). Féminin anglais. *Variantes :* Chrislaine, Chrislène, Chryslène, Chrissie, Chrissy, Christy. *Caractérologie :* innovation, autorité, énergie, détermination, sensibilité.

Christina
8 000 TOP 2 000 ➜

Messie (grec). Féminin anglais, allemand, scandinave, grec et néerlandais. *Caractérologie :* médiation, intuition, décision, relationnel, attention.

Christine
264 000 TOP 2 000 ↗

Messie (grec). Ce prénom porté par plusieurs saintes est attribué au Moyen Âge, mais son âge d'or est bien plus récent. C'est en effet dans les années 1950 qu'une vague venue d'Angleterre accroît fortement son essor. Christine se hisse en peu de temps au 5e rang français, et reste un choix prisé jusqu'à son repli dans les années 1980. ◇ Christine l'Admirable, mystique flamande en Belgique, aurait été à l'origine de plusieurs miracles au XIIIe siècle. Elle est fêtée le 24 juillet. *Caractérologie :* paix, bienveillance, conscience, décision, attention.

C

Chrystel
4 000

Messie (grec). *Variantes :* Chrystal, Crystelle. *Caractérologie :* relationnel, sensibilité, intuition, action, médiation.

Chrystelle
10 000

Messie (grec). Féminin français. *Caractérologie :* innovation, autorité, action, énergie, attention.

Ciara
1 000 TOP 900 ➜

Brune (irlandais). Ciara est très répandu en Irlande. *Caractérologie :* dynamisme, charisme, courage, indépendance, curiosité.

Cindy
64 000 TOP 2 000 ↘

Qui vient de Kynthos (grec). Voir Cynthia. Cindy est très répandu dans les pays occidentaux et anglophones. On peut estimer que moins de 30 enfants seront prénommés ainsi en 2021. *Variantes :* Cindie, Cindel, Cinderella, Cindia, Cinnie. *Caractérologie :* dynamisme, audace, indépendance, cœur, direction.

Claire
131 000 TOP 400 ↘

Illustre (latin). Forme française dérivée du latin Clarus, Claire est particulièrement attribué en France durant le haut Moyen Âge. À partir du XIIe siècle, plusieurs saintes portant ce prénom alimentent sa popularité, comme sainte Claire, la disciple de saint François d'Assise fondatrice de l'ordre des Clarisses. Après une période de retrait, Claire renaît dans les années 1950 et devient en 1984 l'un des 20 prénoms préférés des Français. En dehors de l'Hexagone, ce prénom est essentiellement porté dans les pays anglophones. *Variantes :* Claira, Clairette, Clare, Clarie, Clarine, Clarinda. Forme bretonne : Clair. *Caractérologie :* communication, pragmatisme, créativité, optimisme, résolution.

Claire-Marie
1 000

Forme composée de Claire et Marie. Féminin français. *Caractérologie :* engagement, méthode, ténacité, décision, fiabilité.

Clara
95 000 TOP 100 ↘

Illustre (latin). Cette forme latine de Claire connaît une faveur particulière au XIIIe siècle grâce à la popularité d'une sainte qui illustra ce nom. Disciple de saint François d'Assise, cette dernière renonça à une vie privilégiée pour fonder l'ordre des Clarisses, ou ordre des Pauvres Dames. Au XIXe siècle, ce prénom est répandu dans de nombreux

Chloé

Fête :
5 octobre

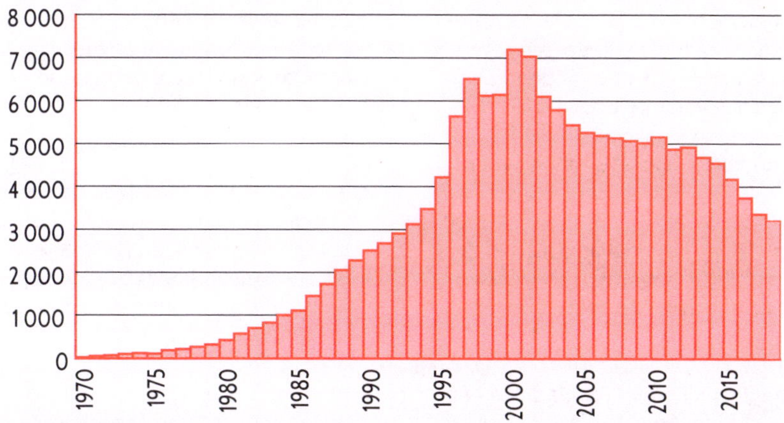

Étymologie

Du grec *chloê*, « jeune pousse ». Dans la mythologie grecque, Chloé était l'autre nom de Déméter, la déesse protectrice des Moissons. C'est en son honneur que les Athéniens célébraient la fête des *Chloeïa* à la fin de chaque hiver. Les parents anglais et américains font renaître ce prénom antique au XIXe siècle, bien avant que Boris Vian l'attribue à l'héroïne de *L'Écume des jours*. Et c'est le succès posthume de l'œuvre qui lance la carrière française du prénom dans les années 1960. En 2001, Chloé s'impose au 3e rang national. Elle se maintient aujourd'hui, à Paris comme dans l'ensemble de l'Hexagone, dans les dix premières places.

En dehors de l'Hexagone, Chloé est en vogue en pays wallon, romand et québécois. Au début des années 2010, elle a connu une grande popularité dans le monde anglophone, notamment en Australie, où elle a rejoint l'élite. Mais elle s'est un peu essoufflée. C'est dans le sud de l'Europe, en Italie et en Espagne, qu'elle pourrait rebondir. À noter : les variantes Kloé, Cloé et Cléo ont perdu leur *momentum*, et l'heure de gloire de Cléa au début des années 2010 a été éphémère.

Dans la littérature

Longus, auteur grec du IIe siècle, écrivit *Les Amours de Daphnis et Chloé*. Ce roman, retraduit au XIXe siècle, inspira Maurice Ravel lorsqu'il composa *Daphnis et Chloé* pour les Ballets russes.

Personnes célèbres

Chloé Sainte-Marie, chanteuse contemporaine canadienne, née en 1962 ; Chloé Delaume, écrivaine française, née en 1973.

Statistiques

Chloé est le 3e prénom féminin le plus donné en France depuis l'an 2000. Ce prénom est attribué à près d'une fille sur 120 aujourd'hui.

pays européens, mais il reste très discret en France. Il prend son envol dans les années 1980, au moment où Claire termine sa carrière. La vogue des prénoms courts en « a » l'élève de telle sorte qu'il culmine à la 3e place du classement en 2006. Clara est très répandu en Allemagne, en Italie et dans de nombreux pays occidentaux aujourd'hui. Variante occitane : Claramonda. *Caractérologie :* ambition, passion, force, habileté, management.

Clarence
900 ↘

Illustre (latin). Féminin anglais. *Caractérologie :* sagacité, connaissances, spiritualité, originalité, résolution.

Clarice
600 ↘

Illustre (latin). Féminin anglais. *Variantes :* Clarie, Clarine. *Caractérologie :* équilibre, influence, famille, décision, sens des responsabilités.

Clarissa
550 →

Illustre (latin). *Caractérologie :* ambition, autorité, innovation, autonomie, énergie.

C

Clarisse
27 000 TOP 300 ↘

Illustre (latin). Ce prénom attesté au Moyen Âge connaît une modeste résurgence au XIXe siècle dans l'Hexagone et les pays anglo-saxons. Son dernier pic de popularité le plaçait au 77e rang féminin français en 2001. ◇ Au VIe siècle, sainte Clarisse fonda dans les Vosges un monastère dont elle fut la première abbesse. *Variantes :* Clarys, Clarysse, Klarissa. *Caractérologie :* courage, dynamisme, indépendance, curiosité, décision.

Clarys
500 →

Illustre (latin). *Variante :* Clarysse. *Caractérologie :* bienveillance, paix, conseil, sagesse, conscience.

Claude
44 000

Boiteuse (latin). Féminin français. *Caractérologie :* audace, direction, indépendance, dynamisme, assurance.

Claudette
37 000

Boiteuse (latin). Féminin français. *Variante :* Clodette. *Caractérologie :* autorité, innovation, énergie, ambition, organisation.

Claudia
13 000 TOP 1 000 ↘

Boiteuse (latin). En dehors de l'Hexagone, Claudia est particulièrement porté en Italie, en Espagne, en Roumanie, et dans les pays anglophones et germanophones. *Caractérologie :* conscience, paix, sagesse, conseil, bienveillance.

Claudie
22 000

Boiteuse (latin). Féminin français. *Caractérologie :* ambition, innovation, énergie, autorité, décision.

Claudine
134 000 →

Boiteuse (latin). Ce prénom français émerge au début du XXe siècle, mais son essor est contrarié lorsque Claudine devient l'héroïne d'une série de romans de Colette, qui font scandale. Ce faux départ est vite oublié lorsque l'écrivaine est élue à l'académie Goncourt. Coïncidence ou non, l'année suivant sa consécration (en 1946), les attributions du prénom se trouvent multipliées par deux. Claudine atteint les portes du top 10 féminin en 1949 avant de décliner lentement. ◇ Religieuse au XVIIIe siècle, sainte Claudine fut prise dans la tourmente de la Révolution ; elle fonda plus tard, en 1818, la Congrégation de Jésus-Marie. On peut estimer que moins de 30 enfants seront prénommés ainsi en 2021. *Variantes :* Claudelle, Claudiane, Claudina, Clodia, Clodine, Gladie, Klaudia. Forme occitane : Glaudia. *Caractérologie :*

bienveillance, paix, conscience, conseil, résolution.

Claudy
700

Boiteuse (latin). *Variantes :* Cladie, Clady. *Caractérologie :* pratique, communication, adaptation, réalisation, enthousiasme.

Cléa
10 000 TOP 200 ↘

Clef (latin). Féminin français. *Caractérologie :* adaptation, communication, pratique, enthousiasme, générosité.

Clélia
7 000 TOP 600 ↘

Clef (latin). Féminin italien. *Caractérologie :* bienveillance, paix, conscience, conseil, résolution.

Clélie
900 ↘

Clef (latin). *Caractérologie :* direction, dynamisme, audace, assurance, indépendance.

Clémence
73 000 TOP 50 →

Douceur, bonté (latin). À l'exception d'une brève envolée au XIXe siècle, la diffusion de Clémence a toujours été modeste. Ou insignifiante, comme dans les années 1950, où elle a failli disparaître des registres d'état civil. Ce qui ne l'a pas empêchée de renaître quelques décennies plus tard dans le sillon de Clément. Si elle semble en perte de vitesse aujourd'hui, elle a frôlé la gloire en 2006 en s'imposant dans le top 25 français. À l'international, Clémence peine à s'imposer en dehors de l'Hexagone. Ce prénom, courant en Angleterre au Moyen Âge, s'est raréfié dans les pays anglophones. Il est plus visible, sous ses différentes formes (Clementina, Klementina ou leur version abrégée Tina), dans les pays méditerranéens ou en Amérique du Sud. *Caractérologie :* paix, conscience, bienveillance, conseil, sagesse.

Clémentine
28 000 TOP 300 →

Douceur, bonté (latin). Féminin français. *Variantes :* Clémente, Clemmie. *Caractérologie :* audace, direction, indépendance, assurance, dynamisme.

Cléo
5 000 TOP 300 →

Gloire, célébrité (grec). En dehors de l'Hexagone, Cleo est recensé dans les pays anglophones. *Variante :* Cléonice. *Caractérologie :* achèvement, leadership, vitalité, stratégie, ardeur.

Cléophée
1 000 TOP 800 →

Célébrer (grec). *Caractérologie :* amitié, bienveillance, paix, conseil, conscience.

Cléore
- de 100

Gloire, célébrité (grec). *Caractérologie :* raisonnement, ténacité, précision, organisation, fiabilité.

Clervie
300 ↓

Pierre précieuse, bijou (celte). Féminin breton. *Caractérologie :* sociabilité, réceptivité, loyauté, diplomatie, bonté.

Clio
350

Gloire, célébrité (grec). Dans la mythologie grecque, Clio, fille de Zeus et de Mnémosyne (déesse de la Mémoire), est la Muse de l'Histoire. Prénom italien. *Caractérologie :* optimisme, communication, créativité, logique, pragmatisme.

Cliona
- de 30

Dans la légende irlandaise, Cliona est une déesse d'une grande beauté qui s'éprend d'un mortel, Ciabhan, et quitte pour lui la Terre promise. *Caractérologie :* rectitude, humanité, rêve, logique, décision.

Cloé
18 000 TOP 300 ↘

Jeune pousse (grec). En dehors de l'Hexagone, Cloé est recensé dans les pays lusophones et hispanophones. *Variante :*

Cloée. *Caractérologie :* achèvement, vitalité, ardeur, stratégie, leadership.

Clothilde
5 000 TOP 2 000 ↘

Célèbre, combattante (germanique). Féminin français. On peut estimer que moins de 30 enfants seront prénommés ainsi en 2021. *Caractérologie :* finesse, connaissances, sagacité, spiritualité, analyse.

Clotilde
16 000 TOP 700 →

Célèbre, combattante (germanique). Peu après avoir épousé Clovis, le roi des Francs, Clotilde convainquit son époux de se convertir avec son armée au christianisme. Clovis fut baptisé par l'évêque de Reims en 496 et devint le premier roi chrétien de France. Dans l'Hexagone, Clotilde est plus traditionnellement usité dans les Flandres. *Variante :* Clotilda. *Caractérologie :* force, volonté, ambition, analyse, habileté.

Coleen
1 500 TOP 2 000 ↘

Victoire du peuple (grec). On peut estimer que moins de 30 enfants seront prénommés ainsi en 2021. *Caractérologie :* réflexion, dévouement, intégrité, idéalisme, altruisme.

C

Colette
125 000 TOP 500 ↗

Victoire du peuple (grec). Ce dérivé de Nicole est usité au Moyen Âge mais il se révèle véritablement au début du xxe siècle. Il monte dans la vague des Ginette, Odette, Paulette et Yvette, s'imposant dans le top 20 féminin peu avant de les dominer du haut de son 6e rang (en 1937). Il disparaîtra du groupe de tête en 1951, non sans avoir tenu compagnie au deuxième flux des désinences en « ette » (Josette, Bernadette). ◇ Née en Picardie en 1381, sainte Colette de Corbie réforma l'ordre des Clarisses au moment où le grand schisme d'Occident opposait les partisans du pape de Rome et de celui d'Avignon. *Caractérologie :* achèvement, stratégie, ardeur, vitalité, leadership.

Coline
22 000 TOP 300 →

Victoire du peuple (grec). *Variantes :* Colline, Collyne, Colyne. *Caractérologie :* méthode, engagement, fiabilité, ténacité, raisonnement.

Colleen
1 500 TOP 2 000 ↓

Victoire du peuple (grec). Féminin anglais. On peut estimer que moins de 30 enfants seront prénommés ainsi en 2021. *Caractérologie :* pragmatisme, communication, créativité, optimisme, sociabilité.

Colombe
3 000 TOP 800 →

Colombe (latin). *Caractérologie :* relationnel, intuition, médiation, volonté, fidélité.

Colombine
250

Colombe (latin). Forme corse et occitane : Colomba. *Caractérologie :* intelligence, méditation, savoir, volonté, raisonnement.

Constance
21 000 TOP 100 →

Constante (latin). Prénom français et anglais. Aussi belle que revêche, Constance d'Arles devint reine de France en épousant Robert II le Pieux en 1003. Mère du futur roi Henri Ier, elle manigança en vain pour que son second fils Robert accède au trône (il devint duc de Bourgogne). Pour sa part, Constance de Castille prit la succession d'Aliénor d'Aquitaine à la tête du royaume en épousant Louis VII en 1154. *Variante :* Connie. Forme portugaise et occitane : Constancia. *Caractérologie :* méthode, engagement, ténacité, fiabilité, gestion.

Constantine
- de 100

Constante (latin). *Variante :* Constantina. *Caractérologie :* ambition, force, habileté, décision, logique.

Consuelo
350

Consolation (latin). Féminin espagnol. *Caractérologie :* audace, découverte, énergie, originalité, séduction.

Coqueline
- de 30

Ce prénom inventé a été rendu célèbre par Coqueline Courrèges, couturière et co-fondatrice de la maison de couture du même nom. Coqueline Courrèges est née le 25 juillet 1935 à Hendaye. *Caractérologie :* famille, exigence, raisonnement, équilibre, influence.

Cora
550

Jeune fille (grec). Féminin anglais et allemand. *Caractérologie :* direction, audace, dynamisme, analyse, indépendance.

Coralie
55 000 TOP 1 000

Jeune fille (grec). Féminin français. *Variantes :* Coralia, Corélia, Corélie, Koralie. *Caractérologie :* altruisme, idéalisme, intégrité, décision, logique.

Coraline
9 000 TOP 2 000

Jeune fille (grec). Féminin français. On peut estimer que moins de 30 enfants seront prénommés ainsi en 2021. *Variante :* Coralyne. *Caractérologie :* courage, curiosité, détermination, dynamisme, raisonnement.

Coraly
700

Jeune fille (grec). *Caractérologie :* sociabilité, réceptivité, diplomatie, loyauté, logique.

Corantine
- de 30

Amie (celte). Féminin français. *Caractérologie :* rectitude, humanité, rêve, raisonnement, détermination.

Cordelia
250

Cœur (latin). *Caractérologie :* persévérance, sécurité, analyse, volonté, structure.

Corentine
950

Amie (celte). Féminin français. *Caractérologie :* engagement, méthode, ténacité, fiabilité, raisonnement.

Corina
120

Jeune fille (grec). Féminin anglais, allemand, roumain et occitan. *Caractérologie :* famille, décision, logique, équilibre, sens des responsabilités.

Corine
17 000

Jeune fille (grec). Féminin français. *Caractérologie :* innovation, énergie, autorité, ambition, logique.

Corinne
157 000

Jeune fille (grec). Corinne est le nom d'une poétesse grecque du VIe ou Ve siècle avant J.-C. C'est aussi le nom d'une femme à laquelle Ovide adressait ses poèmes au Ier siècle après J.-C. C'est toutefois le succès littéraire de Madame de Staël (*Corinne ou l'Italie*, paru en 1807), qui sort le prénom de l'anonymat. Devenant relativement usité à la fin du XIXe siècle dans les pays anglophones, il émerge en France avec un temps de décalage, dans les années 1940. Corinne atteint le sommet de sa carrière dans les années 1960 et se maintient durant sept années dans le top 10 féminin. *Variantes :* Coria, Corie, Cory, Corianne, Corinna, Corrinne, Korine. *Caractérologie :* bienveillance, paix, conseil, conscience, logique.

Corisande
- de 100

Corisande est l'héroïne du roman de chevalerie *Amadis de Gaule*, écrit par Garci Rodríguez de Montalvo et paru en 1508. Diane d'Andoins (1554-1620), comtesse de Guiche, dite « la belle Corisande » prit ce surnom après avoir lu le roman. Henri IV tomba follement amoureux d'elle. *Caractérologie :* raisonnement, philosophie, décision, connaissances, originalité.

Cornélia
450

Cornue, corneille (latin). Féminin italien et anglais. *Variantes :* Cornélia, Cornélie, Cornellia. *Caractérologie :* curiosité, analyse, dynamisme, résolution, courage.

Corrine
650

Jeune fille (grec). *Caractérologie :* autorité, énergie, innovation, logique, ambition.

Cosette
1 500

Victoire du peuple (grec). *Caractérologie :* conscience, conseil, bienveillance, paix, organisation.

Cosima
200

Univers (grec). Prénom italien. *Caractérologie :* famille, raisonnement, influence, équilibre, sens des responsabilités.

Coumba
2 000 TOP 900

La deuxième-née (soninké). *Caractérologie :* audace, gestion, indépendance, vision, raisonnement.

Courtney
120

Enclos (latin). Plus fréquent sous forme de patronyme anglophone. Féminin anglais. *Caractérologie :* fiabilité, sympathie, méthode, ténacité, analyse.

Cristel
700

Messie (grec). *Variante :* Crystel. *Caractérologie :* audace, découverte, énergie, détermination, organisation.

Cristelle
2 000

Messie (grec). *Caractérologie :* structure, sécurité, persévérance, organisation, détermination.

Cristina
3 000

Messie (grec). Féminin espagnol, corse et occitan. On peut estimer que moins de 30 enfants seront prénommés ainsi en 2021. *Caractérologie :* pratique, communication, gestion, enthousiasme, décision.

Crystal
1 500 TOP 2 000

Messie (grec). Aux États-Unis, Crystal est plus particulièrement attribué dans la communauté noire américaine. *Variante :* Cristal. *Caractérologie :* vitalité, achèvement, stratégie, gestion, réalisation.

Cybélia
350

Prophétesse (grec). *Caractérologie :* communication, pragmatisme, amitié, créativité, sociabilité.

Cylia
1 500 TOP 2 000

Aveugle (latin). Voir Cécile. On peut estimer que moins de 30 enfants seront prénommés ainsi en 2021. *Variante :* Cyliane. *Caractérologie :* énergie, originalité, séduction, audace, découverte.

Cyndel
200

Qui vient de Kynthos (grec). Voir Cynthia. *Variante :* Cyndelle. *Caractérologie :* ouverture d'esprit, rectitude, humanité, rêve, bonté.

Cyndie
1 500

Qui vient de Kynthos (grec). Voir Cynthia. *Variantes :* Cyndia, Cyndy. *Caractérologie :* sens des responsabilités, cœur, équilibre, famille, influence.

Cynthia
22 000 TOP 2 000

Forme latine du grec *kynthia* signifiant « qui vient de Kynthos ». Dans la mythologie grecque, le mont Kynthos étant le lieu de naissance de la déesse Artémis, Cynthia est devenu l'un de ses nombreux surnoms. Ce prénom fleurit dès la Renaissance dans les pays anglophones, mais il se révèle véritablement en France à partir des années 1960. On peut estimer que moins de 30 enfants seront prénommés ainsi en 2021. *Variantes :* Cinthia, Cinthya, Cyntia, Synthia. *Caractérologie :* achèvement, vitalité, stratégie, attention, action.

Cyprienne
300

Qui vient de Chypre (grec). *Variantes :* Cipriana, Cypriane, Cyprielle, Cyprine. *Caractérologie :* dynamisme, audace, indépendance, direction, sympathie.

Cyra
- de 30

Soleil (persan), seigneur (grec). *Variantes :* Kira, Kyra. *Caractérologie :* relationnel, médiation, fidélité, adaptabilité, intuition.

Cyriane
550

Seigneur (grec). *Variantes :* Cyrianne, Cyrienne, Cyrine, Cyrinne. *Caractérologie :* communication, enthousiasme, pratique, résolution, sympathie.

Cyrielle
11 000 TOP 1 000

Seigneur (grec). Féminin français. *Variantes :* Cyriel, Cyrièle. *Caractérologie :* cœur, achèvement, stratégie, ardeur, vitalité.

Cyrille
1 500

Seigneur (grec). *Variantes :* Cirila, Cyrilla. *Caractérologie :* communication, pragmatisme, optimisme, cœur, créativité.

Cyrine
1 500 TOP 1 000

Seigneur (grec). *Caractérologie :* fidélité, bonté, médiation, relationnel, intuition.

D

D

Dagmar
- de 100

Servante de jour (scandinave). *Caractérologie :* force, ambition, passion, habileté, réalisation.

Dahlia
1 000 TOP 700

Cette fleur tire son nom du botaniste suédois Anders Dahl qui l'a introduite en Europe en 1789. Ce prénom est particulièrement recensé dans les pays anglophones. *Caractérologie :* passion, force, management, ambition, habileté.

Daïna
450 TOP 2 000

Sagesse, jugement (hébreu), nom donné aux chansons folkloriques lettonnes. Féminin letton et lituanien. *Variante :* Daïana. *Caractérologie :* fidélité, relationnel, médiation, détermination, intuition.

Daisy
4 000 TOP 2 000

Fleur (anglais). Féminin anglais et néerlandais. *Caractérologie :* méthode, fiabilité, engagement, réussite, ténacité.

Dalia
2 000 TOP 600

Rameau en fleur (hébreu), fleur, vigne (arabe). Nom de la déesse de la Maternité et de la Destinée dans la mythologie lituanienne. *Variantes :* Dalie, Dalhia, Dalya, Daly. *Caractérologie :* humanité, rectitude, rêve, générosité, tolérance.

Dalila
11 000 TOP 2 000

Guide (arabe), coquette (hébreu). Ce prénom est particulièrement répandu dans les cultures musulmanes francophones. On peut estimer que moins de 30 enfants seront prénommés ainsi en 2021. *Variante :* Dalilah. *Caractérologie :* adaptation, pratique, enthousiasme, générosité, communication.

Damaris
300

Mollet (grec). *Caractérologie :* relationnel, fidélité, médiation, intuition, adaptabilité.

D

Damia
140

Dompter (grec). Dans la mythologie grecque, Damia est la déesse de la Terre et de la Fertilité. *Caractérologie :* dynamisme, audace, direction, indépendance, assurance.

Damienne
500

Dompter (grec). *Variantes :* Damiana, Damiane, Damielle. *Caractérologie :* intuition, médiation, relationnel, fidélité, résolution.

Dana
2 000 TOP 700

Les origines de ce prénom répandu en Israël, dans les pays slaves, scandinaves et anglophones sont multiples. Dana est un lointain dérivé de Dan, d'où son origine hébraïque : « Dieu fait justice ». C'est une variante probable de Danu, déesse celte de l'Eau dont la notoriété fut si grande qu'elle inspira le nom du fleuve Danube en Europe. Dana(h) désigne également la perle précieuse en arabe alors que Dane signifie « qui vient du Danemark » en vieux norrois. Notons que Dana est usité pour les deux sexes dans les cultures persanes. *Variantes :* Danaëlle, Danna. *Caractérologie :* réceptivité, loyauté, sociabilité, diplomatie, bonté.

Danaé
1 500 TOP 2 000

Dans la mythologie grecque, Danaé est la mère de Persée. *Variante :* Danaée. *Caractérologie :* connaissances, spiritualité, originalité, sagacité, philosophie.

Dania
1 500 TOP 400

Dieu est mon juge (hébreu). Prénom espagnol. Forme basque : Dani. *Caractérologie :* sociabilité, loyauté, diplomatie, décision, réceptivité.

Danica
- de 100

L'étoile du matin (slave). Féminin serbe, croate, slovaque, tchèque et macédonien. *Caractérologie :* découverte, originalité, résolution, audace, énergie.

Danie
500

Dieu est mon juge (hébreu). Féminin français. *Variante :* Dannie. *Caractérologie :* paix, conscience, conseil, bienveillance, détermination.

Daniela
3 000 TOP 2 000

Dieu est mon juge (hébreu). Féminin allemand, slave, roumain, italien, portugais, espagnol et anglais. *Caractérologie :* direction, audace, indépendance, dynamisme, détermination.

Prénoms qui montent et perles rares

Qu'on le veuille ou non, la mode influence la façon dont nous prénommons nos enfants. Tel un baromètre qui prédit le temps, elle désigne les prénoms les plus tendance, et par défaut ceux qui ne le sont pas. Source d'inspiration pour les uns, elle est aussi indispensable aux parents qui souhaitent attribuer un prénom original ou à contre-courant.

Les choix de prénoms rares ne dérogent pas à cette emprise invisible. De nombreuses variantes profitent du succès de leurs homophones pour voir le jour (exemples : Ema, Lyna, Mya, etc.). Des prénoms originaux parviennent également à se démarquer, comme Lilwenn et Auxane, qui jouent sur des répertoires de sonorités peu communes. Mais ce phénomène de distinction n'est-il pas lui-même devenu « branché » ?

Difficile donc d'échapper à la mode... Heureusement que celle-ci laisse une place à la créativité ! La marmite des prénoms de demain mitonne bien des saveurs, voyons d'un peu plus près les tendances qui s'en dégagent.

Les prénoms en forte croissance dans le top 100

Dans les choix féminins, Adèle, Alya, Candice, Inaya, Iris, Kamila, Nour, Maddy et Sofia sont les étoiles montantes de l'année. Certaines d'entre elles évoluent dans le top 50 et pourraient prochainement s'imposer dans l'élite.

Les prénoms de demain

Dans le top 200, Alma, Aria, Ellie, Emna, Jana, Jennah, Joy et Melia ambitionnent d'intégrer les 100 premiers rangs et grandissent vigoureusement. Elles devancent Alba, Athénaïs, Elyana et Naïa qui se profilent à l'horizon.

Les choix originaux

Vous recherchez des prénoms rares aux sonorités variées ? Ci-dessous un bouquet de prénoms qui devraient être attribués à moins de 30 Françaises en 2021.

Adria, Aelis, Aëlle, Airelle, Amaryllis, Ambeline, Annabelle, Ariella, Aurianne, Aventine, Calliopée, Clarence, Cypriane, Déotille, Dulcie, Florence, Frida, Gia, Guillemette, Imaé, India, Ingrid, Iseult, Lune, Manéa, Marthe, Mirabelle, Naïg, Nellie, Odelia, Olympia, Ondine, Oxane, Ozanne, Philaé, Poéma, Prunelle, Rhéa, Rosaline, Séraphine, Siena, Thanaïs, Théoline, Tilia, Vinciane, Vivienne, Zazie, Zelda.

La génération 2000

Nés dans les années 2000 en France, ces petits noms grandissent au fil des saisons :

Aéva, Amayel, Anaée, Anaya, Arwen, Arya, Azia, Baia, Blue, Coco, Écrin, Éléonie, Éliséa, Élouane, Emna, Érelle, Florès, Framboise, Hadria, Iara, Iloa, Inaïa, Inoa, Isalie, Izzie, Lally, Laurella, Laya, Léolia, Léonella, Lillie, Lilo, Lilwenn, Linoa, Lisanne, Liséa, Lissia, Lizéa, Lomane, Lou-Éva, Maelyn, Mailey, Malala, Manoli, Maoline, Maonie, Meï, Mélana, Naëlys, Nany, Nao, Naoline, Nela, Neya, Nova, Nymphéa, Oliane, Ona, Orchidée, Rihanna, Ryane, Selenya, Shai, Shanya, Sohane, Tahira, Thana, Thelia, Thia, Zaïg, Zilia.

Danièle
74 000

Dieu est mon juge (hébreu). Danièle a grandi en même temps que Danielle mais son succès, avec un seul « l », a été beaucoup plus modeste. Néanmoins, Danièle est parvenu à s'imposer dans le top 20 féminin en 1947. *Caractérologie :* courage, dynamisme, curiosité, indépendance, détermination.

Daniella
2 000 TOP 2 000

Dieu est mon juge (hébreu). Féminin anglais. *Caractérologie :* persévérance, efficacité, sécurité, structure, décision.

Danielle
137 000

Dieu est mon juge (hébreu). Inexistant au début du XXe siècle, Danielle émerge dans le sillon de Daniel et culmine au 5e rang féminin en 1947. Plus fréquent que Danièle mais nettement moins attribué que sa forme masculine, Danielle disparaît des radars dans les années 1980. On peut estimer que moins de 30 enfants seront prénommés ainsi en 2021. *Caractérologie :* achèvement, vitalité, ardeur, stratégie, résolution.

D

Danny
500

Dieu est mon juge (hébreu). Féminin anglais. *Caractérologie :* persévérance, structure, sécurité, efficacité, réalisation.

Dany
7 000

Dieu est mon juge (hébreu). *Caractérologie :* achèvement, vitalité, réussite, stratégie, ardeur.

Daphné
9 000 TOP 300

Laurier (grec). Dans la mythologie grecque, Daphné se métamorphose en laurier afin d'échapper aux avances incessantes d'Apollon. En la trouvant figée sur les rives du fleuve Pénée, ce dernier la supplie d'orner sa chevelure de ses rameaux. Une consolation qu'elle lui octroie. En dehors de l'Hexagone, Daphne est plus particulièrement usité dans les pays anglophones et néerlandophones. *Variantes :* Dafné, Daphney. *Caractérologie :* adaptation, communication, pratique, enthousiasme, réussite.

Daphnée
2 000 TOP 2 000

Laurier (grec). *Caractérologie :* passion, ambition, force, réussite, habileté.

Dara
- de 100

Chêne (celte), perle de sagesse (hébreu), étoile (cambodgien), chef (turc), riche (persan), belle (swahili), jeune fille (indonésien). *Caractérologie :* bienveillance, conscience, paix, conseil, sagesse.

Darcy
110

Qui a le teint mat (irlandais). Ce prénom anglophone masculin est également attribué aux filles dans l'Hexagone. *Caractérologie :* bienveillance, conscience, réussite, paix, conseil.

Daria
1 000 TOP 700

Féminin de Darius : forme latine du perse antique *daraya*, « posséder », et *vahu*, « bon ». Daria est particulièrement recensé en Italie, en Russie, en Corse et dans les pays slaves et anglophones. *Variante :* Dari. *Caractérologie :* bienveillance, conscience, paix, conseil, sagesse.

Dariana
- de 30

Voir Daria. Féminin russe. *Caractérologie :* pratique, communication, enthousiasme, générosité, motivation.

Dariane
- de 100

Voir Daria. *Caractérologie :* indépendance, intelligence, savoir, méditation, résolution.

Darina
300

Voir Daria. Prénom slave méridional, essentiellement répandu en Tchéquie. *Variantes :* Dariane, Darie, Darine. *Caractérologie :* sociabilité, réceptivité, loyauté, détermination, diplomatie.

Darlène
400

Tendrement aimée (anglais). Féminin anglais. *Variante :* Darline. *Caractérologie :* décision, curiosité, dynamisme, courage, indépendance.

Davina
2 000

Aimée, chérie (hébreu). Féminin anglais. On peut estimer que moins de 30 enfants seront prénommés ainsi en 2021. *Variante :* Davia. *Caractérologie :* famille, sens des responsabilités, équilibre, influence, décision.

Dawn
110

Aube (anglais). Féminin anglais. *Caractérologie :* influence, équilibre, famille, sens des responsabilités, exigence.

Day
- de 30

Journée (anglais). Féminin anglais. *Caractérologie :* optimisme, pragmatisme, créativité, réalisation, communication.

Daya
140

Oiseau (hébreu), compassion, empathie (sanscrit). Daya est plus particulièrement usité dans les pays anglophones et en Inde. *Caractérologie :* méthode, ténacité, engagement, réalisation, fiabilité.

Dayana
1 000 TOP 500

Lumière éclatante (arabe), variante de Diana. *Variante :* Dayane. *Caractérologie :* énergie, innovation, autorité, réalisation, ambition.

Dea
200 TOP 2 000

Déesse (latin), forme diminutive des prénoms commençant ou se terminant par « déa » (Deanna, Amédéa, etc.). Dans la mythologie scandinave, Dea est l'épouse de Bragi, le dieu de la Poésie. *Caractérologie :* autorité, autonomie, énergie, innovation, ambition.

Deanna
- de 100

Vallée ou doyen (vieil anglais), ou variante anglophone de Diane. Féminin anglais. *Variantes :* Déana, Déanne. *Caractérologie :* communication, pragmatisme, sociabilité, créativité, optimisme.

Débora
2 000 TOP 2 000

Abeille (hébreu). Féminin italien, allemand et portugais. *Caractérologie :* altruisme, détermination, volonté, idéalisme, intégrité.

Déborah
30 000 TOP 800

Abeille (hébreu). Prophétesse et juge dans la Bible, Déborah mène les Israélites vers la victoire sur l'armée cananéenne. Sous son égide, le peuple hébreu connaît une période de paix de quarante années. Ce prénom est très répandu dans les pays anglophones. *Variantes :* Debbie, Devora. *Caractérologie :* stratégie, vitalité, achèvement, caractère, attention.

Debra
300

Abeille (hébreu). *Caractérologie :* communication, pratique, adaptation, enthousiasme, résolution.

Deidra
- de 30

Jeune fille (irlandais). *Caractérologie :* bienveillance, détermination, paix, sagesse, conseil.

D

Délia
2 000 TOP 700

Fleur, vigne (arabe), diminutif d'Adelia répandu au Portugal et dans les pays anglophones. *Variantes :* Delhia, Dhelia, Delya. *Caractérologie :* persévérance, structure, sécurité, décision, efficacité.

Delphine
122 000 TOP 2 000

Dauphin (latin). En intitulant son premier roman *Delphine* en 1802, Madame de Staël donne une existence à ce prénom jusqu'alors méconnu. Delphine devient plus visible, même si sa vraie carrière débute bien plus tard, dans les années 1970. Une poussée soudaine le propulse au 7e rang féminin en 1977, et l'on ne saurait expliquer la chute qui le fait disparaître aussi rapidement qu'il était apparu. ◇ Née dans le Vaucluse en 1280, sainte Delphine épousa Éléazar de Sabran et persuada ce dernier de ne pas consommer leur mariage. Veuve, elle se consacra aux œuvres charitables et termina sa vie dans une grande pauvreté. *Variantes :* Dauphine, Delfine, Delphe, Delphie, Delphina, Delphy. Forme bretonne et corse : Delfina. *Caractérologie :* innovation, énergie, action, autorité, cœur.

Delta
- de 30

Désigne la quatrième lettre de l'alphabet grec. Féminin anglais. *Caractérologie :* équilibre, sens des responsabilités, famille, influence, organisation.

Denise
117 000

Fille de Dieu (grec). Ce féminin de Denis surgit à la fin du XIXe siècle en France. Il rencontre un tel engouement qu'il figure parmi les cinq premiers rangs de 1924 à 1935. C'est alors que sa vogue se propage aux pays de langue anglaise. Il disparaît totalement dans les années 1980 mais reste aujourd'hui plus porté que son masculin. Denise est le 18e prénom le plus attribué du XXe siècle en France. *Variantes :* Denia, Deniz, Denize, Dionne. Forme occitane : Danisa. *Caractérologie :* intuition, relationnel, médiation, fidélité, détermination.

Denyse
600

Fille de Dieu (grec). *Caractérologie :* rectitude, humanité, ouverture d'esprit, rêve, réussite.

Déotille
- de 30

Dieu, tilleul (latin). *Caractérologie :* raison, innovation, ambition, indépendance, énergie.

Désirée
1 500

Désirée (latin). On peut estimer que moins de 30 enfants seront prénommés ainsi en 2021. *Caractérologie :* intuition, relationnel, fidélité, résolution, médiation.

Déva
700 TOP 2 000

Deva est le terme qui désigne les dieux en sanscrit. Les devas font partie intégrante de la culture hindoue. Prénom indien d'Asie. *Caractérologie :* originalité, séduction, découverte, énergie, audace.

Diana
9 000 TOP 400

Divine (latin). Diana est très répandu dans les pays anglophones et occidentaux. C'est aussi un choix traditionnel occitan. *Variante :* Dianna. *Caractérologie :* fidélité, intuition, relationnel, médiation, résolution.

Diane
21 000 TOP 200

Divine (latin). Dans la mythologie romaine, Diane, la déesse de la Chasse, est l'équivalent de la déesse grecque Artémis. En dehors de l'Hexagone, Diane est très répandu dans les pays anglophones. *Variante :* Dianne. *Caractérologie :* éthique, famille, influence, résolution, équilibre.

D

Dianthe
- de 30

Fleur de Dieu (grec). *Caractérologie :* spiritualité, connaissances, résolution, finesse, sagacité.

Dilan
350

Amour (turc), féminin de Dilan. *Variantes :* Dillan, Dilane, Dilhan, Dylane. *Caractérologie :* méthode, fiabilité, ténacité, engagement, résolution.

Dilara
1 000

Aimante (turc). *Caractérologie :* idéalisme, altruisme, réflexion, dévouement, intégrité.

Dina
7 000 TOP 200

Celle pour laquelle justice a été faite (hébreu). Dina est très répandu en Italie et dans les pays anglophones. *Variantes :* Dinah, Dinna, Dyna. *Caractérologie :* direction, indépendance, audace, résolution, dynamisme.

Divine
1 000 TOP 2 000

Divine (latin). *Variantes :* Déva, Diva, Divina. *Caractérologie :* ouverture d'esprit, rêve, générosité, humanité, rectitude.

Dixie
- de 30

Fille de Dick (anglais). *Caractérologie :* sagesse, ténacité, conscience, conseil, harmonie.

Djamila
7 000 TOP 1 000

D'une grande beauté physique et morale (arabe). *Variantes :* Djamela, Djamella, Djamilla, Djemila, Djemilla. *Caractérologie :* curiosité, charisme, dynamisme, courage, indépendance.

Dolly
700

Douleur (latin). Féminin anglais. *Caractérologie :* découverte, énergie, audace, originalité, séduction.

Dolorès
9 000 TOP 2 000

Douleur (latin). Féminin espagnol. On peut estimer que moins de 30 enfants seront prénommés ainsi en 2021. *Caractérologie :* caractère, intelligence, savoir, méditation, logique.

Domenica
250

Qui appartient au Seigneur (latin). Prénom italien. *Caractérologie :* dynamisme, volonté, audace, direction, analyse.

Dominica
250

Qui appartient au Seigneur (latin). Dominica est plus traditionnellement usité en Italie et au Pays basque. *Caractérologie :* audace, énergie, découverte, volonté, raisonnement.

Dominique
156 000

Qui appartient au Seigneur (latin). En France, ce prénom mixte est porté par une majorité d'hommes (58 %), mais il a connu un beau succès au féminin. Dans les deux genres, il a figuré dans le top 10 national dans les années 1950, faisant jeu égal, à 600 naissances près, en 1955. Sa retraite sonne avant celle de son masculin, mais un nouvel élan le porte dans les pays anglophones, où Dominique est exclusivement féminin. *Variantes :* Doma, Domeca, Domeka, Dominka, Domitilde. Forme occitane : Domenga. Formes basques : Dominixa, Dominixe. *Caractérologie :* caractère, force, ambition, habileté, logique.

Domitie
- de 30

Celle qui a soumis (latin). Féminin français. *Caractérologie :* caractère, pragmatisme, créativité, communication, optimisme.

Domitienne
- de 30

Celle qui a soumis (latin). Féminin français. *Variantes :* Domitia, Domitiane. *Caractérologie :* intégrité, altruisme, idéalisme, réflexion, volonté.

Domitille
4 000 TOP 2 000

Celle qui a soumis (latin). Féminin français. *Variante :* Domitilla. *Caractérologie :* rectitude, humanité, volonté, raisonnement, rêve.

Dona
300

Donation (latin). Féminin anglais. *Caractérologie :* originalité, spiritualité, connaissances, sagacité, caractère.

Donatienne
750

Donation (latin). *Variantes :* Donata, Donate, Donatella, Donatiane, Donatianne. *Caractérologie :* intuition, volonté, médiation, résolution, relationnel.

Donia
3 000 TOP 2 000

Source de vie, richesse (arabe), qui appartient au Seigneur (latin). Féminin anglais. On peut estimer que moins de 30 enfants seront prénommés ainsi en 2021. *Variantes :* Donnia, Dounia. *Caractérologie :* savoir, méditation, volonté, intelligence, résolution.

Donna
650

Donation (latin). Féminin anglais et italien. *Caractérologie :* communication, enthousiasme, adaptation, pratique, caractère.

Donya
350

Source de vie, richesse (arabe), qui appartient au Seigneur (latin). *Caractérologie :* curiosité, volonté, dynamisme, réalisation, courage.

Dora
1 500

Don de Dieu (grec). Féminin anglais, espagnol et grec. On peut estimer que moins de 30 enfants seront prénommés ainsi en 2021. *Caractérologie :* relationnel, médiation, intuition, fidélité, adaptabilité.

Dorcas
250

Gazelle (hébreu). Prénom biblique du Nouveau Testament. *Caractérologie :* paix, bienveillance, conseil, raisonnement, conscience.

Doreen
350

Don de Dieu (grec). Féminin anglais. *Caractérologie :* connaissances, caractère, originalité, sagacité, spiritualité.

Doria
900

Don de Dieu (grec). Ce prénom anglophone est également usité en Corse. *Caractérologie :* sociabilité, diplomatie, réceptivité, loyauté, bonté.

Doriana
250

Don de Dieu (grec). Féminin italien, roumain et occitan. *Caractérologie :* achèvement, volonté, vitalité, résolution, stratégie.

Doriane
10 000

Don de Dieu (grec). Féminin français et anglais. On peut estimer que moins de 30 enfants seront prénommés ainsi en 2021. *Variante :* Doryane. *Caractérologie :* pragmatisme, communication, décision, optimisme, caractère.

Dorianne
950

Don de Dieu (grec). *Variantes :* Dorienne, Dorielle. *Caractérologie :* habileté, résolution, ambition, volonté, force.

D

Dorienne
- de 100

Don de Dieu (grec). *Caractérologie :* caractère, communication, adaptation, pratique, enthousiasme.

Dorina
190

Don de Dieu (grec). Féminin roumain, italien et hongrois. *Variante :* Dorinda. *Caractérologie :* connaissances, sagacité, spiritualité, décision, caractère.

Dorine
6 000

Don de Dieu (grec). Féminin anglais et français. On peut estimer que moins de 30 enfants seront prénommés ainsi en 2021. *Variantes :* Dorie, Dorka, Dorinka, Dorinne, Doryne. *Caractérologie :* sociabilité, réceptivité, loyauté, diplomatie, volonté.

Doris
5 000

Don de Dieu (grec). En dehors de l'Hexagone, Doris est plus particulièrement porté dans les pays anglophones et germanophones. On peut estimer que moins de 30 enfants seront prénommés ainsi en 2021. *Variantes :* Dorice, Dorys. *Caractérologie :* relationnel, médiation, intuition, fidélité, adaptabilité.

Dorothée
18 000

Don de Dieu (grec). Féminin français. *Variantes :* Dorothé, Dot, Dottie, Dorothea. *Caractérologie :* idéalisme, altruisme, intégrité, volonté, finesse.

Dorothy
300

Don de Dieu (grec). Féminin anglais. *Caractérologie :* conscience, paix, bienveillance, conseil, ressort.

Dorra
250

Don de Dieu (grec). *Caractérologie :* intuition, relationnel, médiation, fidélité, adaptabilité.

Dounia
9 000 TOP 600

Source de vie, richesse (arabe). *Variante :* Dounya. *Caractérologie :* volonté, analyse, innovation, autorité, énergie.

Dova
- de 30

Colombe (vieil anglais). Féminin anglais. *Caractérologie :* exigence, équilibre, famille, sens des responsabilités, influence.

Dulce
190

Douce (latin). *Variantes :* Dulcie, Dulcina. *Caractérologie :* rectitude, humanité, ouverture d'esprit, générosité, rêve.

Dulcie
- de 100

Douce (latin). Ce prénom a connu un pic de popularité au XIXe siècle en Angleterre et aux États-Unis, pays dans lesquels il n'a jamais disparu. *Caractérologie :* intelligence, méditation, sagesse, savoir, indépendance.

Dune
500 TOP 2 000

Prénom attribué à Frank Herbert, auteur du livre de science-fiction *Dune*. *Caractérologie :* stratégie, achèvement, vitalité, ardeur, leadership.

Dylane
- de 100

Mer (gallois). *Caractérologie :* amitié, sagacité, spiritualité, connaissances, réalisation.

E

Eda
1 500 TOP 2 000

Richesse, combat (germanique), bien élevée (turc). *Caractérologie :* audace, direction, indépendance, dynamisme, assurance.

Éden
11 000 TOP 200

L'étymologie de ce prénom ne fait pas l'unanimité. Il pourrait signifier « délices » en hébreu, « fructueux » en araméen, et « plaine », ou « steppe », en akkadien. Voir le zoom sur Éden dans la partie *Prénoms masculins*. *Variantes :* Edana, Edena, Édène. *Caractérologie :* énergie, innovation, autonomie, ambition, autorité.

Edia
- de 30

Riche amie (germanique). Féminin anglais. *Caractérologie :* direction, audace, dynamisme, détermination, indépendance.

E

Édina
120

Prospère, plaisante (germanique). *Variante :* Édine. *Caractérologie :* sens des responsabilités, famille, influence, équilibre, détermination.

Édith
42 000 TOP 2 000

Richesse, combat (germanique). En dehors de l'Hexagone, Edith est plus particulièrement recensé dans les pays anglophones, germanophones et scandinaves. *Variantes :* Edita, Edite. *Caractérologie :* direction, audace, dynamisme, indépendance, finesse.

Edmée
1 500

Riche protectrice (germanique). *Variante :* Edma. *Caractérologie :* dynamisme, courage, indépendance, curiosité, charisme.

Edmonde
3 000

Riche protectrice (germanique). *Variantes :* Edmonda, Edmondine. *Caractérologie :* équilibre, sens des responsabilités, volonté, influence, famille.

Edna
300

Amande (irlandais), rajeunissement (hébreu). Féminin anglais, irlandais et écossais. *Variante :* Etna. *Caractérologie :* équilibre, sens des responsabilités, famille, influence, exigence.

Édréa
- de 30

Prospère, puissante (germanique). Féminin anglais. *Caractérologie :* équilibre, famille, détermination, influence, sens des responsabilités.

Edwige
18 000

Richesse, combat (germanique). Féminin français. On peut estimer que moins de 30 enfants seront prénommés ainsi en 2021. *Variantes :* Edvige, Edwig. *Caractérologie :* habileté, ambition, force, management, passion.

Edwina
600

Riche amie (germanique). *Variante :* Edvina. *Caractérologie :* réceptivité, loyauté, sociabilité, résolution, diplomatie.

Effie
200

Qui parle avec justesse (grec). Féminin anglais. *Caractérologie :* fiabilité, sens du devoir, méthode, ténacité, engagement.

Églantine
4 000 TOP 1 000

Nom de fleur à épines (latin). *Variantes :* Egléa, Eglée. *Caractérologie :* paix, détermination, amitié, conscience, bienveillance.

Eileen
1 500 TOP 600 →

Éclat du soleil (grec). *Variante :* Aileen. *Caractérologie :* courage, curiosité, dynamisme, indépendance, charisme.

Elaïa
1 500 TOP 400 →

Hirondelle (basque). *Variante :* Elaya. *Caractérologie :* innovation, énergie, autorité, ambition, détermination.

Élaine
300

Éclat du soleil (grec). Féminin anglais. *Variantes :* Élana, Élauna, Éléana. *Caractérologie :* direction, audace, indépendance, dynamisme, décision.

Elaura
450 TOP 2 000 →

Éclat du soleil (grec). Elaura est plus traditionnellement usité au Pays basque. *Caractérologie :* persévérance, structure, efficacité, résolution, sécurité.

Éléa
14 000 TOP 200 →

Dieu (hébreu), ou honneur (celte). Éléa pourrait également être une cousine d'Éléana ou Éléanor. Féminin français. *Variantes :* Elléa, Iléa. *Caractérologie :* curiosité, indépendance, courage, dynamisme, charisme.

Éléana
2 000 TOP 400 →

Éclat du soleil (grec). *Variante :* Éléane. *Caractérologie :* médiation, intuition, relationnel, adaptabilité, fidélité.

Éléanor
2 000 TOP 400 ↑

Compassion (grec). Féminin français et anglais. *Variantes :* Éleanore, Éléanora. *Caractérologie :* analyse, sagacité, connaissances, spiritualité, résolution.

Électra
- de 100

Étoile brillante (grec). Dans la mythologie grecque, Électra aide son frère Oreste à venger l'assassinat de leur père, Agamemnon. *Caractérologie :* dynamisme, organisation, direction, résolution, audace.

Elen
600 →

Éclat du soleil (grec). *Caractérologie :* humanité, ouverture d'esprit, rectitude, rêve, générosité.

Éléna
32 000 TOP 50 →

Éclat du soleil (grec). Voir le zoom sur Léna. *Variantes :* Elene, Ellena, Elenie, Elenoa. *Caractérologie :* autorité, innovation, ambition, autonomie, énergie.

Éléona
200 ↘

Compassion (grec). *Caractérologie :* sagacité, philosophie, spiritualité, connaissances, originalité.

Éléonora
350 →

Compassion (grec). Prénom italien. *Variantes :* Elenore, Éléona, Ellinor, Elna, Elnora. *Caractérologie :* structure, décision, sécurité, persévérance, logique.

Éléonore
21 000 TOP 200 →

Compassion (grec). En dehors de l'Hexagone, Éléonore est très répandu en Allemagne. *Variantes :* Aenor, Alienore, Alianor, Elinor, Elinore, Éléonor, Élénore, Héléonore. *Caractérologie :* ardeur, vitalité, stratégie, achèvement, logique.

Elfie
500 ↘

Noble paix (germanique). *Variantes :* Elfi, Elphie. *Caractérologie :* innovation, analyse, autorité, énergie, ambition.

Elfy
200 ↓

Noble paix (germanique). *Caractérologie :* pratique, adaptation, enthousiasme, communication, cœur.

E

Elga
- de 100

Heureuse (germanique). *Caractérologie :* méditation, indépendance, intelligence, savoir, bonté.

Élia
7 000 TOP 200

Le Seigneur est mon Dieu (hébreu). Elia est plus traditionnellement usité en Italie et en Corse. Malgré sa mixité, ce prénom est très largement féminin. *Caractérologie :* idéalisme, réflexion, altruisme, détermination, intégrité.

Éliana
3 000 TOP 300

Voir Éliane. Eliana est particulièrement usité en Italie, dans les pays hispanophones, lusophones et anglophones. *Caractérologie :* paix, bienveillance, conseil, conscience, résolution.

Éliane
82 000 TOP 2 000

Ce prénom d'origine hébraïque pourrait être une forme d'Élia ou d'Élisabeth. Féminin français. *Variantes :* Élyana, Élyane, Élyanne. *Caractérologie :* ambition, innovation, résolution, autorité, énergie.

E

Élianne
1 000

Voir Éliane. *Caractérologie :* paix, bienveillance, conseil, conscience, décision.

Éliette
5 000

Dieu est serment (hébreu). Féminin français. Forme basque : Babe. *Caractérologie :* sécurité, persévérance, efficacité, structure, honnêteté.

Elif
4 000 TOP 400

Prénom turc se rapportant à l'alif, la première lettre de l'alphabet arabe. *Caractérologie :* logique, découverte, audace, originalité, énergie.

Élina
13 000 TOP 100

Divine (hébreu). Élina est également une forme scandinave, italienne et occitane d'Hélène. *Caractérologie :* découverte, originalité, détermination, audace, énergie.

Éline
10 000 TOP 200

Éclat du soleil (grec). Éline est répandu aux Pays-Bas et en Norvège. *Variantes :* Élin, Héline. *Caractérologie :* humanité, rêve, rectitude, ouverture d'esprit, générosité.

Élinoa
- de 30

Contraction d'Ellie et Noa. *Caractérologie :* intuition, médiation, relationnel, résolution, analyse.

Éliona
120

Mon Dieu est lumière (hébreu). *Caractérologie :* décision, logique, relationnel, médiation, intuition.

Éliora
400 TOP 2 000

Dieu est ma lumière (hébreu). *Variante :* Éléora. *Caractérologie :* équilibre, influence, raisonnement, exigence, sens des responsabilités.

Elis
- de 100

Le Seigneur est mon Dieu (hébreu). Féminin danois, suédois et occitan. *Caractérologie :* idéalisme, altruisme, réflexion, volonté, intégrité.

Élisa
47 000 TOP 200

Dieu est serment (hébreu). Diminutif d'Élisabeth, Élisa ou Eliza connaît une longue période de prospérité dans les pays anglophones. De la Renaissance à la fin du XIXe siècle, on le rencontre souvent dans les choix vedettes. Dans l'Hexagone, Élisa n'a jamais connu de grand succès avant les années 2000. C'est alors qu'il dépasse Élise pour briller une année dans le top 30. En léger repli aujourd'hui, Élisa maintient un niveau constant d'attributions, mais c'est Élise qui a repris l'ascendant. *Variantes :* Alisha, Éliséa, Élisia, Elisha, Élicia, Élissia, Éliza. *Caractérologie :* énergie, ambition, autorité, innovation, décision.

Élisabeth

126 000 TOP 400

Ce prénom biblique vient de l'hébreu Elisheva, d'où la signification « Dieu est serment ». Dans de nombreux pays d'Europe, Élisabeth a été très répandu au Moyen Âge et durant les siècles qui ont suivi. C'est, au moment du règne d'Élisabeth Ire (1558-1603), le choix féminin le plus attribué en Angleterre. Au XVIIe siècle, Élisabeth est massivement choisi par les puritains anglophones qui sèment sa gloire outre-Atlantique. Ce prénom est encore très fréquent lorsque Élisabeth de Wittelsbach (1837-1898), l'impératrice d'Autriche, prend le célèbre surnom de Sissi. Ce choix devenu classique dans de nombreux pays occidentaux finit par faire des adeptes en France. Élisabeth monte aux portes du top 20 féminin au milieu des années 1950 avant d'être éclipsé par son dérivé Isabelle. ◇ Dans le Nouveau Testament, Élisabeth est la cousine de Marie et l'épouse de Zacharie. Alors qu'elle se résigne à ne jamais avoir d'enfant, elle parvient à engendrer quatre fils à un âge avancé. Jean, le futur saint Jean-Baptiste, est son premier-né. ◇ Dans l'Ancien Testament, Elisheva est la femme du grand prêtre Aaron, le frère de Moïse. ◇ Sainte Élisabeth de Hongrie, surnommée « reine des pauvres », se consacra aux plus démunis au XIIIe siècle. *Variantes :* Babette, Élisabetta, Elisheva, Elixane, Elixanne, Helixane, Helixanne, Liese, Lisbeth, Lillibeth, Libby. *Caractérologie :* détermination, altruisme, idéalisme, intégrité, sensibilité.

Élise

81 000 TOP 50

Dieu est serment (hébreu). Beethoven (1770-1827) aurait souhaité dédier sa Bagatelle en la mineur à une jeune fille prénommée Thérèse, mais cette œuvre, présentée après sa mort, est intitulée *Lettre à Élise*. Loin d'empêcher son succès, cette erreur en favorise un autre, celui du prénom, qui connaît un miniboom dans toute l'Europe à la fin XIXe siècle. Après une période plus discrète, Élise revient en force et s'impose dans le top 40 français en 2001. Son niveau d'attribution reste assez constant aujourd'hui. *Variantes :* Éliséa, Eliz. *Caractérologie :* découverte, audace, énergie, résolution, originalité.

Élisée

200

Dieu a aidé (hébreu). *Caractérologie :* audace, direction, dynamisme, indépendance, détermination.

Élissa

1 500 TOP 800

Dieu est serment (hébreu). Princesse phénicienne, Élissa (Didon en latin) fuit la tyrannie de son frère Pygmalion, le roi de Tyr, et devient la reine fondatrice de la ville de Carthage. Refusant le mariage avec Larbas, Didon s'immolera afin de rester fidèle à son mari défunt. Ce personnage mythologique a inspiré nombre d'œuvres artistiques, comme *L'Énéide* de Virgile. *Caractérologie :* sociabilité, réceptivité, diplomatie, détermination, loyauté.

Élissandre

- de 100

Prénom inventé à partir d'une contraction d'Ellie et Alessandra. *Variante :* Élisandre. *Caractérologie :* spiritualité, connaissances, résolution, sagacité, originalité.

Elizabeth

4 000 TOP 2 000

Dieu est serment (hébreu). Féminin allemand, néerlandais, scandinave et anglais. *Caractérologie :* méditation, intelligence, décision, savoir, attention.

Ella
7 000 TOP 200

Éclat du soleil (grec). Ella est particulièrement répandu dans les pays anglophones. *Caractérologie :* enthousiasme, communication, pratique, adaptation, générosité.

Ellen
950

Éclat du soleil (grec). Ellen est très répandu dans les pays anglophones. Voir Hélène. *Caractérologie :* communication, pratique, enthousiasme, générosité, adaptation.

Ellie
3 000 TOP 200

Éclat du soleil (grec). Féminin anglais. *Variantes :* Ellia, Elya. *Caractérologie :* intelligence, méditation, sagesse, savoir, indépendance.

Elly
900 TOP 700

Éclat du soleil (grec). *Caractérologie :* amitié, intégrité, altruisme, réflexion, idéalisme.

Ellyn
700 TOP 2 000

Éclat du soleil (grec). *Variantes :* Elyn, Ellynn. *Caractérologie :* dynamisme, curiosité, courage, indépendance, bonté.

Elma
600 TOP 2 000

Protection, casque (germanique), ou contraction d'Elizabeth et Mary. Elma est plus particulièrement répandu dans les pays néerlandophones, germanophones et anglophones. C'est aussi un prénom usité au Pays basque. *Variante :* Helma. *Caractérologie :* persévérance, structure, efficacité, sécurité, honnêteté.

Elmas
110

Diamant (persan). *Caractérologie :* curiosité, dynamisme, indépendance, courage, charisme.

Elna
- de 100

Éclat du soleil (grec). Féminin scandinave. *Variante :* Alna. *Caractérologie :* indépendance, dynamisme, charisme, courage, curiosité.

Éloa
600 TOP 2 000

Lumière (celte). *Caractérologie :* sagesse, bienveillance, conseil, paix, conscience.

Éloane
3 000 TOP 800

Lumière (celte). Prénom breton. *Variante :* Élouane. *Caractérologie :* sagacité, connaissances, originalité, spiritualité, philosophie.

Élodie
157 000 TOP 1 000

Propriété (latin). Bien qu'il soit ancien, ce prénom n'est guère attribué en France avant le XXe siècle. Élodie jaillit dans la vague des terminaisons en « ie » dans les années 1970, culminant au 1er rang féminin de 1988 à 1990. Sa décrue s'accentue depuis 2005. ◇ Sainte Élodie refusa d'apostasier sous l'émirat d'Abd al-Rahman II ; elle fut décapitée à Cordoue au IXe siècle. *Variantes :* Alodia, Elodia, Lodie. Forme basque : Elodi. *Caractérologie :* énergie, audace, caractère, découverte, logique.

Élody
1 000

Propriété (latin). *Caractérologie :* sagacité, connaissances, volonté, sympathie, spiritualité.

Éloïse
33 000 TOP 100

Illustre au combat (germanique). Féminin français. *Variantes :* Éloïs, Éloïsa. *Caractérologie :* réceptivité, sociabilité, diplomatie, détermination, raisonnement.

Élona
2 000 TOP 1 000

Arbre (hébreu), variante d'Ilona. *Caractérologie :* intuition, relationnel, adaptabilité, fidélité, médiation.

E

Élora
4 000 TOP 700 ↘

Éclat du soleil (grec). *Variantes :* Eloria, Elorie. *Caractérologie :* conscience, paix, résolution, bienveillance, analyse.

Elorri
500 →

Épine (basque). *Variante :* Elorie. *Caractérologie :* courage, curiosité, dynamisme, indépendance, raisonnement.

Élouane
350 ↘

Lumière (celte). Voir le masculin Élouan. *Caractérologie :* autonomie, innovation, énergie, ambition, autorité.

Elsa
46 000 TOP 100 →

Dieu est serment (hébreu). Ce dérivé d'Élisabeth émerge dans les pays de langues anglaise et allemande au XIXe siècle. Son envol, promu par le succès de *Lohengrin* (opéra de Wagner dans lequel un personnage apparaît sous ce nom), n'a pas d'effet immédiat en France. Il faut attendre 1988 – et le succès de la chanteuse Elsa – pour voir ce choix briller dans le top 60 national. Aujourd'hui, Elsa est également attribué en Italie et dans les pays scandinaves. *Variantes :* Ellie, Else, Elsie, Elssa, Elza, Elsy, Ilsa et Ilse. *Caractérologie :* direction, indépendance, dynamisme, assurance, audace.

Elsie
650 →

Dieu est serment (hébreu). *Caractérologie :* curiosité, courage, indépendance, dynamisme, résolution.

Elvan
200

Rose (turc), variante bretonne d'Elouan : lumière (celte). *Variantes :* Elva, Elvie. *Caractérologie :* rectitude, humanité, rêve, tolérance, générosité.

Elvina
1 500 ↘

Elfe, amie (vieil anglais). Féminin anglais. On peut estimer que moins de 30 enfants seront prénommés ainsi en 2021. *Variantes :* Elvie, Elvine. *Caractérologie :* altruisme, idéalisme, détermination, intégrité, réflexion.

Elvira
1 500 TOP 2 000 ↗

Noble et fidèle (germanique). Prénom espagnol. *Variantes :* Elbira, Elvia. *Caractérologie :* structure, persévérance, sécurité, efficacité, décision.

Elvire
3 000 ↘

Noble et fidèle (germanique). On peut estimer que moins de 30 enfants seront prénommés ainsi en 2021. *Variante :* Elwire. *Caractérologie :* passion, force, ambition, management, habileté.

Ely
550 TOP 2 000 →

Le Seigneur est mon Dieu (hébreu). *Caractérologie :* bienveillance, paix, conscience, conseil, sympathie.

Elya
5 000 TOP 200 ↗

Le Seigneur est mon Dieu (hébreu). Féminin russe. *Caractérologie :* connaissances, sagacité, spiritualité, cœur, originalité.

Elyn
500 TOP 2 000 →

Éclat du soleil (grec). *Variantes :* Elin, Elynn. *Caractérologie :* médiation, sympathie, fidélité, relationnel, intuition.

Élyna
4 000 TOP 200 →

Éclat du soleil (grec). *Caractérologie :* communication, sympathie, adaptation, enthousiasme, pratique.

Élyne
5 000 TOP 200 →

Éclat du soleil (grec). *Caractérologie :* connaissances, sagacité, spiritualité, amitié, originalité.

E

Élysa
1 000 TOP 2 000 ↘

Dieu est serment (hébreu). *Variante :* Élyssa. *Caractérologie :* vitalité, sympathie, ardeur, stratégie, achèvement.

Élyse
1 500 TOP 2 000 →

Dieu est serment (hébreu). *Caractérologie :* pragmatisme, créativité, communication, optimisme, sympathie.

Ema
5 000 TOP 400 →

Universelle (germanique). Ema est répandu dans les pays hispanophones, lusophones et slaves méridionaux. *Caractérologie :* autorité, ambition, innovation, énergie, autonomie.

Émelie
600

Travailleuse (germanique). *Variantes :* Émel, Émelia. *Caractérologie :* méthode, ténacité, fiabilité, engagement, sens du devoir.

Émeline
34 000 TOP 800 ↘

Travailleuse (germanique). Féminin français. *Variantes :* Aimelina, Aimeline, Émel, Émelia, Émelie, Emelina, Emmelie, Emmeline, Hemeline. *Caractérologie :* générosité, rectitude, humanité, rêve, tolérance.

E

Émelyne
3 000 TOP 2 000 ↘

Travailleuse (germanique). On peut estimer que moins de 30 enfants seront prénommés ainsi en 2021. *Variantes :* Emmelyne, Emelyn. *Caractérologie :* idéalisme, bonté, réflexion, sympathie, intégrité.

Émerance
140

Qui mérite (latin). *Caractérologie :* audace, dynamisme, direction, indépendance, résolution.

Émeraude
700 TOP 2 000 ↑

Désigne l'émeraude, pierre précieuse en français. *Variante :* Emeralda. *Caractérologie :* humanité, rectitude, ouverture d'esprit, détermination, rêve.

Émerence
- de 100

Qui mérite (latin). *Variantes :* Émerentienne, Émerentine. *Caractérologie :* énergie, découverte, audace, séduction, originalité.

Emi
650 TOP 2 000 ↘

Bienfait, beauté (japonais). *Caractérologie :* dévouement, rectitude, rêve, humanité, réflexion.

Émie
4 000 TOP 500 →

Travailleuse (germanique). *Caractérologie :* curiosité, indépendance, courage, charisme, dynamisme.

Émilia
5 000 TOP 300 ↗

Travailleuse (germanique). Emilia est particulièrement attribué dans les pays hispanophones, lusophones et slaves. C'est aussi un prénom usité en Grèce, en Occitanie et au Pays basque. *Variante :* Emili. *Caractérologie :* fiabilité, méthode, engagement, ténacité, détermination.

Émilie
174 000 TOP 200 ↘

Travailleuse (germanique). En France comme dans les pays anglophones, Émilie et Emily connaissent une certaine popularité au XIXe siècle avant de s'éclipser nettement. À la suite d'un jaillissement fulgurant, Émilie s'impose dans les trois premiers rangs français de 1980 à 1986. Il ne détrône pas Aurélie mais réussira sa deuxième carrière outre-Atlantique, où il régnera sur le palmarès américain de 1996 à 2007. ◇ Née en Auvergne au XIXe siècle, sainte Émilie fonda plusieurs institutions religieuses visant à éduquer les filles pauvres et à soigner les malades. *Caractérologie :* stratégie, achèvement, vitalité, ardeur, leadership.

Emma

Fête :
19 avril

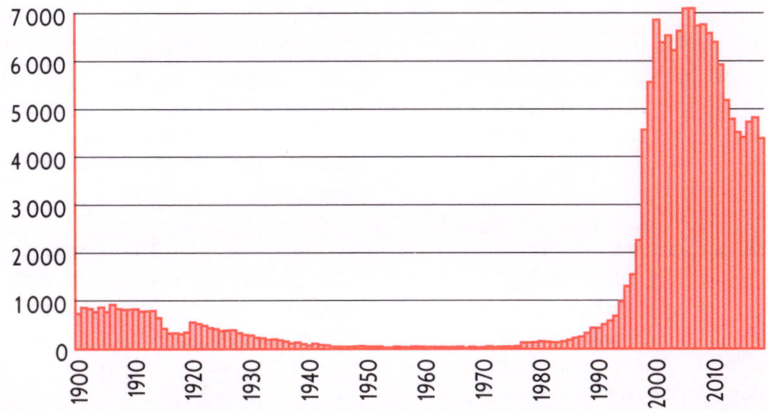

Étymologie

Du germain *ermen*, « universelle ». Ce choix corse, germanique et slave est devenu l'un des prénoms phares du Vieux Continent. Rien ne semble ternir son lustre dans les pays scandinaves, en Allemagne, aux États-Unis et au Canada, où Emma brille de mille feux. Ne nous étonnons pas de sa large diffusion en Grande-Bretagne puisque *Emma*, le célèbre roman de Jane Austen, en est à l'origine. Ce livre parut au XVIIIe siècle, au moment où la popularité du prénom battait son plein dans les milieux aristocrates. Gustave Flaubert relança sa carrière française en l'attribuant à l'héroïne de *Madame Bovary*, roman paru en 1857.

Oubliée pendant près d'un siècle en France, Emma revient de plus belle dans les années 1990. Elle détrône Léa en 2005 et règne près d'une décennie sur le tableau national avant de céder sa couronne à Jade (en 2014). Ce prénom s'est hissé à la 3e marche du podium parisien en 2018 et s'y maintient. Un rebond inattendu pour ce prénom qui y avait connu son pic d'attributions en 2006 !

Dans les pays francophones, le triomphe d'Emma est désormais de mise en Suisse romande, au Québec et en Wallonie.

Personnes célèbres

Emma Thompson, actrice anglaise, née en 1959 ; Emma de Caunes, actrice française, née en 1976 ; Emma Bonino, politicienne italienne, née en 1948 ; Emma, artiste bédéiste et conceptrice de la « charge mentale », née en 1981.

Statistiques

Emma est le 2e prénom féminin le plus donné en France depuis l'an 2000. Ce prénom est attribué à près d'une fille sur 80 aujourd'hui.

Émilienne
10 000

Travailleuse (germanique). Féminin français. *Variantes :* Analie, Émiliana, Émiliane, Émilianne, Émiliette, Emmilienne. *Caractérologie :* énergie, découverte, audace, séduction, originalité.

Émiline
160

Travailleuse (germanique). *Variante :* Émilyne. *Caractérologie :* efficacité, persévérance, sécurité, honnêteté, structure.

Émily
5 000 TOP 600 ➔

Travailleuse (germanique). Après avoir connu une certaine faveur en Angleterre au XIXe siècle, ce prénom s'est élancé vers la gloire un siècle plus tard outre-Atlantique. Emily a trôné sur le palmarès américain de 1996 à 2006. *Caractérologie :* énergie, innovation, autorité, ambition, bonté.

Émine
1 500 TOP 2 000 ↘

Loyale, digne de confiance (arabe). Prénom turc. On peut estimer que moins de 30 enfants seront prénommés ainsi en 2021. *Variante :* Emina. *Caractérologie :* autorité, autonomie, innovation, énergie, ambition.

Emma
145 000 TOP 50 ➔

Universelle (germanique). *Caractérologie :* découverte, énergie, originalité, séduction, audace.

Emmanuela
250 ➔

Dieu est avec nous (hébreu). Prénom italien. *Variante :* Emanuela. *Caractérologie :* efficacité, persévérance, sécurité, honnêteté, structure.

Emmanuella
1 500 TOP 900 ➔

Dieu est avec nous (hébreu). *Caractérologie :* sagacité, spiritualité, connaissances, originalité, philosophie.

Emmanuelle
78 000 TOP 800 ➔

Dieu est avec nous (hébreu). Féminin français. *Variante :* Emanuele. *Caractérologie :* intuition, adaptabilité, fidélité, relationnel, médiation.

Émmeline
1 500 ↘

Travailleuse (germanique). On peut estimer que moins de 30 enfants seront prénommés ainsi en 2021. *Variantes :* Emmelie, Emmelyne. *Caractérologie :* fiabilité, ténacité, sens du devoir, engagement, méthode.

Émmie
3 000 TOP 600 ➔

Travailleuse (germanique). Féminin anglais. *Variantes :* Emme, Emmi. *Caractérologie :* dévouement, idéalisme, altruisme, intégrité, réflexion.

Emmy
13 000 TOP 100 ➔

Travailleuse (germanique). Ce prénom est particulièrement attribué dans les pays anglophones et en Suède. *Caractérologie :* réceptivité, diplomatie, sociabilité, loyauté, bonté.

Emna
4 000 TOP 200 ↑

Emna est le prénom de la mère du prophète Mahomet (arabe). *Caractérologie :* famille, équilibre, sens des responsabilités, influence, exigence.

Emy
14 000 TOP 100 ➔

Travailleuse (germanique). Féminin anglophone. *Caractérologie :* savoir, intelligence, méditation, indépendance, sagesse.

Éna
250 ➔

Amande (irlandais), ou forme diminutive d'Eugénia ou Héléna. *Variante :* Enna. *Caractérologie :* réceptivité, loyauté, bonté, diplomatie, sociabilité.

E

Énaëlle
450 TOP 2 000

Combinaison de la sonorité « én » et des prénoms se terminant en « aëlle ». *Caractérologie :* rêve, générosité, rectitude, ouverture d'esprit, humanité.

Énara
- de 100

Hirondelle (basque). *Caractérologie :* communication, pragmatisme, créativité, résolution, optimisme.

Énaya
250 TOP 2 000

Voir Anaya. *Caractérologie :* dynamisme, direction, indépendance, audace, assurance.

Énéa
1 500 TOP 400

À moi (basque), exceptionnelle (écossais), je félicite (grec). Affluent de la Dordogne, l'Énéa est également un ruisseau français. *Variante :* Énée. *Caractérologie :* savoir, intelligence, méditation, sagesse, indépendance.

Énola
9 000 TOP 400

Celle qui est noble (vieux français). *Enola Gay* est le nom de l'avion américain qui a lâché la bombe atomique au-dessus d'Hiroshima durant la Seconde Guerre mondiale. Son pilote, le colonel Paul Tibbets, l'avait nommé ainsi en hommage à sa mère, Enola Gay Hazard Tibbets. En dehors de l'Hexagone, ce prénom est essentiellement recensé dans les pays anglophones. *Variante :* Inola. *Caractérologie :* adaptabilité, intuition, relationnel, médiation, fidélité.

Enora
15 000 TOP 300

Forme bretonne d'Éléonore ou d'Honorine : compassion (grec), honneur (latin). Une sainte portant ce nom vécut dans un ermitage à Plestin-les-Grèves au Vᵉ siècle. *Variantes :* Azenor, Enor, Enorig, Norane, Norig. *Caractérologie :* vitalité, stratégie, ardeur, achèvement, détermination.

Enya
350

Amande (irlandais). Cette forme anglaise d'Eithne est plus particulièrement usitée dans les pays anglophones. *Variantes :* Ena, Enia. *Caractérologie :* rectitude, humanité, générosité, rêve, ouverture d'esprit.

Enza
1 000

Maîtresse de maison (germanique). *Caractérologie :* innovation, autorité, autonomie, ambition, énergie.

Éolia
350

Soleil (breton), vent (grec). Dans la mythologie grecque, Éole est le dieu du Vent. *Caractérologie :* détermination, raisonnement, équilibre, famille, éthique.

Éoline
- de 100

Soleil (breton), vent (grec). *Caractérologie :* équilibre, famille, sens des responsabilités, analyse, influence.

Épona
- de 30

Chevaux (gallois). Dans la mythologie celtique, Épona est la déesse des Chevaux. *Caractérologie :* équilibre, sens des responsabilités, influence, exigence, famille.

Éponine
400 TOP 2 000

Se rapporte à Épona, déesse gauloise des Chevaux. Épouse de Sabinus, Éponine est une héroïne gauloise du Iᵉʳ siècle. Sabinus s'était révolté contre les Romains ; victime d'une trahison, il fut capturé et mis à mort par Vespasien. Après avoir imploré l'empereur d'épargner son mari, Éponine l'insulta et fut à son tour exécutée. ◇ Éponine est l'une des héroïnes des *Misérables*, de Victor Hugo. *Variante :* Éponyne. *Caractérologie :* famille, éthique, équilibre, influence, exigence.

Erell
1 500 TOP 2 000

Pointe, extrémité (celte), variante possible d'Airelle. Prénom breton. On peut estimer que moins de 30 enfants seront prénommés ainsi en 2021. *Variante :* Érelle. *Caractérologie :* intelligence, savoir, sagesse, méditation, indépendance.

Érica
1 500 TOP 2 000

Noble souveraine (germanique). Féminin anglais et scandinave. On peut estimer que moins de 30 enfants seront prénommés ainsi en 2021. *Caractérologie :* idéalisme, résolution, altruisme, intégrité, réflexion.

Éricka
1 500

Noble souveraine (germanique). Féminin anglais. On peut estimer que moins de 30 enfants seront prénommés ainsi en 2021. *Caractérologie :* diplomatie, réceptivité, sociabilité, organisation, résolution.

Erika
10 000 TOP 800

Noble souveraine (germanique). Erika est très répandu en Allemagne et dans les pays scandinaves. C'est aussi un choix traditionnel basque. *Caractérologie :* achèvement, décision, stratégie, ardeur, vitalité.

E

Erin
2 000 TOP 900

Paisible (irlandais). Erin se rapporte également à une expression poétique celte désignant l'Irlande. *Variante :* Eryn. *Caractérologie :* innovation, autorité, énergie, ambition, autonomie.

Erina
700 TOP 2 000

Paisible (irlandais). *Caractérologie :* sociabilité, réceptivité, loyauté, diplomatie, résolution.

Érine
3 000 TOP 900

Paisible (irlandais). Voir Erin. Féminin français. *Variantes :* Eryn, Eryne. *Caractérologie :* bienveillance, paix, conscience, conseil, sagesse.

Ermeline
- de 100

Honneur, doux (germanique). *Caractérologie :* réflexion, altruisme, idéalisme, intégrité, dévouement.

Ermine
- de 100

Se rapporte à Irmin, dieu païen (germanique). *Variantes :* Ermina, Erminia, Erminie. *Caractérologie :* dynamisme, indépendance, audace, direction, assurance.

Erna
700

Enthousiaste (vieux norrois), ou variante d'Ernestine. Prénom scandinave. *Caractérologie :* intuition, relationnel, médiation, fidélité, détermination.

Ernestine
2 000 TOP 2 000

Qui mérite (germanique). Féminin français. On peut estimer que moins de 30 enfants seront prénommés ainsi en 2021. *Variante :* Ernesta. *Caractérologie :* décision, audace, dynamisme, direction, indépendance.

Eryl
- de 30

Celle qui élève (hébreu). Féminin anglais. *Caractérologie :* paix, sympathie, bienveillance, conscience, conseil.

Esma
3 000 TOP 400

Sublime, de haut rang (arabe), également utilisé comme diminutif d'Esmeralda. Prénom turc. *Caractérologie :* sociabilité, loyauté, réceptivité, diplomatie, bonté.

Esmée
800 TOP 400

Forme diminutive d'Esmeralda. Ce prénom est apparu en France en 2001, bien avant que les romans de Stephenie Meyer (*Twilight*), publiés à partir de 2005, puis adaptés en films, aient connu un succès mondial retentissant. Nul doute qu'Esme Cullen, héroïne de *Twilight*, a contribué à la découverte d'Esmée dans l'Hexagone. *Variante :* Esme. *Caractérologie :* bonté, diplomatie, loyauté, sociabilité, réceptivité.

Esmeralda
1 500 TOP 2 000 ↗

Ce nom signifie « émeraude » en espagnol et en portugais. Esmeralda est l'héroïne du célèbre roman *Notre-Dame de Paris*, de Victor Hugo. *Caractérologie :* sens des responsabilités, famille, équilibre, détermination, influence.

Espérance
800 →

S'attendre à (latin). Féminin français. *Variantes :* Esperanza, Sperenza. *Caractérologie :* audace, décision, découverte, énergie, cœur.

Esra
1 500 TOP 2 000 →

Ce prénom turc tire ses origines de l'arabe et signifie « plus rapidement ». *Variante :* Ezra. *Caractérologie :* connaissances, sagacité, spiritualité, originalité, résolution.

Essia
300 ↗

Variante d'Assia ou d'Estelle : celle qui guérit (arabe), ou étoile (latin). *Variantes :* Essie, Essy. *Caractérologie :* achèvement, stratégie, vitalité, résolution, ardeur.

Estella
550 ↘

Étoile (latin). Féminin anglais et italien. *Caractérologie :* sociabilité, réceptivité, loyauté, diplomatie, gestion.

Estelle
70 000 TOP 400 ↘

Étoile (latin). Féminin français et anglais. La tradition veut que sainte Estelle ait parrainé la création du Félibrige, une école littéraire qui promeut, depuis le XIXe siècle, la langue et la culture des pays de langue d'oc. Née en 2012, Estelle de Suède est également la plus jeune princesse héritière du trône suédois. *Variantes :* Essie, Essy, Estée, Estel, Estèla, Estèle, Estelline. *Caractérologie :* influence, équilibre, famille, gestion, éthique.

Esther
14 000 TOP 400 →

Étoile (hébreu). Orpheline et fille de Juifs déportés en Assyrie, Esther devint l'épouse préférée du roi perse Assuérus. Lorsqu'elle apprit que le vizir Haram souhaitait faire massacrer la population judéenne de l'Empire, elle dévoila ses origines au roi et l'implora d'épargner son peuple. Assuérus pardonna à Esther de lui avoir caché ce secret et châtia Haram et ses partisans. Un grand banquet fut organisé à cette occasion. C'est en sa mémoire que les Juifs célèbrent la fête de Pourim au mois de mars chaque année. *Variantes :* Ester, Esthère. *Caractérologie :* enthousiasme, pratique, communication, sensibilité, détermination.

Estrella
450 ↘

Étoile (latin). *Caractérologie :* intuition, médiation, organisation, détermination, relationnel.

Ethel
1 000 TOP 2 000 ↘

Noble (germanique). Ethel est plus traditionnellement usité en Angleterre et en Alsace. *Variante :* Étheline. *Caractérologie :* énergie, audace, originalité, attention, découverte.

Étiennette
3 000

Couronnée (grec). Féminin français. Forme occitane : Esteva. *Caractérologie :* rêve, ouverture d'esprit, générosité, rectitude, humanité.

Étoile
- de 100

Du latin *stella*, qui signifie « étoile ». Ce prénom très rare peut être fêté avec les Estelle. *Caractérologie :* créativité, optimisme, analyse, pragmatisme, communication.

E

Eudeline
- de 100

Noble, fortunée (latin). *Variantes :* Eudia, Eudine. *Caractérologie :* enthousiasme, communication, adaptation, pratique, générosité.

Eudora
- de 30

Beau présent (grec). Nom d'une nymphe dans la mythologie grecque. *Caractérologie :* audace, volonté, direction, dynamisme, analyse.

Eudoxie
200

Qui est estimée (grec). *Variantes :* Eudocie, Eudoxia. Forme occitane : Eudoxi. *Caractérologie :* médiation, intuition, relationnel, volonté, analyse.

Eugénie
18 000 TOP 500

Bien née (grec). Ce féminin d'Eugène est relativement peu attribué en Europe jusqu'au XVIIe siècle. Il est en plein essor lorsque Balzac le choisit pour l'héroïne de son roman *Eugénie Grandet* et que la princesse Eugénie (1826-1920) conforte sa notoriété croissante. Eugénie avait tous les atouts pour faire une belle carrière en France. Ce choix rétro est encore prisé en 1902, au seuil de son dernier déclin. Il est rare pour un nouveau-né aujourd'hui. *Variante :* Eugénia. *Caractérologie :* enthousiasme, communication, pratique, adaptation, bonté.

Eulalia
- de 100

Belle parole, beau langage (latin/grec). Féminin espagnol, italien, anglais, corse et occitan. *Caractérologie :* savoir, intelligence, méditation, indépendance, décision.

Eulalie
4 000 TOP 900

Belle parole, beau langage (latin/grec). Prénom français, basque et occitan. *Variantes :* Eulali, Laïa, Laya, Olaia. *Caractérologie :* réceptivité, diplomatie, sociabilité, détermination, loyauté.

Eunice
800 TOP 2 000

Qui apporte la victoire (grec). Féminin français et anglais. *Variante :* Eunyce. *Caractérologie :* pratique, communication, enthousiasme, adaptation, générosité.

Eunoé
- de 30

Fille de magistrat originaire de Volubilis (au Maroc), Eunoé devint reine de la Mauritanie occidentale en épousant le roi Bogud. Douée d'un sens exceptionnel des affaires, elle aurait aussi conseillé Jules César lorsqu'il devint son amant. *Caractérologie :* sens des responsabilités, famille, influence, équilibre, exigence.

Euphémie
- de 100

Qui parle avec justesse (grec). *Variantes :* Eufemia, Euphémia, Fimia. *Caractérologie :* innovation, énergie, autorité, amitié, action.

Euphrasie
350

Qui construit bien ses phrases (grec). *Variantes :* Euphrasine, Euphroisine, Euphrosine. *Caractérologie :* communication, cœur, action, optimisme, pragmatisme.

Euranie
- de 30

Bonne (grec). *Caractérologie :* direction, raisonnement, audace, détermination, dynamisme.

Eurielle
150

Dieu est ma lumière (hébreu). Prénom breton. *Variantes :* Euria, Euriel, Euriell. *Caractérologie :* sens des responsabilités, équilibre, famille, influence, exigence.

Europa
- de 30

Dans la mythologie grecque, Europe est la mère de Minos. *Variante :* Europe. *Caractérologie :* fiabilité, méthode, cœur, logique, ténacité.

E

Éva

Fête :
6 septembre

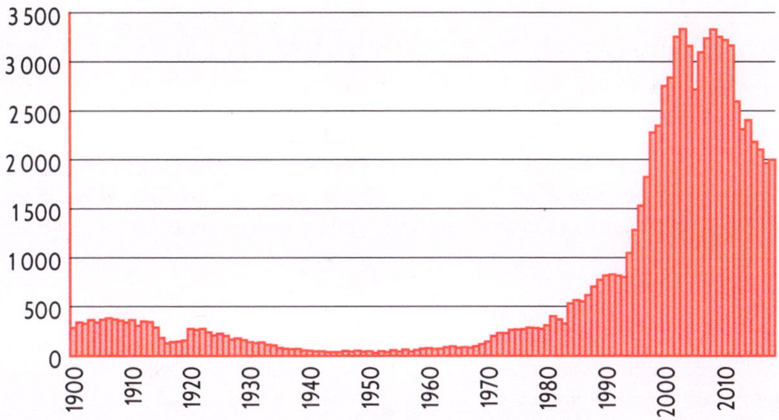

Étymologie

De l'hébreu *hava*, « vie, donner la vie ». Le Livre de la Genèse raconte l'histoire d'Ève, la première femme créée par Dieu. Ève coule des jours heureux et paisibles avec Adam dans l'abondance du jardin des Délices. Mais ce bonheur tranquille s'interrompt lorsque, tentée par le serpent, elle goûte au fruit défendu de l'arbre de la connaissance et le partage avec Adam. Pour les punir de leur désobéissance, Dieu les chasse du jardin d'Éden, vouant Ève et ses descendantes à enfanter dans la douleur.

Ce prénom ancien a été plus particulièrement attribué au XIXe siècle dans les pays anglophones. En France, son usage reste confidentiel jusqu'à la fin des années 1990, où son essor est fulgurant. Il se place aujourd'hui au seuil du top 20 féminin.

En dehors de l'Hexagone, Éva progresse dans les tableaux francophones et européens, mais sa carrière internationale pourrait pâtir de l'envol d'Ava. Cette dernière domine les palmarès australien, anglais et américain. Elle vient même de faire son entrée dans le top 40 parisien. Nul doute qu'elle jaillira prochainement dans l'Hexagone.

Eve et Evie n'ont pas encore rendu les armes dans les pays anglophones, mais semblent malgré tout s'essouffler.

Notons que, conformément à son orthographe internationale, Éva n'est pas systématiquement accentué dans l'Hexagone.

Eva Perón (1919-1952) est une femme politique argentine célèbre pour avoir pris la défense des plus défavorisés.

Personnes célèbres

Eva Gabor, actrice américaine d'origine hongroise (1919-1995) ; Ava Gardner, actrice américaine (1922-1990) ; Eva Joly, magistrate franco-norvégienne devenue femme politique, née en 1943 ; Eva Mendes, actrice américaine, née en 1974.

Statistiques

Éva est le 14e prénom féminin le plus donné en France depuis l'an 2000. Ce prénom est attribué à près d'une fille sur 180 aujourd'hui. De son côté, Ève prénommera moins d'une fille sur 2 000.

E

Eurydice
600 TOP 2 000

Justice étendue (grec). Dans la mythologie grecque, Eurydice meurt d'une morsure de serpent et Orphée, son mari, en est d'autant plus inconsolable qu'il tente, en vain, de la ramener du royaume des Enfers. *Variante :* Euridice. *Caractérologie :* altruisme, idéalisme, intégrité, réflexion, cœur.

Eusébie
- de 30

Pieuse (grec). *Variante :* Eusebia. *Caractérologie :* pragmatisme, communication, optimisme, organisation, résolution.

Éva
80 000 TOP 50

Vie, donner la vie (hébreu). *Caractérologie :* ambition, énergie, autonomie, autorité, innovation.

Évaëlle
450

Contraction d'Éva et des prénoms se terminant en « elle » (Maëlle, Gaëlle, etc.). Évaëlle a été attribué pour la première fois dans l'Hexagone en 1998. *Caractérologie :* force, management, ambition, habileté, passion.

E

Évana
750 TOP 1 000

Féminin d'Evan et contraction d'Éva et Anna. *Caractérologie :* connaissances, sagacité, philosophie, originalité, spiritualité.

Évane
550

Féminin d'Evan et contraction d'Éva et Anne. *Variantes :* Evana, Evanne. *Caractérologie :* sociabilité, réceptivité, diplomatie, bonté, loyauté.

Ève
15 000 TOP 400

Vie, donner la vie (hébreu). Féminin anglais et français. Dans la Bible, Ève, la première femme de l'humanité, goûte avec Adam au fruit défendu de l'arbre de la connaissance, ce qui provoque la colère divine. *Variantes :* Évodie, Évodia, Évolène. *Caractérologie :* rectitude, rêve, générosité, tolérance, humanité.

Évelina
200 TOP 2 000

Contraction d'Ève et Lina. Féminin italien, anglais et occitan. *Caractérologie :* courage, dynamisme, curiosité, résolution, indépendance.

Éveline
13 000

Contraction d'Ève et Line. Féminin anglais et français. *Caractérologie :* rectitude, humanité, générosité, rêve, tolérance.

Évelise
- de 100

Contraction d'Ève et Lise. *Caractérologie :* résolution, indépendance, curiosité, dynamisme, résolution.

Évelyne
118 000 TOP 2 000

Contraction d'Ève et Lyne. Féminin français et anglais. On peut estimer que moins de 30 enfants seront prénommés ainsi en 2021. *Variantes :* Evelyn, Evelynn. *Caractérologie :* intelligence, méditation, savoir, indépendance, sympathie.

Evie
900 TOP 600

Vie, donner la vie (hébreu). Féminin anglais. *Variantes :* Evi, Evita. *Caractérologie :* indépendance, curiosité, courage, dynamisme, charisme.

Évodie
250

Qui prend le bon chemin (grec). *Variante :* Evodia. *Caractérologie :* volonté, caractère, influence, famille, exigence.

Évora
- de 100

Nom de la chanteuse capverdienne Cesaria Evora, nom d'une ville du Portugal. *Caractérologie :* spiritualité, résolution, connaissances, volonté, sagacité.

Evy
2 000 TOP 200 ↑

Vie, donner la vie (hébreu).
Caractérologie : originalité, spiritualité, connaissances, sagacité, philosophie.

Ewa
350 ↘

Se rapporte à un nom de dieu gaulois. Ewa est aussi une forme polonaise d'Éva. *Caractérologie* : réceptivité, sociabilité, diplomatie, loyauté, bonté.

Ezia
140 TOP 2 000

Aigle (latin). Féminin italien.
Caractérologie : curiosité, audace, séduction, énergie, originalité.

F

Fabienne
101 000

Fève (latin). Féminin français.
Variantes : Fabiana, Fabiane, Fabianne.
Caractérologie : sociabilité, diplomatie, réceptivité, résolution, loyauté.

Fabiola
3 000 →

Fève (latin). Féminin italien, espagnol, français et allemand. On peut estimer que moins de 30 enfants seront prénommés ainsi en 2021.
Caractérologie : dynamisme, audace, direction, gestion, logique.

Fabricia
- de 100

Fabricatrice (latin). Dans l'Hexagone, Fabricia est plus traditionnellement usité en Occitanie. *Caractérologie* : fiabilité, méthode, ténacité, raisonnement, organisation.

Fadila
3 000 →

Vertueuse (arabe). On peut estimer que moins de 30 enfants seront prénommés ainsi en 2021. *Variantes* : Fadela, Fadilah, Fadilha. *Caractérologie* : famille, équilibre, sens des responsabilités, influence, analyse.

Faith
250 ↑

Foi, confiance (anglais). *Caractérologie* : management, force, passion, ambition, habileté.

Faïza
3 000 TOP 2 000 →

Victorieuse (arabe). On peut estimer que moins de 30 enfants seront prénommés ainsi en 2021. *Variante* : Fawsia.
Caractérologie : intelligence, savoir, méditation, indépendance, sagesse.

Fallone
350 →

La petite fille du chef (irlandais).
Variantes : Fallon, Falone. *Caractérologie* : bonté, sociabilité, diplomatie, réceptivité, loyauté.

Fanchon
350

Forme bretonne de Françoise : libre, française (latin). *Caractérologie* : finesse, sagacité, originalité, connaissances, philosophie.

Fanette
850 ↘

Libre, française (latin). *Variante* : Phanette.
Caractérologie : achèvement, vitalité, stratégie, leadership, ardeur.

Fannie
1 000 ↘

Libre, française (latin). Féminin français.
Variantes : Fania, Fanie, Phania, Phanie,

Phanya, Phany. *Caractérologie :* ténacité, méthode, fiabilité, résolution, engagement.

Fanny
77 000 TOP 500

Libre, française (latin). Cette forme française de Françoise est également une forme finlandaise et anglaise de Frances. Féminin français. *Caractérologie :* famille, sens des responsabilités, équilibre, exigence, influence.

Fanta
3 000 TOP 500

Forme bretonne de Françoise : libre, française (latin). *Caractérologie :* bienveillance, conscience, conseil, sagesse, paix.

Fantine
3 000 TOP 2 000

Enfant (latin). Héroïne tragique qui apparaît dans *Les Misérables*, de Victor Hugo. *Caractérologie :* équilibre, sens des responsabilités, influence, décision, famille.

Fany
2 000

Libre, française (latin). On peut estimer que moins de 30 enfants seront prénommés ainsi en 2021. *Variante :* Fanya. *Caractérologie :* audace, direction, dynamisme, assurance, indépendance.

Farah
9 000 TOP 400

Bonheur, satisfaction (arabe). *Variantes :* Fara, Farha, Farra, Farrah. *Caractérologie :* savoir, intelligence, méditation, sagesse, indépendance.

Farida
8 000

Unique (arabe). On peut estimer que moins de 30 enfants seront prénommés ainsi en 2021. *Caractérologie :* enthousiasme, communication, adaptation, pratique, générosité.

Fatiha
9 000 TOP 2 000

Victorieuse (arabe). *Variantes :* Fatéha, Fathia, Fétiha. *Caractérologie :* rectitude, ouverture d'esprit, humanité, rêve, générosité.

Fatima
28 000 TOP 200

Petite chamelle qui vient d'être sevrée (arabe). Fille préférée de Mahomet et de Khadija, Fatima épousa Ali, le quatrième calife de l'islam. Le fondateur de la dynastie des Fatimides se réclame de sa lignée. Fatima est un prénom répandu dans les cultures musulmanes. *Variantes :* Fatim, Fatimah, Fatime. *Caractérologie :* découverte, énergie, originalité, audace, séduction.

Fatimata
1 500 TOP 800

Petite chamelle qui vient d'être sevrée (arabe). *Variante :* Fatimatou. *Caractérologie :* leadership, ardeur, vitalité, achèvement, stratégie.

Fatima-Zohra
850

Forme composée de Fatima et Zohra. Cette composition est particulièrement attribuée dans les cultures arabes et musulmanes francophones. *Caractérologie :* autonomie, ambition, innovation, autorité, énergie.

Fatine
400

Petite chamelle qui vient d'être sevrée (arabe). *Variantes :* Fatin, Fatina. *Caractérologie :* indépendance, direction, audace, dynamisme, détermination.

Fatma
7 000 TOP 700

Petite chamelle qui vient d'être sevrée (arabe). *Variante :* Fathma. *Caractérologie :* curiosité, indépendance, courage, charisme, dynamisme.

Fatou
3 000 TOP 400

Petite chamelle qui vient d'être sevrée (arabe). Féminin sénégalais. *Caractérologie :* altruisme, réflexion, intégrité, idéalisme, gestion.

Fatoumata
9 000 TOP 200

Petite chamelle qui vient d'être sevrée (arabe). *Variante :* Fatouma. *Caractérologie :* organisation, vitalité, achèvement, ardeur, stratégie.

Faustine
20 000 TOP 200

Heureuse, fortunée (latin). Impératrice romaine, épouse d'Antonin le Pieux, Faustine l'Ancienne vécut au IIe siècle. Elle fut, comme sa fille Faustine la Jeune (femme de l'empereur Marc Aurèle), divinisée après sa mort. *Variantes :* Fausta, Fauste, Faustina. *Caractérologie :* résolution, courage, dynamisme, curiosité, analyse.

Faye
- de 100

Fidèle, digne de confiance (anglais). Féminin anglais. *Variantes :* Faith, Fay, Faya. *Caractérologie :* ambition, autorité, autonomie, innovation, énergie.

Fedora
- de 100

Présent de Dieu (grec). Prénom italien. *Caractérologie :* ténacité, méthode, résolution, fiabilité, volonté.

Félicia
3 000 TOP 2 000

Heureuse (latin). Féminin espagnol, anglais, néerlandais, roumain et scandinave. *Variantes :* Féliciana, Féliciane, Félisa. *Caractérologie :* idéalisme, altruisme, intégrité, détermination, raisonnement.

Féliciane
- de 30

Heureuse (latin). *Caractérologie :* raisonnement, énergie, détermination, autorité, innovation.

Félicie
4 000 TOP 600

Heureuse (latin). En dehors de l'Hexagone, Félicie est répandu en Allemagne. *Variantes :* Félice, Felicidad, Félixine. *Caractérologie :* persévérance, sécurité, structure, analyse, efficacité.

Félicienne
650

Heureuse (latin). *Caractérologie :* innovation, autorité, énergie, analyse, ambition.

Félicité
1 000 TOP 2 000

Heureuse (latin). Féminin français. *Caractérologie :* sens des responsabilités, famille, influence, équilibre, raisonnement.

Felixia
- de 100

Heureuse (latin). *Variante :* Félixiane. *Caractérologie :* savoir, méditation, intelligence, résolution, analyse.

Ferdinande
- de 100

Courageuse, aventurière (germanique). *Caractérologie :* achèvement, vitalité, stratégie, volonté, détermination.

Feriel
1 500 TOP 900

Vérité, justice (persan). Feriel est un prénom féminin très ancien qui fut porté par la fille du roi Farouk d'Égypte. *Variantes :* Ferial, Feriale, Ferielle, Feryal, Feryel. *Caractérologie :* ambition, énergie, autorité, raisonnement, innovation.

Fernanda
850

Courageuse, aventurière (germanique). *Caractérologie :* rêve, volonté, humanité, rectitude, résolution.

Fernande
17 000

Courageuse, aventurière (germanique). Féminin français. *Variantes :* Fernandine, Ferrera. *Caractérologie :* persévérance, structure, sécurité, décision, caractère.

Fideline
- de 100

Foi (latin). *Variante :* Fidélia. *Caractérologie :* dynamisme, audace, direction, caractère, logique.

F

Fidji
400 TOP 2 000 ↑

Nom géographique qui désigne les îles Fidji. *Caractérologie :* sociabilité, réceptivité, diplomatie, loyauté, bonté.

Fiona
11 000 TOP 2 000 ↘

Fille à la peau claire (gaélique). Fiona est très répandu en Écosse et dans les pays anglophones. On peut estimer que moins de 30 enfants seront prénommés ainsi en 2021. *Variante :* Fyona. *Caractérologie :* rectitude, humanité, rêve, détermination, tolérance.

Fiorella
400

En floraison (latin). *Variantes :* Fiora, Fiorina. *Caractérologie :* équilibre, décision, sens des responsabilités, famille, logique.

Firmine
200

Fermeté, rigueur (latin). *Variantes :* Firma, Firmina. *Caractérologie :* intuition, relationnel, fidélité, adaptabilité, médiation.

Flavia
1 000 TOP 2 000 ↘

Couleur jaune, blonde (latin). Féminin italien, espagnol et roumain. *Caractérologie :* équilibre, famille, sens des responsabilités, influence, analyse.

Flavie
17 000 TOP 700 ↘

Couleur jaune, blonde (latin). Féminin français. *Variantes :* Flavienne, Flavy. *Caractérologie :* énergie, innovation, volonté, autorité, raisonnement.

Fleur
5 000 TOP 600 →

En floraison (latin). Sainte Fleur, une religieuse auvergnate, vécut au XIVᵉ siècle. *Caractérologie :* ambition, force, habileté, analyse, passion.

Fleurine
450

En floraison (latin). *Variantes :* Fleurentine, Fleurestine, Fleuriane, Fleurice, Floréale, Florella, Florenzia, Flori, Florrie. *Caractérologie :* rêve, rectitude, ouverture d'esprit, logique, humanité.

Flora
19 000 TOP 400 →

En floraison (latin). Dans la mythologie romaine, Flora était la déesse de la Végétation et des Fleurs. En dehors de l'Hexagone, Flora est particulièrement répandu dans les pays anglophones, en Allemagne, en Grèce et en Italie. Variantes occitanes : Fora, Foriana, Forentina. *Caractérologie :* intelligence, savoir, logique, méditation, indépendance.

Florane
400

En floraison (latin). Féminin français. *Caractérologie :* ambition, décision, habileté, logique, force.

Flore
10 000 TOP 600 ↘

En floraison (latin). Féminin français. *Variantes :* Flor, Florès, Florette. *Caractérologie :* diplomatie, réceptivité, sociabilité, loyauté, raisonnement.

Florence
141 000 TOP 2 000 →

En floraison (latin). Attribué outre-Manche au Moyen Âge, Florence renaît au XIXᵉ siècle et devient très fréquent dans les pays anglophones jusqu'au début des années 1930. Sa floraison, plus tardive en France, le placera dans le top 20 national de 1962 à 1973. ◇ Espagnole de Séville au VIIᵉ siècle, sainte Florence fut orpheline très jeune. Ses trois frères, les saints Léandre, Fulgence et Isidore, veillèrent sur elle et lui donnèrent une éducation religieuse. Elle se retira dans un couvent de Séville et termina sa vie abbesse de l'abbaye d'Agisti, en Andalousie. On peut estimer que moins de 30 enfants seront prénommés ainsi en 2021. *Variante :* Florencia. *Caractérologie :* éthique, équilibre, influence, famille, raisonnement.

F

Les basques, bretons, corses et occitans

Les prénoms les plus attribués sur le plan national font décidément recette en régions. De la Picardie à la Provence, en passant par l'Auvergne, les classements régionaux font la part belle à Emma, Jade et Louise, les stars du palmarès français. Cela ne signifie pas que les prénoms à forte identité régionale ont disparu. Redécouverts et attribués par davantage de parents chaque année, ces derniers sont en plein essor, notamment en Bretagne, en Corse, au Pays basque ou en Occitanie. Certains gardent une identité régionale très marquée. Giulia, l'étoile italo-corse qui prospère en Provence, n'a rien à envier à la bretonne Enora, ni à Elaia, résolument basque.

D'autres prénoms connaissent tant de succès que leurs origines s'en trouvent oubliées. Léna et Maëlys ont beau s'être répandues dans l'ensemble de la France, elles n'en restent pas moins bretonnes. Parce qu'ils grandissent dans l'ombre de stars nationales, ces petits noms apparaissent rarement dans les classements régionaux. Pour leur redonner une voix, nous avons réuni la garde montante des prénoms de tradition et d'identités basques, bretonnes et occitanes. Ils sont dépourvus d'accents, conformément à l'usage traditionnel.

Les basques

Adela, Adriana, Agate, Alicia, Alienor, Amaia, Amaya, Amelia, Ana, Andrea, Aurora, Beatriz, Elaura, Elena, Enea, Erika, Ida, Ines, Joana, Juliana, Karla, Katarina, Lois, Lorea, Maia, Maialen, Maika, Maite, Maitena, Maria, Marika, Marta, Mendy, Mercedes, Mila, Milia, Nahia, Sandrina.

Notons qu'Alicia et Elena maintiennent leur suprématie dans les prénoms typiquement basques.

Les bretons

Aela, Aelig, Alana, Annaig, Armelle, Enora, Fanta, Gaelle, Gwenaelle, Gwenola, Jocelyne, Katell, Lara, Lena, Lenaig, Liza, Loane, Louane, Maela, Maelie, Maeline, Maelis, Maelle, Maelyne, Maelys, Maina, Maiwen, Marianna, Melaine, Morane, Morgane, Noela, Nolwenn, Paola, Tiphaine, Servane, Soizic, Sterenn, Rozen, Yaelle.

Dans les prénoms bretons, Lena, Maëlys et Louane détiennent les records d'attribution.

Les corses

Anna-Déa, Andréa, Anghjulina, Anna, Antonia, Davia, Chjara, Elia, Ghjulia, Giulia, Leana, Leria, Lesia, Lia, Livia, Lucia, Petra, Rosa, Saveria, Stella.

Dans les prénoms corses, Andréa et Giulia se distinguent particulièrement.

Les occitans

Adria, Aelis, Alicia, Alienor, Amelia, Anaïs, Anna, Auda, Beatriz, Blanca, Bruna, Carla, Catarina, Clara, Clelia, Cloe, Elena, Eleonor, Elis, Emilia, Eugenia, Eulalia, Flavia, Flora, Flores, Inès, Isolina, Jana, Joana, Juliana, Justina, Loïs, Maria, Mila, Naïs.

Dans la sélection occitane, les choix dominants sont Anna et Mila.

Sur le plan national, Anna et Mila sont les choix régionaux qui ont connu les plus fortes progressions.

Florentine
1 500

En floraison (latin). Féminin français. On peut estimer que moins de 30 enfants seront prénommés ainsi en 2021. *Variante :* Florestine. *Caractérologie :* dynamisme, logique, direction, indépendance, audace.

Floria
350

En floraison (latin). *Caractérologie :* sagacité, logique, originalité, connaissances, spiritualité.

Floriana
350

En floraison (latin). Prénom italien. *Variantes :* Florelle, Floria, Florielle. *Caractérologie :* méthode, ténacité, analyse, résolution, fiabilité.

Floriane
19 000 TOP 2 000

En floraison (latin). Féminin français. On peut estimer que moins de 30 enfants seront prénommés ainsi en 2021. *Variante :* Floryane. *Caractérologie :* force, habileté, analyse, ambition, résolution.

Florianne
1 000

En floraison (latin). Féminin français. *Caractérologie :* ténacité, méthode, fiabilité, logique, décision.

F

Florida
170

Floraison (latin), nom d'un État américain. Florida est recensé dans les pays anglophones. *Variantes :* Floride, Florinda. *Caractérologie :* intuition, médiation, relationnel, analyse, fidélité.

Florie
3 000

En floraison (latin). On peut estimer que moins de 30 enfants seront prénommés ainsi en 2021. *Caractérologie :* diplomatie, réceptivité, sociabilité, loyauté, raisonnement.

Florine
12 000 TOP 2 000

En floraison (latin). Féminin français. *Variante :* Floryne. *Caractérologie :* méditation, intelligence, savoir, indépendance, logique.

Fortuna
110

Heureuse, fortunée (latin). Prénom espagnol. *Variante :* Fortune. *Caractérologie :* curiosité, dynamisme, détermination, courage, raisonnement.

Fouzia
2 000

Victorieuse (arabe). *Variante :* Fawsia. *Caractérologie :* conscience, paix, bienveillance, conseil, logique.

Framboise
- de 30

Se rapporte au nom du fruit (latin). *Caractérologie :* connaissances, spiritualité, caractère, sagacité, originalité.

Franca
800

Libre, française (latin). Franca est très répandu en Italie. *Caractérologie :* savoir, intelligence, résolution, méditation, analyse.

France
17 000 TOP 2 000

Libre, française (latin). Féminin français. *Caractérologie :* sociabilité, diplomatie, réceptivité, décision, logique.

Franceline
800

Libre, française (latin). *Variante :* Francelyne. *Caractérologie :* équilibre, famille, analyse, sens des responsabilités, résolution.

Francesca
3 000 TOP 2 000

Libre, française (latin). Francesca est un prénom italien. C'est aussi un choix traditionnel corse. *Caractérologie :* sagacité, raisonnement, connaissances, spiritualité, détermination.

Francette
6 000

Libre, française (latin). Féminin français. *Caractérologie :* intuition, médiation, analyse, relationnel, résolution.

Franciane
1 500

Libre, française (latin). *Caractérologie :* raisonnement, force, habileté, ambition, détermination.

Francine
63 000

Libre, française (latin). Féminin français et anglais. On peut estimer que moins de 30 enfants seront prénommés ainsi en 2021. *Variantes :* Frances, Francesa, Francila, Francilia, Francille, Francina, Francisca, Franckie, Frankie, Frannie, Franny. *Caractérologie :* résolution, intelligence, savoir, méditation, analyse.

Françoise
321 000

Libre, française (latin). Ce féminin de François connaît une grande faveur française du XVIIe siècle au début du XIXe siècle. Comme Frances dans les pays anglophones, Françoise jaillit de nouveau après la Seconde Guerre mondiale, s'imposant au 2e rang national entre Marie et Monique. Françoise se maintiendra dans le top 10 jusqu'en 1962, une longévité qui lui vaut d'être le 3e prénom féminin le plus attribué du XXe siècle en France. ◇ Au risque de sa vie, sainte Françoise prit soin des malades de la peste en 1414. Veuve, elle se retira dans le monastère de bénédictines qu'elle avait fondé. *Caractérologie :* altruisme, idéalisme, logique, intégrité, décision.

Frederica
190

Pouvoir de la paix (germanique). Prénom suédois, danois, portugais et occitan. *Variantes :* Federica, Frederika. *Caractérologie :* caractère, famille, logique, sens des responsabilités, équilibre.

Frédérique
48 000

Pouvoir de la paix (germanique). Féminin français. *Caractérologie :* raisonnement, rêve, humanité, volonté, rectitude.

Frida
600 TOP 2 000

Pouvoir de la paix (germanique). Frida est plus traditionnellement usité en Allemagne, dans les pays scandinaves et en Alsace. *Variantes :* Freda, Freddie. *Caractérologie :* intuition, médiation, relationnel, adaptabilité, fidélité.

Frieda
600

Noble paix (germanique). *Caractérologie :* savoir, intelligence, méditation, détermination, volonté.

Fulgence
- de 30

Fulgurant (latin). *Caractérologie :* direction, dynamisme, audace, cœur, indépendance.

Fulvia
- de 30

Couleur jaune, blonde (latin). Féminin italien. *Caractérologie :* habileté, logique, force, passion, ambition.

G

Gabriela
2 000 TOP 500

Force de Dieu (hébreu). *Caractérologie :* direction, détermination, dynamisme, audace, bonté.

Gabriella
3 000 TOP 300

Force de Dieu (hébreu). Gabriella est très répandu dans les pays anglophones. *Variantes :* Gabie, Gabia, Gabriela, Gabriele. *Caractérologie :* ténacité, méthode, amitié, fiabilité, détermination.

Gabrielle
45 000 TOP 100

Force de Dieu (hébreu). Ce féminin de Gabriel connaît un certain engouement à la fin du XIXe siècle en France et dans les pays anglophones. Il renaît depuis peu dans le sillon de Gabriel. ◇ Religieuse au XVIIIe siècle, sainte Gabrielle fut prise dans la tourmente de la Révolution ; elle fut décapitée comme les sœurs du carmel de Compiègne en 1794. Gabrielle est l'un des prénoms de l'écrivaine Colette. *Caractérologie :* vitalité, sympathie, achèvement, résolution, stratégie.

Gaby
2 000 TOP 700

Force de Dieu (hébreu). Féminin anglais. *Caractérologie :* force, ambition, habileté, passion, management.

Gaëla
130

Seigneur généreux (celte). Voir Gaëlle. Féminin français et breton. *Variantes :* Gaélane, Gaëlla. *Caractérologie :* vitalité, achèvement, stratégie, sympathie, ardeur.

Gaële
650

Seigneur généreux (celte). Voir Gaëlle. Féminin français et breton. *Caractérologie :* communication, optimisme, pragmatisme, sympathie, créativité.

Gaëlle
59 000 TOP 700

Seigneur généreux (celte). Ancien peuple celte, les Gaëls s'établirent en Irlande à la fin du Ve siècle. En Bretagne, Gaelle s'orthographie souvent sans tréma. *Caractérologie :* bienveillance, conseil, paix, conscience, bonté.

Gaétane
5 000

De Gaète, ville d'Italie (latin). Ce prénom français s'orthographie également avec un tréma. On peut estimer que moins de 30 enfants seront prénommés ainsi en 2021. *Caractérologie :* leadership, vitalité, achèvement, stratégie, ardeur.

Gaïa
2 000 TOP 400

Dans la mythologie grecque, Gaia est la déesse qui symbolise la terre nourricière, celle d'où provient la vie. Gaia est un prénom italien. C'est aussi un choix occitan en vogue. *Variantes :* Algaïa, Gaya. *Caractérologie :* rectitude, humanité, générosité, tolérance, rêve.

Gaïane
200

Voir Gaïa. *Caractérologie :* autorité, innovation, énergie, ambition, décision.

Gala
200

Diminutif de Galina, féminin de Galien, nom porté par Claudius Galenus, docteur romain au IIe siècle avant J.-C. Prénom russe. *Caractérologie :* pragmatisme, communication, créativité, optimisme, sociabilité.

Galatée
- de 100

Couleur du lait (grec). *Caractérologie :* conscience, paix, gestion, bienveillance, cœur.

Galia
- de 100

Dieu est clément (hébreu). *Variante :* Galya. *Caractérologie :* générosité, communication, enthousiasme, adaptation, pratique.

Garance
12 000 TOP 200

Nom d'une plante herbacée des régions chaudes et tempérées, dont la racine est rouge. Garance est un prénom français issu du calendrier révolutionnaire.

G

Caractérologie : sécurité, résolution, structure, persévérance, sympathie.

Gasparine
- de 30

Gardienne du trésor (hébreu). *Caractérologie :* détermination, ouverture d'esprit, rectitude, humanité, rêve.

Gatienne
- de 100

Grâce (latin). *Caractérologie :* résolution, communication, enthousiasme, adaptation, pratique.

Gayane
190

Variante de Gaïa, du nom de la déesse qui symbolise la terre nourricière dans la mythologie grecque. C'est aussi le nom d'une martyre chrétienne (arménien). *Caractérologie :* leadership, vitalité, stratégie, achèvement, ardeur.

Gemma
500 TOP 2 000

Pierre précieuse (latin). Gemma est répandu en Italie. C'est aussi un choix traditionnel basque. *Variantes :* Gema, Gemme. *Caractérologie :* créativité, optimisme, communication, pragmatisme, réalisation.

Gen
- de 30

Source (japonais), claire, douce (celte). *Caractérologie :* passion, ambition, management, habileté, force.

Gena
250

Petit oiseau (arabe), claire, douce (celte). Féminin anglais. *Variante :* Genna. *Caractérologie :* audace, originalité, séduction, découverte, énergie.

Geneviève
106 000

Claire, douce (celte). Féminin français. On peut estimer que moins de 30 enfants seront prénommés ainsi en 2021. Forme bretonne : Genoveva. *Caractérologie :* honnêteté, sécurité, structure, persévérance, efficacité.

Genia
- de 100

Claire, douce (celte). Féminin espagnol, portugais, polonais. *Variantes :* Génie, Genny, Ginia. *Caractérologie :* humanité, ouverture d'esprit, rêve, rectitude, résolution.

Gentiane
150

Plante des prés (latin). *Caractérologie :* pratique, communication, enthousiasme, adaptation, résolution.

Georgette
42 000

Labourer le sol (grec). Féminin français. *Caractérologie :* pratique, enthousiasme, communication, adaptation, générosité.

Georgia
1 500 TOP 700

Labourer le sol (grec), nom d'un État américain. Féminin anglais et grec. *Variantes :* Georgiane, Georgie, Giorgia. Forme bretonne : Jorane. *Caractérologie :* habileté, ambition, force, détermination, passion.

Georgina
1 500

Labourer le sol (grec). Féminin anglais et espagnol. *Caractérologie :* persévérance, structure, sécurité, efficacité, résolution.

G

Géraldine
43 000

Lance, gouverner (germanique). Féminin français et anglais. *Variante :* Géralde. *Caractérologie :* optimisme, pragmatisme, réalisation, sympathie, communication.

Gérardine
400

Lance puissante (germanique). *Variantes :* Gérarda, Gérarde. *Caractérologie :* altruisme, intégrité, détermination, idéalisme, réalisation.

Gerda
- de 100

La protégée (scandinave). Féminin allemand, néerlandais et scandinave. *Caractérologie :* ambition, force, habileté, résolution, réalisation.

Germaine
32 000

De même sang (latin). Ce prénom ancien a connu son dernier pic de popularité au début des années 1900 et s'est maintenu dans les cinq premiers rangs féminins jusqu'en 1910. Il se démode après la Seconde Guerre mondiale et disparaît des maternités françaises à partir des années 1980. *Variantes :* Germana, Germane, Germanie, Germina, Germinie, Hermana. *Caractérologie :* rectitude, rêve, humanité, décision, réussite.

Gersende
850

Lance acérée (germanique). *Variante :* Gersande. *Caractérologie :* découverte, réalisation, audace, séduction, originalité.

Gertrude
1 500

Lance loyale (germanique). Féminin français. *Variantes :* Trude, Trudie, Trudy. *Caractérologie :* ambition, force, habileté, passion, bonté.

Gervaise
800

Prête au combat (germanique). *Caractérologie :* énergie, détermination, découverte, réalisation, audace.

G

Ghislaine
57 000

Douce (germanique). Féminin français. *Caractérologie :* pratique, communication, enthousiasme, cœur, action.

Ghizlane
650

Douce (germanique). *Caractérologie :* sympathie, dynamisme, direction, audace, ressort.

Gia
- de 100

S'il est probable que Gia soit une forme féminine de Gianni, l'équivalent italien de Jean, son origine italienne ne fait aucun doute. *Caractérologie :* passion, vie, finesse, stratégie, habileté.

Gianna
250

Dieu fait grâce (hébreu). Gianna est un prénom italien. *Variante :* Giacomina. *Caractérologie :* audace, direction, indépendance, dynamisme, résolution.

Gilberte
23 000

Promesse brillante (germanique). Féminin français. *Caractérologie :* cœur, famille, équilibre, sens des responsabilités, influence.

Gilda
2 000

Chevelure (celte), ou doré (vieil anglais). Féminin italien, espagnol, portugais, anglais et corse. *Caractérologie :* sens des responsabilités, famille, équilibre, influence, réalisation.

Gilliane
500

De la famille romaine de Iule (latin). *Variantes :* Gilian, Giliane, Gill, Gilliane, Gillianne. *Caractérologie :* bienveillance, conscience, résolution, paix, sympathie.

Gin
- de 30

Argent (japonais). *Caractérologie :* communication, pragmatisme, sociabilité, optimisme, créativité.

Gina
5 000 TOP 700

Claire, douce (celte). Gina est plus particulièrement répandu en Italie et dans les pays anglophones. *Variante :* Jina. *Caractérologie :* structure, sécurité, persévérance, efficacité, résolution.

Ginette
80 000

Pure, vierge (latin). Féminin français. *Caractérologie :* force, ambition, habileté, management, passion.

Ginger
200

Pure, vierge (latin). *Caractérologie :* conscience, paix, bienveillance, conseil, sagesse.

Giulia, Julia

Fête :
8 avril

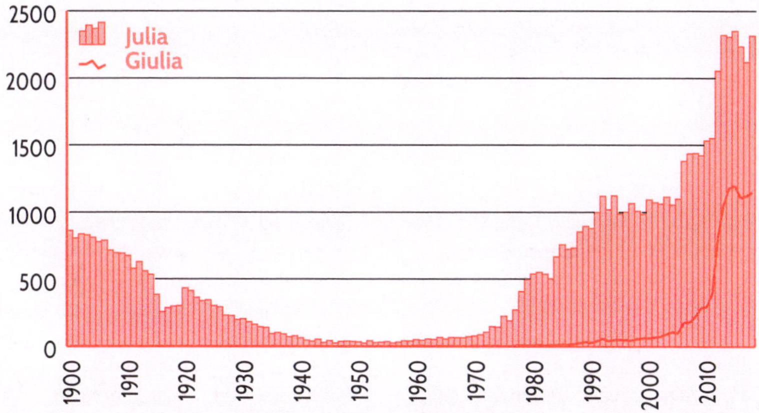

Étymologie

Forme féminine du Julius latin, Julia (Iulia) était en usage au temps de Rome. Mais à la fin de l'Empire romain, ce nom, évocateur de César, disparaît dans les méandres du Moyen Âge. Il se réveille au XVIe siècle en Allemagne et dans les pays anglophones avant de se répandre dans toute l'Europe. En France, Julia a longtemps grandi dans l'ombre de Julie, mais elle a finalement dépassé son ancienne rivale et promet, avec Juliette, de se hisser plus haut. Fera-t-elle aussi bien que Jules qui brille dans les sept premiers rangs masculins ?

L'émulation est d'autant plus vive qu'un autre choix d'inspiration romaine pourrait venir la bousculer. Il s'agit de l'italienne Giulia, apparue en France dans les années 1960 et longtemps restée inconnue. En 2011, lorsque Carla Bruni et Nicolas Sarkozy prénomment leur fille Giulia, ce choix commence tout juste à s'élancer dans le Sud-Est (Marseille, Nice, Toulon, Monaco). Il faut dire qu'à quelques encablures de ces villes méditerranéennes, la forme corse Ghjulia est reine sur l'île de Beauté. Avec ses deux syllabes, sa terminaison en « a » et son charme italien, cette graine de star a tous les atouts pour faire son entrée dans le top 50 national. Nos voisins suisses romands et wallons hissent la version italophone vers les sommets.

À noter : Giulia évolue dans les tout premiers rangs italiens et monégasques, mais dans l'ensemble des pays occidentaux, c'est Julia qui l'emporte.

Dans l'histoire

Au XVIe siècle, le cardinal Rodrigo Borgia tomba éperdument amoureux de **Giulia Farnese**, une jeune aristocrate romaine d'une grande beauté. Bien que promise à Orso Orsini, Borgia parvint à négocier que Giulia Farnese soit sa maîtresse en échange de privilèges et honneurs rendus aux deux familles. Elle est sa concubine officielle lorsqu'il devient pape (sous le nom d'Alexandre VI). Après la mort du pape et celle d'Orsini, elle connaît d'autres amours et se remarie. Elle laisse à la postérité son histoire et son extraordinaire beauté qui lui valut le surnom de *Giulia la Bella*.

Personnes célèbres
Giulia Grisi, cantatrice du XIXe siècle ; Giulia Andreani, peintre, née en 1985 ; Giulia Rondon, joueuse de volley-ball, née en 1987 ; Giulia Steingruber, gymnaste, née en 1994.

Statistiques
Julia est le 39e prénom féminin le plus donné en France depuis l'an 2000. Ce prénom est attribué à près d'une fille sur 150 aujourd'hui. De son côté, Giulia devrait prénommer une fille sur 300 et figurer au 124e rang du palmarès. Enfin, Julie est attribuée à une fille sur 1 000, mais elle devance encore ses rivales au 29e rang des attributions depuis 2000.

Giona
- de 30

Colombe (hébreu). Féminin italien. *Caractérologie :* détermination, direction, dynamisme, indépendance, assurance.

Giovanna
2 000 TOP 2 000

Dieu fait grâce (hébreu). Féminin italien. *Variantes :* Jovana, Jovanna. *Caractérologie :* réceptivité, sociabilité, diplomatie, caractère, réussite.

Gisèle
85 000 TOP 2 000

Épée (germanique). Prénom français. Veuve de saint Étienne de Hongrie au XIe siècle, sainte Gisèle se retira dans un monastère où elle termina ses jours. *Variantes :* Gisela, Giselda, Gisella, Gigi, Gizèle. *Caractérologie :* communication, pragmatisme, résolution, sympathie, optimisme.

Giselle
2 000

Épée (germanique). Féminin français et anglais. *Caractérologie :* équilibre, sens des responsabilités, famille, amitié, détermination.

Gislaine
4 000

Douce (germanique). *Variante :* Gyslène. *Caractérologie :* méthode, fiabilité, ténacité, détermination, bonté.

Giulia
13 000 TOP 100

De la famille romaine de Iule (latin). *Caractérologie :* dynamisme, charisme, curiosité, courage, indépendance.

Giuliana
1 500 TOP 600

De la famille romaine de Iule (latin). Féminin italien. *Caractérologie :* sympathie, diplomatie, sociabilité, résolution, réceptivité.

Gladys
9 000 TOP 2 000

Richesse (celte). En dehors de l'Hexagone, ce prénom gallois est usité dans les pays anglophones. *Variantes :* Gladez, Gladis, Glady. *Caractérologie :* énergie, découverte, audace, réussite, originalité.

Glannon
- de 30

Pure, neuvième (latin). Féminin breton. *Caractérologie :* courage, curiosité, dynamisme, indépendance, cœur.

Glenda
- de 100

Vallée boisée (irlandais). Féminin anglais. *Caractérologie :* sagacité, réussite, cœur, connaissances, spiritualité.

Gloria
3 000 TOP 500

Gloire (latin). Féminin anglais et italien. *Caractérologie :* logique, achèvement, stratégie, ardeur, vitalité.

G

Glwadys
600

Richesse (celte). *Variante :* Glawdys. *Caractérologie :* audace, dynamisme, direction, amitié, réalisation.

Glynis
- de 100

Petite vallée (gallois). *Caractérologie :* découverte, énergie, audace, détermination, bonté.

Golda
- de 100

Dorée (anglais). *Caractérologie :* enthousiasme, pratique, communication, réalisation, adaptation.

Gordana
200

Colline triangulaire (anglais). *Caractérologie :* sens des responsabilités, famille, réalisation, équilibre, volonté.

Grace
4 000 TOP 600

Grâce (latin). Féminin anglais. *Variante :* Gracie. *Caractérologie :* finesse, connaissances, sagacité, cœur, décision.

Gracianne
190

Grâce (latin). *Variantes :* Gracia, Graciane, Gracie, Gracienne. *Caractérologie :* rectitude, humanité, rêve, résolution, sympathie.

Grazia
300

Grâce (latin). Ce prénom italien est traditionnellement usité dans le Pays basque. *Variantes :* Graze, Grazi. *Caractérologie :* achèvement, vitalité, ardeur, stratégie, action.

Graziella
7 000

Grâce (latin). Prénom italien. *Caractérologie :* ressort, sympathie, direction, audace, dynamisme.

Gregoria
- de 100

Veilleur, vigilant (grec). Dans l'Hexagone, Gregoria est plus traditionnellement usité au Pays basque. *Caractérologie :* ambition, habileté, passion, décision, force.

Greta
300

Perle (grec). Ce prénom allemand est également répandu dans les pays scandinaves. *Variantes :* Gretchen, Gretel, Grethel. *Caractérologie :* conscience, paix, bienveillance, conseil, résolution.

Grisel
- de 30

Diminutif probable de Griselda : sombre bataille (vieil allemand). *Variantes :* Grizelda, Zelda. *Caractérologie :* culture, liberté, détermination, caractère, vivacité.

Guenaelle
1 500

Blanc, heureux, prince (celte). Prénom breton. *Variantes :* Guénael, Guénaele. *Caractérologie :* dynamisme, direction, audace, indépendance, cœur.

Guénola
650

Blanc, heureux, valeur (celte). Prénom breton. *Caractérologie :* créativité, pragmatisme, optimisme, communication, sympathie.

Guila
140

Joie (hébreu). *Caractérologie :* énergie, découverte, originalité, séduction, audace.

Guilaine
3 000

Douce (germanique). Féminin français. *Variante :* Guilène. *Caractérologie :* paix, détermination, bienveillance, conscience, bonté.

Guillemette
3 000

Protectrice résolue (germanique). On peut estimer que moins de 30 enfants seront prénommés ainsi en 2021. *Variantes :* Guillaumette, Guillemine. *Caractérologie :*

G

pragmatisme, communication, créativité, optimisme, cœur.

Guislaine
1 000

Douce (germanique). *Caractérologie :* intelligence, cœur, méditation, savoir, décision.

Gustavie
- de 100

Combattante (germanique). Variante flamande : Gusta. *Caractérologie :* énergie, audace, découverte, réalisation, sympathie.

Guylaine
7 000

Douce (germanique). Féminin français. *Variante :* Gilaine. *Caractérologie :* sécurité, structure, persévérance, résolution, sympathie.

Guylène
3 000

Douce (germanique). *Caractérologie :* achèvement, vitalité, ardeur, stratégie, cœur.

Guyonne
- de 100

Forêt (germanique). *Caractérologie :* relationnel, intuition, médiation, amitié, fidélité.

G

Gwen
350

Blanc, heureux (celte). Féminin gallois, français et breton. *Caractérologie :* fiabilité, ténacité, engagement, méthode, sens du devoir.

Gwenael
650

Blanc, heureux, prince (celte). Prénom breton. *Caractérologie :* sécurité, efficacité, persévérance, structure, bonté.

Gwenaelle
22 000 TOP 2 000

Blanc, heureux, prince (celte). Prénom breton. *Variantes :* Gwanaelle, Gwenaela, Gwenaele, Gwendaline, Gwendeline. *Caractérologie :* adaptation, pratique, enthousiasme, communication, bonté.

Gwendoline
20 000 TOP 2 000

Cercle blanc (celte). Féminin gallois, français et breton. On peut estimer que moins de 30 enfants seront prénommés ainsi en 2021. *Caractérologie :* humanité, rectitude, rêve, analyse, volonté.

Gwendolyne
800

Cercle blanc (celte). *Variantes :* Gwendolina, Gwendolyn. *Caractérologie :* intelligence, savoir, méditation, caractère, cœur.

Gwenhael
- de 100

Blanc, heureux, généreux (celte). Féminin breton. *Variante :* Guénhaelle. *Caractérologie :* enthousiasme, communication, adaptation, amitié, pratique.

Gwenn
1 000

Blanc, heureux (celte). Prénom breton. *Variante :* Gwennaïg. *Caractérologie :* réflexion, dévouement, altruisme, intégrité, idéalisme.

Gwennaelle
1 500

Blanc, heureux, prince (celte). Prénom breton. *Variante :* Gwennael. *Caractérologie :* ardeur, vitalité, achèvement, stratégie, cœur.

Gwenola
3 000

Blanc, heureux, valeur (celte). Féminin breton. *Variantes :* Gwennola, Gwennoline. *Caractérologie :* audace, énergie, découverte, originalité, sympathie.

Gwladys
6 000

Richesse (celte). On peut estimer que moins de 30 enfants seront prénommés ainsi en 2021. *Variantes :* Gwaldys,

Gwladis. *Caractérologie :* audace, direction, dynamisme, amitié, réalisation.

Gysèle
- de 100

Épée (germanique). *Caractérologie :* audace, dynamisme, amitié, direction, indépendance.

H

Habiba
2 000 TOP 2 000

Aimée, généreuse (arabe). *Variantes :* Habibata, Habibatou, Habibe. *Caractérologie :* curiosité, indépendance, courage, dynamisme, charisme.

Haby
1 000 TOP 700

Aimée, généreuse (arabe). *Caractérologie :* rectitude, rêve, humanité, ouverture d'esprit, générosité.

Hadassa
250

Myrte (hébreu). *Variante :* Hadassah. *Caractérologie :* ambition, force, habileté, management, passion.

Hadia
450 TOP 2 000

Qui guide au droit chemin (arabe). *Variantes :* Hadaya, Hadiya. *Caractérologie :* énergie, découverte, séduction, originalité, audace.

Hafida
2 000

Celle qui protège (arabe). *Caractérologie :* relationnel, intuition, adaptabilité, médiation, fidélité.

Hafsa
4 000 TOP 300

petite lionne (prénom africain d'origine arabe). *Caractérologie :* stratégie, ardeur, vitalité, leadership, achèvement.

Hajar
5 000 TOP 500

Variante arabe d'Agar. Dans la Bible, Agar, la concubine d'Abraham et la mère d'Ismaïl, est répudiée deux fois par sa maîtresse Sarah. D'où l'origine hébraïque de ce prénom qui signifie « l'étrangère ». *Variantes :* Agar, Hadjar, Hagar, Hajare, Hajer, Hajere. *Caractérologie :* réceptivité, sociabilité, loyauté, diplomatie, bonté.

Hakima
2 000

Qui est juste et sage (arabe). *Caractérologie :* spiritualité, connaissances, sagacité, originalité, philosophie.

Haley
500 TOP 2 000

Héros (scandinave). Féminin anglais. *Variantes :* Hailey, Halie, Hallie, Hally. *Caractérologie :* conseil, bienveillance, paix, conscience, cœur.

Halima
5 000 TOP 500

Indulgente (arabe). *Variantes :* Halimata, Halimatou, Halime. *Caractérologie :* force, ambition, habileté, passion, management.

Hama
- de 30

Bord de plage (japonais). *Caractérologie :* curiosité, dynamisme, courage, indépendance, charisme.

Hamako
- de 30

L'enfant du bord de plage (japonais). *Caractérologie :* fiabilité, ténacité, méthode, engagement, sens du devoir.

Hana
5 000 TOP 300

Grâce (hébreu), réjouissances (arabe), fleur (japonais). *Caractérologie :* influence, équilibre, sens des responsabilités, famille, exigence.

Hanaé
7 000 TOP 200

Fleur (japonais). Hanaé peut être écrit de trois façons différentes selon les kanji utilisés. Les trois significations les plus courantes sont : « fleur majestueuse », « à l'image de la fleur », et « branche fleurie ». C'est le « é » final qui différencie Hanaé de Hana, la fleur. *Variantes :* Anaé, Annaé, Hanaa, Hannaé. *Caractérologie :* adaptabilité, médiation, relationnel, fidélité, intuition.

Hanako
- de 30

L'enfant fleur (japonais). *Caractérologie :* indépendance, curiosité, dynamisme, courage, sensibilité.

Hania
1 000 TOP 1 000

Heureuse, affectueuse (arabe). *Caractérologie :* famille, équilibre, sens des responsabilités, détermination, influence.

H

Hanna
8 000 TOP 200

Grâce (hébreu). Hanna est particulièrement répandu dans les pays scandinaves, notamment en Suède et en Norvège. *Caractérologie :* intuition, adaptabilité, fidélité, médiation, relationnel.

Hannah
5 000 TOP 300

Grâce (hébreu). Prénom anglais, allemand et néerlandais. Personnage biblique, Hannah désespère d'avoir un jour un enfant. C'est à un âge avancé qu'elle voit ses prières exaucées et qu'elle met enfin au monde son fils Samuel. Hannah est particulièrement répandu dans les pays anglophones. *Variante :* Annah. *Caractérologie :* énergie, autorité, innovation, autonomie, ambition.

Harmonie
2 000 TOP 2 000

Harmonie, unité (du latin *harmonia*, lui-même dérivé d'un nom grec ancien). *Variante :* Armonie. *Caractérologie :* médiation, intuition, décision, caractère, relationnel.

Harmony
2 000

Voir Harmonie. Féminin anglais. On peut estimer que moins de 30 enfants seront prénommés ainsi en 2021. *Caractérologie :* persévérance, structure, sécurité, caractère, réussite.

Harriet
- de 100

Maîtresse de maison (germanique). Féminin anglais. *Variante :* Harriette. *Caractérologie :* finesse, décision, sagacité, connaissances, attention.

Hasna
2 000 TOP 1 000

Belle (arabe). *Variante :* Hasnaa. *Caractérologie :* sagacité, connaissances, spiritualité, philosophie, originalité.

Hassina
850

Vertueuse (arabe). *Caractérologie :* ardeur, achèvement, vitalité, décision, stratégie.

Hava
800 TOP 2 000

Vie, donner la vie (hébreu), variante d'Hawa. *Caractérologie :* courage, charisme, indépendance, curiosité, dynamisme.

Hawa
5 000 TOP 300

Équivalent arabe d'Ève. *Variante :* Awa. *Caractérologie :* conseil, bienveillance, paix, conscience, sagesse.

Les tops 20 québécois, romand et wallon

Les palmarès ci-dessous sont fondés sur les données les plus récentes des instituts statistiques du Québec (Régie des rentes du Québec), de la Suisse (Office fédéral suisse de la statistique), et de la Belgique (Institut national de statistique de la Belgique). Les prénoms sont classés par ordre décroissant d'attribution.

Le top 20 québécois (2019)

1. Olivia
2. Emma
3. Alice
4. Charlie
5. Charlotte
6. Léa
7. Florence
8. Livia
9. Rosalie
10. Béatrice
11. Clara
12. Chloé
13. Rose
14. Victoria
15. Zoé
16. Juliette
17. Éva
18. Mia
19. Romy
20. Jade

Le top 20 suisse romand (2018)

1. Emma
2. Alice
3. Éva
4. Sofia*
5. Olivia
6. Mia
7. Chloé
8. Léa
9. Zoé
10. Élisa
11. Louise
12. Mila
13. Victoria
14. Camille
15. Charlotte
16. Clara
17. Jade
18. Nora
19. Lara
20. Mathilde

Le top 20 wallon (2018)

1. Emma
2. Louise
3. Alice
4. Léa
5. Lucie
6. Olivia
7. Chloé
8. Camille
9. Giulia
10. Mila
11. Mia
12. Zoé
13. Sofia
14. Victoria
15. Juliette
16. Jade
17. Eva**
18. Lina
19. Rose
20. Julia

Les terminaisons en « a » et « ia » luttent au coude à coude. Outre-Atlantique, Olivia vient de ravir la couronne à Emma. Les internationales Mia, Sofia, Victoria, portées par un vent transcontinental, s'envolent dans les pays francophones après avoir conquis l'Occident. Dans ce contexte, les prénoms italiens et corses font merveille. Au Québec, Livia s'invite au 8e rang pour la deuxième année consécutive. Quant à Giulia, elle perce dans l'élite wallonne !

Mais ne tirons pas de conclusions hâtives car la concurrence fait rage. À l'instar du classement français, Emma demeure au firmament des palmarès romand, wallon et québécois. Le quarté gagnant ! Sa gloire est plus longue que celle de Léa, reine du début des années 2000, qui s'éclipse lentement. Clara, Eva ou Élisa et Lara (deux exceptions suisses romandes) confortent leur position dans le top 20 et nous promettent une compétition serrée.

Le souffle du changement n'affecte pas la cote du rétro. Louise, Julia ou Zoé n'en finissent pas de séduire. Alice et Lucie continuent leur progression. De leur côté, Eva et Juliette tiennent le rythme sans s'essouffler.

Cette année encore, c'est vers le Québec qu'il faut se tourner pour débusquer des perles oubliées. Certaines constituent des choix pionniers. Ainsi, Charlie n'a pas attendu de séduire les Français pour s'emparer du 4e rang. Elle y ravive les terminaisons en « ie », à l'image de Rosalie, qui brille outre-Atlantique et nulle part ailleurs. Mais d'autres prénoms au charme désuet tirent également leur épingle du jeu. Ainsi, Florence et Béatrice séduisent les cœurs des Québécois alors que ces prénoms sont donnés à moins de 50 Françaises par an aujourd'hui.

* Dans le palmarès suisse romand, si l'on prenait en compte le nombre d'attributions de Sophia et Sofia, ce prénom serait classé au 3e rang.

** Eva s'orthographie le plus souvent sans accent en Wallonie et dans l'ensemble de la Belgique.

Haya
650 TOP 2 000

Rapide (japonais), vertu (arabe). *Caractérologie :* vitalité, achèvement, leadership, stratégie, ardeur.

Hayat
2 000 TOP 900

Vertu (arabe). *Variantes :* Hayate, Hayatte, Hayet. *Caractérologie :* influence, famille, sens des responsabilités, équilibre, attention.

Hazal
650 TOP 900

Noisetier (anglais). *Variante :* Hazel. *Caractérologie :* optimisme, pragmatisme, sociabilité, créativité, communication.

Heather
700 TOP 2 000

Bruyère (anglo-saxon). Féminin anglais. *Caractérologie :* relationnel, résolution, intuition, médiation, finesse.

Hedia
250

Voix, écho de Dieu (hébreu). *Variante :* Hediah. *Caractérologie :* décision, rêve, rectitude, ouverture d'esprit, humanité.

Hedwige
750

Richesse, combat (germanique). Féminin allemand. *Variantes :* Hedvige, Hedwig. *Caractérologie :* connaissances, spiritualité, ressort, originalité, sagacité.

H

Heidi
3 000 TOP 2 000

Richesse, combat (germanique). Féminin allemand, scandinave et suisse allemand. On peut estimer que moins de 30 enfants seront prénommés ainsi en 2021. *Variantes :* Heidie, Heidy. *Caractérologie :* force, management, passion, ambition, habileté.

Helen
650

Éclat du soleil (grec). Féminin anglais. *Variantes :* Hélénia, Héliéna, Hélin, Helonna, Hellen. *Caractérologie :* leadership, vitalité, achèvement, stratégie, ardeur.

Héléna
15 000 TOP 200

Éclat du soleil (grec). Héléna connaît une certaine faveur dans plusieurs pays chrétiens au Moyen Âge mais reste longtemps invisible en France. Il émerge sur les traces d'Hélène dans les années 1980 et, depuis 2005, la devance. Ce prénom est très répandu en Europe et dans les pays slaves. *Variante :* Hélina. *Caractérologie :* humanité, ouverture d'esprit, générosité, rêve, rectitude.

Hélène
172 000 TOP 500

Éclat du soleil (grec). Ce prénom apparaît sous différentes graphies (Ellen, Helen, Helena, etc.) dans les pays chrétiens au Moyen Âge. Sa diffusion, alimentée par le culte de sainte Hélène, s'étend sur plusieurs siècles. Durant la Renaissance, Helen ressuscite en Angleterre mais pas en France, où Hélène reste rare jusque dans les années 1850. Il prend alors une ampleur grandissante tout en s'abstenant de faire de grandes vagues. Hélène maintient une visibilité constante tout au long du XXe siècle, prénommant autant de filles (4 000) en 1920 qu'en 1980, de sorte que ce prénom a acquis une allure tout à fait classique. Depuis le début des années 2000, sa fortune s'est inversée ; c'est aujourd'hui Héléna (ou Helena) qui lui est préféré. ◇ Sainte Hélène, la mère de Constantin le Grand, se convertit au christianisme et défendit ardemment la cause des chrétiens au IVe siècle. ◇ Fille de Zeus, Hélène est si belle qu'elle est courtisée par les plus grands héros de la mythologie grecque. Elle choisit Ménélas pour époux mais est enlevée par le prince troyen Pâris, ce qui provoque la guerre de Troie. Homère a placé cet épisode tragique au cœur de *L'Iliade*. *Caractérologie :* persévérance, structure, sécurité, honnêteté, efficacité.

Les prénoms parisiens

La mairie de Paris a publié la liste des prénoms déclarés à l'état civil entre 2004 et 2019 sur son site Internet **Open Data Paris**. Ci-dessous le classement des 20 prénoms féminins les plus attribués dans la capitale en 2019.

1. Louise
2. Jeanne
3. Emma
4. Alice
5. Chloé
6. Alma
7. Anna
8. Charlotte
9. Adèle
10. Joséphine
11. Léa
12. Rose
13. Lina
14. Jade
15. Nina
16. Gabrielle
17. Juliette
18. Sofia
19. Inès
20. Victoria

Pour la douzième année consécutive, Louise trône sur le palmarès parisien, mais l'écart se resserre avec Jeanne. Reléguée en 3e position, Emma voit s'éloigner ses chances de régner sur la capitale, le seul trophée qui manquait à son triomphe national.

Il faut dire que Paris donne le ton ou se différencie, mais ne se fond jamais dans la masse.

La capitale lance bien des carrières nationales. Ainsi, Romy et Iris font leur apparition dans le top 20 français après avoir brillé à Paris l'an passé. Mais la lune de miel a été de courte durée : cette année, les Parisiens boudent Romy et déroulent le tapis rouge à Alma, la nouvelle star !

En attendant le rebond de Romy et Iris, notons le retour de Joséphine, Jade et Sofia. De son côté, Victoria s'impose de peu sur Victoire qui ne s'avoue pas encore vaincue. Quant à Eva et Sarah, elles plongent dans le top 30 à l'issue d'une belle carrière.

Dans les prénoms qui s'élèvent à l'horizon, notons l'ascension d'Olivia, Suzanne et Apolline dans les 50 premiers rangs. Des prénoms internationaux et classiques qui n'empêchent pas le jaillissement d'autres étoiles plus modernes. Ainsi, avec ses 3 lettres, sa terminaison en « a » et sa jeunesse, Ava s'apprête à percer dans le top 30. Gageons qu'elle fera parler d'elle dans les prochaines années...

H

Helga

550

Pieuse (germanique). Helga est particulièrement répandu en Allemagne et dans les pays scandinaves. *Caractérologie :* conscience, paix, bienveillance, conseil, cœur.

Hélia

850 TOP 700

Éclat du soleil (grec). Ce prénom est particulièrement répandu au Portugal. *Variante :* Héliade. *Caractérologie :* ardeur, résolution, achèvement, vitalité, stratégie.

Hélin

850 TOP 2 000

Éclat du soleil (grec). *Variante :* Héline. *Caractérologie :* optimisme, pragmatisme, créativité, sociabilité, communication.

Héloïse

24 000 TOP 100

Illustre au combat (germanique). Féminin français. *Caractérologie :* innovation, autorité, détermination, raisonnement, énergie.

Hena
- de 100

Grâce (hébreu). *Variante :* Henna. *Caractérologie :* autorité, innovation, ambition, énergie, autonomie.

Henka
- de 30

Phénix (arabe). *Caractérologie :* créativité, sensibilité, optimisme, communication, pratique.

Henria
140

Maîtresse de maison (germanique). *Caractérologie :* dynamisme, résolution, direction, audace, indépendance.

Henriette
28 000

Maîtresse de maison (germanique). Ce prénom était en faveur en France à la fin XIXe siècle. Il s'est éclipsé dans les années 1960 mais pourrait bien renaître prochainement. En dehors de l'Hexagone, Henriette est usité en Allemagne, aux Pays-Bas et dans les pays scandinaves. On peut estimer que moins de 30 enfants seront prénommés ainsi en 2021. *Variantes :* Ariette, Hariette, Henriet, Henrietta, Henrika. *Caractérologie :* indépendance, curiosité, courage, dynamisme, sensibilité.

H

Hermance
750

Soldat (germanique). *Variante :* Hermence. *Caractérologie :* structure, efficacité, persévérance, sécurité, décision.

Hermine
3 000 TOP 2 000

Souris d'Arménie (latin). Féminin français et allemand. *Variantes :* Hermeline, Hermione. *Caractérologie :* altruisme, réflexion, intégrité, idéalisme, dévouement.

Hermione
750 TOP 1 000

Dans la mythologie grecque, Hermione est la fille d'Hélène et Ménélas. *Caractérologie :* volonté, sens des responsabilités, équilibre, famille, influence.

Herveline
550

Forte, combattante (celte). Prénom breton. *Variantes :* Hervea, Hervée. *Caractérologie :* stratégie, vitalité, achèvement, ardeur, leadership.

Hiba
2 000 TOP 700

Cadeau (arabe). *Caractérologie :* sociabilité, diplomatie, réceptivité, bonté, loyauté.

Hilal
950

Croissant de lune somptueux (arabe). *Caractérologie :* équilibre, famille, sens des responsabilités, influence, exigence.

Hilda
700

Bataille (germanique). Hilda est particulièrement répandu dans les pays anglophones, germanophones, néerlandophones et scandinaves. *Variantes :* Hida, Hide, Hilde. *Caractérologie :* savoir, indépendance, intelligence, méditation, sagesse.

Hildegarde
400

Bataille (germanique). *Variante :* Hildegonde. *Caractérologie :* ressort, innovation, réalisation, énergie, autorité.

Hillary
350

Joyeuse (latin). Féminin anglais. *Variantes :* Hilarie, Hilary. *Caractérologie :* ressort, structure, sécurité, persévérance, efficacité.

Hilma
- de 100

Protectrice résolue (germanique). *Caractérologie :* séduction, découverte, audace, énergie, originalité.

Hina
650 TOP 700

Déesse tahitienne de la Lune (tahitien), variante d'Anne. *Caractérologie :*

découverte, énergie, audace, originalité, décision.

Hind
4 000 TOP 400

Câline (arabe). Hind fut l'une des épouses du prophète Mahomet. *Caractérologie :* force, ambition, habileté, passion, management.

Hinda
950

Cerfs (germanique). *Caractérologie :* réflexion, sagesse, intégrité, détermination, altruisme.

Hiroko
- de 30

Enfant magnanime, généreuse (japonais). *Caractérologie :* ténacité, fiabilité, méthode, sens du devoir, engagement.

Hisaé
150

Qui vivra longtemps (japonais). *Caractérologie :* équilibre, famille, sens des responsabilités, influence, décision.

Hoela
- de 30

Noble, au-dessus (celte). Féminin breton. *Caractérologie :* audace, énergie, découverte, originalité, séduction.

Holly
170

Houx (anglo-saxon). Féminin anglais. *Variante :* Hollie. *Caractérologie :* rectitude, humanité, générosité, ouverture d'esprit, rêve.

Honorine
5 000 TOP 900

Honorée (latin). Féminin français. *Variantes :* Honora, Honorée. *Caractérologie :* stratégie, vitalité, achèvement, ardeur, leadership.

Hope
300 TOP 1 000

Espoir (anglais). *Caractérologie :* leadership, stratégie, achèvement, vitalité, ardeur.

Hortense
8 000 TOP 300

Jardin (latin). Féminin français et anglais. *Variantes :* Hortence, Hortensia, Orthense. *Caractérologie :* décision, curiosité, attention, dynamisme, courage.

Houria
3 000 TOP 2 000

Feu (persan), d'une grande beauté (arabe). Houria est très répandu en Arménie, dans les cultures persanes et musulmanes. On peut estimer que moins de 30 enfants seront prénommés ainsi en 2021. *Variantes :* Horia, Hourya. *Caractérologie :* intégrité, idéalisme, altruisme, réflexion, logique.

Huberte
600

Esprit brillant (germanique). Féminin français. *Caractérologie :* sagacité, spiritualité, attention, originalité, connaissances.

Hubertine
- de 100

Esprit brillant (germanique). Féminin français. *Caractérologie :* créativité, optimisme, sensibilité, pragmatisme, communication.

Huguette
55 000

Esprit, intelligence (germanique). Féminin français. *Variantes :* Huga, Hugoline, Hugone. *Caractérologie :* amitié, habileté, ambition, force, sensibilité.

Hyacinthe
600

Pierre (grec), nom de fleur. Féminin français. *Variantes :* Giacinto, Jacinto, Yacinthe. *Caractérologie :* enthousiasme, communication, pratique, ressort, finesse.

H

I

Iana
130

Dieu fait grâce (hébreu). Cette forme écossaise de Jeanne a été attribuée pour la première fois en France en 1997. *Caractérologie :* spiritualité, sagacité, culture, résolution, caractère.

Iara
- de 100

Dans la mythologie brésilienne, Iara est le nom d'une sirène d'une très grande beauté. *Variante :* Yara. *Caractérologie :* communication, pratique, enthousiasme, adaptation, générosité.

Ida
5 000

Travailleuse (germanique). Ida est répandu dans les pays scandinaves. C'est aussi un choix traditionnel basque et corse. *Variantes :* Idaia, Idda, Idalia, Idaline, Idy. *Caractérologie :* audace, énergie, découverte, originalité, séduction.

Idiss
- de 30

Femme (germanique). *Variante :* Idis. *Caractérologie :* anticipation, harmonie, bienveillance, influence, responsabilité.

Idoia
250

Prénom basque qui désigne la Vierge Marie. *Variante :* Idoya. *Caractérologie :* réceptivité, loyauté, diplomatie, bonté, sociabilité.

Idora
- de 30

Don d'Isis (grec). *Caractérologie :* fidélité, médiation, adaptabilité, relationnel, intuition.

Ielena
- de 100

Variante russe d'Elena : éclat du soleil (grec). *Caractérologie :* audace, direction, dynamisme, indépendance, décision.

Ikram
2 000 TOP 2 000

Respectueuse (arabe). On peut estimer que moins de 30 enfants seront prénommés ainsi en 2021. *Variante :* Ikrame. *Caractérologie :* connaissances, sagacité, originalité, spiritualité, philosophie.

Ilana
4 000 TOP 700

Arbre (hébreu). *Variantes :* Élana, Ilanna. *Caractérologie :* direction, audace, indépendance, décision, dynamisme.

Ilayda
1 000 TOP 2 000

De noble lignée (germanique). *Caractérologie :* savoir, indépendance, intelligence, méditation, réalisation.

Ilda
550

Bataille (germanique). Prénom italien. *Caractérologie :* habileté, passion, force, ambition, management.

Iléa
180

Éclat du soleil (grec). *Variantes :* Illoa, Iloa. *Caractérologie :* indépendance, logique, dynamisme, direction, audace.

Iléana
1 000 TOP 1 000

Éclat du soleil (grec). Une princesse roumaine du XXe siècle a illustré ce prénom roumain. Féminin roumain, espagnol et italien. *Caractérologie :* conscience, conseil, résolution, bienveillance, paix.

Ilena
900 TOP 2 000

Éclat du soleil (grec). *Caractérologie :* énergie, décision, découverte, audace, originalité.

Ilham
3 000 TOP 2 000

Inspiration (arabe). *Caractérologie :* connaissances, spiritualité, sagacité, philosophie, originalité.

Inaya

Fête :
7 février

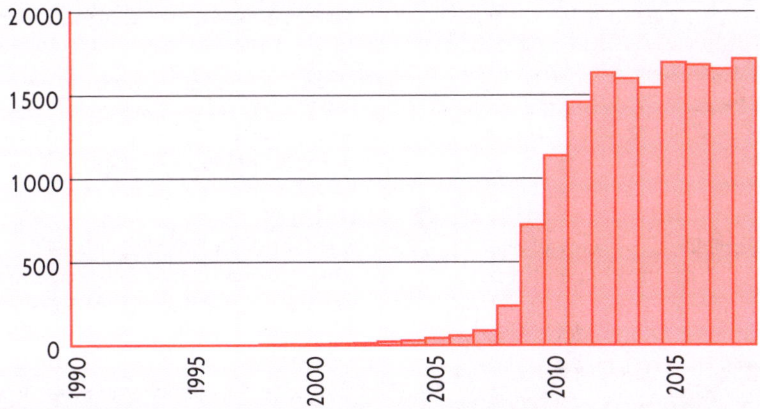

Étymologie

Ce prénom a pour origine un mot arabe qui signifie sollicitude et attention – une attention qu'il a su capter avec succès auprès des futurs parents. D'abord prisée par les familles arabes et musulmanes, Inaya a considérablement élargi son audience depuis la fin des années 1990, où elle a fait sa première apparition dans les registres d'état civil.

En 2008, le chanteur de rap Soprano choisit ce prénom pour sa fille et lui dédie une chanson éponyme. Inaya franchit, deux ans après, la barre symbolique des 1 000 attributions annuelles. Sa carrière est définitivement lancée. Elle est loin d'être terminée. D'autant qu'une autre chanteuse, américaine cette fois, Inaya Day, lui assure une couverture internationale. Déjà diffusé en Afrique et Amérique latine, le prénom suit une belle progression en Angleterre et aux Pays-Bas. Nos voisins wallons et suisses romands suivent la cadence.

Aujourd'hui aux portes du top 25, ce prénom orignal, jouant sur la tendance des terminaisons en « -ia » et les juxtapositions de voyelles, n'est pas près de s'essouffler. Et ce ne sont pas les Parisiens, qui l'ont fait passer de la 72e à la 55e place en un an, qui nous contrediront ! Les variantes Innaya et Inayah figurent dans les classements nationaux, mais se placent loin derrière. Tel n'est pas le cas d'Aya, dont les origines sont totalement différentes. Portée par la popularité de la chanteuse Aya Nakamura, ce petit nom de 3 lettres accélère le tempo dans le top 50.

Personnes célèbres

Inaya Day chanteuse américaine, née en 1977.
Inaya Ezzedine (née en 1961), médecin libanaise et première femme chiite élue au Parlement libanais, défend le droit des femmes dans son pays.

Statistiques

Inaya est le 77e prénom féminin le plus donné en France depuis l'an 2000. Ce prénom est attribué à près d'une fille sur 200 aujourd'hui.

Ilhem
1 500 TOP 2 000 →

Inspiration (arabe). *Caractérologie :* relationnel, intuition, médiation, adaptabilité, fidélité.

Ilia
- de 100

Dans la mythologie romaine, Ilia (plus connue sous le nom de Rhea) est la mère de Romulus et Remus. Féminin russe, slave et bulgare. *Caractérologie :* sécurité, persévérance, honnêteté, structure, efficacité.

Iliana
3 000 TOP 600 ↘

Forme féminine d'Ilian ou variante d'Ilana. Iliana est répandu en Grèce. *Variantes :* Iléane, Iliona, Ilyana, Ilyane. *Caractérologie :* autorité, détermination, innovation, ambition, énergie.

Iliane
- de 100

Qui vient de Dieu (arabe), le Seigneur est mon Dieu (hébreu). *Caractérologie :* découverte, énergie, originalité, audace, décision.

Illana
450 ↘

Arbre (hébreu). *Caractérologie :* méthode, ténacité, engagement, fiabilité, détermination.

Illona
1 000 →

Éclat du soleil (grec). *Caractérologie :* raisonnement, idéalisme, altruisme, détermination, intégrité.

Iloa
180

Éclat du soleil (grec). *Variantes :* Eloa, Illoa. *Caractérologie :* indépendance, logique, dynamisme, direction, audace.

Ilona
12 000 TOP 500 ↘

Dérivé hongrois d'Hélène : éclat du soleil (grec). Ilona est très répandu en Hongrie. *Variantes :* Ilhona, Ilouna, Llona. *Caractérologie :* famille, équilibre, éthique, détermination, raisonnement.

Ilyana
6 000 TOP 100 →

Forme féminine d'Ilian ou variante d'Ilana. *Caractérologie :* achèvement, stratégie, sympathie, vitalité, résolution.

Imaé
110

Génération actuelle (japonais). *Variante :* Ima. *Caractérologie :* énergie, innovation, autorité, ambition, décision.

Imako
- de 30

L'enfant du présent (japonais). *Caractérologie :* ténacité, engagement, sens du devoir, fiabilité, méthode.

Imane
12 000 TOP 300 →

Croyance, foi (arabe). *Variantes :* Iman, Imani, Imanne, Ymane. *Caractérologie :* décision, bienveillance, paix, conscience, conseil.

Imelda
300

Combat (germanique). Féminin italien, espagnol et allemand. *Variante :* Ymelda. *Caractérologie :* habileté, ambition, force, résolution, passion.

Imen
4 000 TOP 2 000 ↘

Croyance, foi (arabe). *Caractérologie :* curiosité, dynamisme, charisme, courage, indépendance.

Imene
5 000 TOP 700 ↘

Croyance, foi (arabe). *Caractérologie :* autorité, autonomie, innovation, énergie, ambition.

Ina
650 TOP 900 →

Diminutif des prénoms se terminant par « ina » (Angélina, Célina, Carolina, etc.). Ce prénom a connu une certaine popularité au XIXe siècle dans les pays anglophones, mais il est tout nouveau

Inès

Fête :
10 septembre

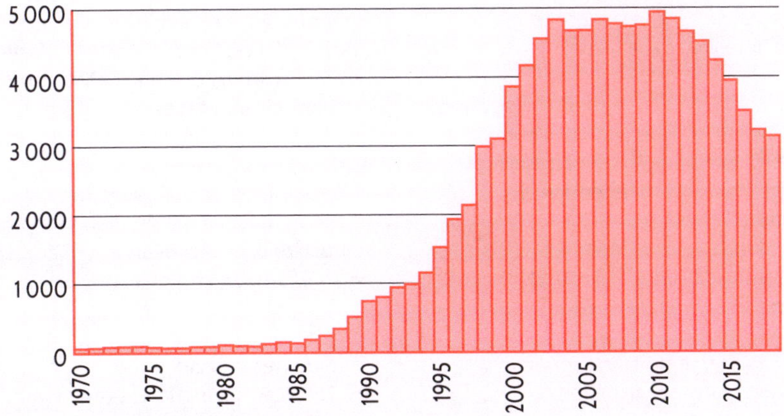

Étymologie

Du grec *agnos*, « chaste, pure ». Répandue en Espagne (Inés) et au Portugal (Inês), cette forme hispanique d'Agnès émerge en France à la fin des années 1980. Elle prend la relève d'Agnès d'autant plus aisément que le mannequin Inès de La Fressange en devient l'ambassadrice. Ses dernières fluctuations ne l'empêchent pas de se maintenir parmi les dix premiers rangs nationaux.

Sans accent, Ines est une forme italienne d'Inès ou un prénom arabe ancien qui signifie : « sympathique, généreuse ». Les familles musulmanes et les couples mixtes le choisissent volontiers, tout en adoptant aussi sa forme accentuée (d'où la difficulté de séparer les deux orthographes). Dans ce contexte, il n'est pas étonnant que le duo Inès/Ines soit en vogue dans les communautés musulmanes francophones.

Inès semble avoir pris un bon départ en Belgique et en Suisse francophones. Le Québec l'ignore encore. En Europe, elle amorce sa fin de carrière.

Chrétienne japonaise au VIIe siècle, **sainte Inès Takeya** fut exécutée en 1622 pour sa foi.

Personnes célèbres

Inès de La Fressange, ancienne mannequin, aujourd'hui femme d'affaires et créatrice de mode, née en 1957. Inès Sastre, mannequin et actrice espagnole, née en 1973.

Statistiques

Inès est le 5e prénom féminin le plus donné en France depuis l'an 2000. Ce prénom est attribué à près d'une fille sur 120 aujourd'hui.

I

en France. *Caractérologie :* sens des responsabilités, famille, influence, équilibre, décision.

Inaïa
500 TOP 600

Attention, sollicitude (arabe). *Caractérologie :* sagacité, résolution, culture, intelligence, liberté.

Inaya
19 000 TOP 50

Attention, sollicitude (arabe). *Variante :* Innaya. *Caractérologie :* dynamisme, curiosité, courage, indépendance, résolution.

India
950 TOP 2 000

India est le nom anglais qui désigne l'Inde. *Variantes :* Indie, Indy. *Caractérologie :* innovation, énergie, résolution, autorité, ambition.

Indiana
550 TOP 2 000

Divin (latin), nom d'un État américain. On rencontre plus particulièrement ce prénom aux États-Unis. *Caractérologie :* spiritualité, connaissances, originalité, sagacité, résolution.

I

Indira
600

Beauté, splendeur, toute-puissance (sanscrit). Dans la mythologie hindoue, Indra est le dieu de la Pluie et du Tonnerre. Prénom indien d'Asie. *Variante :* Indra. *Caractérologie :* direction, résolution, dynamisme, indépendance, audace.

Iné
- de 30

Riz (japonais). *Caractérologie :* dynamisme, audace, direction, assurance, indépendance.

Inès
110 000 TOP 50

Chaste, pure (grec). Sans accent, Ines signifie « sympathique, généreuse » en arabe. *Variante :* Inez. *Caractérologie :* relationnel, intuition, fidélité, détermination, médiation.

Iness
1 500 TOP 2 000

Sympathique, généreuse (arabe). On peut estimer que moins de 30 enfants seront prénommés ainsi en 2021. *Variantes :* Inesse, Yness, Ynesse. *Caractérologie :* enthousiasme, communication, pratique, résolution, adaptation.

Inge
170

Fille de héros (scandinave). Ing est également le nom d'un dieu scandinave. *Caractérologie :* achèvement, leadership, vitalité, ardeur, stratégie.

Ingrid
27 000

Fille de héros (scandinave). En dehors de l'Hexagone, Ingrid est très répandu en Allemagne et dans les pays scandinaves. On peut estimer que moins de 30 enfants seront prénommés ainsi en 2021. *Variantes :* Inga, Inge. *Caractérologie :* connaissances, spiritualité, sagacité, originalité, philosophie.

Inna
1 000 TOP 700

Nom d'un disciple de saint André qui mourut martyr en Scythie (la Russie actuelle). Ce patronyme est devenu un prénom féminin très connu en Russie et dans les pays slaves. Inna Shevchenko, l'une des fondatrices du mouvement Femen en Ukraine, porte ce prénom. Étymologie probable : eau jaillissante (russe). *Caractérologie :* détermination, intuition, médiation, loyauté, sociabilité.

Inoa
- de 100

Variante moderne d'Ainhoa née dans l'Hexagone en 2004. Voir Ainhoa. *Caractérologie :* motivation, pratique, communication, enthousiasme, générosité.

Insaf
1 000 TOP 1 000

Équité, justice (arabe). *Variante :* Inssaf. *Caractérologie :* persévérance, détermination, structure, efficacité, sécurité.

Ioana
250

Dieu fait grâce (hébreu). Prénom roumain, russe et slave. *Variante :* Ioena. Variante occitane : Ioanda. *Caractérologie :* bienveillance, sagesse, conseil, conscience, paix.

Iola
- de 100

Aube (grec), violette (latin). *Variante :* Iole. *Caractérologie :* énergie, raisonnement, ambition, innovation, autorité.

Iona
750

Aube (grec), violette (latin). Iona est également le nom d'une île écossaise. Féminin anglais et écossais. *Variantes :* Iola, Ione, Ionia, Ionna. *Caractérologie :* pratique, détermination, communication, enthousiasme, adaptation.

Iora
- de 30

En or (latin). *Caractérologie :* méditation, savoir, indépendance, intelligence, sagesse.

Iphigénie
- de 100

Courageuse (grec). *Caractérologie :* autorité, innovation, énergie, ambition, action.

Irem
1 000

Jardin du paradis (turc). *Caractérologie :* idéalisme, altruisme, réflexion, dévouement, intégrité.

Iréna
1 000

Paix (grec). Irena est particulièrement répandu dans les pays slaves, dans les pays néerlandophones et en Occitanie. *Variantes :* Irenca, Irénéa, Iriena. *Caractérologie :* réceptivité, sociabilité, diplomatie, loyauté, résolution.

Irène
40 000 TOP 700

Paix (grec). En dehors de l'Hexagone, Irene est particulièrement répandu en Italie, en Allemagne, en Grèce, dans les pays slaves, hispanophones et anglophones, ainsi que dans les pays néerlandophones et scandinaves. *Variantes :* Irenne, Yrène. *Caractérologie :* paix, sagesse, conseil, conscience, bienveillance.

Irénée
500

Paix (grec). Ce prénom mixte est plus courant au masculin. *Caractérologie :* adaptabilité, intuition, médiation, fidélité, relationnel.

Iriana
- de 100

Paix (grec). *Caractérologie :* savoir, méditation, détermination, indépendance, intelligence.

Irina
3 000 TOP 500

Paix (grec). Irina est très répandu dans les pays slaves, en Roumanie et en Finlande. *Caractérologie :* famille, équilibre, éthique, influence, décision.

Iris
17 000 TOP 50

Arc-en-ciel (grec). Féminin anglais, français et néerlandais. *Variantes :* Iréa, Irès. *Caractérologie :* direction, assurance, audace, indépendance, dynamisme.

Irma
3 000

Se rapporte à Irmin, dieu païen (germanique). Féminin letton, hongrois et allemand. On peut estimer que moins de 30 enfants seront prénommés ainsi en 2021. *Variantes :* Irmina, Irmine. *Caractérologie :* indépendance, curiosité, dynamisme, charisme, courage.

Iris

Fête :
4 septembre

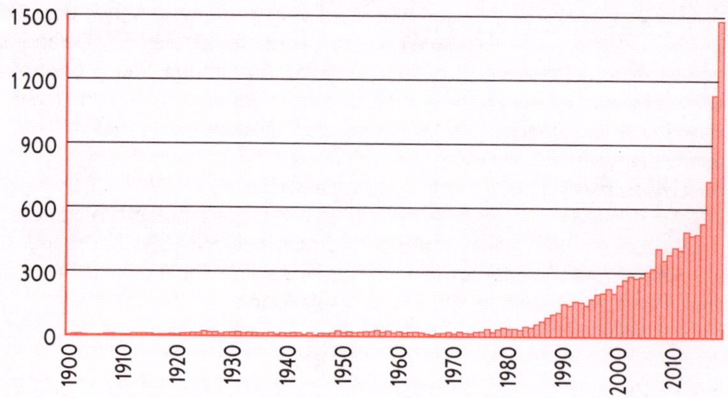

Étymologie

Iris, « arc-en-ciel » en grec, était la messagère des Dieux dans la mythologie grecque. Les poètes anciens prétendaient que son pied laissait une trace multicolore dans le ciel quand elle descendait de l'Olympe. Héra, la femme de Zeus, en fit, dit-on, son émissaire préférée.

Dans le domaine des arts, ses références sont tout aussi illustres. Cette fleur, à l'éblouissante couleur, fut immortalisée par Van Gogh dans plusieurs de ses tableaux. Plus récemment, le groupe U2 lui a redonné des couleurs avec sa chanson *Iris* (*Hold me close*).

Porté par un regain d'intérêt pour l'Antiquité et le classicisme, Iris fait une timide apparition en Europe au XIXe siècle. En France, il reste tout à fait confidentiel jusqu'en 1970, avec moins de 20 attributions par an. Mais avec ses quatre lettres, son côté rétro et écolo, ce prénom s'épanouit franchement à partir des années 2000. Aujourd'hui, Iris s'envole dans le top 20 national et dans l'élite parisienne. Dans les pays francophones, son éclosion commence à peine et reste à confirmer.

Malgré sa douceur florale, ce petit nom a engendré peu de variantes. Il n'a aucun diminutif et peut constituer un choix idéal pour des parents globe-trotters.

Personnes célèbres

Iris Murdoch, écrivaine britannique (1919-1999) ; Iris von Roten-Meyer, juriste et journaliste suisse, combattante acharnée de la cause féminine, au point d'être surnommée la Simone de Beauvoir suisse (1917-1990) ; Iris Apfel, icône américaine de la mode et du design d'intérieur (née en 1921).

Statistiques

Iris est le 120e prénom féminin le plus donné en France depuis l'an 2000. Ce prénom est attribué à près d'une fille sur 140 aujourd'hui.

I

Irvine
- de 30

Belle (celte). *Caractérologie :* dynamisme, courage, indépendance, curiosité, charisme.

Isabeau
190

Dieu est serment (hébreu). *Caractérologie :* structure, persévérance, gestion, sécurité, décision.

Isabel
4 000

Dieu est serment (hébreu). Féminin espagnol, portugais, néerlandais et allemand. On peut estimer que moins de 30 enfants seront prénommés ainsi en 2021. *Caractérologie :* optimisme, communication, pragmatisme, détermination, organisation.

Isabella
1 500 TOP 700

Dieu est serment (hébreu). Ce prénom italien est également répandu dans les pays hispanophones et anglophones, en Allemagne et en Corse. *Caractérologie :* méditation, savoir, organisation, résolution, intelligence.

Isabelle
354 000 TOP 800

Dieu est serment (hébreu). Cette variante française d'Isabel (une forme d'Élisabeth venue d'Espagne) connaît une certaine faveur du XIIe au XVIe siècle. Dans plusieurs pays européens, plusieurs reines et princesses illustrent alors ce prénom sous différentes graphies. En devenant reine d'Angleterre, Isabelle de France (1295-1358) favorise l'essor d'Isabel outre-Manche. Dans l'Hexagone, Isabelle se replie à partir du XVIIIe siècle mais ne disparaît pas, contrairement à son ancien rival Isabeau. Isabelle rejaillit subitement au cœur du XXe siècle et s'impose dans les trois premiers rangs de 1964 à 1969. C'est le 3e prénom féminin le plus porté dans l'Hexagone aujourd'hui. *Variantes :* Bella, Belle, Ilse, Isa, Isabel, Isabela, Isobel, Iza, Izza, Izabel, Ysabel. *Caractérologie :* sociabilité, diplomatie, décision, gestion, réceptivité.

Isadora
550 TOP 2 000

Don d'Isis (grec). Féminin anglais. *Caractérologie :* engagement, méthode, fiabilité, sens du devoir, ténacité.

Isaline
3 000 TOP 1 000

Dieu est serment (hébreu). *Variantes :* Isalia, Isalie, Isalyne, Isolina, Izaline, Ysalia. *Caractérologie :* paix, conseil, conscience, bienveillance, décision.

Isalys
400 TOP 2 000

Dieu est serment (hébreu). *Variantes :* Isalis, Ysalys. *Caractérologie :* efficacité, sécurité, honnêteté, persévérance, structure.

Isana
- de 100

Souveraine (sanscrit), contraction possible d'Isabelle et Anna. Isana est usité en Inde. *Caractérologie :* détermination, stratégie, vitalité, résolution, ardeur.

Isaura
350

Habitante d'Isaurie, région d'Asie Mineure (grec). Féminin portugais, espagnol et occitan. *Caractérologie :* famille, influence, éthique, équilibre, exigence.

Isaure
4 000 TOP 400

Habitante d'Isaurie, région d'Asie Mineure (grec). *Variantes :* Isaura, Isaurie, Isore. *Caractérologie :* autorité, innovation, énergie, ambition, décision.

Isciane
130

Déesse, souveraine (grec). *Variante :* Iscia. *Caractérologie :* équilibre, influence, détermination, famille, sens des responsabilités.

I

Isée
400 TOP 1 000

Orateur athénien du IVe siècle avant J.-C., élève d'Isocrate, Isée se rendit célèbre pour ses excellentes plaidoiries. *Variante :* Ysée. *Caractérologie :* fidélité, relationnel, intuition, médiation, résolution.

Iseline
170

Dieu est serment (hébreu). *Caractérologie :* dynamisme, audace, direction, indépendance, décision.

Iseult
250

Belle (celte). Dans la légende médiévale de *Tristan et Iseut*, Tristan était éperdument amoureux d'Iseut la blonde, mais il dut se résoudre à épouser Iseut aux blanches mains. Le récit de cette passion tragique a transcendé les siècles et inspiré nombre de poètes et musiciens. *Variantes :* Iseut, Isolde. *Caractérologie :* décision, énergie, découverte, audace, gestion.

Isia
700 TOP 700

Déesse, souveraine (grec). *Variante :* Isïa. *Caractérologie :* sociabilité, réceptivité, diplomatie, bonté, loyauté.

I

Isidora
- de 100

Don d'Isis (grec). Féminin slave, espagnol, portugais et anglais. *Variante :* Isidorine. *Caractérologie :* communication, pratique, enthousiasme, générosité, adaptation.

Isidorine
- de 30

Don d'Isis (grec). *Caractérologie :* communication, pragmatisme, décision, caractère, optimisme.

Isma
550

Protection (arabe). *Caractérologie :* équilibre, famille, exigence, sens des responsabilités, influence.

Ismaëlle
- de 100

Dieu a entendu (hébreu). *Caractérologie :* dynamisme, indépendance, courage, curiosité, détermination.

Ismelda
- de 30

Dieu est serment (hébreu). *Caractérologie :* rêve, résolution, humanité, ouverture d'esprit, rectitude.

Ismène
110

Se rapporte à Isis, divinité égyptienne, et au grec *méné*, lune. Ce prénom basque prend un accent dans sa graphie francisée. *Variante :* Ismena. *Caractérologie :* détermination, loyauté, réceptivité, sociabilité, diplomatie.

Ismerie
300

Dérivé français d'Imelda : combat (germanique). Féminin médiéval. *Caractérologie :* harmonie, indulgence, conseil, résolution, éthique.

Isolde
140

Belle (celte). Féminin anglais et allemand. *Variante :* Isold. Formes bretonnes : Izold, Izolda. *Caractérologie :* innovation, autorité, analyse, volonté, énergie.

Isoline
350

Dieu est serment (hébreu). *Caractérologie :* sociabilité, réceptivité, diplomatie, résolution, analyse.

Isra
2 000 TOP 400

Variante d'Esra : plus rapidement (arabe). *Variante :* Izra. *Caractérologie :* loyauté, sociabilité, réceptivité, diplomatie, bonté.

Iulia
- de 100

De la famille romaine de Iule (latin). *Caractérologie :* spiritualité, liberté, connaissances, intelligence, caractère.

Iva
- de 100

Dieu fait grâce (hébreu). *Caractérologie :* dynamisme, charisme, indépendance, curiosité, courage.

Ivana
2 000 TOP 900

Dieu fait grâce (hébreu). Ivana est particulièrement répandu dans les pays slaves méridionaux et hispanophones. *Variante :* Ivanna. *Caractérologie :* détermination, intuition, fidélité, relationnel, médiation.

Ivanne
150

Dieu fait grâce (hébreu). *Variantes :* Ivanie, Ivanne, Ivanka, Ivannie, Ivanny. *Caractérologie :* médiation, fidélité, relationnel, décision, intuition.

Ivonne
- de 100

If (celte). *Variantes :* Iveline, Ivelyne, Ivone. Formes bretonnes : Ivona, Ivonig. *Caractérologie :* intelligence, savoir, méditation, indépendance, volonté.

Ivy
850 TOP 500

Lierre (anglais). Féminin anglais. *Variante :* Ivie. *Caractérologie :* médiation, relationnel, intuition, fidélité, adaptabilité.

Iwa
- de 30

Solide comme un roc (japonais). *Caractérologie :* bienveillance, conscience, paix, conseil, décision.

Ixia
- de 30

Nom de fleur d'origine grecque. *Caractérologie :* indépendance, intelligence, savoir, sagesse, méditation.

Izaline
- de 100

Dieu est serment (hébreu). *Caractérologie :* persévérance, sécurité, efficacité, structure, résolution.

Izia
3 000 TOP 200

Déesse, souveraine (grec). *Caractérologie :* intégrité, altruisme, idéalisme, réflexion, dévouement.

Izzie
250

Dieu est serment (hébreu). Le succès de *Grey's Anatomy* et de son héroïne Izzie est lié à l'apparition de ce diminutif d'Elizabeth dans l'Hexagone. *Caractérologie :* adaptation, pragmatisme, optimisme, communication, créativité.

J

Jacinthe
700 TOP 900

Pierre (grec), nom de fleur. Féminin français. *Variante :* Jacinte. *Caractérologie :* sensibilité, savoir, intelligence, méditation, détermination.

Jackie
1 500

Diminutif de Jacqueline : supplanter, talonner (hébreu). *Variante :* Jacquie. *Caractérologie :* communication, optimisme, pragmatisme, détermination, organisation.

Jacqueline
241 000

Supplanter, talonner (hébreu). Dérivé féminin de Jacques exclusivement français à ses débuts, Jacqueline connaît, comme son étymon, un succès

Jade

Fête :
29 juin

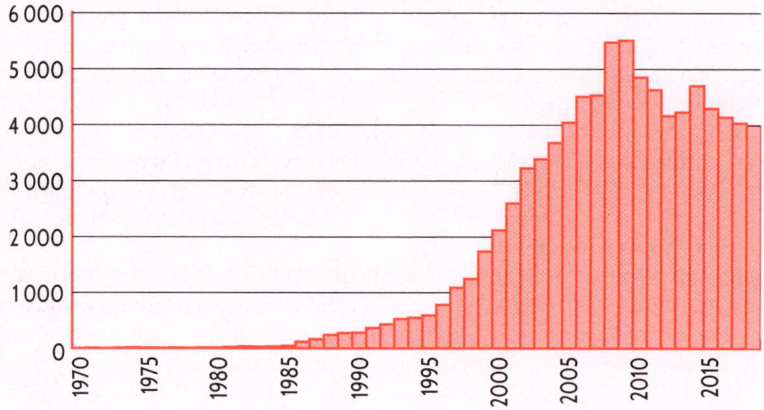

J

Étymologie

Désigne une pierre fine qui doit à sa composition une coloration verte. En arabe, Jad et Jade signifient « excellence, générosité ». Les premières Jade de France naissent en 1973, au moment où les prénoms inspirés de la nature font jaillir Marine et Ondine. Ce duo déclenche une vague océanique qui entraîne Dylan, Morgan, puis Océane vers la gloire. C'est dans ce contexte que Jade, la minérale, s'envole à la fin des années 1990. Elle s'impose au 1er rang du palmarès 2014. Depuis, ce prénom mène une lutte acharnée contre ses rivales Louise et Emma, et n'a jamais cessé de graviter dans le top 5 féminin.

En dehors de l'Hexagone, Jade s'est envolée dans les tops 20 wallon, romand et québécois. Elle chute en Espagne, en Italie et dans les pays anglophones à l'issue d'une glorieuse décennie.

Dans l'histoire

À travers les civilisations, le jade a été utilisé de multiples manières. Les Espagnols, qui le broyaient pour réaliser des décoctions, l'appelaient *piedra de hijada*, « pierre contre les douleurs rénales ». S'inspirant de cette pratique, les Français l'appelèrent *ejade*, puis *jade*. Il y a 5 000 ans, le jade était considéré comme une pierre royale en Chine. Il était un symbole d'amour, de vertu et de statut social. En Amérique centrale, le jade a été utilisé pour créer des sculptures et des masques, notamment chez les Aztèques. En Europe, l'usage du jade en joaillerie remonterait au XVIe siècle.

Personnes célèbres

Jade Jagger, mannequin britannique, fille de Mick et Bianca Jagger, née en 1971 ; Jade Hallyday, fille de Johnny et Laeticia Hallyday, née en 2004.

Statistiques

Jade est le 7e prénom féminin le plus donné en France depuis l'an 2000. Ce prénom est attribué à près d'une fille sur 90 aujourd'hui.

croissant du XIIIe au XVIIe siècle. Ce n'est toutefois pas avant le XXe siècle qu'il s'épanouit pleinement, trustant les vingt premiers rangs français de 1920 à 1954, avec des pics d'attribution en 1927 (3e rang) et en 1946 (5e rang). Cette vogue s'étend aux pays anglophones, notamment aux États-Unis, où il sera attribué à l'emblématique Jacqueline Kennedy (1929-1994). ◇ Riche veuve d'un seigneur, Gratien Frangipani, Jacqueline de Septisoles consacra sa fortune aux œuvres de saint François au XIIIe siècle. Elle donna son nom (« frangipane ») à la fameuse crème aux amandes qu'elle confectionnait pour saint François. *Variantes :* Jacquelène, Jacquelyne, Jacquemine, Jacquine, Jaqueline. *Caractérologie :* finesse, connaissances, originalité, sagacité, décision.

Jade

94 000 TOP 50 ➜

Désigne une pierre fine de couleur verte. *Variante :* Giada. *Caractérologie :* réceptivité, diplomatie, sociabilité, bonté, loyauté.

Jaël

350 ➜

Chèvre sauvage (hébreu). Voir Yaël. *Caractérologie :* dynamisme, audace, direction, assurance, indépendance.

Jamila

5 000 TOP 2 000 ➜

D'une grande beauté physique et morale (arabe). On peut estimer que moins de 30 enfants seront prénommés ainsi en 2021. *Variantes :* Jamela, Jamella, Jamilah, Jamilla, Jémila. *Caractérologie :* audace, indépendance, dynamisme, assurance, direction.

Jana

4 000 TOP 200 ↑

Dieu fait grâce (hébreu). Prénom slave. Dans l'Hexagone, Jana est plus traditionnellement usité en Catalogne, en Occitanie et au Pays basque. *Variante :* Janna. *Caractérologie :* ambition, force, habileté, passion, management.

Jane

4 000 TOP 700 ➜

Dieu fait grâce (hébreu). Féminin anglais. *Caractérologie :* pratique, adaptation, communication, générosité, enthousiasme.

Janelle

2 000 TOP 800 ↘

Dieu fait grâce (hébreu). Féminin français. *Caractérologie :* séduction, audace, énergie, découverte, originalité.

Janice

1 000 TOP 2 000 ↘

Dieu fait grâce (hébreu). Féminin anglais. *Variante :* Jannice. *Caractérologie :* paix, bienveillance, conscience, conseil, détermination.

Janick

2 000

Dieu fait grâce (hébreu). *Variantes :* Janik, Janis, Jeanick. *Caractérologie :* détermination, communication, pratique, enthousiasme, organisation.

Janie

700

Dieu fait grâce (hébreu). Forme bretonne : Janig. *Caractérologie :* optimisme, créativité, communication, détermination, pragmatisme.

Janine

44 000

Dieu fait grâce (hébreu). Féminin français. *Variantes :* Janinne, Jannine. *Caractérologie :* ardeur, achèvement, vitalité, stratégie, résolution.

Janis

850 TOP 2 000 ➜

Dieu fait grâce (hébreu). Féminin anglais. *Caractérologie :* ambition, passion, habileté, détermination, force.

J

Janna
3 000 TOP 300

Dieu fait grâce (hébreu). Féminin scandinave. *Caractérologie :* engagement, ténacité, sens du devoir, méthode, fiabilité.

Jany
2 000

Dieu fait grâce (hébreu). Féminin français. *Caractérologie :* découverte, audace, énergie, séduction, originalité.

Jasmina
450

Prénom arabe emprunté au persan signifiant « fleur de jasmin ». *Caractérologie :* efficacité, structure, persévérance, sécurité, détermination.

Jasmine
9 000 TOP 200

Prénom arabe emprunté au persan signifiant « fleur de jasmin ». Jasmine est répandu dans les pays anglophones. *Variantes :* Jasmée, Jasmin. *Caractérologie :* ardeur, vitalité, achèvement, stratégie, détermination.

Jaya
450 TOP 2 000

Victorieuse (sanscrit). Prénom indien d'Asie. *Caractérologie :* dynamisme, direction, audace, indépendance, assurance.

Jazz
400 TOP 900

Se rapporte au jazz, style de musique né aux États-Unis à la fin du XIXe siècle. *Caractérologie :* altruisme, idéalisme, intégrité, dévouement, réflexion.

Jeanine
33 000

Dieu fait grâce (hébreu). Féminin français. *Caractérologie :* ténacité, méthode, fiabilité, engagement, résolution.

Jeanne
158 000 TOP 50

Dieu fait grâce (hébreu). *Variantes :* Ioanna, Ioena, Ioenna, Janka, Janne, Jayne, Jeanie, Jeanick, Jeannick, Jeanna, Jeannice. Forme basque : Xana. *Caractérologie :* méthode, fiabilité, ténacité, engagement, sens du devoir.

Jeanne-Marie
2 000

Forme composée de Jeanne et Marie. Féminin français. *Caractérologie :* découverte, décision, audace, énergie, originalité.

Jeannette
12 000

Dieu fait grâce (hébreu). Féminin français. On peut estimer que moins de 30 enfants seront prénommés ainsi en 2021. *Variantes :* Janet, Jeanette. *Caractérologie :* méthode, ténacité, fiabilité, engagement, sens du devoir.

Jeannie
1 500

Dieu fait grâce (hébreu). Féminin français. *Caractérologie :* ténacité, méthode, fiabilité, engagement, résolution.

Jeannine
130 000

Dieu fait grâce (hébreu). Ce diminutif de Jeanne émerge dans les années 1920 et se place, derrière Jacqueline, au 3e rang français en 1930. Pionnière des terminaisons en « ine », Jeannine a facilité la montée de Micheline (13e en 1931), avant de tirer sa révérence. *Caractérologie :* humanité, ouverture d'esprit, rêve, rectitude, décision.

Jehanne
1 000 TOP 2 000

Dieu fait grâce (hébreu). Féminin français. *Variante :* Jehane. *Caractérologie :* communication, créativité, pragmatisme, sociabilité, optimisme.

Jelena
500 TOP 2 000

Éclat du soleil (grec). Prénom russe, letton, serbe et slovène. *Caractérologie :* réceptivité, sociabilité, loyauté, diplomatie, bonté.

J

Jeanne

Fête :
30 mai

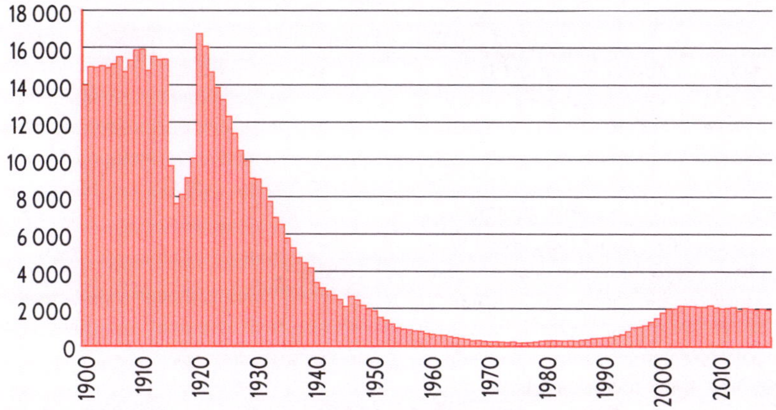

Étymologie

Forme féminine de Jean, de l'hébreu *Yohanân*, « Dieu fait grâce ». Ce prénom riche en histoire a été porté par sept reines de France et de nombreuses saintes. Il se propage dès le Moyen Âge à l'ensemble des pays chrétiens, où il est orthographié de nombreuses manières : Jehan(ne) en France, Joan en Angleterre, Juana en Espagne, et Giovanna en Italie. Popularisée par Jeanne d'Arc au XVe siècle, Jeanne prend toute son ampleur et éclipse ses variantes françaises. Elle devient ainsi la plus grande rivale de Marie.

Glorieuse au XIXe siècle, Jeanne s'évanouit dans les années 1940 pour mieux renaître ensuite. Elle est aux portes du top 20 national et confirme sa place au firmament du tableau parisien. En attendant mieux en Romandie et en Wallonie, son rebond québécois se confirme. Fera-t-elle revenir Jane dans les pays anglophones ?

Dans l'histoire

Le 30 mai célèbre **sainte Jeanne d'Arc**, la bergère la plus célèbre de France. Jeanne d'Arc fut élevée à Domrémy, en Lorraine, pendant la guerre de Cent Ans. Selon son témoignage, elle entendit des voix célestes qui lui ordonnèrent de libérer la France du joug anglais. Après avoir convaincu Charles VII de lui confier une armée, elle délivra Orléans et ouvrit la voie au sacre de Charles VII à Reims. Mais après avoir volé au secours de Compiègne, elle fut capturée par les Bourguignons, vendue aux Anglais et emprisonnée à Rouen. Malgré les maigres chefs d'accusation portés contre elle (notamment le fait de porter des habits d'homme), le tribunal, conduit par l'évêque de Beauvais Pierre Cauchon, la condamna pour hérésie. Elle fut brûlée vive en public place du Vieux-Marché le 30 mai 1431.

Personnes célèbres

Jeanne Moreau, actrice française (1928-2017) ; Jeanne Lanvin, styliste, fondatrice de la maison de couture Lanvin (1867-1946).

Statistiques

Jeanne est le 31e prénom féminin le plus donné en France depuis l'an 2000. Ce prénom est attribué à près d'une fille sur 180 aujourd'hui.

Jemma
- de 100

Colombe (hébreu), ou variante de Gemma. *Variantes :* Jema, Jemima. *Caractérologie :* conscience, paix, bienveillance, conseil, sagesse.

Jenna
7 000 TOP 200

Dieu fait grâce (hébreu). Jenna est très en vogue en Finlande. *Variante :* Jena. *Caractérologie :* habileté, management, force, passion, ambition.

Jennifer
65 000 TOP 2 000

Claire, douce (celte). Jennifer est répandu dans les pays anglophones et occidentaux. On peut estimer que moins de 30 enfants seront prénommés ainsi en 2021. *Variante :* Jenifer. *Caractérologie :* ouverture d'esprit, humanité, rectitude, rêve, résolution.

Jenny
7 000 TOP 2 000

Claire, douce (celte). En dehors de l'Hexagone, ce prénom est particulièrement porté dans les pays anglophones. On peut estimer que moins de 30 enfants seront prénommés ainsi en 2021. *Variante :* Jennie. *Caractérologie :* dynamisme, curiosité, courage, indépendance, charisme.

J

Jennyfer
3 000

Claire, douce (celte). On peut estimer que moins de 30 enfants seront prénommés ainsi en 2021. *Variante :* Jenyfer. *Caractérologie :* sagacité, connaissances, spiritualité, originalité, résolution.

Jéromine
700

Nom sacré (grec). *Caractérologie :* achèvement, vitalité, stratégie, volonté, résolution.

Jessica
70 000 TOP 700

Un présent (hébreu). Ce prénom français et allemand se rapporte également à Jessé, le père de David dans l'Ancien Testament. *Variantes :* Jess, Jesse, Jessi, Jessia, Jessalyn, Jessye, Djessy, Djessica, Djessie, Jessyka, Jessyca. *Caractérologie :* créativité, communication, optimisme, décision, pragmatisme.

Jessie
5 000 TOP 1 000

Un présent (hébreu). En dehors de l'Hexagone, ce prénom est particulièrement porté dans les pays anglophones. *Caractérologie :* sécurité, persévérance, structure, efficacité, décision.

Jessika
800

Un présent (hébreu). *Caractérologie :* sociabilité, résolution, réceptivité, diplomatie, loyauté.

Jessy
4 000 TOP 700

Un présent (hébreu). Féminin anglais. *Caractérologie :* équilibre, sens des responsabilités, famille, influence, exigence.

Jezabel
400

Impassible (hébreu). Féminin anglais. *Variantes :* Jésabel, Jésabelle. *Caractérologie :* intelligence, méditation, organisation, savoir, finesse.

Jihane
3 000 TOP 700

La vie sur terre (prénom arabe d'origine perse). *Variantes :* Jihan, Jihanne, Jihene. *Caractérologie :* sociabilité, diplomatie, réceptivité, décision, loyauté.

Jill
650

Diminutif des prénoms formés avec Jill. Féminin anglais et néerlandais. *Variante :* Jil. *Caractérologie :* savoir, intelligence, indépendance, méditation, sagesse.

Jin
- de 30

Tendre, affectueuse (japonais). *Caractérologie :* conscience, bienveillance, conseil, paix, résolution.

Joan
1 000

Dieu fait grâce (hébreu). Forme médiévale anglophone de Jeanne, Joan est plus traditionnellement usitée en Catalogne et en Occitanie. *Caractérologie :* sens du devoir, engagement, méthode, ténacité, fiabilité.

Joana
5 000 TOP 600

Dieu fait grâce (hébreu). Joana est particulièrement usité dans les pays lusophones. C'est aussi un choix traditionnel basque, catalan et occitan. *Caractérologie :* audace, découverte, originalité, énergie, séduction.

Joanie
400

Dieu fait grâce (hébreu). *Variantes :* Joannie, Joanny, Johanie. *Caractérologie :* rêve, rectitude, humanité, ouverture d'esprit, détermination.

Joanna
8 000 TOP 900

Dieu fait grâce (hébreu). En dehors de l'Hexagone, ce prénom est particulièrement porté dans les pays anglophones. *Caractérologie :* audace, indépendance, direction, dynamisme, assurance.

Joanne
3 000 TOP 1 000

Dieu fait grâce (hébreu). Féminin anglais. *Variantes :* Joane, Joann, Johane. *Caractérologie :* dynamisme, curiosité, courage, indépendance, charisme.

Joceline
1 000

Étymologie possible : douce princesse (germanique). Voir Josse. Féminin français et anglais. *Caractérologie :* énergie, innovation, autorité, raisonnement, détermination.

Jocelyne
94 000 TOP 2 000

Étymologie possible : douce princesse (germanique). Voir Josse. Féminin français et anglais. Saint Josse, fils du roi des Bretons Judaël, refusa, comme son frère saint Judicaël, le trône de son père. Il consacra sa vie à la religion. *Caractérologie :* achèvement, vitalité, sympathie, stratégie, ardeur.

Jocya
300

Étymologie possible : douce princesse (germanique). *Variantes :* Jocia, Jocie. *Caractérologie :* altruisme, idéalisme, intégrité, réflexion, dévouement.

Jodie
2 000 TOP 2 000

Louée, félicitée (hébreu). Féminin anglais. On peut estimer que moins de 30 enfants seront prénommés ainsi en 2021. *Variante :* Jody. *Caractérologie :* savoir, intelligence, méditation, résolution, volonté.

Joële
1 000

Dieu est Dieu (hébreu). *Variantes :* Joéla, Joélie, Joélina, Joéline, Joélyne. *Caractérologie :* bonté, sociabilité, loyauté, réceptivité, diplomatie.

Joëlle
86 000

Dieu est Dieu (hébreu). Féminin français et anglais. On peut estimer que moins de 30 enfants seront prénommés ainsi en 2021. *Caractérologie :* énergie, audace, originalité, découverte, séduction.

Joéva
- de 30

Jupiter, jeune (latin). Féminin breton. *Caractérologie :* ambition, force, habileté, passion, volonté.

Johana
3 000 TOP 2 000

Dieu fait grâce (hébreu). Féminin anglais, tchèque et serbe. On peut estimer que moins de 30 enfants seront prénommés ainsi en 2021. *Caractérologie :* fiabilité, méthode, ténacité, engagement, sens du devoir.

J

Johanna
27 000 TOP 400

Dieu fait grâce (hébreu). Johanna est répandu dans les pays germanophones, scandinaves et néerlandophones. *Caractérologie :* rectitude, humanité, tolérance, rêve, générosité.

Johanne
5 000 TOP 1 000

Dieu fait grâce (hébreu). Féminin danois, norvégien et allemand. *Variantes :* Johane, Johann, Johannie, Johanny. *Caractérologie :* structure, honnêteté, efficacité, sécurité, persévérance.

Joline
120

De la famille romaine de Iule (latin). *Variante :* Jolinne. *Caractérologie :* engagement, loyauté, décision, bonté, raisonnement.

Jorah
- de 30

Pluie d'automne (hébreu). Féminin anglais. *Variante :* Jora. *Caractérologie :* méditation, intelligence, savoir, indépendance, sagesse.

Jordane
1 500

Descendre (hébreu). On peut estimer que moins de 30 enfants seront prénommés ainsi en 2021. *Variantes :* Jordana, Jordaine, Jordanne. *Caractérologie :* persévérance, structure, sécurité, décision, caractère.

José
1 500

Dieu ajoutera (hébreu). Épouse d'Humphrey II, Marie-José de Savoie fut la dernière reine d'Italie (1906-1946). José est un prénom mixte en France. *Caractérologie :* méthode, fiabilité, sens du devoir, ténacité, engagement.

Josée
3 000

Dieu ajoutera (hébreu). Féminin français. *Caractérologie :* humanité, rêve, tolérance, rectitude, générosité.

Josefa
900

Dieu ajoutera (hébreu). *Caractérologie :* engagement, diplomatie, fidélité, intuition, bonté.

Joseline
2 000

Dieu ajoutera (hébreu). Prénom français et anglais. Saint Josse, fils du roi des Bretons Judaël, refusa, comme son frère saint Judicaël, le trône de son père. Il consacra sa vie à la religion. *Caractérologie :* achèvement, vitalité, stratégie, logique, décision.

Joselyne
3 000

Dieu ajoutera (hébreu). Prénom français et anglais. Saint Josse, fils du roi des Bretons Judaël, refusa, comme son frère saint Judicaël, le trône de son père. Il consacra sa vie à la religion. *Caractérologie :* paix, conscience, bienveillance, conseil, bonté.

Josépha
1 500

Dieu ajoutera (hébreu). Josepha est plus particulièrement répandu dans les pays anglophones et germanophones. On peut estimer que moins de 30 enfants seront prénommés ainsi en 2021. *Variante :* Joséfa. *Caractérologie :* intuition, médiation, adaptabilité, relationnel, fidélité.

Joséphine
30 000 TOP 200

Dieu ajoutera (hébreu). En l'absence de personnages historiques ou de saintes célèbres avant le XIXe siècle, ce féminin de Joseph émerge tardivement. C'est en devenant impératrice à la fin du XVIIIe siècle que Joséphine Bonaparte donne l'impulsion qui manquait au prénom. Ce dernier connaît une certaine vogue en France, en Allemagne et dans les pays anglophones. Si sa carrière française est moins durable que celle de Joseph, Joséphine figure encore au 14e rang féminin au seuil de son déclin (en 1902). Ce prénom reprend depuis peu

J

une courbe ascendante. ◊ Esclave née au Soudan au XIXe siècle, sainte Joséphine fut libérée par l'agent consulaire italien qui l'avait achetée. Elle se convertit au christianisme et termina sa vie en paix dans un couvent. *Variantes :* Fifi, Fina, Finon, Joséfina, Joséphina, Joséfine. *Caractérologie :* médiation, résolution, ressort, intuition, relationnel.

Josette
111 000

Dieu ajoutera (hébreu). Féminin français. *Variantes :* Joseta, Josetta, Osetta. *Caractérologie :* structure, honnêteté, persévérance, sécurité, efficacité.

Josiane
105 000 ↗

Dieu ajoutera (hébreu). Féminin français. *Variantes :* Josane, Josanne, Josiana, Josina, Josine, Josune, Josyane. *Caractérologie :* indépendance, audace, direction, dynamisme, décision.

Josianne
3 000

Dieu ajoutera (hébreu). *Caractérologie :* sens des responsabilités, équilibre, famille, détermination, influence.

Josie
750 TOP 2 000

Dieu ajoutera (hébreu). Féminin anglais. *Variantes :* Josia, Jossie, Josy. *Caractérologie :* engagement, fiabilité, ténacité, méthode, résolution.

Josseline
4 000

Étymologie possible : douce princesse (germanique). Féminin français et breton. *Variante :* Josce. *Caractérologie :* humanité, rêve, raisonnement, rectitude, détermination.

Josselyne
2 000

Étymologie possible : douce princesse (germanique). Féminin français et breton. *Caractérologie :* sympathie, sagacité, connaissances, originalité, spiritualité.

Joy
6 000 TOP 200 ↑

Allégresse (latin). Féminin anglais. *Caractérologie :* audace, découverte, énergie, séduction, originalité.

Joyce
4 000 TOP 400 →

Allégresse (latin). Féminin anglais. *Variante :* Joye. *Caractérologie :* ténacité, méthode, engagement, fiabilité, bonté.

Juana
800 →

Dieu fait grâce (hébreu). Juana est très répandu dans les pays hispanophones. C'est aussi un choix traditionnel basque. *Caractérologie :* relationnel, médiation, fidélité, intuition, adaptabilité.

Judicaëlle
550

Seigneur généreux (celte). Prénom breton. *Variante :* Jezekela. *Caractérologie :* audace, indépendance, direction, décision, dynamisme.

Judith
10 000 TOP 200 ↗

Louée, félicitée (hébreu). En dehors de l'Hexagone, Judith est plus particulièrement usité dans les pays anglophones et en Allemagne. Lorsque les troupes de Nabuchodonosor encerclèrent la cité juive de Béthanie, Judith décida d'en tuer le commandant. Jeune veuve d'une grande beauté, elle se présenta au général Holopherne lors d'un banquet. Lorsque ce dernier, ivre, l'invita dans sa tente, elle le décapita. L'armée leva le siège dès le lendemain et Judith fut acclamée par son peuple. ◊ Sainte Judith, ermite en Prusse, vécut au XIIIe siècle. *Caractérologie :* idéalisme, réflexion, altruisme, intégrité, organisation.

Judy
350 TOP 2 000 ↗

Louée, félicitée (hébreu). Féminin anglais. *Variantes :* Jude, Judie, Judite,

J

Judithe. *Caractérologie :* paix, conscience, bienveillance, réalisation, conseil.

Julia
57 000 TOP 50

De la famille romaine de Iule (latin). Voir le zoom sur Giulia. *Variante :* Julya. *Caractérologie :* achèvement, stratégie, vitalité, leadership, ardeur.

Juliana
4 000 TOP 500

De la famille romaine de Iule (latin). Juliana est plus particulièrement répandu dans les pays hispanophones, en Occitanie et au Pays basque. *Caractérologie :* indépendance, courage, dynamisme, curiosité, détermination.

Juliane
3 000 TOP 2 000

De la famille romaine de Iule (latin). Juliane est répandu en Allemagne. On peut estimer que moins de 30 enfants seront prénommés ainsi en 2021. *Variantes :* Jolianne, Julene, Juli, Julianie, Julianna. *Caractérologie :* humanité, détermination, tolérance, rectitude, rêve.

Julianne
1 500

De la famille romaine de Iule (latin). Féminin anglais. On peut estimer que moins de 30 enfants seront prénommés ainsi en 2021. *Caractérologie :* curiosité, dynamisme, indépendance, détermination, courage.

Julie
196 000 TOP 300

De la famille romaine de Iule (latin). Forme française de Julia (la forme latine originelle, en usage au temps des Romains), Julie connaît un certain succès au XIXe siècle. À l'aube du XXe siècle, Julie est même préféré à Julia dans plusieurs pays occidentaux. En France, la prééminence de Juliette l'empêche de s'épanouir pleinement. Il lui faudra attendre la vague des prénoms en « ie » dans les années 1980 pour s'élever au sommet avec Aurélie et Émilie. Julie leur tiendra tête en 1987, le temps qu'Élodie se prépare à les supplanter toutes. ◇ Au début du XIXe siècle, sainte Julie fonda plusieurs instituts religieux visant à l'éducation des enfants pauvres en France et en Belgique. *Caractérologie :* optimisme, communication, créativité, pragmatisme, décision.

Julie-Anne
450

Forme composée de Julie et Anne. Féminin français. *Caractérologie :* innovation, énergie, autorité, ambition, résolution.

Julienne
6 000

De la famille romaine de Iule (latin). Féminin français. *Caractérologie :* rêve, ouverture d'esprit, humanité, rectitude, détermination.

Juliette
101 000 TOP 50

De la famille romaine de Iule (latin). *Variantes :* Juliet, Julietta. *Caractérologie :* enthousiasme, pratique, communication, organisation, détermination.

Juline
4 000 TOP 1 000

De la famille romaine de Iule (latin). *Variante :* Julina. *Caractérologie :* achèvement, vitalité, ardeur, stratégie, décision.

July
800

De la famille romaine de Iule (latin). Féminin anglais. *Caractérologie :* indépendance, curiosité, dynamisme, courage, charisme.

Jun
- de 100

Qui dit la vérité (chinois). *Caractérologie :* rectitude, humanité, générosité, ouverture d'esprit, rêve.

June
2 000 TOP 400

Mois de juin (latin). Féminin anglais. *Variante :* Junie. *Caractérologie :* charisme,

J

Juliette

Fête :
30 juillet

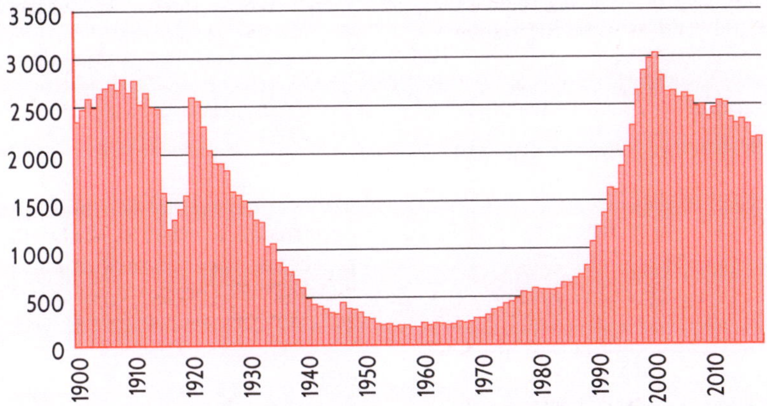

Étymologie

Conformément à ses origines latines, ce dérivé féminin de Jules se rapporte à la grande famille romaine de Iule. Il fut porté par une sainte martyre à Césarée (Turquie) au IVe siècle, mais il était peu répandu lorsque Shakespeare publia *Roméo et Juliette* en 1597. Après avoir connu des hauts et des bas, ce prénom renaît au XIXe siècle dans les pays anglophones et bourgeonne en France. C'est bien plus tard, dans les années 1980, que Juliette décolle véritablement. Aujourd'hui, ce prénom évolue dans les tops 20 national et parisien.

En dehors de l'Hexagone, Juliette monte dans les 20 premiers rangs wallons et québécois. Elle chemine tranquillement en Suisse romande et n'a pas encore fait son retour dans les pays anglophones.

Dans la littérature

L'histoire de *Roméo et Juliette* est universellement connue. Elle prend place à Vérone, en Italie, à la fin du XVIe siècle. Deux adolescents, Roméo Montaigu et Juliette Capulet, tombent éperdument amoureux l'un de l'autre alors que leurs familles se haïssent. Lorsque Roméo est banni, Juliette refuse le mariage arrangé avec un noble nommé Pâris. Elle boit une potion qui lui permet de simuler sa mort en attendant de fuir avec Roméo. Mais ce dernier, la croyant morte, se suicide à ses côtés. *Roméo et Juliette* a connu de nombreuses adaptations dans divers domaines : théâtre, cinéma, opéra, comédie musicale.

Sainte Julitte ou **sainte Juliette**, riche veuve de Césarée, voulait poursuivre en justice un homme d'affaires qui l'avait dépouillée. Mais au IVe siècle, les chrétiens ne pouvaient témoigner à un procès qu'en reniant leur foi. Elle refusa d'abjurer et fut condamnée au bûcher.

Personnes célèbres

Juliette Gréco, chanteuse française, née en 1927 ; Juliette Binoche, actrice française, née en 1964 ; Juliet Richardson, chanteuse américaine, née en 1980.

Statistiques

Juliette est le 19e prénom féminin le plus donné en France depuis l'an 2000. Ce prénom est attribué à près d'une fille sur 160 aujourd'hui.

curiosité, dynamisme, courage, indépendance.

Justine
88 000 TOP 200

Juste (latin). Prénom français, néerlandais et allemand. Sainte Justine fut martyrisée au IVe siècle après s'être convertie au christianisme. Justine est également répandu aux Pays-Bas et en Allemagne. *Variantes :* Justa, Justina, Justyne. *Caractérologie :* force, habileté, ambition, organisation, résolution.

K

Kacie
- de 100

Courageuse (irlandais). Féminin anglais. *Variantes :* Kacia, Kacey, Kacy. *Caractérologie :* engagement, gestion, méthode, ténacité, fiabilité.

Kadia
250

Cruche (hébreu). Kadia est également une variante de Khadija. *Variantes :* Kadi, Kadiah, Kadiatou, Khadia. *Caractérologie :* ambition, passion, habileté, management, force.

Kadija
950 TOP 2 000

Enfant née prématurée (arabe). *Caractérologie :* rectitude, humanité, rêve, générosité, ouverture d'esprit.

Kae
- de 30

Pure (grec). Féminin anglais. *Caractérologie :* habileté, management, passion, force, ambition.

Kaëlia
- de 100

Seigneur généreux (celte). Féminin breton. *Variantes :* Kaela, Kaelle, Kaelig. *Caractérologie :* pragmatisme, résolution, communication, optimisme, organisation.

Kaëlys
400 TOP 800

Combinaison de Kaëlia et Maëlys. Ce prénom est apparu en France dans les années 2010. *Caractérologie :* organisation, autonomie, innovation, énergie, ambition.

Kaena
300

Prêtresse (kabyle). *Caractérologie :* audace, énergie, originalité, séduction, découverte.

Kahina
4 000 TOP 600

Prêtresse (kabyle, hébreu). À noter : les Kabyles francophones choisissent Kahina plus massivement que les anglophones, qui lui préfèrent « Kahena » pour des raisons de phonétique. *Variante :* Kahena. *Caractérologie :* sensibilité, force, ambition, détermination, habileté.

Kaïa
- de 30

Mer (hawaïen), et forme norvégienne de Catherine : pure (grec). Kaia est usité à Hawaï et dans les pays scandinaves. *Variante :* Kaya. *Caractérologie :* ténacité, méthode, fiabilité, engagement, sens du devoir.

Kaiko
- de 30

L'enfant du pardon (japonais). *Caractérologie :* médiation, relationnel, fidélité, adaptabilité, intuition.

Prénoms par décennie

Les choix de prénoms ont beaucoup évolué en France de 1900 à nos jours. Durant la première partie du XXe siècle, Marie et Jean se sont distingués chaque année à la tête du classement national. On les croyait indéboulonnables.

Mais c'était sans compter sur la venue des années 1960. Au moment où les étudiants descendent dans les rues en mai 1968, Sylvie a supplanté Marie !

Une petite révolution qui marque un point de non-retour : après Marie, aucun prénom ne pourra régner plusieurs décennies de suite sur le classement français. D'autant que la valse des prénoms va s'accélérer. Ainsi, Aurélie, Laura, Manon et Sandrine se succèderont à la première place du tableau féminin à la fin du XXe siècle.

Remarquons toutefois l'incroyable performance d'Emma qui a brièvement cédé son trône à Jade et à Louise pour mieux le reprendre ensuite. La longévité de son règne va à l'encontre des tendances actuelles. Gageons que ses rivales Alice ou Mila n'en feront pas autant dans les prochaines années.

	1900-1909	1910-1919	1920-1929	1930-1939
1.	Marie	Marie	Marie	Marie
2.	Jeanne	Jeanne	Jeanne	Monique
3.	Marguerite	Madeleine	Jacqueline	Jacqueline
4.	Germaine	Marguerite	Madeleine	Jeannine
5.	Louise	Yvonne	Suzanne	Yvette
6.	Yvonne	Suzanne	Denise	Denise
7.	Madeleine	Germaine	Paulette	Jeanne
8.	Suzanne	Marcelle	Yvonne	Paulette
9.	Marcelle	Louise	Simone	Simone
10.	Marthe	Renée	Odette	Christiane
11.	Maria	Lucienne	Marcelle	Colette
12.	Anne	Andrée	Renée	Nicole
13.	Henriette	Denise	Andrée	Ginette
14.	Lucienne	Simone	Jeannine	Madeleine
15.	Renée	Raymonde	Marguerite	Andrée
16.	Hélène	Georgette	Yvette	Josette
17.	Alice	Paulette	Lucienne	Odette
18.	Georgette	Odette	Raymonde	Thérèse
19.	Joséphine	Marthe	Germaine	Suzanne
20.	Berthe	Henriette	Georgette	Renée

K

	1940-1949	1950-1959	1960-1969	1970-1979	1980-1989	1990-1994	1995-1999	2000-2004
1.	Marie	Marie	Sylvie	Sandrine	Aurélie	Laura	Manon	Léa
2.	Monique	Martine	Nathalie	Nathalie	Émilie	Marine	Léa	Manon
3.	Nicole	Françoise	Isabelle	Stéphanie	Élodie	Marie	Camille	Emma
4.	Françoise	Chantal	Catherine	Isabelle	Céline	Élodie	Marie	Chloé
5.	Jacqueline	Catherine	Christine	Céline	Julie	Julie	Laura	Camille
6.	Christiane	Brigitte	Véronique	Valérie	Marie	Camille	Chloé	Océane
7.	Danielle	Monique	Valérie	Christelle	Stéphanie	Marion	Marine	Marie
8.	Annie	Dominique	Marie	Sophie	Audrey	Pauline	Pauline	Sarah
9.	Michèle	Annie	Corinne	Karine	Laetitia	Anaïs	Sarah	Clara
10.	Chantal	Nicole	Patricia	Virginie	Virginie	Mélanie	Julie	Inès
11.	Josette	Christine	Laurence	Séverine	Sophie	Manon	Océane	Laura
12.	Colette	Sylvie	Martine	Sylvie	Mélanie	Sarah	Mathilde	Julie
13.	Anne	Patricia	Françoise	Delphine	Sabrina	Justine	Anaïs	Lucie
14.	Michelle	Évelyne	Florence	Marie	Vanessa	Audrey	Marion	Mathilde
15.	Jeannine	Michèle	Brigitte	Véronique	Caroline	Aurélie	Justine	Anaïs
16.	Annick	Christiane	Pascale	Laurence	Marion	Émilie	Mélanie	Pauline
17.	Claudine	Claudine	Anne	Sandra	Jennifer	Mathilde	Lucie	Marine
18.	Josiane	Jacqueline	Béatrice	Catherine	Angélique	Amandine	Morgane	Lisa
19.	Liliane	Jocelyne	Sandrine	Laetitia	Jessica	Charlotte	Charlotte	Éva
20.	Martine	Annick	Fabienne	Anne	Amandine	Morgane	Emma	Jade

2005-2009

1. Emma
2. Léa
3. Manon
4. Chloé
5. Clara
6. Jade
7. Inès
8. Camille
9. Sarah
10. Lola
11. Anaïs
12. Lucie
13. Zoé
14. Éva
15. Lilou
16. Océane
17. Louise
18. Romane
19. Marie
20. Maëlys

2010-2014

1. Emma
2. Chloé
3. Inès
4. Léa
5. Jade
6. Manon
7. Louise
8. Lola
9. Camille
10. Zoé
11. Léna
12. Sarah
13. Lina
14. Lilou
15. Maëlys
16. Éva
17. Alice
18. Clara
19. Romane
20. Louna

2015-2019

1. Emma
2. Jade
3. Louise
4. Chloé
5. Inès
6. Alice
7. Léa
8. Lina
9. Léna
10. Mila
11. Manon
12. Rose
13. Anna
14. Camille
15. Lola
16. Zoé
17. Ambre
18. Julia
19. Juliette
20. Éléna

Kaïla

750 TOP 2 000

Couronne (hébreu). Forme yiddish de Kelila. *Variantes :* Kaylia, Keylia. *Caractérologie :* finesse, sagacité, connaissances, originalité, gestion.

Kaïlane

- de 30

Couronne (hébreu). *Variante :* Kaylane. *Caractérologie :* stratégie, gestion, vitalité, décision, achèvement.

Kaïna

2 000 TOP 900

Prêtresse (kabyle). *Caractérologie :* décision, rectitude, humanité, ouverture d'esprit, rêve.

Kaira

- de 100

Brune (irlandais). *Caractérologie :* engagement, méthode, sens du devoir, fiabilité, ténacité.

Kaléa

- de 100

Clair, brillant (hawaïen). *Caractérologie :* pratique, gestion, adaptation, communication, enthousiasme.

Kali

700 TOP 2 000

Énergie (sanscrit). Épouse de Shiva et déesse de la Mort dans la mythologie hindoue, Kali symbolise le concept de « force vitale universelle ». Notons que Kali est également le nom d'une rivière turque et d'une île croate. Prénom indien d'Asie. *Variante :* Kalie. *Caractérologie :* paix, bienveillance, conseil, gestion, conscience.

Kalinda

- de 100

Lunettes (sanscrit). Féminin indien d'Asie. *Caractérologie :* spiritualité, connaissances, sagacité, gestion, décision.

Kalinka

140 TOP 2 000

Nom d'une chanson populaire russe datant des années 1860, dont le refrain, « Kalinka », désigne l'arbuste boule-de-neige. Féminin russe. *Caractérologie :*

organisation, curiosité, audace, courage, découverte.

Kama
160

Amour, désir (sanscrit), chaleur, brûlé (araméen, hébreu). Prénom indien d'Asie. *Caractérologie :* force, ambition, management, habileté, passion.

Kamea
- de 30

La seule et unique (hawaïen). *Caractérologie :* ténacité, engagement, fiabilité, méthode, sens du devoir.

Kameko
- de 30

L'enfant tortue (japonais). Au Japon, la tortue est un symbole de longévité. *Caractérologie :* diplomatie, réceptivité, caractère, sociabilité, loyauté.

Kamelia
3 000 TOP 500

Jeune assistante de cérémonies (étrusque). *Variante :* Kamelya. *Caractérologie :* sagacité, connaissances, spiritualité, organisation, détermination.

Kamila
3 000 TOP 100

Parfaite, achevée (arabe), variante slave de Camille. *Caractérologie :* médiation, intuition, organisation, relationnel, fidélité.

Kanika
- de 30

Molécule (sanscrit). Nom de fleur jaune au parfum agréable. Féminin indien d'Asie et cambodgien. *Caractérologie :* intuition, relationnel, décision, médiation, fidélité.

Kanna
- de 30

Plante (hébreu), belle (hawaïen). *Caractérologie :* courage, dynamisme, curiosité, charisme, indépendance.

Kanoa
- de 30

Liberté (hawaïen). *Caractérologie :* exigence, équilibre, famille, sens des responsabilités, influence.

Kany
300 TOP 2 000

Un son (hawaïen). *Variante :* Kani. *Caractérologie :* paix, bienveillance, conscience, conseil, sagesse.

Kara
550 TOP 500

Chère à quelqu'un, bien-aimée (latin). Féminin anglais. *Caractérologie :* ténacité, fiabilité, sens du devoir, engagement, méthode.

Karelle
1 000

Pure (grec). Féminin anglais. *Variantes :* Carelle, Karel, Karèle, Karell, Karyl. *Caractérologie :* innovation, énergie, autorité, gestion, décision.

Karen
14 000 TOP 2 000

Pure (grec). Karen est particulièrement répandu au Danemark, en Allemagne et dans les pays anglophones. En Arménie, ce prénom d'origine iranienne est masculin. *Caractérologie :* structure, persévérance, décision, sécurité, efficacité.

Karène
1 000

Pure (grec). *Variantes :* Kareen, Kariane, Karianne. *Caractérologie :* rectitude, ouverture d'esprit, rêve, humanité, décision.

Karima
11 000

Bien née, généreuse (arabe). Ce prénom est particulièrement répandu dans les cultures musulmanes francophones. On peut estimer que moins de 30 enfants seront prénommés ainsi en 2021. *Variantes :* Karama, Karem, Karema. *Caractérologie :* achèvement, vitalité, stratégie, ardeur, leadership.

Karin
2 000

Pure (grec). Féminin scandinave, allemand, néerlandais et anglais. *Caractérologie :* vitalité, ardeur, achèvement, décision, stratégie.

K

Karina
2 000

Pure (grec). Féminin anglais, russe, scandinave et allemand. Karina est assez répandu en Amérique latine. On peut estimer que moins de 30 enfants seront prénommés ainsi en 2021. *Caractérologie :* ouverture d'esprit, rectitude, humanité, décision, rêve.

Karine
119 000

Pure (grec). Féminin français. On peut estimer que moins de 30 enfants seront prénommés ainsi en 2021. *Caractérologie :* méthode, engagement, décision, fiabilité, ténacité.

Karla
1 500 TOP 2 000

Force (germanique). Karla est plus particulièrement usité en Allemagne, dans les pays slaves et scandinaves, et dans le Pays basque. *Caractérologie :* originalité, sagacité, connaissances, spiritualité, gestion.

Karline
160

Force (germanique). *Caractérologie :* décision, intelligence, méditation, gestion, savoir.

Kassandra
5 000 TOP 2 000

Qui aide les hommes (grec). Kassandra est plus particulièrement répandu dans les pays anglophones et en Grèce. On peut estimer que moins de 30 enfants seront prénommés ainsi en 2021. *Variantes :* Kasandra, Kassandre. *Caractérologie :* intelligence, méditation, indépendance, décision, savoir.

Kassy
950 TOP 900

Qui aide les hommes (grec). *Variante :* Kassie. *Caractérologie :* adaptation, pratique, communication, enthousiasme, générosité.

Katarina
1 000

Pure (grec). Katarina est très répandu en Allemagne, dans les pays slaves et scandinaves. *Variante :* Katharina. *Caractérologie :* communication, enthousiasme, pratique, adaptation, décision.

Kate
850 TOP 2 000

Pure (grec). *Caractérologie :* direction, assurance, dynamisme, audace, indépendance.

Kateline
350

Pure (grec). Féminin anglais. *Variantes :* Katalina, Katelina, Katerina, Kati, Katja, Kattalin, Kataline, Katelyne, Katheline, Kathelyne, Katline, Katlyne. *Caractérologie :* gestion, dynamisme, décision, curiosité, courage.

Katell
4 000 TOP 2 000

Pure (grec). Dans l'Hexagone, Katell est plus traditionnellement usité en Bretagne. *Variantes :* Kate, Katel. *Caractérologie :* méditation, indépendance, gestion, intelligence, savoir.

Katherine
1 500

Pure (grec). Dans l'Hexagone, ce prénom anglais est plus traditionnellement usité en Alsace. *Caractérologie :* audace, dynamisme, direction, sensibilité, détermination.

Kathia
1 500

Pure (grec). *Variante :* Kathya. *Caractérologie :* dynamisme, courage, indépendance, charisme, curiosité.

Kathleen
5 000 TOP 2 000

Pure (grec). Kathleen est très répandu dans les pays anglophones et en Irlande. *Variantes :* Katheleen, Kathelyne, Kathlène, Kathline, Kathlyn, Kathlyne, Katleen. *Caractérologie :* méthode, fiabilité, ténacité, organisation, finesse.

K

Kathy
4 000

Pure (grec). Féminin anglais. On peut estimer que moins de 30 enfants seront prénommés ainsi en 2021. *Caractérologie :* relationnel, intuition, fidélité, adaptabilité, médiation.

Katia
30 000 TOP 2 000

Pure (grec). En dehors de l'Hexagone, Katia est particulièrement répandu en Russie et dans les pays slaves. On peut estimer que moins de 30 enfants seront prénommés ainsi en 2021. *Variante :* Katya. *Caractérologie :* famille, équilibre, influence, éthique, exigence.

Katty
800

Pure (grec). Féminin anglais. *Variante :* Kitty. *Caractérologie :* énergie, audace, découverte, originalité, séduction.

Katy
7 000

Pure (grec). En dehors de l'Hexagone, ce prénom est particulièrement porté dans les pays anglophones. On peut estimer que moins de 30 enfants seront prénommés ainsi en 2021. *Caractérologie :* générosité, pratique, enthousiasme, communication, adaptation.

K

Kay
- de 30

Pure (grec). Féminin anglais. *Caractérologie :* audace, dynamisme, indépendance, direction, assurance.

Kaya
250

Variante moderne de Kay, une forme anglophone de Catherine. Kaya est également un prénom japonais pouvant signifier, selon les kanji utilisés, « beauté » ou « fleur ». En Turquie, Kaya s'emploie au masculin et signifie « rocher, roc ». *Variante :* Kaye. *Caractérologie :* médiation, relationnel, fidélité, intuition, adaptabilité.

Kayla
3 000 TOP 300

Couronne (hébreu). Féminin anglais. *Variantes :* Caïla, Cayla. *Caractérologie :* énergie, découverte, audace, organisation, originalité.

Kayline
300 TOP 2 000

Élancée (irlandais). *Variantes :* Kaïlin, Kaylin. *Caractérologie :* curiosité, détermination, indépendance, courage, charisme.

Kayna
1 500 TOP 800

Prêtresse (kabyle). *Caractérologie :* originalité, spiritualité, philosophie, sagacité, connaissances.

Kéala
- de 30

Chemin (hawaïen). *Caractérologie :* pragmatisme, générosité, créativité, adaptation, organisation.

Keara
- de 30

Brune (irlandais). *Caractérologie :* humanité, rêve, ouverture d'esprit, décision, rectitude.

Keira
650

Brune (irlandais). Féminin anglais. *Variante :* Kerry. *Caractérologie :* force, habileté, ambition, passion, décision.

Kélia
3 000 TOP 500

Contestation ou église (irlandais). Kelia est répandu dans les pays anglophones. *Caractérologie :* détermination, sociabilité, réceptivité, diplomatie, organisation.

Kellie
200

Contestation ou église (irlandais). Féminin anglais. *Caractérologie :* idéalisme, altruisme, intégrité, réflexion, dévouement.

Kelly
25 000 TOP 500

Contestation ou église (irlandais). Kelly est très répandu dans les pays anglophones. *Variantes :* Kaley, Kaylia,

Kélian, Kéliana, Kéliane, Kellia, Kelliane, Kellie, Kellina, Kelline, Kellya, Kellyah, Kellyan, Kellyane, Kellyna, Kellyne, Kelyan, Kélyana, Kélyane, Kellyanna, Kély, Kelyn, Kélyna, Kélyne, Kiliane. *Caractérologie :* loyauté, diplomatie, réceptivité, sociabilité, cœur.

Kélya
5 000 TOP 200

Contestation ou église (irlandais). Kelya est répandu dans les pays anglophones. *Variantes :* Keyla, Keylia. *Caractérologie :* idéalisme, altruisme, intégrité, sympathie, organisation.

Kena
- de 30

Très belle (irlandais). *Caractérologie :* méthode, sens du devoir, ténacité, fiabilité, engagement.

Kendra
1 500 TOP 1 000

Dérivé féminin de Kendrick : puissante (gallois). *Variante :* Kendria. *Caractérologie :* ardeur, achèvement, stratégie, vitalité, détermination.

Kenza
19 000 TOP 200

Trésor (arabe). Ce prénom, attribué pour la première fois en France en 1951, a tardé à s'épanouir jusque dans les années 1990. Qu'importe, puisque cette étape est désormais franchie. En vogue dans les cultures musulmanes francophones, Kenza est aussi prisé par les couples mixtes. Kenza fut la mère du Moulay Idris II (791-828), le fondateur de l'État marocain. *Caractérologie :* communication, enthousiasme, pratique, adaptation, finesse.

Kenzy
350

Trésor (arabe), légère (écossais). *Variante :* Kenzie. *Caractérologie :* idéalisme, altruisme, intégrité, réflexion, finesse.

Keren
1 500 TOP 800

Rayon de soleil (hébreu). *Caractérologie :* force, habileté, passion, management, ambition.

Keshia
- de 100

Arbuste dont l'écorce produit des épices (hébreu). Keshia est assez répandu dans les cultures noires américaines. *Caractérologie :* ambition, décision, attention, force, habileté.

Kessy
2 000 TOP 400

Pure (grec). *Caractérologie :* connaissances, spiritualité, originalité, sagacité, philosophie.

Ketsia
1 000 TOP 2 000

Arbuste dont l'écorce produit des épices (hébreu). *Caractérologie :* sociabilité, réceptivité, détermination, loyauté, diplomatie.

Ketty
4 000

Pure (grec). On peut estimer que moins de 30 enfants seront prénommés ainsi en 2021. *Variantes :* Keti, Ketti. *Caractérologie :* altruisme, intégrité, idéalisme, dévouement, réflexion.

Ketura
- de 100

Encens (hébreu). Dans l'Ancien Testament, Keturah devient l'épouse d'Abraham à la mort de Sarah. *Variante :* Keturah. *Caractérologie :* pratique, communication, détermination, enthousiasme, sensibilité.

Keva
- de 30

Fleur de lotus (sanscrit). Féminin indien d'Asie. *Caractérologie :* pratique, adaptation, enthousiasme, communication, générosité.

Kevine
- de 100

Belle fille (irlandais). *Variante :* Kelvine. *Caractérologie :* communication, pragmatisme, optimisme, créativité, sociabilité.

Keya
- de 100

Fleur (sanscrit). Keya est usité en Inde. *Caractérologie :* équilibre, sens des responsabilités, exigence, influence, famille.

Kezia
600 TOP 2 000

Arbuste dont l'écorce produit des épices (hébreu). *Variantes :* Késia, Keshia, Keziah, Kesya, Kessya. *Caractérologie :* connaissances, sagacité, attention, spiritualité, décision.

Khadidja
2 000 TOP 700

Voir Khadija. *Caractérologie :* générosité, adaptation, pratique, enthousiasme, communication.

Khadija
9 000 TOP 200

Prénom arabe. Khadija fut la première épouse du Prophète et la première femme à embrasser l'islam. *Variantes :* Kady, Kadidja, Kadija, Khady, Khedidja. *Caractérologie :* ambition, force, habileté, passion, management.

Khéira
3 000 TOP 900

Celle qui excelle (arabe). *Variante :* Khaïra. *Caractérologie :* sensibilité, intelligence, savoir, méditation, détermination.

Kia
- de 100

Diminutif anglophone de Kiana et diminutif scandinave de Kristiana. *Variante :* Kiah. *Caractérologie :* optimisme, communication, créativité, sociabilité, pragmatisme.

Kiana
300 TOP 2 000

Apparu dans les années 1960 aux États-Unis, Kiana est probablement dérivé de l'irlandais *cian*, « ancien ». Kiana est également un prénom perse se rapportant aux quatre éléments de la vie : l'eau, la terre, le feu et l'air. Enfin, Kiana est le nom d'un village d'Alaska. *Variantes :* Qiana, Quiana. *Caractérologie :* altruisme, intégrité, idéalisme, détermination, réflexion.

Kiara
4 000 TOP 300

Brune (irlandais). Kiara est très répandu en Irlande et dans les pays anglophones. *Variantes :* Kiera, Kiria, Kiriah, Kyara. *Caractérologie :* persévérance, structure, sécurité, efficacité, honnêteté.

Kim
5 000 TOP 1 000

Diminutif anglophone de Kimberly : plaine royale (afrikaans), or (vietnamien). *Variante :* Kym. *Caractérologie :* influence, famille, équilibre, sens des responsabilités, exigence.

Kimberley
7 000 TOP 900

Plaine royale (afrikaans). Kimberley est très répandu dans les pays anglophones. *Variante :* Kimberlay. *Caractérologie :* dynamisme, audace, direction, indépendance, cœur.

Kimberly
2 000 TOP 2 000

Plaine royale (afrikaans). Kimberly est le nom d'une ville d'Afrique du Sud connue pour sa richesse en kimberlites (une roche contenant des diamants). *Caractérologie :* dynamisme, curiosité, courage, indépendance, sympathie.

Kimiko
- de 100

L'enfant est juste (japonais). *Variante :* Kimi. *Caractérologie :* découverte, séduction, originalité, audace, énergie.

K

Harmonie d'un prénom avec son patronyme

Un sondage sur **MeilleursPrenoms.com** a mis en valeur trois éléments déterminants dans le choix d'un prénom : la sonorité, l'harmonie du prénom avec le patronyme et l'originalité du prénom. La sonorité, jugée très importante pour 60 % des parents, est venue largement en tête des critères de choix. Au 2e rang, l'harmonie prénom / patronyme et l'originalité étaient au coude à coude. Mais d'autres facteurs ont également une influence. Ainsi, la connotation sociale du prénom et son étymologie pèsent dans la balance, tout comme la mode, qui peut devenir un critère éliminatoire (un tiers des parents ont affirmé avoir expressément évité les prénoms à la mode). Dans le même temps, le poids des traditions continue de diminuer : un prénom porté par un aïeul est jugé « très important » pour 3 % des sondés seulement.

Mais revenons à l'importance de choisir un prénom bien assorti avec le nom de famille... Si les fautes de goût évidentes sautent aux yeux (exemples : Aude Javel, Emma Taume ou Jean Roule), peut-on éviter tous les pièges ?

Il n'existe pas de règle qui garantisse un mariage harmonieux. Chaque prénom est unique et ne s'accorde pas de la même manière. C'est à vous de faire confiance à ce que vous ressentez lorsque vous l'associez avec votre nom de famille. Mais en cas de doute persistant, un examen objectif s'impose. Il s'agit de prononcer, syllabe par syllabe, le nom à la suite du prénom. Ce procédé révèle tout frottement indélicat (exemple : Mathilde Degest), et toute liaison inutile (exemple : Antonin Nimbert). S'il faut donner une règle, disons qu'un assemblage heureux évite les prénoms dont les terminaisons riment avec le commencement des patronymes.

Un dernier élément doit être pris en compte : généralement, les prénoms longs s'harmonisent mieux avec les patronymes courts. C'est la raison pour laquelle les prénoms composés s'accordent si bien avec ces derniers (Marie-Amélie Daust est bien plus gracieux que Marie-Amélie de Paradimont).

Enfin, si vous hésitez encore, vous pouvez également tester vos idées auprès de vos proches. Selon le sondage évoqué précédemment, près de la moitié des futurs parents partagent leurs idées de prénoms avec leurs proches, et dans l'immense majorité des cas, cela ne constitue pas de source de conflit.

K

Kimy
500

Plaine royale (afrikaans). Féminin anglais. *Variante* : Kimmy. *Caractérologie* : structure, persévérance, sécurité, honnêteté, efficacité.

Kinsey
- de 100

De la même famille (anglais). *Caractérologie* : réceptivité, sociabilité, diplomatie, résolution, loyauté.

Kiona
- de 30

Colline dorée (amérindien). *Caractérologie* : sociabilité, réceptivité, volonté, diplomatie, loyauté.

Kira
500 TOP 800

Soleil (persan). Kira est particulièrement répandu en Russie et dans les pays anglophones. *Variante* : Kyra. *Caractérologie* : communication, pratique, générosité, enthousiasme, adaptation.

Kiyo
- de 30

Heureuse génération (japonais). *Caractérologie :* conseil, bienveillance, paix, conscience, sagesse.

Klara
2 000 TOP 1 000

Illustre (latin). Klara est particulièrement répandu en Hongrie, en Tchéquie, en Ukraine, en Autriche et dans les pays scandinaves. *Caractérologie :* indépendance, intelligence, savoir, méditation, organisation.

Klervi
1 000 TOP 2 000

Pierre précieuse, bijou (celte). Prénom breton. *Variantes :* Kler, Klervia. *Caractérologie :* énergie, audace, découverte, originalité, séduction.

Klervie
400

Pierre précieuse, bijou (celte). *Caractérologie :* indépendance, dynamisme, audace, direction, assurance.

Kohana
- de 30

Petite fleur (japonais). *Caractérologie :* courage, dynamisme, curiosité, indépendance, sensibilité.

K

Koko
- de 30

Cigogne (japonais). *Caractérologie :* intelligence, indépendance, méditation, savoir, sagesse.

Koto
- de 30

Harpe (japonais). *Caractérologie :* sagacité, connaissances, spiritualité, originalité, philosophie.

Kristel
1 000

Messie (grec). Féminin anglais. *Variantes :* Kristal, Kristèle. *Caractérologie :* méthode, fiabilité, ténacité, organisation, résolution.

Kristell
1 500

Messie (grec). Féminin anglais. *Variante :* Kristelle. *Caractérologie :* connaissances, résolution, spiritualité, organisation, sagacité.

Kristen
500

Messie (grec). *Caractérologie :* famille, équilibre, influence, sens des responsabilités, détermination.

Kristina
1 000

Messie (grec). Kristina est particulièrement répandu dans les pays scandinaves, dans les pays slaves et en Allemagne. *Variantes :* Kristen, Kristie, Kristy, Kristiana, Kristiane, Kristine. *Caractérologie :* relationnel, intuition, fidélité, résolution, médiation.

Krystal
850 TOP 2 000

Messie (grec). *Caractérologie :* sagacité, connaissances, originalité, spiritualité, organisation.

Krystel
800

Messie (grec). *Variante :* Krystèle. *Caractérologie :* réceptivité, sociabilité, décision, cœur, diplomatie.

Kylia
350

Variante de Kayla, Kylie ou Kyla. Féminin anglais. *Caractérologie :* organisation, ténacité, engagement, fiabilité, méthode.

Kyliane
- de 100

Contestation ou église (irlandais). Ce féminin de Kylian est apparu en France à la fin des années 1990. Il est à l'origine de nombreuses variantes (Killiane, Kyliana, Kylianna, Kylliane, Kyla, etc.) mais reste bien plus rare que son homophone masculin. *Caractérologie :* assurance, ambition, direction, innovation, détermination.

Kylie
750 TOP 900

Élancée (irlandais). Féminin anglais. *Variantes :* Kylia, Kyliana, Kyliane. *Caractérologie :* force, passion, sympathie, ambition, habileté.

Les prénoms chics et bobos

Qu'ils soient attribués par esprit de tradition, par snobisme ou par inspiration spontanée, les prénoms chics ne laissent pas les parents indifférents. Ils sont l'objet de discussions passionnées sur les forums de sites internet spécialisés. On les retrouve régulièrement dans les livres, dans les magazines et dans les émissions de radio. Non seulement le style chic n'est plus coincé, mais en outre, il est devenu tendance. Mais qu'est-ce qu'un prénom chic au juste ?

Condition indispensable mais non suffisante : un « bon » prénom chic doit marquer un signe d'appartenance à la haute bourgeoisie et revêt donc des caractéristiques précises. Ainsi, les vieux prénoms, portés par des personnages qui se sont illustrés dans l'histoire, les prénoms aristocrates ou royaux sont toujours des valeurs refuges. De fait, le registre médiéval est l'une des plus grandes sources d'inspiration de prénoms chics (exemples : Alix, Blanche, Louise, Margot). D'ailleurs, dans les familles traditionnelles, les prénoms anciens se transmettent encore de génération en génération.

D'une manière générale, les parents qui recherchent un prénom chic pour leur enfant évitent ceux qui figurent dans le top 50 des attributions au moment de la grossesse. Ils se méfient également des petits noms trop modernes ou inventés, et des prénoms qui n'auraient pas été portés par un saint. La coquetterie supplémentaire consiste à choisir un prénom qui n'est pas mentionné dans les calendriers de la Poste. Mais en cas de doute, vous ne vous tromperez jamais en adoptant un prénom royal inusité !

Notre sélection de prénoms chics

Adélaïde, Albane, Aliénor, Alix, Amance, Anastasie, Antoinette, Apolline, Astrid, Aude, Bénédicte, Bérengère, Bérénice, Bertille, Bettina, Brunhilde, Capucine, Clémence, Clothilde, Colombe, Constance, Daphné, Dauphine, Diane, Domitille, Donatienne, Églantine, Éléonore, Eudoxie, Gersande, Héloïse, Hortense, Irénée, Isaure, Juliette, Louise, Mahaut, Margot, Marguerite, Marie, Maxine, Ombeline, Pénélope, Philippine, Pia, Priscille, Quitterie, Raphaëlle, Roxane, Ségolène, Sibylle, Sixtine, Tiphaine, Toinon, Victoire, Violaine, Ysée.

Certains prénoms chics peuvent être bobos, et *vice versa*, ce qui rend la distinction difficile. Mais tous les prénoms bobos ne sont pas chics. On les reconnaît avec leur côté titi parisien, artiste et poète, un brin désuet et B.C.B.G.

Voici nos coups de cœur pour les prénoms bobos du moment :

Adèle, Agathe, Aglaé, Alma, Blanche, Augustine, Céleste, Charlotte, Ella, Eugénie, Félicité, Gabrielle, Garance, Joséphine, Henriette, Ida, Irma, Léonie, Léopoldine, Lise, Louise, Madeleine, Marceline, Ninon, Olympe, Pauline, Palmyre, Pétronille, Philomène, Romy, Rosalie, Rose, Séraphine, Suzanne, Thelma, Toscane, Victoria, Zélie.

K

Kyra

500 TOP 2 000

Soleil (persan). *Caractérologie :* direction, audace, dynamisme, assurance, indépendance.

Kyria

170

Soleil (persan), brune (irlandais), cité (hébreu). *Variantes :* Kiria, Kiriah. *Caractérologie :* audace, indépendance, direction, assurance, dynamisme.

L

Laela
110

Se rapporte à Laelianu, patronyme d'une famille espagnole noble du IIIe siècle. *Caractérologie :* fiabilité, méthode, sens du devoir, engagement, ténacité.

Laelia
200

Se rapporte à Laelianu, patronyme d'une famille espagnole noble du IIIe siècle. Laelia est également le nom d'une orchidée originaire d'Amérique centrale. *Variantes :* Laéliana, Laéliane, Laélie. *Caractérologie :* méthode, fiabilité, décision, engagement, ténacité.

Laeticia
2 000 TOP 2 000

Allégresse (latin). On peut estimer que moins de 30 enfants seront prénommés ainsi en 2021. *Caractérologie :* organisation, équilibre, famille, sens des responsabilités, résolution.

Laetitia
141 000 TOP 1 000

Allégresse (latin). Ce prénom émergeait tout juste en France lorsque Serge Gainsbourg en fit une chanson. En 1963, ce tube accélère la croissance de Laetitia qui atteint son zénith au 4e rang féminin en 1982. *Variantes :* Laeticia, Letitia, Letizia, Liesse, Tish, Tisha. *Caractérologie :* énergie, gestion, découverte, décision, audace.

Laïa
1 000 TOP 500

Forme catalane d'Eulalie : Belle parole, beau langage (latin/grec). *Variantes :* Laya, Layana, Layane. *Caractérologie :* dynamisme, courage, indépendance, curiosité, charisme.

Laïla
6 000 TOP 700

Née pendant la nuit (arabe). *Caractérologie :* vitalité, achèvement, stratégie, ardeur, leadership.

Laïna
2 000 TOP 600

Éclat du soleil (grec). Féminin anglais. *Variante :* Layna. *Caractérologie :* dynamisme, direction, indépendance, audace, détermination.

Laïs
400 TOP 2 000

Courtisane dans l'Athènes antique, Laïs de Corinthe était si belle que tous les peintres et sculpteurs la suppliaient de poser pour eux. Elle compta, parmi ses nombreux amants, le philosophe Aristippe. *Caractérologie :* charisme, découverte, originalité, séduction, énergie.

Lali
400

Belle parole, beau langage (latin/grec). *Caractérologie :* spiritualité, philosophie, originalité, connaissances, sagacité.

Lalia
750 TOP 2 000

Belle parole, beau langage (latin/grec). *Caractérologie :* achèvement, ardeur, stratégie, vitalité, leadership.

Lalie
5 000 TOP 700

Belle parole, beau langage (latin/grec). *Variantes :* Lali, Lallie. *Caractérologie :* communication, résolution, pratique, enthousiasme, adaptation.

Laly
6 000 TOP 600

Belle parole, beau langage (latin/grec). *Variante :* Lally. *Caractérologie :* audace, séduction, découverte, originalité, énergie.

Lamia
4 000 TOP 1 000

Celle qui a des lèvres sombres (arabe). *Variantes :* Lama, Lamiae, Lamya.

Caractérologie : altruisme, réflexion, intégrité, idéalisme, dévouement.

Lana
24 000 TOP 100 ➔

Éclat du soleil (grec). Ce prénom anglais, russe et croate rencontre un succès grandissant en France depuis le début des années 2000. *Variantes :* Laïna, Lanna, Layna. *Caractérologie :* ambition, autorité, innovation, énergie, autonomie.

Laora
900 TOP 2 000 ↘

Couronnée de lauriers (latin). Féminin français et breton. *Caractérologie :* réceptivité, diplomatie, sociabilité, logique, loyauté.

Lara
10 000 TOP 300 ➔

Mouette (grec). Prénom russe, anglais, allemand, italien, espagnol, néerlandais, slovène, corse et breton. *Caractérologie :* audace, énergie, découverte, séduction, originalité.

Larissa
1 500 ➔

Mouette (grec). Larissa est très répandu en Russie. On peut estimer que moins de 30 enfants seront prénommés ainsi en 2021. *Caractérologie :* sagacité, originalité, spiritualité, philosophie, connaissances.

Laudine
180

Dans les légendes arthuriennes, Laudine, surnommée Dame de la forêt, déploie maints efforts pour conquérir le chevalier Yvain, qu'elle finit par épouser. *Caractérologie :* motivation, communication, pratique, optimisme, partage.

Laura
147 000 TOP 200 ↘

Couronnée de lauriers (latin). Après avoir brillé dans de nombreux palmarès occidentaux, Laura fléchit nettement aujourd'hui. L'immense succès de *Laura*, chanté par Johnny Hallyday, a contribué à la gloire du prénom à la fin des années 1980. Laura est très répandu à l'échelle internationale aujourd'hui. *Caractérologie :* achèvement, vitalité, ardeur, leadership, stratégie.

Laurane
2 000 ↘

Couronnée de lauriers (latin). Féminin français. On peut estimer que moins de 30 enfants seront prénommés ainsi en 2021. *Variantes :* Laurana, Lauriana, Laurina, Laurinda. *Caractérologie :* rêve, ouverture d'esprit, rectitude, humanité, décision.

Lauranne
1 500

Couronnée de lauriers (latin). *Caractérologie :* détermination, audace, découverte, originalité, énergie.

Laure
71 000 TOP 700 ↘

Couronnée de lauriers (latin). Féminin français. *Caractérologie :* adaptation, pratique, décision, communication, enthousiasme.

Laure-Anne
800

Forme composée de Laure et Anne. Féminin français. *Caractérologie :* innovation, autorité, énergie, ambition, détermination.

Laureen
5 000 ↘

Couronnée de lauriers (latin). Féminin anglais. On peut estimer que moins de 30 enfants seront prénommés ainsi en 2021. *Caractérologie :* sécurité, efficacité, persévérance, structure, résolution.

Laureline
3 000 TOP 700 ➔

Couronnée de lauriers (latin). *Variantes :* Lauralee, Lauralie, Lauraline, Laurela, Laureleen, Laurelène, Laurelenn, Laurélia, Laurélie, Lore, Laurelyne, Loraline. *Caractérologie :* sagacité, spiritualité, connaissances, originalité, détermination.

L

Lauren
4 000 ➔

Couronnée de lauriers (latin). Féminin anglais. On peut estimer que moins de 30 enfants seront prénommés ainsi en 2021. *Variantes :* Lauraine, Laurenn, Laurenne. *Caractérologie :* passion, ambition, force, décision, habileté.

Laurena
1 500 TOP 2 000 ➔

Couronnée de lauriers (latin). Féminin anglais. On peut estimer que moins de 30 enfants seront prénommés ainsi en 2021. *Caractérologie :* humanité, rêve, rectitude, résolution, tolérance.

Laurence
168 000 ↓

Couronnée de lauriers (latin). Peu attribué par le passé, Laurence surgit dans le sillon de Laurent et Florence dans les années 1960. Il figure dans les dix premiers choix français durant une décennie avant de décliner lentement. Dans les pays anglophones, Laurence a longtemps prénommé les garçons avant d'être abandonné pour Lawrence. On peut estimer que moins de 30 enfants seront prénommés ainsi en 2021. *Variantes :* Laurencia, Laurentia, Laurentine, Laurenza, Loredana. *Caractérologie :* originalité, sagacité, connaissances, décision, spiritualité.

Laurène
9 000 TOP 2 000 ↘

Couronnée de lauriers (latin). En dehors de l'Hexagone, ce prénom est particulièrement porté dans les pays anglophones. *Caractérologie :* ténacité, méthode, engagement, décision, fiabilité.

Laurette
6 000 ↓

Couronnée de lauriers (latin). Féminin français. On peut estimer que moins de 30 enfants seront prénommés ainsi en 2021. *Caractérologie :* pratique, enthousiasme, communication, détermination, organisation.

Lauriane
14 000 TOP 2 000 ↘

Couronnée de lauriers (latin). Féminin français. On peut estimer que moins de 30 enfants seront prénommés ainsi en 2021. *Variantes :* Lauria, Lauriana, Laurina, Laurinda, Lauryane, Lauro. *Caractérologie :* réflexion, altruisme, intégrité, détermination, idéalisme.

Laurianne
5 000 ↘

Couronnée de lauriers (latin). On peut estimer que moins de 30 enfants seront prénommés ainsi en 2021. *Variante :* Lauryanne. *Caractérologie :* découverte, énergie, originalité, audace, décision.

Laurie
30 000 TOP 2 000 ➔

Couronnée de lauriers (latin). En dehors de l'Hexagone, Laurie est plus particulièrement répandu dans les pays anglophones et néerlandophones. On peut estimer que moins de 30 enfants seront prénommés ainsi en 2021. *Caractérologie :* adaptation, communication, enthousiasme, pratique, résolution.

Laurine
25 000 TOP 600 ↘

Couronnée de lauriers (latin). Féminin français. *Variante :* Laurinne. *Caractérologie :* ardeur, vitalité, stratégie, achèvement, décision.

Laury
4 000 ↘

Couronnée de lauriers (latin). Féminin anglais. On peut estimer que moins de 30 enfants seront prénommés ainsi en 2021. *Caractérologie :* découverte, originalité, séduction, énergie, audace.

Lauryn
2 000 TOP 2 000 ↘

Couronnée de lauriers (latin). Féminin anglais. On peut estimer que moins de 30 enfants seront prénommés ainsi en 2021. *Caractérologie :* énergie, innovation, cœur, autorité, décision.

L

Léa

Fête :
22 mars

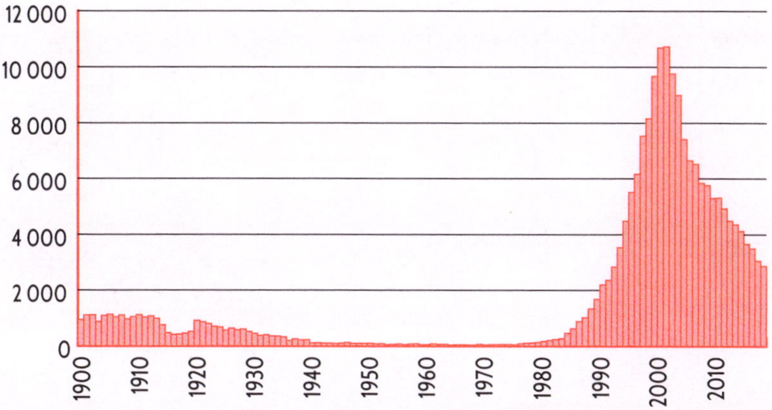

Étymologie

L'origine est hébraïque, mais la signification est controversée. Léa pourrait signifier « gazelle », « vache sauvage », ou bien encore « fatiguée ». Première femme de Jacob dans l'Ancien Testament, elle donna naissance à six garçons qui devinrent les fondateurs des six premières tribus d'Israël. En dépit de cette illustre origine, ce vieux prénom a longtemps été inusité. C'est à partir de 1900 que Colette le fait renaître en le choisissant pour l'héroïne de deux romans. Après une brève envolée, son niveau d'attribution décroît jusque dans les années 1930, où il devient insignifiant. Après avoir bien failli disparaître, Léa renaît à la fin du siècle. De quelle manière orchestre-t-elle son retour !

Elle prend la tête du palmarès en 1997 et domine ce dernier pendant neuf ans. Un bien long règne pour une époque où la valse des prénoms rend toute gloire éphémère. Malgré son déclin subséquent, Léa reste l'un des 20 choix français les plus fréquents, et la source d'inspiration de maintes graines de stars. Du haut de sa 38e place, Léana distance largement Léane, dont les attributions ont plongé depuis 2007.

Léa se maintient en haut des tableaux wallon, suisse romand et québécois, mais son reflux s'accentue en Allemagne, dans les pays anglophones et scandinaves.

Dans la littérature

Léa est l'héroïne de *Chéri* et *La Fin de Chéri* de Colette. Le succès de *La Bicyclette bleue*, roman de Régine Deforges, a favorisé l'avènement de ce prénom dans les années 1980.

Personnes célèbres

Léa Drucker, actrice, née en 1972 ; Léa Salamé, journaliste franco-libanaise, née en 1979 ; Léa Seydoux, actrice française, née en 1985.

Statistiques

Léa est le 1er prénom féminin le plus donné en France depuis l'an 2000. Ce prénom est attribué à près d'une fille sur 130 aujourd'hui.

L

Léna, Éléna

Fête :
18 août

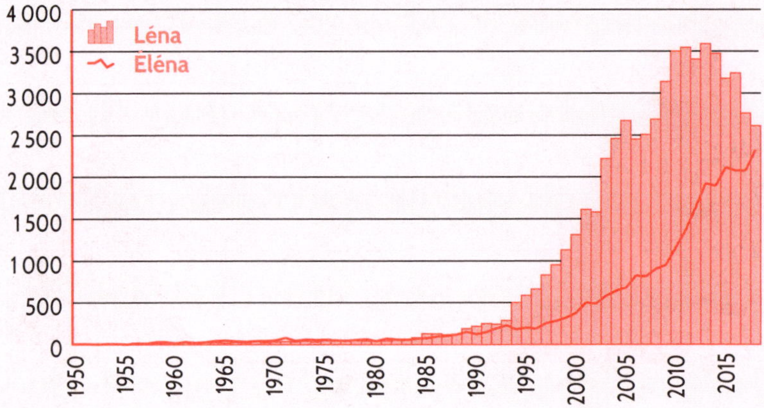

Étymologie

Du grec *hêlê*, « éclat du soleil ». La Léna que les Bretons connaissent est un diminutif d'Éléna, mais cette forme internationale d'Hélène est usitée depuis longtemps dans les pays slaves, dans les pays scandinaves et en Allemagne. Malgré cette renommée internationale, Léna ne prénomme pas plus de 50 Françaises par an avant les années 1980. Son envolée est d'autant plus spectaculaire qu'une décennie lui suffit pour s'imposer dans l'élite. Soutenue par la vague des sonorités courtes en « a » et son identité bretonne, Léna devrait se maintenir dans le top 20 en 2021. Ce beau succès a propulsé Éléna qui la devance désormais dans le tableau féminin.

Prénom de prédilection dans les pays d'Europe de l'Est et en Russie, Elena arrive avec discrétion au XXe siècle en France. C'est à partir des années 1960 qu'elle entame sa lente mais régulière ascension, jusqu'à dépasser le cap des 2 000 naissances par an en 2015. Depuis, elle ne cesse de progresser. Cet engouement se vérifie en Belgique et en Suisse francophones. Ce prénom séduit également les Espagnols et les Italiens. Pas étonnant, si l'on se réfère à sa belle et illustre ancêtre grecque, Hélène, l'épouse de Ménélas. Envoûté par sa beauté, Pâris en tomba éperdument amoureux et l'enleva. Cette passion réciproque déclencha la célèbre et historique guerre de Troie. Tenons donc à l'œil cette redoutable séductrice qui n'a sûrement pas fini sa conquête !

L'essor de Léna et Éléna a encouragé nombre de découvertes et quelques feux de paille. Comme Ilona, qui s'est enflammée si vite qu'elle a été victime de son succès (elle se classe désormais dans le top 500 national). En revanche, Léana et Lana résistent en gravitant dans le top 60 féminin.

Dans les pays francophones, Léna est en perte de vitesse en Suisse romande, en Wallonie et au Québec. À l'international, ce prénom est toujours particulièrement prisé par les parents européens de l'Est (Pologne, Autriche, Hongrie).

Lena est le nom d'un fleuve russe qui alimente essentiellement la Sibérie centrale.

L

Personnes célèbres
Léna Ka, chanteuse française, née en 1977 ; Lena Olin, actrice suédoise, née en 1955 ; Lena Dunham, actrice et réalisatrice américaine qui s'est distinguée pour ses prises de position féministes, née en 1986 ; Elena Bonner, militante pour la défense des droits de l'homme en Russie (1923-2011) ; Elena Anaya, comédienne espagnole, née en 1975 ; Elena Dementieva, joueuse de tennis professionnelle, née en 1981.

Statistiques
Léna est le 15e prénom féminin le plus donné en France depuis l'an 2000. Ce prénom est attribué à près d'une fille sur 140 aujourd'hui. Éléna devrait prénommer une fille sur 140 et figurer au 53e rang de ce palmarès.

Lauryne
4 000 TOP 2 000 ↘

Couronnée de lauriers (latin). Lauryne est répandu dans les pays anglophones. On peut estimer que moins de 30 enfants seront prénommés ainsi en 2021. *Caractérologie :* famille, équilibre, sens des responsabilités, décision, cœur.

Lavinia
250 →

Laver (latin). Lavinia est plus particulièrement recensé dans les pays anglophones et en Corse. *Caractérologie :* audace, énergie, originalité, découverte, détermination.

Layana
3 000 TOP 300 ↑

Belle parole, beau langage (latin/grec), variante de Lina. *Caractérologie :* cœur, rêve, ouverture d'esprit, humanité, rectitude.

Layla
2 000 TOP 700 →

Née pendant la nuit (arabe). Layla est l'héroïne de *Majnun Layla*, l'équivalent poétique oriental de *Tristan et Iseut*. *Caractérologie :* paix, conscience, conseil, sagesse, bienveillance.

Léa
184 000 TOP 50 ↘

Gazelle, vache sauvage, ou fatiguée (hébreu). *Caractérologie :* générosité, rectitude, rêve, humanité, tolérance.

Leah
1 500 TOP 900 →

Gazelle, vache sauvage, ou fatiguée (hébreu). Féminin anglais. *Variante :* Lhéa. *Caractérologie :* force, habileté, management, ambition, passion.

Léa-Marie
200

Forme composée de Léa et Marie. Féminin français. *Caractérologie :* détermination, dynamisme, audace, direction, indépendance.

Léana
20 000 TOP 50 →

Lion (latin). Féminin anglais, irlandais et français. *Variante :* Léanna. *Caractérologie :* paix, sagesse, bienveillance, conscience, conseil.

Léandra
850 TOP 1 000 →

Homme-lion (grec). Prénom italien. *Variante :* Léandre. *Caractérologie :* innovation, énergie, autorité, ambition, résolution.

Léane
18 000 TOP 200 ↘

Lion (latin). Féminin français et anglais. *Caractérologie :* indépendance, direction, assurance, audace, dynamisme.

Léanne
3 000 TOP 600 →

Lion (latin). Sans accent, Leanne est assez répandu dans les pays anglophones. *Variante :* Léanna. *Caractérologie :* sens des responsabilités, famille, influence, équilibre, exigence.

L

Lee 170

Clairière (anglais), poétique (irlandais), force, tranchant, debout (chinois). Lee est également un patronyme chinois très répandu. *Variante :* Li. *Caractérologie :* sens du devoir, méthode, fiabilité, engagement, ténacité.

Leelou 2 000 TOP 2 000

Voir Lilou. *Variantes :* Lee-Lou, Leeloo. *Caractérologie :* connaissances, originalité, sagacité, philosophie, spiritualité.

Leïa 4 000 TOP 200

Lien (corse), variante de Léa. *Star Wars*, de George Lucas, a popularisé ce prénom porté par la princesse de cette trilogie. Leia est plus particulièrement usité dans les pays anglophones et en Corse, où il est orthographié sans tréma. *Caractérologie :* rêve, humanité, détermination, rectitude, tolérance.

Leïla 29 000 TOP 200

Née pendant la nuit (arabe). Ce prénom est particulièrement porté dans les cultures musulmanes. *Variante :* Leïlah. *Caractérologie :* communication, résolution, pragmatisme, optimisme, créativité.

Leilani 190

Fleur du paradis (hawaïen). *Variante :* Lei. *Caractérologie :* passion, force, ambition, habileté, détermination.

Leïna 3 000 TOP 500

Qui s'adapte (arabe). *Variante :* Leyna. *Caractérologie :* curiosité, courage, indépendance, décision, dynamisme.

Lélia 1 500 TOP 2 000

Lys (latin), qui témoigne (grec). Sans accent, Lelia est un prénom italien et corse. *Variante :* Léliane. *Caractérologie :* adaptation, communication, enthousiasme, pratique, décision.

Léna 64 000 TOP 50

Éclat du soleil (grec). *Variantes :* Lehna, Leina, Lenna. *Caractérologie :* dynamisme, courage, curiosité, indépendance, charisme.

Lenaëlle 800 TOP 1 000

Éclat du soleil (grec). *Caractérologie :* communication, pragmatisme, optimisme, créativité, sociabilité.

Lenaïg 1 500

Éclat du soleil (grec). Cette forme bretonne d'Hélène est également orthographiée sans tréma. On peut estimer que moins de 30 enfants seront prénommés ainsi en 2021. *Caractérologie :* communication, résolution, sympathie, enthousiasme, pratique.

Lenka 110

Diminutif tchèque, slovaque et macédonien d'Hélène ou de Madeleine. *Caractérologie :* organisation, connaissances, sagacité, originalité, spiritualité.

Lennie 550 TOP 2 000

Diminutif d'Hélène ou de Léonarde. *Variante :* Léni. *Caractérologie :* charisme, dynamisme, curiosité, indépendance, courage.

Lénora 250

Compassion (grec). Féminin anglais. *Caractérologie :* intuition, médiation, détermination, relationnel, raisonnement.

Léocadie 950 TOP 2 000

Se rapporte au nom d'une île grecque. *Variantes :* Léoda, Léodie, Léocadia, Leokadia, Leokadie. *Caractérologie :* rêve, rectitude, raisonnement, volonté, humanité.

Léolia - de 30

Lion (latin), ou contraction de Léo et Lia. *Variante :* Léola. *Caractérologie :* rectitude,

L

humanité, raisonnement, générosité, ouverture d'esprit.

Léona
3 000 TOP 600

Lion (latin). En dehors de l'Hexagone, Leona est plus particulièrement attribué en Italie, dans les pays anglophones et germanophones. *Caractérologie :* sociabilité, réceptivité, loyauté, diplomatie, bonté.

Léonarde
- de 30

Lion (latin). *Caractérologie :* réceptivité, diplomatie, volonté, sociabilité, analyse.

Léonce
350

Lion (latin). *Variante :* Léoncia. *Caractérologie :* altruisme, idéalisme, intégrité, réflexion, dévouement.

Léone
8 000 TOP 800

Lion (latin). Féminin anglais et français. *Caractérologie :* bienveillance, conscience, conseil, sagesse, paix.

Léonie
35 000 TOP 50

Lion (latin). Léonie, la forme germanophone de Léon, est usitée dans de nombreux pays européens au Moyen Âge. Elle renaît au XIXe siècle et cultive une certaine vogue en France jusque dans les années 1920. L'essor de Léo et des prénoms rétro la font décoller de nouveau en fin de siècle. Léonie a intégré le top 30 féminin en 2010, l'année de son dernier apogée. *Variantes :* Éléonie, Léonella, Léonelle, Léonne, Léone, Léonia, Léonine, Léonnie, Léonille, Lonnie. *Caractérologie :* influence, logique, famille, éthique, équilibre.

Léonille
- de 100

Lion (latin). Féminin français. *Caractérologie :* communication, optimisme, raisonnement, créativité, décision.

Léonne
650 TOP 2 000

Lion (latin). *Caractérologie :* médiation, fidélité, relationnel, intuition, adaptabilité.

Leonor
1 500 TOP 600

Compassion (grec). Féminin portugais et espagnol. *Caractérologie :* spiritualité, sagacité, originalité, analyse, connaissances.

Léonora
300 TOP 2 000

Compassion (grec). Leonora est très répandu en Corse, en Italie et dans les pays slaves. *Variantes :* Léore, Lonora. *Caractérologie :* force, confiance, logique, décision, ambition.

Léonore
3 000 TOP 400

Compassion (grec). En 2014, Madeleine de Suède a donné naissance à la princesse Léonore. En dehors de l'Hexagone, Leonore est plus particulièrement répandu en Allemagne. *Variantes :* Lénora, Léonora. *Caractérologie :* pragmatisme, optimisme, créativité, communication, raisonnement.

Léontine
3 000 TOP 500

Lion (latin). Féminin français et anglais. *Variante :* Léondine. *Caractérologie :* structure, efficacité, persévérance, sécurité, logique.

Léopoldine
1 500 TOP 2 000

Peuple courageux (germanique). Féminin français. *Caractérologie :* volonté, ambition, force, habileté, raisonnement.

Léora
110

La lumière est à moi (hébreu). *Caractérologie :* famille, équilibre, analyse, sens des responsabilités, résolution.

Léria
110

Comme un aigle (latin). Voir Aléria. Féminin corse. *Caractérologie :* idéalisme, réflexion, résolution, altruisme, intégrité.

L

Lesia
750 TOP 2 000 ➔

Dieu est serment (hébreu). Cette forme corse d'Élisabeth est également une forme ukrainienne d'Alice. *Caractérologie :* innovation, autonomie, décision, ambition, vision.

Leslie
15 000 TOP 800 ↘

Forteresse grise (écossais). Leslie est très répandu dans les pays anglophones. *Caractérologie :* habileté, passion, ambition, décision, force.

Lesly
2 000 TOP 2 000 ↘

Forteresse grise (écossais). *Variantes :* Lesley, Leslye. *Caractérologie :* énergie, innovation, autorité, ambition, bonté.

Léticia
1 500 TOP 2 000 ↗

Allégresse (latin). Féminin espagnol et portugais. *Caractérologie :* audace, découverte, énergie, gestion, décision.

Létitia
550

Allégresse (latin). *Variante :* Letizia. *Caractérologie :* persévérance, structure, sécurité, organisation, détermination.

L

Lévana
1 000 TOP 2 000 ↑

La lune (hébreu). *Variante :* Lévanah. *Caractérologie :* audace, dynamisme, assurance, direction, indépendance.

Lexane
550 TOP 2 000 ➔

Défense de l'humanité (grec). *Caractérologie :* sagacité, spiritualité, connaissances, originalité, philosophie.

Lexie
2 000 TOP 300 ➔

Défense de l'humanité (grec). *Caractérologie :* raisonnement, dynamisme, audace, indépendance, direction.

Leyla
3 000 TOP 500 ➔

Née pendant la nuit (arabe). *Caractérologie :* indépendance, audace, dynamisme, direction, cœur.

Lia
5 000 TOP 200 ↗

Diminutif anglophone de Nathalia ou variante corse, italienne et portugaise de Léa. *Variante :* Liah. *Caractérologie :* méthode, ténacité, fiabilité, engagement, sens du devoir.

Liana
3 000 TOP 300 ➔

Lys (latin). Liana est plus particulièrement usité en Italie, dans les pays lusophones et anglophones. *Caractérologie :* innovation, autorité, détermination, ambition, énergie.

Liane
400 ➔

Lys (latin). Féminin anglais. *Variantes :* Lianne, Lyane. *Caractérologie :* énergie, découverte, décision, audace, originalité.

Libbie
- de 30

Dieu est serment (hébreu). Féminin anglais. *Variante :* Libby. *Caractérologie :* enthousiasme, pratique, communication, générosité, adaptation.

Liberty
- de 30

Liberté (anglais). Liberty est apparu pour la première fois dans l'Hexagone en 1976. *Variante :* Liberté. *Caractérologie :* innovation, énergie, ambition, autorité, sympathie.

Lida
110

Dame (grec). Féminin anglais et italien. *Variante :* Leda. *Caractérologie :* achèvement, stratégie, ardeur, leadership, vitalité.

Lidia
2 000 TOP 2 000 ↗

Qui vient de Lydie (grec). Lidia est répandu en Italie et en Corse.

Caractérologie : stratégie, vitalité, ardeur, achèvement, leadership.

Lidwine
1 000

Peuple accueillant (germanique). Féminin allemand et néerlandais. *Variante :* Lydwine. *Caractérologie :* engagement, méthode, sens du devoir, fiabilité, ténacité.

Lidy
200

Qui vient de Lydie (grec). Dans l'Hexagone, Lidy est plus traditionnellement usité en Alsace. *Variante :* Lidie. *Caractérologie :* courage, curiosité, dynamisme, indépendance, charisme.

Lila
16 000 TOP 100

Lys (latin), ce qui m'appartient est à elle (hébreu). Lila est également une variante de Leïla et un prénom indien signifiant « beauté ». *Variante :* Lyla. *Caractérologie :* connaissances, sagacité, originalité, philosophie, spiritualité.

Lilas
4 000 TOP 400

Lys (latin). Le lilas est un arbuste dont les fleurs blanches ou violettes sont très parfumées. Féminin français. *Variantes :* Lilac, Lylas. *Caractérologie :* vitalité, stratégie, achèvement, ardeur, leadership.

Lili
7 000 TOP 500

Lys (latin). En dehors de l'Hexagone, Lili est très répandu en Allemagne. C'est aussi un choix en vogue dans l'ensemble des pays occidentaux. *Caractérologie :* sens des responsabilités, équilibre, influence, famille, exigence.

Lilia
11 000 TOP 200

Forme russe de Lily, du latin *lilium*, lys. Lilia est également une variante de Leïla et Lila. En dehors de l'Hexagone, Lilia est particulièrement usité en Russie et dans les pays slaves. *Variantes :* Lilias, Lilla, Lilya.

Caractérologie : connaissances, spiritualité, philosophie, originalité, sagacité.

Liliana
1 500 TOP 800

Lys (latin). Féminin italien, espagnol, portugais, roumain et polonais. *Caractérologie :* résolution, fiabilité, méthode, ténacité, engagement.

Liliane
86 000 TOP 1 000

Lys (latin). Prénom français. Au milieu de la Seconde Guerre mondiale, Léopold III, le roi des Belges, épousa secrètement Liliane de Rethy. Le couple attendit plusieurs mois avant de révéler publiquement son union. *Variantes :* Lilian, Lillia, Lillian, Lilliane. *Caractérologie :* achèvement, stratégie, vitalité, détermination, ardeur.

Lilianne
1 500

Lys (latin). Féminin français. *Caractérologie :* engagement, méthode, ténacité, résolution, fiabilité.

Lilie
2 000 TOP 700

Lys (latin). *Caractérologie :* adaptabilité, fidélité, médiation, relationnel, intuition.

Lili-Rose
2 000 TOP 1 000

Forme composée de Lily et Rose. Féminin français. *Caractérologie :* humanité, rectitude, générosité, rêve, volonté.

Lilly
5 000 TOP 600

Lys (latin). En dehors de l'Hexagone, Lilly est particulièrement répandu dans les pays anglophones et scandinaves. *Variantes :* Lilie, Lillie. *Caractérologie :* connaissances, sagacité, philosophie, originalité, spiritualité.

Lilo
450 TOP 2 000

Dérivé de Liselotte (une contraction d'Elizabeth et Charlotte), cet ancien prénom allemand est apparu pour la première fois dans l'Hexagone en 2001.

L

On doit sans doute son avènement au film de Disney *Lilo et Stitch*, découvert au cinéma la même année. Lilo est un prénom mixte dont la signification diffère au masculin. *Caractérologie :* logique, optimisme, sociabilité, communication, créativité.

Liloo

900

Voir Lilou. *Caractérologie :* découverte, audace, courage, indépendance, séduction.

Lilou

44 000 TOP 100

L'origine de ce prénom est controversée. Il contient les racines latine et germanique de Lili et Lou, mais il peut également faire valoir une influence chinoise (le nom Li, composante courante de nombreux prénoms chinois, signifie « beauté » et « jasmin »). Reste qu'une origine anglaise n'est pas à exclure. Dans les pays anglophones, la composante Lee signifie « clairière », ou « poétique » si l'on se tourne vers le vieil irlandais. Enfin, des origines celtiques moins connues peuvent lui donner le sens plus symbolique de « lumière ». La première Lilou de France est née en 1994, mais cette étoile n'aurait jamais brillé si Luc Besson n'en avait pas fait l'héroïne de son film *Le Cinquième Élément*. C'est donc au cinéaste français que l'on doit l'essor prodigieux de Lilou et de ses dérivés. Ce prénom s'est élevé au 12e rang féminin en 2009-2010 avant de se faire plus discret. *Caractérologie :* famille, influence, équilibre, analyse, sens des responsabilités.

Lilwenn

2 000 TOP 800

Contraction de Lily et Nolwenn apparue dans l'Hexagone en 2002. *Variantes :* Lilwen, Lylwen, Lilwene. *Caractérologie :* achèvement, stratégie, leadership, ardeur, vitalité.

Lily

21 000 TOP 100

Lys (latin). Si Lily devait être associée à une couleur, le blanc lui irait à merveille : symbole de pureté et de vertu, le lys devient, dès le Moyen Âge, l'emblème de la famille royale française. Au XIXe siècle, sa vogue est plus marquée dans les pays anglophones qu'en France, mais c'est un peu partout qu'elle disparaît le plus clair du siècle suivant. La fin des années 1990 l'élève de nouveau à la faveur d'une vague rétro. Elle perce dans le top 40 français à son zénith, en 2011. *Caractérologie :* persévérance, structure, sécurité, honnêteté, efficacité.

Lilya

5 000 TOP 200

Lys (latin). Féminin russe et ukrainien. *Caractérologie :* énergie, originalité, audace, séduction, découverte.

Lily-Rose

6 000 TOP 300

Forme composée de Lily et Rose. La naissance de la première Lily-Rose (en 1999), une graine de star engendrée par des connaisseurs (Vanessa Paradis et Johnny Depp), a inspiré bien des parents : Lily-Rose est devenu le 1er prénom composé de France en 2010. Elle a redonné pendant quelques années, avec Lou-Ann(e), une cote aux formes composées. *Variantes :* Lili-Rose, Lilly-Rose. *Caractérologie :* amitié, intelligence, savoir, méditation, raisonnement.

Li-May

- de 30

Forme composée de Li et May. *Caractérologie :* courage, dynamisme, indépendance, charisme, aboutissement.

Lina

58 000 TOP 50

Messagère (grec), souple, tendre (arabe), concentrée (sanscrit). De plus, Li Na est un prénom chinois qui, selon les caractères utilisés, peut signifier « beauté précieuse », ou « fleur de jasmin ».

Lina

Fête :
27 janvier

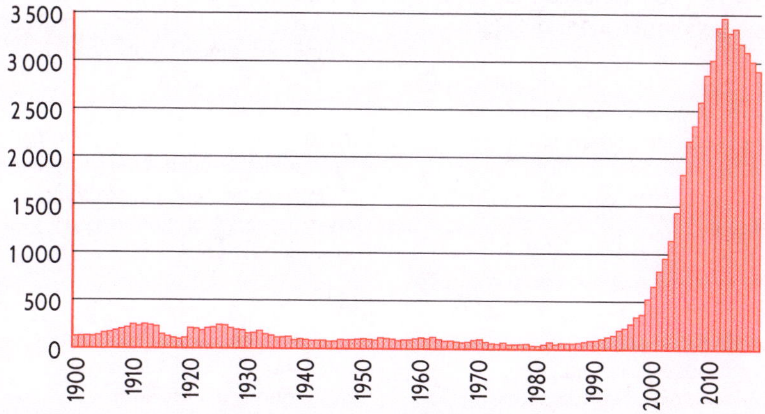

Étymologie

Ce prénom multiculturel présente plusieurs origines. Il est le diminutif d'Angelina qui, par ses origines grecques, signifie « messager », mais son sens diffère en arabe (« souple, tendre »), ou en sanscrit (« concentrée »). De plus, Li Na est un prénom chinois qui, selon les caractères utilisés, peut signifier « beauté précieuse », ou « fleur de jasmin ».

Principalement attribué dans les pays anglophones au XIXe siècle, il réapparaît en Europe dans les années 1980. Le retour de Line étant compromis en France (son apogée, en 1957, est encore trop récent), la voie est dégagée. D'autant qu'avec ses quatre lettres et sa terminaison en « a », cette étoile montante a tout pour plaire. Aujourd'hui, Lina devrait figurer dans les dix premiers rangs du classement féminin.

En dehors de l'Hexagone, ce prénom a disparu des registres d'état civil américains dès 1940, mais il semble y renaître discrètement. Il est en perte de vitesse en Suisse romande mais perce dans le top 20 wallon et le top 100 québécois.

Personnes célèbres

Lina Cavalieri, soprano italienne (1874-1944) ; Line Renaud, chanteuse et comédienne française, née en 1928 ; Lina Saneh, metteuse en scène et comédienne libanaise, née en 1966 ; Li Na, joueuse de tennis professionnelle chinoise, née en 1982.

Statistiques

Lina est le 20e prénom féminin le plus donné en France depuis l'an 2000. Ce prénom est attribué à près d'une fille sur 120 aujourd'hui.

L

Caractérologie : humanité, rêve, tolérance, décision, rectitude.

Linaëlle
180

Contraction de Lina et Maëlle. *Caractérologie :* connaissances, sagacité, philosophie, détermination, intelligence.

Linda
30 000 TOP 600

Belle (germanique). Ce prénom espagnol est répandu dans le monde anglophone et occidental. *Caractérologie :* fiabilité, méthode, résolution, ténacité, engagement.

Lindsay
9 000 TOP 600

Terres de Lincoln (vieil anglais). Lindsay est répandu dans les pays anglophones. *Variantes :* Lindsey, Linsay, Linsey. *Caractérologie :* pratique, sympathie, communication, enthousiasme, réalisation.

Lindsey
1 500 TOP 2 000

Terres de Lincoln (vieil anglais). Ce prénom répandu dans les pays anglophones est encore attribué à une majorité de garçons en Écosse. On peut estimer que moins de 30 enfants seront prénommés ainsi en 2021. *Caractérologie :* intelligence, savoir, méditation, réussite, cœur.

Lindy
350

Voir Linda. *Caractérologie :* énergie, bonté, ambition, innovation, autorité.

Line
13 000 TOP 300

Messagère (grec). En dehors de l'Hexagone, Line est très répandu dans les pays scandinaves et aux Pays-Bas. *Caractérologie :* sécurité, persévérance, efficacité, structure, honnêteté.

Linéa
- de 30

Se rapporte au nom d'une fleur des bois, la *Linnæa borealis* (scandinave). *Variantes :* Linnea, Lynaé, Lynéa. *Caractérologie :* découverte, originalité, énergie, détermination, séduction.

Linette
800

Messagère (grec). Féminin anglais et français. *Variante :* Linetta. *Caractérologie :* honnêteté, organisation, sécurité, persévérance, efficacité.

Linoa
900 TOP 900

Contraction de Li et Noa (« mouvement divin » en hébreu). *Caractérologie :* conscience, résolution, conseil, paix, sagesse.

Lio
250 TOP 2 000

Jour de la naissance (latin). *Caractérologie :* intégrité, réflexion, idéalisme, raisonnement, altruisme.

Liora
750 TOP 1 000

La lumière est à moi (hébreu). *Caractérologie :* caractère, sagesse, philosophie, raisonnement, médiation.

Lisa
67 000 TOP 100

Dieu est serment (hébreu). Ce diminutif anglais d'Élisabeth rencontre une certaine faveur dans les années 1960 dans de nombreux pays européens. En France, Lisa a dû prendre l'ascendant sur Lise avant de pouvoir s'imposer dans le top 20 français au début des années 2000. Aujourd'hui, Lisa maintient un bon niveau d'attribution et conserve son avantage sur Lise. *Variantes :* Ilsa, Ilse, Lis, Liesel, Lisanne, Lisenn. *Caractérologie :* curiosité, dynamisme, courage, indépendance, charisme.

Lisa-Marie
1 000

Forme composée de Lisa et Marie. Féminin français. *Caractérologie :* famille, sens des responsabilités, équilibre, influence, résolution.

L

Les prénoms de reines

Aujourd'hui, Charlotte, Clémence, Jeanne, Mathilde et Louise sont bien plus en faveur qu'Adélaïde, Berthe, Claude ou Isabeau. Ces prénoms partagent pourtant le même privilège : celui d'avoir été porté par des reines de France. Mais les premiers ont une étiquette rétro qui fait défaut aux autres, plus spécifiquement associés à la période médiévale. La naissance de la princesse Charlotte en Angleterre (le 2 mai 2015) n'a fait que renforcer leur avantage.

Le répertoire ci-dessous retrace les dynasties successives des reines de France.

Les Capétiens (987-1328)
Adélaïde d'Aquitaine
Rozala, dite Suzanne de Provence
Berthe de Bourgogne
Constance d'Arles
Mathilde
Anne de Russie
Berthe de Hollande
Bertrade de Montfort
Adélaïde de Savoie
Aliénor d'Aquitaine
Constance de Castille
Adèle de Champagne
Isabelle de Hainaut
Ingeburge de Danemark
Agnès de Méranie
Blanche de Castille
Marguerite de Provence
Isabelle d'Aragon
Marie de Brabant
Jeanne de Navarre
Marguerite de Bourgogne
Clémence de Hongrie
Jeanne de Bourgogne
Blanche de Bourgogne
Marie de Luxembourg
Jeanne d'Évreux

Les Valois (1328-1589)
Jeanne de Bourgogne
Blanche de Navarre
Jeanne de Boulogne
Jeanne de Bourbon
Isabeau de Bavière
Marie d'Anjou
Charlotte de Savoie
Anne de Bretagne
Jeanne de France
Mary d'Angleterre
Claude de France
Éléonore de Habsbourg
Catherine de Médicis
Marie Stuart
Élisabeth d'Autriche
Louise de Lorraine-Vaudémont

Les Bourbons (1589-1830)
Marguerite de Valois, dite la reine Margot
Marie de Médicis
Anne d'Autriche
Marie-Thérèse de Habsbourg
Marie Leszczynska
Marie-Antoinette de Lorraine-Autriche

Les Orléans (1830-1848)
Marie-Amélie de Bourbon-Siciles

Lisandra
300

Forme féminine de Lisandre, une variante d'Alexandre. *Caractérologie :* décision, bienveillance, paix, conseil, conscience.

Lisandre
- de 100

Forme féminine de Lisandre, une variante d'Alexandre. *Caractérologie :* réalisation, force, ambition, habileté, bonté.

Lisanne
- de 100

Contraction de Lise et Anne. Lisanne est plus particulièrement répandu aux Pays-Bas. *Caractérologie :* relationnel, résolution, fidélité, adaptabilité, médiation.

Lisbeth
500

Dieu est serment (hébreu). Lisbeth est particulièrement répandu en Allemagne et dans les pays anglophones. *Variantes :* Lizbeth, Lysbeth. *Caractérologie :* résolution, finesse, communication, pratique, enthousiasme.

Lise
34 000 TOP 100

Dieu est serment (hébreu). Voir Élisabeth. En dehors de l'Hexagone, Lise est plus particulièrement répandu dans les pays scandinaves et anglophones. *Variantes :* Lisette, Lisie, Lisy, Lysie, Liza, Lizzie, Lizzy. *Caractérologie :* réflexion, intégrité, idéalisme, décision, altruisme.

Liséa
1 000 TOP 900

Dieu est serment (hébreu). Féminin français. *Caractérologie :* direction, raisonnement, audace, détermination, dynamisme.

Liselle
- de 30

Dieu est serment (hébreu). Féminin français. *Caractérologie :* relationnel, intuition, résolution, médiation, fidélité.

Lise-Marie
700

Forme composée de Lise et Marie. Féminin français. *Caractérologie :* direction, dynamisme, audace, indépendance, résolution.

Lisette
3 000

Dieu est serment (hébreu). Féminin français et anglais. On peut estimer que moins de 30 enfants seront prénommés ainsi en 2021. *Caractérologie :* résolution, rectitude, organisation, rêve, humanité.

Lison
11 000 TOP 200

Dieu est serment (hébreu). Féminin français. *Variante :* Lyson. *Caractérologie :* paix, conscience, détermination, bienveillance, raisonnement.

Liv
2 000 TOP 300

Refuge, protection (vieux norrois). Prénom scandinave et néerlandais. *Caractérologie :* indépendance, intelligence, sagesse, savoir, méditation.

Livia
9 000 TOP 200

Nom latin qui fut porté par une famille influente de la Rome antique. Dans les pays anglophones, Livia est considéré comme un diminutif d'Olivia. Féminin italien, anglais et corse. *Variantes :* Liviana, Liviane, Livie, Livy. *Caractérologie :* leadership, vitalité, aspiration, achèvement, stratégie.

Liz
1 500 TOP 700

Diminutif anglophone d'Elizabeth et diminutif breton de Louise. *Caractérologie :* adaptabilité, médiation, relationnel, intuition, fidélité.

Liza
3 000 TOP 900

Dieu est serment (hébreu). Dans l'Hexagone, Liza est plus traditionnellement usité en Bretagne. *Caractérologie :* pragmatisme, communication, créativité, sociabilité, optimisme.

Lola

Fête :
15 septembre

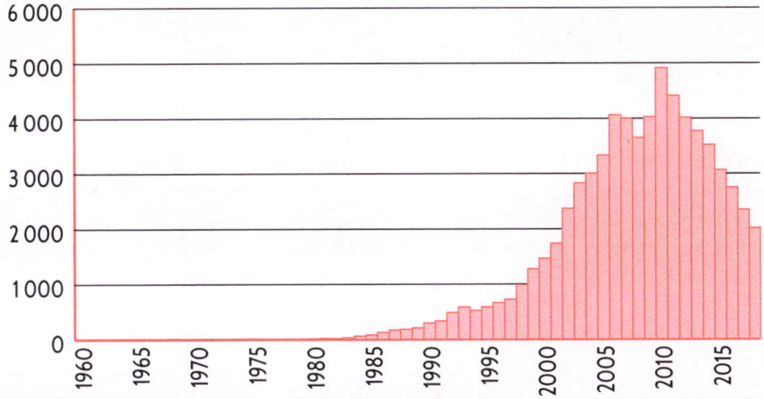

Étymologie

Du latin *dolor*, « douleur ». Si Dolorès n'a jamais percé en France, elle rejaillit brillamment sous la forme de Lola. Sans réel passé avant les années 1980, ce diminutif espagnol partait de loin. Mais sa terminaison en « a », son identité ibérique, sa taille et sa jeunesse ont façonné son succès. À l'issue d'une belle carrière, Lola devrait chuter dans le top 30 en 2021.

Profitant de cette impulsion, des perles rares aux contours similaires pointent à l'horizon. À l'image de Lila qui remonte dans le top 100 français. Ou de Lilas, ancien prénom masculin révolutionnaire qui n'a jamais autant prénommé de filles, notamment dans les compositions féminines.

En dehors de l'Hexagone, Lola est toujours prisée par les parents francophones, anglophones et hispanophones.

Dans l'histoire

Célèbre courtisane de la fin du XIXe siècle, **Lola Montès** fit chavirer bien des cœurs. Ses aventures la menèrent jusqu'à la cour du roi, où Louis Ier de Bavière ne put résister à ses charmes. Mais leur idylle fit scandale et elle fut chassée du royaume. Recueillie par un cirque de La Nouvelle-Orléans, elle dut se contenter d'une vie d'artiste dont le rôle était peu valorisant. Cecil Saint-Laurent en fit l'héroïne de son roman, *Lola Montès*, et le réalisateur Max Ophuls porta son histoire à l'écran en 1955.

Statistiques

Lola est le 11e prénom féminin le plus donné dans l'Hexagone depuis l'an 2000. Ce prénom est attribué à près d'une fille sur 200 aujourd'hui. Notons que les formes composées Lola-Rose et Lola-Marie bourgeonnent actuellement en France.

L

Lizéa
2 000 TOP 600

Dieu est serment (hébreu). *Variante :* Lyséa. *Caractérologie :* paix, bienveillance, conscience, conseil, sagesse.

Lizzie
1 000 TOP 2 000

Dieu est serment (hébreu). *Caractérologie :* conseil, conscience, paix, sagesse, bienveillance.

Loan
2 000

Lumière (celte). Loan était mixte au début de sa carrière, mais il est aujourd'hui attribué à une majorité de garçons. On peut estimer que moins de 30 enfants seront prénommés ainsi en 2021. *Caractérologie :* influence, équilibre, famille, éthique, exigence.

Loana
1 000

Lumière (celte). *Variantes :* Loanna, Lohana. *Caractérologie :* savoir, sagesse, intelligence, méditation, indépendance.

Loane
10 000 TOP 700

Lumière (celte). Prénom breton. *Variantes :* Loann, Lohane. *Caractérologie :* fidélité, médiation, relationnel, adaptabilité, intuition.

L

Loanne
2 000

Lumière (celte). Féminin français et breton. On peut estimer que moins de 30 enfants seront prénommés ainsi en 2021. *Caractérologie :* intelligence, sagesse, savoir, indépendance, méditation.

Loé
250

Diminutif des prénoms formés avec Loé. *Caractérologie :* dynamisme, curiosité, courage, indépendance, charisme.

Loeiza
550 TOP 2 000

Forme bretonne de Louise : illustre au combat (germanique). *Variante :* Lizig. *Caractérologie :* énergie, résolution, analyse, découverte, audace.

Loélia
1 000 TOP 2 000

Variante de Laelia ou fusion de « Loé » et « Lia ». *Caractérologie :* rêve, rectitude, humanité, analyse, résolution.

Loélie
500 TOP 2 000

Variante de Laelia ou fusion de « Loé » et « Lie ». *Variante :* Loély. *Caractérologie :* fiabilité, ténacité, raisonnement, méthode, engagement.

Loéline
200 TOP 2 000

Combinaison de Loé et Line. *Caractérologie :* altruisme, intégrité, clémence, réflexion, raison.

Loeva
850 TOP 2 000

Sainte Sève, dont une commune bretonne porte le nom, était appelée Loeva. *Variante :* Loève. *Caractérologie :* énergie, ambition, autorité, innovation, volonté.

Loevane
- de 30

Voir Loeva. *Variante :* Loevanne. *Caractérologie :* caractère, réceptivité, diplomatie, loyauté, sociabilité.

Logane
500

Prairie (gaélique). Féminin écossais et anglais. *Variante :* Logan. *Caractérologie :* sympathie, rectitude, humanité, ouverture d'esprit, rêve.

Loïca
- de 100

Illustre au combat (germanique). *Caractérologie :* fiabilité, méthode, ténacité, raisonnement, engagement.

Loïcia
500

Illustre au combat (germanique). Prénom breton. *Caractérologie :* structure, persévérance, sécurité, logique, efficacité.

Les prénoms composés

Ci-dessous le top 10 des prénoms composés féminins, estimé pour l'année 2021. Le classement a été effectué par ordre décroissant d'attribution.

1. Lily-Rose*
2. Lou-Ann(e)
3. Fatima-Zahra
4. Marie-Lou
5. Anna-Rose**
6. Lili-Rose
7. Charlie-Rose
8. Anna-Maria
9. Eva-Rose
10. Mai-Lan

La disgrâce du prénom composé, au masculin comme au féminin, suit son cours inexorable. Lily-Rose chute au 230e rang féminin quand les autres compositions sombrent en deçà du top 800. Toutefois, cette défaveur n'a pas entamé l'engouement pour les créations florales. Du rose au blanc, la palette se complète. Fatima-Zahra (« fleur » et « blancheur lumineuse » en arabe), a grimpé les marches du podium et vient prendre la 3e position.

On notera que Rose s'épanouit particulièrement dans ce tableau. Elle sème d'ailleurs à tout vent puisqu'elle intervient dans la composition de plus de 50 composés féminins. Parmi les mieux placées, Mila-Rose et Rose-Marie progressent et pourraient bientôt éclore dans le jardin prisé du top 10.

Charlie-Rose fait une progression remarquable et vient compléter le paysage. En s'associant, ces deux prénoms, qui figurent parmi les tendances fortes de 2021, ont trouvé un terrain fertile pour orner la sélection.

Un peu flétrie mais pas encore fanée, Anne surprend par sa persistance, d'autant qu'Anne-Laure et Anne-Claire prospèrent également dans les 20 premières positions.

Elle a de quoi rendre jalouse Marie, son ancienne rivale. Car celle qui fut si longtemps (et si largement) reine des compositions est désormais renvoyée dans les dédales du classement. Certes, Marie-Lou brille à la 4e place du tableau, mais le temps de la gloire, que l'on croyait éternel, est bel et bien révolu.

À défaut de mieux, Marie se consolera avec l'arrivée de son diminutif breton et/ou asiatique « Mai », en 10e position. Associée à Lan (orchidée en chinois et vietnamien), cette composante florale vient moderniser et compléter l'inspiration en 2021.

* En prenant en compte la variante Lilly-Rose.

** En prenant en compte la variante Ana-Rose.

Retrouvez le **quiz des prénoms composés interdits** dans le carnet à la fin de l'ouvrage.

L

Loïs
3 000 TOP 500

Illustre au combat (germanique). Ce prénom mixte est plus traditionnellement usité en Occitanie. *Caractérologie :* innovation, autorité, analyse, ambition, énergie.

Loïse
2 000 TOP 2 000

Illustre au combat (germanique). Forme occitane : Loïsa. *Caractérologie :* équilibre, famille, sens des responsabilités, logique, décision.

Lola
72 000 TOP 50

Douleur (latin). *Caractérologie :* structure, sécurité, persévérance, honnêteté, efficacité.

Lolie
350

Douleur (latin). *Variantes :* Loli, Loly. *Caractérologie :* achèvement, logique, stratégie, ardeur, vitalité.

Lolita
7 000

Douleur (latin). Prénom espagnol. On peut estimer que moins de 30 enfants seront prénommés ainsi en 2021. *Caractérologie :* paix, bienveillance, conscience, organisation, raisonnement.

Lomane
120

Enfant nue (gaélique). Voir Loman. *Caractérologie :* conscience, bienveillance, conseil, paix, sagesse.

Lona
500

Solitude (anglais). Féminin anglais. *Caractérologie :* sens des responsabilités, équilibre, exigence, famille, influence.

Loona
2 000 TOP 2 000

Amour (germanique). *Caractérologie :* enthousiasme, pratique, générosité, communication, adaptation.

Lora
1 000 TOP 2 000

Couronnée de lauriers (latin). Féminin italien et allemand. *Caractérologie :* énergie, autorité, ambition, analyse, innovation.

Lore
400

Fleur (basque), variante de Laure. *Caractérologie :* indépendance, analyse, courage, dynamisme, curiosité.

Lorea
300

Fleur (basque). *Variantes :* Lauréa, Lora. *Caractérologie :* décision, paix, logique, conscience, bienveillance.

Loreleï
2 000 TOP 2 000

Falaise (germanique). Dans la mythologie germanique, Lorelei est une sirène qui enchante les marins naviguant sur le Rhin. On peut estimer que moins de 30 enfants seront prénommés ainsi en 2021. *Variantes :* Lorelie, Loreley. *Caractérologie :* persévérance, structure, logique, efficacité, sécurité.

Loren
800

Couronnée de lauriers (latin). Féminin anglais. *Caractérologie :* innovation, autorité, ambition, énergie, logique.

Lorena
4 000 TOP 500

Couronnée de lauriers (latin). Lorena est très répandu en Italie et dans les pays hispanophones et lusophones. *Caractérologie :* relationnel, intuition, médiation, logique, décision.

Lorène
4 000

Couronnée de lauriers (latin). Féminin anglais. On peut estimer que moins de 30 enfants seront prénommés ainsi en 2021. *Variantes :* Loraine, Loraline, Loreen, Lorenne. *Caractérologie :* bienveillance, paix, raisonnement, conseil, conscience.

L

Lou, Louane

Fête :
15 mars (Lou),
28 août (Louane)

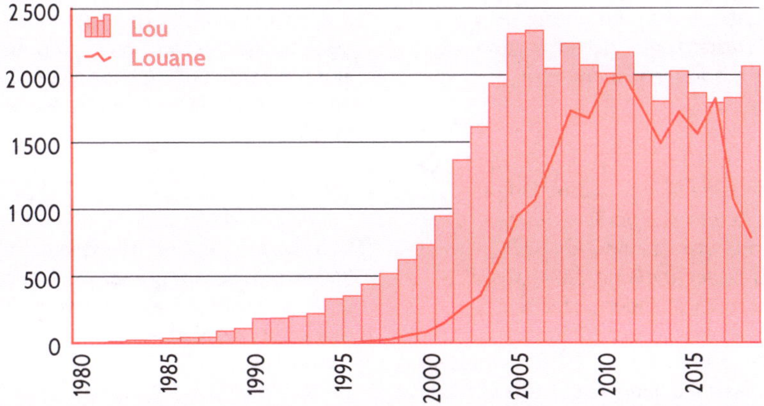

Étymologie

Louane est à la fois un dérivé d'Elouan (« lumière », en celte), et une contraction de Lou et Anne. Cette pionnière des sonorités en « ou » est apparue après le décollage de Lou-Anne au début des années 1990. Elle s'est très vite répandue au-delà du berceau breton qui l'avait vue faire ses premiers pas. Mais après avoir atteint son apogée en 2015 (au 30e rang féminin), Louane ne cesse de sombrer dans les profondeurs du classement.

Contrairement à sa cousine française, **Lou** a déjà effectué une longue carrière internationale. Particulièrement aux États-Unis, où elle brillait davantage au XIXe siècle qu'aujourd'hui. Étymon d'Elouan, Lou partage son identité celte avec les origines germaniques de Louise, dont elle est le diminutif. Avec son côté rétro, Lou a pris l'ascenseur des sonorités en « ou » dans les années 1990, et atteint son point culminant en 2005. Après une relative et éphémère période de disgrâce, elle a repris du galon. Aujourd'hui, elle résiste dans le top 20 national. Sa percée dans les pays francophones se fait encore désirer.

Notons que Louane a inspiré des perles rares tricolores : Éloane et Élouane sont respectivement apparues en France en 1997 et en 2002.

D'origine irlandaise, **saint Elouan** mena une vie d'ermite en Bretagne au VIIe siècle. Il est honoré dans une chapelle de Saint-Guen (Côtes-d'Armor), où se trouve son tombeau.

Personnes célèbres

Lou Doillon, actrice française, née en 1982 ; Lou Ye, réalisateur chinois, né en 1965 ; Lou Reed, chanteur et guitariste américain (1942-2013) ; Anne Peichert, dite Louane Emera, ou simplement Louane, chanteuse et actrice française, née en 1996.

Statistiques

Louane est le 58e prénom féminin le plus donné en France depuis l'an 2000. Ce prénom est attribué à près d'une fille sur 680 aujourd'hui. **Lou** devrait prénommer une fille sur 150 et figurer au 33e rang de ce palmarès. Remarque : 94 % des Lou qui naissent en France aujourd'hui sont des filles.

Lorenza
1 500 ➔

Couronnée de lauriers (latin). Dans l'Hexagone, Lorenza est plus traditionnellement usité au Pays basque. On peut estimer que moins de 30 enfants seront prénommés ainsi en 2021. *Caractérologie :* détermination, énergie, raisonnement, autorité, innovation.

Lorette
2 000 ↘

Couronnée de lauriers (latin). On peut estimer que moins de 30 enfants seront prénommés ainsi en 2021. *Caractérologie :* dynamisme, curiosité, courage, analyse, indépendance.

Loriana
450 ↘

Couronnée de lauriers (latin). Prénom espagnol. *Variante :* Lauriana. *Caractérologie :* détermination, savoir, intelligence, raisonnement, méditation.

Loriane
3 000 ↘

Couronnée de lauriers (latin). On peut estimer que moins de 30 enfants seront prénommés ainsi en 2021. *Variantes :* Lorianne, Lorane, Loryane. *Caractérologie :* réceptivité, sociabilité, analyse, diplomatie, résolution.

L

Lorie
2 000 ➔

Couronnée de lauriers (latin). Féminin anglais. On peut estimer que moins de 30 enfants seront prénommés ainsi en 2021. *Variantes :* Lori, Lorrie. *Caractérologie :* dynamisme, courage, raisonnement, indépendance, curiosité.

Lorine
3 000 ↘

Couronnée de lauriers (latin). Lorine est répandu dans les pays anglophones. On peut estimer que moins de 30 enfants seront prénommés ainsi en 2021. *Variantes :* Lorin, Lorina, Lorinda, Lorinne, Loryne. *Caractérologie :* dynamisme, direction, indépendance, audace, raisonnement.

Lorna
1 500 ↘

Couronnée de lauriers (latin). Féminin anglais. On peut estimer que moins de 30 enfants seront prénommés ainsi en 2021. *Caractérologie :* sens des responsabilités, décision, équilibre, famille, logique.

Lorraine
4 000 ↘

Couronnée de lauriers (latin). Féminin français. On peut estimer que moins de 30 enfants seront prénommés ainsi en 2021. *Variante :* Loraine. *Caractérologie :* médiation, résolution, intuition, analyse, relationnel.

Lory
900

Couronnée de lauriers (latin). Féminin anglais. *Caractérologie :* sagacité, connaissances, originalité, spiritualité, raisonnement.

Lotus
- de 30

Désigne les nénuphars d'Afrique et d'Asie (grec). *Caractérologie :* conseil, conscience, organisation, bienveillance, paix.

Lou
45 000 TOP 50 ➔

Illustre au combat (germanique), lumière (celte). *Caractérologie :* créativité, optimisme, sociabilité, communication, pragmatisme.

Louana
1 500 TOP 800 ➔

Forme contractée de Lou-Anna, ou lumière (celte). Féminin français et anglais. *Caractérologie :* énergie, innovation, autonomie, autorité, ambition.

Louane
24 000 TOP 200 ↘

Forme contractée de Lou-Anne, ou lumière (celte). *Caractérologie :*

dynamisme, curiosité, charisme, courage, indépendance.

Lou-Ann
6 000 TOP 2 000

Forme composée de Lou et Ann. Lou-Ann(e) a connu un essor fulgurant dans les années 2000. Son succès a donné un souffle nouveau aux prénoms composés dont la mode s'était estompée à partir des années 1980. *Variante :* Lou-Anna. *Caractérologie :* découverte, énergie, originalité, séduction, audace.

Louanne
5 000 TOP 2 000

Forme contractée de Lou-Anne, ou lumière (celte). On peut estimer que moins de 30 enfants seront prénommés ainsi en 2021. *Variante :* Louann. *Caractérologie :* innovation, énergie, autorité, autonomie, ambition.

Lou-Anne
8 000 TOP 2 000

Forme composée de Lou et Anne. Voir Lou-Ann. Féminin français. On peut estimer que moins de 30 enfants seront prénommés ainsi en 2021. *Caractérologie :* indépendance, direction, audace, assurance, dynamisme.

Loubna
4 000 TOP 2 000

Arbuste (arabe). *Caractérologie :* fidélité, relationnel, intuition, organisation, médiation.

Louisa
14 000 TOP 200

Illustre au combat (germanique). En dehors de l'Hexagone, Louisa est plus particulièrement attribué dans les pays anglophones, germanophones et néerlandophones. *Caractérologie :* audace, découverte, énergie, raisonnement, originalité.

Louisane
- de 100

Contraction de Louise et Anne. *Caractérologie :* savoir, intelligence, logique, décision, méditation.

Louise
119 000 TOP 50

Illustre au combat (germanique). *Caractérologie :* rêve, humanité, rectitude, analyse, résolution.

Louise-Anne
150

Forme composée de Louise et Anne. Féminin français. *Caractérologie :* connaissances, sagacité, spiritualité, détermination, raisonnement.

Louisette
13 000

Illustre au combat (germanique). Féminin français. *Caractérologie :* idéalisme, altruisme, intégrité, analyse, résolution.

Louisiane
1 000

Dérivé de Louise, nom d'un État américain. *Variantes :* Louisane, Louisianne. *Caractérologie :* décision, paix, bienveillance, conscience, logique.

Louison
5 000 TOP 300

Illustre au combat (germanique). Ce prénom français se féminise ; il est désormais porté par un nombre égal de filles et de garçons. *Caractérologie :* décision, bienveillance, paix, conscience, logique.

Louiza
1 000 TOP 2 000

Illustre au combat (germanique). *Caractérologie :* créativité, optimisme, pragmatisme, communication, raisonnement.

Loula
450

Contraction de Lou et Lola, ou diminutif de Louise. *Caractérologie :* savoir, intelligence, indépendance, méditation, sagesse.

L

Louise

Fête :
15 mars

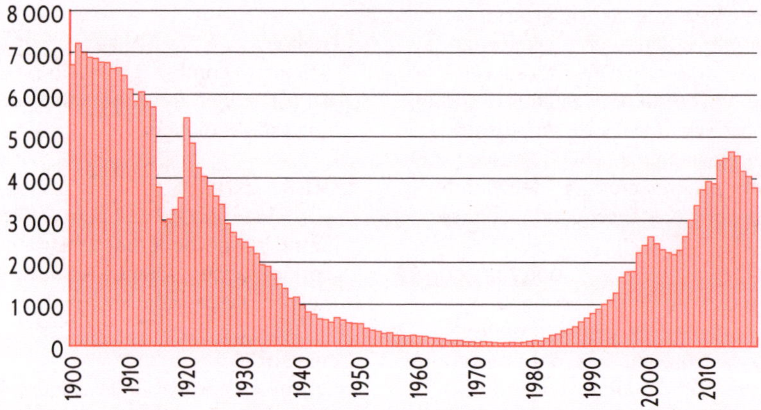

Étymologie

Du germain *hold*, « célèbre », et *wig*, « combat », d'où le sens « illustre au combat ». Dans l'histoire, cette forme féminine de Louis a été illustrée par des reines de France, du Portugal, de Prusse et de Pologne. Un tableau d'honneur qui favorisa son attribution dans les familles les plus fortunées. Mais après avoir parcouru maints palais et salons bourgeois, Louise change d'étiquette au XIXe siècle : elle se propage dans l'ensemble de la société, y prénommant une fille sur trois pendant cinq décennies. Après un demi-siècle d'éclipse, Louise renaît dans la vague des prénoms rétro à Paris. Sa nouvelle carrière, fulgurante, l'élève en quelques années au 1er rang parisien. Ce succès est contagieux, puisqu'en 2015, Louise devient la reine des prénoms féminins français. Toutefois, ce règne est stoppé net en 2016 par l'incroyable Emma qui reprend sa place au sommet. Louise est aujourd'hui devancée par Jade, mais a-t-elle dit son dernier mot ?

De son côté, Louisette est imperturbable : moins de dix Françaises naissent sous ce nom chaque année. En revanche, Louison reprend quelques couleurs, mais pas au point de pouvoir concurrencer son illustre cousine.

Cette réussite fait relativement peu d'émules à l'international. Elle s'est déjà éclipsée des autres tableaux européens. Elle brille encore moins aux États-Unis où elle peine, avec Louisa, à décoller du 700e rang. Louise est également absente du top 100 québécois. En revanche, elle s'envole dans les premiers rangs wallons et romands.

Dans l'histoire

Nièce de Louis XI et mère de François Ier, **Louise de Savoie** fut par deux fois régente du royaume. Ses prises de décision et son action diplomatique lui permirent d'assurer une stabilité indispensable à la France et, ultimement, de lui restituer son roi (Louise de Savoie fit libérer François Ier retenu prisonnier par Charles Quint). Elle obtint ultérieurement la libération de ses petits-enfants en négociant la paix des Dames, qu'elle signa à Cambrai en 1529. Exemple de conduite, Louise de Savoie plongea la France dans le chagrin lorsqu'elle succomba à la peste en 1531.

Louise d'Orléans (1812-1850) épousa le roi Léopold Ier de Belgique en 1832 et devint la première reine des Belges. Elle fit preuve d'une telle sollicitude auprès des familles pauvres qu'elle fut rapidement surnommée « la bien-aimée ».

Personnes célèbres
Louise Michel, militante anarchiste et figure importante de la Commune de Paris (1830-1905) ; Louise Labé, poétesse française du XVIe siècle.

Louise Ciccone, plus connue sous le nom de Madonna, chanteuse américaine, née en 1958 ; Louise Bourgeois, artiste de renommée internationale, née en France (1911-2010).

Statistiques
Louise est le 10e prénom féminin le plus donné en France depuis l'an 2000. Ce prénom est attribué à près d'une fille sur 100 aujourd'hui.

Louna
36 000 TOP 50 ↘

Conformément à son origine latine, Louna incarne la lune. Et bien plus si on l'apparente à Luana, prénom hawaïen signifiant « heureuse », « exaltée ». Ce prénom né dans les années 1990 a connu un envol fulgurant. Il s'est imposé dans le top 20 en 2010 et ne disparaîtra pas de sitôt des maternités françaises. *Caractérologie :* intégrité, altruisme, dévouement, idéalisme, réflexion.

Lourdes
450

Ville située au sud-ouest de la France, Lourdes est une grande destination de pèlerinage. Pour l'anecdote, notons que Madonna a prénommé sa fille Lourdes. Forme basque : Lurdes. *Caractérologie :* caractère, ténacité, logique, méthode, fiabilité.

Louve
400 TOP 2 000 ↑

Féminin de Loup, du latin *lupus*, loup. *Caractérologie :* sociabilité, communication, créativité, pragmatisme, volonté.

Lovely
600 ↘

Charmante, jolie (anglais). Féminin anglais. *Caractérologie :* innovation, autorité, amitié, énergie, volonté.

Luan
120

Lumière (celte), intelligente (vietnamien). *Caractérologie :* enthousiasme, pratique, communication, adaptation, générosité.

Luana
2 000 TOP 800 →

Heureuse, exaltée (hawaïen), variante de Luna. Féminin anglais, italien et hawaïen. *Variantes :* Luane, Luann, Luanna, Luanne. *Caractérologie :* fiabilité, méthode, sens du devoir, ténacité, engagement.

Luce
5 000 TOP 400 →

Lumière (latin). Féminin français et italien. *Caractérologie :* audace, découverte, énergie, séduction, originalité.

Lucette
40 000

Lumière (latin). Féminin français. *Caractérologie :* dynamisme, indépendance, courage, curiosité, charisme.

Lucia
7 000 TOP 400 →

Lumière (latin). Lucia est répandu dans de nombreux pays européens, hispanophones et lusophones. C'est aussi un choix traditionnel corse et occitan. *Variante :* Loucia. *Caractérologie :* autorité, énergie, ambition, innovation, autonomie.

Luciana
1 500 TOP 1 000 →

Lumière (latin). Féminin italien, espagnol, portugais et occitan. *Variantes :* Luciane, Lucianne, Lucine. *Caractérologie :* intelligence, savoir, décision, indépendance, méditation.

Luciane
350

Lumière (latin). Féminin français. *Caractérologie :* relationnel, intuition, résolution, médiation, fidélité.

L

Lucie
141 000 TOP 50

Lumière (latin). *Caractérologie :* énergie, découverte, séduction, audace, originalité.

Lucienne
46 000

Lumière (latin). Ce féminin de Lucien a été très en vogue à la fin du XIXe siècle. De la même manière que son masculin, Lucienne brillait dans le top 20 français au seuil de son déclin, dans les années 1920. Le retour de Lucien pourrait le faire resurgir dans les prochaines années. *Caractérologie :* réceptivité, diplomatie, loyauté, bonté, sociabilité.

Lucile
33 000 TOP 300

Lumière (latin). Féminin français et anglais. *Variantes :* Lucilia, Lucilla, Lucylle. *Caractérologie :* stratégie, vitalité, achèvement, leadership, ardeur.

Lucille
9 000 TOP 2 000

Lumière (latin). Féminin français et anglais. *Caractérologie :* relationnel, intuition, adaptabilité, médiation, fidélité.

Lucinda
1 000

Lumière (latin). Héroïne intemporelle de plusieurs œuvres littéraires – de *Don Quichotte*, de Cervantès (1605), au roman *Oscar et Lucinda*, de Peter Carey (1988) –, Lucinda est depuis le XVIIIe siècle un prénom en vogue dans les milieux aristocrates anglais. *Variantes :* Lucina, Lucinde, Lucynda. *Caractérologie :* autorité, innovation, résolution, ambition, énergie.

Lucine
650

Lumière (latin). Féminin arménien. *Caractérologie :* autorité, autonomie, énergie, ambition, innovation.

Lucrèce
650

Se rapporte au nom de la vierge martyre à Mérida, en Espagne, au IVe siècle. *Caractérologie :* structure, efficacité, sécurité, honnêteté, persévérance.

Lucy
8 000 TOP 300

Lumière (latin). Lucy est très répandu dans les pays anglophones. *Caractérologie :* sagacité, spiritualité, connaissances, philosophie, originalité.

Ludivine
41 000 TOP 2 000

Peuple accueillant (germanique). Féminin français. *Variante :* Ludyvine. *Caractérologie :* famille, exigence, sens des responsabilités, équilibre, influence.

Ludmila
1 000 TOP 2 000

Aimée du peuple (slave). *Variante :* Luba. *Caractérologie :* intégrité, dévouement, réflexion, idéalisme, altruisme.

Ludmilla
1 500

Aimée du peuple (slave). On peut estimer que moins de 30 enfants seront prénommés ainsi en 2021. *Caractérologie :* optimisme, communication, pragmatisme, sociabilité, créativité.

Ludovica
- de 100

Illustre au combat (germanique). Ludovica est particulièrement répandu en Italie, en Allemagne et dans les cultures néerlandophones. *Caractérologie :* éthique, équilibre, raisonnement, influence, famille.

Luigia
- de 100

Illustre au combat (germanique). Prénom italien. *Variante :* Luigie. *Caractérologie :* indépendance, dynamisme, courage, curiosité, charisme.

Luisa
2 000 TOP 800

Illustre au combat (germanique). Luisa est particulièrement répandu dans les pays hispanophones, lusophones et en Italie. C'est aussi un choix traditionnel basque.

L

Lucie

Fête :
13 décembre

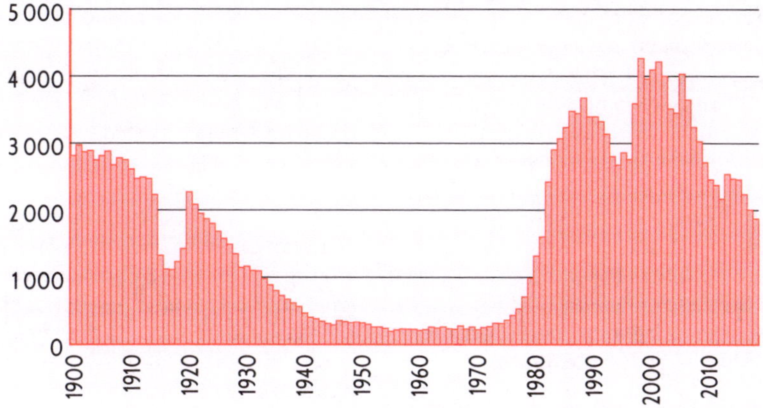

Étymologie

Forme féminine dérivée de Luc, du latin *lucia*, « lumière ». L'usage de ce nom remonte au temps de Rome, lorsque Lucetia et Lucina désignaient la déesse Junon, mais c'est à partir du Moyen Âge que Lucie et ses variations (Lucia, Lucy) se diffusent en Europe. Après avoir fleuri durant la seconde moitié du XIXe siècle, ce choix rétro s'estompe dans les années 1910 pour revenir de plus belle un siècle plus tard. Porté par un nouvel élan depuis 2013, il se situe dans le top 30 national.

En dehors de l'Hexagone, Lucie s'est imposée dans le top 5 wallon. Elle continue, mais dans une moindre mesure, de séduire les Suisses romands. Un peu plus au sud, Lucia ne faiblit pas et domine le classement espagnol depuis plus de 10 ans. De son côté, la forme Lucy reste prisée par de nombreux parents anglophones.

Notons que Lucinda est attribuée à une douzaine de petites Françaises chaque année, contrairement à Lucette qui a quasi disparu des maternités.

Sainte Lucie, née en 286 à Syracuse, en Sicile, refuse de renier sa foi et meurt martyre en 304. Ses reliques se trouvent à Venise, dans l'église de Sainte-Lucie. C'est en l'honneur de sainte Lucie de Syracuse qu'est célébrée la Sainte-Lucie, une fête traditionnelle chrétienne qui marque, avec l'Avent, le début de la saison de Noël. Elle est particulièrement célébrée en Suède (le 13 décembre), ainsi que dans l'ensemble des pays scandinaves et en Europe méridionale.

Personne célèbre

Lucie Aubrac, héroïne de la Résistance (1912-2007). Durant la Seconde Guerre mondiale, sous l'occupation allemande, Lucie Aubrac devient la spécialiste des évasions de résistants (elle fait notamment libérer son mari Raymond Aubrac). Elle est l'autrice de plusieurs ouvrages sur le sujet, dont *Ils partiront dans l'ivresse*. Un livre qui a inspiré Claude Berri pour son film *Lucie Aubrac*, sorti au cinéma en 1997.

Statistiques

Lucie est le 12e prénom féminin le plus donné en France depuis l'an 2000. Ce prénom est attribué à près d'une fille sur 200 aujourd'hui.

Variante : Luiza. *Caractérologie :* ambition, force, passion, habileté, management.

Luna
25 000 TOP 50

Lune (latin). Ce prénom italien a été en vogue dans plusieurs pays européens à la fin des années 1990. Il a percé dans le top 50 français une décennie plus tard et aurait pu briller davantage si Louna ne lui avait pas volé la vedette. Dans la mythologie romaine, Luna est la déesse de la Lune. Avec son frère Sol (le dieu du Soleil), Luna ponctue le passage du temps et symbolise le cycle des saisons. *Variante :* Lune. *Caractérologie :* adaptation, enthousiasme, communication, générosité, pratique.

Lutèce
110

Forme francisée de Lutetia, nom employé pour désigner Paris sous l'Empire romain. *Variante :* Lutécia. *Caractérologie :* créativité, pratique, sociabilité, adaptation, générosité.

Luz
500 TOP 2 000

Luz signifie « lumière » en espagnol. Ce prénom est plus particulièrement recensé dans les pays et cultures hispanophones. *Caractérologie :* originalité, audace, énergie, courage, séduction.

Ly
200

Nom de famille répandu au Vietnam. Les empereurs de la dynastie Ly régnèrent au Vietnam de 1010 à 1225. *Caractérologie :* autonomie, ambition, autorité, énergie, innovation.

Lya
10 000 TOP 100

Jour de la naissance (latin). *Caractérologie :* diplomatie, sociabilité, réceptivité, loyauté, bonté.

Lyana
6 000 TOP 100

Lys (latin). *Variantes :* Lyanna, Lyane. *Caractérologie :* stratégie, vitalité, leadership, empathie, accomplissement.

Lycia
750 TOP 2 000

De noble lignée (germanique). *Variantes :* Licia, Lycie. *Caractérologie :* courage, charisme, indépendance, dynamisme, curiosité.

Lydia
29 000 TOP 500

Qui vient de Lydie (grec). En dehors de l'Hexagone, Lydia est particulièrement répandu dans les pays anglophones, en Allemagne et en Grèce. *Caractérologie :* famille, réalisation, équilibre, sens des responsabilités, influence.

Lydiane
600

Qui vient de Lydie (grec). *Variante :* Lydianne. *Caractérologie :* sagacité, sympathie, connaissances, spiritualité, réalisation.

Lydie
54 000 TOP 2 000

Qui vient de Lydie (grec). Féminin français. On peut estimer que moins de 30 enfants seront prénommés ainsi en 2021. *Caractérologie :* innovation, ambition, autorité, énergie, bonté.

Lygie
- de 100

Désigne une ancienne région de Pologne (polonais). *Caractérologie :* fiabilité, méthode, ténacité, cœur, engagement.

Lyla
2 000 TOP 500

Lys (latin). *Caractérologie :* sens du devoir, structure, honnêteté, efficacité, persévérance.

Lylia
3 000 TOP 400

Lys (latin). *Caractérologie :* dynamisme, indépendance, curiosité, charisme, courage.

L

Lyliane
2 000

Lys (latin). *Variantes :* Lylian, Lylianne. *Caractérologie :* équilibre, sens des responsabilités, famille, amitié, détermination.

Lylou
9 000 TOP 300

Voir Lilou. Féminin français. *Caractérologie :* sens du devoir, structure, honnêteté, efficacité, persévérance.

Lyna
13 000 TOP 100

Lac, cascade (celte). Lyna peut également être considéré comme une variante de Lina. Féminin anglais et français. *Variante :* Lynna. *Caractérologie :* sagacité, connaissances, originalité, spiritualité, sympathie.

Lynda
5 000 TOP 2 000

Voir Linda. On peut estimer que moins de 30 enfants seront prénommés ainsi en 2021. *Variante :* Lyndia. *Caractérologie :* relationnel, intuition, médiation, réussite, cœur.

Lyne
3 000 TOP 500

Cascade (anglais). *Variante :* Lynne. *Caractérologie :* fidélité, intuition, relationnel, médiation, bonté.

Lynn
1 500 TOP 600

Cascade (anglais). *Caractérologie :* cœur, réceptivité, sociabilité, loyauté, diplomatie.

Lys
500 TOP 2 000

Dieu est serment (hébreu). En dehors de l'Hexagone, Lys est plus particulièrement usité dans les pays néerlandophones. *Variante :* Lis. *Caractérologie :* médiation, relationnel, intuition, fidélité, adaptabilité.

Lysa
2 000 TOP 1 000

Dieu est serment (hébreu). *Variantes :* Lysaé, Lyza. *Caractérologie :* enthousiasme, générosité, pratique, adaptation, communication.

Lysandre
300

Forme féminine de Lisandre, une variante d'Alexandre. *Caractérologie :* réalisation, force, ambition, habileté, bonté.

Lyse
3 000 TOP 600

Dieu est serment (hébreu). *Caractérologie :* savoir, intelligence, méditation, amitié, indépendance.

Lysiane
9 000

Dieu est serment (hébreu). Féminin français. *Caractérologie :* détermination, structure, sécurité, amitié, persévérance.

M

Macha
550

Celle qui élève (hébreu). Prénom slave. *Caractérologie :* vitalité, stratégie, ardeur, achèvement, leadership.

Maddy
4 000 TOP 100

Haute tour (grec). Féminin anglais. *Variantes :* Maddi, Maddie, Maïda. *Caractérologie :* sociabilité, loyauté, réceptivité, réalisation, diplomatie.

Madeleine
88 000 TOP 200

Haute tour (grec). Prénom français et anglais. Servante lorraine au XVIIIe siècle, Madeleine Paulmier fabriqua des petits gâteaux aux œufs en forme de coquillage pour la visite du duc Leszczynski. Ces madeleines, qui firent sensation, prirent son nom et sont aujourd'hui appréciées dans le monde entier. *Variantes :* Madelaine, Mado. *Caractérologie :* découverte, audace, énergie, originalité, résolution.

Madeline
4 000 TOP 700

Haute tour (grec). Féminin anglais. *Variantes :* Madelyn, Madline, Madly, Mady. *Caractérologie :* humanité, rêve, rectitude, ouverture d'esprit, résolution.

Madelyne
250

Haute tour (grec). *Caractérologie :* connaissances, spiritualité, sympathie, sagacité, réalisation.

Madina
900 TOP 800

Ville (arabe), bon (breton). *Variantes :* Madiana, Madenn. *Caractérologie :* influence, équilibre, résolution, sens des responsabilités, famille.

Madison
5 000 TOP 900

Fils de Maude (anglais). Madison est particulièrement usité aux États-Unis. *Variantes :* Madisson, Madisone, Madissone, Madyson. *Caractérologie :* communication, pratique, enthousiasme, détermination, volonté.

Mady
1 000 TOP 500

Diminutif anglophone de Madeleine : haute tour (grec). Féminin anglais. *Caractérologie :* réalisation, savoir, méditation, intelligence, indépendance.

Maé
5 000 TOP 400

Diminutif francisé de Maëlle. Sans accent, Mae est également une variante de May usitée dans les pays anglophones. *Variantes :* Maée, Mahé, Mahée. *Caractérologie :* autorité, innovation, ambition, énergie, autonomie.

Maegan
- de 30

Perle (grec). Féminin anglais. *Caractérologie :* courage, dynamisme, curiosité, réalisation, indépendance.

Maeko
- de 30

L'enfant honnête (japonais). *Caractérologie :* humanité, rectitude, rêve, ouverture d'esprit, caractère.

Maëla
2 000 TOP 1 000

Chef, prince (celte). Féminin français et breton. *Variantes :* Maëlane, Maëlla, Maëlwenn. *Caractérologie :* dynamisme, curiosité, charisme, indépendance, courage.

Maëlane
1 000 TOP 2 000

Chef, prince (celte). Comme il est coutume de le faire en Bretagne, ce prénom peut s'écrire sans tréma. *Caractérologie :* conseil, sagesse, paix, bienveillance, conscience.

Maëlia
3 000 TOP 300

Chef, prince (celte). *Caractérologie :* énergie, découverte, audace, résolution, originalité.

Maëlie
6 000 TOP 400

Chef, prince (celte). Comme c'est d'usage en Bretagne, Maélie peut s'écrire avec ou sans accent. *Variantes :* Maël, Maële, Maëli, Maëlia, Maëlya, Maëlig, Maëlly. *Caractérologie :* altruisme, intégrité, réflexion, résolution, idéalisme.

Maëline
6 000 TOP 300

Chef, prince (celte). Prénom breton. *Variantes :* Maëlenn, Maëlyn, Maëlyne, Maëlynn, Maïline. *Caractérologie :* dynamisme, indépendance, détermination, curiosité, courage.

Maëlis
2 000

Contraction de Maëlle et Maylis. On peut estimer que moins de 30 enfants seront prénommés ainsi en 2021. *Variantes :* Maëlice, Maëlise, Maëliss, Maëlisse, Maëllis, Maëlyss, Maëlysse, Maëllys, Maëlyse. *Caractérologie :* décision, structure, honnêteté, efficacité, persévérance.

Maëlla
1 500 TOP 2 000

Chef, prince (celte). On peut estimer que moins de 30 enfants seront prénommés ainsi en 2021. *Caractérologie :* force, habileté, management, ambition, passion.

Maëlle
34 000 TOP 100

Chef, prince (celte). Ce féminin de Maël a pris son essor dans les années 1980, émergeant en Bretagne avant de se répandre dans le reste de l'Hexagone. Depuis 2010, Maëlle évolue dans les 60 premières places du classement. Comme il est coutume de le faire en Bretagne, Maelle et ses formes dérivées peuvent s'orthographier sans tréma. *Caractérologie :* optimisme, créativité, pragmatisme, communication, sociabilité.

Maëly
5 000 TOP 400

Contraction de Maëlle et Maylis. *Caractérologie :* amitié, relationnel, médiation, intuition, réalisation.

Maëlyne
5 000 TOP 300

Chef, prince (celte). *Caractérologie :* optimisme, réalisation, communication, pragmatisme, bonté.

Maëlys
44 000 TOP 100

Maëlys apparaît en France dans les années 1980. Fusion de deux prénoms régionaux, Maëlys est bretonne grâce à Maëlle, et basque grâce à Maylis. La première vient du celte : chef, prince. La seconde signifie, littéralement, « Marie à la fleur de lys ». Cette jeune étoile a surgi dans le top 20 français en 2007 alors que Maëlle amorçait sa décrue. Après avoir percé en Wallonie et au Québec, Maëlys recule à son tour dans l'Hexagone. Comme c'est d'usage en Bretagne, précisons que Maëlys, Maëlle et tous les prénoms de cette famille peuvent s'écrire sans accent. Sainte Marie est la patronne de Maylis. *Variantes :* Maëlyse, Maëlyss, Maëlysse, Maé-Lys, Maïlyss. *Caractérologie :* optimisme, réalisation, communication, pragmatisme, sympathie.

Maena
2 000 TOP 800

Chef, prince (celte). Variantes orthographiques : Maéna, Maëna. *Caractérologie :* connaissances, philosophie, originalité, sagacité, spiritualité.

Maeva
58 000 TOP 200

Bienvenue (tahitien), belle (malgache). Inconnu avant les années 1980, ce prénom antillais et polynésien a conquis

M

les Français dans les années 1990. Maeva a figuré parmi les 20 premiers prénoms féminins en 2000 et 2001, mais son reflux s'accentue aujourd'hui. *Variantes :* Maheva, Maïva. *Caractérologie :* famille, exigence, éthique, équilibre, influence.

Maevane
180

Forme contractée de Maève ou Maëlle avec Évane. *Caractérologie :* philosophie, connaissances, sagacité, originalité, spiritualité.

Maève
350 ↗

Bienvenue (tahitien), ou forme contractée de Maëlle et Ève. Maeve est également inspiré de Meadhbh, le prénom de la reine de Connacht dans la mythologie irlandaise. *Caractérologie :* autorité, innovation, autonomie, ambition, énergie.

Maewenn
800 TOP 2 000 ↘

Chef, prince (celte). Maëwenn peut également s'orthographier avec le tréma. *Variante :* Maewen. *Caractérologie :* générosité, pratique, communication, adaptation, enthousiasme.

M

Mafalda
190

Puissance, combat (germanique). Prénom italien. *Caractérologie :* relationnel, médiation, intuition, fidélité, adaptabilité.

Magali
72 000

Perle (grec). Ce prénom français est un choix traditionnel provençal. *Caractérologie :* sagacité, connaissances, originalité, spiritualité, réussite.

Magalie
25 000 ↓

Perle (grec). Féminin français. On peut estimer que moins de 30 enfants seront prénommés ainsi en 2021. *Caractérologie :* communication, pratique, enthousiasme, réalisation, bonté.

Magaly
3 000

Perle (grec). *Caractérologie :* audace, énergie, découverte, réussite, originalité.

Magda
900 →

Haute tour (grec). Féminin allemand, néerlandais, scandinave, portugais et grec. *Caractérologie :* habileté, force, ambition, réalisation, passion.

Magdalena
2 000 TOP 2 000 ↘

Haute tour (grec). Magdalena est plus particulièrement répandu dans les pays hispanophones et en Allemagne. C'est aussi un choix traditionnel occitan. *Variantes :* Madalena, Madalen, Magdelaine, Magdeleine, Magdelena, Magdalene. *Caractérologie :* amitié, ténacité, méthode, réalisation, fiabilité.

Maggy
2 000 →

Perle (grec). Féminin anglais. On peut estimer que moins de 30 enfants seront prénommés ainsi en 2021. *Variantes :* Maggie, Magguy. *Caractérologie :* vitalité, stratégie, ardeur, achèvement, réalisation.

Magnolia
250

Arbre florissant (latin). Féminin anglais. *Caractérologie :* humanité, rectitude, rêve, analyse, réalisation.

Maguelone
600 ↘

Perle (grec). Dans l'Hexagone, Maguelone est plus traditionnellement usité en Occitanie. *Variante :* Maguelonne. *Caractérologie :* communication, volonté, optimisme, pragmatisme, réalisation.

Maguy
3 000 ↑

Perle (grec). Féminin anglais. *Variantes :* Madge, Magui. *Caractérologie :* persévérance, efficacité, structure, sécurité, réussite.

Maha
700 TOP 2 000 ↗

Celle qui élève (hébreu), vache sauvage (arabe). *Caractérologie :* dynamisme, charisme, indépendance, curiosité, courage.

Mahalia
200 ↑

Gras, moelle, cerveau (araméen). Féminin anglais. *Variante :* Mahala. *Caractérologie :* idéalisme, altruisme, réflexion, intégrité, dévouement.

Mahaut
2 000 TOP 600 →

Puissance, combat (germanique). *Variante :* Mahault. *Caractérologie :* dynamisme, direction, organisation, indépendance, audace.

Mahé
1 500 TOP 2 000 →

Prénom breton, féminin de Mahé, ou variante de Maé. Mahé est également le nom de l'île principale des Seychelles, dans l'océan Indien. *Variante :* Mahée. *Caractérologie :* humanité, rectitude, rêve, générosité, tolérance.

Mahina
700 TOP 2 000 →

Lune (hawaïen). *Variante :* Mahine. *Caractérologie :* résolution, énergie, autorité, innovation, ambition.

Mai
950 TOP 2 000 ↘

Mai est un diminutif breton de Marie. Avec le tréma, Maï signifie également « élégante » en japonais, et « fleur d'abricotier » en vietnamien. *Caractérologie :* séduction, énergie, audace, originalité, découverte.

Maïa
7 000 TOP 300 →

Mère, nourrice (grec). Sans tréma, Maia est un diminutif basque de Marie. Dans la mythologie grecque, Maïa, la fille d'Atlas et Pléioné, met au monde Hermès après une brève aventure avec Zeus. Lorsque Hermès lui confie Arcas, le fils de Zeus et Callisto, elle le prend sous son aile et l'élève en cachette d'Héra. Dans la mythologie romaine, la Maïa grecque se confondit avec une divinité homonyme incarnant la fertilité et le printemps. Son culte se célébrait en mai, le mois qui porte son nom. *Caractérologie :* conscience, paix, sagesse, conseil, bienveillance.

Maïalen
500 →

Contraction basque de Madeleine. *Variantes :* Mayalen, Mayalène. *Caractérologie :* indépendance, direction, dynamisme, détermination, audace.

Maïana
800 TOP 800 →

Contraction basque de Mariana. Vers l'étoile (tahitien). *Caractérologie :* pragmatisme, communication, optimisme, créativité, décision.

Maider
750

Contraction de Maria et Eder (basque). *Caractérologie :* énergie, découverte, audace, originalité, résolution.

Maïka
700 TOP 2 000 →

Les Basques considèrent ce prénom comme une contraction de Maria et Karmele, mais les Espagnols voient en Maika la fusion de Marie et Carmen. Peu importe, puisque Maïka fait surtout parler d'elle au Québec (elle est entrée dans le top 20 québécois en 2006). Notons que l'usage du tréma se généralise en dehors du Pays basque. *Variante :* Maica. *Caractérologie :* ardeur, stratégie, leadership, vitalité, achèvement.

Maïlane
350 ↘

Contraction de Maylis et Anne. Variante de Maïlan, une contraction de Mai Lan qui signifie « fleur d'abricot et d'orchidée » en vietnamien. *Variantes :* Maïlan, Maïlann. *Caractérologie :* autorité, énergie, détermination, innovation, ambition.

M

Mai-Li
- de 100

Prunier en fleur (vietnamien). Féminin français. *Caractérologie :* habileté, ambition, management, passion, force.

Maïlis
700

Dérivé de Maylis qui signifie « Marie à la fleur de lys ». *Caractérologie :* rêve, humanité, ouverture d'esprit, rectitude, générosité.

Maïly
3 000 TOP 900

Contraction de Maïlys et Maëly. *Variantes :* Maïli, Maïlie, Maylie, Mayli. *Caractérologie :* équilibre, famille, influence, sens des responsabilités, réalisation.

Maïlys
11 000 TOP 2 000

Voir Maylis. Féminin français. *Variante :* Mai-Lys. *Caractérologie :* connaissances, sagacité, originalité, spiritualité, réalisation.

Maïmouna
3 000 TOP 500

Heureuse, sous la protection divine (arabe). *Variante :* Maïma. *Caractérologie :* raisonnement, famille, volonté, sens des responsabilités, équilibre.

Maïna
3 000 TOP 300

Contraction bretonne de Marie et Anna. Lune (hawaïen, tahitien). *Caractérologie :* sociabilité, réceptivité, diplomatie, loyauté, résolution.

Maïra
700 TOP 800

Celle qui élève (hébreu). Voir Moïra. *Caractérologie :* paix, sagesse, conseil, conscience, bienveillance.

Maïré
- de 100

Celle qui élève (hébreu), ou fougère (tahitien). *Caractérologie :* autorité, énergie, ambition, détermination, innovation.

Maisie
- de 30

Perle (grec). Féminin anglais. *Caractérologie :* intuition, médiation, détermination, relationnel, fidélité.

Maïssa
12 000 TOP 200

Grâce, scintillement d'une étoile (arabe). *Variantes :* Maïssam, Maysoon, Maïssoun, Méissoun. *Caractérologie :* achèvement, ardeur, vitalité, leadership, stratégie.

Maïssane
3 000 TOP 700

Grâce, scintillement d'une étoile (arabe). *Variante :* Méissane. *Caractérologie :* intégrité, détermination, altruisme, idéalisme, réflexion.

Maïté
7 000

Contraction de Marie-Thérèse. Féminin français et basque. On peut estimer que moins de 30 enfants seront prénommés ainsi en 2021. *Variantes :* Maïta, Mayté. *Caractérologie :* détermination, enthousiasme, adaptation, pratique, communication.

Maïtena
800

Celle qui élève (hébreu), aimée (basque). *Caractérologie :* réflexion, idéalisme, altruisme, intégrité, détermination.

Maïwenn
8 000 TOP 300

Contraction de Mari et Gwenn. Maiwenn s'orthographie également sans tréma. *Variante :* Maïwen. *Caractérologie :* originalité, spiritualité, sagacité, connaissances, décision.

Maja
250

Forme scandinave et slave méridionale de Marie ou Madeleine. Maja est également une variante de Maya. *Caractérologie :* caractère, vivacité, connaissances, spiritualité, indépendance.

M

Majda
1 000

Noble, glorieuse (arabe). Majda est également un diminutif slovène et croate de Madeleine. *Variantes :* Majdeline, Majdouline. *Caractérologie :* médiation, intuition, relationnel, fidélité, adaptabilité.

Malak
4 000 TOP 300

Ange (arabe). *Caractérologie :* loyauté, sociabilité, réceptivité, diplomatie, organisation.

Malala
- de 30

Prénom d'origine pachtoune signifiant « tristesse ». Les Pachtounes vivent essentiellement au Pakistan, pays d'origine de la plus célèbre des Malala. Militante des droits de la femme pour ce pays, Malala Yousafzai est la plus jeune lauréate du prix Nobel de la paix, honneur qu'elle a reçu en 2014 à l'âge de 17 ans. *Caractérologie :* leadership, aspiration, achèvement, stratégie, vitalité.

Malaurie
1 500

Prince sage (celte). On peut estimer que moins de 30 enfants seront prénommés ainsi en 2021. *Caractérologie :* stratégie, vitalité, achèvement, ardeur, décision.

Malaury
1 500

Prince sage (celte). Féminin français. On peut estimer que moins de 30 enfants seront prénommés ainsi en 2021. *Caractérologie :* audace, dynamisme, direction, indépendance, réussite.

Maléna
800 TOP 2 000

Haute tour (grec). En dehors de l'Hexagone, Maléna est plus particulièrement répandu dans les pays scandinaves, en Espagne et en Tchéquie. *Caractérologie :* innovation, énergie, autorité, ambition, autonomie.

Malia
3 000 TOP 300

Reine (hébreu), paix (hawaïen). *Variantes :* Malha, Maliah, Malya. *Caractérologie :* humanité, rêve, rectitude, ouverture d'esprit, générosité.

Malicia
1 000

Astucieuse (latin). *Caractérologie :* communication, pragmatisme, optimisme, créativité, sociabilité.

Malika
23 000 TOP 600

Reine (arabe). Ce prénom est particulièrement répandu dans les cultures musulmanes francophones. *Variantes :* Melike, Melek. *Caractérologie :* sociabilité, réceptivité, organisation, diplomatie, loyauté.

Mallaury
3 000

Prince sage (celte). Féminin français. On peut estimer que moins de 30 enfants seront prénommés ainsi en 2021. *Variantes :* Mallaurie, Mally. *Caractérologie :* sécurité, structure, persévérance, réalisation, efficacité.

Mallorie
750

Prince sage (celte). *Caractérologie :* méthode, fiabilité, ténacité, caractère, logique.

Mallory
2 000

Prince sage (celte). On peut estimer que moins de 30 enfants seront prénommés ainsi en 2021. *Caractérologie :* paix, réussite, conscience, bienveillance, logique.

Maloé
1 000 TOP 500

Contraction de Malo et du groupe de voyelles « oé ». *Caractérologie :* volonté, indépendance, audace, direction, assurance.

Malorie
3 000

Prince sage (celte). Féminin français, anglais. On peut estimer que moins

M

de 30 enfants seront prénommés ainsi en 2021. *Caractérologie :* audace, dynamisme, caractère, direction, logique.

Malory
2 000

Prince sage (celte). On peut estimer que moins de 30 enfants seront prénommés ainsi en 2021. *Caractérologie :* pratique, communication, réalisation, enthousiasme, analyse.

Malou
1 500 TOP 2 000

Prince sage (celte). *Caractérologie :* habileté, management, force, passion, ambition.

Malvina
3 000

Fleur mauve (latin). Féminin anglais. On peut estimer que moins de 30 enfants seront prénommés ainsi en 2021. *Caractérologie :* idéalisme, intégrité, altruisme, réflexion, décision.

Mama
950 TOP 2 000

Petite chamelle qui vient d'être sevrée (arabe). *Variantes :* Mame, Mamou. *Caractérologie :* autorité, innovation, énergie, autonomie, ambition.

Mana
180

Une partie (hébreu), sacré, divin (hawaïen, tahitien). *Caractérologie :* sociabilité, diplomatie, réceptivité, bonté, loyauté.

Manaé
- de 100

Une partie (hébreu), sacré, divin (hawaïen, tahitien). *Caractérologie :* connaissances, originalité, philosophie, sagacité, spiritualité.

Manal
2 000 TOP 2 000

Celle qui achève ses objectifs (arabe). *Caractérologie :* découverte, audace, énergie, originalité, séduction.

Mandy
6 000 TOP 2 000

Diminutif anglophone d'Amandine : qui est aimée (latin). On peut estimer que moins de 30 enfants seront prénommés ainsi en 2021. *Variantes :* Mandie, Mandine. *Caractérologie :* communication, adaptation, réalisation, enthousiasme, pratique.

Manel
11 000 TOP 200

Don (arabe). *Caractérologie :* rectitude, rêve, humanité, générosité, tolérance.

Manelle
2 000 TOP 800

Celle qui achève ses objectifs (arabe). *Variantes :* Manele, Manola. *Caractérologie :* vitalité, achèvement, stratégie, ardeur, réalisation.

Manoé
300

Contraction d'Emmanuelle et Noé. Féminin français. *Caractérologie :* pragmatisme, volonté, optimisme, créativité, communication.

Manola
450

Dieu est avec nous (hébreu). *Variantes :* Manoella, Manoela, Manoelle. *Caractérologie :* sagacité, raison, ténacité, connaissances, sagesse.

Manolie
150

Arbre florissant (latin). *Variante :* Manoli. *Caractérologie :* équilibre, raisonnement, influence, exigence, volonté.

Manoline
- de 100

Dieu est avec nous (hébreu). *Caractérologie :* réceptivité, caractère, diplomatie, logique, sociabilité.

Manolya
- de 100

Arbre florissant (latin). *Variante :* Manolia. *Caractérologie :* intégrité, caractère, idéalisme, altruisme, réussite.

Manon

Fête :
15 août

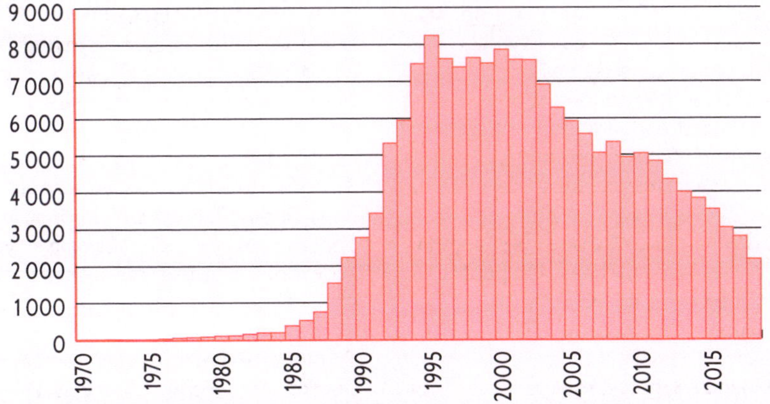

Étymologie

L'étymologie de Manon est controversée, mais on peut lui prêter l'origine hébraïque de Myriam, « celle qui élève ». Longtemps inusité en France, ce dérivé de Marie renaît dans les années 1980. C'est à la chanson du même nom, écrite et chantée par Serge Gainsbourg en 1979, que Manon doit son décollage fulgurant : sa courbe d'attributions s'emballe aussi vite que les ventes de l'album. En 1995, le triomphe de *Manon des sources** de Claude Berri entérine son accession au premier rang national. Elle restera de longues années dans le top 5 féminin avant de céder du terrain. Elle chute aujourd'hui dans le top 30 national.

En dehors de l'Hexagone, Manon marque le pas en Suisse romande et en Wallonie. Indissociable du pays de Molière, ce petit nom ne s'exporte guère en dehors des pays francophones.

Dans la littérature

Dans le roman *Manon Lescaut*, de l'abbé Prévost, **Manon** est une héroïne à deux visages. Belle et charmante, elle est tantôt douce et aimante, tantôt libertine et perverse. Inspirés par ce personnage, Massenet et Puccini lui ont consacré un opéra, et Serge Gainsbourg une chanson.

Statistiques

Manon est le 4e prénom féminin le plus donné en France depuis l'an 2000. Ce prénom est attribué à près d'une fille sur 190 aujourd'hui.

* La version cinématographique de *L'Eau des collines*, roman de Marcel Pagnol.

M

Manon
170 000 TOP 50

Celle qui élève (hébreu). *Variante :* Mannon. *Caractérologie :* pragmatisme, optimisme, communication, créativité, volonté.

Manuela
9 000 TOP 800

Dieu est avec nous (hébreu). Manuela est très répandu dans les pays hispanophones, lusophones et en Italie. C'est aussi un choix traditionnel basque. *Caractérologie :* fiabilité, méthode, ténacité, engagement, sens du devoir.

Manuella
8 000 TOP 2 000

Dieu est avec nous (hébreu). On peut estimer que moins de 30 enfants seront prénommés ainsi en 2021. *Caractérologie :* savoir, intelligence, indépendance, sagesse, méditation.

Manuelle
1 500

Dieu est avec nous (hébreu). Féminin français. *Caractérologie :* sociabilité, réceptivité, loyauté, diplomatie, bonté.

Maoline
- de 100

Fusion de nombreux prénoms, Maoline est apparu pour la première fois en France en 2004. *Caractérologie :* décision, exigence, famille, raison, équilibre.

Maona
150 TOP 2 000

Créatrice (indien d'Amérique). *Caractérologie :* stratégie, aspiration, force, ténacité, humour.

Maonie
- de 100

Fusion de nombreux prénoms, Maonie est apparu pour la première fois en France en 2007. *Caractérologie :* enthousiasme, détermination, communication, ténacité, adéquation.

Maora
- de 100

Plus grand (latin). *Caractérologie :* adaptation, générosité, communication, enthousiasme, pratique.

Mara
800 TOP 900

Celle qui élève (hébreu). Féminin hongrois, italien, espagnol, portugais et irlandais. *Caractérologie :* paix, conscience, bienveillance, conseil, sagesse.

Marceline
3 000 TOP 2 000

Se rapporte à Mars, le dieu romain de la Guerre (latin). Féminin français. *Variante :* Marcela. *Caractérologie :* vitalité, achèvement, ardeur, résolution, stratégie.

Marcelle
58 000

Se rapporte à Mars, le dieu romain de la Guerre (latin). Féminin français. On peut estimer que moins de 30 enfants seront prénommés ainsi en 2021. *Variante :* Marcèle. *Caractérologie :* conscience, bienveillance, décision, paix, conseil.

Marcelline
3 000

Se rapporte à Mars, le dieu romain de la Guerre (latin). Féminin français. *Variante :* Marcellina. *Caractérologie :* intuition, médiation, relationnel, fidélité, détermination.

Marcia
450

Se rapporte à Mars, le dieu romain de la Guerre (latin). Féminin espagnol, portugais et anglais. *Variantes :* Marcianne, Marcie, Marcy, Marcienne, Marsia, Martiale, Martianne, Martienne. *Caractérologie :* ouverture d'esprit, rectitude, rêve, humanité, générosité.

Maréva
1 500

Contraction de Marie et Éva. On peut estimer que moins de 30 enfants seront prénommés ainsi en 2021.

M

Caractérologie : bienveillance, paix, conscience, conseil, résolution.

Margaret
3 000

Perle (grec). Dans l'Hexagone, ce prénom anglais est plus traditionnellement usité en Alsace. *Caractérologie :* sociabilité, réceptivité, réalisation, détermination, diplomatie.

Margareth
850

Perle (grec). *Caractérologie :* direction, audace, réussite, attention, dynamisme.

Margaux
60 000 TOP 50

Perle (grec). Lorsque Margot Hemingway (1954-1996), actrice et mannequin américaine, petite-fille d'Ernest Hemingway, a choisi de se faire appeler Margaux, ce nom de village (et vignoble) français est devenu un prénom. Il apparaît en 1978 dans l'Hexagone et connaît un succès qui le fait culminer aux portes du top 20 national en 1999. Son repli est loin de l'avoir fait disparaître, et aujourd'hui, Margaux fait jeu égal avec Margot. *Variantes :* Margau, Margaud, Margault. *Caractérologie :* persévérance, structure, sécurité, logique, réussite.

Margo
2 000 TOP 2 000

Perle (grec). *Caractérologie :* humanité, rectitude, rêve, ouverture d'esprit, réussite.

Margot
45 000 TOP 50

Perle (grec). Voir Marguerite. Ce diminutif de Marguerite, particulièrement répandu au Moyen Âge, fut rendu célèbre par la reine Margot (aussi connue sous le nom de Marguerite de Valois). Femme de lettres et esprit éclairé, la catholique Marguerite de Valois fut contrainte d'épouser le protestant Henri IV. L'union, compliquée par des tensions politiques et religieuses, fut malheureuse, et marquée par de nombreuses infidélités de part et d'autre. Le mariage, dissous en 1599, n'empêcha toutefois pas la reine Margot de conserver son titre. ◇ Après des siècles d'oubli, Margot renaît en France dans les années 1990. Bien qu'ayant passé son point culminant en 1999 (au 37e rang), Margot est encore un choix prisé par bien des parents. *Variante :* Margo. *Caractérologie :* loyauté, diplomatie, sociabilité, réceptivité, réalisation.

Marguerite
57 000 TOP 1 000

Perle (grec). Ce grand prénom, en usage dès les premiers siècles, devient très populaire au Moyen Âge lorsque le culte de sainte Marguerite, martyrisée à Antioche en l'an 300, est ravivé à la faveur des croisades. De l'écossais Margaret à l'italien Margherita, en passant par l'allemand Margret, ce prénom atteint des sommets de popularité du XVe au XIXe siècle, en France et dans toute l'Europe. Au début du XXe siècle, Marguerite s'est maintenu dans les trois premiers rangs pendant 13 ans avant d'entamer un déclin progressif. Ce choix très discret depuis les années 1970 devrait renaître dans les prochaines années. ◇ De nombreuses têtes couronnées portèrent ce prénom à partir du XIIIe siècle. Marguerite de Bourgogne se rendit célèbre pour avoir épousé – et trompé – le futur Louis X. Passant pour avoir été mystérieusement étranglée, elle fut emprisonnée avant même que son époux n'accède au trône. *Variantes :* Malgorzata, Margalite, Margarette, Margarida, Margarita, Margerie, Margery, Marget, Margie, Marguerie, Margrit. Formes bretonnes : Gaïd, Gaïdig. *Caractérologie :* amitié, réalisation, altruisme, idéalisme, intégrité.

Marguerite-Marie
600

Forme composée de Marguerite et Marie. Féminin français. *Caractérologie :* audace, cœur, réussite, dynamisme, direction.

Mari
300

Celle qui élève (hébreu). Mari est également un prénom basque, hongrois et japonais signifiant, selon les kanji utilisés, « jasmin », « vérité », ou « distance ». *Caractérologie :* charisme, curiosité, dynamisme, courage, indépendance.

Maria
62 000 TOP 100

Celle qui élève (hébreu). Maria est très répandu dans les pays slaves et occidentaux. Dans l'Hexagone, ce prénom est plus traditionnellement usité en Occitanie, en Corse et au Pays basque. *Variantes :* Mariya, Marya, Marye, Mayra. *Caractérologie :* paix, conscience, bienveillance, conseil, sagesse.

Mariam
9 000 TOP 200

Forme arabe de Myriam : celle qui élève (hébreu). *Caractérologie :* audace, direction, dynamisme, indépendance, assurance.

Mariama
3 000 TOP 500

Celle qui élève (hébreu). *Caractérologie :* réceptivité, diplomatie, bonté, sociabilité, loyauté.

Mariame
2 000 TOP 800

Celle qui élève (hébreu). *Variante :* Marieme. *Caractérologie :* paix, conscience, détermination, bienveillance, conseil.

Mariane
2 000

Contraction de Marie et Anne. Féminin français. On peut estimer que moins de 30 enfants seront prénommés ainsi en 2021. *Caractérologie :* méditation, savoir, indépendance, résolution, intelligence.

Marianna
1 000

Contraction de Marie et Anna. Marianna est particulièrement usité en Italie, en Grèce et dans les pays slaves. C'est aussi un choix traditionnel basque, breton et occitan. *Variantes :* Mariana, Maryanna, Maryane, Maryanne. *Caractérologie :* habileté, force, résolution, ambition, passion.

Marianne
34 000 TOP 600

Contraction de Marie et Anne. En dehors de l'Hexagone, Marianne est répandu en Allemagne et aux Pays-Bas. *Caractérologie :* pratique, communication, résolution, adaptation, enthousiasme.

Marie
1 010 000 TOP 100

De l'hébreu *myriam*, « celle qui élève ». Ce prénom biblique se diffuse largement dans les pays chrétiens au Moyen Âge. À la fin de cette période, sa popularité est si grande qu'il devient, avec ses dérivés (Mary, Maria, etc.), le choix le plus attribué dans de nombreux pays. En France, Marie règne sur le classement féminin du XVᵉ siècle au milieu du XXᵉ siècle. Durant cette période, cinq reines de France porteront ce prénom, de Marie de Médicis (1575-1642) à Marie-Amélie de Bourbon-Siciles (1830-1848), en passant par Marie-Antoinette (1755-1793). Après être revenu au 2ᵉ rang du palmarès en 1995, Marie s'est effacé. Il reste toutefois le prénom le plus porté dans l'Hexagone aujourd'hui. ◇ Vierge et mère de Jésus dans la Bible, sainte Marie est prévenue par l'archange Gabriel qu'elle a été choisie pour enfanter le Christ. Le 15 août célèbre l'Assomption de la Vierge Marie. Notons que cet ancien prénom mixte forme encore de nombreuses compositions masculines (Pierre-Marie, Louis-Marie, etc.). Marie Curie, la physicienne française nobélisée en 1911, est l'une des plus célèbres Marie de l'histoire française récente. *Caractérologie :* résolution, audace, dynamisme, direction, indépendance.

M

Marie-Alice
1 500 ↘
Forme composée de Marie et Alice. Féminin français. On peut estimer que moins de 30 enfants seront prénommés ainsi en 2021. *Caractérologie :* méthode, ténacité, engagement, fiabilité, détermination.

Marie-Alix
950
Forme composée de Marie et Alix. Féminin français. *Caractérologie :* relationnel, raisonnement, médiation, intuition, volonté.

Marie-Amélie
2 000
Forme composée de Marie et Amélie. Féminin français. *Caractérologie :* direction, indépendance, dynamisme, audace, détermination.

Marie-Ange
15 000 ↘
Forme composée de Marie et Ange. Féminin français. On peut estimer que moins de 30 enfants seront prénommés ainsi en 2021. *Caractérologie :* réalisation, audace, dynamisme, détermination, direction.

Marie-Anne
10 000 ↘
Forme composée de Marie et Anne. Féminin français. On peut estimer que moins de 30 enfants seront prénommés ainsi en 2021. *Caractérologie :* ardeur, vitalité, achèvement, stratégie, détermination.

Marie-Camille
800
Forme composée de Marie et Camille. Féminin français. *Caractérologie :* sociabilité, détermination, diplomatie, réceptivité, loyauté.

Marie-Caroline
2 000
Forme composée de Marie et Caroline. Féminin français. *Caractérologie :* paix, volonté, raisonnement, bienveillance, conscience.

Marie-Charlotte
4 000 →
Forme composée de Marie et Charlotte. Féminin français. On peut estimer que moins de 30 enfants seront prénommés ainsi en 2021. *Caractérologie :* méthode, analyse, fiabilité, ténacité, finesse.

Marie-Christine
71 000
Forme composée de Marie et Christine. Féminin français. *Caractérologie :* connaissances, spiritualité, finesse, résolution, sagacité.

Marie-Claire
33 000
Forme composée de Marie et Claire. Féminin français. *Caractérologie :* ténacité, méthode, fiabilité, engagement, résolution.

Marie-Claude
52 000
Forme composée de Marie et Claude. Féminin français. *Caractérologie :* énergie, autorité, ambition, détermination, innovation.

Marie-Émilie
700
Forme composée de Marie et Émilie. Féminin français. *Caractérologie :* intégrité, altruisme, idéalisme, réflexion, décision.

Marie-Emmanuelle
1 000
Forme composée de Marie et Emmanuelle. Féminin français. *Caractérologie :* communication, enthousiasme, résolution, pratique, adaptation.

Marie-France
49 000
Forme composée de Marie et France. Féminin français. *Caractérologie :* analyse, communication, volonté, pragmatisme, optimisme.

Marie-Françoise
25 000

Forme composée de Marie et Françoise. Féminin français. *Caractérologie :* dynamisme, analyse, audace, direction, volonté.

Marie-Gabrielle
1 500

Forme composée de Marie et Gabrielle. Féminin français. *Caractérologie :* altruisme, idéalisme, amitié, intégrité, réalisation.

Marie-Hélène
35 000

Forme composée de Marie et Hélène. Féminin français. *Caractérologie :* curiosité, dynamisme, courage, indépendance, décision.

Marie-Jeanne
13 000

Forme composée de Marie et Jeanne. Féminin français. On peut estimer que moins de 30 enfants seront prénommés ainsi en 2021. *Caractérologie :* énergie, résolution, découverte, originalité, audace.

Marie-José
32 000

Forme composée de Marie et José. Féminin français. *Caractérologie :* curiosité, courage, volonté, dynamisme, résolution.

Marie-Julie
800

Forme composée de Marie et Julie. Féminin français. *Caractérologie :* méthode, ténacité, engagement, fiabilité, résolution.

Marie-Laure
34 000

Forme composée de Marie et Laure. Féminin français. *Caractérologie :* ténacité, méthode, fiabilité, engagement, résolution.

Marie-Léa
250

Forme composée de Marie et Léa. Féminin français. *Caractérologie :* direction, dynamisme, indépendance, décision, audace.

Marie-Line
16 000

Forme composée de Marie et Line. Féminin français. *Caractérologie :* découverte, énergie, résolution, audace, originalité.

Marie-Lise
3 000

Forme composée de Marie et Lise. Féminin français. *Caractérologie :* direction, indépendance, audace, dynamisme, résolution.

Mariella
650

Celle qui élève (hébreu). Prénom italien. *Caractérologie :* passion, habileté, ambition, force, décision.

Marielle
16 000

Celle qui élève (hébreu). Féminin français. On peut estimer que moins de 30 enfants seront prénommés ainsi en 2021. *Variantes :* Mariel, Mariele, Maryelle. *Caractérologie :* pragmatisme, communication, résolution, optimisme, créativité.

Marie-Lou
3 000 TOP 1 000

Forme composée de Marie et Lou. Féminin français. *Caractérologie :* persévérance, sécurité, structure, volonté, analyse.

Marie-Louise
17 000

Forme composée de Marie et Louise. Féminin français. *Caractérologie :* direction, audace, caractère, logique, dynamisme.

Marie-Lys
550

Forme composée de Marie et Lys. Féminin français. *Caractérologie :* pragmatisme, sympathie, communication, optimisme, réalisation.

Mariem
1 000 TOP 2 000

Forme arabe de Marie : celle qui élève (hébreu). *Caractérologie :* audace, découverte, énergie, originalité, décision.

Marie-Madeleine
9 000

Forme composée de Marie et Madeleine. Féminin français. *Caractérologie :* sens des responsabilités, famille, détermination, influence, équilibre.

Marie-Océane
300

Forme composée de Marie et Océane. Féminin français. *Caractérologie :* force, habileté, ambition, analyse, volonté.

Marie-Paule
17 000

Forme composée de Marie et Paule. Féminin français. *Caractérologie :* diplomatie, sociabilité, réceptivité, amitié, réalisation.

Marie-Pierre
30 000

Forme composée de Marie et Pierre. Féminin français. *Caractérologie :* rêve, humanité, détermination, rectitude, réalisation.

Marie-Rose
9 000

Forme composée de Marie et Rose. Féminin français. On peut estimer que moins de 30 enfants seront prénommés ainsi en 2021. *Caractérologie :* fiabilité, méthode, ténacité, caractère, décision.

Marie-Sophie
2 000

Forme composée de Marie et Sophie. Féminin français. *Caractérologie :* innovation, énergie, autorité, caractère, réussite.

Marie-Thérèse
64 000

Forme composée de Marie et Thérèse. Féminin français. *Caractérologie :* altruisme, idéalisme, intégrité, décision, attention.

Marietta
650

Celle qui élève (hébreu). *Variantes :* Marieta, Mietta, Miette. *Caractérologie :* équilibre, sens des responsabilités, influence, détermination, famille.

Mariette
5 000

Celle qui élève (hébreu). Féminin français. On peut estimer que moins de 30 enfants seront prénommés ainsi en 2021. *Caractérologie :* dynamisme, direction, indépendance, audace, décision.

Mariève
- de 100

Contraction de Marie et Ève. *Variantes :* Marieva, Maryève. *Caractérologie :* innovation, autorité, ambition, décision, énergie.

Marika
1 500

Celle qui élève (hébreu). Féminin grec, slovaque, tchèque, polonais, hongrois et basque. On peut estimer que moins de 30 enfants seront prénommés ainsi en 2021. *Caractérologie :* ardeur, stratégie, leadership, vitalité, achèvement.

Marilène
1 000

Forme contractée de Marie-Hélène. *Caractérologie :* décision, curiosité, courage, indépendance, dynamisme.

Marilou
6 000 TOP 400

Contraction de Marie et Louise. Féminin français et anglais. *Caractérologie :* ambition, habileté, raisonnement, passion, force.

Marilyn
5 000

Celle qui élève (hébreu). Féminin anglais. On peut estimer que moins de 30 enfants seront prénommés ainsi en 2021. *Variante :* Marilie. *Caractérologie :* réceptivité, diplomatie, réussite, sociabilité, cœur.

Marilyne
11 000 ↘

Celle qui élève (hébreu). On peut estimer que moins de 30 enfants seront prénommés ainsi en 2021. *Caractérologie :* sympathie, sagacité, connaissances, spiritualité, réalisation.

Marilys
450 ↘

Contraction de Marie et Lys. *Variantes :* Marylise, Marylis. *Caractérologie :* méditation, savoir, réalisation, intelligence, indépendance.

Marina
43 000 TOP 700 ↘

Mer (latin). Féminin italien, russe, espagnol, portugais, roumain, allemand, grec, slave, français, néerlandais et occitan. *Variante :* Maryna. *Caractérologie :* réceptivité, diplomatie, sociabilité, résolution, loyauté.

Marine
118 000 TOP 800 ↓

Mer (latin). Féminin français, dérivé du masculin Marin. *Variante :* Marinne. *Caractérologie :* sens des responsabilités, équilibre, famille, influence, détermination.

M

Marinette
12 000

Celle qui élève (hébreu). Féminin français. *Caractérologie :* conscience, bienveillance, paix, décision, conseil.

Marion
124 000 TOP 400 ↘

Celle qui élève (hébreu). Féminin français et occitan. *Variante :* Maryon. *Caractérologie :* méditation, savoir, intelligence, décision, caractère.

Marisa
850 →

Celle qui élève (hébreu). Féminin italien, espagnol, portugais et anglais. *Variantes :* Marysa, Maribel, Marisol, Marissa, Maritza, Mariza. *Caractérologie :* savoir, méditation, indépendance, intelligence, sagesse.

Marise
1 500

Celle qui élève (hébreu). *Caractérologie :* intuition, médiation, fidélité, détermination, relationnel.

Marisol
250

Celle qui élève (hébreu). Prénom espagnol. *Caractérologie :* raisonnement, paix, bienveillance, conseil, conscience.

Marivonne
200

Contraction de Marie et Yvonne. *Caractérologie :* pragmatisme, communication, optimisme, détermination, volonté.

Marjane
700 TOP 2 000 ↘

Corail (arabe). *Variante :* Morjane. *Caractérologie :* détermination, vitalité, achèvement, ardeur, stratégie.

Marjolaine
5 000

Se rapporte au nom de la plante aromatique du même nom. Féminin français. *Variante :* Marjolène. *Caractérologie :* force, habileté, ambition, volonté, raisonnement.

Marjorie
30 000 →

Perle (grec). Féminin français. On peut estimer que moins de 30 enfants seront prénommés ainsi en 2021. *Variante :* Marjelle. *Caractérologie :* force, ambition, caractère, habileté, décision.

Marjory
1 500

Perle (grec). Féminin anglais. *Caractérologie :* direction, audace, indépendance, réussite, dynamisme.

Marlène
31 000 TOP 2 000 →

Contraction de Marie et Hélène. En dehors de l'Hexagone, Marlène est répandu en Allemagne. On peut estimer que moins de 30 enfants seront prénommés ainsi en 2021. *Variantes :* Marlaine,

Marleine, Marleyne, Marlie, Marline, Marly. *Caractérologie :* courage, curiosité, résolution, dynamisme, indépendance.

Marley
850 TOP 600

De la terre des lacs (vieil anglais). *Caractérologie :* médiation, relationnel, intuition, réussite, cœur.

Marnie
350 TOP 2 000

Mer (latin). Féminin anglais. *Variantes :* Marnia, Marny. *Caractérologie :* bienveillance, conscience, paix, conseil, décision.

Maroua
1 000

Roche, quartz (arabe). *Variante :* Maroi. *Caractérologie :* bienveillance, paix, conseil, conscience, logique.

Marta
900 TOP 2 000

Dame, maîtresse de maison (araméen). Dans l'Hexagone, Marta est plus traditionnellement usité en Corse et au Pays basque. *Caractérologie :* achèvement, ardeur, stratégie, vitalité, leadership.

Martha
1 500 TOP 1 000

Dame, maîtresse de maison (araméen). Féminin allemand, scandinave, grec, basque et corse. *Caractérologie :* connaissances, spiritualité, originalité, sagacité, philosophie.

Marthe
23 000 TOP 2 000

Dame, maîtresse de maison (araméen). Ce prénom a connu une certaine faveur en France à la fin XIXe siècle. Il s'est éclipsé dans les années 1960 mais pourrait bien renaître prochainement. En dehors de l'Hexagone, Marthe est usité en Allemagne. On peut estimer que moins de 30 enfants seront prénommés ainsi en 2021. *Caractérologie :* sociabilité, détermination, diplomatie, réceptivité, sensibilité.

Martina
500

Se rapporte à Mars, le dieu romain de la Guerre (latin). Féminin allemand, scandinave, néerlandais, italien, espagnol, portugais, anglais, tchèque, croate, slovaque, slovène, basque, corse et occitan. *Caractérologie :* efficacité, persévérance, sécurité, résolution, structure.

Martine
295 000

Se rapporte à Mars, le dieu romain de la Guerre (latin). Ce féminin de Martin a été peu attribué en dehors de son jaillissement soudain au milieu du XXe siècle. Sa croissance exponentielle le propulse au 2e rang du classement de 1950 à 1957, sur les talons de l'indétrônable Marie. Il est retombé dans l'abîme depuis la fin des années 1980. ◇ Fille de consul, sainte Martine refusa d'abjurer et subit le martyre avant d'être décapitée dans la capitale romaine au IIIe siècle. Elle est l'une des patronnes de Rome. On peut estimer que moins de 30 enfants seront prénommés ainsi en 2021. *Variante :* Martina. *Caractérologie :* vitalité, résolution, achèvement, ardeur, stratégie.

Marwa
7 000 TOP 300

Roche, quartz (arabe). *Caractérologie :* diplomatie, sociabilité, réceptivité, loyauté, résolution.

Mary
5 000 TOP 2 000

Celle qui élève (hébreu). Mary est très répandu dans les pays anglophones. *Caractérologie :* pragmatisme, communication, optimisme, réalisation, créativité.

Maryam
9 000 TOP 200

Forme arabe de Myriam : celle qui élève (hébreu). Maryam est particulièrement répandu en Iran. *Variantes :* Maryama, Maryame, Maryem. *Caractérologie :* habileté, force, ambition, passion, réussite.

Marylène
17 000

Contraction de Mary et Hélène. Féminin français. *Caractérologie :* pratique, communication, enthousiasme, cœur, réussite.

Marylin
1 500

Celle qui élève (hébreu). Féminin anglais. *Caractérologie :* cœur, intuition, relationnel, médiation, réussite.

Maryline
36 000

Celle qui élève (hébreu). Féminin français. On peut estimer que moins de 30 enfants seront prénommés ainsi en 2021. *Caractérologie :* sagacité, spiritualité, réalisation, sympathie, connaissances.

Marylise
3 000

Contraction de Mary et Lise. *Caractérologie :* pratique, enthousiasme, communication, amitié, réalisation.

Marylou
5 000 TOP 600

Contraction de Mary et Louise. *Variante :* Mary-Lou. *Caractérologie :* équilibre, famille, sens des responsabilités, logique, réussite.

M

Maryne
2 000

Mer (latin). *Variante :* Maryn. *Caractérologie :* persévérance, sécurité, structure, réalisation, résolution.

Maryse
82 000

Celle qui élève (hébreu). Féminin français. On peut estimer que moins de 30 enfants seront prénommés ainsi en 2021. *Caractérologie :* altruisme, idéalisme, intégrité, réalisation, détermination.

Maryvonne
31 000

Contraction de Marie et Yvonne. Féminin français. *Caractérologie :* volonté, autorité, énergie, réalisation, innovation.

Mathéa
450

Don de Dieu (hébreu). Mathéa est particulièrement répandu en Corse. *Variantes :* Matéa, Matisse, Mattéa, Mathée. *Caractérologie :* paix, bienveillance, conscience, conseil, sagesse.

Mathilda
4 000 TOP 600

Puissance, combat (germanique). En dehors de l'Hexagone, Mathilda est particulièrement répandu dans les pays scandinaves et anglophones. *Caractérologie :* curiosité, dynamisme, organisation, indépendance, courage.

Mathilde
120 000 TOP 100

Puissance, combat (germanique). Avant de renaître dans les années 1980, Mathilde était particulièrement attribué à la fin du Moyen Âge et au XIXe siècle. Ce prénom a été, avec Pauline et Lisa, précurseur de la vague rétro en France. Il a brillé dans le top 20 féminin de 1990 à 2006 et rencontre encore bien du succès auprès des parents français aujourd'hui. ◇ Fille du comte Baudouin VI, Mathilde de Flandre épousa Guillaume, duc de Normandie et futur Guillaume le Conquérant. Couronnée reine d'Angleterre en 1068, elle assuma la régence de la Normandie lors des expéditions de son époux. *Variantes :* Mathéna, Matheline, Mathylde, Mathie, Matilde, Maty, Tilda, Tilde. *Caractérologie :* rêve, humanité, résolution, rectitude, finesse.

Mathurine
350

Maturité (latin). *Variante :* Thurine. *Caractérologie :* dynamisme, direction, audace, finesse, résolution.

Matilda
1 000 TOP 800

Puissance, combat (germanique). Matilda est répandu dans les pays anglophones et scandinaves. C'est aussi un choix traditionnel corse. *Caractérologie :*

conscience, bienveillance, paix, conseil, organisation.

Maud
36 000 TOP 600

Puissance, combat (germanique). En dehors de l'Hexagone, Maud est répandu dans les pays anglophones et aux Pays-Bas. *Caractérologie :* enthousiasme, communication, pratique, générosité, adaptation.

Maude
5 000 TOP 2 000

Puissance, combat (germanique). En dehors de l'Hexagone, ce prénom est particulièrement porté dans les pays anglophones. On peut estimer que moins de 30 enfants seront prénommés ainsi en 2021. *Caractérologie :* achèvement, vitalité, stratégie, ardeur, leadership.

Maurane
1 500

Celle qui élève (hébreu). Féminin français. On peut estimer que moins de 30 enfants seront prénommés ainsi en 2021. *Variante :* Mauranne. Forme occitane : Maura. *Caractérologie :* audace, indépendance, direction, dynamisme, décision.

Maureen
8 000

Celle qui élève (hébreu). Maureen est très répandu en Irlande et dans les pays anglophones. On peut estimer que moins de 30 enfants seront prénommés ainsi en 2021. *Variante :* Maureene. *Caractérologie :* découverte, audace, originalité, détermination, énergie.

Mauricette
33 000

Sombre, foncé (latin). Féminin français. *Caractérologie :* gestion, connaissances, sagacité, décision, spiritualité.

Maurine
3 000

Celle qui élève (hébreu). Féminin anglais. On peut estimer que moins de 30 enfants seront prénommés ainsi en 2021. *Variantes :* Maurie, Maurina, Mauryne. *Caractérologie :* détermination, humanité, rêve, rectitude, tolérance.

Mauve
- de 100

Fleur mauve (latin). *Caractérologie :* ardeur, achèvement, vitalité, leadership, stratégie.

Mavelle
- de 30

Aimable (latin). *Variante :* Maveline. *Caractérologie :* spiritualité, connaissances, sagacité, originalité, philosophie.

Maxanne
- de 30

Contraction de Maxine et Anne. *Caractérologie :* humanité, rectitude, rêve, volonté, ouverture d'esprit.

Maxence
650

La plus grande (latin). Au Ve siècle, Maxence, princesse écossaise convertie au christianisme, voulut échapper au mariage arrangé avec un puissant seigneur. Elle se réfugia dans l'Oise, mais il la retrouva et l'assassina près de Pont-Sainte-Maxence. Une chapelle, aujourd'hui disparue, fut édifiée en sa mémoire. Maxence est aussi le nom porté par un empereur romain vaincu en 312 par Constantin. Ce prénom mixte est plus largement masculin aujourd'hui. *Caractérologie :* diplomatie, réceptivité, sociabilité, loyauté, caractère.

Maxima
- de 30

La plus grande (latin), la plus belle (hébreu). *Variantes :* Maima, Maxa. *Caractérologie :* sagacité, originalité, spiritualité, connaissances, philosophie.

Maximilienne
450

La plus grande (latin). Féminin français. *Variantes :* Maximilia, Maximilie, Maximine, Massima, Massilia.

Caractérologie : diplomatie, réceptivité, sociabilité, analyse, volonté.

Maxine
3 000 TOP 300 ↗

La plus grande (latin). Féminin anglais. *Caractérologie :* pragmatisme, optimisme, détermination, communication, volonté.

May
1 000 TOP 900 →

Diminutif de Marie et forme internationale de Marguerite. May désigne également le mois de mai en anglais. *Caractérologie :* créativité, optimisme, communication, pragmatisme, réussite.

Maya
15 000 TOP 100 →

Maya vient de l'hébreu *mayan*, « eau, source ». C'est également un prénom indien d'Asie qui signifie « illusion » en sanscrit. La ressemblance phonétique avec Maïa pourrait faire croire que ces prénoms sont apparentés, mais Maïa, l'aînée des Pléiades dans la mythologie grecque, vient probablement d'un nom grec signifiant « mère, nourrice ». C'est bien après le succès de la série télévisée *Maya l'abeille* (en 1978) que ce prénom décolle en France. Maya atteint le 73e rang féminin à son pic de popularité, en 2010. *Caractérologie :* méthode, ténacité, réussite, fiabilité, engagement.

Mayana
550 TOP 1 000 →

Contraction basque de Mariana. *Variantes :* Mayan, Mayanna, Mayanne. *Caractérologie :* réalisation, autorité, énergie, ambition, innovation.

Mayane
550 →

Contraction basque de Mariane. *Caractérologie :* découverte, réalisation, audace, séduction, originalité.

Maylane
350 ↘

Contraction de Maylis et Anne. *Variante :* Maylan. *Caractérologie :* pratique, communication, amitié, enthousiasme, réalisation.

May-Li
120

Forme composée de May et Li. Féminin français. *Caractérologie :* courage, dynamisme, indépendance, charisme, aboutissement.

Maylie
1 500 TOP 800 ↘

Contraction de Maylis et Maélie. *Caractérologie :* sociabilité, sympathie, réceptivité, réalisation, diplomatie.

Mayline
3 000 TOP 500 →

Fusion des prénoms commençant par « May » (May, Maylis, etc.) et Line. *Caractérologie :* méditation, savoir, intelligence, sympathie, réalisation.

May-Line
350 ↘

Forme composée de May et Line. Féminin français. *Caractérologie :* sagacité, connaissances, réalisation, détermination, spiritualité.

Maylis
7 000 TOP 1 000 ↘

Maylis est issu de la fusion de May et Lys. D'où la signification : « Marie à la fleur de lys ». *Variante :* Mayliss. *Caractérologie :* finesse, connaissances, originalité, réussite, sagacité.

Mayssa
5 000 TOP 300 →

Grâce, scintillement d'une étoile (arabe). *Caractérologie :* équilibre, famille, sens des responsabilités, réalisation, influence.

Mazarine
650 ↘

Féminin de Mazarin, cardinal et homme politique qui succéda à Richelieu en tant que Premier ministre en France de 1643 à 1661. *Caractérologie :* équilibre, sens des responsabilités, famille, détermination, influence.

Méane
- de 100

Variante probable de Meagan. *Caractérologie :* diplomatie, loyauté, réceptivité, sociabilité, bonté.

Médarine
- de 30

Forte (germanique). *Caractérologie :* conscience, résolution, conseil, paix, sagesse.

Médine
650

Ville (arabe). *Variante :* Médina. *Caractérologie :* séduction, originalité, découverte, audace, énergie.

Meg
350

Perle (grec). Féminin anglais. *Caractérologie :* sagacité, spiritualité, originalité, philosophie, connaissances.

Megan
2 000

Perle (grec). Féminin gallois usité dans les pays anglophones. On peut estimer que moins de 30 enfants seront prénommés ainsi en 2021. *Caractérologie :* méthode, engagement, ténacité, fiabilité, réalisation.

Mégane
14 000 TOP 2 000

Perle (grec). Voir Megan. Féminin français. On peut estimer que moins de 30 enfants seront prénommés ainsi en 2021. *Variantes :* Megann, Méganne, Meggan, Meggane. *Caractérologie :* intégrité, idéalisme, réflexion, altruisme, réussite.

Meggy
900

Perle (grec). Féminin anglais. *Variantes :* Meggie, Meguy. *Caractérologie :* générosité, communication, enthousiasme, adaptation, pratique.

Meghan
650

Perle (grec). Féminin anglais. *Caractérologie :* enthousiasme, adaptation, communication, pratique, réalisation.

Meghane
750

Perle (grec). *Caractérologie :* stratégie, achèvement, réussite, vitalité, ardeur.

Meï
650 TOP 800

Beauté, bourgeon (chinois), germer, lumineuse (japonais). *Caractérologie :* dévouement, altruisme, intégrité, idéalisme, réflexion.

Meïra
- de 100

Celle qui éclaire (hébreu). *Caractérologie :* direction, audace, résolution, dynamisme, indépendance.

Meïssa
1 500 TOP 1 000

Grâce, scintillement d'une étoile (arabe). *Variante :* Meïssane. *Caractérologie :* pragmatisme, communication, optimisme, créativité, résolution.

Mélaine
1 500

Noir, peau brune (grec), ou forme dérivée de Maëlle. Féminin français et breton. *Caractérologie :* dynamisme, curiosité, courage, résolution, indépendance.

Mélanie
122 000 TOP 600

Noir, peau brune (grec). Ce prénom porté par deux saintes est attesté dès les premiers siècles. Il est recensé sous différentes formes au Moyen Âge, mais sa gloire internationale émane du succès plus récent d'*Autant en emporte le vent*, film américain sorti en 1939. Ses héroïnes Scarlett et Melanie changent instantanément le cours de ces prénoms, inexistants à l'époque. Mélanie entame une brillante carrière dans les pays anglophones avant d'émerger en France, puis de s'imposer dans le top 20 féminin de 1980 à 1998. Ce prénom est également très répandu en Allemagne aujourd'hui. ◇ Jeune aristocrate romaine au Ve siècle, sainte Mélanie convainquit son époux de distribuer leur fortune

M

aux pauvres. Veuve, elle termina ses jours dans le monastère qu'elle fonda à Jérusalem, sur le mont des Oliviers. Sa grand-mère, dite Mélanie l'Ancienne, est également une sainte fêtée le 26 janvier. *Variantes :* Mélana, Mélane, Melen, Méléna, Mélène. *Caractérologie :* courage, indépendance, curiosité, dynamisme, détermination.

Mélany

1 500

Noir, peau brune (grec). Féminin anglais. *Caractérologie :* savoir, intelligence, cœur, méditation, réussite.

Mélia

4 000 TOP 200

Diminutif d'Amélia et des prénoms ayant la même terminaison. Melia est particulièrement attribué dans le monde occidental et anglophone. *Variantes :* Melle, Mélie, Mellie, Melly. *Caractérologie :* méthode, fiabilité, sécurité, détermination, résolution.

Mélie

1 500 TOP 700

Diminutif d'Amélie, d'Émilie, et des prénoms ayant la même terminaison. *Caractérologie :* force, habileté, management, passion, ambition.

M

Mélina

28 000 TOP 100

Abeille (grec). Féminin anglais, français et occitan. *Variante :* Mélyna. *Caractérologie :* ouverture d'esprit, humanité, rectitude, rêve, décision.

Mélinda

10 000 TOP 2 000

Abeille (grec). Melinda est très répandu dans les pays anglophones. *Variantes :* Mélynda, Mindy. *Caractérologie :* fiabilité, engagement, résolution, ténacité, méthode.

Méline

14 000 TOP 300

Abeille (grec). Féminin français. *Variantes :* Méliana, Méliane, Mélyna, Mélyne. *Caractérologie :* méthode, fiabilité, ténacité, engagement, sens du devoir.

Mélis

1 000 TOP 2 000

Abeille (grec). *Caractérologie :* ténacité, méthode, fiabilité, engagement, détermination.

Mélisa

2 000 TOP 2 000

Abeille (grec). *Caractérologie :* énergie, découverte, originalité, audace, résolution.

Mélisande

1 500

Abeille (grec). On peut estimer que moins de 30 enfants seront prénommés ainsi en 2021. *Caractérologie :* dynamisme, direction, indépendance, audace, résolution.

Mélissa

68 000 TOP 200

Abeille (grec). En dehors de l'Hexagone, Melissa est très répandu en Italie, dans les pays anglophones et aux Pays-Bas. *Variantes :* Mélis, Mélisse, Mélissane, Mélissanne. *Caractérologie :* famille, sens des responsabilités, influence, décision, équilibre.

Mélissandre

1 500 TOP 2 000

Abeille (grec). On peut estimer que moins de 30 enfants seront prénommés ainsi en 2021. *Variantes :* Mélissande, Mélisandre, Mélyssandre. *Caractérologie :* diplomatie, décision, réceptivité, sociabilité, loyauté.

Mellina

3 000 TOP 400

Travailleuse (germanique), abeille (grec). *Caractérologie :* détermination, enthousiasme, pratique, communication, adaptation.

Mélodie

14 000 TOP 500

Mélodie, chanson (grec). Féminin français. *Variantes :* Mélodi, Mélodine. *Caractérologie :* rectitude, volonté, humanité, analyse, rêve.

Mélody
10 000 TOP 500

Mélodie, chanson (grec). Melody est plus particulièrement usité dans les pays anglophones. *Caractérologie :* intuition, relationnel, sympathie, volonté, médiation.

Méloé
900 TOP 2 000

Étymologie probable : noir, peau brune (grec). *Variantes :* Mélinée, Méloée. *Caractérologie :* découverte, originalité, audace, volonté, énergie.

Mélusine
1 000 TOP 2 000

Mélodieux, qui chante (celte). Prénom français. On raconte dans les légendes celtiques que Mélusine, la fille du roi Élénas, se transformait en serpent chaque samedi. Elle fit promettre à son époux, le comte Raymondin de Lusignan, de garder son secret et de ne jamais tenter d'en découvrir la cause. Mais un jour, la curiosité de ce dernier l'emporta, et Mélusine disparut. Seuls ses cris se firent entendre plus tard pour annoncer l'imminence de malheurs. *Caractérologie :* ardeur, achèvement, stratégie, vitalité, résolution.

Melvina
400

Amie de l'assemblée (celte). Féminin anglais. *Variante :* Melvine. *Caractérologie :* persévérance, sécurité, détermination, structure, efficacité.

Mélyssa
2 000 TOP 2 000

Abeille (grec). On peut estimer que moins de 30 enfants seront prénommés ainsi en 2021. *Caractérologie :* ténacité, fiabilité, réalisation, méthode, bonté.

Mendy
700

Diminutif anglophone de Marie : celle qui élève (hébreu). Mendi signifie « montagne » en basque. *Caractérologie :* spiritualité, connaissances, originalité, philosophie, sagacité.

Méora
- de 30

Lumière (hébreu). *Variante :* Maor. *Caractérologie :* sagacité, spiritualité, volonté, connaissances, résolution.

Mercedes
3 000

Prix, grâce (latin). Mercedes est très répandu en Espagne. En France, ce prénom est plus traditionnellement usité au Pays basque. *Caractérologie :* altruisme, idéalisme, résolution, intégrité, réflexion.

Mérédith
1 000 TOP 2 000

Grande, qui a le pouvoir (gallois). Ce prénom gallois est usité dans les pays anglophones. *Caractérologie :* autorité, innovation, énergie, ambition, sensibilité.

Meriam
1 500 TOP 2 000

Celle qui élève (hébreu). *Variante :* Meriame. *Caractérologie :* curiosité, dynamisme, courage, indépendance, résolution.

Meriem
6 000 TOP 500

Celle qui élève (hébreu). *Caractérologie :* intégrité, altruisme, idéalisme, réflexion, dévouement.

Meryem
4 000 TOP 300

Celle qui élève (hébreu). Ce prénom est répandu dans les cultures arabes et/ou musulmanes. *Variantes :* Meryam, Meyrem. *Caractérologie :* sagacité, spiritualité, connaissances, philosophie, originalité.

Meryl
3 000 TOP 600

Celle qui élève (hébreu). *Variantes :* Meril, Merryl, Mery, Merry, Meryll. *Caractérologie :* énergie, ambition, autorité, innovation, sympathie.

Messaline
350

Nom de famille romain très ancien (latin). *Caractérologie :* finesse, connaissances, sagacité, résolution, originalité.

Messaouda
1 000

Porte-bonheur (arabe). *Caractérologie :* force, ambition, passion, habileté, caractère.

Météa
- de 30

Douce (grec). Féminin suédois. *Caractérologie :* ambition, force, habileté, passion, management.

Mia
19 000 TOP 50

Celle qui élève (hébreu). *Variante :* Mya. *Caractérologie :* énergie, découverte, originalité, audace, séduction.

Michaëla
550

Qui est comme Dieu (hébreu). *Variantes :* Micaelle, Micah, Mickaëla, Mika, Mikaela, Mikela. Forme occitane : Miquela. *Caractérologie :* connaissances, spiritualité, sagacité, détermination, originalité.

Michaëlle
550

Qui est comme Dieu (hébreu). Féminin français. *Variantes :* Michaële, Mickaëlle. *Caractérologie :* découverte, énergie, originalité, audace, détermination.

Michèle
158 000

Qui est comme Dieu (hébreu). Ce féminin de Michel a décollé après Michelle dans les années 1930, mais il a davantage brillé que son homophone. Michèle figure parmi les dix premiers rangs français dans les années 1940. On peut estimer que moins de 30 enfants seront prénommés ainsi en 2021. *Caractérologie :* autorité, innovation, ambition, énergie, autonomie.

Micheline
70 000

Qui est comme Dieu (hébreu). Prénom français. À la mort de son mari, sainte Micheline distribua toute sa fortune aux pauvres et termina sa vie dans un couvent. Elle est la patronne de la ville italienne de Pisaure. *Caractérologie :* conscience, paix, conseil, bienveillance, sagesse.

Michelle
98 000 TOP 2 000

Qui est comme Dieu (hébreu). Le succès de *Michelle*, chanté par les Beatles en 1965, a lancé la carrière du prénom dans les pays anglophones, mais il arrive trop tard en France : Michelle a déjà atteint son pic dans les années 1920 et aucun tube, aussi planétaire soit-il, ne peut endiguer son reflux. *Caractérologie :* ténacité, méthode, fiabilité, engagement, sens du devoir.

Midoli
- de 30

Couleur verte (japonais). *Caractérologie :* force, achèvement, habileté, passion, leadership.

Mieko
- de 30

Très belle enfant (japonais). *Caractérologie :* achèvement, stratégie, ardeur, vitalité, caractère.

Miki
- de 100

Arbre, beauté (japonais). *Caractérologie :* paix, bienveillance, conscience, conseil, sagesse.

Mila
27 000 TOP 50

Diminutif de Ludmilla qui signifie, en slave, « aimée du peuple », et diminutif espagnol de Milagros, du latin *miraculum* : « miracle ». *Variantes :* Milana, Ludmilla, Ludmila. *Caractérologie :* vitalité, ardeur, stratégie, achèvement, leadership.

Milagros
- de 100

Ce nom signifie « miracles » en espagnol. *Variante :* Milagro. *Caractérologie :* méthode, réalisation, ténacité, fiabilité, raisonnement.

Milana
1 000 TOP 700

Aimée du peuple (slave). Prénom serbe, croate, tchèque et slovène. *Caractérologie :* détermination, curiosité, courage, dynamisme, indépendance.

M

Mia

Fête :
15 août

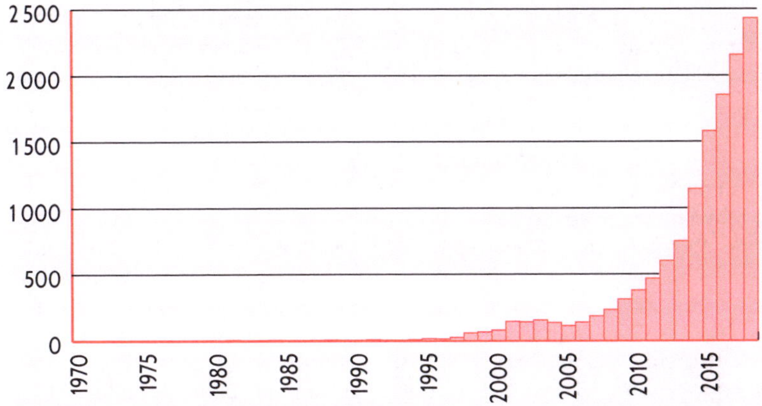

Étymologie

Diminutif international de Marie, de l'hébreu *mem*, « celle qui élève ». Ce petit nom est apparu dans les pays scandinaves, anglophones et germanophones au milieu du XXe siècle et a connu, peu avant les années 2000, un boom de popularité dans de nombreux pays occidentaux. Son introduction française est bien plus récente puisque, avant 1997, Mia ne franchissait pas la barre des 25 naissances chaque année. L'an 2000 marque un tournant dans sa carrière : peu après que l'actrice britannique Kate Winslet a prénommé sa fille Mia, le nombre de ses attributions a doublé en France. Il faut dire qu'avec ses trois lettres et sa terminaison en « ia », cette jeune pousse fait figure de choix moderne original. Sa consécration ne s'est pas fait attendre : Mia a franchi, en quelques années seulement, le cap symbolique du top 10.

En dehors de l'Hexagone, Mia est en vogue dans de nombreux pays occidentaux, tant anglophones qu'hispanophones. La francophonie n'est pas en reste puisque ce prénom a percé dans les tableaux suisse romand, wallon et québécois.

Personnes célèbres

Mia Farrow, comédienne et chanteuse américaine, née en 1945 ; Mia Frye, chorégraphe et danseuse américaine, née en 1965 ; Mia Zapata, chanteuse et membre du groupe The Gits (1965-1993) ; Mia Kirshner, actrice canadienne, née en 1975 ; Mia Aegerter, actrice et chanteuse suisse, née en 1976 ; Mía Maestro, actrice et chanteuse argentine, née en 1978 ; Mia Hansen-Løve, réalisatrice française, née en 1981 ; Mia Wasikowska, actrice australienne, née en 1989.

Statistiques

Mia est le 84e prénom féminin le plus donné en France depuis l'an 2000. Ce prénom est attribué à près d'une fille sur 115 aujourd'hui.

M

Milane
250 ➔

Aimée du peuple (slave). *Variantes :* Milana, Miliana. *Caractérologie :* réflexion, altruisme, idéalisme, résolution, intégrité.

Mildred
300

Conseillère, diplomate (anglais). Féminin anglais. *Caractérologie :* intuition, médiation, fidélité, adaptabilité, relationnel.

Miléna
4 000 TOP 400 ↗

Contraction de Marie et Hélène, ou variante féminine de Milan. En dehors de l'Hexagone, Miléna est particulièrement répandu dans les pays slaves, en Arménie, en Macédoine et en Italie. *Variante :* Myléna. *Caractérologie :* décision, ouverture d'esprit, humanité, rêve, rectitude.

Milène
2 000

Contraction de Marie et Hélène. Féminin français. *Caractérologie :* méthode, ténacité, fiabilité, sens du devoir, engagement.

Miley
350 ↓

Apparu pour la première fois dans l'Hexagone en 2008, ce prénom est associé à l'actrice américaine Miley Cirus, surnommée « Smiley » Cirus (sourire en anglais). *Variantes :* Mailey, Maily, Mylie, Mylee. *Caractérologie :* autonomie, ambition, énergie, autorité, innovation.

Milia
400 TOP 2 000 ↑

Miracles (latin), diminutif basque d'Emilia : travailleuse (germanique). *Caractérologie :* vitalité, achèvement, ardeur, stratégie, leadership.

Miliane
- de 30

Variante féminine de Milian ou Milane. *Caractérologie :* résolution, rectitude, ouverture d'esprit, humanité, rêve.

Milica
180

Travailleuse (germanique). *Variante :* Milika. *Caractérologie :* loyauté, sociabilité, réceptivité, diplomatie, bonté.

Milka
110

Reine, conseillère (hébreu), paix glorieuse (slave). Féminin anglais, espagnol, allemand, serbe et croate. *Variante :* Milcah. *Caractérologie :* dynamisme, direction, audace, organisation, indépendance.

Milla
3 000 TOP 300 ↑

Diminutif possible de Camilla. En dehors de l'Hexagone, Milla est plus particulièrement usité en Italie et dans les pays scandinaves. *Variantes :* Millie, Milly. *Caractérologie :* réceptivité, sociabilité, diplomatie, bonté, loyauté.

Millie
350 TOP 2 000 ➔

Travailleuse (germanique). Féminin anglais. *Variantes :* Mylie, Milly. *Caractérologie :* paix, conseil, sagesse, conscience, bienveillance.

Milly
350 ↗

Travailleuse (germanique). Féminin anglais. *Caractérologie :* ardeur, stratégie, achèvement, leadership, vitalité.

Mimi
- de 100

Celle qui élève (hébreu). *Caractérologie :* passion, ambition, habileté, force, management.

Mina
6 000 TOP 300 ➔

Diminutif des prénoms se terminant par « mina » (Wilhemina, Carmina, Jasmina, etc.). Mina est également un prénom féminin japonais et indien d'Asie. Il signifie « poisson » en sanscrit. *Variantes :* Mine, Mini, Minna, Minnie. *Caractérologie :* autorité, énergie, innovation, résolution, ambition.

M

Mila

Fête :
16 septembre

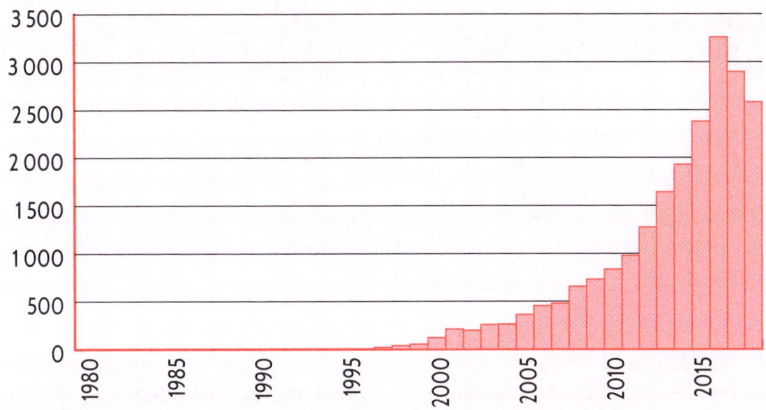

Étymologie

Diminutif de Ludmilla qui signifie en slave : « aimée du peuple », et diminutif espagnol de Milagros, du latin *miraculum* : « miracles ». Mila est plus particulièrement répandu dans les pays slaves, dans les pays hispanophones et lusophones. C'est également un choix traditionnel basque qui, avant 1997, ne prénommait guère plus de cinq Françaises par an.

Quelle carrière fulgurante a-t-il entamée depuis ! Après avoir franchi la barre des 1 000 attributions en 2012, elle s'est élancée à l'assaut du top 20 féminin. Il faut dire que ce prénom a tous les atouts pour gravir des sommets. D'une part, il est porté par la vague des prénoms courts en « a ». D'autre part, sa double identité slave et basque lui donne un charme particulièrement recherché en France. Cela ne l'empêche pas de conquérir d'autres contrées, comme le montrent son émergence aux États-Unis, sa percée dans les pays francophones (Wallonie en tête) et son succès allemand. En attendant la gloire internationale, les variantes Milah, Milana et le composé Mila-Rose s'épanouissent dans l'Hexagone.

La version masculine, Milo, est apparue au milieu des années 1990 en France et perce déjà dans les 80 premières places. Gageons que cette étoile montante fera parler d'elle dans la prochaine décennie.

Personnes célèbres

Ludmila Oulitskaïa, romancière, née en Azerbaïdjan en 1943, l'une des autrices russes les plus lues dans le monde (*Sonietchka* a notamment été couronné par le prix Médicis étranger en 1996) ; Ludmila Mikaël, actrice et sociétaire honoraire de la Comédie-Française, née en 1947.

Statistiques

Mila est le 57e prénom féminin le plus donné en France depuis l'an 2000. Ce prénom est attribué à près d'une fille sur 140 aujourd'hui.

Mindy
450

Abeille (grec). Féminin anglais. *Caractérologie :* intuition, relationnel, médiation, fidélité, adaptabilité.

Miora
- de 100

Lumière (hébreu). *Caractérologie :* intuition, relationnel, médiation, fidélité, adaptabilité.

Mira
1 500 TOP 500

Celle qui élève (hébreu). *Variante :* Myra. *Caractérologie :* séduction, audace, originalité, énergie, découverte.

Mirabelle
300

Nom du fruit du mirabellier, une variété de prunier. Féminin français. Mirabelle est fêté avec Fleur, le 5 octobre. *Caractérologie :* énergie, gestion, audace, découverte, décision.

Miranda
650

Celle qui élève (hébreu). Féminin anglais. *Variantes :* Mira, Mirana, Mirabelle. *Caractérologie :* bienveillance, paix, détermination, conscience, conseil.

M

Mirca
- de 30

Lagon bleu (tahitien). *Caractérologie :* passion, ambition, habileté, force, management.

Mireille
100 000

Celle qui élève (hébreu). Cette forme provençale de Myriam a été redécouverte dans les années 1950 grâce à *Mireille*, l'œuvre maîtresse de Frédéric Mistral. *Caractérologie :* médiation, intuition, fidélité, adaptabilité, relationnel.

Mirella
2 000 TOP 2 000

Celle qui élève (hébreu). *Variantes :* Mirela, Miren, Mérielle, Mirielle. *Caractérologie :* méditation, intelligence, savoir, indépendance, décision.

Miriam
1 500 TOP 2 000

Celle qui élève (hébreu). Féminin anglais et allemand. *Variante :* Miryam. *Caractérologie :* altruisme, dévouement, idéalisme, intégrité, réflexion.

Misao
- de 30

Fidèle, loyale (japonais). *Caractérologie :* optimisme, communication, créativité, pragmatisme, sociabilité.

Misty
- de 30

Brumeux (anglais). *Caractérologie :* originalité, énergie, découverte, réussite, audace.

Mitsuko
- de 30

Enfant de la lumière (japonais). *Caractérologie :* humanité, rectitude, analyse, rêve, organisation.

Miyo
- de 30

Belle, enfant (japonais). *Caractérologie :* achèvement, vitalité, leadership, ardeur, stratégie.

Moa
- de 30

Mère (suédois). Moa est très en vogue en Suède et en Norvège actuellement. *Caractérologie :* bonté, diplomatie, loyauté, sociabilité, réceptivité.

Moana
650 TOP 700

Océan (tahitien). *Caractérologie :* achèvement, stratégie, ardeur, vitalité, caractère.

Modestine
- de 100

Timide, discrète (latin). *Caractérologie :* énergie, audace, caractère, découverte, décision.

Moéa
- de 100

Femme couchée sur un lit de fleurs (tahitien). Moea s'orthographie sans accent à Tahiti. *Caractérologie :* finesse, connaissances, sagacité, caractère, originalité.

Mohana
- de 100 TOP 2 000

Plaisante, charmante (sanscrit). Mohana est répandu en Inde. *Caractérologie :* savoir, méditation, indépendance, intelligence, volonté.

Moïra
900 TOP 900

Celle qui élève (hébreu). Féminin écossais et irlandais. *Variantes :* Maéra, Maïra, Maïre. *Caractérologie :* sociabilité, réceptivité, loyauté, diplomatie, bonté.

Mojdeh
- de 30

Bonne nouvelle (persan). *Caractérologie :* autorité, énergie, innovation, ambition, caractère.

Molly
1 500 TOP 900

Celle qui élève (hébreu). Féminin anglais. *Caractérologie :* courage, curiosité, indépendance, charisme, dynamisme.

Mona
5 000 TOP 400

Vœu, désir (arabe), solitaire (grec), noble (irlandais), et forme scandinave de Monika. Mona est répandu dans les pays anglophones, les pays scandinaves et les cultures musulmanes. *Variante :* Monna. *Caractérologie :* sagacité, originalité, spiritualité, connaissances, volonté.

Monia
3 000

Vœu, désir (arabe). On peut estimer que moins de 30 enfants seront prénommés ainsi en 2021. *Variante :* Monya. *Caractérologie :* finesse, sagacité, connaissances, caractère, décision.

Monica
2 000 TOP 2 000

Solitaire (grec). Monica est très répandu en Italie, dans les pays anglophones, hispanophones et lusophones. C'est aussi un choix traditionnel corse et occitan. *Variantes :* Monick, Monika. *Caractérologie :* direction, audace, analyse, dynamisme, volonté.

Monique
313 000

Solitaire (grec). Peu attribué avant le XXe siècle, ce prénom jaillit dans les années 1920 et brille au 2e rang du classement français de 1935 à 1948. Son long triomphe prend fin au moment où Véronique s'envole vers le succès, munie de la même terminaison. ◇ Originaire d'Afrique du Nord, sainte Monique fut mariée très jeune à un païen. Elle ne cessa, durant leur mariage, de l'exhorter à se convertir, ce qu'il fit un an avant sa mort. Son fils, qui s'était déjà converti, devint par la suite saint Augustin d'Hippone. Sainte Monique est la patronne des épouses et des mères de famille. *Caractérologie :* ténacité, fiabilité, analyse, méthode, volonté.

Montaine
550

La légende raconte qu'une jeune bergère prénommée Montaine cassa ses cruches en allant les remplir à la fontaine d'un village du Berry. La fermière en colère lui ordonna de ramener de l'eau dans deux paniers en osier, ce que Montaine parvint à faire. La fontaine fut alors considérée comme miraculeuse et fut appelée Sainte-Montaine, comme la commune dans laquelle elle se trouve. *Caractérologie :* audace, décision, ténacité, indépendance, vision.

Montserrat
250

Montagne dentelée (catalan). La Vierge de Montserrat est la patronne de la Catalogne. *Variante :* Monserrat. *Caractérologie :* vitalité, achèvement, stratégie, volonté, résolution.

Morane
800

Née de la mer (gallois). *Variantes :* Morana, Morine. *Caractérologie :*

pragmatisme, communication, décision, caractère, optimisme.

Morgan
2 000

Née de la mer (gallois). Féminin anglais, breton et français. *Caractérologie :* caractère, courage, dynamisme, réussite, curiosité.

Morgane
74 000 TOP 400

Née de la mer (gallois). Dans la légende arthurienne, Morgane, la demi-sœur d'Arthur, règne sur l'île enchantée d'Avalon. Fée maléfique ou magicienne guérisseuse, elle est fidèle aux traditions et s'emploie à protéger les croyances celtiques de l'influence du christianisme. ◇ Morgane a commencé sa carrière française dans les années 1980, bien après que la forme anglophone Morgan a fait ses preuves outre-Manche. Ce prénom a grandi de telle sorte qu'il est devenu l'un des 80 prénoms les plus attribués en France en 2010. Sa décrue s'accentue aujourd'hui. *Variantes :* Morgan, Morgana, Morgann, Morganne, Morgiane. *Caractérologie :* innovation, énergie, autorité, volonté, réalisation.

M

Mori
- de 30

Forêt (japonais). *Caractérologie :* énergie, autorité, innovation, autonomie, ambition.

Morine
250

Née de la mer (gallois). *Caractérologie :* intuition, relationnel, fidélité, volonté, médiation.

Morwenna
- de 100

Mer blanche (celte). Prénom breton. *Variante :* Morwenn. *Caractérologie :* fiabilité, volonté, ténacité, résolution, méthode.

Mouna
3 000 TOP 2 000

Vœu, désir (arabe). *Caractérologie :* autorité, énergie, innovation, ambition, volonté.

Mounia
3 000

Vœu, désir (arabe). On peut estimer que moins de 30 enfants seront prénommés ainsi en 2021. *Variante :* Mounya. *Caractérologie :* dynamisme, audace, volonté, direction, analyse.

Muguette
4 000

Se rapporte à la plante à fleurs blanches en forme de clochette. *Caractérologie :* structure, persévérance, sympathie, efficacité, sécurité.

Muriel
68 000

Celle qui élève (hébreu). Féminin français et anglais. *Caractérologie :* conseil, paix, bienveillance, sagesse, conscience.

Murielle
37 000

Celle qui élève (hébreu). Féminin français. *Variantes :* Muriele, Muryel, Muryelle. *Caractérologie :* audace, énergie, séduction, originalité, découverte.

Mya
9 000 TOP 50

Celle qui élève (hébreu). Mya est plus particulièrement attribué dans le monde occidental et anglophone. *Variante :* Miya. *Caractérologie :* adaptation, communication, réussite, pratique, enthousiasme.

Myla
4 000 TOP 200

Forme anglophone moderne de Mila. *Caractérologie :* sérénité, éthique, influence, conseil, volonté.

Mylène
24 000

Contraction de Marie et Hélène. Féminin français. On peut estimer que moins de 30 enfants seront prénommés ainsi en 2021. *Variante :* Mylaine. *Caractérologie :* sociabilité, réceptivité, diplomatie, loyauté, sympathie.

Myriam
95 000 TOP 200

Celle qui élève (hébreu). Féminin français et anglais. Lorsque le pharaon décrète que les nouveau-nés mâles hébreux doivent être tués, Moïse est placé dans un panier d'osier, puis déposé sur le Nil. Sa sœur Myriam se présente à la fille du pharaon lorsque celle-ci le recueille du fleuve. Elle l'encourage à garder l'enfant et fait en sorte que sa mère puisse l'élever en se faisant passer pour une nourrice. *Caractérologie :* méditation, réussite, savoir, intelligence, indépendance.

Myriame
1 500

Celle qui élève (hébreu). On peut estimer que moins de 30 enfants seront prénommés ainsi en 2021. *Variantes :* Maram, Myra, Myria, Myriama. *Caractérologie :* communication, pratique, enthousiasme, résolution, réalisation.

Myriem
1 000

Celle qui élève (hébreu). *Caractérologie :* intuition, médiation, relationnel, fidélité, adaptabilité.

Myrtille
1 500 TOP 2 000

Ce prénom issu du calendrier révolutionnaire désigne une variété d'airelles. Sainte Fleur, religieuse auvergnate du XIVe siècle, est la patronne de Myrtille. *Caractérologie :* conscience, conseil, bienveillance, sympathie, paix.

N

Naama
- de 100

Douceur, beauté (hébreu). Naama est la fille de Lémec dans l'Ancien Testament. *Variante :* Naamah. *Caractérologie :* optimisme, pragmatisme, communication, créativité, sociabilité.

Nabila
3 000

Noble, honorable (arabe). On peut estimer que moins de 30 enfants seront prénommés ainsi en 2021. *Variantes :* Nabella, Nabilah, Nabilla. *Caractérologie :* pratique, communication, enthousiasme, organisation, résolution.

Nacera
1 500

Protection, victoire (arabe). *Variantes :* Nacira, Nassera. *Caractérologie :* paix, bienveillance, conseil, conscience, décision.

Nada
3 000 TOP 700

Rosée du matin (arabe), espoir (slave). Nada est particulièrement répandu en Serbie, en Croatie et dans les cultures musulmanes. *Caractérologie :* diplomatie, réceptivité, sociabilité, loyauté, bonté.

Nadège
47 000

Espérance dans l'attente (latin). Féminin français. Chrétienne au IIe siècle, sainte Nadège fut martyrisée en Asie Mineure avec sa mère, sainte Sophie. On peut estimer que moins de 30 enfants seront prénommés ainsi en 2021. *Variante :* Nadeje. *Caractérologie :* rêve, humanité, rectitude, tolérance, réalisation.

Nadette
110

Force, ours (germanique). Féminin français. *Caractérologie :* sens des responsabilités, équilibre, famille, influence, exigence.

N

Nadia
71 000 TOP 900

Celle qui proclame haut et fort (arabe), espérance dans l'attente (latin), espoir (slave). En dehors de l'Hexagone, Nadia est très répandu en Russie, en Italie, dans les pays slaves et les cultures musulmanes. *Variante :* Nadya. *Caractérologie :* diplomatie, réceptivité, sociabilité, détermination, loyauté.

Nadine
123 000 TOP 800

Contraction de Nadège ou Nadia et du suffixe « ine ». En dehors de l'Hexagone, Nadine est répandu en Allemagne et dans les pays anglophones. Sainte Nadège est la patronne de Nadine. *Variantes :* Nadina, Nadyne. *Caractérologie :* sociabilité, diplomatie, réceptivité, loyauté, résolution.

Nadja
350

Celle qui proclame haut et fort (arabe), espoir (slave). Nadja est particulièrement répandu en Tchéquie. *Caractérologie :* communication, enthousiasme, pratique, adaptation, générosité.

Naé
350 TOP 2 000

Grâce (hébreu), fleur (japonais). *Variante :* Naë. *Caractérologie :* bonté, loyauté, diplomatie, sociabilité, réceptivité.

Naëlle
6 000 TOP 200

Diminutif des prénoms formés avec Naëlle (exemple : Annaëlle), et variante de Naela : qui a étanché sa soif (arabe). *Variante :* Naëla. *Caractérologie :* ténacité, fiabilité, méthode, engagement, sens du devoir.

Naëlys
550 TOP 2 000

Fusion de « Na » et de Maëlys, ou de prénoms se terminant par « lys ». *Variante :* Naëlis. *Caractérologie :* ténacité, méthode, fiabilité, sens du devoir, engagement.

Naéva
250

Combinaison du son « na » avec Éva. *Caractérologie :* originalité, sagacité, spiritualité, connaissances, philosophie.

Nafissa
800

Rare, coûteux (arabe). *Variante :* Nafi. *Caractérologie :* équilibre, famille, sens des responsabilités, influence, résolution.

Nahara
- de 30

Lumière (araméen). *Caractérologie :* connaissances, sagacité, originalité, résolution, spiritualité.

Nahia
1 000 TOP 800

Flot, fluide (grec), désirée (basque). *Caractérologie :* équilibre, famille, influence, éthique, détermination.

Nahima
550

Tendre, douce (arabe). *Variantes :* Naéma, Nahéma. *Caractérologie :* direction, audace, détermination, dynamisme, indépendance.

Nahla
850 TOP 2 000

Qui a étanché sa soif (arabe). *Variante :* Nahila. *Caractérologie :* rectitude, humanité, rêve, ouverture d'esprit, générosité.

Naïa
3 000 TOP 300

Flot, fluide (grec), désirée (basque). Voir également Naya. *Caractérologie :* savoir, indépendance, intelligence, méditation, détermination.

Naïda
250

Flot, fluide (grec). *Variantes :* Naïad, Naïada. *Caractérologie :* médiation, relationnel, fidélité, intuition, résolution.

Naïg
200

Diminutif breton d'Anne : grâce (hébreu). En Bretagne, Naig s'orthographie souvent sans tréma. *Caractérologie :* structure, persévérance, sécurité, efficacité, résolution.

N

Les héroïnes de la littérature

Les prénoms portent en eux une évocation spontanée de personnages réels ou imaginaires. Pourquoi ne pas chercher l'inspiration dans ces œuvres qui vous ont transporté(e) dans un ailleurs fait d'imagination, de chevalerie, d'aventures et de destins hors du commun. Une bibliothèque suffit à les rendre proches de la main, des yeux et du cœur. Précieux, rares, ou tout simplement évocateurs, les prénoms inspirés par la littérature vous invitent au voyage.

Sans pouvoir prétendre à l'exhaustivité, nous avons commencé pour vous une liste de prénoms qui portent en eux une biographie imaginaire, théâtrale ou romanesque. La source littéraire est intarissable, n'hésitez pas à vous en abreuver !

- Agnès, *L'École des femmes* de Molière
- Alice, *Alice aux pays des merveilles* de Lewis Carrol
- Amy, Élizabeth, Meg et Joséphine, *Les Quatre filles du docteur March* de Louisa May Alcott
- Angélique, *Le Malade imaginaire* de Molière
- Anna, *Anna Karénine* de Léon Tolstoï
- Ariane, *Belle du Seigneur* d'Albert Cohen
- Aricie, *L'Énéide* de Virgile
- Armance, *Armance* de Stendhal
- Béatrice, *La Divine Comédie* de Dante
- Bérénice, *Aurélien* de Louis Aragon
- Célimène, *Le Misanthrope* de Molière
- Chimène, *Le Cid* de Corneille
- Chloé, *L'Écume des jours* de Boris Vian
- Clarissa, *Mrs Dalloway* de Virginia Woolf
- Clélia, *La Chartreuse de Parme* de Stendhal
- Clémentine, *L'Arrache-cœur* de Boris Vian
- Daphné, *Les Amours pastorales de Daphnis et Chloé* de Longus
- Dorine, *Tartuffe* de Molière
- Eléa, *La Nuit des temps* de René Barjavel
- Elinor, *Raison et Sensibilité* de Jane Austen
- Emma, *Emma* de Jane Austen
- Esmeralda, *Notre-Dame de Paris* de Victor Hugo
- Eugénie, *Eugénie Grandet* d'Honoré de Balzac
- Euphrasie, *Les Misérables* de Victor Hugo
- Fanny, dans la *Trilogie marseillaise : Marius, Fanny et César* de Marcel Pagnol
- Hélène, *L'Iliade* d'Homère
- Hermione, *Andromaque* de Jean Racine, et plus récemment *Harry Potter* de J. K. Rowling
- Iris, *La Tempête* de William Shakespeare
- Iseult, *Tristan et Iseult*, légende médiévale
- Juliette, *Roméo et Juliette* de William Shakespeare
- Junie, *Britannicus* de Jean Racine
- Léa, *Chéri* de Colette
- Marianne, *Raison et Sensibilité* de Jane Austen
- Marthe, *Le Diable au corps* de Raymond Radiguet
- Mathilde, *Le Rouge et le Noir* de Stendhal
- Milena, *Lettres à Milena* de Franz Kafka
- Mina, *La Promesse de l'aube* de Romain Gary
- Natacha, *Guerre et Paix* de Léon Tolstoï
- Nina, *La Mouette* d'Anton Tchekhov
- Ophélie, *Hamlet* de William Shakespeare
- Oriane, *À la recherche du temps perdu* de Marcel Proust
- Pénélope, *L'Odyssée* d'Homère
- Rebecca, *Ivanhoé* de Walter Scott
- Rosine, *Le Barbier de Séville* de Beaumarchais
- Roxane, *Cyrano de Bergerac* d'Edmond Rostand
- Sasha, *Orlando* de Virginia Woolf
- Sidonie, *Sido* de Colette
- Solange, *Les Jeunes Filles* d'Henry de Montherlant
- Suzanne, *Un barrage contre le Pacifique* de Marguerite Duras
- Thaïs, *Thaïs* d'Anatole France
- Yvonne, *Le Grand Meaulnes* d'Alain-Fournier

Naïla
6 000 TOP 300

Qui a étanché sa soif (arabe). *Variantes :* Naïlah, Nayla. *Caractérologie :* direction, résolution, dynamisme, indépendance, audace.

Naïlys
150

Combinaison de Naïs et des prénoms se terminant en « lys » (Maëlys, Maïlys, Isalys, etc.). *Caractérologie :* stratégie, empathie, leadership, ardeur, accomplissement.

Naïma
9 000 TOP 600

Tendre, douce (arabe). *Variantes :* Naaïma, Nayma. *Caractérologie :* intuition, médiation, relationnel, détermination, fidélité.

Naïri
- de 100

Qui vient d'Arménie (arménien). *Caractérologie :* bienveillance, conseil, conscience, décision, paix.

Naïs
4 000 TOP 700

Diminutif d'Anaïs et forme occitane d'Anne : grâce (hébreu). Dans l'Hexagone, Naïs est plus particulièrement attribué en Provence et en Occitanie. *Caractérologie :* finesse, connaissances, sagacité, originalité, décision.

Najat
1 500

Sauvée (arabe). On peut estimer que moins de 30 enfants seront prénommés ainsi en 2021. *Variantes :* Nadjate, Nadjet, Naget, Nagète, Najet, Najette, Najia. *Caractérologie :* équilibre, sens des responsabilités, exigence, influence, famille.

Nami
180

Vague (japonais). *Caractérologie :* dynamisme, direction, audace, détermination, indépendance.

Nana
450

Grâce (hébreu), pomme (japonais). *Caractérologie :* communication, pragmatisme, optimisme, créativité, sociabilité.

Nancy
9 000

Grâce (hébreu). En dehors de l'Hexagone, ce prénom est particulièrement porté dans les pays anglophones. On peut estimer que moins de 30 enfants seront prénommés ainsi en 2021. *Variantes :* Nana, Nancie. *Caractérologie :* communication, enthousiasme, pratique, adaptation, cœur.

Nao
- de 100

Fleur de pêcher (vietnamien), honnête (japonais). *Caractérologie :* pragmatisme, optimisme, sociabilité, communication, créativité.

Naoëlle
170

Contraction de Nao et Noëlle. *Caractérologie :* énergie, autonomie, direction, persuasion, innovation.

Naoline
- de 100

Contraction de Nao et des prénoms se terminant par « line ». *Caractérologie :* spiritualité, raisonnement, philosophie, connaissances, originalité.

Naomi
9 000 TOP 300

Belle, agréable (hébreu). Voir Noémie. Naomi est particulièrement répandu dans les pays anglophones et néerlandophones. *Caractérologie :* spiritualité, sagacité, volonté, détermination, connaissances.

Naomie
8 000 TOP 300

Belle, agréable (hébreu). Féminin français et néerlandais. *Variantes :* Naomy, Néomie, Noam, Noamie. *Caractérologie :* décision, communication, pragmatisme, caractère, optimisme.

N

Naoual
1 000

Un présent (arabe). *Variantes :* Naouel, Naouele, Nawaël. *Caractérologie :* énergie, ambition, innovation, autonomie, autorité.

Nara
- de 100 TOP 2 000

Chêne, symbole de stabilité (japonais), heureuse (celte), proche, aimée (anglais). Nara est plus particulièrement usité dans les pays anglophones et au Japon. *Caractérologie :* résolution, méditation, savoir, intelligence, indépendance.

Narimane
350

Au caractère doux et agréable (arabe). La reine Narimane, seconde épouse du roi Farouk, lança la mode de ce prénom en Égypte dans les années 1940. *Variantes :* Narima, Narimen, Narimene, Narrimane, Neriman. *Caractérologie :* pragmatisme, communication, optimisme, créativité, résolution.

Nassima
3 000

Air frais (arabe). On peut estimer que moins de 30 enfants seront prénommés ainsi en 2021. *Caractérologie :* sécurité, persévérance, détermination, structure, efficacité.

Nassira
900

Protection, victoire (arabe). *Variante :* Nasira. *Caractérologie :* réflexion, intégrité, altruisme, idéalisme, décision.

Nastasia
1 000

Jour de la naissance (latin). Prénom suédois et russe. *Variantes :* Nassia, Nastassia, Nastasya, Natassia, Nasya. *Caractérologie :* enthousiasme, pratique, communication, adaptation, détermination.

Natacha
29 000 TOP 2 000

Forme francisée de Natasha : jour de la naissance (latin). On peut estimer que moins de 30 enfants seront prénommés ainsi en 2021. *Variante :* Natasha. *Caractérologie :* communication, enthousiasme, pratique, organisation, finesse.

Natalia
2 000 TOP 900

Jour de la naissance (latin). Natalia est particulièrement répandu dans les pays slaves et hispanophones, en Italie et en Grèce. C'est aussi un choix traditionnel corse et occitan. *Variante :* Natalya. *Caractérologie :* méthode, fiabilité, ténacité, décision, gestion.

Natalie
1 000

Jour de la naissance (latin). Féminin anglais et allemand. *Variantes :* Natale, Natali. *Caractérologie :* organisation, stratégie, vitalité, achèvement, détermination.

Nataline
- de 100

Jour de la naissance (latin). *Variantes :* Natalena, Natalène, Natalina, Nathalène, Nathaline. *Caractérologie :* gestion, méthode, ténacité, décision, fiabilité.

Natasha
750

Jour de la naissance (latin). Féminin anglais, russe et slave. *Caractérologie :* ambition, autorité, innovation, finesse, énergie.

Nathalia
900

Jour de la naissance (latin). Ce prénom est particulièrement répandu au Brésil et au Portugal. *Caractérologie :* communication, finesse, pratique, enthousiasme, résolution.

Nathalie
370 000 TOP 2 000

Jour de la naissance (latin). Ce prénom porté par une sainte au IVe siècle (Nathalie de Nicomédie) n'est pas nouveau, mais son usage est longtemps resté confidentiel en France. C'est

N

dans les années 1960 que Nathalie s'envole vers la gloire, prenant la tête du classement féminin de 1965 à 1971. L'immense succès de *Nathalie*, la chanson de Gilbert Bécaud, en 1964, a contribué à sa popularité. Bien qu'il soit depuis tombé dans l'oubli, Nathalie est aujourd'hui le deuxième prénom féminin le plus porté dans l'Hexagone. Il est par ailleurs très répandu en Allemagne et aux Pays-Bas. ◇ Condamnée au martyre par l'émir de Cordoue au IXe siècle, sainte Nathalie mourut aux côtés de son mari et du moine qu'ils avaient caché. On peut estimer que moins de 30 enfants seront prénommés ainsi en 2021. *Caractérologie* : finesse, connaissances, décision, sagacité, attention.

Nathaly
250

Jour de la naissance (latin). Féminin anglais. *Variantes* : Nataly, Natalis, Natty. *Caractérologie* : altruisme, idéalisme, intégrité, sensibilité, bonté.

Nathanaëlle
2 000 ↘

Il a donné (hébreu). On peut estimer que moins de 30 enfants seront prénommés ainsi en 2021. *Caractérologie* : pratique, enthousiasme, communication, sensibilité, organisation.

Natividad
- de 100

Nativité (latin). *Variante* : Nativité. *Caractérologie* : communication, pragmatisme, optimisme, créativité, décision.

Nava
- de 100

Belle (hébreu). *Caractérologie* : réceptivité, loyauté, sociabilité, bonté, diplomatie.

Nawal
3 000 ↘

Un présent (arabe). On peut estimer que moins de 30 enfants seront prénommés ainsi en 2021. *Variantes* : Naoïl, Naoïle, Naouale, Nawale. *Caractérologie* : paix, bienveillance, conscience, conseil, sagesse.

Nawel
7 000 TOP 400 ↘

Un présent (arabe). *Variantes* : Naouelle, Nawell, Nawelle. *Caractérologie* : autorité, innovation, énergie, ambition, autonomie.

Naya
3 000 TOP 300 ↗

Instrument de musique (arabe). *Variante* : Nayah. *Caractérologie* : audace, découverte, originalité, énergie, séduction.

Nayana
110

Regard, yeux (sanscrit). Nayana est usité en Inde. *Caractérologie* : médiation, relationnel, intuition, fidélité, adaptabilité.

Nayla
3 000 TOP 300 ↗

Qui a étanché sa soif (arabe). *Caractérologie* : passion, sympathie, ambition, force, habileté.

Neela
1 000 TOP 900 ↘

Championne (celte). Féminin anglais. *Variantes* : Nelya, Neyla. *Caractérologie* : autonomie, innovation, ambition, énergie, autorité.

Neige
300

Neige (français). *Caractérologie* : persévérance, structure, sécurité, honnêteté, efficacité.

Neila
4 000 TOP 300 ↗

Championne (celte), variante de Naïla. Féminin anglais. *Variantes* : Neil, Nehla, Neilla, Nella, Neyla. *Caractérologie* : énergie, découverte, originalité, détermination, audace.

Neïma
- de 100

Mélodie (hébreu). *Caractérologie* : famille, sens des responsabilités, décision, équilibre, influence.

N

Nejma
950 TOP 2 000

Étoile (arabe). *Variantes :* Najima, Najma, Nedjma. *Caractérologie :* originalité, connaissances, philosophie, sagacité, spiritualité.

Nélia
4 000 TOP 200

Cornu, corneille (latin), petite fleur (kabyle). Cette forme latine de Cornelia s'est longtemps passée d'accent aigu, mais une majorité de parents la préfère avec celui-ci désormais. *Variante :* Nélie. *Caractérologie :* énergie, découverte, audace, détermination, originalité.

Nell
3 000 TOP 700

Championne (celte). Nell est répandu dans les pays anglophones. *Caractérologie :* savoir, intelligence, méditation, indépendance, sagesse.

Nella
900 TOP 2 000

Éclat du soleil (grec). Féminin anglais. *Caractérologie :* stratégie, leadership, ardeur, achèvement, vitalité.

Nellie
650

Éclat du soleil (grec). Féminin français. *Caractérologie :* communication, créativité, sociabilité, pragmatisme, optimisme.

Nelly
58 000 TOP 800

Éclat du soleil (grec). Féminin anglais et français. *Variantes :* Neela, Nela, Nèle, Nélie, Nelig, Nella, Nelli, Nely. *Caractérologie :* énergie, audace, amitié, découverte, originalité.

Nelya
4 000 TOP 100

Cornu, corneille (latin), petite fleur (kabyle). *Caractérologie :* pragmatisme, communication, cœur, créativité, optimisme.

Néola
- de 30

Jeune (grec). *Caractérologie :* réceptivité, sociabilité, diplomatie, bonté, loyauté.

Néona
- de 30

Nouvelle lune (grec). *Caractérologie :* méthode, sens du devoir, fiabilité, engagement, ténacité.

Néréa
200

Mien, mienne (basque). Nerea est très en vogue en Espagne actuellement. *Caractérologie :* indépendance, intelligence, savoir, méditation, décision.

Néria
- de 30

Dieu illumine (hébreu). *Caractérologie :* intuition, médiation, décision, fidélité, relationnel.

Nérys
- de 30

Dame (gallois), ou variante de Nérina : nymphe de la mer (grec). *Variantes :* Néris, Nérissa, Nérisse, Néryssa. *Caractérologie :* humanité, rêve, rectitude, détermination, ouverture d'esprit.

Nesrine
5 000 TOP 600

Fleur sauvage (arabe). *Variantes :* Nasrine, Nassrine, Nesrin, Nesserine, Nessrine, Nisrin. *Caractérologie :* pragmatisme, optimisme, créativité, communication, résolution.

Ness
600 TOP 2 000

Diminutif de Nesrine ou Vanessa : fleur sauvage (arabe), papillon (grec). Féminin anglais. *Variantes :* Nessa, Neïssa, Nissa. *Caractérologie :* optimisme, communication, créativité, pragmatisme, sociabilité.

Nessa
1 000 TOP 1 000

Diminutif de Nesrine ou Vanessa : fleur sauvage (arabe), papillon (grec). Féminin anglais. *Caractérologie :* efficacité, sécurité, structure, persévérance, honnêteté.

N

Les héroïnes de cinéma

Il n'est pas nécessaire d'être un pur cinéphile ou d'avoir passé toute son adolescence sur les strapontins des salles obscures pour se laisser inspirer par le 7e art.

En termes de casting de prénoms, le grand écran nous offre un festival d'inspirations ! Qu'il s'agisse de péplums, de la nouvelle vague, de blockbusters ou de Bollywood, libre à vous de choisir l'univers qui vous ressemble.

Voici une sélection non exhaustive de prénoms liés au cinéma, pour rendre hommage à ceux qui nous ont fait rêver. Elle ne se veut nullement objective (c'est le jeu !) et doit être complétée à l'envi par vos propres souvenirs. Comme des albums photos qui ne demandent qu'à être feuilletés, certains personnages n'ont pas pris une ride, et d'autres sont, au contraire, plein de nostalgie d'une autre époque. Gros plans sur des prénoms plein de talent !

- Adèle, dans *L'Histoire d'Adèle H.* de François Truffaut
- Alicia, dans *Les Enchaînés* d'Alfred Hitchcock
- Amélie, dans *Le Fabuleux destin d'Amélie Poulain* de Jean-Pierre Jeunet
- Anouk, comme Anouk Aimée, actrice de *La Dolce Vita* de Fellini et de *Un homme et une femme* de Claude Lelouch
- Ariel, dans *La Petite Sirène* de Walt Disney
- Artémise, dans *300* de Zack Snyder
- Arwen, dans *Le Seigneur des anneaux* de Peter Jackson
- Ava, comme Ava Gardner dans *La Comtesse aux pieds nus* ou *Pandora*
- Belle et Nora, dans *Barry Lyndon* de Stanley Kubrik
- Cléo, dans *Cléo de 5 à 7* d'Agnès Varda
- Delphine et Solange, dans *Les Demoiselles de Rochefort* de Jacques Demy
- Elsa, dans *La Reine des Neiges* de Walt Disney
- Esmée et Bella, dans *Twilight* de Catherine Hardwicke
- Ève, dans *All about Eve* Joseph L. Mankiewicz
- Fanny, dans *Fanny et Alexandre* d'Ingmar Bergman
- Garance, dans *Les Enfants du paradis* de Marcel Carné
- Grace, dans *Grace de Monaco* d'Olivier Dahan
- Gretta, dans *les Gens de Dublin* de John Huston
- Ilsa, dans *Casablanca* de Michael Curtiz
- Ingrid, comme Ingrid Bergman
- Irène et Sophie, dans *L'Accompagnatrice* de Claude Miller
- Kim, comme Kim Novak, actrice dans *Vertigo* d'Alfred Hitchcock
- Laura, dans *Laura* d'Otto Preminger
- Lauren, comme Lauren Bacall
- Leïa, dans *Star Wars* de George Lucas
- Lilo, dans *Lilo et Stitch* de Chris Sanders et Dean DeBlois
- Lilou, dans *Le Cinquième Élément* de Luc Besson
- Lola, dans *Lola* de Jacques Demy
- Loulou, dans *Loulou* de Georg Wilhem
- Lucie, dans *Lucie Aubrac* de Claude Berry
- Manon, dans *Manon des sources* de Claude Berri
- Marion, dans *Les Aventuriers de l'arche perdue* de Steven Spielberg
- Marlène, comme Marlene Dietrich dans *L'Ange Bleu* ou *L'Impératrice* de Josef von Sternberg
- Mathilde, dans *L'Armée des ombres* de Jean-Pierre Melville
- Maud, dans *Ma nuit chez Maud* d'Éric Rohmer
- Nikita, dans *Nikita* de Luc Besson
- Rosalie, dans *César et Rosalie* de Claude Sautet
- Rose, dans *Titanic* de James Cameron
- Roxane, dans *Cyrano de Bergerac* de Jean-Paul Rapeneau
- Sarah, dans *Terminator* de James Cameron

N

- Scarlett et Mélanie, dans *Autant en emporte le vent de vent* de Victor Fleming
- Sophie, dans *Jeux d'enfants* de Yann Samuell
- Sylvia, dans *Partie de campagne* de Jean Renoir
- Thelma et Louise, dans *Thelma et Louise* de Ridley Scott
- Vicki, dans *L'Affaire Thomas Crown* de Norman Jewison

Nesta

160

Forme galloise d'Agnès : chaste, pure (grec). *Caractérologie :* volonté, charisme, indépendance, curiosité, dynamisme.

Nettie

- de 30

Dieu fait grâce (hébreu). Féminin anglais. *Variante :* Netty. *Caractérologie :* autorité, autonomie, innovation, énergie, ambition.

Néva

500 TOP 900

Forme abrégée de Geneva ou variante de Nieves. Féminin anglais et espagnol. *Caractérologie :* équilibre, influence, famille, exigence, sens des responsabilités.

Névada

- de 30

Ce nom signifie « enneigé » en espagnol. Nevada est également le nom d'un État américain. *Caractérologie :* sociabilité, diplomatie, réceptivité, loyauté, bonté.

Neya

140 TOP 2 000

Variante de Naya et Nia, un diminutif gallois de Niamh. *Variante :* Neïa. *Caractérologie :* altruisme, intégrité, idéalisme, dévouement, réflexion.

Nia

150 TOP 2 000

Diminutif de Niamh, prénom irlandais signifiant « lumineuse ». Dans la mythologie celtique irlandaise, Niamh est la fille de la déesse de la mer. Elle tombe amoureuse du poète Oisín et l'invite à la rejoindre au pays de la jeunesse éternelle. Nia est également un diminutif des prénoms qui se terminent par ces trois lettres. *Caractérologie :* équilibre, famille, sens des responsabilités, influence, décision.

Nicole

246 000 TOP 800

Victoire du peuple (grec). Ce féminin de Nicolas est attesté au Moyen Âge mais son usage reste discret jusqu'au XXe siècle. Il s'élance dans les années 1920 et brille au 3e rang du classement de 1939 à 1948 avant de se retirer progressivement, et de se raréfier plus nettement dans les années 1980. Contrairement à son dérivé Colette, plus prospère au Moyen Âge, Nicole s'est exporté outre-Manche dès le XIIIe siècle et a connu un beau succès à la fin du XXe siècle dans les pays anglophones. *Variantes :* Nickie, Nicky, Nicolasa, Nicolina, Nicoline. Forme basque : Nikole. *Caractérologie :* efficacité, persévérance, structure, analyse, sécurité.

Nicolette

500

Victoire du peuple (grec). Féminin français. *Variante :* Nicoletta. *Caractérologie :* logique, ténacité, fiabilité, engagement, méthode.

Nicolle

8 000

Victoire du peuple (grec). *Caractérologie :* intelligence, méditation, indépendance, savoir, logique.

Nieves

- de 100

Ce nom signifie « neiges » en espagnol. *Variante :* Neva. *Caractérologie :* sociabilité, loyauté, diplomatie, résolution, réceptivité.

Nina

Fêtes :
15 décembre,
14 janvier ou 16 septembre

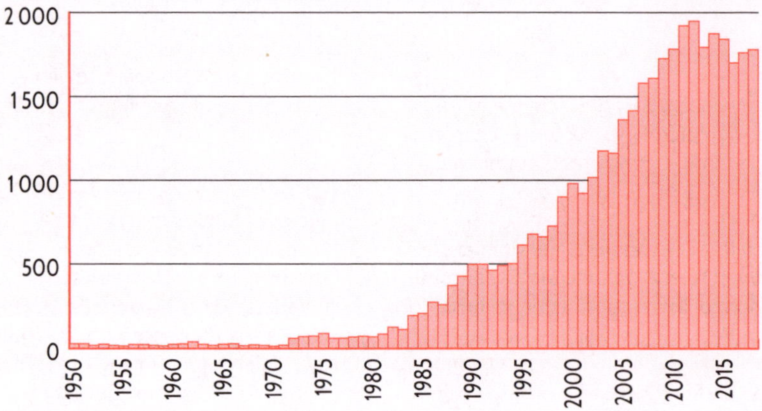

Étymologie

Diminutif russe d'Anne, de l'hébreu *hannah*, « grâce », ou forme abrégée de Christiana, d'Antonina et des prénoms se terminant en « ina ». Au IVe siècle, sainte Nina, ou Christiane (le nom qui la désignait en tant que « chrétienne »), aurait converti la famille royale de Géorgie et propagé la foi à tout le pays. Sa popularité assura la diffusion du prénom en Géorgie, en Russie, dans l'ensemble des pays slaves puis dans les pays hispanophones (Nina signifie « petite fille » en espagnol). Notons que ses racines plurielles n'empêchent pas les Bretons de lui associer des racines celtes. Ninian, un saint d'origine écossaise ayant vécu en Bretagne au Ve siècle, pourrait en effet lui être apparenté (*nin* signifie « hauteur », « sommet » en vieux breton). D'où la date de sa fête locale, le 16 septembre.

Nina s'est propagée en Europe et dans les pays anglophones à partir du XIXe siècle, mais sa faveur est toute nouvelle en France. Après avoir séduit les Parisiens (top 20), elle décolle dans l'ensemble du pays et devrait figurer dans le top 30 en 2021. En dehors de la France, ce prénom a pris son envol en Wallonie et en Suisse romande.

Son équivalent masculin connaît une jolie croissance. Mais si l'orthographe les assemble, leur origine les dissocie. Nino est en effet le diminutif de Giovanni, une forme italienne de Jean. Ses quatre lettres et son charme italien ont probablement suffi à le propulser au 57e rang des attributions en 2020. Une carrière qui mérite d'être suivie...

Selon la légende, **sainte Nina** soigna un enfant très malade alors qu'elle était retenue captive en Géorgie au IVe siècle. Elle fut appelée au chevet de la reine de Géorgie agonisante, et la guérit. Nina refusa l'or de la souveraine et lui demanda, en guise de récompense, de se convertir, ce qu'elle fit avant d'être imitée par le roi, puis par le pays tout entier. Les chrétiens orthodoxes célèbrent cette sainte le 14 janvier et les catholiques la fêtent le 15 décembre.

Dans la littérature, **Nina** est l'héroïne de *La Mouette*, pièce de théâtre d'Anton Tchekhov. Sa première représentation, à Saint-Pétersbourg, date de 1896.

Personnes célèbres

Nina Ricci, créatrice de mode franco-italienne (1883-1970) ; Nina Simone, chanteuse américaine (1933-2003) ; Anna Maria Agusti Flores, dite Nina, actrice et chanteuse catalane célèbre en Espagne, née en 1966.

Statistiques

Nina est le 43e prénom féminin le plus donné en France depuis l'an 2000. Ce prénom est attribué à près d'une fille sur 190 aujourd'hui.

Nikita

1 000 TOP 2 000

Victoire du peuple (grec), maison (indien d'Asie). *Variante :* Nikki. *Caractérologie :* innovation, ambition, énergie, autorité, résolution.

Nila

750 TOP 2 000

Championne (celte). Féminin anglais. *Caractérologie :* rectitude, rêve, ouverture d'esprit, détermination, humanité.

Nilda

250

Armure, couleur brune (germanique). Féminin italien. *Caractérologie :* organisation, patience, efficacité, constance, honnêteté.

Nima

150 TOP 2 000

Plaisirs, bienfaits (arabe), corde d'instrument de musique (hébreu), ajuster (sanscrit). *Variantes :* Nimah, Nimat. *Caractérologie :* autorité, ambition, innovation, énergie, détermination.

Nina

42 000 TOP 50

Diminutif russe d'Anne, de l'hébreu *hannah*, « grâce », ou forme abrégée de Christiana, d'Antonina et des prénoms se terminant en « ina ». *Caractérologie :* intuition, fidélité, relationnel, détermination, médiation.

Nine

900 TOP 2 000

Grâce (hébreu). En dehors de l'Hexagone, Nine est particulièrement usité aux Pays-Bas. *Caractérologie :* conscience, paix, sagesse, conseil, bienveillance.

Ninon

13 000 TOP 200

Grâce (hébreu). Nin signifie également « jeune », « petit enfant » en occitan. Féminin français et occitan. *Variantes :* Nena, Nine. *Caractérologie :* pragmatisme, communication, créativité, optimisme, sociabilité.

Nisa

1 500 TOP 700

Lutin (scandinave), un signe (hébreu). *Caractérologie :* originalité, connaissances, sagacité, décision, spiritualité.

Nisha

- de 100

Nuit (sanscrit). Nisha est répandu en Inde. *Caractérologie :* paix, conscience, bienveillance, résolution, conseil.

Nisrine

2 000 TOP 2 000

Fleur sauvage (arabe). On peut estimer que moins de 30 enfants seront prénommés ainsi en 2021. *Variante :* Nissrine. *Caractérologie :* indépendance, méditation, intelligence, décision, savoir.

Nissa

250

Un signe (hébreu). Féminin anglais. *Variantes :* Nisa, Nisha, Nyssa. *Caractérologie :* détermination, ambition, habileté, force, passion.

Nita
250

Grâce (hébreu). Féminin anglais. *Caractérologie :* vitalité, achèvement, décision, stratégie, ardeur.

Niva
- de 30

Parole (hébreu). *Caractérologie :* ambition, innovation, autorité, énergie, résolution.

Nixie
- de 30

Nymphe des eaux dans la mythologie germanique. *Caractérologie :* sagacité, connaissances, spiritualité, philosophie, originalité.

Noa
6 000 TOP 500

En mouvement (hébreu). Au féminin, Noa est également un prénom japonais qui signifie « amour ». Dans l'Ancien Testament, Noa revendique auprès de Moïse un droit à l'héritage laissé par son père. C'est grâce à elle que la loi régissant les successions est modifiée en faveur des femmes. La première Noa de l'Hexagone est née en 1982, bien avant que ce prénom soit attribué à un garçon (en 1998). Depuis, Noa s'est largement masculinisé. Au féminin, ce prénom est très en vogue en Espagne et en Israël. Il est en cours d'ascension dans les pays occidentaux et anglophones. *Variantes :* Noée, Noha. *Caractérologie :* communication, enthousiasme, adaptation, pratique, générosité.

Noadia
- de 30

Connaissance (hébreu). *Caractérologie :* habileté, ambition, management, passion, détermination.

Noan
180

Agneau (celte), ou dérivé d'Oanez (une forme bretonne d'Agnès signifiant « chaste, pur » en grec). Noan est essentiellement masculin aujourd'hui. *Variante :* Noane. *Caractérologie :* vitalité, achèvement, stratégie, ardeur, management.

Noane
250

Agneau (celte), ou dérivé d'Oanez (une forme bretonne d'Agnès signifiant « chaste, pur » en grec). *Variante :* Noanne. *Caractérologie :* patience, logique, famille, ténacité, création.

Noéla
750

Jour de la naissance (latin). Féminin français. *Caractérologie :* médiation, intuition, relationnel, adaptabilité, fidélité.

Noëlane
- de 30

Fusion de Noëlle et des prénoms se terminant en « an ». *Caractérologie :* communication, optimisme, adéquation, partage, art.

Noèle
1 500

Jour de la naissance (latin). Féminin français. *Caractérologie :* exigence, influence, équilibre, famille, sens des responsabilités.

Noélia
2 000 TOP 500

Jour de la naissance (latin). *Caractérologie :* logique, relationnel, décision, médiation, intuition.

Noélie
8 000 TOP 300

Jour de la naissance (latin). Féminin français. *Variantes :* Noélia, Noélya. *Caractérologie :* influence, sens des responsabilités, équilibre, famille, raisonnement.

Noéline
4 000 TOP 600

Combinaison de Noëlle et Line. Féminin français. *Caractérologie :* médiation, fidélité, intuition, relationnel, logique.

Noëlla
5 000 TOP 2 000

Jour de la naissance (latin). Féminin français. On peut estimer que moins de 30 enfants seront prénommés ainsi en 2021. *Caractérologie :* curiosité, indépendance, dynamisme, charisme, courage.

Noëlle
23 000

Jour de la naissance (latin). Féminin français et anglais. *Caractérologie :* rectitude, ouverture d'esprit, générosité, humanité, rêve.

Noemi
1 000 →

Belle, agréable (hébreu). Féminin italien, hongrois, espagnol et portugais. *Caractérologie :* intuition, médiation, relationnel, volonté, fidélité.

Noémie
69 000 TOP 100 ↘

Belle, agréable (hébreu). Ce prénom de l'Ancien Testament fut répandu dans les familles juives avant d'être adopté par les puritains anglais à la fin du XVIe siècle. Naomi est très courant dans les pays anglophones lorsqu'il émerge en France sous la forme de Noémie. Cette nouveauté culmine au 27e rang du classement féminin en 1996, et se maintient encore en bonne position aujourd'hui. Dans l'Ancien Testament, Noémie est la belle-mère de Ruth et l'arrière-grand-mère du roi David. *Variantes :* Noémia, Noémy. *Caractérologie :* sagacité, spiritualité, connaissances, volonté, originalité.

Noha
700 →

Esprit, sagesse (arabe), et variante moderne de Noa. *Caractérologie :* intuition, relationnel, fidélité, médiation, adaptabilité.

Nola
1 500 TOP 600 →

Diminutif de Fionnula, qui signifie « épaule pâle », ou d'autres prénoms qui se terminent par « nola ». Ce prénom d'origine irlandaise n'est pas apparenté à Nolan. *Caractérologie :* famille, équilibre, sens des responsabilités, exigence, influence.

Nolane
250

Championne (celte). Cette forme féminine de Nolan est apparue dans l'Hexagone à la fin des années 1990. Elle est également recensée dans les pays anglophones. *Variantes :* Nolana, Nolanne, Nolène, Noline. *Caractérologie :* sagacité, philosophie, connaissances, spiritualité, originalité.

Noline
- de 100

Championne (celte). *Caractérologie :* conseil, paix, bienveillance, raisonnement, sagesse.

Nolwen
1 500 ↓

Blanc, heureux (celte). Voir Nolwenn. Féminin breton. On peut estimer que moins de 30 enfants seront prénommés ainsi en 2021. *Variantes :* Nolvenn, Nolween, Nolwene. *Caractérologie :* relationnel, intuition, médiation, fidélité, adaptabilité.

Nolwenn
13 000 TOP 800 ↘

Blanc, heureux (celte). Prénom français et breton. Au VIe siècle, sainte Nolwenn s'apprêtait à mener une vie de recluse, mais elle fut courtisée par un seigneur dont elle osa repousser les avances. Fou de rage, il la fit décapiter. La légende raconte qu'elle ramassa sa tête et poursuivit son chemin jusqu'à un lieu de sépulture approprié. Une chapelle lui est dédiée à Noyal-Pontivy, commune du Morbihan dont Nolwenn est la patronne. *Variante :* Nolwenne. *Caractérologie :* sagacité, connaissances, spiritualité, philosophie, originalité.

Noor
2 000 TOP 300 ↑

Lumière (arabe). *Caractérologie :* passion, habileté, ambition, management, force.

Nora
21 000 TOP 200 →

Éclat du soleil (grec), lumière (arabe). Féminin irlandais, anglais, scandinave,

N

allemand, néerlandais, italien et français. *Caractérologie :* communication, optimisme, pragmatisme, créativité, détermination.

Norah
5 000 TOP 200

Éclat du soleil (grec), lumière (arabe). Norah est plus particulièrement répandu en Irlande, dans les pays anglophones et les cultures musulmanes. *Variante :* Norha. *Caractérologie :* réceptivité, sociabilité, diplomatie, loyauté, détermination.

Noria
1 500

Lumière (arabe). On peut estimer que moins de 30 enfants seront prénommés ainsi en 2021. *Variante :* Noriane. *Caractérologie :* adaptation, enthousiasme, communication, détermination, pratique.

Norine
300

Éclat du soleil (grec). Féminin anglais. *Variantes :* Noreen, Norette, Norina. *Caractérologie :* optimisme, communication, créativité, sociabilité, pragmatisme.

Norma
550

Règle (latin). Féminin anglais. *Caractérologie :* connaissances, résolution, sagacité, spiritualité, volonté.

N

Nour
13 000 TOP 50

Lumière (arabe). Épouse du roi Hussein, Nour fut la reine de Jordanie de 1978 à 1999. *Variantes :* Nore, Nourra, Nur. *Caractérologie :* énergie, découverte, audace, raisonnement, originalité.

Noura
4 000 TOP 2 000

Lumière (arabe), feu (hébreu). *Caractérologie :* bienveillance, détermination, raisonnement, paix, conscience.

Nouria
1 000

Lumière (arabe), feu (hébreu). *Variantes :* Nouriya, Nooria, Noorya, Nuriya. *Caractérologie :* sens des responsabilités, équilibre, décision, famille, logique.

Nova
120

Nouveau (latin). *Variante :* Novia. *Caractérologie :* connaissances, sagacité, spiritualité, originalité, volonté.

Noyale
- de 100

Blanc, heureux (celte). Féminin breton. *Caractérologie :* altruisme, intégrité, réflexion, amitié, idéalisme.

Nuala
- de 30

Épaule pâle (irlandais). *Caractérologie :* ténacité, fiabilité, méthode, engagement, sens du devoir.

Nuccia
- de 100

Qui ajoutera (hébreu). Féminin italien. *Caractérologie :* paix, bienveillance, conseil, conscience, résolution.

Nuria
350

Lieu entre des collines (basque), sanctuaire pyrénéen dédié à la Vierge de Nuria. Féminin espagnol, français, basque et catalan. *Variantes :* Nuriah, Nurya. *Caractérologie :* altruisme, réflexion, idéalisme, intégrité, détermination.

Nyla
450 TOP 2 000

Championne (celte). Voir Nila. *Variante :* Nila. *Caractérologie :* originalité, bonté, connaissances, sagacité, spiritualité.

Nymphéa
- de 30

Femme (latin). Se rapporte également aux nymphes qui ont peuplé l'imaginaire des mythologies grecque et romaine. *Caractérologie :* relationnel, réalisation, fidélité, adaptabilité, médiation.

Nyoko
- de 30

Trésor (japonais). *Caractérologie :* force, ambition, passion, habileté, management.

Nour

Fête :
13 décembre

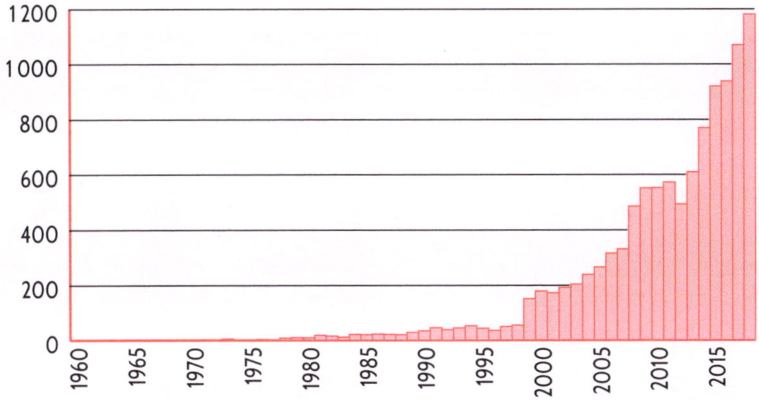

Étymologie

Ce prénom tire son origine de l'arabe *nûr*, « lumière ». Une signification qui lui vaut d'être fêté le même jour que Lucie (*lux*, « lumière » en latin).

Populaire au Liban, en Iran, en Afghanistan et couramment diffusé dans les pays arabophones, sa présence est longtemps confidentielle en France.

Bien que ce prénom soit féminin (dans 96 % des naissances), c'est au masculin qu'il apparaît en France dans les années 1950, bien avant la naissance de la première Nour (en 1973). Jusqu'à la fin des années 1990, le nombre annuel de ses attributions n'a jamais dépassé la cinquantaine. C'est à partir du début de notre siècle que Nour sort de l'ombre, pour atteindre le cap symbolique des 1 000 naissances en 2017. Depuis, elle semble avoir pris goût à la lumière et s'affiche dans les tops 50 national et parisien.

Son succès est moins flagrant chez nos amis francophones. Elle ne parvient pas à se hisser dans les cent premières places, ou *in extremis* en Wallonie (94e position). Noor, sa version anglophone, porte le flambeau à l'international, mais sans éclat, à l'exception des Pays-Bas où elle figure dans le top 20.

Nour est, sans aucun doute, promise à un brillant avenir. Ce prénom aux harmonieuses sonorités est court, comme le veut la tendance. Il présente aussi l'atout de se prononcer de la même façon en arabe et en français. Il éclipse pour le moment ses petites sœurs, Noura et Nouria, qui demeurent en fond de classe. Seule Nora, qui s'enorgueillit d'une double origine (« éclat de soleil » en grec et « lumière » en arabe) est parvenue à se hisser dans le top 200.

Personnes célèbres

Nour Azzam, chanteuse suisse, née en 1984 ; Noor al-Hussein, épouse du roi Hussein, fut la reine de Jordanie de 1978 à 1999 ; Nour El Sherif, acteur égyptien (1946-2015) ; Nour Ali Boroumand, musicien iranien (1905-1977).

Statistiques

Nour est le 119e prénom féminin le plus donné en France depuis l'an 2000. Ce prénom est attribué à près d'une fille sur 253 aujourd'hui.

N

O

Oana
180

Forme bretonne d'Agnès : chaste, pure (grec). *Caractérologie :* efficacité, sécurité, honnêteté, persévérance, structure.

Oanell
130

Forme bretonne d'Agnès : chaste, pure (grec). *Variantes :* Oanel, Oanelle. *Caractérologie :* courage, charisme, indépendance, curiosité, dynamisme.

Oanez
- de 30

Forme bretonne d'Agnès : chaste, pure (grec). *Caractérologie :* indépendance, méditation, savoir, intelligence, sagesse.

Obéline
- de 100

Obélisque (grec). *Variantes :* Obélia, Obélie. *Caractérologie :* habileté, ambition, force, passion, analyse.

Océane
86 000 TOP 200

Océan (grec). Tout comme Ondine, ce prénom est né dans l'Hexagone en 1972, au moment où Marine entamait sa brillante carrière. Océane est rarissime jusqu'à la fin des années 1980, où son décollage est fulgurant. Clouant Ondine sur place, Océane pointe au 6ᵉ rang féminin en 1998, son meilleur classement. La relève de Marine est alors assurée pour quelques années. On fête ce prénom le même jour qu'Océan, un saint du IVᵉ siècle dont on sait peu de choses. Voir Océan. *Variantes :* Aucéane, Océana, Océanie. *Caractérologie :* savoir, intelligence, méditation, sagesse, indépendance.

Océanne
2 000

Océan (grec). On peut estimer que moins de 30 enfants seront prénommés ainsi en 2021. *Caractérologie :* communication, adaptation, pratique, enthousiasme, générosité.

Océlia
200

Contraction d'Océane et Célia. *Variante :* Océlie. *Caractérologie :* humanité, raisonnement, générosité, rêve, ouverture d'esprit.

Octavia
400 TOP 500

Huitième (latin). Féminin anglais, espagnol, portugais et occitan. *Caractérologie :* organisation, force, analyse, habileté, ambition.

Octavie
1 000 TOP 2 000

Huitième (latin). Ce prénom porté par la sœur de l'empereur Auguste fut très répandu à l'époque romaine. Il était traditionnellement attribué pour désigner le huitième enfant né dans une famille. Octavie est le féminin français d'Octave. *Variantes :* Octavia, Octavienne, Ottavia. *Caractérologie :* optimisme, communication, pragmatisme, volonté, analyse.

Odélia
700 TOP 2 000

Richesse (germanique). Féminin anglais. *Variantes :* Odélie, Odelinda, Odell, Odelle. *Caractérologie :* audace, direction, caractère, logique, dynamisme.

Odeline
300

Richesse (germanique). *Caractérologie :* direction, audace, caractère, dynamisme, logique.

Odessa
400

Long voyage (grec). *Caractérologie :* rêve, rectitude, caractère, humanité, ouverture d'esprit.

Odette
68 000

Richesse (germanique). Féminin français. *Variantes :* Odete, Odetta, Odiane.

Caractérologie : sens des responsabilités, équilibre, volonté, famille, influence.

Odile
74 000

Richesse (germanique). Féminin français. *Variantes :* Odila, Odilia, Odyle, Odylle. *Caractérologie :* intégrité, altruisme, raisonnement, volonté, idéalisme.

Odille
550

Richesse (germanique). *Caractérologie :* communication, pratique, analyse, volonté, enthousiasme.

Ohana
200 TOP 900

Dieu fait grâce (hébreu), nid, famille (hawaïen, tahitien). *Variante :* Ohanna. *Caractérologie :* achèvement, vitalité, stratégie, leadership, ardeur.

Ohiana
- de 100

Bosquet, bois (basque). *Variante :* Ohiane. *Caractérologie :* adaptation, communication, pratique, enthousiasme, détermination.

Oihana
950 TOP 2 000

Bosquet, bois (basque). *Caractérologie :* communication, enthousiasme, pratique, adaptation, détermination.

Oksana
550 TOP 2 000

Hospitalier (grec). *Variantes :* Oksanna, Oksanne. *Caractérologie :* indépendance, savoir, méditation, intelligence, sagesse.

Olariane
- de 30

Contraction d'Olalia et d'Ariane. *Caractérologie :* communication, logique, pratique, enthousiasme, décision.

Olfa
950

Entente, harmonie (arabe). *Variante :* Olpha. *Caractérologie :* intelligence, savoir, indépendance, méditation, sagesse.

Olga
8 000 TOP 2 000

Heureuse (germanique). Fille du tsar Nicolas II, Olga Nikolaïevna de Russie fut assassinée en 1918 avec toute sa famille à l'âge de 22 ans. Ce prénom est très répandu en Russie, en Roumanie et dans l'ensemble des pays slaves. *Caractérologie :* vitalité, achèvement, ardeur, stratégie, leadership.

Oliana
250 TOP 2 000

Dérivé d'Olina ou combinaison d'Olivia et Anna. Féminin suédois et norvégien. *Variantes :* Olianna, Oliane, Olianne. *Caractérologie :* raisonnement, spiritualité, volonté, originalité, connaissances.

Olina
- de 100

Ancêtre (vieux norrois). Féminin scandinave. *Caractérologie :* logique, paix, bienveillance, conscience, décision.

Olinda
140

Aube (grec), violette (latin). Féminin anglais. *Variante :* Olynda. *Caractérologie :* autorité, innovation, énergie, volonté, raisonnement.

Oliva
- de 100

Olive (latin). Une racine scandinave (*olafr*) pourrait également lui conférer le sens d'« ancêtre » en vieux norrois. *Caractérologie :* audace, énergie, originalité, raisonnement, découverte.

Olive
550

Olive (latin). Une racine scandinave (*olafr*) pourrait également lui conférer le sens d'« ancêtre » en vieux norrois. Féminin anglais. *Caractérologie :* altruisme, analyse, idéalisme, intégrité, volonté.

Olivia
41 000 TOP 50

Olive (latin). Une racine scandinave (*olafr*) pourrait également lui conférer le sens d'« ancêtre » en vieux norrois. *Variantes :*

O

Oliane, Olivane, Olivéa, Oliviana, Oliviane, Olivie, Olivine. *Caractérologie :* indépendance, courage, curiosité, dynamisme, analyse.

Olwen
- de 100

Trace blanche (celte). Prénom gallois et breton. Olwen est l'une des héroïnes des Mabinogion, contes médiévaux des anciens Gallois. *Variante :* Olwenn. *Caractérologie :* paix, conseil, bienveillance, conscience, sagesse.

Olympe
4 000 TOP 300

Qui vient de l'Olympe (grec). Féminin français. *Variantes :* Olympie, Olympia. *Caractérologie :* curiosité, courage, dynamisme, sympathie, volonté.

Omaya
120

Jeune mère (arabe). *Variante :* Oméya. *Caractérologie :* réalisation, autorité, énergie, innovation, ambition.

Ombeline
4 000 TOP 700

Esprit brillant (germanique). Féminin français. *Variante :* Ombline. *Caractérologie :* enthousiasme, pratique, volonté, communication, raisonnement.

O

Ona
- de 100

Bon (basque). *Caractérologie :* pragmatisme, communication, sociabilité, optimisme, créativité.

Ondine
1 000 TOP 2 000

Flot, vague (latin). Féminin français. *Variante :* Ondina. *Caractérologie :* connaissances, sagacité, spiritualité, originalité, volonté.

Oona
200

Agneau (irlandais). Féminin irlandais et finlandais. *Caractérologie :* humanité, rectitude, ouverture d'esprit, rêve, générosité.

Opale
350 TOP 2 000

Forme anglophone du sanscrit *upala* qui signifie « pierre précieuse ». *Variantes :* Opal, Opaline. *Caractérologie :* structure, persévérance, sécurité, cœur, efficacité.

Opaline
300

Voir Opale. *Caractérologie :* amitié, idéalisme, raisonnement, intégrité, altruisme.

Ophélia
2 000 TOP 700

Qui aide (grec). Féminin anglais. *Variante :* Phélia. *Caractérologie :* communication, enthousiasme, pratique, ressort, analyse.

Ophélie
36 000 TOP 700

Qui aide (grec). Féminin français. *Variantes :* Oliphie, Ophély. *Caractérologie :* connaissances, sagacité, analyse, ressort, spiritualité.

Ophéline
300

Qui aide (grec). *Caractérologie :* enthousiasme, ressort, communication, analyse, pratique.

Ophira
- de 30

En or (hébreu). *Variante :* Ofira. *Caractérologie :* méthode, engagement, ténacité, ressort, fiabilité.

Ora
190

Lumière (hébreu). *Variante :* Orah. *Caractérologie :* savoir, intelligence, méditation, indépendance, sagesse.

Orama
- de 30

Inspiration céleste (tahitien). *Caractérologie :* pratique, adaptation, communication, générosité, enthousiasme.

Orane
3 000

Dérivé d'Uranie, du grec *ouranos*, « ciel », et contraction d'Ora et Anne. Féminin français. On peut estimer que moins de 30 enfants seront prénommés ainsi en

Olivia

Fête :
5 mars

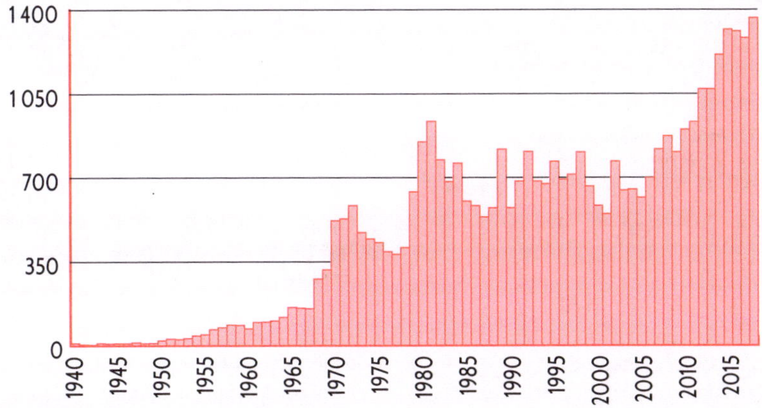

Étymologie

Olive (latin). Une racine scandinave (*olafr*) pourrait également lui conférer le sens d'« ancêtre » en vieux norrois. On attribue à Shakespeare l'invention d'Olivia, inspirée par les prénoms anciens Olive et Oliva. Ce prénom est rarement attribué en Europe avant les années 1960, même si son usage est attesté en Angleterre à partir du XVIIIe siècle. En France, c'est l'ascension d'Olivier qui révèle cette forme féminine dans les années 1970. Après un début de carrière chaotique, Olivia s'envole de telle sorte que son entrée dans le top 40 national est imminente.

En dehors de l'Hexagone, Olivia brille dans les palmarès anglais, américain, canadien et australien. Elle est en vogue dans les pays scandinaves et se distingue au Québec, en Suisse romande et en Wallonie.

Les Olivia sont fêtées le 5 mars avec sainte Olive. Cette dernière vécut au IIe siècle et fut martyre à Brescia, où reposent ses reliques.

Personnes célèbres

Olivia Newton-John, chanteuse et actrice anglo-australienne, née en 1948 ; Olivia Wilde, actrice américaine, née en 1984 ; Olivia Palermo, actrice et mannequin américaine, née en 1986 ; Olivia Ruiz, autrice-compositrice-interprète, actrice et réalisatrice française, née en 1980.

Statistiques

Olivia est le 72e prénom féminin le plus donné en France depuis l'an 2000. Ce prénom est attribué à près d'une fille sur 240 aujourd'hui.

O

2021. *Variante :* Oranne. *Caractérologie :* habileté, ambition, passion, résolution, force.

Oréa
- de 30

Montagnes (grec). *Variante :* Oréal. *Caractérologie :* enthousiasme, pratique, communication, résolution, adaptation.

Orégane
170

De haute naissance (celte). Voir Aurégane. *Variante :* Orégan. *Caractérologie :* réceptivité, détermination, sociabilité, loyauté, diplomatie.

Orélie
- de 100

En or (latin). *Variante :* Orélia. *Caractérologie :* énergie, innovation, autorité, ambition, analyse.

Oria
400

En or (latin), nom de villages situés au Pays basque et en Italie. Prénom basque et italien. *Caractérologie :* philosophie, spiritualité, sagacité, originalité, connaissances.

Oriana
1 500 TOP 900

Contraction d'Oria et Anna. Prénom italien. *Caractérologie :* engagement, fiabilité, ténacité, méthode, décision.

Oriane
10 000 TOP 700

Contraction d'Oria et Anne. Féminin français. *Variantes :* Oria, Oriola, Orria. *Caractérologie :* ambition, passion, détermination, force, habileté.

Orianna
300

Contraction d'Oria et Anna. *Caractérologie :* décision, ouverture d'esprit, humanité, rectitude, rêve.

Orianne
3 000

Contraction d'Oria et Anne. Féminin français. On peut estimer que moins de 30 enfants seront prénommés ainsi en 2021. *Caractérologie :* persévérance, structure, sécurité, efficacité, décision.

Orina
- de 30

Paix (grec). Orina est plus particulièrement répandu en Russie. *Caractérologie :* pratique, résolution, communication, adaptation, enthousiasme.

Orlanda
- de 30

Gloire du pays (germanique). Féminin italien, corse et espagnol. *Caractérologie :* fidélité, intuition, volonté, raisonnement, médiation.

Orlane
10 000 TOP 700

Gloire du pays (germanique). Féminin français. *Variantes :* Orlanne, Orléane, Orléanne, Orlène. *Caractérologie :* détermination, diplomatie, réceptivité, raisonnement, sociabilité.

Orléna
- de 100

Gloire du pays (germanique). *Caractérologie :* sociabilité, diplomatie, réceptivité, raisonnement, détermination.

Orline
- de 30

Gloire du pays (germanique). *Caractérologie :* raisonnement, audace, direction, dynamisme, indépendance.

Orna
- de 100

Couleur pâle (irlandais), forme féminine d'Oren. Orna est assez répandu dans les pays anglophones. *Caractérologie :* pratique, communication, adaptation, détermination, enthousiasme.

Ornella
8 000 TOP 800

Éclat du soleil (grec). Féminin italien. *Variante :* Ornela. *Caractérologie :* dynamisme, logique, courage, décision, curiosité.

Orphée
350 →

Prénom mixte révolutionnaire dont l'origine est obscure. *Caractérologie :* méthode, ténacité, fiabilité, engagement, ressort.

Oryane
180

Variante d'Oriane. *Caractérologie :* résolution, équilibre, famille, sens des responsabilités, influence.

Osana
- de 100

Santé (basque), qui sauve (hébreu). *Variantes :* Osanna, Ozana. *Caractérologie :* séduction, énergie, originalité, audace, découverte.

Osanne
- de 30

Variante francisée d'Osane : santé (basque), qui sauve (hébreu). Forme basque : Osane. *Caractérologie :* dynamisme, charisme, curiosité, courage, indépendance.

Oscarine
- de 30

Lance divine (germanique). Féminin français. *Caractérologie :* communication, décision, optimisme, pragmatisme, logique.

Othilia
- de 100

Riche, prospère (germanique). *Variantes :* Otilia, Otillia. *Caractérologie :* logique, sociabilité, gestion, réceptivité, diplomatie.

Othilie
500 ↘

Riche, prospère (germanique). Dans l'Hexagone, Othilie est plus traditionnellement usité en Alsace. *Variantes :* Othélie, Othilde, Ottilie. *Caractérologie :* bienveillance, paix, finesse, conscience, analyse.

Ottoline
- de 30

Diminutif anglais d'Othilie : riche, prospère (germanique). Il est également rare outre-Manche. *Caractérologie :* raisonnement, sociabilité, diplomatie, loyauté, bonté.

Ouarda
1 500

Rose (arabe). *Variantes :* Oirda, Ouardia, Ourda, Ourdia. *Caractérologie :* sens des responsabilités, analyse, influence, équilibre, famille.

Oumaïma
1 000 →

Jeune mère (arabe). *Variantes :* Oum, Ouma. *Caractérologie :* direction, indépendance, audace, logique, dynamisme.

Oumayma
900 TOP 2 000 ↘

Jeune mère (arabe). *Variantes :* Omayma, Oumou, Umay, Umayma. *Caractérologie :* vitalité, stratégie, achèvement, réalisation, ardeur.

Oumy
300 →

Jeune mère (arabe). *Caractérologie :* relationnel, médiation, intuition, adaptabilité, fidélité.

Oxana
550 TOP 2 000 ↑

Hospitalier (grec). Prénom slave oriental. *Variante :* Oxanna. *Caractérologie :* audace, direction, dynamisme, indépendance, assurance.

Oxane
200 →

Hospitalier (grec). *Variante :* Oxanne. *Caractérologie :* découverte, énergie, audace, séduction, originalité.

Oyana
190

Bosquet, bois (basque). *Caractérologie :* loyauté, bonté, diplomatie, réceptivité, sociabilité.

Ozanne
- de 30

Variante francisée d'Osane : santé (basque), qui sauve (hébreu). *Variante :* Ozane. *Caractérologie :* partage, créativité, communication, pragmatisme, enthousiasme.

P

Palma
- de 100

Palmiers (hébreu). *Caractérologie :* savoir, indépendance, réalisation, méditation, intelligence.

Palmyre
450

Palmiers (hébreu). Féminin anglais. *Variantes :* Palmira, Palmire. *Caractérologie :* idéalisme, sympathie, réalisation, altruisme, intégrité.

Paloma
7 000 TOP 300

Colombe (latin). Ce prénom espagnol se rapporte également à la Vierge de la Paloma (Notre-Dame-de-la-Colombe, à Madrid). *Caractérologie :* persévérance, structure, sécurité, efficacité, réussite.

Paméla
9 000

Sucré (grec). En dehors de l'Hexagone, Pamela est particulièrement recensé dans les pays anglophones. *Variantes :* Pam, Pamella. *Caractérologie :* sympathie, communication, pratique, enthousiasme, réalisation.

Paola
9 000 TOP 400

Petit, faible (latin). Paola est répandu en Italie et dans les pays hispanophones. C'est aussi un choix traditionnel breton. *Variante :* Paolina. *Caractérologie :* altruisme, idéalisme, réflexion, dévouement, intégrité.

Paolina
700 TOP 2 000

Petit, faible (latin). Prénom italien. *Caractérologie :* raisonnement, charisme, indépendance, curiosité, dynamisme.

Paoline
300

Petit, faible (latin). *Caractérologie :* rêve, bonté, rectitude, raisonnement, humanité.

Pâquerette
950

Perle (grec). *Caractérologie :* relationnel, médiation, ressort, finesse, intuition.

Paquita
850

Libre, française (latin). *Caractérologie :* structure, persévérance, action, sécurité, organisation.

Pascale
98 000

Passage (hébreu). Peu attribué par le passé, ce prénom a jailli dans le sillon de son masculin Pascal et culminé au 12e rang féminin en 1962. Pascale est redevenu très discret depuis les années 1990. *Caractérologie :* pratique, communication, enthousiasme, sympathie, adaptation.

Pascaline
10 000

Passage (hébreu). Féminin français. *Caractérologie :* stratégie, achèvement, décision, vitalité, cœur.

Patience
- de 100

Patience (latin). *Caractérologie :* sympathie, audace, dynamisme, résolution, direction.

Patricia
198 000 TOP 2 000

Noble personne (latin). Noble par son étymologie latine *patricius*, Patricia était en usage dans la Rome antique. L'ajout de sa terminaison en « a » permettait aux Romains de distinguer la gente féminine issue des familles nobles. Malgré un usage ancien en Occitanie, Patricia s'est peu propagé en France. Il émerge avec tout l'attrait d'une nouveauté dans les années 1950 et se hisse en quelques années dans le

P

top 20. Patricia s'y maintient durant deux décennies avant de chuter fortement. Ce prénom, très répandu dans les pays anglophones, s'est illustré dans le top 10 américain de 1929 à 1966. On peut estimer que moins de 30 enfants seront prénommés ainsi en 2021. *Variantes :* Patriciane, Patricie, Patrizia, Patsy, Pattie, Patty. *Caractérologie :* énergie, gestion, découverte, originalité, audace.

Paula
4 000 TOP 600

Petit, faible (latin). Paula est très répandu dans les pays hispanophones. C'est aussi un choix traditionnel corse et occitan. *Variante :* Pola. *Caractérologie :* paix, bienveillance, conscience, conseil, sagesse.

Paule
16 000

Petit, faible (latin). Féminin français. On peut estimer que moins de 30 enfants seront prénommés ainsi en 2021. *Caractérologie :* autorité, énergie, innovation, ambition, cœur.

Paulette
88 000

Petit, faible (latin). Féminin français. *Caractérologie :* autorité, énergie, innovation, organisation, bonté.

Paulina
400

Petit, faible (latin). Féminin espagnol, polonais, letton, catalan et corse. *Caractérologie :* sociabilité, réceptivité, diplomatie, décision, cœur.

Pauline
135 000 TOP 200

Petit, faible (latin). Ce féminin français de Paul est aujourd'hui répandu dans les pays anglophones, en Allemagne et aux Pays-Bas. Dans l'Hexagone, il y a belle lurette qu'il a supplanté Paulina, la forme latine originelle portée par une sainte martyre au IVe siècle. Pauline a été en vogue au XIXe siècle, puis s'est éclipsé pour mieux revenir dans les années 1980. Bien qu'ayant passé le point culminant de sa carrière (7e rang français en 1991), Pauline reste un choix prisé aujourd'hui. Pauline Bonaparte (1780-1825), la sœur de Napoléon Ier, et sainte Pauline, missionnaire belge martyrisée en Chine en 1901, ont porté ce prénom. *Variantes :* Paulia, Pauliana, Paulienne, Paulyne. *Caractérologie :* paix, résolution, bienveillance, conscience, sympathie.

Paz
- de 100

Ce nom signifie « paix » en espagnol. En Espagne, Paz se réfère à la Vierge de la Paix. *Caractérologie :* sagacité, connaissances, philosophie, spiritualité, originalité.

Pearl
450

Perle (grec). Féminin anglais. *Caractérologie :* détermination, bonté, sagacité, connaissances, spiritualité.

Peggy
17 000

Perle (grec). En dehors de l'Hexagone, ce prénom est particulièrement porté dans les pays anglophones. *Variantes :* Peg, Peggie. *Caractérologie :* exigence, équilibre, sens des responsabilités, famille, influence.

Pélagie
550

Haute mer (grec). *Variantes :* Pélage, Pélagia. *Caractérologie :* audace, direction, détermination, dynamisme, bonté.

Penda
500

Celle qui est pourvue de nombreuses capacités (grec). *Variante :* Pandora. *Caractérologie :* méthode, fiabilité, ténacité, engagement, réalisation.

Pénélope
5 000 TOP 600

Tisserande (grec). Pénélope est l'épouse fidèle d'Ulysse et la mère de

P

Télémaque dans *L'Iliade* et *L'Odyssée* d'Homère. Sans accents, Penelope est plus particulièrement répandu dans les pays anglophones et en Grèce. *Variante :* Penny. *Caractérologie :* connaissances, sagacité, originalité, spiritualité, bonté.

Périne
750

Petit caillou (grec). *Variantes :* Périna, Périnne. *Caractérologie :* sécurité, persévérance, structure, efficacité, honnêteté.

Perla
650 TOP 2 000

Perle (grec). *Caractérologie :* intelligence, décision, méditation, savoir, cœur.

Perle
2 000 TOP 2 000

Perle (grec). *Variantes :* Perlina, Perline. *Caractérologie :* réceptivité, diplomatie, sociabilité, loyauté, bonté.

Pernelle
450

Petit caillou (grec). *Variantes :* Pernille, Péronelle, Péroline, Péronille, Péronne, Péronnelle. *Caractérologie :* paix, conscience, bienveillance, amitié, conseil.

P

Perrine
22 000 TOP 800

Petit caillou (grec). Féminin français. *Variantes :* Perrina, Perryne. *Caractérologie :* persévérance, structure, honnêteté, sécurité, efficacité.

Persia
- de 30

De Perse (grec). Féminin anglais. *Caractérologie :* énergie, découverte, décision, originalité, audace.

Petra
250

Petit caillou (grec). Petra est plus traditionnellement usité en Hongrie, en Finlande et au Pays basque. *Caractérologie :* paix, détermination, conscience, bienveillance, conseil.

Pétronille
550

Petit caillou (grec). *Caractérologie :* humanité, rêve, amitié, rectitude, raisonnement.

Pétula
- de 100

Impatiente (anglais). *Caractérologie :* cœur, pragmatisme, optimisme, communication, gestion.

Pétunia
- de 30

Nom de plante herbacée originaire des régions tropicales d'Amérique du Sud. Pétunia peut se fêter avec Fleur, le 5 octobre. *Caractérologie :* résolution, dynamisme, sympathie, curiosité, courage.

Phénicia
- de 100

Se rapporte au Phénix qui parvenait, dans la mythologie égyptienne, à renaître de ses cendres. *Caractérologie :* médiation, intuition, relationnel, amitié, action.

Philaé
250 TOP 2 000

Qui aime (grec). *Variantes :* Phila, Philia, Phillie. *Caractérologie :* bienveillance, paix, ressort, sympathie, conscience.

Philippa
300 TOP 2 000

Qui aime les chevaux (grec). Féminin anglais et allemand. *Variantes :* Filippa, Fily. Forme occitane : Felipa. *Caractérologie :* équilibre, ressort, famille, sens des responsabilités, influence.

Philippine
6 000 TOP 500

Qui aime les chevaux (grec). Féminin français. *Variante :* Philipine. *Caractérologie :* amitié, paix, conscience, bienveillance, action.

Philomène
4 000 TOP 1 000

Affectueuse, amicale (grec). Féminin français. *Variantes :* Filomena, Philoména. *Caractérologie :* sagacité, spiritualité, connaissances, raisonnement, volonté.

Les prénoms oubliés

Cette sélection rassemble des petits noms qui furent en faveur au début des années 1900. Après avoir sombré dans l'oubli, ces pépites retrouvent des couleurs. Certaines, comme Madeleine ou Suzanne, reprennent discrètement le chemin de l'école. D'autres, comme Adèle, Louise, victoire ou Rose, s'ébattent déjà dans les cours de récréation !

Adèle, Albertine, Alice, Alma, Angèle, Anne, Apolline, Armance, Arthémise, Augustine, Blanche, Célestine, Eugénie, Félicie, Fleurine, Gabrielle, Hélène, Henriette, Jeanne, Joséphine, Léona, Léonie, Léontine, Louise, Lucie, Madeleine, Marcelle, Marguerite, Maria, Marie, Marthe, Mathilde, Philomène, Odette, Rosalie, Sidonie, Suzanne, Victoire, Victorine, Yvonne, Zélie.

D'autres perles au côté suranné ne méritent pas le désintérêt qui les accable aujourd'hui. Ci-dessous des prénoms qui furent attribués à une poignée d'enfants au tout début du XXe siècle... avant de disparaître des registres d'état civil. Avis aux amateurs...

Angeline, Amantine, Amaranthe, Anathilde, Anatoline, Aventine, Cléonice, Cléore, Colette, Cyrienne, Églantine, Émiliette, Eudora, Eulalie, Honorine, Ida, Marcelline, Mariette, Léonelle, Octavie, Olympe, Rosine, Théophanie.

Philys

- de 30

Feuille (grec). Féminin anglais. *Caractérologie :* ambition, habileté, passion, force, action.

Phoebé

900 TOP 2 000

Brillante, lumineuse (grec). Dans la mythologie grecque, Phoebé était l'autre nom d'Artémis. *Variantes :* Phébée, Phèbe. *Caractérologie :* bienveillance, conscience, paix, finesse, conseil.

Pia

3 000 TOP 400

Pieuse (latin). Dans l'Hexagone, Pia est plus traditionnellement usité au Pays basque. *Caractérologie :* vitalité, achèvement, ardeur, leadership, stratégie.

Pierrette

51 000

Petit caillou (grec). Féminin français. *Variantes :* Perrette, Pierra, Pierret. *Caractérologie :* management, ambition, force, passion, habileté.

Pilar

1 000

Pilier (basque). *Caractérologie :* intuition, médiation, adaptabilité, fidélité, relationnel.

Pimprenelle

- de 100

Plante des prés à fleurs pourpres. *Caractérologie :* vitalité, achèvement, stratégie, ardeur, décision.

Poe

- de 30

Perle (tahitien). *Caractérologie :* rectitude, humanité, rêve, générosité, ouverture d'esprit.

Poema

- de 100

Perle des mers profondes (tahitien). *Caractérologie :* volonté, structure, honnêteté, sens du devoir, efficacité.

Pollyanna

- de 100

Héroïne de *Pollyanna ou le Jeu du contentement*, d'Eleanor H. Porter,

P

paru en 1913. *Variante :* Pollyanne. *Caractérologie :* diplomatie, loyauté, sociabilité, réceptivité, cœur.

Pomme

- de 100

Ce prénom issu du calendrier révolutionnaire se rapporte au nom du fruit. Sainte Fleur, religieuse auvergnate du XIVe siècle, est la patronne de Pomme. *Variante :* Pomeline. *Caractérologie :* achèvement, ardeur, vitalité, volonté, stratégie.

Precillia

700

Ancien (latin). *Variante :* Precilia. *Caractérologie :* fiabilité, ténacité, méthode, décision, cœur.

Prescilia

1 500

Ancien (latin). *Variante :* Prescylia. *Caractérologie :* réceptivité, diplomatie, sociabilité, résolution, sympathie.

Prescilla

1 000

Ancien (latin). *Caractérologie :* découverte, bonté, détermination, énergie, audace.

Prescillia

6 000

Ancien (latin). Féminin français. On peut estimer que moins de 30 enfants seront prénommés ainsi en 2021. *Caractérologie :* énergie, découverte, audace, sympathie, résolution.

Prima

- de 30

Premier (latin). *Variante :* Primia. *Caractérologie :* enthousiasme, communication, pratique, adaptation, réalisation.

Princesse

300 TOP 2 000

En premier (latin). *Caractérologie :* rêve, humanité, rectitude, amitié, détermination.

Prisca

4 000

Ancien (latin). Prénom italien. On peut estimer que moins de 30 enfants seront prénommés ainsi en 2021. *Variante :* Priska. *Caractérologie :* créativité, pragmatisme, optimisme, communication, sociabilité.

Priscilia

1 000

Ancien (latin). Priscilia est plus particulièrement répandu aux États-Unis et en Corse. *Caractérologie :* famille, sens des responsabilités, équilibre, influence, exigence.

Priscilla

13 000

Ancien (latin). Féminin français et anglais. On peut estimer que moins de 30 enfants seront prénommés ainsi en 2021. *Caractérologie :* humanité, rectitude, rêve, générosité, tolérance.

Priscille

3 000 TOP 2 000

Ancien (latin). On peut estimer que moins de 30 enfants seront prénommés ainsi en 2021. *Caractérologie :* sécurité, résolution, structure, sympathie, persévérance.

Priscillia

8 000

Ancien (latin). Féminin français. On peut estimer que moins de 30 enfants seront prénommés ainsi en 2021. *Variantes :* Priscila, Prissie, Pricilla, Pricillia. *Caractérologie :* altruisme, intégrité, idéalisme, dévouement, réflexion.

Priya

250 TOP 2 000

Qui est aimée (sanscrit). *Caractérologie :* conscience, paix, conseil, bienveillance, sagesse.

Prudence

950

Prudente (latin). Féminin anglais et français. *Variantes :* Prudencia, Prudenza, Prudenzia, Prudie, Prudy. *Caractérologie :*

audace, énergie, découverte, originalité, sympathie.

Prune
3 000 TOP 600

Ce prénom issu du calendrier révolutionnaire renvoie au fruit du prunier. Sainte Fleur, religieuse auvergnate du XIVe siècle, est la patronne de Prune. *Caractérologie :* intuition, relationnel, médiation, cœur, fidélité.

Prunelle
450

Le prénom Prune, issu du calendrier révolutionnaire, renvoie au fruit du prunier. *Variante :* Prunella. *Caractérologie :* structure, efficacité, sécurité, cœur, persévérance.

Pulchérie
160

Beauté (latin). *Caractérologie :* méditation, sympathie, savoir, ressort, intelligence.

Q

Qiana
- de 30

Dans les années 1970, ce nom était donné aux tissus en polyamide fabriqués aux États-Unis, mais par la suite, Qiana est devenu un prénom américain. Il est désormais considéré comme une variante possible de Kiana. *Caractérologie :* indulgence, volonté, décision, éthique, sérénité.

Quinta
- de 30

Cinquième (latin). Féminin anglais. *Variante :* Quinte. *Caractérologie :* innovation, autorité, énergie, attention, décision.

Quiterie
300

Calme et tranquille (latin). Forme occitane : Quiteira. *Caractérologie :* dynamisme, curiosité, courage, indépendance, sensibilité.

Quitterie
1 500 TOP 2 000

Calme et tranquille (latin). Féminin français. *Variante :* Quitteri. *Caractérologie :* sagacité, connaissances, spiritualité, sensibilité, originalité.

R

Rabia
2 000 TOP 2 000

Jardin (arabe). Ancienne esclave affranchie par son maître, celle qui fut surnommée « la sainte de Basra » était une mystique musulmane du VIIIe siècle originaire d'Iraq. Elle a introduit dans le soufisme la nécessité de vénérer Dieu de manière désintéressée. Selon Rabia, la foi ne doit pas être guidée par l'attrait d'une récompense ni par la crainte de représailles. *Variantes :* Rabah, Rabha, Rabiya, Rabiye, Rabiaa. *Caractérologie :* sécurité, persévérance, efficacité, honnêteté, structure.

Rachel
40 000 TOP 300

Brebis (hébreu). Dans l'Ancien Testament, Rachel est l'épouse de

Jacob et la mère du grand patriarche Joseph. En dehors de l'Hexagone, ce prénom est très répandu dans les pays anglophones et en Allemagne. *Caractérologie :* diplomatie, réceptivité, sociabilité, loyauté, détermination.

Rachèle

700

Brebis (hébreu). *Caractérologie :* résolution, connaissances, sagacité, spiritualité, originalité.

Rachelle

4 000 TOP 2 000

Brebis (hébreu). Féminin français et anglais. *Caractérologie :* innovation, autorité, énergie, ambition, résolution.

Rachida

6 000

Bien guidée, qui a la foi (arabe). On peut estimer que moins de 30 enfants seront prénommés ainsi en 2021. *Caractérologie :* leadership, vitalité, achèvement, stratégie, ardeur.

Radegonde

- de 100

Conseil, guerre (germanique). *Caractérologie :* énergie, volonté, innovation, autorité, réalisation.

Radia

1 500

Satisfaction, plénitude (arabe). On peut estimer que moins de 30 enfants seront prénommés ainsi en 2021. *Variantes :* Radhia, Radija, Rida. *Caractérologie :* conscience, bienveillance, sagesse, paix, conseil.

Rafaëla

450 TOP 2 000

Dieu a guéri (hébreu). Rafaela est répandu dans les pays hispanophones et lusophones. C'est aussi un choix traditionnel basque. *Variantes :* Raffaëla, Rafaëlla. *Caractérologie :* ambition, décision, force, habileté, logique.

Rahma

3 000 TOP 500

Qui pardonne (arabe). *Variante :* Rahima. *Caractérologie :* curiosité, dynamisme, indépendance, charisme, courage.

Raïa

- de 30

Amie (hébreu), variante de Raya. *Variante :* Rahia. *Caractérologie :* diplomatie, réceptivité, bonté, loyauté, sociabilité.

Raina

250

Qui conseille avec sagesse (germanique). Raina est également un prénom bulgare qui pourrait signifier « heureuse » (du slave *rad*). Il est orthographié avec et sans tréma dans l'Hexagone. On recense particulièrement ce nom en Bulgarie, aux États-Unis et dans les pays scandinaves. *Variante :* Rayna. *Caractérologie :* culture, volonté, médiation, méditation, sagesse.

Raïssa

2 000 TOP 2 000

Déluge (arabe). *Caractérologie :* ténacité, engagement, méthode, fiabilité, sens du devoir.

Raja

1 000

Espoir (arabe), reine (sanscrit). *Variantes :* Radja, Rajah. *Caractérologie :* communication, pragmatisme, optimisme, créativité, sociabilité.

Rama

350

Élevée (hébreu), belle, celle qui enchante (sanscrit). Prénom indien d'Asie. *Caractérologie :* bienveillance, paix, conscience, conseil, sagesse.

Ramona

400

Qui conseille avec sagesse (germanique). Ramona est plus particulièrement usité dans les pays hispanophones, en Italie et au Pays basque. Forme occitane : Raimonda. *Caractérologie :* habileté, ambition, force, volonté, résolution.

R

Rana
700 TOP 2 000 ↘

Riche et noble (arabe). *Caractérologie :* méditation, intelligence, détermination, indépendance, savoir.

Randa
350 TOP 2 000

Arbuste odorant (arabe), protection (scandinave). *Caractérologie :* diplomatie, sociabilité, réceptivité, loyauté, détermination.

Rania
7 000 TOP 400 →

Riche et noble (arabe). *Variantes :* Raniha, Rahnia, Rhania, Ranya. *Caractérologie :* spiritualité, connaissances, détermination, sagacité, originalité.

Raphaële
2 000

Dieu a guéri (hébreu). *Variantes :* Rafaële, Rafaëlle. *Caractérologie :* pragmatisme, communication, ressort, optimisme, sympathie.

Raphaëlla
600 →

Dieu a guéri (hébreu). Féminin anglais et allemand. *Variante :* Raphaëla. *Caractérologie :* diplomatie, réceptivité, sociabilité, cœur, action.

Raphaëlle
13 000 TOP 200 ↗

Dieu a guéri (hébreu). Féminin français. *Caractérologie :* conscience, bienveillance, sympathie, paix, ressort.

Raquel
1 000 TOP 2 000 ↘

Brebis (hébreu). Raquel est très répandu dans les pays hispanophones et lusophones. *Caractérologie :* relationnel, intuition, fidélité, médiation, détermination.

Rayana
400 →

Forme féminine de Rayan : petite reine (irlandais), belle, désaltérée (arabe). *Variantes :* Rahiana, Raïana, Raya, Rayenne, Rayhane. *Caractérologie :* conseil, bienveillance, paix, conscience, sagesse.

Raymonde
56 000

Qui conseille avec sagesse (germanique). Féminin français. *Variantes :* Raymonda, Raymone. *Caractérologie :* découverte, audace, énergie, caractère, réussite.

Razane
1 000 TOP 400 ↑

Prénom arabe d'origine perse signifiant « vigne ». *Variante :* Razan. *Caractérologie :* bonté, diplomatie, détermination, sociabilité, réceptivité.

Rébecca
13 000 TOP 400 →

Rassasiée (hébreu). Ce prénom biblique est établi de longue date dans les cultures juives du monde entier. Les puritains anglophones ont relancé sa carrière au XVIe siècle, mais il est resté peu attribué en France. Il est plus particulièrement répandu dans les pays anglophones et en Italie aujourd'hui. ◇ Dans l'Ancien Testament, Rébecca épouse Isaac et donne naissance aux jumeaux Ésaü et Jacob. Les deux sont destinés à devenir pères de deux nations, mais Jacob a la préférence de sa mère ; il recevra à la place d'Ésaü l'Alliance des mains de son père. *Variantes :* Becca, Becka, Becky, Reba, Rébeca, Rebecka, Rebeka, Rebekka, Riva, Rivka. *Caractérologie :* direction, dynamisme, décision, gestion, audace.

R

Régina
2 000 ↑

Reine (latin). *Caractérologie :* intégrité, idéalisme, réflexion, altruisme, décision.

Régine
52 000

Reine (latin). Féminin français. *Caractérologie :* ténacité, méthode, fiabilité, engagement, sens du devoir.

Reine
13 000 TOP 2 000 ↗

Reine (latin). Féminin français. Variante basque et occitane : Reina. *Caractérologie :* conscience, paix, bienveillance, conseil, sagesse.

Les internationaux

Le tableau ci-dessous propose une sélection de prénoms francophones et leurs équivalents anglophones et hispanophones. Cette sélection sera utile aux parents qui souhaitent trouver un prénom dont l'orthographe ou la prononciation reste identique dans de nombreuses régions du monde.

Prénom francophone	Prénom anglophone	Prénom hispanophone
Alexa	Alexa	Alexia
Alicia	Alicia	Alicia
Amélia	Amelia	Amelia
Anna	Hannah	Anna, Ana
Carla	Carla	Carla
Chloé	Chloe	Cloe
Clara	Clara	Clara
Claudia	Claudia	Claudia
Éléna	Elena	Elena
Ella	Ella	Ella
Emma	Emma	Emma
Éva, Ève	Ava, Evie	Ava, Eva
Gabrielle	Gabriella	Gabriela
Inès	–	Inés
Iris	Iris	Iris
Jade	Jade	Jade
Julia	Julia	Julia
Laura	Laura	Laura
Lili, Lily	Lily	Lili, Lily
Lina	Lina	Lina
Lola	Lola	Lola
Louise	Louisa	Luisa
Lisa	Lisa	Lisa
Lucie	Lucy	Lucía
Madeleine, Madeline	Madeleine, Madeline	Magdalena
Marie	Mary	María
Maya	Maya	Maïa, Maya
Mia	Mia	Mía
Myriam	Miriam	Miriam
Nina	Nina	Nina
Nora(h)	Norah	Nora
Nicole	Nicole	Nicole
Olivia	Olivia	Olivia
Pauline	Pauline	Paula, Paulina
Rébecca	Rebeca	Rebeca
Rose	Rose	Rosa
Sarah	Sarah	Sara

R

Prénom francophone	Prénom anglophone	Prénom hispanophone
Sophie, Sophia, Sofia	Sophie, Sophia, Sofia	Sofía
Sonia	Sonia	Sonia
Théa	Thea	Tea
Valentine	Valentina	Valentina
Victoria	Victoria	Victoria
Zoé	Zoe	Zoé

Réjane
8 000 ↘

Reine (latin). Féminin français. On peut estimer que moins de 30 enfants seront prénommés ainsi en 2021. *Variantes :* Rejana, Réjanne, Réjeane, Réjine. *Caractérologie :* ambition, force, habileté, passion, résolution.

Renata
400 ↗

Renaître (latin). Féminin italien, polonais, espagnol, portugais, allemand et slave. *Variante :* Renate. *Caractérologie :* originalité, découverte, audace, détermination, énergie.

Renée
74 000

Renaître (latin). Peu donné par le passé, Renée entame sa carrière à la fin du XIXe siècle et culmine au 9e rang féminin en 1920. Bien qu'il ait grandi dans le sillon de René, ce prénom a été deux fois moins attribué que son masculin au siècle dernier. *Variante :* Réna. *Caractérologie :* diplomatie, réceptivité, sociabilité, loyauté, bonté.

Reva
- de 30

Voûte céleste (tahitien), rassasiée (hébreu). *Caractérologie :* dynamisme, audace, direction, détermination, indépendance.

Rexana
- de 30

Aube (persan). *Caractérologie :* réflexion, idéalisme, décision, intégrité, altruisme.

Rhéa
- de 100 TOP 2 000

Fleur, protectrice des cités (grec/latin). Dans la mythologie grecque, Rhea désespère de voir Cronos avaler ses nouveau-nés (il pense ainsi échapper à la prophétie selon laquelle un de ses fils le détrônera). Elle cache Zeus en Crète et présente à Cronos une pierre entourée de langes en guise d'enfant, ce qu'il s'empresse d'avaler. Cette supercherie permet à Zeus d'accomplir son destin à l'âge adulte : il détrône son père et le force à restituer ses frères. Dans la mythologie romaine, Rhea est l'autre nom de Cybèle, la mère des dieux associée à la Terre et la Fertilité. *Caractérologie :* curiosité, dynamisme, détermination, indépendance, courage.

Rhéane
- de 30

Fleur, protectrice des cités (grec/latin). Voir Rhéa. *Caractérologie :* équilibre, sens des responsabilités, résolution, exigence, famille.

Rhoda
- de 30

Rose (grec). Féminin anglais. *Variantes :* Rhode, Rhodia. *Caractérologie :* audace, dynamisme, indépendance, direction, assurance.

Rhonda
- de 100

Rivière (celte). Féminin anglais. *Caractérologie :* conscience, paix, bienveillance, détermination, volonté.

Riana
140

Petite reine (irlandais), féminin de Rayane (usage récent). *Variantes :* Ryana, Ryhana. *Caractérologie :* connaissances, spiritualité, décision, originalité, sagacité.

Richarde
130

Puissant gouverneur (germanique). *Caractérologie :* pragmatisme, communication, résolution, optimisme, créativité.

Riham
500 TOP 2 000 ↗

Pluie fine (arabe). *Caractérologie :* efficacité, persévérance, honnêteté, structure, sécurité.

Rihana
350 TOP 2 000 ↘

Ce jeune prénom a grandi en Angleterre avant d'apparaître en France en 2002. Il doit tout ou partie de son existence à Ryan, dont le succès a inspiré plusieurs dérivés féminins. Dans la mythologie galloise, Rhiannon est la déesse de la Fertilité et de la Lune. *Caractérologie :* conscience, résolution, conseil, paix, sagesse.

Rihanna
1 000 TOP 2 000 ↘

Voir Rihana. Nul doute que la chanteuse originaire de la Barbade Rihanna (de son vrai nom Robyn Fenty) a accéléré l'émergence de ce prénom. Les premières Rihanna de France sont nées en 2005. *Caractérologie :* médiation, relationnel, fidélité, adaptabilité, intuition.

Rim
2 000 TOP 700 ↗

Antilope (arabe). *Variantes :* Reem, Rime, Rym, Ryme. *Caractérologie :* ténacité, sens du devoir, fiabilité, méthode, engagement.

Rima
750 TOP 2 000 ↗

Antilope (arabe). *Variante :* Ryma. *Caractérologie :* curiosité, dynamisme, courage, charisme, indépendance.

Rina
950 ↗

Jasmin (japonais), joie, bonheur (hébreu), dissolution (sanscrit) et contraction, dans de nombreux pays, de prénoms se terminant par « rina ». *Caractérologie :* paix, bienveillance, conscience, conseil, détermination.

Rinda
- de 30

Don de Dieu (grec). *Caractérologie :* résolution, dynamisme, audace, direction, indépendance.

Riona
- de 30

Pure (grec). *Caractérologie :* partage, adéquation, détermination, communication, inventivité.

Rita
7 000 TOP 400 ↗

Perle (grec). Rita est très répandu en Italie et dans les pays hispanophones. C'est aussi un choix traditionnel corse et occitan. *Variante :* Ritta. *Caractérologie :* créativité, pragmatisme, sociabilité, optimisme, communication.

Rivka
500 →

Rassasiée (hébreu). *Caractérologie :* savoir, méditation, indépendance, intelligence, sagesse.

Rizlane
400

Gazelle (arabe). *Variante :* Rhizlane. *Caractérologie :* structure, sécurité, efficacité, détermination, persévérance.

Robanne
- de 30

Contraction de Roberte et Anne. *Caractérologie :* influence, décision, famille, équilibre, sens des responsabilités.

Roberte
6 000

Brillant, gloire (germanique). Féminin français. *Variantes :* Roberta, Robertina, Robertine, Bertina, Bertine.

R

Caractérologie : médiation, adaptabilité, fidélité, relationnel, intuition.

Robertine
250

Brillant, gloire (germanique). *Caractérologie :* connaissances, spiritualité, sagacité, originalité, philosophie.

Robyn
- de 100

Brillant, gloire (germanique). *Variantes :* Robine, Robyne. *Caractérologie :* sens des responsabilités, exigence, conseil, harmonie, affection.

Rocca
- de 30

Reposé (germanique), Il est Guide (hébreu). *Caractérologie :* méthode, ténacité, engagement, fiabilité, analyse.

Rogatienne
- de 30

Requête (latin). *Caractérologie :* idéalisme, décision, réflexion, altruisme, intégrité.

Rohana
- de 30

En ascension, bois de santal (sanscrit), roux (irlandais). Rohana est très répandu en Inde. *Variantes :* Rohanna, Rohanne. *Caractérologie :* pratique, communication, enthousiasme, adaptation, décision.

Rolande
19 000

Gloire du pays (germanique). Féminin français. *Caractérologie :* famille, sens des responsabilités, logique, équilibre, caractère.

Rollande
850

Gloire du pays (germanique). *Caractérologie :* humanité, rectitude, rêve, volonté, analyse.

Romaine
850

Romaine (latin). *Caractérologie :* communication, enthousiasme, pratique, décision, caractère.

Romance
350 TOP 2 000

De Rome (latin), chanson sentimentale (français). *Caractérologie :* caractère, sens des responsabilités, logique, équilibre, famille.

Romane
59 000 TOP 50

Romaine (latin). Ce féminin de Romain, inconnu jusqu'au début des années 1970, le serait sans doute resté si l'actrice Romane Bohringer s'était prénommée autrement. Découverte en 1992 dans les films de Claude Miller (*L'Accompagnatrice*) et de Cyril Collard (*Les Nuits fauves*), la comédienne devient la meilleure ambassadrice du prénom. Après avoir culminé au 14e rang national (en 2007), Romane poursuit son lent déclin. À l'exception de la Wallonie, ce prénom n'a guère été attribué en dehors de l'Hexagone. *Variantes :* Romana, Romanella, Romanie, Romélie, Romina. *Caractérologie :* pragmatisme, communication, optimisme, détermination, volonté.

Romarine
- de 30

Se rapporte au romarin, plante dont le nom signifie « rosée de mer » (latin). *Caractérologie :* communication, pratique, résolution, enthousiasme, volonté.

Roméa
- de 30

De Rome (latin). Dans l'Hexagone, Romea est plus traditionnellement usité au Pays basque. *Variantes :* Roma, Romée. *Caractérologie :* sagacité, connaissances, spiritualité, caractère, décision.

Romy
14 000 TOP 50

Romaine (latin). Romy est répandu dans les pays germanophones et anglophones. *Caractérologie :* ardeur, vitalité, achèvement, stratégie, leadership.

R

Rosa
8 000 TOP 600 ↗

Rose (latin). Féminin espagnol, italien, portugais, scandinave, néerlandais, allemand, anglais, corse et occitan. *Variante :* Roza. *Caractérologie :* stratégie, achèvement, ardeur, vitalité, leadership.

Rosabelle
- de 100

Rose (latin). *Variantes :* Rosabel, Rosabella, Rozabel. *Caractérologie :* achèvement, vitalité, stratégie, raisonnement, détermination.

Rosalia
550 →

Rose (latin). Féminin italien. *Caractérologie :* communication, enthousiasme, raisonnement, pratique, adaptation.

Rosalie
8 000 TOP 400 →

Rose (latin). En dehors de l'Hexagone, Rosalie est répandu dans les pays germanophones et aux Pays-Bas. *Variante :* Rosali. *Caractérologie :* intelligence, logique, méditation, décision, savoir.

Rosaline
250 →

Contraction de Rosa et Line. Féminin français et anglais. *Variantes :* Rosalina, Rosalyn. *Caractérologie :* communication, pratique, analyse, résolution, enthousiasme.

Rosamée
- de 30

Contraction de Rose et Aimée. *Caractérologie :* structure, persévérance, sécurité, détermination, volonté.

Rosanna
750 ↘

Contraction de Rose et Anna. Prénom italien. *Variante :* Rosana. *Caractérologie :* autorité, ambition, énergie, innovation, détermination.

Rosanne
500

Contraction de Rose et Anne. Féminin français et anglais. *Variantes :* Rosane, Rozane, Rozanne. *Caractérologie :* sens du devoir, structure, honnêteté, efficacité, résolution.

Rosario
650

Rose (latin). *Caractérologie :* énergie, séduction, audace, découverte, originalité.

Rose
60 000 TOP 50 ↗

Rose (latin). *Variantes :* Rosaura, Rosaure, Rosalba, Rosalio, Rosaria, Roscoe, Rosemonde, Roselle. *Caractérologie :* décision, communication, pratique, enthousiasme, adaptation.

Roseline
16 000

Contraction de Rose et Line. Féminin français. *Variantes :* Roselena, Roselene. *Caractérologie :* résolution, intelligence, savoir, méditation, analyse.

Rosella
180

Rose (latin). *Caractérologie :* audace, dynamisme, direction, décision, logique.

Roselyne
22 000

Contraction de Rose et Lyne. Féminin français. *Caractérologie :* analyse, découverte, énergie, audace, sympathie.

Rose-Marie
10 000 ↘

Forme composée de Rose et Marie. Féminin français. On peut estimer que moins de 30 enfants seront prénommés ainsi en 2021. *Caractérologie :* structure, sécurité, persévérance, résolution, volonté.

Rosemary
350

Contraction de Rose et Mary. Féminin français et anglais. *Variantes :* Rosemarie, Rosemay. *Caractérologie :* bienveillance, paix, conscience, volonté, réalisation.

Rosemonde
1 500

Rose (latin). Féminin français. *Caractérologie :* idéalisme, altruisme, intégrité, détermination, volonté.

R

Romy

Fête :
23 août ou 28 février

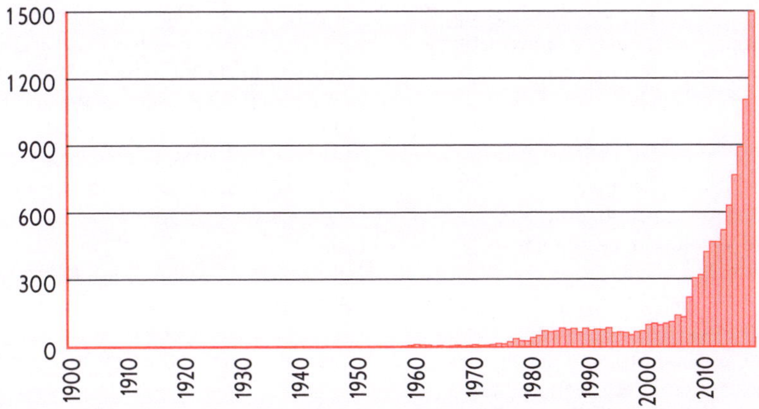

Étymologie

Romy est le diminutif de Rose-Marie. Il conjugue deux origines, latine avec Rose (*rosa* en latin) et hébraïque avec Marie (« celle qui élève » en hébreu). Depuis les années 1990, Romy est devenue une variante moderne de Romane la latine, venue de Rome. Cette double origine explique les deux jours de fête possible du prénom.

Mais sans remonter aussi loin dans le temps, gageons que le choix des jeunes parents doit beaucoup à celle qui personnifie à elle seule le prénom : Romy Schneider. Elle n'aurait d'ailleurs pas renié cette multiplicité d'origine, étant née en Autriche, ayant vécu en France et travaillé avec les plus grands metteurs en scène européens de théâtre et de cinéma. Elle laisse un souvenir ému à des générations de cinéphiles, au point que l'on omet son patronyme pour l'évoquer… Elle est tout simplement « Romy ».

Malgré l'aura de cette personnalité, il a fallu du temps à ce prénom pour se faire une carrière. L'actrice meurt en 1982 et ce n'est qu'à partir des années 2000 que « Romy » revient sous les feux de la rampe. Aujourd'hui, son come-back ne fait plus de doutes. Sa progression est spectaculaire. Elle a franchi le seuil du top 20 national après avoir percé dans le top 20 parisien. En revanche, ses preuves restent à faire dans les pays francophones, hormis le Québec qui la place 14e.

Statistiques

Romy est le 132e prénom féminin le plus donné en France depuis l'an 2000. Ce prénom est attribué à près d'une fille sur 160 aujourd'hui.

R

Rosette
4 000

Rose (latin). Féminin français. *Variantes :* Rosetta, Rosella. *Caractérologie :* adaptation, pratique, communication, détermination, enthousiasme.

Rosie
2 000 TOP 500

Rose (latin). *Caractérologie :* pragmatisme, communication, détermination, optimisme, créativité.

Rosina
400

Rose (latin). Prénom italien. *Caractérologie :* sécurité, efficacité, structure, résolution, persévérance.

Rosine
5 000

Rose (latin). Ce prénom ancien a connu un pic de popularité avec Rose au XIXe siècle, mais il s'est évaporé dans les années 1970. La renaissance de Rose n'a pour l'heure aucun effet sur Rosine. *Variantes :* Rosin, Rosina, Rosita, Rosiane. *Caractérologie :* passion, habileté, détermination, ambition, force.

Rosy
1 000 TOP 2 000

Rose (latin). Féminin anglais et français. *Variantes :* Rosée, Rosi, Rosia, Rozy. *Caractérologie :* énergie, audace, découverte, séduction, originalité.

Roxana
400 TOP 2 000

Aube (persan). Féminin anglais, espagnol et occitan. *Variantes :* Roxanna, Roxie, Roxine, Roxy. *Caractérologie :* autorité, innovation, énergie, décision, ambition.

Roxane
21 000 TOP 100

Aube (persan). Roxane est l'héroïne de *Cyrano de Bergerac*, la pièce de théâtre la plus célèbre d'Edmond Rostand. Au IVe siècle, Roxane épousa Alexandre le Grand et devint reine de Macédoine. En dehors de l'Hexagone, Roxane est plus particulièrement usité dans les pays anglophones. *Caractérologie :* curiosité, indépendance, détermination, dynamisme, courage.

Roxanne
4 000 TOP 500

Aube (persan). Féminin anglais et français. *Caractérologie :* autorité, innovation, résolution, énergie, ambition.

Rozenn
5 000 TOP 2 000

Rose (latin). Prénom breton. *Variantes :* Rozen, Rozenne. *Caractérologie :* médiation, relationnel, adaptabilité, fidélité, intuition.

Ruby
1 000 TOP 1 000

Rougeâtre (latin). Féminin anglais. *Variante :* Rubis. *Caractérologie :* communication, optimisme, créativité, pragmatisme, sociabilité.

Ruth
2 000 TOP 900

Compagne, amie (hébreu). Féminin anglais. *Caractérologie :* sécurité, structure, efficacité, persévérance, honnêteté.

R

Rose

Fête :
23 août

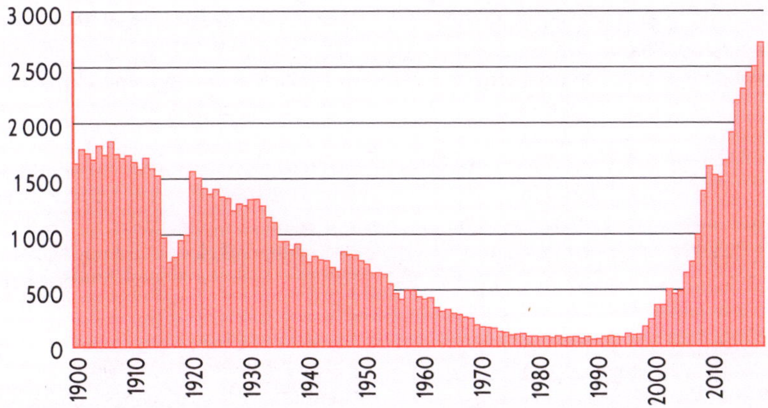

Étymologie

Du latin *rosa*, « rose ». Dans l'Antiquité, la rose était la fleur d'Aphrodite, la déesse grecque de l'Amour et de la Beauté. De nombreux poètes immortalisèrent ce symbole de la féminité qui devint Vénus à l'époque romaine. Rose entame sa carrière au Ve siècle et fleurit sous différentes formes, simples, composées ou contractées, dans tous les pays européens. Sa prospérité prend fin durant le haut Moyen Âge, ses déclinaisons se raréfiant jusqu'au retour de Rosine au XIXe siècle.

Au XXe siècle, Rose devient une source prolifique de prénoms composés, mais elle est délaissée dans sa forme simple. Qu'importe, puisqu'elle revient de plus belle aujourd'hui. Happée par la vogue des prénoms rétro, Rose évolue dans le top 10 féminin tandis que les Parisiens ont déjà succombé à son charme.

À l'international, Rose s'épanouit dans les terres francophones de la Belgique, du Québec et de la Suisse. Elle pousse également en Europe du Nord.

Sainte Rose de Lima, religieuse dominicaine aussi connue sous le nom d'Isabelle de Florès, vécut au XVIe siècle au Pérou. Elle est la patronne de l'Amérique latine, des Philippines, des fleuristes, des horticulteurs et des jardiniers.

Personne célèbre

Rosa Parks, figure emblématique de la lutte contre la ségrégation raciale aux États-Unis, s'est rendue célèbre en 1955 en refusant de céder sa place à un passager blanc dans un autobus.

Statistiques

Rose est le 47e prénom féminin le plus donné en France depuis l'an 2000. Ce prénom est attribué à près d'une fille sur 120 aujourd'hui. Dans les compositions de Rose, Lili-Rose et Rose-Marie sont de loin les plus portées en France.

S

Saadia
850 ➔

Heureuse, que le destin favorise (arabe). *Variantes :* Saad, Saada. *Caractérologie :* force, ambition, passion, management, habileté.

Sabah
3 000 TOP 2 000 ↘

Beauté fraîche comme le matin (arabe). On peut estimer que moins de 30 enfants seront prénommés ainsi en 2021. *Variantes :* Saba, Sabaé, Sabahe, Sabbah, Sabéa, Sabéha, Sabiah, Sabiha, Sabya. *Caractérologie :* fiabilité, ténacité, méthode, sens du devoir, engagement.

Sabia
- de 100

Version latine du Sadhbh gaélique, Sabia est un prénom irlandais qui signifie « douce ». Sabia est également une variante de Sabah et Sabina. *Caractérologie :* découverte, audace, énergie, originalité, séduction.

Sabina
750 ➔

Habitante d'Italie centrale (latin). Féminin italien, espagnol, portugais, roumain, slave, corse et occitan. *Caractérologie :* dynamisme, direction, audace, indépendance, détermination.

Sabine
61 000 ↘

Habitante d'Italie centrale (latin). Féminin français et allemand. L'enlèvement des Sabines par Romulus et ses troupes provoqua une guerre entre les Sabins (habitants d'un territoire d'Italie centrale) et les Romains. Cet évènement fut déterminant dans le processus de formation de Rome. En mémoire de sainte Sabine, martyre romaine au ve siècle, la basilique Sainte-Sabine fut édifiée à Rome. On peut estimer que moins de 30 enfants seront prénommés ainsi en 2021. *Caractérologie :* énergie, découverte, originalité, décision, audace.

Sabria
450

Calme et patiente (arabe). *Variantes :* Sabra, Sabriya, Sabrya. *Caractérologie :* originalité, séduction, énergie, découverte, audace.

Sabrina
95 000 TOP 600 ↘

Cactus épineux (hébreu). Sabrina est également le nom d'une rivière du pays de Galles dans laquelle la princesse Sabrina se serait noyée. Sabrina est particulièrement répandu en Italie, dans les pays anglophones, hispanophones et lusophones. C'est aussi un choix traditionnel corse. *Variante :* Sabryna. *Caractérologie :* indépendance, direction, dynamisme, audace, détermination.

Sabrine
3 000 TOP 1 000 ↘

Cactus épineux (hébreu). *Caractérologie :* dynamisme, indépendance, courage, curiosité, décision.

Sadia
2 000 ➔

Heureuse, que le destin favorise (arabe). On peut estimer que moins de 30 enfants seront prénommés ainsi en 2021. *Variantes :* Sadie, Sadio. *Caractérologie :* indépendance, savoir, méditation, intelligence, sagesse.

Safa
4 000 TOP 400 ➔

Pure (arabe). *Variantes :* Safaa, Safae. *Caractérologie :* humanité, rectitude, tolérance, générosité, rêve.

Safia
7 000 TOP 400 ➔

Pure, amie (arabe), et variante de Sofia : sagesse (grec). *Caractérologie :* altruisme, idéalisme, intégrité, réflexion, dévouement.

Les anticotes

Nous avons sélectionné des prénoms anticote qui ont connu leurs heures de gloire à différentes périodes du XXe siècle.

Les anticotes du début du XXe siècle (1900-1929)

Adrienne, Albertine, Alphonsine, Andrée, Antoinette, Augusta, Berthe, Émilienne, Fernande, Francine, Geneviève, Georgette, Germaine, Gisèle, Henriette, Julienne, Lucienne, Marcelle, Marie-Louise, Marthe, Odette, Paule, Paulette, Raymonde, Renée, Reine, Simone, Thérèse, Yvonne.

Les anticotes de la période 1930-1949

Bernadette, Christiane, Claude, Claudine, Danièle, Danielle, Éliane, Françoise, Huguette, Jacqueline, Jeannine, Joëlle, Josette, Liliane, Linette, Louisette, Marie-Christine, Mireille, Odile, Pierrette.

Les anticotes de la période 1950-1979

Annick, Annie, Brigitte, Carole, Chantal, Claudie, Corinne, Danielle, Dominique, Évelyne, Fabienne, Frédérique, Géraldine, Josiane, Karine, Laurence, Magali, Marie-Christine, Marie-Hélène, Marie-Pierre, Martine, Maryline, Maryse, Michèle, Micheline, Mireille, Monique, Muriel, Nadège, Nadine, Pascale, Patricia, Sabine, Sylviane, Sylvie, Régine, Roseline, Valérie, Véronique, Viviane.

Les anticotes de la période 1980-1999

Alexandra, Amandine, Amélie, Angélique, Aurélie, Aurore, Caroline, Céline, Christelle, Cindy, Delphine, Élodie, Fabienne, Isabelle, Jennifer, Jocelyne, Laétitia, Marion, Mélanie, Sabrina, Sandrine, Séverine, Stéphanie, Sylvie, Valérie, Vanessa.

Les anticotes en 2021

Les prénoms phares des années 2000 sont toujours d'actualité. Si vous recherchez des prénoms démodés, voici le top 20 des prénoms qui sont massivement portés (par plus de 130 000 Françaises), mais qui devraient être attribués moins de 30 fois dans l'Hexagone. Le nombre estimé d'attributions est indiqué entre parenthèses.

1. Annie (22)
2. Brigitte (5)
3. Chantal (8)
4. Christiane (5)
5. Christine (23)
6. Corinne (0)
7. Danièle (13)
8. Dominique (0)
9. Florence (24)
10. Françoise (12)
11. Jacqueline (9)
12. Laurence (5)
13. Martine (8)
14. Michèle (6)
15. Monique (16)
16. Sandrine (9)
17. Sylvie (12)
18. Valérie (18)
19. Véronique (13)
20. Virginie (8)

Notons que la moyenne d'âge des porteurs de ces prénoms n'a pas influencé leur popularité de la même manière. Ainsi, les Virginie sont en moyenne âgées d'une quarantaine d'années, mais curieusement, en 2021, ce prénom devrait être moins donné que les Françoise dont la moyenne d'âge dépasse les 70 ans.

Safiya
3 000 TOP 300

Pure, amie (arabe), et variante de Sofia : sagesse (grec). *Variante :* Safya. *Caractérologie :* originalité, philosophie, connaissances, spiritualité, sagacité.

Sahra
2 000 TOP 2 000

Fleur, blancheur lumineuse (arabe). On peut estimer que moins de 30 enfants seront prénommés ainsi en 2021. *Caractérologie :* sociabilité, diplomatie, loyauté, réceptivité, bonté.

Saïda
4 000 TOP 2 000

Heureuse, que le destin favorise (arabe). On peut estimer que moins de 30 enfants seront prénommés ainsi en 2021. *Caractérologie :* connaissances, sagacité, spiritualité, originalité, philosophie.

Sakina
3 000 TOP 700

Bien-être, maison du paradis (arabe). *Variante :* Soukina. *Caractérologie :* direction, audace, indépendance, décision, dynamisme.

Saliha
3 000 TOP 2 000

Intègre, équitable (arabe). On peut estimer que moins de 30 enfants seront prénommés ainsi en 2021. *Variante :* Salia. *Caractérologie :* audace, découverte, énergie, originalité, séduction.

S

Salila
- de 30

Eau (sanscrit). Féminin indien d'Asie. *Caractérologie :* intégrité, réflexion, idéalisme, altruisme, dévouement.

Salima
6 000 TOP 2 000

Pure, intacte, en sécurité (arabe). *Variante :* Salama. *Caractérologie :* assurance, dynamisme, direction, indépendance, audace.

Sally
700

Diminutif de Sarah : princesse (hébreu). Féminin anglais. *Variantes :* Sallie, Saly. *Caractérologie :* conscience, sagesse, bienveillance, paix, conseil.

Salma
9 000 TOP 300

Intacte, saine (arabe). *Variante :* Selima. *Caractérologie :* dynamisme, audace, direction, indépendance, assurance.

Salomé
25 000 TOP 100

Paix (hébreu). Veuve d'Alexandre Jannée, Salomé prit la régence du royaume d'Israël en 76 avant J.-C. Usant de fermeté et de diplomatie, elle évita les guerres et offrit à son peuple plusieurs décennies de prospérité. Un demi-siècle plus tard, Salomé, la fille d'Hérodiade, se rendit encore plus célèbre. La jeune princesse dansa si bien devant Hérode Antipas qu'il lui offrit d'exaucer n'importe lequel de ses vœux. À l'instigation de sa mère, elle demanda la tête de Jean-Baptiste, laquelle lui fut livrée sur un plateau. Cette scène fut immortalisée par le Titien, le Caravage et de nombreux peintres. Salomé est plus particulièrement usité en France, en Italie, en Espagne, au Portugal et en Corse. *Variantes :* Saloméa, Salomée. *Caractérologie :* réceptivité, diplomatie, sociabilité, loyauté, caractère.

Saloni
- de 30

Belle (sanscrit). Féminin indien d'Asie. *Caractérologie :* savoir, méditation, résolution, intelligence, analyse.

Saloua
1 000

Réconfort (arabe). *Variante :* Séloua. *Caractérologie :* exigence, influence, famille, équilibre, sens des responsabilités.

Salwa
1 000 TOP 2 000 ➔

Réconfort (arabe). *Caractérologie :* relationnel, médiation, intuition, adaptabilité, fidélité.

Samantha
18 000 TOP 2 000 ➔

Celle qui écoute (araméen). Samantha est très répandu dans les pays anglophones. On peut estimer que moins de 30 enfants seront prénommés ainsi en 2021. *Variantes :* Samanta, Sammantha. *Caractérologie :* dynamisme, curiosité, courage, attention, indépendance.

Samara
500 TOP 2 000 ↘

Conversation intime pendant la nuit (arabe). *Variante :* Samar. *Caractérologie :* ambition, force, habileté, passion, management.

Samia
15 000 TOP 800 ↘

Élevée, admirable (arabe). Ce prénom est particulièrement répandu dans les cultures musulmanes francophones. *Variantes :* Sama, Samah, Samae, Samiha, Samiya, Sémiha. *Caractérologie :* méditation, savoir, intelligence, indépendance, sagesse.

Samira
13 000 TOP 700 ↘

Conversation intime pendant la nuit (arabe). Ce prénom est particulièrement répandu dans les cultures musulmanes francophones. *Variante :* Sémira. *Caractérologie :* savoir, intelligence, indépendance, sagesse, méditation.

Samuelle
350 ↗

Son nom est Dieu (hébreu). *Variantes :* Samuela, Samuella. *Caractérologie :* sagacité, spiritualité, originalité, connaissances, philosophie.

Samya
950 ↘

Élevée, admirable (arabe). *Caractérologie :* dynamisme, courage, indépendance, réalisation, curiosité.

Sana
8 000 TOP 400 ➔

Élévation, élégance (arabe). *Variantes :* Sanae, Sanah, Sanna, Sena. *Caractérologie :* stratégie, vitalité, leadership, ardeur, achèvement.

Sanaa
3 000 TOP 400 ➔

Élévation, élégance (arabe). *Caractérologie :* idéalisme, altruisme, intégrité, réflexion, dévouement.

Sandie
4 000

Défense de l'humanité (grec). Féminin anglais. *Variantes :* Sandi, Sandia. *Caractérologie :* originalité, sagacité, détermination, spiritualité, connaissances.

Sandra
102 000 TOP 900 ↘

Défense de l'humanité (grec). Ce diminutif d'Alessandra est apparu dans plusieurs pays européens au XIXe siècle, mais il est resté inexistant en France jusque dans les années 1970. Son jaillissement est instantanément couronné de succès : Sandra accède au 11e rang en 1973, l'année de son apogée, avant de refluer lentement. Il est très répandu dans les pays slaves et occidentaux. *Variante :* Saundra. *Caractérologie :* enthousiasme, communication, pratique, adaptation, détermination.

Sandrine
236 000 ↘

Défense de l'humanité (grec). Ce dérivé d'Alexandra apparaît pour la première fois en France en 1947. Attribué à une poignée de filles, il fait si rapidement des émules qu'il trône sur le palmarès féminin en 1972 et 1973. Il restera une décennie dans le top 10 national avant de décliner progressivement. On peut

S

estimer que moins de 30 enfants seront prénommés ainsi en 2021. *Variantes :* Sandrina, Sendrine. *Caractérologie :* créativité, décision, optimisme, pragmatisme, communication.

Sandy
16 000 ↘

Défense de l'humanité (grec). En dehors de l'Hexagone, ce prénom est particulièrement porté dans les pays anglophones. On peut estimer que moins de 30 enfants seront prénommés ainsi en 2021. *Caractérologie :* altruisme, réalisation, idéalisme, intégrité, réflexion.

Sania
950 TOP 2 000 →

Élévation, élégance (arabe). *Variante :* Sanya. *Caractérologie :* habileté, ambition, passion, force, résolution.

Santana
200

Vénérée (latin). Prénom espagnol. *Variantes :* Santa, Santine. *Caractérologie :* spiritualité, sagacité, originalité, connaissances, philosophie.

Saphia
600

Sagesse (grec). Féminin anglais et international. *Caractérologie :* rêve, rectitude, humanité, ouverture d'esprit, ressort.

S

Sara
26 000 TOP 200 ↘

Princesse (hébreu). Connue sous le nom de « Sara la Noire », sainte Sarah est la patronne des Gitans. Elle est honorée le 25 mai. Ce prénom est répandu dans de nombreux pays occidentaux et dans les cultures musulmanes du monde entier. *Variante :* Saura. *Caractérologie :* pragmatisme, communication, sociabilité, créativité, optimisme.

Sarah
168 000 TOP 50 ↘

Princesse (hébreu). La diffusion de Sarah remonte à plusieurs siècles dans les pays anglophones, mais son émergence française est récente. Peu donné au début du XXe siècle, abandonné entre 1940 et 1960, ce prénom grandit dans les années 1980, au moment où la vogue des prénoms bibliques fait renaître plusieurs célébrités de l'Ancien Testament. Sarah s'envole aux côtés de Léa et Éva, et culmine à la 8e place du palmarès féminin en 2000. ◇ Épouse d'Abraham dans la Bible, Sarah a le don de la beauté mais pas celui de la maternité. Aussi ne peut-elle réprimer un rire lorsqu'un ange vient lui annoncer qu'elle mettra au monde un enfant à l'âge de 90 ans. Son fils, le bien-nommé Isaac (de l'hébreu : « rire »), naîtra dans l'année. *Caractérologie :* intuition, relationnel, fidélité, médiation, adaptabilité.

Sarah-Lou
200

Forme composée de Sarah et Lou. Féminin français. *Caractérologie :* originalité, découverte, énergie, audace, analyse.

Saran
250 →

Contraction de Sarah et Ann, refuge (sanscrit), et prénom soninké signifiant « joie ». Féminin anglais. *Caractérologie :* ambition, décision, habileté, force, passion.

Sarina
250 →

Contraction de Sarah et Anna. Féminin anglais. *Caractérologie :* force, habileté, ambition, passion, décision.

Sarra
1 500 TOP 2 000 ↘

Fleur, blancheur lumineuse (arabe). On peut estimer que moins de 30 enfants seront prénommés ainsi en 2021. *Variante :* Sarha. *Caractérologie :* communication, pratique, adaptation, enthousiasme, générosité.

Sasha
7 000 TOP 300

Défense de l'humanité (grec). Ce prénom mixte, très répandu en Russie, est également fréquent au féminin dans les pays anglophones. Sa vogue est née dans les années 1930 grâce à Sasha, la princesse russe du roman *Orlando*, de Virginia Woolf. *Variante :* Sascha. *Caractérologie :* optimisme, créativité, pragmatisme, sociabilité, communication.

Saskia
800

Saxonne (vieil allemand), petite épée (vieux norrois). Saskia est particulièrement usité dans les pays néerlandophones et scandinaves. *Caractérologie :* influence, sens des responsabilités, équilibre, famille, exigence.

Satine
1 000

Satiné, poli (français). *Variantes :* Sahteene, Sateen, Satheen, Satin. *Caractérologie :* énergie, originalité, audace, découverte, décision.

Savannah
2 000 TOP 700

Grande plaine verdoyante (anglais). Savannah est répandu aux États-Unis. *Variantes :* Savana, Savanah, Savanna. *Caractérologie :* vitalité, achèvement, ardeur, leadership, stratégie.

Saveria
550 TOP 2 000

Forme corse de Xavière : maison neuve (basque). *Caractérologie :* optimisme, créativité, pragmatisme, communication, résolution.

Savina
110

Habitante d'Italie centrale (latin). Prénom italien et occitan. *Variante :* Savine. *Caractérologie :* enthousiasme, pratique, communication, adaptation, détermination.

Scarlett
1 000 TOP 2 000

De couleur écarlate (latin). Féminin anglais. *Variante :* Scarlet. *Caractérologie :* ambition, résolution, habileté, organisation, force.

Sébastienne
350

Respectée, vénérée (grec). *Variantes :* Bastienne, Sébastiane. *Caractérologie :* originalité, audace, découverte, décision, énergie.

Séda
500

Grande dame (arménien). *Caractérologie :* médiation, fidélité, relationnel, adaptabilité, intuition.

Ségolène
5 000

Victoire (germanique). Féminin français. *Variante :* Ségolaine. *Caractérologie :* énergie, autorité, innovation, amitié, ambition.

Seiko
- de 30

Qui mène avec succès (japonais). *Caractérologie :* énergie, découverte, audace, originalité, décision.

Séléna
8 000 TOP 200

Solennelle (latin). En dehors de l'Hexagone, Selena est plus particulièrement répandu dans les pays hispanophones. *Caractérologie :* réceptivité, diplomatie, loyauté, sociabilité, bonté.

Sélène
3 000 TOP 400

Solennelle (latin). Féminin anglais et basque. *Variantes :* Selen, Sélénia, Selenna. *Caractérologie :* famille, équilibre, influence, exigence, sens des responsabilités.

Sélin
1 500 TOP 2 000

Rivière (turc), forme de Céline. *Variante :* Sélina. *Caractérologie :* audace,

S

découverte, énergie, détermination, originalité.

Selma
11 000 TOP 200 ➔

Intacte, saine (arabe), protection divine (germanique). Féminin suédois, allemand et turc, aussi recensé dans les cultures arabes et/ou musulmanes. *Caractérologie :* dynamisme, curiosité, courage, indépendance, charisme.

Selvi
160

Forêt (latin). *Caractérologie :* méthode, détermination, fiabilité, engagement, ténacité.

Sema
700 ↗

Ciel (turc), signe (grec). *Caractérologie :* relationnel, fidélité, intuition, médiation, adaptabilité.

Seona
- de 30

Dieu fait grâce (hébreu). Seona est très répandu en Écosse. *Caractérologie :* rectitude, rêve, humanité, tolérance, générosité.

Sephora
4 000 TOP 2 000 ↘

Siffler (arabe), oiselle (hébreu). Prénom biblique. Dans l'Ancien Testament, Séphora (ou Tsippora) est l'épouse de Moïse. On peut estimer que moins de 30 enfants seront prénommés ainsi en 2021. *Variante :* Céphora. *Caractérologie :* direction, audace, résolution, dynamisme, ressort.

Séraphine
1 000 TOP 2 000 ➔

Ardente (hébreu). Féminin français. *Variantes :* Sérafina, Séraphina, Séraphie. *Caractérologie :* audace, découverte, détermination, action, énergie.

Séréna
8 000 TOP 200 ➔

Sereine (latin). Serena est particulièrement répandu en Italie, en Corse, en Occitanie et dans les pays anglophones. *Variante :* Séren. *Caractérologie :* ardeur, vitalité, achèvement, stratégie, résolution.

Serine
1 500 TOP 900 ➔

Sereine (latin). *Variante :* Serina. *Caractérologie :* indépendance, intelligence, méditation, détermination, savoir.

Servane
3 000 ↘

Qui est respectueuse (celte). Prénom breton. On peut estimer que moins de 30 enfants seront prénommés ainsi en 2021. *Caractérologie :* communication, pragmatisme, optimisme, créativité, résolution.

Servanne
400

Qui est respectueuse (celte). Prénom breton. *Caractérologie :* achèvement, stratégie, décision, ardeur, vitalité.

Sévane
- de 100

Nom d'un lac d'Arménie (arménien). *Variante :* Sévan. *Caractérologie :* pratique, générosité, enthousiasme, communication, adaptation.

Séverine
93 000

Grave, sérieuse (latin). Féminin français. *Variantes :* Sévéra, Sévériane, Sévérienne, Séverina, Séveryne. *Caractérologie :* connaissances, originalité, sagacité, détermination, spiritualité.

Shade
500 TOP 2 000 ↘

Ombre (anglais). Féminin anglais. *Caractérologie :* audace, dynamisme, direction, indépendance, assurance.

Shaïa
- de 30

Palace féerique (irlandais). *Caractérologie :* réceptivité, loyauté, diplomatie, bonté, sociabilité.

S

Le top 100 du XXe siècle

Les prénoms ci-dessous sont classés par ordre décroissant d'attribution. Marie, Jeanne et Françoise sont les trois prénoms féminins les plus attribués du siècle dernier.

1. Marie
2. Jeanne
3. Françoise
4. Anne
5. Monique
6. Catherine
7. Jacqueline
8. Madeleine
9. Isabelle
10. Nathalie
11. Suzanne
12. Marguerite
13. Sylvie
14. Yvonne
15. Hélène
16. Martine
17. Denise
18. Nicole
19. Marcelle
20. Christine
21. Germaine
22. Renée
23. Christiane
24. Louise
25. Andrée
26. Simone
27. Paulette
28. Valérie
29. Jeannine
30. Sophie
31. Sandrine
32. Céline
33. Stéphanie
34. Véronique
35. Odette
36. Chantal
37. Yvette
38. Annie
39. Geneviève
40. Lucienne
41. Brigitte
42. Patricia
43. Thérèse
44. Raymonde
45. Georgette
46. Colette
47. Julie
48. Michèle
49. Émilie
50. Alice
51. Cécile
52. Élisabeth
53. Laurence
54. Lucie
55. Aurélie
56. Virginie
57. Dominique
58. Henriette
59. Josette
60. Claire
61. Claudine
62. Marthe
63. Maria
64. Danielle
65. Corinne
66. Caroline
67. Christelle
68. Élodie
69. Gisèle
70. Bernadette
71. Florence
72. Juliette
73. Ginette
74. Camille
75. Simonne
76. Laetitia
77. Pauline
78. Mireille
79. Annick
80. Audrey
81. Charlotte
82. Nadine
83. Béatrice
84. Mélanie
85. Évelyne
86. Michelle
87. Delphine
88. Josiane
89. Micheline
90. Éliane
91. Mathilde
92. Léa
93. Karine
94. Joséphine
95. Agnès
96. Liliane
97. Laura
98. Élise
99. Fernande
100. Marion

Shaïma
3 000 TOP 1 000

D'une grande beauté (arabe). *Variantes :* Shayma, Sheïma, Sheyma. *Caractérologie :* paix, bienveillance, sagesse, conscience, conseil.

Shaïna
4 000 TOP 600

Belle (yiddish). *Variantes :* Shaïnesse, Shainez, Shayna, Sheïna. *Caractérologie :* sagacité, originalité, spiritualité, connaissances, résolution.

Shana
9 000 TOP 400

Dieu fait grâce (hébreu). Féminin anglais. *Variantes :* Shanaé, Shanaël, Shanaëlle. *Caractérologie :* savoir, intelligence, méditation, sagesse, indépendance.

Shanice
1 000

Dieu fait grâce (hébreu). Féminin anglais. *Caractérologie :* découverte, détermination, audace, séduction, originalité.

Shanna
5 000 TOP 400

Dieu fait grâce (hébreu). Shanna signifie également « amour » aux Comores. Shanna est plus particulièrement recensé dans les pays anglophones et aux Comores. *Caractérologie :* pratique, communication, générosité, adaptation, enthousiasme.

Shannon
2 000 TOP 2 000

Expérience, sagesse (irlandais). Shannon est également le nom du plus long fleuve d'Irlande et des îles Britanniques. Féminin irlandais et anglais. L'usage de ce prénom mixte a évolué : aujourd'hui, Shannon est presque exclusivement féminin. *Variantes :* Shanon, Shannen, Shanone, Shannone. *Caractérologie :* structure, sécurité, efficacité, persévérance, honnêteté.

Shanyce
300

Dieu fait grâce (hébreu). *Variantes :* Shanie, Shany, Shanys. *Caractérologie :* créativité, optimisme, pragmatisme, communication, cœur.

Sharleen
300

Force (germanique). *Variantes :* Sharlen, Sharlène. *Caractérologie :* innovation, détermination, autorité, ambition, énergie.

Sharon
2 000 TOP 2 000

Plaine déserte (hébreu). Ce prénom mixte est largement féminin en France et dans les pays anglophones. On peut estimer que moins de 30 enfants seront prénommés ainsi en 2021. *Caractérologie :* pragmatisme, optimisme, créativité, résolution, communication.

Sharone
350

Plaine déserte (hébreu). *Caractérologie :* force, ambition, habileté, décision, passion.

Shauna
450

Dieu fait grâce (hébreu). Shauna est plus particulièrement répandu en Irlande. *Variantes :* Shaine, Shane, Shania, Shanée, Shawnee. *Caractérologie :* innovation, autonomie, énergie, autorité, ambition.

Sheila
750

Aveugle (latin). Voir Cécile. Féminin anglais. *Variantes :* Sheela, Shelley. *Caractérologie :* idéalisme, résolution, intégrité, réflexion, altruisme.

Shelby
500 TOP 2 000

Ville abritée (vieil anglais). Mixte dans les pays anglophones, Shelby reste à ce jour exclusivement féminin en France. *Caractérologie :* vitalité, achèvement, attention, stratégie, cœur.

S

Shérazade 1 500 TOP 2 000 ➔
Femme de la haute ville (prénom arabe d'origine perse). Shéhérazade est l'héroïne mythique des *Mille et Une Nuits*, recueil anonyme de contes populaires écrits en arabe au XIIIe siècle, d'origine persane. On peut estimer que moins de 30 enfants seront prénommés ainsi en 2021. *Variantes :* Chéhérazade, Chéhrazad, Chéhrazade, Chérazad, Shéérazade. *Caractérologie :* paix, conscience, bienveillance, conseil, décision.

Sherine 2 000 TOP 900 ↘
Charmante, agréable (arabe, perse). *Variante :* Shirine. *Caractérologie :* équilibre, sens des responsabilités, famille, influence, résolution.

Sherley 700 TOP 2 000 ➔
Prairie ensoleillée (anglais). *Caractérologie :* diplomatie, sympathie, ressort, réceptivité, sociabilité.

Sheryl 500 ↘
Cerise (latin). Féminin anglais. *Caractérologie :* bienveillance, paix, conscience, action, bonté.

Shirel 1 500 ➔
Cerise (latin). Féminin anglais. On peut estimer que moins de 30 enfants seront prénommés ainsi en 2021. *Variante :* Shyrel. *Caractérologie :* détermination, sens des responsabilités, bienveillance, exigence, famille.

Shirine 700 ↘
Charmante, agréable (arabe d'origine persane). *Variante :* Chirine. *Caractérologie :* audace, détermination, dynamisme, direction, indépendance.

Shirley 4 000 TOP 2 000 ➔
Prairie ensoleillée (anglais). Féminin anglais. On peut estimer que moins de 30 enfants seront prénommés ainsi en 2021. *Caractérologie :* bienveillance, paix, conscience, action, cœur.

Shona 650
Dieu fait grâce (hébreu). Shona est très répandu en Écosse. *Variante :* Shonah. *Caractérologie :* générosité, communication, pratique, enthousiasme, adaptation.

Sia 300 TOP 2 000 ↑
Dans la mythologie égyptienne, Sia est la personnification de l'intuition, une divinité qui aide à prendre les bonnes décisions. Ce prénom, dont l'origine est difficile à déterminer, est essentiellement porté dans les pays anglophones et en Afrique. *Variante :* Sya. *Caractérologie :* intuition, diplomatie, relationnel, loyauté, bienveillance.

Sian - de 100
Forme galloise de Jeanne : Dieu fait grâce (hébreu). *Caractérologie :* savoir, détermination, intelligence, méditation, indépendance.

Siana 1 000 TOP 500 ↗
Forme galloise de Jeanne : Dieu fait grâce (hébreu). *Variantes :* Sinead, Sheona, Syana. *Caractérologie :* originalité, spiritualité, sagacité, connaissances, résolution.

Sibel 2 000 ➔
Prophétesse (grec). On peut estimer que moins de 30 enfants seront prénommés ainsi en 2021. *Variantes :* Cybèle, Cybelle, Sybel. *Caractérologie :* intuition, relationnel, médiation, gestion, décision.

Sibille 140
Prophétesse (grec). *Caractérologie :* curiosité, dynamisme, courage, gestion, décision.

S

Sibylle
3 000 TOP 400

Prophétesse (grec). Féminin français et allemand. Dans l'Antiquité, la Sibylle était une prêtresse qui avait reçu d'Apollon le don de prophétie. Une des sibylles les plus connues est celle de Cumes. Selon la légende, elle vendit au roi Tarquin les *Livres sibyllins*, recueils de prophéties censés contenir tout l'avenir de Rome. *Variantes :* Sibyl, Sibylline. *Caractérologie :* pragmatisme, communication, optimisme, décision, cœur.

Sidney
950 TOP 2 000

Habitante de Sidon (latin). Voir Sidonie. Féminin anglais. *Variante :* Sidaine. *Caractérologie :* persévérance, structure, sécurité, réussite, décision.

Sidonie
5 000 TOP 900

Habitante de Sidon (latin). Prénom français. Sidon, l'une des plus vieilles cités de la Phénicie, aurait été fondée par Canaan, le petit-fils de Noé. Cette ville au destin exceptionnel surmonta les destructions infligées par les Perses (en 343) puis par les Assyriens (en 677). Située sur la côte libanaise, Sidon est appelée Sayda aujourd'hui. *Variantes :* Sidony, Sydonie. Forme basque : Sidonia. *Caractérologie :* communication, pragmatisme, détermination, optimisme, volonté.

Siegrid
- de 100

Victoire, paix (germanique), belle victoire (scandinave). *Variante :* Fawsia. *Caractérologie :* stratégie, achèvement, détermination, réalisation, vitalité.

Sienna
1 500 TOP 600

Se rapporte à Sienne, ville toscane d'Italie (Siena en italien). Sienna est très répandu dans les pays européens et anglophones. *Variante :* Siena. *Caractérologie :* engagement, méthode, fiabilité, ténacité, sens du devoir.

Sierra
- de 100

Ce nom signifie « chaîne de montagne » en espagnol. Il se réfère à la Sierra Nevada, la chaîne de montagne la plus connue de l'ouest des États-Unis. Sierra est plus particulièrement attribué aux États-Unis. *Caractérologie :* intelligence, savoir, détermination, méditation, indépendance.

Sigrid
1 500

Victoire, paix (germanique), belle victoire (scandinave). Prénom scandinave. *Caractérologie :* pratique, communication, adaptation, enthousiasme, réalisation.

Siham
5 000 TOP 2 000

Flèches (arabe). *Variante :* Sihame. *Caractérologie :* curiosité, dynamisme, indépendance, courage, charisme.

Sihem
3 000 TOP 800

Flèches (arabe). *Variante :* Siheme. *Caractérologie :* rêve, ouverture d'esprit, rectitude, humanité, décision.

Sila
850 TOP 2 000

Réunion (turc). *Caractérologie :* énergie, audace, découverte, originalité, séduction.

Siloé
1 000 TOP 900

Nom d'une ancienne source d'eau située près du mur sud de Jérusalem (Israël). *Caractérologie :* analyse, famille, sens des responsabilités, équilibre, résolution.

Silvana
1 000

Forêt (latin). *Variantes :* Silva, Silvaine, Silvanie. *Caractérologie :* famille, sens des responsabilités, équilibre, influence, décision.

S

Silvia
2 000 TOP 2 000 →

Forêt (latin). Ce prénom italien, très attribué à partir de la Renaissance, a bâti son succès grâce à son association avec Rhea Silvia, la mère des fondateurs de Rome (Romulus et Remus) dans la mythologie romaine. Silvia est également usité dans les pays lusophones et hispanophones, en Catalogne et en Corse. On peut estimer que moins de 30 enfants seront prénommés ainsi en 2021. *Variante :* Silbia. *Caractérologie :* humanité, rêve, rectitude, générosité, tolérance.

Silviane
450

Forêt (latin). Féminin français. *Caractérologie :* direction, audace, dynamisme, indépendance, décision.

Simone
91 000 TOP 800 ↑

Qui est exaucée (hébreu). Féminin français et anglais. Professeure de philosophie et autrice de nombreux essais, Simone de Beauvoir est l'une des plus grandes avocates du féminisme au XXe siècle. *Variantes :* Simona, Simonetta, Simonette, Simonne. *Caractérologie :* communication, enthousiasme, détermination, volonté, pratique.

Simonne
20 000

Qui est exaucée (hébreu). Féminin français. *Caractérologie :* volonté, ambition, détermination, force, habileté.

Sindy
2 000

Qui vient de Kynthos (grec). Voir Cynthia. *Variante :* Syndie. *Caractérologie :* ambition, force, résolution, habileté, réalisation.

Siobhan
250 ↗

Dieu fait grâce (hébreu). Féminin irlandais. *Variante :* Siobhane. *Caractérologie :* énergie, découverte, audace, décision, attention.

Siona
- de 30

Ce prénom biblique se rapporte au second nom du mont Hermon, en Israël. *Caractérologie :* fiabilité, méthode, ténacité, engagement, détermination.

Sirine
9 000 TOP 200 →

Charmante, agréable (arabe, perse). *Variantes :* Cirine, Sheryne, Sirin, Siryne. *Caractérologie :* relationnel, intuition, fidélité, médiation, décision.

Sissi
130

Aveugle (latin). Voir Cécile. Féminin anglais. *Caractérologie :* pragmatisme, communication, optimisme, sociabilité, créativité.

Sita
180

Sillon (sanscrit). Prénom indien d'Asie. *Caractérologie :* méthode, ténacité, engagement, sens du devoir, fiabilité.

Sixtine
5 000 TOP 500 →

Lisse, polie (grec). Féminin français. *Caractérologie :* autorité, détermination, innovation, énergie, ambition.

Sloane
1 000 TOP 2 000 ↘

Guerrière (celte). Féminin anglais. *Variante :* Sloanne. *Caractérologie :* optimisme, communication, pragmatisme, sociabilité, créativité.

Soa
250 ↘

Forme bretonne de Françoise : libre, française (latin). *Caractérologie :* ardeur, achèvement, vitalité, stratégie, leadership.

Soane
850 TOP 2 000 →

Forme de Jeanne couramment usitée dans les îles de Wallis-et-Futuna. Soane

S

peut également être considéré comme une variante de Sohane. *Variantes :* Soana, Soanne. *Caractérologie :* rêve, humanité, générosité, rectitude, ouverture d'esprit.

Soazig
1 500

Forme bretonne de Françoise : libre, française (latin). *Caractérologie :* originalité, action, énergie, découverte, audace.

Soéline
- de 100

Contraction de « soleil » et du suffixe « ine ». *Caractérologie :* raisonnement, connaissances, originalité, volonté, liberté.

Sofia
27 000 TOP 50

Sagesse (grec). *Caractérologie :* audace, découverte, énergie, originalité, séduction.

Sohane
2 000 TOP 800

Étoile (arabe). *Variantes :* Soana, Soane, Soanna, Soanne, Soha, Sohana, Sohann, Sohanne. *Caractérologie :* stratégie, vitalité, achèvement, leadership, ardeur.

Soizic
5 000

Forme bretonne de Françoise : libre, française (latin). On peut estimer que moins de 30 enfants seront prénommés ainsi en 2021. *Variantes :* Soazic, Soïzig, Soïsick, Soïzick. *Caractérologie :* altruisme, idéalisme, intégrité, réflexion, logique.

Solange
49 000 TOP 900

Solennelle (latin). Prénom français. Au XIe siècle, sainte Solange froissa la susceptibilité d'un seigneur en refusant de l'épouser. Dépité, il l'assassina. Sainte Solange est la patronne de Bourges et du Berry. *Caractérologie :* dynamisme, indépendance, direction, audace, sympathie.

Soléa
450 TOP 2 000

Solennelle (latin). *Caractérologie :* spiritualité, connaissances, philosophie, sagacité, originalité.

Soléane
500 TOP 2 000

Contraction de Soléa et Anne. Féminin français. *Variantes :* Soléanne, Soliane, Solianne. *Caractérologie :* habileté, ambition, management, passion, force.

Soledad
700

Signifie « solitude » en espagnol. *Caractérologie :* équilibre, sens des responsabilités, famille, influence, caractère.

Soleil
- de 100

Soleil (latin). *Caractérologie :* raisonnement, intégrité, idéalisme, altruisme, détermination.

Solen
1 500

Solennelle (latin). *Caractérologie :* médiation, intuition, adaptabilité, fidélité, relationnel.

Solena
400

Solennelle (latin). Féminin breton. *Variantes :* Solan, Solenna. *Caractérologie :* optimisme, pragmatisme, communication, créativité, sociabilité.

Solène
32 000 TOP 400

Solennelle (latin). Prénom français. Évêque de Chartres à la fin du Ve siècle, saint Solène devint l'un des conseillers de Clovis et assista à son baptême. Au fil des siècles, ce prénom masculin a changé de genre. Peu attribué avant la fin du XXe siècle, Solène surgit dans le top 50 féminin en 2000, le point culminant de sa carrière. *Caractérologie :* sagesse, savoir, intelligence, indépendance, méditation.

Sofia

Fête : 25 mai

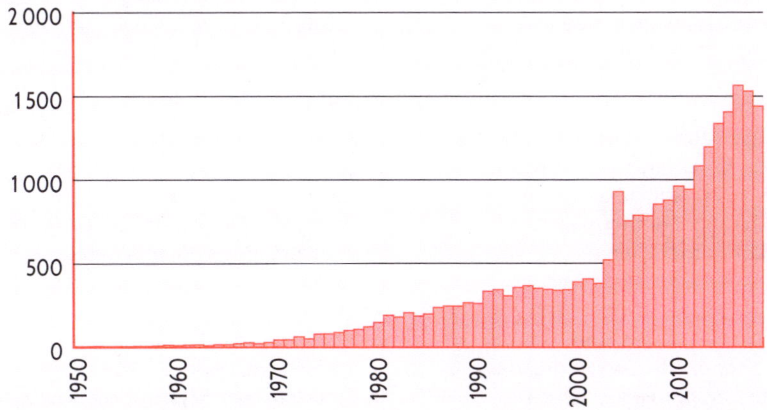

Étymologie

Issu du grec *sophia*, signifiant la sagesse. Ce nom est attesté dès les premiers siècles dans les provinces orientales de l'Empire romain, berceau de l'Église orthodoxe. Il devient fréquent dans les pays de culture grecque puis dans les zones de peuplement slave, avant d'apparaître dans plusieurs pays européens au XVIe siècle. Sa faveur va grandissant jusqu'à la fin du XIXe siècle et ce prénom, sous toutes ses formes (Sophia, Sofie, Sophy, Sophie), se propage à l'échelle internationale.

Aujourd'hui, Sofia est recensée dans plus de 20 langues différentes. Elle brille dans tous les pays, du nord au sud, et d'est en ouest. Si l'on cumule les attributions de Sophia, son succès est encore plus retentissant. Par ailleurs, Sofia semble indémodable dans les pays de l'Est. Et comme si ce succès planétaire n'était pas suffisant, son envol dans les pays musulmans (en tant que variante du prénom arabe Safiya : « pure », « amie ») se confirme. Nul besoin, dans ce contexte, de préciser que Sofia est l'un des prénoms les plus attribués dans le monde. En France, elle a commencé sa carrière à Paris (top 20) et la poursuit aujourd'hui au niveau national (top 40), loin devant Sophie.

Personnes célèbres

Sofia Coppola, comédienne et cinéaste américaine, née en 1971 ; Sofia Vergara, actrice et mannequin colombienne, née en 1972 ; Sofia Arvidsson, joueuse de tennis suédoise, née en 1984 ; Sofia Assefa, athlète éthiopienne, née en 1987 ; Sophia Aram, animatrice de radio et humoriste française, née en 1973 ; Sofia Essaïdi, chanteuse et musicienne d'origine marocaine, née en 1984.

Statistiques

Sofia est le 69e prénom féminin le plus donné en France depuis l'an 2000. Ce prénom est attribué à près d'une fille sur 240 aujourd'hui. **Sophia** devrait prénommer une fille sur 750 et figurer au 207e rang de ce palmarès.

S

Solenn
6 000 TOP 2 000

Solennelle (latin). Féminin breton. On peut estimer que moins de 30 enfants seront prénommés ainsi en 2021. *Variante :* Solen. *Caractérologie :* indépendance, méditation, intelligence, sagesse, savoir.

Solenne
5 000

Solennelle (latin). On peut estimer que moins de 30 enfants seront prénommés ainsi en 2021. *Caractérologie :* pratique, communication, enthousiasme, adaptation, générosité.

Soline
11 000 TOP 200

Solennelle (latin). Prénom français. Sainte Soline, chrétienne originaire du Poitou au IIIe siècle, refusa d'apostasier pendant les persécutions de Dèce et mourut martyre. Sa fête locale est le 17 octobre. *Variantes :* Silana, Solin, Solyne. *Caractérologie :* intuition, décision, logique, relationnel, médiation.

Solveig
1 500 TOP 700

Gardienne du foyer (scandinave). *Variante :* Solweig. *Caractérologie :* réussite, achèvement, vitalité, logique, stratégie.

Solyane
- de 100

Prénom inventé par Bernard Simonay pour l'héroïne de *Phénix*, trilogie de romans fantastiques publiés en 1986. *Variantes :* Soliane, Solianne. *Caractérologie :* direction, audace, sympathie, indépendance, dynamisme.

Somaya
300

Parfaite, élevée (arabe). *Caractérologie :* diplomatie, réceptivité, loyauté, sociabilité, réalisation.

Sona
140

Grande, élancée (arménien), feu, couleur du feu (sanscrit). Se prononce phonétiquement comme Sonia. Sona est plus particulièrement usité en Arménie et en Inde. *Caractérologie :* structure, sécurité, persévérance, honnêteté, efficacité.

Sonia
81 000 TOP 600

Sagesse (grec). En dehors de l'Hexagone, Sonia est très répandu dans les pays slaves, anglophones et en Italie. *Caractérologie :* persévérance, sécurité, structure, décision, efficacité.

Sonja
800

Sagesse (grec). Féminin italien, scandinave, russe et slave méridional. *Caractérologie :* dynamisme, curiosité, charisme, courage, indépendance.

Sonya
800

Sagesse (grec). Sonya est particulièrement répandu en Russie. *Variantes :* Sonnia, Sonny, Sounia. *Caractérologie :* relationnel, intuition, médiation, fidélité, adaptabilité.

Sophia
15 000 TOP 200

Sagesse (grec). Voir le zoom sur Sofia. *Caractérologie :* dynamisme, curiosité, action, indépendance, courage.

Sophie
233 000 TOP 300

Sagesse (grec). Issu du grec *sophia*, ce nom est attesté dès les premiers siècles dans les provinces orientales de l'Empire romain, berceau de l'Église orthodoxe. Il devient fréquent dans les pays de culture grecque puis dans les zones de peuplement slave avant d'apparaître dans plusieurs pays européens au XVIe siècle. Sa faveur va grandissant jusqu'à la fin du XIXe siècle et le prénom, sous toutes ses formes (Sofie, Sofia, Sophia, Sophy),

S

se propage à l'échelle internationale. En France, le succès des *Malheurs de Sophie* (roman de la comtesse de Ségur publié en 1848) altère la carrière prometteuse du prénom. Il s'efface pendant plus d'un siècle avant de revenir en force (dans le top 10 féminin) dans les années 1970. ◊ Au IIe siècle, sainte Sophie refusa d'abjurer et fut condamnée au martyre par l'empereur Hadrien. Selon une légende qui fut très populaire à Rome, elle mourut après que ses filles, Foi, Espérance et Charité, eurent subi le même sort. En Orient, de nombreuses églises et basiliques portant son nom furent édifiées dès les premiers siècles. Elles honorent en réalité la Sagesse divine, c'est-à-dire le Christ, mais l'association avec ce prénom explique sa diffusion première dans l'Empire byzantin. Elle est fêtée le 17 septembre en Orient et le 25 mai en Occident. *Caractérologie :* rectitude, humanité, rêve, décision, action.

Soraya
10 000 TOP 500 →

Beauté des étoiles (arabe, perse). Une princesse iranienne a illustré ce prénom au milieu du XXe siècle. *Caractérologie :* sagacité, connaissances, philosophie, spiritualité, originalité.

Soria
700

Clarté du soleil (cambodgien). *Variante :* Souria. *Caractérologie :* ardeur, stratégie, vitalité, achèvement, leadership.

Soriane
130

Contraction de Soria et Anne. *Caractérologie :* humanité, rectitude, détermination, ouverture d'esprit, générosité.

Sorya
350

Clarté du soleil (cambodgien). *Variante :* Soriya. *Caractérologie :* famille, sens des responsabilités, équilibre, influence, exigence.

Souad
4 000 TOP 2 000 →

Heureuse, chanceuse (arabe). *Variantes :* Souaad, Souade, Souhad, Souhade, Souadou, Suheda. *Caractérologie :* conscience, bienveillance, conseil, sagesse, paix.

Souhila
950 ↑

Préparer, faciliter un projet (arabe). *Variantes :* Sohéila, Souhéila, Souhaïla, Souhayla, Souheyla, Souhéla. *Caractérologie :* fiabilité, ténacité, méthode, logique, engagement.

Soukaïna
3 000 TOP 1 000 →

Bien-être, maison du paradis (arabe). *Variantes :* Soukayna, Soukéina. *Caractérologie :* autorité, énergie, décision, logique, innovation.

Soumaya
5 000 TOP 300 ↗

Parfaite, élevée (arabe). *Caractérologie :* dynamisme, curiosité, courage, indépendance, réussite.

Souméya
1 000 TOP 2 000 →

Parfaite, élevée (arabe). *Caractérologie :* humanité, rêve, caractère, rectitude, réussite.

Soumia
2 000 ↘

Parfaite, élevée (arabe). On peut estimer que moins de 30 enfants seront prénommés ainsi en 2021. *Variantes :* Soumiya, Soumya. *Caractérologie :* influence, équilibre, famille, sens des responsabilités, analyse.

Stacy
6 000 TOP 2 000 →

Résurrection (grec). Stacy est très répandu dans les pays anglophones. On peut estimer que moins de 30 enfants seront prénommés ainsi en 2021.

S

Variantes : Stacey, Stacie. *Caractérologie :* énergie, audace, découverte, organisation, originalité.

Stanislawa
1 000

Commandeur glorieux (slave). Prénom polonais. *Variante :* Stanislava. *Caractérologie :* relationnel, médiation, intuition, gestion, décision.

Stecy
2 000 TOP 2 000

Résurrection (grec). On peut estimer que moins de 30 enfants seront prénommés ainsi en 2021. *Variantes :* Steacy, Stecie. *Caractérologie :* humanité, rectitude, rêve, cœur, gestion.

Steffy
1 000

Couronnée (grec). Steffy est très répandu en Allemagne. *Variantes :* Steffi, Steffie, Stephie, Stephy. *Caractérologie :* idéalisme, dévouement, altruisme, réflexion, intégrité.

Stella
17 000 TOP 200

Étoile (latin), pilier (grec). Stella est très usité dans les pays anglophones, en Italie, en Grèce et en Corse. *Variantes :* Stelia, Stellia. *Caractérologie :* éthique, équilibre, famille, influence, gestion.

S

Stelly
500

Étoile (latin). *Variantes :* Stellie, Stellina. *Caractérologie :* enthousiasme, communication, cœur, pratique, gestion.

Stéphane
1 000

Couronnée (grec). L'actrice française Stéphane Audran (de son vrai nom Colette Suzanne Dacheville) a contribué à l'envol féminin de Stéphane dans les années 1960. Ce prénom n'est plus donné aux filles depuis la fin des années 1990, mais au masculin, Stéphane n'a pas disparu des maternités. *Caractérologie :* savoir, indépendance, méditation, intelligence, finesse.

Stéphania
450

Couronnée (grec). Féminin anglais. *Variante :* Stefania. *Caractérologie :* pratique, communication, enthousiasme, sensibilité, action.

Stéphanie
232 000 TOP 1 000

Couronnée (grec). Quasi inexistant avant le XIXe siècle, Stéphanie est très rare jusqu'au début des années 1960 (on dénombre alors moins de 200 occurrences chaque année). La fulgurance de son ascension est telle que Stéphanie s'élève au sommet en une décennie, détrônant Sandrine en 1974 pour régner durant quatre ans. Stéphanie se maintiendra dans l'élite des choix français jusqu'à la fin des années 1980 avant de conquérir les pays de langue anglaise. ◇ Dominicaine italienne née en 1457, issue d'une famille très pauvre, sainte Stéphanie entra dans les ordres à l'âge de 15 ans et se consacra aux malades et aux plus déshérités. Elle fonda une communauté à Soncino, en Lombardie, dont elle devint la première abbesse. *Variantes :* Estephany, Stefanie, Steffanie, Stefany, Stephany. *Caractérologie :* ressort, intelligence, savoir, méditation, finesse.

Sterenn
1 000

Astre (celte). Féminin breton. *Variante :* Steren. *Caractérologie :* courage, dynamisme, curiosité, indépendance, résolution.

Stessy
2 000

Résurrection (grec). On peut estimer que moins de 30 enfants seront prénommés ainsi en 2021. *Variante :* Stessie. *Caractérologie :* achèvement, ardeur, vitalité, stratégie, leadership.

Summer
350 TOP 2 000

L'été (anglais). *Caractérologie :* habileté, détermination, ambition, force, passion.

Susan
700 ➔

Lys (hébreu). Féminin anglais. *Caractérologie :* loyauté, sociabilité, bonté, réceptivité, diplomatie.

Susana
400

Lys (hébreu). Susana est particulièrement répandu dans les pays hispanophones et lusophones. *Variantes :* Sue, Susanna. *Caractérologie :* enthousiasme, communication, adaptation, pratique, générosité.

Susie
750 ➔

Lys (hébreu). Féminin anglais. *Variantes :* Suzi, Suzy. *Caractérologie :* audace, direction, dynamisme, indépendance, décision.

Suzanne
86 000 TOP 200 ↗

Lys (hébreu). Ce prénom biblique est porté au IIIe siècle par sainte Suzanne de Rome, une vierge romaine martyrisée sous le règne de l'empereur Dioclétien. En usage au Moyen Âge, Suzanne n'a jamais autant brillé en France qu'à la fin du XIXe siècle. Encore très choisi au début des années 1920 (à la 4e place), ce prénom décline au moment où la forme anglophone Susan s'envole, au milieu du XXe siècle. Suzanne renaît depuis quelques années et pourrait de nouveau éclairer le palmarès français.

◇ Injustement accusée d'adultère par deux vieillards dont elle osa repousser les avances, Suzanne fut défendue et sauvée par le prophète Daniel. Cet épisode biblique est représenté dans les peintures de Rembrandt et de nombreux artistes. *Variantes :* Susanne, Suzan, Suzane, Suzanna. *Caractérologie :* indépendance, direction, audace, dynamisme, assurance.

Suzel
650

Lys (hébreu). Dans l'Hexagone, Suzel a été plus traditionnellement usité en Alsace. *Caractérologie :* sociabilité, diplomatie, réceptivité, loyauté, bonté.

Suzelle
900

Lys (hébreu). Féminin anglais. *Caractérologie :* audace, assurance, dynamisme, direction, indépendance.

Suzette
5 000

Lys (hébreu). Féminin français. *Caractérologie :* force, ambition, sensibilité, organisation, habileté.

Suzie
4 000 TOP 600 ➔

Lys (hébreu). Féminin anglais. *Caractérologie :* ambition, décision, force, habileté, passion.

Suzon
1 500 TOP 2 000 ➔

Lys (hébreu). Féminin français. *Caractérologie :* curiosité, dynamisme, courage, charisme, indépendance.

Suzy
5 000 ➔

Lys (hébreu). Féminin anglais. On peut estimer que moins de 30 enfants seront prénommés ainsi en 2021. *Caractérologie :* direction, audace, dynamisme, indépendance, assurance.

Svetlana
900 ↘

Lumineux (slave). Féminin russe, serbe, croate et macédonien. *Caractérologie :* persévérance, structure, sécurité, efficacité, gestion.

Swann
2 000 TOP 600 ➔

Cygne (anglais). *Variantes :* Swan, Swana, Swane, Swanna, Swanny. *Caractérologie :* achèvement, vitalité, stratégie, ardeur, leadership.

Sybil
400 ↑

Prophétesse (grec). *Caractérologie :* persévérance, efficacité, structure, sécurité, organisation.

S

Sybille
3 000 TOP 900 ↗

Prophétesse (grec). Voir Sibylle. En dehors de l'Hexagone, ce prénom est plus particulièrement usité en Allemagne et en Autriche. *Variante :* Sybile. *Caractérologie :* communication, détermination, pragmatisme, optimisme, bonté.

Sydney
1 000 TOP 2 000 ↘

Habitante de Sidon (latin). Féminin anglais. *Caractérologie :* relationnel, intuition, fidélité, médiation, réalisation.

Sylia
850 TOP 2 000 ↘

Aveugle (latin). Voir Cécile. *Variantes :* Silia, Silke, Silya, Sylla, Syllia. *Caractérologie :* pragmatisme, optimisme, communication, créativité, sociabilité.

Sylvaine
8 000

Forêt (latin). Féminin français. *Variantes :* Sylva, Sylvana, Sylvane, Sylvanie, Sylvanna, Sylvène, Sylvina, Sylvine, Sylvienne. *Caractérologie :* ambition, réalisation, force, habileté, bonté.

Sylvana
1 500 ↘

Forêt (latin). On peut estimer que moins de 30 enfants seront prénommés ainsi en 2021. *Caractérologie :* méthode, réalisation, ténacité, fiabilité, bonté.

Sylvanie
650

Forêt (latin). Féminin français. *Caractérologie :* vitalité, achèvement, cœur, réussite, stratégie.

Sylvette
12 000

Forêt (latin). Féminin français. *Caractérologie :* relationnel, intuition, réalisation, médiation, bonté.

Sylvia
20 000 TOP 2 000 ↘

Forêt (latin). En dehors de l'Hexagone, Sylvia est plus particulièrement attribué dans les pays anglophones et scandinaves. On peut estimer que moins de 30 enfants seront prénommés ainsi en 2021. *Caractérologie :* intelligence, savoir, méditation, indépendance, réalisation.

Sylviane
47 000

Forêt (latin). Féminin français. *Caractérologie :* achèvement, bonté, vitalité, stratégie, réalisation.

Sylvianne
1 500

Forêt (latin). *Caractérologie :* persévérance, réalisation, structure, sympathie, sécurité.

Sylvie
347 000 ↘

Forêt (latin). Très attribué à partir de la Renaissance, ce prénom a bâti son succès grâce à son association avec Rhea Silvia, la mère des fondateurs de Rome (Romulus et Remus) dans la mythologie romaine. Son succès se propage aux pays anglophones au XIXe siècle, et revient un siècle plus tard sous la forme de Sylvie en France. Sylvie trône sur le palmarès de 1960 à 1964 et prénomme une fille sur 16 dans les derniers temps de son règne. Un triomphe qui l'amènera à une chute plus vertigineuse encore. ◇ Sainte Sylvie, la mère du pape Grégoire le Grand, a également illustré ce prénom au VIe siècle. On peut estimer que moins de 30 enfants seront prénommés ainsi en 2021. *Variante :* Silvie. *Caractérologie :* relationnel, médiation, intuition, cœur, réussite.

Syriana
- de 100

Seigneur (grec). *Variantes :* Cyrianne, Cyrienne, Cyrine, Cyrinne. *Caractérologie :* équilibre, famille, détermination, sens des responsabilités, influence.

S

Syriane
190

Seigneur (hébreu). *Variantes :* Cyrianne, Cyrienne, Cyrine, Cyrinne. *Caractérologie :* direction, audace, dynamisme, indépendance, résolution.

Syrine
4 000 TOP 600

Charmante, agréable (arabe, perse). *Variante :* Syrina. *Caractérologie :* rêve, décision, rectitude, ouverture d'esprit, humanité.

T

Tabatha
350

Gazelle (grec, araméen). *Caractérologie :* force, passion, ambition, management, habileté.

Tahia
- de 100

La déesse de l'Amour qui agit la nuit (tahitien). *Caractérologie :* adaptation, communication, enthousiasme, pratique, générosité.

Tahlia
- de 100

Rosée (hébreu). *Caractérologie :* équilibre, famille, sens des responsabilités, organisation, influence.

Taïna
2 000 TOP 800

Fée (slave). Féminin finlandais. *Caractérologie :* décision, altruisme, réflexion, résolution, dévouement.

Taïs
1 000 TOP 1 000

Lien, bandage (grec). *Caractérologie :* fiabilité, méthode, ténacité, engagement, sens du devoir.

Takara
- de 30

Trésor (japonais). *Caractérologie :* intelligence, savoir, sagesse, méditation, indépendance.

Tal
250

Rosée (hébreu). *Variantes :* Talila, Talilah, Telila, Telilah. *Caractérologie :* famille, équilibre, sens des responsabilités, influence, organisation.

Talia
3 000 TOP 300

Rosée (hébreu), lumière du paradis (arabe), diminutif de Natalia. Talia pourrait également signifier « jeune agneau » en araméen. *Variantes :* Tali, Talie, Talya. *Caractérologie :* méditation, savoir, organisation, intelligence, indépendance.

Talina
250

Diminutif de Natalina : jour de la naissance (latin). *Caractérologie :* communication, enthousiasme, décision, pratique, gestion.

Taline
350 TOP 2 000

Nom d'une ville d'Arménie et prénom féminin arménien. *Variante :* Talin. *Caractérologie :* connaissances, sagacité, résolution, spiritualité, organisation.

Tam
- de 100

Centre, cœur, esprit (vietnamien). *Caractérologie :* connaissances, philosophie, sagacité, spiritualité, originalité.

Tama
- de 30

Bijou (japonais), complet, parfait (hébreu), enfant (tahitien). *Caractérologie :* vitalité, achèvement, leadership, ardeur, stratégie.

Tamako
- de 30

L'enfant joyau (japonais). *Caractérologie :* connaissances, sagacité, spiritualité, originalité, philosophie.

Tamala
- de 30

Bijou (japonais). *Caractérologie :* optimisme, communication, pragmatisme, créativité, organisation.

Tamar
170

Palmier (hébreu). Féminin anglais. *Caractérologie :* achèvement, leadership, vitalité, ardeur, stratégie.

Tamara
5 000 TOP 700

Palmier (hébreu). Tamara est très répandu en Russie, dans les pays slaves et anglophones. *Caractérologie :* altruisme, idéalisme, réflexion, intégrité, dévouement.

Tami
- de 30

Peuple (japonais), variante de Tamara. *Variantes :* Tamia, Tamie, Tamy. *Caractérologie :* savoir, intelligence, sagesse, méditation, indépendance.

T

Tamiko
- de 30

Enfant du peuple (japonais). *Caractérologie :* conscience, bienveillance, paix, conseil, sagesse.

Tammy
- de 100

Palmier (hébreu). *Variantes :* Tamara, Tammi, Tammie, Thamara. *Caractérologie :* rectitude, rêve, humanité, réalisation, ouverture d'esprit.

Tanaïs
350

Variante possible de Tania. Tanais est l'ancien nom de l'un des plus grands fleuves russes, le Don. *Variantes :* Tana, Tanys. *Caractérologie :* innovation, détermination, autorité, énergie, ambition.

Tania
10 000 TOP 800

Fée (slave). Tania est plus particulièrement répandu dans les pays anglophones, hispanophones et en Italie. *Caractérologie :* humanité, rectitude, rêve, décision, tolérance.

Tanya
1 500 TOP 2 000

Fée (slave). Prénom russe, ukrainien et anglophone. *Variantes :* Tanaya, Tanina. *Caractérologie :* connaissances, sagacité, spiritualité, philosophie, originalité.

Tara
3 000 TOP 500

Tour, colline rocailleuse (celte), étoile (sanscrit). Ce prénom est usité en Inde et dans les pays anglophones. *Variante :* Thara. *Caractérologie :* fiabilité, méthode, engagement, ténacité, sens du devoir.

Tatiana
16 000 TOP 2 000

Fée (slave). Ce prénom présente une large diffusion européenne, russe et slave. *Variantes :* Tanja, Tatjana, Taunia, Taunya, Tatia, Tatiane, Tatianne, Tatienne, Tatyana. *Caractérologie :* communication, créativité, optimisme, décision, pragmatisme.

Téa
2 000 TOP 500

Dieu (grec), blanc (tahitien). Téa est répandu dans les pays scandinaves, en Croatie, en Slovénie et en Italie. *Caractérologie :* ambition, force, passion, habileté, management.

Téana
170

Contraction de Téa et Anna. *Variantes :* Téanna, Téane, Téanne. *Caractérologie :* curiosité, charisme, courage, dynamisme, indépendance.

Tehani
300 TOP 2 000

Celle qui est aimée, chérie (tahitien). *Caractérologie :* attention, communication, enthousiasme, pratique, décision.

Tehila
200 ↑

Compliment (hébreu). *Caractérologie :* résolution, audace, direction, finesse, dynamisme.

Tehora
- de 30

Pure (hébreu). *Caractérologie :* détermination, méthode, ténacité, fiabilité, sensibilité.

Télia
250 ↘

L'étymologie est controversée, mais il est probable que Télia soit le féminin de Télio. *Caractérologie :* relationnel, résolution, médiation, organisation, intuition.

Telma
700 TOP 2 000 →

Protection divine (germanique). Telma est plus particulièrement répandu dans les pays scandinaves. *Caractérologie :* bienveillance, conscience, paix, conseil, organisation.

Teora
- de 30

Vie (tahitien). *Caractérologie :* gestion, ambition, habileté, passion, force.

Térébentine
- de 30

Ce prénom issu du calendrier révolutionnaire a été choisi par la femme politique française Cécile Duflot pour sa fille. La térébenthine est une résine semi-liquide extraite de certains conifères. Le choix de l'ancienne ministre du Logement ne fait pour l'instant guère d'émules… *Caractérologie :* idéalisme, rectitude, tolérance, réflexion, humanité.

Teresa
1 500 TOP 2 000 ↗

Qui récolte (grec). Teresa est particulièrement répandu dans les pays hispanophones, lusophones, germanophones et en Italie. C'est aussi un choix corse et occitan. *Variante :* Tereza. *Caractérologie :* courage, décision, curiosité, dynamisme, indépendance.

Terry
300

Qui récolte (grec). Féminin anglais. *Variantes :* Teri, Terri. *Caractérologie :* séduction, énergie, découverte, originalité, audace.

Tess
9 000 TOP 300 ↘

Qui récolte (grec). Tess est très usité dans les pays anglophones et aux Pays-Bas. *Caractérologie :* idéalisme, altruisme, intégrité, réflexion, dévouement.

Tessa
8 000 TOP 300 →

Qui récolte (grec). Tessa est très usité dans les pays anglophones et aux Pays-Bas. *Variante :* Thessa. *Caractérologie :* indépendance, dynamisme, direction, assurance, audace.

Tessy
550 →

Qui récolte (grec). Féminin anglais. *Variante :* Tessie. *Caractérologie :* méditation, intelligence, sagesse, indépendance, savoir.

Teva
- de 100

Grande voyageuse (tahitien), ange (cambodgien). Écrit avec un accent, Téva signifie également « fruit de la nature » en hébreu. *Caractérologie :* optimisme, pragmatisme, communication, sociabilité, créativité.

Texa
- de 30

Qui récolte (grec). Féminin anglais. *Caractérologie :* audace, découverte, originalité, séduction, énergie.

Thaïs
14 000 TOP 100 →

En grec, *thais* signifie « lien, bandage ». Connu dès la Renaissance, puis oublié, ce prénom a surgi en France dans les années 1990. Sans avoir connu d'envolée fulgurante, Thaïs a percé dans le top 100 féminin en 2008. Elle doit sa progression à sa grande constance et à deux atouts

Les graines de stars

Nous nous intéressons de plus en plus au monde du spectacle et cet intérêt se répercute sur les prénoms que nous donnons à nos enfants. Nous les appelons comme nos vedettes préférées mais aussi, parfois, comme leurs propres bébés.

Voici un bouquet de prénoms choisis par des people pour leur fille :

- Abbie chez Faustine Bollaert et Maxime Chattam
- Ada chez Jude Law et Samantha Burke
- Adèle chez Sandrine Bonnaire
- Adrienne chez la Princesse Madeleine de Suède
- Alana chez Cristiano Ronaldo
- Alice chez Charlotte Gainsbourg et Yvan Attal
- Alma chez Jacques Lanzmann
- Amazonie chez Vincent Cassel et Tina Kunakey
- Anna chez Benjamin Biolay
- Anthéa chez Paul Anka
- Ava chez Hugh Jackman
- Bianca chez Stéphane Freiss
- Billie chez Pierre Niney
- Blanche chez David Douillet
- Bleuette chez Cécile Duflot
- Camille chez Romain Grosjean
- Candice chez Nathalie Rihouet
- Capucine chez Éliette Abécassis
- Carla chez Daniela Lumbroso
- Charlotte chez Kate Middleton et le prince William
- Chiara chez Catherine Deneuve et Marcello Mastroianni
- Claudia chez Yoann Gourcuff
- Coline chez Richard Berry
- Delilah chez Keira Knightley
- Elea chez Rebecca Hampton
- Eléanor chez Christophe Lambert
- Ella chez Amal et Georges Clooney
- Esmée chez Louane et Florian Rossi
- Esmeralda chez Eva Mendes et Ryan Gosling
- Ève chez Bono
- Félicité chez Anna Gavalda
- Garance chez Lio
- Georgia chez Mick Jagger
- Gina chez Michael Schumacher
- Giulia chez Carla Bruni et Nicolas Sarkozy
- Gloria chez Axelle Red
- Grace chez André-Pierre Gignac
- Hannah chez Kristin Scott Thomas
- Iris chez Jude Law
- Isabella chez Tom Cruise et Nicole Kidman
- Isaure chez Alexia Laroche-Joubert
- Izia chez Jacques Higelin
- Jade chez Laetitia et Johnny Hallyday
- Jasmine chez Michael Jordan

T

- Jeanne chez Jean Dujardin et Nathalie Péchalat
- Jim chez Alexandra Rosenfeld et Hugo Clément
- Léa chez Nicolas Hulot
- Léna chez Gérard Darmon
- Léonie chez Vincent Cassel et Monica Belluci
- Leonor chez Felipe d'Espagne et Letizia
- Lila chez Kate Moss
- Lily chez Clovis Cornillac
- Lola chez Pierre Niney
- Lou chez Laure Maunaudou
- Louise chez Marion Cotillard et Guillaume Canet
- Louison chez Léa François
- Luna chez Penélope Cruz et Javier Bardem
- Lyana chez Laëtitia Milot
- Madeline chez Lea Thompson
- Maggie chez Alizée et Grégoire Lyonnet
- Maïa chez Hélène Ségara
- Marguerite chez François Cluzet
- Maya chez Ethan Hawke et Uma Thurman
- Mia chez Kate Winslet
- Mila chez Mélanie Laurent
- Misha chez le chanteur Cale
- Naomi chez Stephen King
- Nina chez Adriana Karembeu
- Nine chez Inès de La Fressange
- Olivia chez Denzel Washington
- Olympia chez Serena Williams
- Osian chez Milla Jovovich
- Paloma chez David Caruso
- Phoebe chez Bill Gates
- Raina chez Laurent Koscielny
- Rose chez Scarlett Johansson et Romain Dauriac
- Ruby chez Carla Moreau et Kevin Guedj
- Salomé chez Claude Lelouch
- Sarah chez Harry Connick Jr.
- Sofia chez Felipe d'Espagne et Letizia
- Solveig chez Alexia Laroche-Joubert
- Stella chez Paul McCartney
- Suzanne chez Daphné Burki et Gunther Love
- Swann chez Alice Taglioni
- Tara chez Mazarine Pingeot
- Tess chez Judith Godrèche
- Thalia chez Luc Besson
- Uhaina chez Bixente Lizarazu
- Victoria chez Nelson Monfort
- Violette chez Inès de La Fressange
- Yasmine chez Marc Lavoine
- Zelda chez Victoria Bedos
- Zoé chez Rosanna Arquette

majeurs : sa jeunesse, qui l'inscrit dans une thématique de renouvellement, et sa terminaison en « ys » qui a fait le succès de Maëlys. Ce prénom féminin est depuis quelques années attribué à un nombre croissant de garçons. Courtisane athénienne d'une grande beauté, Thaïs était si convoitée que les hommes se battaient jusque devant sa porte pour obtenir ses faveurs. Elle ruina de nombreux soupirants et fut pendant longtemps la maîtresse d'Alexandre le Grand. Après la mort de ce dernier, Thaïs jeta son dévolu sur Ptolémée (premier roi égyptien de cette dynastie), qu'elle épousa. Thaïs a vécu au IVe siècle avant J.-C. Un autre récit de sa vie fut écrit par Marbode, évêque de Rennes au XIIe siècle. Il relate que Thaïs se repentit d'avoir mené une vie sulfureuse, qu'elle se convertit au christianisme et termina ses jours religieuse. Elle passa trois années de pénitence recluse dans une cellule avant de devenir sainte Thaïs. Son histoire a inspiré un roman d'Anatole France et un opéra de Jules Massenet, la célèbre *Méditation de Thaïs*. *Variante :* Thays. *Caractérologie :* pratique, adaptation, communication, enthousiasme, générosité.

T

Thalia
4 000 TOP 400

Rosée (hébreu), diminutif de Nathalia. *Caractérologie :* famille, équilibre, sens des responsabilités, influence, organisation.

Thalie
400

Jour de la naissance (latin). Dans la mythologie grecque, Thalie est la Muse de la Comédie. *Caractérologie :* autorité, énergie, résolution, innovation, finesse.

Tham
- de 30

Grâce (vietnamien). *Caractérologie :* équilibre, sens des responsabilités, famille, exigence, influence.

Thamila
- de 30

Tourterelle (kabyle). *Caractérologie :* autorité, innovation, gestion, énergie, ambition.

Thanh
250

Fin, clair, couleur bleue ou muraille (idée de solidité), achevé (vietnamien). *Caractérologie :* sens des responsabilités, équilibre, famille, influence, sensibilité.

Théa
10 000 TOP 100

Dieu (grec). Théa est particulièrement répandu dans les pays germanophones, scandinaves et anglophones. Dans l'Hexagone, ce prénom s'envole de manière exponentielle depuis 2014. *Caractérologie :* sagacité, connaissances, spiritualité, originalité, attention.

Théana
450 TOP 1 000

Contraction de Théa et Anna. Féminin anglais. *Variantes :* Théane, Théanna, Théanne, Thela. *Caractérologie :* structure, persévérance, sécurité, efficacité, sensibilité.

Thelma
3 000 TOP 400

Protection divine (germanique). Féminin anglais. *Caractérologie :* dynamisme, curiosité, courage, organisation, finesse.

Thémis
550

Fille d'Ouranos et Gaia, Thémis épousa Zeus et devint l'ordonnatrice des rites, des oracles et des lois. Elle est la seule Titanide qui vécut aux côtés des divinités de l'Olympe. *Variante :* Thémys. *Caractérologie :* intuition, relationnel, résolution, médiation, finesse.

Théodora
850 TOP 2 000

Don de Dieu (grec). Féminin grec et anglophone. Impératrice de Byzance au IIe siècle, sainte Théodora rétablit le culte des icônes. Theodora est plus particulièrement répandu en Grèce. *Variantes :* Téodora, Théodoria, Théodorine. *Caractérologie :* attention, dynamisme, curiosité, caractère, courage.

Théola
- de 30

Envoyée de Dieu (grec). *Caractérologie :* savoir, intelligence, méditation, gestion, attention.

Théoline
- de 100

Contraction de Théo et Line. *Caractérologie :* relationnel, intuition, finesse, adaptabilité, médiation.

Théona
- de 30

Dieu (grec), contraction de Théo et Anna. Féminin anglais. *Caractérologie :* attention, altruisme, idéalisme, intégrité, réflexion.

Théonie
- de 100

Dieu (grec), contraction de Théo et des prénoms se terminant par « nie ». *Variante :* Théone. *Caractérologie :* ténacité, engagement, méthode, fiabilité, finesse.

Théophanie
- de 30

Apparition divine (grec). *Variante :* Théophania. *Caractérologie :* action, intuition, sensibilité, médiation, relationnel.

Théophila
- de 30

Qui aime Dieu (grec). *Variante :* Théophilia. *Caractérologie :* méthode, ténacité, fiabilité, sensibilité, raisonnement.

Théotine
- de 100

Honorer Dieu (grec). *Caractérologie :* conscience, paix, bienveillance, finesse, conseil.

Théoxane
- de 100

Dieu, hospitalier (grec). *Variantes :* Téoxana, Téoxanna, Téoxanne, Téoxena, Téoxène, Téoxenna, Téoxenne, Théoxanna, Théoxanne, Théoxena, Théoxène, Théoxenna, Théoxenne. *Caractérologie :* force, habileté, passion, ambition, management.

Thérésa
1 500

Qui récolte (grec). Féminin anglais et allemand. On peut estimer que moins de 30 enfants seront prénommés ainsi en 2021. *Variantes :* Thérésia, Thérézia, Thérézina. *Caractérologie :* résolution, ténacité, fiabilité, méthode, finesse.

Thérèse
91 000

Qui récolte (grec). Féminin français et scandinave. Issue d'une noble famille espagnole, sainte Thérèse d'Avila fonda de nombreux monastères au XVIe siècle. Elle laissa à la postérité de nombreux écrits spirituels. On peut estimer que moins de 30 enfants seront prénommés ainsi en 2021. *Variante :* Thérèze. *Caractérologie :* détermination, ambition, force, habileté, sensibilité.

Thi
1 500

Poème (vietnamien). *Variantes :* Thia, Thy, Thya. *Caractérologie :* innovation, autorité, ambition, énergie, autonomie.

Thifaine
200

Apparition divine (grec). *Variantes :* Thiphaine, Thyphaine. *Caractérologie :* altruisme, intégrité, attention, idéalisme, décision.

Thuy
250

Eau (vietnamien). *Caractérologie :* réceptivité, sociabilité, loyauté, diplomatie, bonté.

T

Tia
1 500 TOP 600

Diminutif des prénoms se terminant par « tia ». *Variante :* Tya. *Caractérologie :* communication, pragmatisme, optimisme, créativité, sociabilité.

Tiana
2 000 TOP 400

Diminutif de Tatiana : fée (slave). Féminin russe et slave. *Variantes :* Tia, Tianna, Tyana, Tyanna. *Caractérologie :* altruisme, idéalisme, réflexion, résolution, intégrité.

Tifanny
600

Apparition divine (grec). *Caractérologie :* vitalité, achèvement, stratégie, ardeur, résolution.

Tifany
2 000

Apparition divine (grec). Féminin anglais. On peut estimer que moins de 30 enfants seront prénommés ainsi en 2021. *Variantes :* Thifanie, Thifany, Thiffany, Thiphanie. *Caractérologie :* pratique, détermination, communication, enthousiasme, adaptation.

Tifenn
2 000

Apparition divine (grec). Féminin breton. On peut estimer que moins de 30 enfants seront prénommés ainsi en 2021. *Variantes :* Tifaine, Tiffaine, Tifene, Tiffène, Tiffen, Tiphène. *Caractérologie :* courage, dynamisme, charisme, curiosité, indépendance.

Tiffanie
2 000

Apparition divine (grec). Féminin anglais et français. *Variantes :* Tifanie, Tiffani. *Caractérologie :* intelligence, méditation, savoir, détermination, indépendance.

Tiffany
17 000 TOP 1 000

Apparition divine (grec). Tiffany est très répandu dans les pays anglophones. *Caractérologie :* résolution, idéalisme, intégrité, altruisme, réflexion.

Timéa
1 000 TOP 900

Honorer Dieu (grec). Féminin hongrois. *Caractérologie :* pratique, adaptation, communication, résolution, enthousiasme.

Tina
4 000 TOP 600

Diminutif des prénoms se terminant par « tina » (Augustina, Christina, Martina, etc.). Féminin anglais, italien et néerlandais. *Caractérologie :* passion, force, ambition, habileté, décision.

Tiphaine
18 000 TOP 800

Apparition divine (grec). Au Moyen Âge, ce nom était donné aux enfants nés le jour de l'Épiphanie, la fête chrétienne qui donna naissance au prénom. Avant de devenir un féminin traditionnel breton, il fut largement attribué dans les deux genres. Après une longue absence, Tiphaine renaît au milieu du XXe siècle et se hisse au seuil du top 100 féminin en 1988, son dernier point culminant. *Caractérologie :* dynamisme, audace, attention, direction, action.

Tiphanie
4 000

Apparition divine (grec). Féminin français. On peut estimer que moins de 30 enfants seront prénommés ainsi en 2021. *Caractérologie :* ressort, finesse, audace, dynamisme, direction.

Tiphany
850

Apparition divine (grec). Féminin anglais. *Caractérologie :* adaptabilité, relationnel, action, fidélité, médiation.

Tonia
200

Inestimable (latin), fleur (grec). Féminin anglais. *Variantes :* Tonya, Tonina. *Caractérologie :* découverte, énergie, audace, originalité, détermination.

T

Tosca
200 ➔

Étrusque (latin). Prénom italien. *Caractérologie :* structure, sécurité, efficacité, persévérance, gestion.

Toscane
700 ↘

Étrusque (latin). *Caractérologie :* découverte, audace, énergie, organisation, originalité.

Touria
700

Étoile des Pléiades dans la constellation du Taureau (arabe). *Variantes :* Touraya, Touriya. *Caractérologie :* pratique, gestion, enthousiasme, communication, logique.

Tracy
4 000 TOP 2 000 ↘

Qui récolte (grec). Féminin anglais. *Variantes :* Tracey, Tracie, Trecy, Tressy. *Caractérologie :* organisation, fiabilité, méthode, engagement, ténacité.

Tricia
400

Noble personne (latin). Féminin anglais. *Variante :* Trycia. *Caractérologie :* influence, sens des responsabilités, équilibre, organisation, famille.

Tristana
190

Étymologie possible : révolte, tumulte (celte). Féminin breton et occitan. *Caractérologie :* pragmatisme, communication, optimisme, créativité, résolution.

Trixie
- de 30

Heureuse, qui rend heureuse (latin). Féminin anglais. *Caractérologie :* efficacité, honnêteté, persévérance, structure, sécurité.

Tsipora
250 ➔

Petit oiseau (hébreu). *Caractérologie :* ambition, passion, force, habileté, management.

Tuana
450 ↘

Talent, savoir (vietnamien). *Caractérologie :* enthousiasme, gestion, pratique, communication, adaptation.

Typhaine
5 000 ↘

Apparition divine (grec). On peut estimer que moins de 30 enfants seront prénommés ainsi en 2021. *Variantes :* Tyffaine, Typhène. *Caractérologie :* force, action, ambition, habileté, attention.

Typhanie
1 500 ➔

Apparition divine (grec). On peut estimer que moins de 30 enfants seront prénommés ainsi en 2021. *Variante :* Tyffanie. *Caractérologie :* vitalité, stratégie, achèvement, ressort, finesse.

U

Uguette
- de 30

Esprit, intelligence (germanique). *Caractérologie :* rectitude, humanité, ouverture d'esprit, rêve, sympathie.

Uhaina
170

Vague (basque). *Caractérologie :* intégrité, dévouement, réflexion, altruisme, idéalisme.

Ulrika
- de 30

Puissance (germanique). Féminin allemand et scandinave. *Variantes :* Ulla, Ulrica, Ulricke, Ulrique. *Caractérologie :* rectitude, rêve, ouverture d'esprit, humanité, organisation.

Ulrike
- de 30

Puissance (germanique). Féminin allemand et scandinave. *Variantes :* Ulrica, Ulrique. *Caractérologie :* structure, sécurité, efficacité, persévérance, honnêteté.

Ulyssia
- de 30

Courroucée (latin). *Caractérologie :* spiritualité, connaissances, sagacité, originalité, philosophie.

Uma
250 TOP 2 000

Splendeur, lumière, sérénité (sanscrit). Dans l'hindouisme, Uma est l'un des noms de la déesse Parvati. Prénom indien d'Asie. *Caractérologie :* ambition, force, management, passion, habileté.

Uranie
- de 100

Céleste (grec). Dans la mythologie grecque, Uranie, la fille de Zeus et de Mnémosyne (déesse de la Mémoire), est la Muse de l'Astronomie. *Variantes :* Urana, Urane, Urania. *Caractérologie :* audace, énergie, originalité, découverte, détermination.

Urbaine
- de 100

De la ville (latin). *Variantes :* Urbane, Urbanie. *Caractérologie :* connaissances, sagacité, spiritualité, organisation, détermination.

Urielle
350 TOP 2 000

Dieu est ma lumière (hébreu). *Variantes :* Uria, Uriah, Urias, Uriel, Uriela. Forme bretonne : Uriell. *Caractérologie :* audace, direction, dynamisme, assurance, indépendance.

Ursula
1 000

Ours (latin). Féminin anglais, scandinave, allemand, italien et corse. *Variante :* Ursulla. *Caractérologie :* loyauté, sociabilité, réceptivité, diplomatie, bonté.

Ursule
750

Ours (latin). Féminin français. *Caractérologie :* paix, décision, conscience, bienveillance, conseil.

Ursuline
- de 30

Ours (latin). *Variantes :* Ursina, Ursine. *Caractérologie :* détermination, médiation, relationnel, intuition, fidélité.

Usoa
- de 30

Colombe (basque). *Caractérologie :* diplomatie, réceptivité, bonté, sociabilité, loyauté.

Uta
- de 30

Poème (japonais). *Caractérologie :* conseil, bienveillance, conscience, paix, gestion.

Uxia
- de 30

Forme galicienne d'Eugenia : bien née (grec). *Caractérologie :* décision, dynamisme, indépendance, direction, assurance.

Le top des prénoms mixtes

Ci-dessous le top 10 des prénoms mixtes français, estimé pour l'année 2021. Le classement a été effectué par ordre décroissant d'attribution. La seconde colonne indique le pourcentage d'attribution au féminin. Les prénoms dont l'attribution est supérieure à 90 % dans un genre (comme Lou, Maël ou Marie) ne figurent pas dans ce palmarès.

Prénom	% féminin
1. Camille	60
2. Éden	14
3. Charlie	63
4. Andréa*	52
5. Alix	82
6. Noa	14
7. Sasha	38
8. Maé	27
9. Louison	62
10. Élie	10

Rarement attribués de nos jours, Claude, Dominique et Frédérique figurent bien en deçà de l'élite du top 20. Et pour cause : une multitude de nouveautés leur ont volé la vedette. En 2021, celles-ci se nomment Alix, Andréa, Charlie ou Éden. Camille maintient son règne tout en évoluant dans son genre : depuis 10 ans, ce petit nom est donné à davantage de garçons chaque année (40 % aujourd'hui).

La mue de Camille, mixte depuis longtemps, était prévisible. Mais la pratique d'attribution d'un prénom d'un genre établi au sexe opposé est plus récente. Ce phénomène ne suffit heureusement pas à semer le doute sur le sexe des prénoms les plus répandus. Quelques attributions ne sauraient modifier l'identité établie d'un prénom donné par milliers. Il n'empêche, on peut difficilement se réjouir du fait qu'Emma, Clara ou Chloé puissent être attribués à des garçons, ne fût-ce qu'une poignée d'entre eux. Tout comme on n'enviera pas le sort des quelques filles qui ont été prénommées Enzo, Lucas ou Nathan ces dernières années.

Il en va autrement pour les prénoms nouveaux en France. Ceux-là changent d'autant plus facilement de genre qu'ils grandissent dans notre société sans être reconnus ou assimilés à un sexe. Prenons l'exemple de Noa : on ne peut pas tenir rigueur aux personnes qui ignorent sa mixité. Et encore moins blâmer celles qui l'imaginent féminin. D'autant que les trois premiers Noa de France étaient… des filles nées en 1982 ! Il a fallu attendre 1998 pour que des petits garçons soient prénommés ainsi dans l'Hexagone. Or aujourd'hui, Noa est très largement masculin.

Éden, autre exemple flagrant, apparaît pour la première fois en France en 1977. Rarissime, ce dernier est alors exclusivement masculin, mais il change très vite de genre : en 2002, 85 % des enfants nés sous ce nom sont des filles. Mais cette évolution n'est pas définitive, et Éden poursuit sa mue, de sorte qu'aujourd'hui, ce prénom est en train de redevenir masculin.

Et l'on ne peut s'empêcher de penser à Liam qui, malgré son genre masculin bien établi (36 000 Français se prénomment ainsi), a été attribué à une soixantaine de Françaises… qui ne se portent pas si mal !

Le saviez-vous ?
Tout comme Camille et Marie, nombre de prénoms féminins furent par le passé employés au masculin. C'est le cas d'Anne et Solène, qui sont très répandus aujourd'hui, et dont le genre ne fait plus aucun doute… Du moins pour le moment !

D'autres grands noms ont par ailleurs fait l'objet d'attributions à contre-emploi. Ainsi, en 1900, Jean, Louis et Pierre ont prénommé une poignée de filles. Plus récemment, dans les années 1990, une vingtaine de garçons ont été baptisés Charlotte. En la matière, les parents d'aujourd'hui n'ont rien inventé !

* Au masculin, Andrea s'orthographie sans accent.

V

Vaea

- de 100

Souveraine qui a partagé l'océan (tahitien). *Caractérologie :* intuition, relationnel, médiation, fidélité, adaptabilité.

Vaiana

650 TOP 600

L'eau de la grotte (tahitien). *Caractérologie :* décision, enthousiasme, communication, adaptation, pratique.

Valentina

3 000 TOP 300

Vaillante (latin). Féminin italien, espagnol, russe, slave méridional et roumain. *Caractérologie :* vitalité, achèvement, stratégie, organisation, résolution.

Valentine

36 000 TOP 100

Vaillante (latin). Féminin français. *Variantes :* Vale, Valantine, Valence, Valencia, Valencina, Valentia, Valentiane, Valentienne. *Caractérologie :* communication, pragmatisme, optimisme, détermination, organisation.

Valéria

750

Valeureuse (latin). Féminin hongrois et corse. *Caractérologie :* découverte, énergie, originalité, audace, détermination.

Valériane

1 000

Se rapporte à la valériane, plante médicinale aux propriétés calmantes. *Variante :* Valérianne. *Caractérologie :* sens des responsabilités, résolution, famille, équilibre, influence.

Valérie

244 000 TOP 2 000

Valeureuse (latin). Forme française du latin Valeria, un nom porté par une puissante famille romaine et plusieurs saintes ayant vécu aux premiers siècles. Malgré ce passé riche en histoire, Valérie est quasi inexistant en Europe avant la fin du XIXe siècle. Il le serait peut-être resté s'il n'avait pas été adopté par les parents de langue anglaise, puis par les familles allemandes et scandinaves. Dans ces pays, Valérie connaît un pic de popularité entre les deux guerres mondiales. Avec un temps de retard, mais poussé par une formidable croissance, Valérie s'impose en quelques années dans les cinq premiers rangs français. Il s'y maintient de 1965 à 1972, allant jusqu'à talonner Nathalie à la 2e place en 1969. Sa chute est ensuite vertigineuse et Valérie disparaît aussi rapidement qu'il avait surgi. ◇ Sainte Valérie de Milan, martyre chrétienne au IIe siècle, refusa d'apostasier et subit le martyre à la suite de son époux, saint Vital. Elle est fêtée le 28 avril. On peut estimer que moins de 30 enfants seront prénommés ainsi en 2021. *Variantes :* Vaka, Valérienne, Valérina, Valérine, Valeska, Vallie, Vallonia. *Caractérologie :* décision, humanité, rêve, rectitude, tolérance.

Valia

- de 100

Vaillante (latin). Féminin slave oriental. *Caractérologie :* altruisme, réflexion, idéalisme, intégrité, dévouement.

Vanessa

80 000 TOP 800

Papillon (grec). Ce prénom inventé par Jonathan Swift au XVIIIe siècle était le surnom d'Hester, l'une des femmes que l'écrivain irlandais a aimées. En dehors de la France, ce prénom est plus particulièrement recensé dans les pays anglophones. *Variantes :* Vanesa, Vannessa. *Caractérologie :* humanité, rêve, rectitude, tolérance, générosité.

V

Vania
250

Diminutif anglais et allemand de Vanessa : papillon (grec), et forme italienne de Jeanne. Notons qu'en Russie, Vania est essentiellement masculin. *Variantes :* Vana, Vanie, Vannie, Vanny, Vanya. *Caractérologie :* médiation, relationnel, intuition, fidélité, résolution.

Vanille
1 000

Nom du fruit du vanillier (latin). *Caractérologie :* pragmatisme, communication, optimisme, résolution, créativité.

Vanina
3 000

La pluie chasse la tristesse (tahitien), et forme corse de Jeanne : Dieu fait grâce (hébreu). On peut estimer que moins de 30 enfants seront prénommés ainsi en 2021. *Variante :* Vannina. *Caractérologie :* savoir, intelligence, méditation, indépendance, décision.

Varda
- de 30

Rose (hébreu). Dans *Le Seigneur des Anneaux*, de Tolkien, Varda Elentári est la reine des étoiles. *Variantes :* Vardia, Vardiella, Vardina. *Caractérologie :* assurance, direction, dynamisme, audace, indépendance.

Vélia
- de 30

Jour de la naissance (latin). *Variante :* Vélina. *Caractérologie :* méthode, ténacité, fiabilité, engagement, décision.

Venise
250

Se rapporte à Venise, ville d'Italie. *Variante :* Vénusia. *Caractérologie :* intuition, médiation, relationnel, fidélité, détermination.

Vénus
250

Déesse de l'Amour dans la mythologie romaine (latin). Prénom italien. *Variante :* Vénissia. *Caractérologie :* altruisme, dévouement, intégrité, idéalisme, réflexion.

Véra
1 000

Vrai (latin), foi (slave). Vera est très répandu dans les pays slaves et hispanophones. *Variantes :* Veera, Veira, Viera. *Caractérologie :* dynamisme, indépendance, direction, audace, détermination.

Vérane
500

Vrai (latin), foi (slave). *Variante :* Vérana. *Caractérologie :* diplomatie, réceptivité, sociabilité, loyauté, décision.

Verena
250

Vrai (latin), foi (slave). *Caractérologie :* intuition, détermination, médiation, fidélité, relationnel.

Verna
- de 30

Vérité (latin). *Variante :* Virna. *Caractérologie :* paix, bienveillance, détermination, conseil, conscience.

Veronica
1 000 TOP 2 000

Porter la victoire (grec). Veronica est plus particulièrement répandu en Italie, dans les pays anglophones et en Roumanie. C'est aussi un choix traditionnel corse et occitan. *Variantes :* Verona, Veronika, Ronnie, Rony. *Caractérologie :* éthique, équilibre, famille, analyse, volonté.

Véronique
225 000

Porter la victoire (grec). Véronique et Veronica émergent au XIXe dans plusieurs pays européens, mais leur diffusion reste modeste jusque dans les années 1950. Dans l'Hexagone, Véronique s'élève dans le sillon de Monique et parvient à percer en prenant sa relève. Ce prénom brille dans le top 10 français de 1959 à 1970 avant de s'éclipser rapidement. ◇ Sainte Véronique est le nom donné à une

V

habitante de Jérusalem qui fut témoin du calvaire de Jésus et qui, par compassion, essuya avec son voile le visage de ce dernier. Cette étoffe devenue célèbre aurait gardé l'empreinte des traits du Christ. Véronique est la patronne des lingères et des photographes. *Caractérologie :* intégrité, analyse, idéalisme, altruisme, volonté.

Vesna
450

Printemps (slave). Féminin croate, serbe, slovène et macédonien. *Caractérologie :* sagacité, connaissances, spiritualité, originalité, philosophie.

Via
- de 30

Voie (latin), diminutif des prénoms se terminant par « via ». Via est plus particulièrement répandu dans les pays scandinaves et au Brésil. *Caractérologie :* curiosité, dynamisme, charisme, courage, indépendance.

Viana
- de 30

Diminutif d'Iviana, une forme hispanophone de Jeanne : Dieu fait grâce (hébreu). Dans l'Hexagone, Viana est plus traditionnellement usité en Occitanie. *Caractérologie :* sociabilité, réceptivité, diplomatie, loyauté, décision.

Vianca
- de 30

Clair (germanique). Féminin anglais. *Caractérologie :* audace, énergie, découverte, originalité, résolution.

Vicky
2 000 TOP 2 000

Victorieuse (latin). Féminin anglais. *Variantes :* Vicki, Vickie. *Caractérologie :* intelligence, indépendance, savoir, méditation, sagesse.

Victoire
20 000 TOP 50

Victorieuse (latin). Ce prénom porté par plusieurs saintes est rarement attribué avant la fin de la Renaissance. Plusieurs princesses portent ce prénom aux XVIIe et XVIIIe siècles avant qu'il se diffuse plus largement dans l'Hexagone. Il est en retrait depuis que Victoria l'a supplanté à l'aube du XXe siècle. *Caractérologie :* relationnel, intuition, caractère, médiation, logique.

Victoria
34 000 TOP 50

Victorieuse (latin). *Variantes :* Viktoria, Vittoria, Toria. *Caractérologie :* intelligence, méditation, gestion, savoir, logique.

Victorine
5 000 TOP 2 000

Victorieuse (latin). Féminin français. *Variantes :* Victoriana, Victorie, Victorienne, Victorina. *Caractérologie :* sagacité, connaissances, volonté, spiritualité, raisonnement.

Vienne
- de 30

Vivante (latin). *Caractérologie :* paix, bienveillance, conseil, conscience, sagesse.

Vilma
190

Protectrice résolue (germanique). Féminin espagnol, allemand, slave méridional, hongrois et scandinave. *Caractérologie :* enthousiasme, communication, générosité, adaptation, pratique.

Vincente
900

Qui triomphe (latin). Féminin français. *Variantes :* Vinca, Vincencia, Vincenza. *Caractérologie :* sociabilité, réceptivité, diplomatie, loyauté, bonté.

Vinciane
2 000

Qui triomphe (latin). Féminin français. On peut estimer que moins de 30 enfants seront prénommés ainsi en 2021. *Variante :* Vincianne. *Caractérologie :* originalité, énergie, décision, découverte, audace.

Victoria

Fête :
15 novembre

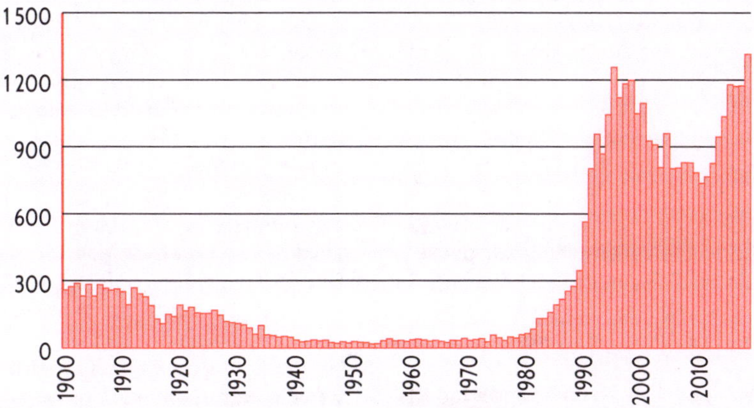

Étymologie

Cette version anglophone et hispanophone de notre classique Victoire vient du latin *victoria*, signifiant « victoire ». Patronne des légions romaines, Victoria est représentée par une déesse ailée tendant une couronne de laurier offerte au vainqueur.

En dépit de cette prédestination, ce prénom connaît une existence très discrète jusqu'à la fin du XIXe siècle. C'est sans conteste le règne historique de la reine Victoria (de 1837 à 1901) qui assure son essor. À partir de l'entre-deux-guerres, le prénom survit modestement. Il renoue avec son naturel conquérant à partir de 1990. Talonnée par Victoire, Victoria s'est hissée au 20e rang parisien. Porté par cet élan, ce duo part désormais à l'assaut du top 30 national. Dans les pays francophones, Victoria cumule les succès en gravissant les échelons du top 20 au Québec, en Wallonie et en Romandie. Sa carrière à l'international confirme cette consécration dans les pays germanophones, anglophones, hispanophones, lusophones et italophones : quinté gagnant !

Victoria (1819-1901) est reine du Royaume-Uni de 1837 à sa mort. Son règne, l'un des plus longs de l'histoire, marque l'apogée de l'Angleterre au niveau économique et territorial, tant et si bien que l'on qualifie son époque d'« ère victorienne ».

Personnes célèbres

Victoria Abril, actrice et chanteuse espagnole, née en 1959 ; Victoria de Suède, princesse héritière du trône de Suède, née en 1977 ; Victoria Beckham, née en 1974, chanteuse des Spice Girls et femme du non moins célèbre footballeur David Beckham ; Victoria Song, actrice, danseuse et chanteuse chinoise, née en 1987 ; Victoria Ocampo, écrivaine argentine (1890-1979).

Statistiques

Victoria est le 71e prénom féminin le plus donné en France depuis l'an 2000. Ce prénom est attribué à près d'une fille sur 240 aujourd'hui. **Victoire** devrait prénommer une fille sur 235 et figurer au 93e rang de ce palmarès.

Violaine
8 000

Se rapporte à la violette, fleur aux pétales violets (latin). C'est au poète et écrivain Paul Claudel que l'on doit l'invention de ce prénom français. Violaine est le personnage principal dans la pièce de théâtre *L'Annonce faite à Marie* de Paul Claudel, c'est aussi le nom d'un petit village de l'Ain. *Variantes :* Viola, Violène, Violine. *Caractérologie :* équilibre, logique, éthique, famille, caractère.

Violetta
750 ↘

Se rapporte à la violette, fleur aux pétales violets (latin). Prénom italien. *Variante :* Violeta. *Caractérologie :* logique, énergie, découverte, audace, caractère.

Violette
17 000 TOP 400 ↘

Ce prénom issu du calendrier révolutionnaire se rapporte à la violette, fleur aux pétales violets (latin). Féminin français. *Caractérologie :* humanité, rêve, rectitude, caractère, logique.

Virgilia
- de 100

Qui porte une canne (latin). *Caractérologie :* équilibre, famille, sens des responsabilités, réussite, influence.

Virginia
3 000 ↑

Pure, vierge (latin). Féminin anglais. Dans l'Hexagone, Virginia est plus traditionnellement usité au Pays basque et en Corse. *Variantes :* Virgina, Virginy. *Caractérologie :* vitalité, décision, achèvement, stratégie, réussite.

Virginie
162 000 ↘

Pure, vierge (latin). Jeune citoyenne romaine d'une grande beauté, Virginie était convoitée par un magistrat, Appius Claudius, qui la réclamait injustement comme esclave. Prévenu à temps, son père accourut voir sa fille. Arrivé au forum, le malheureux déroba un couteau de boucher et le lui planta dans le cœur, seul moyen selon lui de redonner sa dignité à la jeune fille. Cette légende populaire confirme l'ancienneté de ce prénom, et pourtant, il tarde à se manifester en France. C'est au XVIe siècle que Virginia émerge en Amérique, lorsque les Anglais nomment « Virginia » l'un des États colonisés en hommage à Élisabeth Ire, dite la « reine vierge ». Le prénom se propage des deux côtés de l'Atlantique et devient très fréquent au XIXe siècle. Il atteint alors des sommets de popularité en France. Une gloire confortée par le roman de Bernardin de Saint-Pierre, *Paul et Virginie*, paru en 1787, dont l'immense succès dépassa les frontières. En voie de disparition dans les années 1950, Virginie est ressuscitée par la vague naissante des terminaisons en « ie » et brille, de 1974 à 1979, dans les cinq premiers choix français. ◇ Riche veuve du XVIIe siècle, sainte Virginie consacra sa vie à secourir les pauvres tout en élevant ses deux enfants. Elle créa plusieurs écoles et fonda un institut religieux. On peut estimer que moins de 30 enfants seront prénommés ainsi en 2021. *Caractérologie :* pratique, communication, adaptation, enthousiasme, générosité.

Vitaline
- de 100

Vie (latin). *Variantes :* Vita, Vitalie. *Caractérologie :* gestion, intuition, médiation, décision, relationnel.

Vittoria
550 TOP 2 000 →

Victorieuse (latin). Prénom italien. Dans l'Hexagone, Vittoria est plus traditionnellement usité en Corse. *Caractérologie :* famille, exigence, équilibre, sens des responsabilités, influence.

Viviane
47 000 TOP 2 000 ➔

Vivante (latin). Au moment où il apparaît dans les légendes arthuriennes, ce prénom est plus rare en France qu'en Angleterre, où Vivian est usité dans les deux genres. Après cette embellie médiévale, Viviane tombe dans un oubli si profond qu'il arbore toute la jeunesse d'un prénom neuf en ressuscitant au siècle dernier. Sans atteindre des sommets, Viviane se hisse dans les 50 premiers choix français en 1955, peu après sa découverte. ◇ Dans la légende arthurienne, Vivianne est la protectrice du royaume d'Avalon et de l'épée sacrée Excalibur. Elle élève Lancelot qui devient l'un des chevaliers les plus célèbres de la Table ronde. En faisant tourner neuf fois son voile magique autour de Merlin, elle fait de ce dernier son « amant éternel ». On peut estimer que moins de 30 enfants seront prénommés ainsi en 2021. *Caractérologie :* innovation, énergie, ambition, autorité, décision.

Vivianne
1 000

Vivante (latin). Voir Viviane. Féminin français. *Variantes :* Bibiane, Bibianne, Viva, Vivian, Viviana, Vivianka, Vivienna, Viviene, Vivienne. *Caractérologie :* famille, équilibre, détermination, sens des responsabilités, influence.

W

Wafa
1 500 ↘

Fidèle (arabe). On peut estimer que moins de 30 enfants seront prénommés ainsi en 2021. *Caractérologie :* honnêteté, efficacité, sécurité, persévérance, structure.

Wafaa
500 ↘

Fidèle (arabe). *Variantes :* Waffa, Wafae. *Caractérologie :* découverte, énergie, originalité, audace, séduction.

Wallis
- de 100

Du pays de Galles (anglais). Féminin anglais. *Variante :* Wally. *Caractérologie :* fiabilité, méthode, ténacité, engagement, décision.

Wanda
2 000 ➔

Branche fine (germanique). Wanda est particulièrement répandu dans les pays anglophones, en Pologne et en Allemagne. On peut estimer que moins de 30 enfants seront prénommés ainsi en 2021. *Variantes :* Vanda, Venda, Wandeline, Wenda. *Caractérologie :* savoir, sagesse, intelligence, méditation, indépendance.

Warda
1 000 ➔

Rose (arabe). *Caractérologie :* sociabilité, diplomatie, loyauté, réceptivité, résolution.

Wassila
2 000 TOP 2 000 ↘

Maturation spirituelle (arabe). *Caractérologie :* enthousiasme, pratique, adaptation, communication, détermination.

Wassima
250 ➔

Belle, gracieuse (arabe). *Caractérologie :* ténacité, méthode, engagement, fiabilité, détermination.

Wendie
250 ➔

Branche fine (germanique). *Variante :* Wendi. *Caractérologie :* paix, conseil, conscience, sagesse, bienveillance.

Wendy
13 000 TOP 400 ➔

Branche fine (germanique). Wendy est très répandu dans les pays anglophones. *Caractérologie :* ardeur, vitalité, achèvement, stratégie, leadership.

Whitney
950 TOP 2 000 ➔

Île blanche (anglais). *Caractérologie :* dynamisme, curiosité, courage, finesse, ressort.

Widad
650 ↓

Fidèle, affectionnée (arabe). *Variantes :* Ouidad, Ouidade, Ouided, Wided, Wydad. *Caractérologie :* dynamisme, curiosité, courage, indépendance, résolution.

Wilhelmine
- de 100

Protectrice résolue (germanique). Féminin allemand. *Variante :* Vilhelmine. *Caractérologie :* diplomatie, réceptivité, sociabilité, bonté, loyauté.

Willow
500 TOP 800 ➔

Saule (anglais). Willow est mixte en France, mais exclusivement féminin dans les pays anglophones. *Caractérologie :* ténacité, raisonnenent, fiabilité, méthode, engagement.

Wilma
250

Protectrice résolue (germanique). Wilma est particulièrement répandu dans les pays scandinaves et en Allemagne. *Variantes :* Vilma, Wylma. *Caractérologie :* sécurité, structure, persévérance, décision, efficacité.

Wilona
- de 100

Désirée, attendue (anglais). Ce prénom est apparu dans l'Hexagone dans les années 2000. *Variantes :* Wiloh, Wilonah, Wylona. *Caractérologie :* volonté, médiation, adaptabilité, raisonnement, relationnel.

Windy
350

Venteux (anglais), ou variante de Wendy. *Caractérologie :* communication, optimisme, créativité, pratique, adaptation.

Winnie
- de 100

Gardienne sacrée (germanique). Féminin anglais. *Caractérologie :* sociabilité, réceptivité, diplomatie, loyauté, bonté.

Winona
250

Gardienne sacrée (germanique). Féminin anglais. *Variante :* Wynona. *Caractérologie :* détermination, structure, persévérance, sécurité, efficacité.

Wissal
1 000 TOP 2 000 ↘

Couple harmonieux (arabe). *Caractérologie :* relationnel, décision, intuition, médiation, fidélité.

Wissem
700 TOP 2 000 ➔

Honorée de médailles (arabe). *Variantes :* Wissam, Wissame. *Caractérologie :* sagacité, spiritualité, connaissances, originalité, décision.

Withney
200

Île blanche (anglais). *Caractérologie :* découverte, énergie, audace, ressort, finesse.

Wladyslawa
250

Gouverneur puissant et renommé (slave). *Caractérologie :* ténacité, méthode, réussite, fiabilité, cœur.

Wyn
- de 30

Blanc, heureux (celte). *Caractérologie :* communication, optimisme, pragmatisme, résolution, créativité.

W

X

Xana
150

Forme espagnole, basque et galicienne de Jeanne. Dans la mythologie asturienne, Xana est une petite fée. *Caractérologie :* efficacité, sécurité, structure, persévérance, honnêteté.

Xanthia
- de 30

Jaune (grec). *Variantes :* Xanthe, Xantia. *Caractérologie :* découverte, détermination, énergie, audace, sensibilité.

Xaverine
- de 30

Maison neuve (basque). *Caractérologie :* résolution, ambition, force, volonté, habileté.

Xaviera
- de 100

Maison neuve (basque). *Caractérologie :* volonté, force, habileté, résolution, ambition.

Xavière
650

Variante francisée de Xabiere qui signifie « maison neuve » en basque. *Variantes :* Xaverine, Xaviera. *Caractérologie :* pratique, communication, enthousiasme, décision, caractère.

Xena
- de 100

Prénom inspiré du personnage de *Xena, la princesse guerrière*, série télévisée américaine et néo-zélandaise qui fut diffusée pour la première fois en France en 1996. Il n'a pas fallu un an pour voir la naissance des premières petites Xéna dans l'Hexagone. *Caractérologie :* achèvement, vitalité, ardeur, stratégie, leadership.

Xénia
170

Variante d'Auxane ou de Xéna. Féminin anglais. *Variante :* Xia. *Caractérologie :* force, ambition, habileté, passion, décision.

Xia
- de 30

Selon les textes les plus anciens de l'histoire chinoise, la dynastie Xia aurait été la première des trois dynasties de la Chine pré-impériale. En fonction les sinogrammes utilisés, *xia* peut signifier « brume », « aube » ou « crépuscule ». *Caractérologie :* sagacité, connaissances, spiritualité, originalité, philosophie.

Xiao
- de 30

Selon les sinogrammes utilisés, xiao peut signifier « flûte », « sourire », ou désigner un rang militaire en chinois. *Caractérologie :* sens du devoir, engagement, fiabilité, méthode, ténacité.

Ximena
- de 30

Forme espagnole et basque de Simone : qui est exaucée (hébreu). Bien que la forme Jimena soit prédominante dans les pays et cultures hispanophones, Ximena n'y a pas disparu. En France, ce prénom est plus traditionnellement attribué au Pays basque. *Variante :* Semena. *Caractérologie :* créativité, optimisme, ténacité, communication, décision.

Xuan
- de 100

Printemps, jeunesse (vietnamien), équivalent espagnol de Jean. *Caractérologie :* famille, équilibre, sens des responsabilités, influence, exigence.

Xylia
- de 30

Forêt (latin). *Variante :* Xylina. *Caractérologie :* habileté, ambition, force, raisonnement, passion.

Les prénoms de l'après 2020

L'année 2020, avec sa belle symétrie, semblait porteuse d'espoir. Mais l'irruption de la Covid-19 en a décidé autrement. Tous les experts s'accordent pour dire qu'il y aura un avant et un après. Quel que soit le domaine, nos repères ont été bouleversés. Il est encore trop tôt pour que les statistiques de l'Insee nous permettent d'en analyser les effets sur les prénoms des nouveau-nés. Nous avons malgré tout quelques pistes à vous proposer.

Les prénoms porteurs de grâce*

Merci ! Cinq lettres ont raisonné tous les soirs à 20 heures, scandées depuis les balcons et les fenêtres. Rendons hommage aux soignants et à tous ceux qui ont travaillé sans relâche, parfois au risque de leur propre santé, pour que la vie continue.

Filles : Anabelle, Anaëlle, Anaïs, Anna, Annabella, Annabelle, Annaïg, Anne, Annie, Anouck, Anya, Gatienne, Gianna, Giovanna, Grace, Gracianne, Hana, Hannah, Ioana, Iva, Ivana, Ivanne, Jane, Jeanne, Jenna, Joan, Joana, Joanie, Joanna, Joanne, Johana, Johane, Juana, Naïg, Naïs, Nana, Nancy, Nettie, Nina, Nine, Ninon, Ohana, Seona, Shona, Sian, Siana, Vanina, Viana, Yanna, Yoanna, Yvana et Zulma.

X

Garçons : Anaël, Gatien, Gian, Gianni, Giovanni, Giovanny, Gratien, Ian, Ianis, Iban, Ifan, Ioan, Ion, Iovan, Ivan, Iwan, Jan, Jean, Joan, Joanis, Joannes, Joao, Johan, John, Jon, Jonel, Keoni, Manech, Manu, Nino, Ohan, Sean, Shane, Vania, Xan, Yani, Yanis, Yanko, Yann, Yoan, Yohan, Yovan, Yoven, Yun et Yvan.

* Dans leur étymologie.

Les prénoms pro memoria

Pour célébrer la vie de ceux qui ont survécu et pour honorer la mémoire de ceux qui ont été emportés, il peut être réconfortant d'entretenir le lien du souvenir. Pourquoi ne pas succomber au charme des prénoms en faveur dans les années 1930 et 1940 ? Ces suggestions couleur sépia devraient vous séduire.

Filles : Agnès, Aimée, Alice, Andrée, Angèle, Anne, Christiane, Colette, Denise, Éliane, France, Francine, Françoise, Geneviève, Germaine, Gilberte, Gisèle, Hélène, Huguette, Ida, Irène, Jacqueline, Jeanne, Josette, Liliane, Louise, Lucette, Lucienne, Marcelle, Madeleine, Marguerite, Marthe, Micheline, Monique, Nicole, Odette, Odile, Paulette, Reine, Renée, Simone, Solange, Suzanne, Thérèse, Yvette et Yvonne.

Garçons : Aimé, Alain, Albert, Alfred, Alphonse, André, Antoine, Armand, Bernard, Camille, Charles, Christian, Claude, Daniel, Edmond, Édouard, Émile, Ernest, Étienne, Eugène, Félix, Fernand, François, Gabriel, Gaston, Georges, Gérard, Gilbert, Guy, Henri, Hubert, Jacques, Jean, Joël, Joseph, Jules, Louis, Lucien, Marc, Marcel, Marius, Maurice, Michel, Noël, Paul, Pierre, René, Roland, Serge, Victor, Yves et Yvon.

Les prénoms de l'air et du cosmos

Même confinés, il y avait toujours un moyen de sortir à plus d'un kilomètre de son domicile en regardant le ciel. L'absence de pollution le rendait plus limpide. Comme Apollinaire, on a pu rallumer les étoiles, ou tout simplement observer les astres. Laissez-vous emporter par la voie lactée des prénoms !

Filles : Alizée, Éoline, Esther, Étoile, Iris, Louna, Luna, Lune, Nejma, Orane, Sema, Soleil, Soraya, Stella, Windy et Zéphyrine.

Garçons : Aniel, Anil, Aranis, Avel, Azur, Célestin, Éole, Héole, Nadjim, Neven, Orion,

Samson, Sirius, Soen, Sohan, Sol, Sol-Abriel, Suliac, Sun, Tarek, Zéphyr et Zéphyrin.

Les prénoms de la nature

Écoles fermées, déplacements de stricte nécessité, événements culturels et sportifs annulés, économie sinistrée… Rétablir le lien perdu avec les éléments naturels est le diagnostic partagé par tous aujourd'hui. Ci-dessous une sélection qui fait rimer poésie et environnement.

Filles : Aéna, Ambre, April, Arwen, Aube, Aubeline, Aurore, Automne, Avril, Colombe, Dawn, Gaïa, Iola, Iona, Jade, Léonie, Louve, Maya, Ness, Océane, Olinda, Ondine, Paloma, Summer, Roxane, Uranie, Ursula, Ursule, Vanessa et Yoko.

Garçons : Abriel, Anatole, Armel, Arthur, Artus, Auguste, Dune, Enki, Éole, Forrest, Gaïus, Germinal, Iolan, Kaï, Kian, Léo, Léon, Loup, Manua, Marin, Noan, Océan, Orso, Orson, Romarin, Septembre, Téva, Winter, Yeram et Yolan.

Les prénoms botaniques

Pasteur, éminent scientifique qui a mis au point le premier vaccin, l'avait anticipé : *« Le meilleur médecin est la nature. »* Les prénoms référencés ci-dessous ont tous un rapport avec les fruits, les fleurs, les plantes ou les arbres. N'hésitez pas à plonger la main dans cette corbeille, ils sont tous arrivés à maturité…

Filles : Airelle, Amaranthe, Anémone, Anthéa, Bleuenn, Bruyère, Capucine, Cassis, Célerine, Chloé, Dahlia, Églantine, Fleur, Florane, Flore, Garance, Hanaé, Iris, Ixia, Jasmine, Kalinka, Lilas, Magnolia, Mai-Li, Mauve, Maylane, Maylis, Miki, Muguette, Naé, Nao, Nélia, Nelya, Pimprenelle, Rhéa, Rhéane, Rose, Tamara, Vanille, Violette, Yasmina, Yasmine et Ylana.

Garçons : Antoine, Anton, Antonin, Bosco, Floréal, Floris, Ilan, Jasmin, Maïlan, Muguet, Nao, Olivier et Ylan.

Et voici le panier de fruits que l'on ne recense qu'au féminin :

Amande, Amandine, Cannelle, Cassis, Clémentine, Fraisine, Framboise, Livie, Mai, Marie-Pomme, Mirabelle, Myrtille, Olive, Olivia, Pomme, Prune, Reine-Claude et Vanille.

Les prénoms lumineux

Nous ne sommes pas au bout du tunnel, mais la lumière est au bout du chemin. Alors, pour les parents avides de distanciation, nous avons identifié les prénoms synonymes de lumière.

Filles : Aliona, Apolline, Dayana, Éléna, Éliora, Éloane, Élouane, Eurielle, Hélène, Iona, Kira, Léna, Léora, Lilou, Liora, Loane, Lou, Louana, Luan, Luce, Lucie, Lucienne, Lucille, Lucinda, Lucine, Lucy, Luz, Miora, Nahara, Nora, Nour, Ora, Soria, Uma, Urielle, Zahara, Zia et Zora.

Garçons : Elior, Éloan, Élouan, Éole, Hélian, Héliodore, Helios, Heol, Huy, Ilio, Iloan, Lénaïc, Lior, Loan, Loann, Lou, Louan, Louka, Luan, Luc, Lucas, Lucian, Luciano, Luke, Ouriel, Roshan, Uriel et Yamine.

Les prénoms porteurs de victoire

« Cluster », « asymptomatique » ou encore « pandémie » appartiennent désormais à notre langage familier. Mais la nature humaine est ainsi faite que la résilience et l'espoir reprennent le dessus. Les forces de coalition des scientifiques et des optimistes triomphent de toutes les épreuves. Célébrons les prénoms conquérants !

Filles : Bérénice, Caline, Coleen, Coline, Colleen, Eunice, Faïza, Fantine, Jaya, Nicole, Nikita, Ségolène, Sigrid, Veronica, Véronique, Vicky, Victoire, Victoria, Victorine, Vinciane et Vittoria.

Garçons : Bixente, Colas, Colin, Jay, Nicolas, Nikita, Nikola, Siegfried, Victor, Victorien, Victorin, Vincent, Waldo et Ziggy.

Y

Yaël
4 000 TOP 500

Chèvre sauvage (hébreu). Personnage biblique, Yaël, ou Jaël, tua Sisera, le chef de l'armée cananéenne, et délivra ainsi les tribus d'Israël du joug du roi Yabin. Yaël était elle-même cananéenne ; cet acte de bravoure lui valut la reconnaissance des Hébreux et une place dans le Livre des Juges de l'Ancien Testament. Au féminin, ce prénom est particulièrement en vogue dans les cultures juives et en Israël. Au masculin, Yaël est une forme basque et bretonne de Joël. *Caractérologie :* connaissances, spiritualité, sagacité, originalité, bonté.

Yaëlle
5 000 TOP 500

Forme bretonne et basque de Joëlle, variante de Yaël au féminin. Notons que Yael et Yaelle s'orthographient également sans tréma. *Caractérologie :* influence, éthique, équilibre, famille, sympathie.

Yamina
10 000 TOP 700

Éthique, morale (arabe). *Variantes :* Yamma, Yaminah, Yemina, Yeminah. *Caractérologie :* altruisme, idéalisme, intégrité, détermination, réalisation.

Yamini
- de 30

Nuit (sanscrit). Féminin indien d'Asie. *Caractérologie :* force, ambition, réussite, habileté, décision.

Yana
500 TOP 2 000

Dieu fait grâce (hébreu). Prénom slave. Dans l'Hexagone, Yana est plus traditionnellement attribué en Bretagne. *Variante :* Yane. *Caractérologie :* courage, dynamisme, charisme, indépendance, curiosité.

Yanick
450

Dieu fait grâce (hébreu). *Caractérologie :* humanité, rectitude, sympathie, rêve, résolution.

Yanna
500

Dieu fait grâce (hébreu). Prénom breton. *Caractérologie :* audace, dynamisme, indépendance, direction, assurance.

Yanne
140

Dieu fait grâce (hébreu). *Caractérologie :* audace, séduction, originalité, découverte, énergie.

Yannick
5 000

Dieu fait grâce (hébreu). Masculin français et breton. *Variantes :* Yanic, Yanik, Yaniv, Yannic, Yannig, Yannik. *Caractérologie :* curiosité, dynamisme, courage, sympathie, résolution.

Yara
1 500 TOP 600

Se rapporte à Iara, une sirène d'une beauté fulgurante dans la mythologie brésilienne. Prénom lusophone. *Variante :* Iara. *Caractérologie :* courage, indépendance, audace, séduction, énergie.

Yasmina
14 000 TOP 800

Prénom arabe emprunté au persan signifiant « fleur de jasmin ». Ce prénom est particulièrement répandu dans les cultures musulmanes francophones. *Variante :* Iasmina. *Caractérologie :* innovation, énergie, autorité, réussite, décision.

Yasmine
28 000 TOP 100

Prénom arabe emprunté au persan signifiant « fleur de jasmin ». Ce prénom est particulièrement répandu dans les cultures musulmanes francophones. *Variantes :* Yasmin, Yasmeen, Yassmine. *Caractérologie :*

énergie, découverte, audace, décision, réussite.

Yelena
1 500 TOP 500

Éclat du soleil (grec). Féminin russe. *Caractérologie :* cœur, vitalité, achèvement, stratégie, ardeur.

Yen
- de 30

Paix, hirondelle (vietnamien). *Caractérologie :* achèvement, vitalité, ardeur, stratégie, leadership.

Yeva
130 TOP 2 000

Vie, donner la vie (hébreu). Féminin arménien. *Caractérologie :* habileté, force, passion, réussite, ambition.

Ylana
750 TOP 2 000

Arbre (hébreu). *Caractérologie :* ambition, habileté, force, passion, cœur.

Yléana
- de 100

Éclat du soleil (grec). *Caractérologie :* structure, persévérance, efficacité, amitié, honnêteté.

Ylena
250

Éclat du soleil (grec). *Variantes :* Ilénia, Ylénia, Ylenna. *Caractérologie :* ténacité, enthousiasme, pratique, adaptation, générosité.

Ylona
1 000 TOP 2 000

Éclat du soleil (grec). Voir Ilona. *Caractérologie :* engagement, fiabilité, cœur, méthode, ténacité.

Ynes
1 000 TOP 2 000

Chaste, pure (grec), sympathique, généreuse (arabe). Ynes peut également s'orthographier sans accent. *Caractérologie :* rêve, ouverture d'esprit, humanité, rectitude, générosité.

Yoanna
400

Dieu fait grâce (hébreu). *Variantes :* Yoana, Yoanie, Yoannie. *Caractérologie :* indépendance, méditation, savoir, intelligence, sagesse.

Yohanna
500

Dieu fait grâce (hébreu). *Variantes :* Yohana, Yohanne. *Caractérologie :* paix, bienveillance, sagesse, conscience, conseil.

Yoko
- de 100

L'enfant du soleil (japonais). *Caractérologie :* créativité, communication, pragmatisme, optimisme, sociabilité.

Yolaine
4 000

Aube (grec), violette (latin). Féminin français. *Variante :* Yola. *Caractérologie :* altruisme, sympathie, idéalisme, analyse, intégrité.

Yolanda
650

Aube (grec), violette (latin). Yolanda est plus particulièrement recensé en Italie, en Espagne et en Amérique du Nord. Iolanda Cristina Gigliotti est le nom de naissance de la célèbre chanteuse et actrice franco-italienne Dalida (1933-1987). *Caractérologie :* idéalisme, altruisme, intégrité, volonté, réalisation.

Yolande
38 000

Aube (grec), violette (latin). Féminin français. *Variante :* Iolanda. *Caractérologie :* fiabilité, ténacité, méthode, réalisation, volonté.

Yolène
1 000

Aube (grec), violette (latin). *Variantes :* Iolande, Yolenn. *Caractérologie :* sécurité, persévérance, efficacité, structure, bonté.

Yoline
110

Aube (grec), violette (latin). *Caractérologie :* altruisme, rêve, tolérance, raisonnement, dévouement.

Yona
2 000 TOP 2 000

Colombe (hébreu). Sans le h final, Yona est presque exclusivement employé au féminin de nos jours. On peut estimer que moins de 30 enfants seront prénommés ainsi en 2021. *Variantes :* Yonah, Yonna. *Caractérologie :* innovation, autorité, énergie, ambition, autonomie.

Yosana
- de 30

Jeune fille (sanscrit). Féminin indien d'Asie. *Caractérologie :* art, communication, adaptation, partage, créativité.

Youna
2 000 TOP 700

If (celte). Prénom breton. *Caractérologie :* fiabilité, méthode, ténacité, amitié, engagement.

Yousra
5 000 TOP 500

Qui a bon caractère (arabe). *Variantes :* Yossra, Yosra, Yousria, Yusra. *Caractérologie :* rectitude, raisonnement, humanité, rêve, tolérance.

Youssra
1 500 TOP 800

Qui a bon caractère (arabe). *Caractérologie :* ambition, autorité, logique, innovation, énergie.

Ysabel
- de 100

Dieu est serment (hébreu). Féminin anglais. *Variante :* Ysabelle. *Caractérologie :* dynamisme, gestion, indépendance, assurance, audace.

Ysalie
- de 100

Dieu est serment (hébreu). *Variante :* Isalie. *Caractérologie :* stratégie, vitalité, leadership, ardeur, accomplissement.

Ysaline
1 500 TOP 2 000

Dieu est serment (hébreu). Féminin français. *Caractérologie :* décision, structure, cœur, persévérance, sécurité.

Ysalis
190

Dieu est serment (hébreu). *Variantes :* Isalis, Isalys. *Caractérologie :* efficacité, honnêteté, structure, persévérance, sécurité.

Ysance
- de 30

Variante d'Ysabel ou combinaison d'Ysabel et des prénoms se terminant par « ance » (Constance, France, etc.). *Caractérologie :* constance, logique, amitié, créativité, famille.

Ysandre
- de 30

Cette petite cousine de Lysandre est apparue pour la première fois en France en 1992. Elle est également recensée au Québec depuis 2004. *Variantes :* Isandre, Izandre, Yzandre. *Caractérologie :* curiosité, charisme, réalisation, courage, indépendance.

Ysanne
- de 30

Contraction d'Yseult ou Ysabel et Anne. *Variantes :* Ysann, Ysanna. *Caractérologie :* paix, bienveillance, conscience, conseil, sagesse.

Ysatis
150

Se rapporte à l'isatis, le renard blanc d'Arctique. Ysatis est également le nom d'un parfum très connu. Féminin français. *Variantes :* Isathis, Isatis. *Caractérologie :* générosité, pratique, communication, enthousiasme, adaptation.

Ysaure
120

Habitante d'Isaurie (grec). *Caractérologie :* sympathie, achèvement, vitalité, stratégie, résolution.

Ysé
550 TOP 2 000

Voir Ysée. *Caractérologie :* ténacité, méthode, sens du devoir, engagement, fiabilité.

Ysée
1 000 TOP 600

Orateur athénien du IVe siècle avant J.-C., élève d'Isocrate, Isée se rendit célèbre pour ses excellentes plaidoiries. Ysée pourrait également être apparenté à Élisabeth. *Caractérologie :* dévouement, réflexion, altruisme, idéalisme, intégrité.

Yseult
500

Belle (celte). Féminin anglais et français. Dans la légende médiévale de *Tristan et Iseut*, Tristan était éperdument amoureux d'Iseut la blonde, mais il dut se résoudre à épouser Iseut aux blanches mains. Le récit de cette passion tragique a transcendé les siècles et inspiré nombre de poètes et musiciens. *Variantes :* Yseut, Ysold, Ysolde, Ysolt. *Caractérologie :* pratique, communication, cœur, enthousiasme, gestion.

Ysia
350 TOP 2 000

Déesse, souveraine (grec). *Caractérologie :* idéalisme, altruisme, intégrité, dévouement, réflexion.

Ysoline
200

Dieu est serment (hébreu). *Caractérologie :* rêve, humanité, rectitude, raisonnement, bonté.

Yuko
- de 30

Enfant gracieuse (japonais). *Caractérologie :* humanité, ouverture d'esprit, rectitude, rêve, générosité.

Yumi
350

Belle révérence (japonais). *Caractérologie :* curiosité, charisme, dynamisme, courage, indépendance.

Yuna
4 000 TOP 300

Se rapporte au nom d'une sainte de Belle-Île-en-Terre (breton). *Caractérologie :* originalité, spiritualité, sagacité, cœur, connaissances.

Yuri
- de 30

Lys (japonais). *Caractérologie :* direction, indépendance, audace, dynamisme, assurance.

Yvana
750 TOP 2 000

Dieu fait grâce (hébreu). *Variante :* Yva. *Caractérologie :* humanité, rectitude, rêve, réussite, ouverture d'esprit.

Yvane
400

Dieu fait grâce (hébreu). *Variante :* Yvanne. *Caractérologie :* méthode, engagement, fiabilité, réalisation, ténacité.

Yvanna
600

Dieu fait grâce (hébreu). *Caractérologie :* indépendance, réalisation, courage, dynamisme, curiosité.

Yveline
8 000

Contraction d'Yvanne et Line. Féminin français. *Caractérologie :* amitié, diplomatie, sociabilité, loyauté, réceptivité.

Yvette
113 000

If (celte). Féminin français. *Variantes :* Ivetta, Yvetta. *Caractérologie :* sagesse, savoir, intelligence, indépendance, méditation.

Yvonna
- de 100

If (celte). Féminin anglais et allemand. *Variantes :* Ivona, Ivonna, Yvona. *Caractérologie :* direction, volonté, réalisation, audace, dynamisme.

Yvonne 58 000 TOP 2 000
If (celte). Féminin français, allemand et scandinave. On peut estimer que moins de 30 enfants seront prénommés ainsi en 2021. *Variante :* Yvone. *Caractérologie :* curiosité, dynamisme, courage, indépendance, volonté.

Z

Zahara 130
Éclatante, en fleur (hébreu, arabe, swahili). Zahara est le prénom donné par Angelina Jolie à sa fille adoptive née en Éthiopie. *Caractérologie :* dynamisme, indépendance, direction, audace, assurance.

Zahia 1 500
Splendeur, lumière (arabe). On peut estimer que moins de 30 enfants seront prénommés ainsi en 2021. *Variante :* Zahya. *Caractérologie :* ouverture d'esprit, rectitude, humanité, rêve, générosité.

Zahira 400
Rayonnante (arabe). *Variante :* Zahéra. *Caractérologie :* intégrité, altruisme, idéalisme, dévouement, réflexion.

Zahra 4 000 TOP 500
Fleur, blancheur lumineuse (arabe). *Variantes :* Zarha, Zhora. *Caractérologie :* humanité, générosité, rectitude, ouverture d'esprit, rêve.

Zaïa 400
Splendeur, lumière (arabe). *Caractérologie :* innovation, énergie, autorité, autonomie, ambition.

Zaïg - de 30
Forme bretonne de Louise : illustre au combat (germanique). *Caractérologie :* savoir, méditation, ressort, indépendance, intelligence.

Zaïna 1 500 TOP 900
Belle (arabe). *Variante :* Zana. *Caractérologie :* famille, sens des responsabilités, décision, équilibre, influence.

Zaïnab 800 TOP 900
Belle, qui console (arabe). *Variantes :* Zaïneb, Zéinab, Zéinabou, Zéine, Zéineb, Zinab. *Caractérologie :* force, ambition, décision, habileté, attention.

Zakia 1 500
Intelligente, pure (arabe). On peut estimer que moins de 30 enfants seront prénommés ainsi en 2021. *Variantes :* Zakiya, Zakya. *Caractérologie :* communication, optimisme, créativité, pragmatisme, sociabilité.

Zao - de 30
Commencement, matinée (chinois). Voir Zao au masculin. Dans les deux genres, Zao est apparu dans les registres d'état civil français à partir de 2009. *Caractérologie :* humilité, harmonie, exigence, influence, éthique.

Zara
950 TOP 2 000 ➔

Fleur, blancheur lumineuse (arabe). *Variante :* Zarah. *Caractérologie :* direction, audace, dynamisme, indépendance, assurance.

Zazie
110

Libre, française (latin). Féminin français. *Caractérologie :* sécurité, persévérance, résolution, structure, efficacité.

Zehra
1 000 TOP 2 000 ➔

Fleur, blancheur lumineuse (arabe). *Caractérologie :* structure, sécurité, persévérance, décision, efficacité.

Zéina
600 TOP 900 ↗

Décoration (arabe). *Caractérologie :* audace, dynamisme, direction, résolution, indépendance.

Zelda
500 TOP 2 000 ↗

Diminutif probable de Griselda : sombre bataille (vieil allemand). Féminin anglais. *Variantes :* Zilda, Zélida, Zéliha. *Caractérologie :* créativité, pragmatisme, optimisme, communication, sociabilité.

Zélia
2 000 TOP 900 ➔

Solennelle (latin). Cette forme latinisée de Zélie a connu une grande faveur dans les pays anglophones au XIXe siècle. *Caractérologie :* vitalité, achèvement, détermination, stratégie, ardeur.

Zélie
12 000 TOP 100 ➔

Forme abrégée de Soline, du latin *solemnis*, « solennelle ». Ce prénom a fait l'objet d'une inscription tardive au temps de Rome. Dans la mythologie grecque, Zelos, le fils du Titan Pallas et de Styx, est une divinité personnifiant le zèle. Malgré son histoire ancienne, Zélie est si peu employée avant la fin du XVIIe siècle qu'on la confond parfois avec Solène. Avec cinq lettres pour tout bagage, Zélie s'envole au siècle suivant, faisant en passant quelques apparitions dans les arts et les sciences. Ingres peint en 1806 le portrait de Madame Aymon, dite « la belle Zélie », et dans la littérature, Zélie est l'un des personnages des *Études de mœurs* de Balzac, dans un volume paru en 1834. Les frères Paul et Henry Prosper, opticiens et astronomes français, découvriront de leur côté un astéroïde qu'ils nommeront ainsi en 1876. Zélie renaît discrètement depuis le début des années 2010. *Caractérologie :* pragmatisme, communication, optimisme, créativité, sociabilité.

Zélina
- de 100

Solennelle (latin). Dans l'Hexagone, Zelina est plus traditionnellement usité au Pays basque. *Caractérologie :* engagement, méthode, fiabilité, ténacité, détermination.

Zéline
- de 100

Solennelle (latin). *Caractérologie :* vitalité, ardeur, achèvement, leadership, stratégie.

Zéna
180

Hospitalier (grec). Féminin anglais et français. *Variante :* Zénon. *Caractérologie :* autorité, innovation, énergie, autonomie, ambition.

Zénaïde
140

Hospitalier (grec). *Variantes :* Zenaida, Zénia. *Caractérologie :* autorité, énergie, innovation, ambition, résolution.

Zéphirine
- de 100

Vent doux (grec). *Caractérologie :* intuition, fidélité, médiation, action, relationnel.

Zoé

Fête :
2 mai

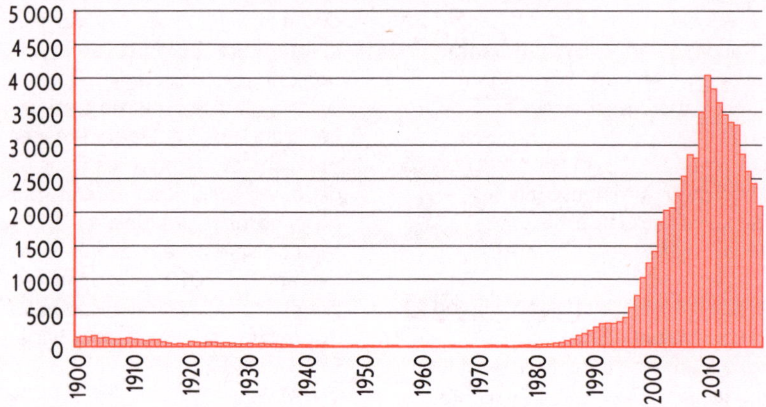

Étymologie

Du grec *zoè*, « vie ». L'histoire de ce prénom remonte à l'Antiquité. En 270 avant J.-C., sur l'ordre de Ptolémée II, 72 habitants d'Alexandrie furent sélectionnés pour traduire la Torah en grec. Le nom hébreu *h'ava*, qui signifie « vie » (et qui devint Ève en français), fut traduit par *zoè* en grec. Cette traduction assura la diffusion de Zoé dans le monde hellénique, puis son envol dans l'Empire romain et en Orient chrétien.

Au XIXe siècle, Zoé revient en faveur dans les pays anglophones et réapparaît en France. Mais il lui faut attendre les années 1980 pour émerger dans le sillon de Pauline. Soutenue par une vague rétro, elle s'impose dans le top 20 féminin en 2006 et galvanise les espoirs de Rose et Zélie, bourgeons dont la dernière floraison remonte au XIXe siècle. En 2021, Zoé devrait se contenter d'une 24e place dans le classement national.

En dehors de l'Hexagone, Zoé a connu un pic de popularité aux États-Unis (top 40) dans les années 1990. Il n'en fallait pas moins pour relancer sa carrière en Angleterre, où son dernier succès fut retentissant. Elle se maintient également dans les tops 20 wallon, romand et québécois. Sa variante Zoey, au 29e rang américain, rencontre peu d'amateurs français et européens.

Dans l'histoire

Après avoir fait assassiner son vieux mari Romain III, **Zoé Phyrogénète**, impératrice d'Orient de 1028 à 1050, éleva son amant et futur époux Michel IV au pouvoir. À la mort de ce dernier, elle jeta son dévolu sur Michel le Calfat, figure impopulaire dont elle se débarrassa rapidement. N'ayant pas perdu le goût pour l'aventure, elle épousa Constantin IX en troisièmes noces, heureux élu auprès duquel elle termina paisiblement ses jours.

Z

Personnes célèbres
Zoe Caldwell, actrice américaine, née en 1933 ; Zoé Valdès, poète, romancière et scénariste française d'origine cubaine, née en 1959 ; Zoé Félix, actrice française, née en 1976.

Statistiques
Zoé est le 13e prénom féminin le plus donné en France depuis l'an 2000. Ce prénom est attribué à près d'une fille sur 180 aujourd'hui.

Zeyneb
1 000 TOP 800

Belle, qui console (arabe). *Caractérologie :* courage, curiosité, dynamisme, indépendance, sensibilité.

Zeynep
3 000 TOP 600

Belle, qui console (arabe). *Caractérologie :* direction, audace, dynamisme, indépendance, assurance.

Zia
1 500 TOP 2 000

Nom d'une tribu indienne du Nouveau-Mexique (États-Unis) connue pour vénérer le soleil. Zia est également le nom de la jeune héroïne inca des *Mystérieuses Cités d'or*, une série d'animation télévisée devenue célèbre en France dans les années 1980. Ce prénom est plus particulièrement usité en Amérique latine. *Caractérologie :* altruisme, dévouement, intégrité, idéalisme, réflexion.

Zilia
- de 30

Forme basque de Cécile : aveugle (latin). *Caractérologie :* générosité, enthousiasme, communication, pratique, adaptation.

Zina
2 000 TOP 800

Belle, qui console (arabe), variante de Zénia. *Caractérologie :* dynamisme, indépendance, curiosité, courage, détermination.

Zineb
3 000 TOP 700

Belle, qui console (arabe). *Variante :* Zina. *Caractérologie :* sociabilité, réceptivité, finesse, diplomatie, loyauté.

Zita
500 TOP 2 000

Jeune fille (italien), sainte (basque), qui recherche (grec). Féminin italien, hongrois, tchèque, basque, corse et occitan. *Caractérologie :* intuition, médiation, relationnel, fidélité, adaptabilité.

Zoé
64 000 TOP 50

Vie (grec). *Variantes :* Zéa, Zoée. *Caractérologie :* dynamisme, indépendance, direction, audace, assurance.

Zoélie
500 TOP 2 000

Vie (grec). *Variantes :* Zoéline, Zoëlla, Zoëlle, Soélie. *Caractérologie :* rectitude, analyse, humanité, ouverture d'esprit, rêve.

Zoéline
250

Vie (grec). *Caractérologie :* découverte, logique, énergie, originalité, audace.

Zofia
200

Forme polonaise de Sofia : sagesse (grec). *Caractérologie :* communication, enthousiasme, adaptation, pratique, générosité.

Zohra
6 000 TOP 800

Fleur, blancheur lumineuse (arabe). *Caractérologie :* curiosité, dynamisme, charisme, courage, indépendance.

Zola
650 TOP 700

Ce nom de famille porté par Émile Zola, le célèbre écrivain français (1840-1902), est un prénom usité dans les pays anglophones depuis le XIXe siècle. Il est également recensé en Afrique du Sud, et passe pour être calme, conformément à sa signification en zoulou. Dans l'Hexagone, Zola a été attribué pour la première fois à des garçons en 1988 et à des filles en 1998. *Caractérologie :* réflexion, idéalisme, intégrité, dévouement, altruisme.

Zora

1 500

Fleur, blancheur lumineuse (arabe), aurore (slave). Zora est plus particulièrement attribué dans les pays slaves méridionaux, les cultures musulmanes et la Macédoine. On peut estimer que moins de 30 enfants seront prénommés ainsi en 2021. *Variantes :* Zorah, Zorha. *Caractérologie :* conscience, paix, bienveillance, conseil, sagesse.

Zulma

- de 100

Forme possible de Selma ou Salomé. Ce prénom, autrefois usité dans le nord de la France et en Belgique, est devenu très rare depuis les années 1940. Notons que Zulma s'est répandu en Amérique latine dans les années 1970 grâce à la popularité de l'actrice argentine Zulma Faiad. *Caractérologie :* dynamisme, audace, direction, assurance, indépendance.

Zuria

- de 30

Blanche (basque). *Caractérologie :* sociabilité, communication, créativité, pragmatisme, optimisme.

Zuzanna

140

Lys (hébreu). *Variante :* Zuzana. *Caractérologie :* persévérance, structure, sécurité, efficacité, honnêteté.

Les encadrés thématiques

Les focus prénoms

Prénoms masculins

A

Aaron
29 000 TOP 50

Esprit (hébreu). *Variantes :* Aron, Ayron. *Caractérologie :* ténacité, méthode, décision, engagement, fiabilité.

Abdallah
6 000 TOP 300

Serviteur de Dieu (arabe). *Variantes :* Abdelah, Abdelila, Abdelilah. *Caractérologie :* gestion, découverte, énergie, audace, originalité.

Abdel
4 000 TOP 1 000

Serviteur de Dieu (arabe). *Variantes :* Ab-del, Abd-el, Abdelali. *Caractérologie :* paix, bienveillance, conscience, conseil, gestion.

Abdelaziz
2 000 TOP 2 000

Serviteur du Tout-Puissant (arabe). On peut estimer que moins de 30 enfants seront prénommés ainsi en 2021. *Variantes :* Abdelhaziz, Abdelazize, Abdelazziz, Abdellaziz. Forme composée : Abdel-Aziz. *Caractérologie :* détermination, audace, énergie, découverte, sensibilité.

Abdelkader
10 000 TOP 700

Serviteur du Puissant (arabe). *Variante :* Abdulkadir. Forme composée : Abdel-Kader. *Caractérologie :* idéalisme, altruisme, résolution, organisation, intégrité.

Abdelkarim
1 500

Serviteur de Celui qui est généreux (arabe). On peut estimer que moins de 30 enfants seront prénommés ainsi en 2021. *Variantes :* Abdelkrim, Abdelkrime. *Caractérologie :* méthode, fiabilité, organisation, ténacité, résolution.

Abdellah
3 000 TOP 2 000

Serviteur de Dieu (arabe). On peut estimer que moins de 30 enfants seront prénommés ainsi en 2021. *Caractérologie :* organisation, rectitude, humanité, rêve, finesse.

Abdelmalek
850

Serviteur du Souverain suprême (arabe). *Variante :* Abdelmalik. Forme composée : Abdel-Malik. *Caractérologie :* pragmatisme, communication, optimisme, créativité, organisation.

Abdullah
1 500 TOP 700

Serviteur de Dieu (arabe). *Variantes :* Abdala, Abdela, Abdella, Abdellali, Abdoul, Abdoulah, Abdoullah, Abdul. *Caractérologie :* savoir, intelligence, méditation, organisation, indépendance.

Abel
11 000 TOP 200

Souffle, respiration (hébreu). Masculin anglais, français, espagnol et portugais. Abèl est également un prénom occitan et provençal. Dans le Livre de la Genèse, Abel, le fils d'Adam et Ève, s'attire les foudres de son frère Caïn lorsque Dieu accepte l'offrande du premier et refuse celle du second. Dévoré par la jalousie, Caïn assassine Abel. Cette tragédie a inspiré de nombreux artistes, peintres et poètes. *Variantes :* Abélard, Abelardo, Abelin, Abelino. *Caractérologie :* fidélité, intuition, médiation, relationnel, organisation.

Abiel
- de 30

Dieu est mon père (hébreu). Masculin anglais. *Caractérologie :* médiation, intuition, organisation, relationnel, résolution.

Aboubacar
1 500 TOP 400

Petit chameau (arabe). Premier calife de l'islam, Abou Bakr prit la succession du prophète Mahomet en 632 et

A

Aaron

Fête :
1er juillet

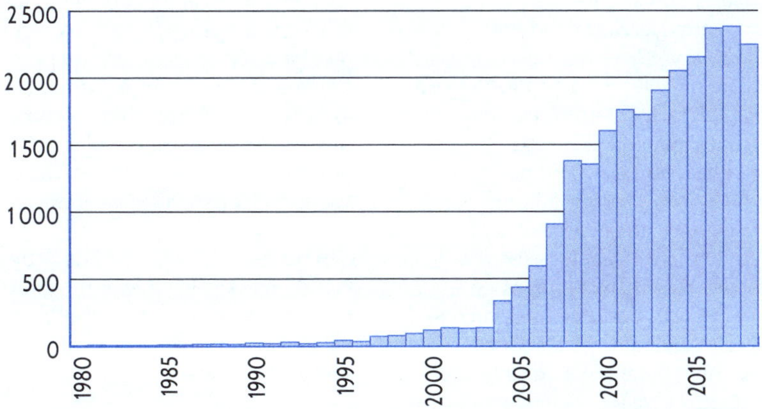

Étymologie

Aaron signifie « esprit » en hébreu, mais il a certainement une origine égyptienne ancienne. Au VIIe siècle, Aaron, médecin d'Alexandrie, rédigea une compilation de traités de médecine qui feront date.

Ce prénom de l'Ancien Testament s'est diffusé dès le XVe siècle dans les pays anglophones et figurait avec constance dans les années 1970-1980 dans les tops 30 américain et anglais. Son envol européen est plus récent. Stimulé par un succès fulgurant dans les pays scandinaves, Aaron (Aron pour les Suédois) se propage à l'ensemble du Vieux Continent. En France, il apparaît comme un prénom nouveau dans les années 1990. Depuis 2006, sa croissance explose : le nombre d'enfants nés sous ce nom a quadruplé en 12 ans. En bondissant dans le top 20 français, Aaron se place dans la lignée d'Adam, la star actuelle des prénoms bibliques.

Haroun, la forme arabe, connaît un certain élan, mais n'a pas encore percé dans le top 100.

Issu de la prestigieuse tribu des Lévi, **Aaron**, le frère de Moïse dans l'Ancien Testament, intercède auprès du pharaon pour demander la libération de son peuple. Malgré l'épisode du Veau d'or (durant l'absence prolongée de Moïse, Aaron cède aux pressions du peuple et crée ce substitut symbolique de Dieu), il est pardonné et élevé au rang de grand prêtre. Il meurt sans avoir pu entrer en Terre promise.

Personnalités célèbres

Aaron Eckhart, acteur américain, né en 1968 ; AaRON, groupe de musique français, acronyme de Artificial Animals Riding on Neverland.

Statistiques

Aaron est le 60e prénom masculin le plus donné en France depuis l'an 2000. Il est attribué à près d'un garçon sur 150 aujourd'hui.

poursuivit le processus de conquête de terres arabes. *Variantes :* Aboubakar, Aboubakari, Aboubaker, Aboubakr, Boubakary, Boubakeur, Boubker. *Caractérologie :* organisation, autorité, innovation, énergie, raisonnement.

Abraham
2 000 TOP 900

Père des nations (hébreu). Personnage biblique, patriarche du judaïsme, Abraham est essentiellement porté aux États-Unis et dans les cultures juives. La carrière de ce prénom a été lancée au XVIIe siècle par les puritains anglophones. Ces derniers furent en effet nombreux à l'adopter à leur arrivée en Nouvelle-Angleterre (États-Unis). *Variantes :* Aba, Avraham. Forme basque : Abarran. *Caractérologie :* vitalité, stratégie, achèvement, leadership, ardeur.

Abriel
200

Né en avril (latin). *Caractérologie :* relationnel, médiation, intuition, résolution, organisation.

Achille
9 000 TOP 200

Qui a de belles lèvres (grec). Afin de le rendre immortel, Thétis plongea son fils Achille dans le Styx, fleuve réservé aux dieux. Le corps d'Achille devint invulnérable, excepté au talon par lequel Thétis l'avait tenu. En perçant son pied d'une flèche fatale, Pâris mit fin aux exploits d'un des plus grands héros de la mythologie grecque. Aujourd'hui encore, on désigne par « talon d'Achille » le point faible d'une personne. Achille est un prénom français et italien. *Variantes :* Achile, Achilles, Aghiles. *Caractérologie :* dynamisme, curiosité, courage, décision, indépendance.

Adalbert
- de 100

Noble, brillant (germanique). Masculin allemand. *Variantes :* Adalard, Adelbert. *Caractérologie :* idéalisme, intégrité, altruisme, décision, gestion.

Adam
69 000 TOP 50

De l'hébreu *adamah* et *adom*, « fait de terre rouge ». Des origines babyloniennes ou phéniciennes signifiant « homme », « humanité » lui sont également associées. *Variantes :* Adan, Adame, Adamo, Adao, Damek, Damica, Damicke. *Caractérologie :* dynamisme, direction, audace, indépendance, assurance.

Adama
2 000 TOP 500

Fait de terre rouge (hébreu). Voir Adam. Masculin sénégalais. *Caractérologie :* diplomatie, loyauté, réceptivité, sociabilité, bonté.

Adams
200

Fait de terre rouge (hébreu). Voir Adam. Masculin anglais. *Caractérologie :* sociabilité, réceptivité, bonté, diplomatie, loyauté.

Adan
1 000 TOP 600

Forme espagnole et basque d'Adam : fait de terre rouge (hébreu). *Caractérologie :* intuition, adaptabilité, fidélité, médiation, relationnel.

Adei
- de 30

Qui montre du respect (basque). *Caractérologie :* décision, innovation, énergie, ambition, autorité.

Adel
9 000 TOP 400

Juste (arabe). *Caractérologie :* persévérance, sécurité, structure, efficacité, honnêteté.

Adelin
550

Noble (germanique). Dans l'Hexagone, Adelin est plus traditionnellement usité au Pays basque. *Variantes :* Adelino, Adelio, Hedelin. *Caractérologie :* ouverture d'esprit, humanité, rêve, résolution, rectitude.

A

Adam

Fête :
16 mai

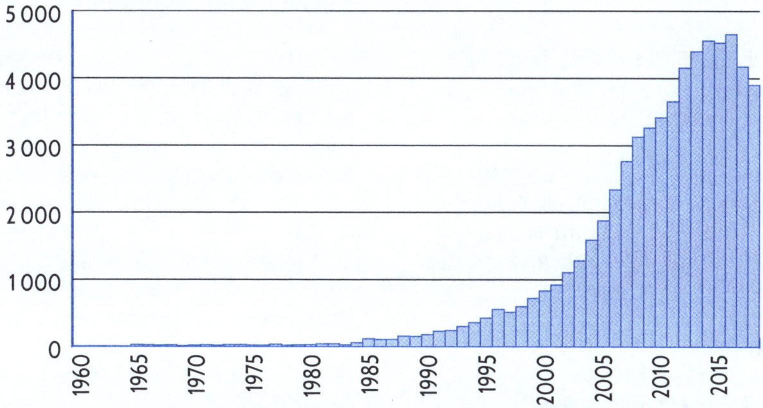

Étymologie

De l'hébreu *adamah* et *adom*, « fait de terre rouge ». Des origines babyloniennes ou phéniciennes, signifiant « homme », « humanité », lui sont également associées. Ce vieux prénom est recensé dans les pays anglo-saxons dès le VIIe siècle, mais sa diffusion est beaucoup plus récente en France. Encore inconnu au début des années 1950, Adam prénomme moins de dix Français chaque année. Mais la décennie 1990, marquée par l'essor des prénoms de l'Ancien Testament, le pousse dans le sillon de Nathan, Noah, Gabriel et Raphaël. Son jaillissement au sommet est fulgurant : après avoir conquis le trône parisien en 2015, il talonne Gabriel au 2e rang en 2018. Il fluctue depuis dans le top 10 français.

Valeur sûre dans les pays scandinaves, Adam grandit également dans les pays francophones. Il s'élève dans les tops 20 québécois, suisse romand et wallon. Bien qu'il marque le pas dans les pays anglophones, sa carrière internationale est loin d'être terminée.

Dans le Livre de la Genèse, **Adam**, le premier homme créé par Dieu, coule des jours heureux avec Ève dans le jardin des Délices. Mais ce bonheur tranquille s'interrompt lorsque le couple goûte au fruit défendu de l'arbre de la connaissance du bien et du mal. Pour les punir de leur désobéissance, Dieu les chasse du jardin d'Éden, vouant Adam et ses descendants au travail et aux réalités de la vie sur terre. Adam est le patron des jardiniers. Les musulmans vénèrent Adam en sa qualité de premier homme et premier prophète. Sa dimension multiculturelle a favorisé son succès.

Personnes célèbres

Adam de la Halle, auteur-compositeur français de chansons et rondeaux du XIIIe siècle ; Adam Sandlers, acteur américain, né en 1966.

Statistiques

Adam est le 21e prénom masculin le plus donné en France depuis l'an 2000. Il est attribué à près d'un garçon sur 100 aujourd'hui.

Adem
11 000 TOP 100

Forme arabe d'Adam. *Caractérologie :* curiosité, dynamisme, indépendance, courage, charisme.

Adiel
- de 30

Parure divine (hébreu). *Caractérologie :* persévérance, décision, structure, sécurité, efficacité.

Adil
5 000 TOP 400

Juste (arabe). *Variantes :* Aadil, Adile, Adlâne, Adlen, Adlène. *Caractérologie :* achèvement, stratégie, ardeur, leadership, vitalité.

Adnane
950 TOP 2 000

S'installer (arabe). *Variantes :* Adnan, Adnen, Adnène. *Caractérologie :* adaptation, pratique, communication, enthousiasme, générosité.

Adolphe
2 000

Noble, loup (germanique). Un saint, évêque de Westphalie et protecteur des pauvres, porta ce nom au XIIIe siècle. Peu attribué par le passé, ce prénom français a connu son dernier pic de popularité en 1908. *Variantes :* Adelphe, Adolf, Adolfo, Adolph, Adolpho. *Caractérologie :* finesse, volonté, connaissances, sagacité, réalisation.

Adonis
1 500 TOP 700

Seigneur (hébreu). Adonis est également un nom qui désigne un jeune homme d'une grande beauté, en référence à l'éphèbe qui était l'amant d'Aphrodite dans la mythologie grecque. Ce prénom est plus particulièrement usité en Occitanie et dans les pays anglophones. Forme basque : Adon. *Caractérologie :* force, ambition, habileté, décision, caractère.

Adrian
5 000 TOP 400

Habitant d'Adria, Italie (grec). Adrian est particulièrement répandu dans les pays anglophones, germanophones, hispanophones et slaves. C'est également un choix traditionnel occitan. *Variantes :* Adryan, Adryen. *Caractérologie :* relationnel, intuition, fidélité, médiation, détermination.

Adriano
2 000 TOP 700

La majesté de Dieu (hébreu). Adriano est très porté en Italie et dans les pays lusophones. *Caractérologie :* résolution, achèvement, vitalité, stratégie, volonté.

Adriel
750 TOP 600

La majesté de Dieu (hébreu). Adriel est également une contraction d'Adrien et des prénoms se terminant en « el ». *Variantes :* Adrial, Hadriel. *Caractérologie :* ténacité, méthode, fiabilité, engagement, détermination.

Adrien
108 000 TOP 200

La forme latine Adrianus était portée par une famille romaine habitant la ville d'Adria. C'est elle qui a donné son nom à la mer Adriatique et au célèbre empereur Hadrien. Au cours des siècles, plusieurs saints et six papes ont porté ce nom sous ses différentes formes. Adrien est connu, même si son usage reste discret, jusqu'à la fin du XXe siècle. Il s'envole alors en Europe et dans l'Hexagone, culminant au 20e rang français en 1991. Il est, avec Adrian et Adriano, très répandu dans le monde occidental et les pays slaves aujourd'hui. ◇ Hadrien succède à Trajan en 117 et règne sur l'Empire romain jusqu'en 138. Homme politique brillant et cultivé, il réorganise l'administration et protège son empire des invasions barbares en fortifiant ses frontières. L'Angleterre lui doit notamment la construction du célèbre mur d'Hadrien. Dans la littérature, Hadrien a inspiré un roman de Marguerite Yourcenar et de nombreux récits. *Caractérologie :* paix, bienveillance, conscience, conseil, décision.

Aedan
1 500 TOP 400

Petit feu (celte). Masculin anglais. *Caractérologie :* savoir, intelligence, sagesse, indépendance, méditation.

Aël
650 TOP 1 000

Forme bretonne d'Ange : messager (grec). *Variantes :* Aëlane, Aelig. *Caractérologie :* idéalisme, altruisme, dévouement, réflexion, intégrité.

Aelian
- de 30

Se rapporte à Claudius Aelianus, historien, orateur romain et maître de rhétorique surnommé Élien le Sophiste, né vers 170, mort à Rome en 235. Masculin anglais moderne. *Caractérologie :* influence, équilibre, exigence, détermination, sens des responsabilités.

Agathon
- de 30

Bonté (grec). *Caractérologie :* communication, enthousiasme, pratique, adaptation, sensibilité.

Agénor
- de 30

Forme masculine bretonne d'Éléonore. En breton, *enor* signifie « honneur ». *Caractérologie :* conscience, paix, décision, bienveillance, conseil.

Agnan
130

Chaste, pur (grec). *Caractérologie :* assurance, indépendance, audace, direction, dynamisme.

Agnel
- de 30

Chaste, pur (grec). *Variante :* Agnan. Forme bretonne : Noan. *Caractérologie :* créativité, communication, pragmatisme, sympathie, optimisme.

Agustin
150

Consacré par les augures (latin). Agustin est très en vogue en Amérique latine, notamment au Chili et en Uruguay. C'est aussi un choix traditionnel basque. *Variantes :* Agosti, Agostinho, Agostino, Agustinho, Agustino. *Caractérologie :* détermination, innovation, énergie, autorité, bonté.

Ahmed
21 000 TOP 200

Digne d'éloges (arabe). Théologien au IXe siècle, Ahmed Ibn Hanbal est l'un des fondateurs de l'école hanbalite, l'une des quatre écoles qui régissent les lois islamiques. *Variantes :* Aimad, Ahmad, Ahmet, Ahmadou, Ahmid, Amadou, Mamoudou. *Caractérologie :* persévérance, structure, honnêteté, sécurité, efficacité.

Aidan
2 000 TOP 500

Petit feu (celte). Se rapporte également à Aodh, prénom porté par le fils du roi Lir dans la mythologie irlandaise. Prénom irlandais, écossais et anglais. Notons qu'Aidan s'est francisé avec l'utilisation du tréma alors que ses origines celtiques en contredisent l'usage. *Variantes :* Aden, Aedan, Aeden, Aiden, Aydan, Ayden. *Caractérologie :* relationnel, fidélité, intuition, médiation, résolution.

Aimable
130

Aimable (latin). *Variantes :* Amable, Amavel, Mavel. *Caractérologie :* détermination, sagacité, connaissances, spiritualité, organisation.

Aimé
11 000 TOP 700

Qui est aimé (latin). Masculin français. *Caractérologie :* autorité, énergie, innovation, détermination, ambition.

Aimen
900

Heureux (arabe). *Caractérologie :* détermination, influence, équilibre, famille, sens des responsabilités.

A

Aimeric
750

Puissant (germanique). Dans l'Hexagone, Aimeric est plus traditionnellement usité en Occitanie. *Variantes :* Aimerick, Aimery, Amery. Formes basques : Aimar, Aimard. *Caractérologie :* méthode, ténacité, fiabilité, résolution, engagement.

Aïssa
4 000 TOP 700

Jésus (arabe), Dieu sauve (hébreu). *Caractérologie :* fiabilité, ténacité, sens du devoir, méthode, engagement.

Aitor
170

Père de tous les Basques (mythologie basque). *Caractérologie :* idéalisme, altruisme, intégrité, réflexion, dévouement.

Akash
120

Ciel (sanscrit). Akash est très répandu en Inde. *Caractérologie :* efficacité, sécurité, structure, persévérance, honnêteté.

Akim
4 000 TOP 2 000

Dérivé russe de Joachim et variante d'Hakim. On peut estimer que moins de 30 enfants seront prénommés ainsi en 2021. *Variante :* Achim. *Caractérologie :* savoir, intelligence, indépendance, méditation, sagesse.

Akira
130

Très intelligent (japonais). *Variante :* Akio. *Caractérologie :* honnêteté, structure, sécurité, efficacité, persévérance.

Al
450 TOP 900

Beau, calme (celte). Masculin anglais. *Caractérologie :* méthode, ténacité, engagement, sens du devoir, fiabilité.

Aladin
140

Foi élevée (arabe). Aladin est le héros du conte *Aladin ou la Lampe merveilleuse*, issu du recueil arabo-persan des *Mille et Une Nuits*. *Caractérologie :* dynamisme, courage, indépendance, détermination, curiosité.

Alain
415 000 TOP 2 000

Beau, calme (celte). Un saint breton, évêque de Quimper au VIe siècle, atteste l'ancienneté de ce prénom. Il est recensé, en France comme en Angleterre (Alan), dès le Moyen Âge, mais c'est au XXe siècle qu'il fait véritablement carrière en France. Il brille au 3e rang masculin en 1950 et reste largement attribué ensuite. Une popularité qui lui vaut d'être le 7e prénom masculin le plus attribué du siècle passé. ◇ Dominicain breton au XVe siècle, saint Alain de La Roche fonda plusieurs confréries du Rosaire en France, en Allemagne et aux Pays-Bas. On peut estimer que moins de 30 enfants seront prénommés ainsi en 2021. *Caractérologie :* direction, indépendance, détermination, audace, dynamisme.

Alan
20 000 TOP 400

Beau, calme (celte). Alan est plus traditionnellement usité en Angleterre, en Écosse, en Bretagne et en Occitanie. *Variantes :* Alane, Alanig, Alann, Alen, Alenn, Lan, Lanig. *Caractérologie :* innovation, autorité, énergie, autonomie, ambition.

Alaric
800 TOP 1 000

Roi de tous (germanique). Masculin allemand, anglais et scandinave. Formes bretonnes : Alar, Alarig. Forme occitane : Alari. *Caractérologie :* ardeur, achèvement, vitalité, stratégie, leadership.

Albain
- de 100

Blanc (latin). *Caractérologie :* optimisme, communication, pragmatisme, détermination, organisation.

A

Le top 20 en 2021

Gabriel Raphaël Arthur Paul
Louis Lucas Ethan
Mohamed
Adam Éden Aaron
Martin
Léo Sacha Côme
Augustin Victor Gabin Hugo
Samuel Liam
Marceau Milo Maël Tiago
Jules
Amir Noah Nathan

Découvrez le **top 20**
en scannant cette page
avec l'application lisez!
disponible sur l'App Store
et Google Play.

Indétrônable à Paris depuis 14 ans, Gabriel brillera encore longtemps dans les premiers rangs du classement national. Il y sera entouré de prénoms rétro (Léo, Louis) ou issus de l'Ancien Testament (Raphaël), tous trois en course pour prendre la tête du peloton. À en juger par l'essor d'Arthur, Augustin, Marceau, Jules, Victor et Léon, le style rétro a encore de beaux jours devant lui !

Ils en feraient presque oublier l'essor actuel des prénoms multiculturels. Adam, à la confluence des trois religions monothéistes, en est le parfait exemple. Autre mythe des Écritures, qu'elles soient chrétiennes, judaïques ou musulmanes, Éden devrait bondir cette année dans le paradis du top 20.

Malgré la chute de Nolan, les sonorités irlandaises n'ont pas dit leur dernier mot : en témoigne Liam qui campe dans la lumière aux côtés des celtiques et gaéliques Maël et Arthur.

Le court continue d'être une composante majeure du succès. Dans le top 20, on compte quatre prénoms qui se déclinent en une seule syllabe : Louis, Liam, Jules, Paul. Et Côme, dans le top 50, est en train de s'envoler comme une fusée. Les autres petits noms arborent en général deux syllabes. Ce qui n'empêche pas des exceptions : Tom, bien que concis, est en fin de carrière et chute dans le top 30.

À contre-courant de cette tendance, Mohamed, avec 7 lettres et 3 syllabes, s'impose dans le top 20. Mais n'allons pas imaginer le retour des prénoms longs. Augustin renaît, mais Alexandre, Isidore et Maximilien devront patienter longtemps avant de pouvoir revenir sur le devant de la scène !

Alban
25 000 TOP 200

Blanc (latin). Alban est plus particulièrement usité en Allemagne et dans les pays anglophones. C'est aussi un choix traditionnel occitan. *Variante :* Albano. *Caractérologie :* communication, pragmatisme, créativité, optimisme, gestion.

Albéric
1 500

Noble, brillant (germanique). Masculin anglais et français. On peut estimer que moins de 30 enfants seront prénommés ainsi en 2021. *Caractérologie :* découverte, énergie, audace, décision, gestion.

Albert
47 000 TOP 800

Noble, brillant (germanique). Albert s'est élancé en Allemagne et en Angleterre au XIXe siècle, au moment où Albert de Saxe (1828-1902) est devenu roi. À la naissance d'Albert Einstein (en 1879), la popularité du prénom atteint des sommets en France. Sa vogue est telle qu'Albert figure encore au 15e rang masculin à l'aube de son reflux, en 1920. Très courant dans le monde occidental, ce prénom est devenu rare pour un nouveau-né. ◇ Évêque de Ratisbonne au XIIIe siècle, saint Albert consacra une grande partie de sa vie à la réflexion et à l'enseignement. Il est le patron des scientifiques. *Variantes :* Albérie, Albertin, Alibert, Albrecht, Bel, Béla, Elbert. *Caractérologie :* persévérance, structure, gestion, décision, sécurité.

Alberto
2 000

Noble, brillant (germanique). Masculin espagnol, italien et portugais. On peut estimer que moins de 30 enfants seront prénommés ainsi en 2021. *Variantes :* Alberti, Albertino. *Caractérologie :* détermination, direction, audace, dynamisme, raisonnement.

Albin
4 000 TOP 600

Blanc (latin). Albin est plus particulièrement usité dans les pays slaves méridionaux. C'est aussi un choix traditionnel occitan. *Variante :* Albino. *Caractérologie :* relationnel, médiation, organisation, intuition, détermination.

Alcée
- de 30

Poète lyrique grec qui chanta des hymnes à la beauté, à l'amour et à la mort vers 640-580 avant J.-C. Il est considéré comme l'inventeur des vers « alcaïques » qui furent ensuite empruntés par Horace. *Caractérologie :* habileté, force, management, passion, ambition.

Alcibiade
- de 30

Nom d'un général et homme politique grec du Ve siècle avant J.-C. *Caractérologie :* énergie, autorité, innovation, gestion, décision.

Alcide
650

Voir Alcibiade. Prénom corse. *Caractérologie :* méditation, détermination, savoir, intelligence, indépendance.

Alderic
130

Noble, puissant (germanique). *Variante :* Alderick. *Caractérologie :* méditation, savoir, indépendance, intelligence, détermination.

Aldo
2 000

Noble (germanique). Masculin italien. *Variante :* Alde. *Caractérologie :* découverte, audace, énergie, séduction, originalité.

Aldous
- de 30

Vieil ami (anglais). *Caractérologie :* rectitude, humanité, ouverture d'esprit, générosité, rêve.

A

Aldric
1 000 TOP 2 000

Noble, puissant (germanique). En dehors de l'Hexagone, Aldric est plus particulièrement usité en Allemagne. *Variante :* Aldrick. *Caractérologie :* sociabilité, diplomatie, réceptivité, bonté, loyauté.

Aldwin
140

Vieil ami (anglais). *Caractérologie :* idéalisme, altruisme, intégrité, décision, réflexion.

Aleandro
110

Défense de l'humanité (grec). Masculin italien. *Caractérologie :* dévouement, idéalisme, intégrité, décision, réflexion.

Alessandro
4 000 TOP 500

Défense de l'humanité (grec). Alessandro est très répandu en Italie et au Portugal. *Variantes :* Alejandro, Alessio. *Caractérologie :* rectitude, humanité, rêve, logique, caractère.

Alessio
6 000 TOP 200

Défense de l'humanité (grec). Masculin italien. *Caractérologie :* rectitude, humanité, raisonnement, générosité, tolérance.

Alex
29 000 TOP 300

Défense de l'humanité (grec). Alex est très répandu dans les pays occidentaux et anglophones. *Variante :* Alec. *Caractérologie :* exigence, influence, famille, équilibre, sens des responsabilités.

Alexander
2 000 TOP 800

Défense de l'humanité (grec). Alexander est très répandu dans les pays anglophones, germanophones et scandinaves. *Variantes :* Sancho, Sander, Sanders, Skender, Xander, Xandre. *Caractérologie :* volonté, pratique, enthousiasme, communication, raisonnement.

Alexandre
269 000 TOP 100

Défense de l'humanité (grec). Ce prénom porté par plusieurs saints, huit papes, trois empereurs russes et de nombreux souverains a été, sous ses nombreuses graphies, en usage dès le Moyen Âge. Mais c'est à partir du XVIe siècle qu'il entame une grande carrière dans de nombreux pays occidentaux et slaves. En France, Alexandre a figuré dans le top 10 masculin de 1982 à 2002, s'illustrant à plusieurs reprises dans les tout premiers rangs. Loin d'être éteinte, sa gloire a engendré celles d'Alexis et Sacha. ◇ Roi de la Macédoine à l'âge de 20 ans, Alexandre le Grand (356-323 avant J.-C.), ou Alexandre III, se rendit maître de l'Empire perse à l'issue de nombreuses batailles. Il fonda, au cours de ses campagnes, une soixantaine de cités avant de mourir au combat à 33 ans. En mémoire de son fondateur, la ville égyptienne d'Alexandrie a gardé son nom. ◇ Alexandre II, tsar de Russie à la fin du XIXe siècle, humanisa la justice, abolit le servage des paysans et s'engagea dans des réformes démocratiques qui diminuèrent les privilèges des classes nobles. Il fut assassiné à Saint-Pétersbourg en 1881. ◇ Alexandre Dumas (1802-1870), écrivain français et auteur de nombreux romans historiques, connut un succès mondial avec *Les Trois Mousquetaires* et *Le Comte de Monte-Cristo*. *Variantes :* Aleksandar, Aleksandre, Ales, Alesander, Alexan, Alexandros. *Caractérologie :* caractère, enthousiasme, logique, communication, pratique.

Alexandro
650 TOP 1 000

Défense de l'humanité (grec). *Caractérologie :* caractère, logique, ténacité, méthode, fiabilité.

Alexi
2 000 TOP 2 000

Défense de l'humanité (grec). On peut estimer que moins de 30 enfants

A

seront prénommés ainsi en 2021. *Caractérologie :* sens des responsabilités, famille, équilibre, détermination, raisonnement.

Alexian
650

Défense de l'humanité (grec). *Variante :* Alexio. *Caractérologie :* raisonnement, communication, détermination, enthousiasme, pratique.

Alexis
135 000 TOP 200

Défense de l'humanité (grec). Ce diminutif d'Alexandre a été porté par cinq empereurs byzantins et un tsar russe, ce qui explique sa popularité en Grèce, en Russie et dans les pays slaves. Au milieu du XXe siècle, Alexis s'est répandu en Allemagne et aux États-Unis où il s'est, depuis la fin des années 1990, considérablement féminisé : en 1999, il figurait au 3e rang du tableau féminin américain. Cette situation n'affecte pas le genre masculin d'Alexis en France. Propulsé par la gloire d'Alexandre au 11e rang français au milieu des années 1990, Alexis est encore prisé par les parents aujourd'hui. ◊ Au XIVe siècle, saint Alexis renonça à ses activités de marchand florentin pour vivre dans la prière et la pauvreté. *Caractérologie :* intelligence, méditation, raisonnement, détermination, savoir.

Alexy
5 000 TOP 900

Défense de l'humanité (grec). *Variantes :* Alexei, Alexian, Alexys. *Caractérologie :* engagement, ténacité, fiabilité, méthode, bonté.

Alfie
- de 100

Noble paix (germanique). *Variantes :* Alfeo, Alphie. *Caractérologie :* paix, bienveillance, conscience, résolution, analyse.

Alfonso
500

Noble, vif (germanique). Ce prénom est particulièrement répandu au Portugal et en Espagne. *Caractérologie :* énergie, autorité, ambition, innovation, autonomie.

Alfred
14 000 TOP 2 000

Noble paix (germanique). Roi des Anglo-Saxons au IXe siècle, Alfred le Grand défendit admirablement son royaume contre les Vikings venus du Danemark. Alfred se diffuse à cette période mais sombre ensuite dans l'oubli. Il renaît au XIXe siècle dans les pays anglophones, scandinaves et germanophones avant de gagner l'Hexagone et le reste de l'Europe. Alfred figurait dans les trente premiers rangs français en 1910, à l'aube de son déclin. Il a presque totalement disparu depuis les années 1960. On peut estimer que moins de 30 enfants seront prénommés ainsi en 2021. *Variantes :* Alfrède, Alfredo, Alfie, Alfy, Alphie, Eldrid. *Caractérologie :* direction, logique, audace, caractère, dynamisme.

Alfredo
900

Noble paix (germanique). Alfredo est plus traditionnellement usité en Italie, dans les pays hispanophones et lusophones. C'est aussi un choix traditionnel basque. *Caractérologie :* connaissances, logique, sagacité, spiritualité, caractère.

Ali
27 000 TOP 100

Noble, admirable (arabe). Cousin du prophète Mahomet et époux de sa fille Fatima, Ali fut le quatrième calife « orthodoxe » de l'islam. Ali est répandu dans les cultures musulmanes. *Variantes :* Ala, Alaa, Aly. *Caractérologie :* structure, honnêteté, persévérance, efficacité, sécurité.

A

Les plus portés aujourd'hui

Les prénoms les plus portés en France ne sont pas ceux qui y sont les plus attribués aujourd'hui. Le tableau ci-dessous nous en fait la démonstration. Ces prénoms sont classés par ordre décroissant, du 1er au 50e prénom le plus porté en 2020.

Les dates entre parenthèses indiquent les années record d'attribution de chaque prénom pour la période de 1900 à 2020.

1. Jean *(1946)*
2. Michel *(1947)*
3. Philippe *(1963)*
4. Pierre *(1930)*
5. Alain *(1950)*
6. Nicolas *(1980)*
7. Christophe *(1969)*
8. Patrick *(1956)*
9. Christian *(1949)*
10. Daniel *(1947)*
11. Bernard *(1947)*
12. David *(1972)*
13. Frédéric *(1973)*
14. Laurent *(1970)*
15. Éric *(1965)*
16. Julien *(1985)*
17. Sébastien *(1977)*
18. Stéphane *(1971)*
19. Pascal *(1962)*
20. Thomas *(2000)*
21. Thierry *(1964)*
22. Alexandre *(1995)*
23. Gérard *(1949)*
24. Jacques *(1946)*
25. Olivier *(1971)*
26. Claude *(1936)*
27. André *(1920)*
28. François *(1963)*
29. Vincent *(1981)*
30. Didier *(1958)*
31. Guillaume *(1984)*
32. Dominique *(1958)*
33. Antoine *(1996)*
34. Maxime *(1992)*
35. Louis *(1920)*
36. Bruno *(1963)*
37. Jérôme *(1974)*
38. Paul *(1920)*
39. Marc *(1959)*
40. Romain *(1987)*
41. Jean-Pierre *(1947)*
42. Lucas *(2002)*
43. Anthony *(1988)*
44. Franck *(1965)*
45. Kevin *(1991)*
46. Serge *(1952)*
47. Guy *(1947)*
48. Clément *(1998)*
49. René *(1920)*
50. Gilles *(1959)*

Durant des décennies, **Jean** a été l'unique prénom masculin porté par plus d'un million de Français, mais, depuis 2 ans, il figure sous le seuil du million. Cette évolution était attendue car l'âge moyen des Jean est supérieur à 70 ans, mais il fallait le souligner : le répertoire des prénoms attribués augmente de telle sorte qu'aucun autre prénom ne devrait, à l'avenir, connaître un tel destin. Porté par plus de 500 000 garçons, **Michel** distance **Philippe, Pierre et Alain** dans la catégorie des 400 000 individus. De **Frédéric à Bruno,** la fréquence du prénom varie de 300 000 à 200 000. Au 50e rang, **Gilles** désigne environ 153 000 Français.

Alistair
650 TOP 2 000 ➔

Oculiste (grec). Masculin écossais et irlandais. *Variante :* Alister. *Caractérologie :* passion, force, ambition, habileté, organisation.

Alix
7 000 TOP 300 ➔

De noble lignée (germanique). *Caractérologie :* innovation, autorité, énergie, logique, ambition.

Allain
1 500

Beau, calme (celte). Masculin français. *Caractérologie :* ténacité, méthode, fiabilité, engagement, détermination.

Allan
17 000 TOP 700 ↘

Beau, calme (celte). En dehors de l'Hexagone, Allan est très répandu en Écosse. *Variante :* Allen. *Caractérologie :* méthode, ténacité, fiabilité, engagement, sens du devoir.

Aloïs
6 000 TOP 300 ➔

Très sage (vieil allemand). En dehors de l'Hexagone, Alois est particulièrement répandu en Allemagne et en Autriche. *Caractérologie :* médiation, intuition, logique, relationnel, fidélité.

Aloïse
250

Très sage (vieil allemand). *Caractérologie :* raisonnement, méditation, intelligence, détermination, savoir.

Alonzo
950 TOP 700 ➔

Nom castillan dérivé d'un patronyme germanique. Prénom italien. *Caractérologie :* relationnel, intuition, fidélité, adaptabilité, médiation.

Aloyse
600

Très sage (vieil allemand). Aloyse est plus particulièrement recensé au Luxembourg. *Caractérologie :* curiosité, dynamisme, courage, indépendance, sympathie.

Alpha
800 TOP 2 000 ↑

Désigne la première lettre de l'alphabet grec. *Variante :* Alfa. *Caractérologie :* médiation, intuition, relationnel, fidélité, adaptabilité.

Alphée
- de 30

Dans la mythologie grecque, Alphée se transforme en fleuve pour rejoindre sa bien-aimée, la nymphe Aréthuse. *Caractérologie :* sociabilité, réceptivité, diplomatie, amitié, loyauté.

Alphonse
7 000 TOP 700 ↗

Noble, vif (germanique). Masculin français. *Variantes :* Alfons, Alfonse, Alonso, Alonzo, Alphonso. *Caractérologie :* idéalisme, intégrité, réflexion, altruisme, bonté.

Alric
350 ↘

Roi de tous (germanique). Masculin allemand. *Variantes :* Alrick, Alrik. *Caractérologie :* sagesse, savoir, intelligence, méditation, indépendance.

Altman
- de 30

Vieil homme (germanique). Masculin anglais. *Caractérologie :* originalité, spiritualité, sagacité, connaissances, organisation.

Alvaro
600 TOP 2 000 ↗

Noble et fidèle (germanique). Prénom espagnol. *Variante :* Alvar. *Caractérologie :* influence, famille, équilibre, sens des responsabilités, analyse.

Alvin
1 500 TOP 2 000 ➔

Elfe, ami (vieil anglais). Masculin anglais. On peut estimer que moins de 30 enfants seront prénommés ainsi en 2021. *Variantes :* Alvine, Alvino, Alvyn, Alwin. *Caractérologie :* méthode, engagement, ténacité, fiabilité, résolution.

A

Amadéo
250 ↗

Amour de Dieu (latin). Prénom italien. *Variante :* Amadeus. *Caractérologie :* créativité, communication, optimisme, volonté, pragmatisme.

Amadis
- de 30

Amour de Dieu (latin). Héros du roman de chevalerie *Amadis de Gaule*, écrit en 1508 par Garci Rodríguez de Montalvo. *Caractérologie :* diplomatie, bonté, loyauté, réceptivité, sociabilité.

Amador
- de 100

Celui qui aime (latin). Masculin espagnol, portugais et basque. *Caractérologie :* sagacité, connaissances, philosophie, spiritualité, originalité.

Amadou
3 000 TOP 500 →

Digne d'éloges (arabe). *Caractérologie :* direction, dynamisme, audace, assurance, indépendance.

Amaël
2 000 TOP 600 →

Variante moderne de Maël : chef, prince (celte). *Caractérologie :* courage, curiosité, dynamisme, indépendance, charisme.

Amance
- de 30

Aimé (latin). *Caractérologie :* ténacité, méthode, fiabilité, engagement, sécurité.

Amand
750

Aimé (latin). Masculin français. *Variante :* Amandin. *Caractérologie :* bienveillance, paix, conseil, conscience, sagesse.

Amandio
- de 100

Aimé (latin). *Variante :* Amando. *Caractérologie :* communication, pratique, caractère, enthousiasme, décision.

Amar
6 000 TOP 800 →

Aimer (latin), bâtisseur (arabe). *Caractérologie :* bienveillance, conscience, paix, sagesse, conseil.

Amara
850 TOP 900 →

Immortel (sanscrit). Prénom indien d'Asie. *Caractérologie :* savoir, intelligence, méditation, sagesse, indépendance.

Amaram
- de 30

Manguier (sanscrit). Masculin indien d'Asie. *Caractérologie :* adaptabilité, relationnel, fidélité, intuition, médiation.

Amarin
- de 30

Aimer (latin). *Caractérologie :* réceptivité, loyauté, sociabilité, diplomatie, détermination.

Amaury
19 000 TOP 200 →

Puissant (germanique). Masculin français. *Variante :* Amory. *Caractérologie :* savoir, indépendance, méditation, intelligence, réalisation.

Ambroise
5 000 TOP 300 →

Immortel (grec). Prénom français. Saint Ambroise fut l'un des plus grands liturgistes de l'Église. Docteur de l'Église latine, il mourut archevêque de Milan au IVe siècle. *Variantes :* Ambrose, Ambrosio. *Caractérologie :* direction, audace, dynamisme, décision, caractère.

Amédée
1 500 ↘

Amour de Dieu (latin). On peut estimer que moins de 30 enfants seront prénommés ainsi en 2021. *Variantes :* Amédé, Amédéo. *Caractérologie :* bienveillance, conseil, paix, conscience, sagesse.

Amélien
250 ↘

Travailleur (germanique). *Variante :* Amélio. *Caractérologie :* dynamisme,

A

courage, curiosité, résolution, indépendance.

Amelin
- de 30

Travailleur (germanique). *Variantes :* Amelio, Amelius. *Caractérologie :* humanité, rectitude, détermination, générosité, tolérance.

Amiel
150

Peuple de Dieu (hébreu). *Caractérologie :* ténacité, engagement, méthode, fiabilité, détermination.

Amin
4 000 TOP 700

Loyal, digne de confiance (arabe). *Caractérologie :* dynamisme, direction, audace, indépendance, décision.

Amine
24 000 TOP 200

Loyal, digne de confiance (arabe). Ce prénom est particulièrement répandu dans les cultures musulmanes francophones. *Caractérologie :* paix, conscience, conseil, bienveillance, résolution.

Amir
15 000 TOP 50

Prince (arabe), proclamé (hébreu). *Caractérologie :* curiosité, dynamisme, indépendance, courage, charisme.

Amiram
- de 30

Mon peuple est puissant (hébreu). *Caractérologie :* direction, audace, assurance, indépendance, dynamisme.

Amos
300 TOP 2 000

Né de Dieu, fardeau (hébreu). Masculin anglais. *Caractérologie :* pragmatisme, communication, optimisme, sociabilité, créativité.

Amour
130

Amour (latin). *Caractérologie :* dynamisme, curiosité, indépendance, courage, raisonnement.

Anaël
3 000 TOP 700

Grâce (hébreu). *Variante :* Énaël. *Caractérologie :* équilibre, sens des responsabilités, influence, exigence, famille.

Anas
9 000 TOP 200

Sociable, sympathique (arabe). *Variante :* Anes. *Caractérologie :* ambition, force, management, habileté, passion.

Anastase
180

Résurrection (grec). *Variante :* Anastasio. *Caractérologie :* achèvement, vitalité, ardeur, stratégie, leadership.

Anatole
7 000 TOP 300

Aube, soleil levant (grec). Masculin français. Forme basque : Anatoli. *Caractérologie :* organisation, énergie, audace, découverte, originalité.

Ancelin
400

Serviteur (latin). *Variantes :* Ancel, Ancelot. *Caractérologie :* fiabilité, ténacité, méthode, engagement, détermination.

Andelin
- de 30

Noble (germanique). *Caractérologie :* courage, indépendance, décision, dynamisme, curiosité.

Andéol
200

Force, courage (grec). Chrétien parti évangéliser le sud de la Gaule au IIIe siècle, Andéol fut mis à mort par l'empereur Septime. Une commune ardéchoise porte ce nom occitan. *Caractérologie :* direction, audace, dynamisme, indépendance, assurance.

Anderson
900 TOP 2 000

Force, courage (grec). *Variantes :* Ander, Anders. *Caractérologie :* détermination, rêve, volonté, rectitude, humanité.

A

Andie
- de 30

Force, courage (grec). *Variante :* Andi. *Caractérologie :* résolution, bienveillance, conseil, paix, conscience.

Andoni
650 TOP 2 000

Inestimable (latin), fleur (grec). Prénom basque. *Variantes :* Andere, Andolin. *Caractérologie :* pratique, communication, enthousiasme, décision, caractère.

André
244 000 TOP 400

Force, courage (grec). Ce prénom a été porté par le premier disciple de Jésus et de nombreux saints, ce qui explique sa diffusion ancienne. En usage au Moyen Âge, André (Andrew) devient assez fréquent dans les pays anglophones jusqu'au XXe siècle. En France, il renaît au milieu du XIXe siècle, culmine au 2e rang en 1920 et se maintient dans les dix premiers prénoms jusqu'en 1948. En dehors de l'Hexagone, André et ses variantes (Andreas, Andrei, Anders, Andrej, etc.) sont très répandus dans les pays slaves et occidentaux. ◊ Frère de saint Pierre, saint André fut le premier disciple de Jésus. Il parcourut l'Asie Mineure et la Grèce pour y prêcher l'Évangile et mourut crucifié à Patras. Saint André est le patron de l'Écosse, des pêcheurs et des poissonniers. *Caractérologie :* famille, éthique, équilibre, influence, décision.

Andrea
10 000 TOP 200

Force, courage (grec). Ce prénom venu d'Italie a connu une certaine faveur au féminin avant d'émerger au masculin dans les années 1990. Notons qu'Andrea est également un choix traditionnel basque et corse. *Caractérologie :* intelligence, savoir, méditation, indépendance, décision.

Andreas
4 000 TOP 400

Force, courage (grec). Masculin allemand et néerlandais. *Caractérologie :* décision, habileté, ambition, force, passion.

Andrés
950 TOP 1 000

Force, courage (grec). Prénom espagnol. *Caractérologie :* connaissances, spiritualité, sagacité, originalité, résolution.

Andrew
4 000 TOP 400

Force, courage (grec). Masculin anglais. *Caractérologie :* loyauté, diplomatie, sociabilité, réceptivité, résolution.

Andria
400 TOP 900

Force, courage (grec). Prénom corse et italien. Andria est également le nom d'une ville italienne située dans la région des Pouilles. *Caractérologie :* relationnel, médiation, fidélité, intuition, détermination.

Andrian
- de 30

Force, courage (grec). Cette variante russe d'Adrien est également recensée en Finlande et en Suède. *Variantes :* Andriano, Andric, Andrick, Andrien, Andris, Andry. *Caractérologie :* pionnier, autorité, dynamisme, ambition, ténacité.

Andro
- de 30

Force, courage (grec). *Caractérologie :* curiosité, motivation, découverte, organisation, courage.

Andy
12 000 TOP 500

Force, courage (grec). En dehors de l'Hexagone, Andy est plus particulièrement répandu dans les pays anglophones. *Variante :* Anddy. *Caractérologie :* achèvement, stratégie, réalisation, vitalité, ardeur.

Ange
11 000 TOP 200

Messager (grec). Masculin français et corse. *Variantes :* Angie, Angy.

Caractérologie : humanité, rectitude, rêve, générosité, tolérance.

Angel
6 000 TOP 500

Messager (grec). En dehors de l'Hexagone, Angel est répandu dans les pays anglophones. *Variantes :* Angéli, Angelus, Angély. *Caractérologie :* optimisme, communication, sympathie, pragmatisme, créativité.

Angelin
300

Messager (grec). *Caractérologie :* détermination, ambition, passion, habileté, force.

Angelo
11 000 TOP 300

Messager (grec). Masculin italien. *Variante :* Angelito. *Caractérologie :* intégrité, idéalisme, altruisme, cœur, réflexion.

Angus
350 TOP 2 000

Celui qui est choisi (celte). Masculin anglais. *Caractérologie :* habileté, ambition, force, passion, sympathie.

Anh
190

Reflet, rayon lumineux (vietnamien). *Caractérologie :* découverte, énergie, séduction, originalité, audace.

Anibal
- de 100

À la grâce de Baal (dieu phénicien). Homme politique et général célèbre pour avoir longtemps tenu tête aux Romains, Annibal est souvent représenté assis sur l'éléphant qu'il utilisa comme monture lors d'une grande bataille. Il est considéré comme l'un des plus grands tacticiens militaires de l'histoire. Il meurt par suicide en 183 avant J.-C. *Variantes :* Annibal, Hannibal. *Caractérologie :* pragmatisme, communication, détermination, optimisme, organisation.

Anice
200

Invincible (grec). *Caractérologie :* curiosité, dynamisme, courage, indépendance, décision.

Anicet
1 500

Invincible (grec). Masculin français. On peut estimer que moins de 30 enfants seront prénommés ainsi en 2021. *Caractérologie :* connaissances, spiritualité, sagacité, organisation, détermination.

Aniel
- de 100

Variante d'Anil recensée dans les pays occidentaux. *Caractérologie :* énergie, décision, résolution, indépendance, charisme.

Anil
450

Vent (sanscrit). Prénom indien d'Asie. *Caractérologie :* rêve, rectitude, humanité, décision, ouverture d'esprit.

Anis
10 000 TOP 300

Sociable, sympathique (arabe). *Variantes :* Aniss, Anisse, Anys. *Caractérologie :* savoir, intelligence, indépendance, méditation, détermination.

Anouar
2 000 TOP 1 000

Lumière (arabe). *Variantes :* Anoir, Anwar. *Caractérologie :* méditation, décision, intelligence, savoir, logique.

Anselme
2 000 TOP 2 000

Protection divine (germanique). On peut estimer que moins de 30 enfants seront prénommés ainsi en 2021. *Variante :* Anselmo. *Caractérologie :* exigence, famille, sens des responsabilités, équilibre, influence.

Anthelme
130

Protection divine (germanique). *Caractérologie :* bienveillance, attention, paix, gestion, conscience.

A

Anthime
650 TOP 2 000

Protection divine (germanique). *Variantes :* Antim, Anthyme, Antime. *Caractérologie :* sagacité, connaissances, spiritualité, résolution, finesse.

Anthony
171 000 TOP 400

Inestimable (latin), fleur (grec). En dehors de l'Hexagone, Anthony est très répandu dans les pays anglophones. *Variantes :* Anthonie, Anthoni, Anthoine, Anthonny, Antonie. *Caractérologie :* spiritualité, connaissances, originalité, sagacité, sensibilité.

Antoine
207 000 TOP 50

Inestimable (latin), fleur (grec). Du temps des Romains à la Renaissance, ce nom porté par une vingtaine de saints fut modérément attribué. Le XVIe siècle marque un tournant dans sa carrière : Antoine grimpe à la poursuite de Pierre et Jean aux premiers rangs, se maintenant dans les cimes jusqu'au milieu du XIXe siècle. Il revient dans les années 1990 après une période discrète, s'imposant dans le top 10 français et dans l'élite des choix occidentaux (Antonio en Italie, Anton en Suède, Anthony en Angleterre et aux États-Unis, etc.). Mais à l'issue de cette gloire internationale, son reflux s'accentue. ◇ Saint Antoine de Padoue, franciscain portugais du XIIIe siècle, est reconnu pour les talents de prédicateur qu'il a exercés dans toute l'Europe. À partir du XVIIe siècle, il est également invoqué pour retrouver les objets perdus. *Caractérologie :* bienveillance, conscience, conseil, résolution, paix.

Anton
5 000 TOP 400

Inestimable (latin), fleur (grec). Anton est très répandu dans les pays scandinaves et slaves. Forme basque : Antton. *Caractérologie :* autorité, innovation, énergie, ambition, autonomie.

Antone
800 TOP 700

Inestimable (latin), fleur (grec). Ce prénom corse est également recensé dans les pays anglophones, notamment aux États-Unis. *Caractérologie :* exigence, équilibre, influence, sens des responsabilités, famille.

Antoni
1 500 TOP 2 000

Inestimable (latin), fleur (grec). Prénom catalan. On peut estimer que moins de 30 enfants seront prénommés ainsi en 2021. *Variantes :* Antolin, Antonetto. *Caractérologie :* autorité, énergie, innovation, ambition, détermination.

Antonin
30 000 TOP 200

Inestimable (latin), fleur (grec). Empereur romain au IIe siècle, Antonin le Pieux pacifia son empire et en favorisa le développement social et économique. Sa piété envers l'empereur Hadrien, son père adoptif, lui valut son titre de « pieux ». ◇ Prélat italien, saint Antonin devint archevêque de Florence en 1446. Avant d'émerger sur le plan national au début des années 2000, cette forme ancienne d'Antoine s'était montrée discrète, même dans son berceau occitan. *Variantes :* Anthonin, Tonin. *Caractérologie :* bienveillance, paix, conscience, conseil, décision.

Antonino
700

Inestimable (latin), fleur (grec). Masculin italien. *Caractérologie :* raisonnement, patience, motivation, créativité, famille.

Antonio
18 000 TOP 400

Inestimable (latin), fleur (grec). Antonio est très répandu dans les pays hispanophones, lusophones et en Italie. *Caractérologie :* méditation, intelligence, savoir, décision, indépendance.

A

Antony
16 000 TOP 2 000 ↘

Inestimable (latin), fleur (grec). Antony est répandu dans les pays anglophones. On peut estimer que moins de 30 enfants seront prénommés ainsi en 2021. *Variantes :* Antonie, Antonny. *Caractérologie :* ambition, force, passion, habileté, management.

Aodren
400 TOP 2 000 ↘

Au-dessus, royal (celte). Un roi de Bretagne porta ce nom au Vᵉ siècle. Prénom breton. *Caractérologie :* communication, enthousiasme, pratique, décision, caractère.

Apollinaire
170

Qui vient d'Apollonie (grec). *Variante :* Appolinaire. *Caractérologie :* structure, persévérance, sécurité, cœur, logique.

Aram
250 TOP 2 000 ↑

Magnificence, éminence (arménien). *Caractérologie :* équilibre, famille, sens des responsabilités, influence, exigence.

Aramis
150 TOP 2 000

Aramis est l'un des trois valeureux mousquetaires du roman d'Alexandre Dumas. *Caractérologie :* intelligence, savoir, indépendance, méditation, sagesse.

Aran
- de 100

Souverain (sanscrit). *Caractérologie :* spiritualité, connaissances, sagacité, originalité, résolution.

Aranis
- de 30

Qui tourne (sanscrit). Autre nom donné au soleil. *Caractérologie :* aspiration, impétuosité, force, humour, détermination.

Arcade
140

Qui vient d'Arcadie (latin). *Variantes :* Arcadie, Arcadius, Arcady. *Caractérologie :* détermination, découverte, énergie, audace, originalité.

Archange
140

Nom de saint qui fut archevêque de Florence vers 151. *Caractérologie :* communication, pratique, enthousiasme, sympathie, ressort.

Archibald
650 TOP 2 000 →

Audacieux (germanique). Masculin anglais et écossais. Dérivé du prénom normand Archambaud, ce prénom s'est bien implanté à partir du XIIᵉ siècle dans les terres britaniques et écossaises. *Variantes :* Archambaud, Ubald, Ubaldo. *Caractérologie :* ténacité, fiabilité, méthode, engagement, organisation.

Archie
- de 30

Diminutif d'Archibald (voir ci-dessus). En 2019, alors qu'ils étaient encore duc et duchesse de Sussex, Harry et Meghan ont choisi de prénommer leur premier enfant Archie. Ce coup de projecteur royal devrait accélerer la carrière florissante de ce prénom dans le top 20 britannique. *Caractérologie :* force, ambition, habileté, passion, décision.

Archimède
- de 30

Maître de la pensée (grec). Savant grec du IIIᵉ siècle avant J.-C., Archimède a inventé le principe de physique qui porte son nom. Ce dernier établit qu'un corps immergé dans un fluide subit une poussée verticale qui le fait remonter vers la surface. *Caractérologie :* intelligence, indépendance, méditation, savoir, sagesse.

Arda
1 500 ↘

Celui dont le règne est conforme à la loi (arménien). Masculin arménien. On peut estimer que moins de

A

30 enfants seront prénommés ainsi en 2021. *Caractérologie :* influence, équilibre, famille, exigence, sens des responsabilités.

Arezki
800

Trésor, précieux (kabyle). *Variantes :* Areski, Ariski, Arizki, Rezki, Rizki. *Caractérologie :* sagacité, connaissances, résolution, finesse, spiritualité.

Argan
200

Argent (celte). Prénom breton. *Caractérologie :* courage, dynamisme, curiosité, indépendance, décision.

Arian
120

Voir Adrien. Masculin néerlandais. *Variante :* Aryan. *Caractérologie :* sagacité, détermination, spiritualité, connaissances, originalité.

Arie
400 TOP 2 000

Diminutif probable d'Ariel : lion de Dieu (hébreu). Prénom catalan. *Variante :* Ari. *Caractérologie :* conscience, paix, bienveillance, conseil, décision.

Ariel
1 500 TOP 700

Lion de Dieu (hébreu). Dans l'Ancien Testament, le prophète Isaïe utilise le nom symbolique d'Ariel pour désigner la ville de Jérusalem. En dehors de l'Hexagone, Ariel est répandu dans les pays anglophones. Il est attribué de longue date dans les cultures juives. *Variante :* Arel. *Caractérologie :* rectitude, humanité, tolérance, rêve, détermination.

Aris
700 TOP 500

Le meilleur objectif (grec). Diminutif d'Aristote, le célèbre philosophe grec qui vécut au IVe siècle avant J.-C. *Caractérologie :* intuition, relationnel, médiation, fidélité, adaptabilité.

Aristide
3 000 TOP 700

Le meilleur objectif (grec). Masculin français et italien. *Variantes :* Ariste, Aristides. *Caractérologie :* structure, persévérance, résolution, sécurité, efficacité.

Aristote
200

Le meilleur objectif (grec). Nom porté par le célèbre philosophe grec qui vécut au IVe siècle avant J.-C. *Caractérologie :* achèvement, vitalité, décision, stratégie, ardeur.

Arius
- de 30

Immortel (grec). *Caractérologie :* charisme, dynamisme, curiosité, courage, indépendance.

Armand
27 000 TOP 200

Fort, armé (germanique). Masculin français. *Variantes :* Arman, Armant, Mandy. Formes occitanes : Aman, Amans. *Caractérologie :* bienveillance, paix, conscience, conseil, détermination.

Armando
1 000

Fort, armé (germanique). Armando est répandu dans les pays hispanophones et lusophones, ainsi qu'en Italie et au Pays basque. *Caractérologie :* optimisme, communication, décision, caractère, pragmatisme.

Armel
5 000 TOP 500

Prince, ours (celte). Masculin français et breton. *Caractérologie :* méthode, ténacité, fiabilité, engagement, détermination.

Armen
250 TOP 2 000

L'Arménien (arménien). *Variante :* Armin. *Caractérologie :* équilibre, famille, sens des responsabilités, influence, détermination.

Arnaud
129 000 TOP 800

Aigle, gouverneur (germanique). Abbé dans le monastère de sainte Sabine, saint

A

Arnaud vécut à Padoue au XIIIe siècle. Jeté au cachot par le gouverneur tyrannique de la région, il mourut au bout de huit années d'emprisonnement. Ce prénom français est également un choix traditionnel occitan. *Caractérologie :* audace, énergie, découverte, originalité, détermination.

Arnauld
1 500

Aigle, gouverneur (germanique). *Variantes :* Arnald, Arnaut, Arne, Arnie. *Caractérologie :* ambition, force, passion, habileté, décision.

Arnault
1 000

Aigle, gouverneur (germanique). *Caractérologie :* bienveillance, paix, conscience, organisation, résolution.

Arno
2 000 TOP 2 000

Aigle, gouverneur (germanique). Arno est plus traditionnellement usité dans les pays anglophones et au Pays basque. On peut estimer que moins de 30 enfants seront prénommés ainsi en 2021. Variante occitane : Arnos. *Caractérologie :* détermination, optimisme, pragmatisme, créativité, communication.

Arnold
2 000

Aigle, gouverneur (germanique). Arnold est particulièrement répandu dans les pays germanophones et anglophones. En France, il est plus traditionnellement usité en Alsace et dans les Flandres. On peut estimer que moins de 30 enfants seront prénommés ainsi en 2021. *Variantes :* Arnaldo, Arnould, Arnoux. *Caractérologie :* autorité, innovation, énergie, volonté, analyse.

Aron
2 000 TOP 500

Esprit (hébreu). *Caractérologie :* communication, adaptation, pratique, enthousiasme, résolution.

Arsène
9 000 TOP 200

Masculin (grec). Masculin français. *Variantes :* Arsenio, Arsenius. *Caractérologie :* passion, force, ambition, habileté, décision.

Arthémon
- de 30

Dérivé masculin d'Arthémise. Artémis, la fille de Zeus et Léto dans la mythologie grecque, est la déesse de la Chasse. Elle est l'équivalent grec de la déesse romaine Diane. *Variantes :* Artème, Artémon, Arthème, Arthène. *Caractérologie :* volonté, découverte, énergie, audace, détermination.

Arthur
107 000 TOP 50

Ours (celte). *Variantes :* Arthaud, Artur. *Caractérologie :* énergie, découverte, audace, originalité, organisation.

Arthus
1 000 TOP 800

Ours (celte). *Caractérologie :* organisation, bienveillance, conscience, conseil, paix.

Artur
900 TOP 900

Ours (celte). *Caractérologie :* sens des responsabilités, famille, gestion, influence, équilibre.

Arturo
250

Ours (celte). Masculin espagnol et italien. *Caractérologie :* pragmatisme, optimisme, organisation, raisonnement, communication.

Artus
650 TOP 2 000

Ours (celte). Masculin breton et occitan (Artús). *Variantes :* Arzel, Arzu. *Caractérologie :* gestion, méditation, intelligence, savoir, indépendance.

Aslan
450 TOP 2 000

Lion (turc). *Variante :* Arslan. *Caractérologie :* intuition, relationnel, fidélité, adaptabilité, médiation.

Arthur

Fête :
15 novembre

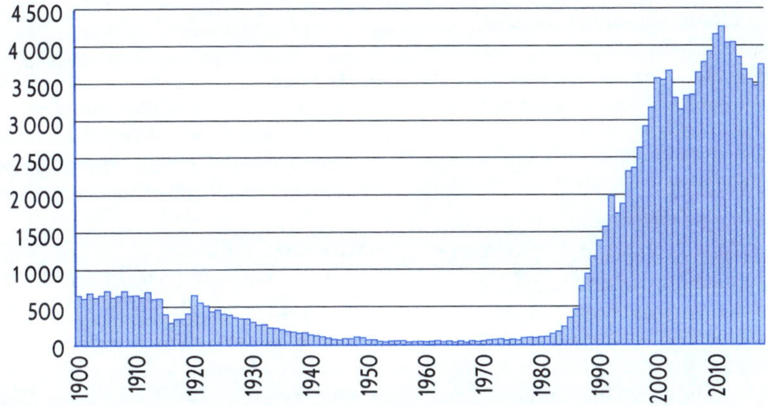

Étymologie

Du celte *arzh*, « ours ». Figure légendaire de la littérature médiévale, Arthur est l'un des premiers prénoms celtes à s'être diffusé en France. Nourri par de nombreux récits folkloriques dès le VIe siècle, il grandit en Bretagne avant de conquérir l'ensemble de la Gaule. Sa carrière est florissante en Angleterre et en France, où il connaît un bel essor jusqu'à la fin du Moyen Âge. Au XIXe siècle, Arthur renaît dans les pays anglophones, mais il peine à s'élever en France, en dépit de l'élan insufflé par Arthur Rimbaud. Son nouvel essai a porté ses fruits en 2007 lorsqu'il est entré dans le top 20 français. Aujourd'hui, il figure en 3e position à Paris et flirte avec le top 5 au niveau national.

Arthur rencontre moins de succès à l'échelle internationale. À l'exception de l'Angleterre et du pays de Galles qui lui restent fidèles, il peine à s'épanouir en Europe. Sa percée dans les tops 5 romand et belge fera-t-elle des émules ?

Dans l'histoire

Arthur, ou **Artus**, le roi légendaire des Bretons, repoussa les armées anglo-saxonnes qui tentaient d'envahir la Bretagne. Ses exploits, contés au XIIe siècle par Chrétien de Troyes, en font l'un des chevaliers les plus connus des romans de la Table ronde.

Personnes célèbres

Arthur Schopenhauer, philosophe allemand (1788-1860) ; Arthur Rimbaud, poète français (1854-1891) ; Arthur Conan Doyle, écrivain et auteur de *Sherlock Holmes* (1859-1930) ; Arthur Rubinstein, pianiste virtuose américain (1887-1982) ; Arthur Miller, dramaturge américain (1915-2005) ; Arthur H., chanteur français, né en 1966 ; Arthur, humoriste et présentateur de télévision, né en 1966.

Statistiques

Arthur est le 13e prénom masculin le plus donné en France depuis l'an 2000. Il est attribué à près d'un garçon sur 100 aujourd'hui. Par contraste, le rarissime **Artus** sera attribué à un garçon sur 15 000.

A

Athanaël
- de 100

Présent de Dieu (hébreu). *Caractérologie :* gestion, achèvement, vitalité, stratégie, attention.

Athanase
450

Immortel (grec). Masculin français. *Variantes :* Athanas, Athos. *Caractérologie :* famille, équilibre, finesse, sens des responsabilités, influence.

Athmane
110

Homme sage (germanique). *Variantes :* Athman, Atman, Atmane. *Caractérologie :* ambition, habileté, passion, force, sensibilité.

Atilla
500

Dieu est exalté (hébreu). *Variantes :* Atila, Atilio, Attila, Attilius, Attilo. *Caractérologie :* autorité, innovation, énergie, organisation, ambition.

Atoa
- de 30

D'une grande bravoure (tahitien). *Caractérologie :* dynamisme, direction, audace, indépendance, assurance.

A

Aubert
350

Noble, brillant (germanique). Cette forme médiévale d'Albert est devenue un patronyme assez répandu en France. *Variantes :* Aubertin, Aubrey, Aubri. *Caractérologie :* persévérance, gestion, structure, sécurité, décision.

Aubin
6 000 TOP 300

Blanc (latin). Masculin français et occitan. *Caractérologie :* médiation, intuition, résolution, relationnel, organisation.

Aubry
350

Noble, brillant (germanique). *Caractérologie :* ténacité, méthode, gestion, fiabilité, engagement.

Audoin
- de 30

Se rapporte à saint Hadouin, évêque du Mans au VIIe siècle. Il érigea une abbaye portant son nom dans la paroisse d'Aurion, dans le Maine. *Caractérologie :* dynamisme, direction, volonté, indépendance, assurance.

Audran
600

Au-dessus, royal (celte). Masculin breton et français. *Variante :* Audren. *Caractérologie :* indépendance, résolution, curiosité, dynamisme, courage.

Audren
300

Au-dessus, royal (celte). Masculin breton. *Caractérologie :* altruisme, idéalisme, réflexion, résolution, intégrité.

Audric
2 000

Noble, puissant (germanique). On peut estimer que moins de 30 enfants seront prénommés ainsi en 2021. *Variantes :* Adrick, Audic. *Caractérologie :* réceptivité, sociabilité, loyauté, bonté, diplomatie.

Audry
200

Noble, puissant (germanique). *Caractérologie :* sens des responsabilités, équilibre, famille, influence, réussite.

Auguste
15 000 TOP 100

Vénérable, grand (latin). Le titre d'Auguste fut donné aux empereurs romains après qu'Octave, le premier d'entre eux, eut été surnommé ainsi. Ce prénom, très connu aux premiers siècles, se raréfie à partir du Moyen Âge. Néanmoins, la forme latine Augustus vivote encore dans quelques pays européens lorsque Auguste s'élance en France. Il devient assez fréquent au XIXe siècle, et figure encore dans les trente premiers rangs français dans les années 1900. Sa disparition progressive a sans doute permis la renaissance récente d'Augustin. ◇ Auguste est le

Les thématiques tendance

Une vague de prénoms courts déferle en France depuis la fin des années 1990. Qu'ils soient anciens, nouveaux, issus du terroir français ou du monde entier, ces choix enrichissent le répertoire collectif de sonorités inédites.

Alors que les prénoms d'origines irlandaise ou celte font monter les terminaisons en « an », l'engouement des Français pour les prénoms régionaux est sans précédent. Celui-ci a répandu des sonorités jusqu'alors spécifiques à la Bretagne, au Pays basque ou à l'Occitanie (voir l'encadré sur les prénoms régionaux).

Sans avoir disparu, les prénoms médiévaux sont un peu éclipsés par la renaissance du rétro (Arthur, Jules, Léo, etc.). La gloire de Gabriel, Raphaël, Adam et Noah confirme quant à elle la vitalité des prénoms de l'Ancien Testament.

Les tendances qui influencent la mode des prénoms peuvent être rassemblées autour de plusieurs thématiques. En voici un aperçu, qui prend en compte des perles rares tout juste apparues en France.

Les courts (une ou deux syllabes)

Aaron, Achille, Adam, Alec, Ali, Ange, Arthur, Clovis, Côme, Elio, Éden, Eliott, Ethan, Évan, Gabin, Ilan, Jules, Kenzo, Liam, Lino, Louis, Lucas, Maé, Maël, Malo, Marius, Milo, Nathan, Naïm, Nils, Nino, Noa, Noah, Noé, Nolan, Oscar, Pablo, Paul, Rayan, Romain, Ruben, Ryan, Sacha, Soan, Solal, Swan, Tao, Tilio, Tom, Victor, Yaël, Yoan.

Les celtes et les irlandais

Aidan, Alan, Armel, Arthur, Audren, Awen, Corentin, Darren, Donovan, Douglas, Élouan, Eoghan, Erwan, Evan, Fergus, Gildas, Glenn, Keny, Kerian, Kevin, Killian, Kylian, Kyle, Liam, Loan, Logan, Lou, Maël, Maëlan, Malo, Malone, Malory, Neal, Nolan, Odran, Renan, Ronan, Ryan, Tanguy, Tristan, Youen.

Les rétros

Alfred, Alphonse, Amédée, Antoine, Aristide, Auguste, Augustin, Barthélemy, Charles, Constant, Cyprien, Émile, Eugène, Félix, Ferdinand, Fernand, Firmin, François, Gustave, Henri, Honoré, Irénée, Isidore, Joseph, Jules, Justin, Léandre, Léon, Léopold, Louis, Lucien, Mathurin, Max, Oscar, Pierre, Théodore, Théophile, Victor, Virgile.

Les médiévaux

Aloys, Amaury, Ambroise, Amédée, Anastase, Archambault, Arnaud, Arthur, Augustin, Aurèle, Aymeric, Béranger, Bertrand, Clément, Clotaire, Clovis, Édouard, Enguerrand, Étienne, Eudes, Fulbert, Gautier, Geoffroy, Ghislain, Grégoire, Guillaume, Hugues, Léon, Lothaire, Louis, Perceval, Raoul, Robin, Roland, Théobald, Thibaut, Tristan.

Les prénoms de source biblique (Ancien Testament)

Aaron, Abel, Adam, Amos, Ariel, Benjamin, Dan, Daniel, David, Éden, Élie, Emmanuel, Ethan, Gabriel, Ilan, Isaac, Jacob, Jérémie, Joachim, Jonas, Joseph, Manoah, Moïse, Nathan, Noa, Noam, Noé, Raphaël, Ruben, Samuel, Saül, Simon, Yoël, Zacharie.

nom de postérité d'Octave (63 avant J.-C.-14 après J.-C.), le fils adoptif de Jules César. Ses qualités exceptionnelles de gestionnaire et de chef de guerre lui permirent de gouverner un vaste Empire romain et d'y établir la *Pax Romana*, une paix qui dura plusieurs siècles. *Variantes :* August, Augusto, Gusto, Guste. *Caractérologie :* ténacité, fiabilité, méthode, amitié, organisation.

Augustin
28 000 TOP 50

Consacré par les augures (latin). *Variante :* Gustin. *Caractérologie :* sécurité, structure, résolution, persévérance, sympathie.

Aumaric
- de 30

Puissant (germanique). *Caractérologie :* pragmatisme, optimisme, sociabilité, communication, créativité.

Aurel
850 TOP 1 000

En or (latin). Nom de village situé au pied du mont Ventoux, en Provence. Masculin allemand et roumain. *Caractérologie :* optimisme, communication, pragmatisme, décision, créativité.

A

Aurèle
2 000 TOP 400

En or (latin). *Caractérologie :* stratégie, achèvement, ardeur, vitalité, décision.

Aurélien
77 000 TOP 500

En or (latin). Peu connu avant 1975, Aurélien émerge dans la vague des prénoms d'inspiration romaine. Son ascension fulgurante le propulse dans le top 30 français en quelques années. Une gloire néanmoins éphémère comparée à celles de Maxime, Adrien, Romain et Romane, issus de la même souche. ◇ Empereur romain au IIIe siècle, Aurélien reconstruisit l'unité de son empire et repoussa les invasions des Barbares. Il institua le culte du Soleil à Rome, proclamant *Sol Invictus* (soleil invaincu) le patron de l'Empire romain. La date officielle de sa fête fut fixée au 25 décembre. Un saint évêque d'Arles au VIe siècle porta également ce prénom. *Variantes :* Aurélian, Aurélio, Aurian, Auriol, Orélien. *Caractérologie :* sécurité, structure, persévérance, détermination, efficacité.

Aurre
- de 30

En or (latin), devant (basque). *Caractérologie :* rêve, humanité, rectitude, ouverture d'esprit, décision.

Austin
250 TOP 2 000

Consacré par les augures (latin). Masculin anglais. Dans l'Hexagone, Austin a été plus traditionnellement usité en Occitanie. *Variante :* Auste. *Caractérologie :* communication, pratique, décision, gestion, enthousiasme.

Auxence
1 000 TOP 800

Augmenter (latin). *Caractérologie :* autorité, innovation, énergie, ambition, autonomie.

Avédis
- de 30

Porteur de bonnes nouvelles (arménien). Masculin arménien. *Caractérologie :* équilibre, famille, influence, résolution, sens des responsabilités.

Avel
- de 100

Forme bretonne d'Abel. Avel signifie également « vent » en vieux breton. *Caractérologie :* ténacité, fiabilité, méthode, sens du devoir, engagement.

Avelino
160

Souffle, respiration (hébreu). *Caractérologie :* logique, bienveillance, paix, caractère, conscience.

Aven
- de 30

Noble ami (irlandais). *Caractérologie :* bienveillance, conseil, conscience, sagesse, paix.

Augustin

Fête :
28 août

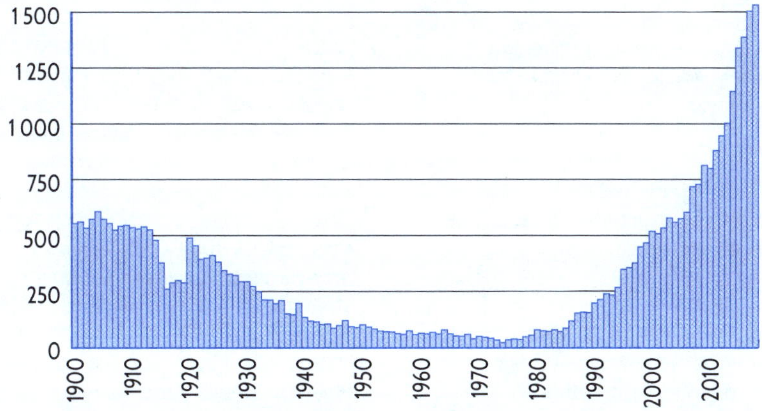

Étymologie

Du latin *augustinus*, « consacré par les augures ». Ce prénom, apparu dès les premiers temps du christianisme, se propage grâce à la popularité de saint Augustin, théologien du IVe siècle considéré comme le plus important docteur de l'Église. Au Moyen Âge, la postérité d'un autre saint, Augustin de Canterbury, intensifie la vogue du prénom en Angleterre. Il est plus discret en France jusqu'au XIXe siècle, où il prend une certaine ampleur, sans toutefois dépasser celle d'Auguste.

Augustin se raréfie au XXe siècle, mais la vogue du rétro le fait renaître dans les années 1990. Après avoir conquis la capitale (12e rang en 2018), Augustin vient d'intégrer le top 40 national.

À l'international, Agustín est en vogue dans plusieurs pays d'Amérique latine, notamment au Chili et en Uruguay. Il s'affiche dans les 40 premières places wallonnes depuis 2018. Quant à August, il décolle au Danemark et en Suède.

Dans l'histoire

Élevé par une mère chrétienne et un père incroyant, **saint Augustin** naît à Tagaste (en Tunisie), en 354. Élève brillant, il enseigne la rhétorique à Milan et se convertit au christianisme avant de retourner en Afrique, où il devient évêque d'Hippone. Les *Confessions* font partie des écrits qui ont fondamentalement marqué la pensée chrétienne occidentale. Saint Augustin est le patron des imprimeurs.

Moine italien au VIe siècle, **saint Augustin de Canterbury** partit évangéliser l'Angleterre ; il parvint à convertir le roi du Kent et plusieurs milliers de ses sujets.

Personnes célèbres

Agustín Lara, chanteur et compositeur mexicain (1897-1970) ; Augustin Lesage, peintre français (1876-1954) ; Augustin Legrand, comédien français, né en 1975.

Statistiques

Augustin est le 82e prénom masculin le plus donné en France depuis l'an 2000. Il est attribué à près d'un garçon sur 220 aujourd'hui.

Aventin
- de 30

Avènement (latin). *Caractérologie :* engagement, méthode, fiabilité, ténacité, sens du devoir.

Avi
350 TOP 2 000

Père de tous (hébreu). *Caractérologie :* charisme, curiosité, dynamisme, courage, indépendance.

Aviel
180

Dieu est mon père (hébreu). *Caractérologie :* structure, persévérance, sécurité, efficacité, décision.

Aviv
- de 30

Printemps (hébreu). Masculin anglais. *Caractérologie :* idéalisme, altruisme, intégrité, dévouement, réflexion.

Avner
160

Père de la flamme (hébreu). *Caractérologie :* conscience, bienveillance, paix, conseil, résolution.

Awen
800 TOP 1 000

Noble ami (irlandais). Awen est plus traditionnellement usité en Irlande et en Bretagne. *Variante :* Aven. *Caractérologie :* intelligence, sagesse, savoir, méditation, indépendance.

Axel
83 000 TOP 50

Dérivé scandinave d'Absalom : mon père est paix (hébreu). De longue date associé aux pays scandinaves, Axel se diffuse dès le XIIe siècle en hommage à un saint, évêque danois et homme d'État, qui vécut en ce temps. Longtemps inconnu en France, il parvient à s'élancer jusqu'aux portes du top 20 français au début des années 2000. Forme scandinave répandue : Aksel. *Caractérologie :* famille, équilibre, éthique, exigence, influence.

Ayan
700 TOP 500

Clair de lune (turc). *Variantes :* Ayane, Ayann, Ayhan. *Caractérologie :* charisme, dynamisme, courage, indépendance, curiosité.

Aydan
2 000 TOP 300

Petit feu (celte). Voir Aidan. Masculin anglais. *Variante :* Ayden. *Caractérologie :* intégrité, réflexion, réalisation, idéalisme, altruisme.

Aylan
3 000 TOP 200

Clair de lune (turc). *Caractérologie :* achèvement, vitalité, amitié, ardeur, stratégie.

Aymen
8 000 TOP 200

Heureux (arabe). *Variantes :* Ayman, Aymane, Aymon. *Caractérologie :* ténacité, fiabilité, méthode, engagement, réalisation.

Aymeric
22 000 TOP 500

Puissant (germanique). Masculin français. *Variantes :* Amalric, Aymerie, Aymerik. Forme basque : Ainaut. *Caractérologie :* relationnel, médiation, intuition, amitié, réalisation.

Aymerick
2 000 TOP 2 000

Puissant (germanique). On peut estimer que moins de 30 enfants seront prénommés ainsi en 2021. *Caractérologie :* fiabilité, bonté, méthode, réalisation, ténacité.

Ayoub
17 000 TOP 200

Forme arabe de Job : celui qui se repent (hébreu). *Variante :* Ayoube. *Caractérologie :* énergie, innovation, autorité, ambition, gestion.

Azad
850 TOP 2 000

Noble, libre (arménien). Masculin arménien. *Caractérologie :* découverte, audace, originalité, séduction, énergie.

A

Azel
- de 100 TOP 2 000

Noble (hébreu). Dans l'Ancien Testament, Azel est un descendant du roi Saül. *Variante :* Azaël. *Caractérologie :* force, habileté, stratégie, passion, chef.

Aziz
4 000 TOP 900

Aimé, précieux, puissant (arabe). Calife fatimide, Al-Aziz Billah ordonna la construction de la mosquée d'Al-Hâlim au Caire en 380. Ce prénom est attribué de longue date dans les cultures musulmanes. *Variantes :* Aaziz, Azize, Azouz, Azziz. *Caractérologie :* ambition, habileté, force, passion, management.

Azur
- de 100

Couleur bleue (français). *Caractérologie :* optimisme, communication, pragmatisme, créativité, sociabilité.

Azzedine
1 500 TOP 2 000

La religion est puissante (arabe). On peut estimer que moins de 30 enfants seront prénommés ainsi en 2021. *Variantes :* Azzdine, Azedine. *Caractérologie :* ouverture d'esprit, rectitude, humanité, rêve, résolution.

B

Bachir
2 000 TOP 2 000

Qui annonce une bonne nouvelle (arabe). On peut estimer que moins de 30 enfants seront prénommés ainsi en 2021. *Caractérologie :* dynamisme, courage, indépendance, organisation, curiosité.

Badis
2 000 TOP 700

Prénom kabyle qui fut porté par un roi, Badis le Hammadite, au XIe siècle. *Caractérologie :* achèvement, leadership, ardeur, vitalité, stratégie.

Badr
1 500 TOP 700

Pleine lune, zénith (arabe). *Variantes :* Bader, Badre. *Caractérologie :* intelligence, savoir, indépendance, méditation, sagesse.

Bakary
1 500 TOP 600

Patronyme répandu dans de nombreux pays d'Afrique et prénom malien dont la signification est inconnue. *Variante :* Bakari. *Caractérologie :* structure, persévérance, sécurité, efficacité, honnêteté.

Balthazar
1 500 TOP 800

Bel protège le roi (akkadien). Selon la tradition chrétienne, Balthazar, l'un des trois Rois mages venus d'Orient, se laissa guider par une étoile jusqu'à Bethléem. Lorsqu'il se présenta devant l'Enfant Jésus, il lui offrit de la myrrhe pour l'honorer comme roi. ◇ Dans l'Ancien Testament, Balthazar, le roi de Babylone, organise un festin. Durant la fête, une inscription mystérieuse apparaît sur les murs. Captif du roi, le prophète Daniel interprète ce message et annonce la fin imminente du royaume. La prophétie se réalise avec l'assassinat de Balthazar dans la nuit. *Variante :* Balthasar. *Caractérologie :* habileté, force, ambition, passion, organisation.

Bao
140

Protection, précieux (vietnamien). *Caractérologie :* rectitude, humanité, générosité, ouverture d'esprit, rêve.

Baptiste
98 000 TOP 50

Immerger (grec). De longue date associé à saint Jean-Baptiste, ce prénom s'est diffusé sous différentes formes (Baptist, Battista, etc.) dans les pays chrétiens. Il est éclipsé par Jean-Baptiste dès le XVIIIe siècle en France, et n'émerge pas avant la fin des années 1950. C'est alors que le repli de Jean puis la défaveur touchant les prénoms composés lui dégagent la voie. Baptiste s'est hissé au 17e rang français en 2002 ; il n'est pas près de sombrer dans l'oubli. ◇ Fils de Zacharie et Élisabeth, saint Jean le Baptiste naquit en Palestine au Ier siècle. Infatigable prêcheur des foules qui s'amassaient sur les rives du Jourdain, il baptisa Jésus et de nombreux convertis dans l'eau du fleuve. *Variantes :* Baptista, Baptistin. *Caractérologie :* diplomatie, sociabilité, détermination, réceptivité, loyauté.

Baptistin
300

Immerger (grec). Masculin français, occitan. *Caractérologie :* sociabilité, diplomatie, loyauté, réceptivité, résolution.

Baran
650 TOP 2 000

Pluie (persan, turc). *Caractérologie :* réflexion, altruisme, intégrité, idéalisme, décision.

Barclay
- de 30

Bois de bouleau (anglais). Plus fréquent sous forme de patronyme. Masculin écossais et anglais. *Caractérologie :* vitalité, stratégie, achèvement, ardeur, gestion.

Barnabé
1 500

Fils du prophète (hébreu). On peut estimer que moins de 30 enfants seront prénommés ainsi en 2021. Formes basques : Barnaba, Barnabe. *Caractérologie :* savoir, intelligence, méditation, indépendance, résolution.

Barry
140 TOP 2 000

Aux cheveux clairs (irlandais). Masculin anglais. *Variante :* Barrie. *Caractérologie :* indépendance, audace, assurance, direction, dynamisme.

Barthélemy
3 000 TOP 800

Fils de Tolomai (araméen). Masculin français. *Variantes :* Bario, Barthélemi, Bortolo. Forme basque : Bartolo. Forme occitane : Bertomieu. *Caractérologie :* audace, dynamisme, direction, réalisation, finesse.

Basile
12 000 TOP 100

Roi (grec). Dans l'Hexagone, Basile est plus traditionnellement usité en Occitanie et en Provence. *Variante :* Basil. Formes basques : Basilio, Bazil, Bazile. *Caractérologie :* optimisme, organisation, communication, pragmatisme, détermination.

Bassem
400 TOP 2 000

Celui qui sourit (arabe). *Variantes :* Bassam, Bessem. *Caractérologie :* originalité, découverte, énergie, séduction, audace.

Bastian
2 000 TOP 900

Respecté, vénéré (grec). Dans l'Hexagone, Bastian est plus traditionnellement usité en Bretagne et en Occitanie. *Caractérologie :* pratique, communication, enthousiasme, adaptation, résolution.

Bastien
55 000 TOP 200

Respecté, vénéré (grec). Masculin français. *Caractérologie :* savoir, méditation, intelligence, indépendance, décision.

Batiste
1 500 TOP 2 000

Immerger (grec). Masculin français. On peut estimer que moins de 30 enfants seront prénommés ainsi en 2021. *Variante :* Battista. *Caractérologie :* méthode, fiabilité, ténacité, engagement, décision.

B

Les sonorités actuelles

Penchons-nous sur les sonorités, les rythmes et les parcours empruntés par les prénoms dont la gloire est confirmée ou dont l'existence est en devenir. Composés de deux syllabes ou moins (Jules, Liam et Tom se contentent d'une seule), les prénoms qui triomphent depuis la fin des années 1990 sont courts. Tour d'horizon des sonorités dans l'air du temps :

Les « el »

La montée des prénoms bibliques donne, depuis la fin des années 1990, un bel essor à Gabriel et Raphaël. C'est une aubaine pour Maël, qui a suivi ce duo dans le top 20, et une chance que Naël et Samuel saisiront peut-être pour grimper vers le sommet. En attendant leur jaillissement, Abel et Ismaël montrent la voie aux graines de stars Enaël et Timaël.

Les « o »

Les désinences en « o » ne sont guère affectées par la décrue des superstars Enzo et Hugo. Tiago, Nino, Elio et Sandro poursuivent une remarquable ascension dans le top 100 français. Sans oublier Leandro, Ezio, Livio et Lino qui se profilent à l'horizon.

Les « an »

Les consonances irlandaises sont en perte de vitesse, comme l'atteste la chute de Nolan. Seul Liam poursuit sa carrière avec brio, en flirtant avec le top 10. Dans ce contexte, ou par simple effet d'opportunité, nombre de petits noms qui riment avec eux (Nathan, Ethan, Ilan, Milan, Soan, et les plus rares Célian, Solan et Sévan) ont fleuri, tout en étant totalement dépourvus d'origines gaéliques. Selon cette même logique, la consonance entre Adam et Liam pourrait élargir le succès de ces désinences en « am ».

Les juxtapositions de voyelles

Depuis la chute de Théo, Mathéo et Timéo, les terminaisons en « éo » misent leur avenir sur Léo. Ce dernier devrait briller dans les 3 premiers rangs du tableau 2021, mais le vent a tourné et de nouvelles combinaisons de voyelles s'épanouissent. En témoigne le triomphe actuel de Raphaël, Gabriel et Maël dans le classement masculin. De leur côté, les sonorités inversées en « oé » de Noé, Manoé et Soen tentent de s'élever aux côtés du « oa » de Noah. Son succès a généré la percée de Noa, Noam et Manoa et fait grandir Mao, Tao et Paolo dans les tableaux. Ces nouveaux mariages de voyelles inspireront-ils de nouvelles sonorités pour demain ?

L'attrait des sonorités venues d'ailleurs

Nombre de prénoms qui enrichissent le patrimoine français sont importés de nos pays voisins. À la fin des années 1990, la gloire des Italiens Enzo et Matteo, de l'Espagnol Esteban, des Slaves Sacha et Milan, des Scandinaves Nils, Solveig et Sven, et des Anglophones Adam, Ethan et Noah l'a démontré. Aujourd'hui, le succès des Irlandais Liam et Nolan prouve que l'influence gaélique n'est pas en reste. Nous observons par ailleurs que les prénoms exotiques séduisent de plus en plus de parents. Certains, comme Kéo ou Jolan, s'inspirent des cultures indienne et amérindienne. D'autres sont originaires d'îles lointaines, comme Enoha à Tahiti ou Tao en Asie. De nombreux prénoms venus d'ailleurs peuvent être découverts au fil des pages de cet ouvrage.

Baudouin
1 500 TOP 2 000

Audacieux, amical (germanique). On peut estimer que moins de 30 enfants seront prénommés ainsi en 2021. *Variante :* Baudoin. *Caractérologie :* volonté, bienveillance, paix, conscience, raisonnement.

Bay
- de 30

Septième-né, ou né au mois de juillet (vietnamien). *Caractérologie :* innovation, ambition, énergie, autorité, autonomie.

Beaudoin
- de 30

Audacieux, amical (germanique). *Variante :* Beaudouin. *Caractérologie :* force, ambition, volonté, analyse, habileté.

Béchir
700 TOP 2 000

Qui apporte les bonnes nouvelles (arabe). *Caractérologie :* rêve, humanité, ouverture d'esprit, rectitude, sensibilité.

Békir
350

Qui apporte les bonnes nouvelles (arabe). *Caractérologie :* altruisme, idéalisme, intégrité, réflexion, dévouement.

B

Ben
2 000 TOP 600

Diminutif anglophone des prénoms formés avec Ben. *Caractérologie :* générosité, pratique, enthousiasme, adaptation, communication.

Benjamin
145 000 TOP 200

Fils du Sud (hébreu). Ce prénom biblique est établi de longue date dans les cultures juives du monde entier. Doté d'un saint ayant vécu au ve siècle, il fut également usité dans les familles chrétiennes au Moyen Âge. Il est peu fréquent lorsque les puritains anglophones relancent sa vogue au XVIIe siècle. Très rare jusqu'au début des années 1970, Benjamin se hisse dans les dix premiers rangs français en l'espace de deux décennies. Il est très répandu dans les pays anglo-saxons aujourd'hui, notamment aux États-Unis. ◇ Dans l'Ancien Testament, Benjamin est le fils de Jacob et Rachel. En le mettant au monde, Rachel le prénomme Ben Oni (« fils de ma douleur »), avant de décéder. Mais Jacob, qui ne peut se résoudre à tant de tristesse, opte pour un prénom signifiant « fils du Sud ». Benjamin est le père de la tribu des Benjaminites dont Saül, le premier roi d'Israël, est descendant. ◇ Prédicateur en Perse, saint Benjamin fut condamné au martyre par le roi Yezdegerd au ve siècle. *Variantes :* Benji, Bunyamin, Bunyamine. *Caractérologie :* audace, énergie, découverte, originalité, détermination.

Benoist
1 000

Béni (latin). *Variantes :* Benilde, Benedict, Benito, Benoni, Benony. *Caractérologie :* créativité, pragmatisme, décision, optimisme, communication.

Benoît
116 000 TOP 700

Béni (latin). Masculin français. Issu d'une famille noble italienne au IVe siècle, saint Benoît se retira pour méditer dans une caverne à la fin de ses études. Il fonda 12 monastères, dont l'abbaye du Mont-Cassin, près de Naples. *Caractérologie :* médiation, relationnel, fidélité, intuition, adaptabilité.

Béranger
550

Esprit, ours (germanique). *Caractérologie :* sagacité, connaissances, spiritualité, originalité, détermination.

Bérenger
1 000

Esprit, ours (germanique). Forme occitane : Berengier. *Caractérologie :* intuition, relationnel, fidélité, médiation, adaptabilité.

Bernard
310 000 ↘

Force, ours (germanique). Puissant par son étymologie, Bernard se répand dès le Moyen Âge dans les pays chrétiens. Au IXe siècle, sa notoriété est renforcée par un saint originaire de Lyon qui devint archevêque de Vienne-sur-le-Rhône et fonda l'abbaye de Romans. Les liens politiques qu'il tisse à la cour de Charlemagne en font un personnage très influent. En maintenant un niveau constant d'attributions, ce prénom est devenu intemporel jusqu'au XIXe siècle, où il s'est essoufflé avant de revenir de plus belle. Il culmine au 3e rang français en 1942 et reste l'un des dix premiers choix des parents jusqu'en 1958, avant de chuter brutalement. On peut estimer que moins de 30 enfants seront prénommés ainsi en 2021. *Variantes :* Barnard, Bernhard, Bernalt, Bernat, Bernd, Bernie, Berny. *Caractérologie :* ambition, force, habileté, détermination, passion.

Bernardin
200

Force, ours (germanique). *Caractérologie :* décision, méthode, fiabilité, ténacité, engagement.

Bernardo
350 ↑

Force, ours (germanique). Bernardo est très répandu en Italie et dans les pays hispanophones et lusophones. *Caractérologie :* détermination, curiosité, dynamisme, volonté, courage.

Berthold
- de 30

Brillant, illustre (germanique). Masculin allemand. *Variante :* Bertil. *Caractérologie :* communication, pratique, finesse, enthousiasme, analyse.

Bertin
700

Brillant, illustre (germanique). *Caractérologie :* dynamisme, curiosité, charisme, courage, indépendance.

Bertrand
59 000 ↓

Brillant, corbeau (germanique). Masculin français. On peut estimer que moins de 30 enfants seront prénommés ainsi en 2021. *Variantes :* Belt, Beltig, Bertram, Bertranet, Bertranot. Forme basque : Bertran. *Caractérologie :* ambition, autorité, détermination, énergie, innovation.

Berty
- de 100

Brillant, illustre (germanique). Masculin anglais. *Variantes :* Berthie, Bertie. *Caractérologie :* spiritualité, connaissances, originalité, philosophie, sagacité.

Béryl
160

Pierre précieuse vert pâle (grec). *Caractérologie :* stratégie, vitalité, ardeur, achèvement, bonté.

Bilal
14 000 TOP 300 →

Eau, rafraîchissement (arabe). Bilal fut une personnalité importante de l'islam. Noir affranchi, il devint vers l'an 600 le premier muezzin de l'islam. Devenu trésorier général, il participa à l'administration de l'Empire musulman jusqu'à la mort de Mahomet. Ce prénom a été découvert dans l'Hexagone dans les années 1980. *Variantes :* Belal, Bellal, Bilail, Bilale, Bilele, Bilhal, Billale, Bylel. *Caractérologie :* rectitude, rêve, humanité, tolérance, gestion.

Bildad
- de 30

Aimé (hébreu). *Caractérologie :* courage, curiosité, dynamisme, indépendance, organisation.

Bilel
7 000 TOP 400 →

Eau, rafraîchissement (arabe). *Caractérologie :* persévérance, structure, sécurité, efficacité, honnêteté.

Bill
- de 100

Protecteur résolu (germanique). Masculin anglais. *Caractérologie :* achèvement, stratégie, leadership, ardeur, vitalité.

Billal
2 000 TOP 2 000

Eau, rafraîchissement (arabe). On peut estimer que moins de 30 enfants seront prénommés ainsi en 2021. *Caractérologie :* créativité, pragmatisme, gestion, communication, optimisme.

Billy
2 000 TOP 2 000

Protecteur résolu (germanique). Masculin anglais. *Variante :* Bily. *Caractérologie :* équilibre, famille, sens des responsabilités, influence, exigence.

Bixente
850

Forme basque de Vincent : qui triomphe (latin). *Caractérologie :* savoir, intelligence, méditation, sagesse, indépendance.

Bjorn
350 TOP 800

Ours (scandinave). *Caractérologie :* découverte, audace, énergie, originalité, décision.

B

Blaise
3 000 TOP 2 000

Qui balbutie (latin). On peut estimer que moins de 30 enfants seront prénommés ainsi en 2021. *Variante :* Blaize. *Caractérologie :* pratique, communication, décision, enthousiasme, gestion.

Blake
- de 30

Foncé, ou clair (anglais). Masculin anglais. *Caractérologie :* fiabilité, ténacité, engagement, méthode, gestion.

Blanc
- de 30

Clair (germanique). Formes basques : Blanko, Blanco. *Caractérologie :* découverte, audace, énergie, originalité, organisation.

Bob
300

Brillant, gloire (germanique). *Caractérologie :* direction, audace, assurance, dynamisme, indépendance.

Bobby
130

Brillant, gloire (germanique). Masculin anglais. *Variantes :* Bob, Boby. *Caractérologie :* autonomie, autorité, innovation, ambition, énergie.

Bogdan
400 TOP 2 000

Présent de Dieu (slave). Prénom polonais, russe et ukrainien. *Variante :* Bodhan. *Caractérologie :* savoir, intelligence, méditation, volonté, réalisation.

Bojan
- de 100

Conflit (tchèque). Prénom slave méridional. *Caractérologie :* famille, équilibre, sens des responsabilités, influence, exigence.

Boniface
300

Bonne figure, heureuse destinée (latin). *Caractérologie :* détermination, autorité, énergie, innovation, raisonnement.

Borg
- de 30

Protection du château (scandinave). *Caractérologie :* bienveillance, paix, conscience, sagesse, conseil.

Boris
15 000 TOP 2 000

Combattant, guerrier (slave). Masculin russe, bulgare, ukrainien, polonais et roumain. On peut estimer que moins de 30 enfants seront prénommés ainsi en 2021. *Variantes :* Borislav, Borris, Borya. *Caractérologie :* altruisme, réflexion, idéalisme, dévouement, intégrité.

Bosco
180 TOP 2 000

Bois (latin). *Caractérologie :* rectitude, humanité, organisation, générosité, ouverture d'esprit.

Boualem
800

Chef, meneur de troupe (arabe). *Variantes :* Boualam, Bouhalem. *Caractérologie :* équilibre, famille, sens des responsabilités, gestion, caractère.

Boubacar
1 500 TOP 900

Petit chameau (arabe). *Variantes :* Boubakar, Boubaker. *Caractérologie :* idéalisme, intégrité, altruisme, organisation, analyse.

Bradley
2 000 TOP 700

Terrain déboisé (anglais). Masculin anglais. *Variantes :* Brad, Bradan, Braden, Bradin, Bradleigh, Bradlie, Bradly, Brady. *Caractérologie :* ténacité, fiabilité, cœur, méthode, réussite.

Brahim
9 000 TOP 600

Diminutif d'Ibrahim, l'équivalent arabe d'Abraham. *Variantes :* Braham, Brahima, Brahime. *Caractérologie :* famille, équilibre, sens des responsabilités, exigence, influence.

Brandon
11 000 TOP 2 000

Épée, tison (vieux norrois). Ce prénom est parfois usité en tant que variante de Brendan. Brandon est répandu dans les pays anglophones. *Variantes :* Brandy, Brendon. *Caractérologie :* détermination, audace, énergie, découverte, volonté.

Branislav
- de 100

Protection, gloire (slave). Masculin serbe, slovaque, tchèque et slovène. *Caractérologie :* habileté, ambition, force, organisation, détermination.

Brayan
4 000 TOP 600

Puissance, noblesse, respect (celte). *Variante :* Brayane. *Caractérologie :* connaissances, sagacité, originalité, spiritualité, décision.

Brendan
1 500

Prince (celte). Ce prénom est parfois usité en tant que variante de Brandon. Masculin irlandais et anglais. *Variante :* Brandan. *Caractérologie :* méthode, ténacité, résolution, engagement, fiabilité.

Brenton
- de 30

La ville près de la colline (celte). Plus fréquent sous forme de patronyme. Masculin anglais. *Variante :* Brent. *Caractérologie :* sagacité, connaissances, spiritualité, originalité, philosophie.

Brett
- de 100

Ancien patronyme qui désignait les premiers habitants de Grande-Bretagne. Masculin anglais. *Variantes :* Bret, Brit. *Caractérologie :* médiation, relationnel, intuition, adaptabilité, fidélité.

Briac
1 500 TOP 2 000

Puissance, noblesse, respect (celte). Prénom breton. On peut estimer que moins de 30 enfants seront prénommés ainsi en 2021. *Caractérologie :* gestion, bienveillance, conscience, paix, conseil.

Brian
8 000 TOP 2 000

Puissance, noblesse, respect (celte). Masculin irlandais et anglais. On peut estimer que moins de 30 enfants seront prénommés ainsi en 2021. *Caractérologie :* vitalité, stratégie, achèvement, décision, ardeur.

Brice
27 000 TOP 2 000

Tacheté, moucheté (celte). Masculin français et anglais. On peut estimer que moins de 30 enfants seront prénommés ainsi en 2021. *Caractérologie :* autorité, innovation, autonomie, ambition, énergie.

Brieg
250

Puissance, noblesse, respect (celte). Prénom breton. *Variante :* Briag.

Caractérologie : curiosité, courage, dynamisme, indépendance, charisme.

Brieuc

3 000 TOP 2 000

Puissance, noblesse, respect (celte). Prénom breton. *Variante :* Brieux. *Caractérologie :* engagement, fiabilité, méthode, ténacité, sens du devoir.

Brivael

- de 100

Puissance, respect, prince (celte). Masculin breton. *Caractérologie :* paix, détermination, bienveillance, organisation, conscience.

Broderick

- de 30

Fils de grand gouverneur (gallois). *Caractérologie :* structure, volonté, analyse, persévérance, sécurité.

Bronislaw

200

Protection, gloire (slave). Prénom polonais. *Variantes :* Bronislas, Bronislavant. *Caractérologie :* découverte, énergie, audace, décision, logique.

Brooklyn

150

Ruisseau (anglais). Ce nom désigne également l'un des cinq arrondissements de la ville de New York, aux États-Unis. C'est le prénom choisi par David et Victoria Beckham pour leur fils aîné. *Caractérologie :* persévérance, structure, sécurité, sympathie, analyse.

Bruce

2 000 TOP 2 000

Ce patronyme de lointaine ascendance normande aurait été porté par une famille originaire de Brix. Il se répandit en Écosse et devint célèbre lorsque Robert de Bruce devint le premier roi de ce pays en 1306. Masculin écossais et anglais. *Caractérologie :* ténacité, méthode, engagement, fiabilité, sens du devoir.

Bruno

200 000 TOP 1 000

Armure, couleur brune (germanique). Peu commun au Moyen Âge, Bruno est traditionnellement usité pour désigner les enfants aux cheveux bruns ou au teint mat. Un saint originaire de Cologne, fondateur de l'ordre des Chartreux au XIe siècle, illustre ce nom qui deviendra populaire en Allemagne. Il se propage à l'Angleterre mais reste bien rare en France jusqu'à son émergence dans les années 1930. Bruno culmine au 8e rang masculin au début des années 1960. Il cultive une certaine vogue jusqu'à l'aube du IIIe millénaire. *Variantes :* Bruneau, Brunon, Brunot. *Caractérologie :* indépendance, intelligence, savoir, méditation, raisonnement.

Bryan

24 000 TOP 300

Puissance, noblesse, respect (celte). En dehors de l'Hexagone, Bryan est très répandu en Irlande et dans les pays anglophones. *Variante :* Bryann. *Caractérologie :* bienveillance, paix, conscience, conseil, décision.

Bryce

450

Tacheté, moucheté (celte). Masculin anglais. *Caractérologie :* vitalité, achèvement, sympathie, ardeur, stratégie.

Burak

1 000 TOP 2 000

Aux dix mille sources (arménien). *Caractérologie :* ardeur, vitalité, stratégie, achèvement, organisation.

Byron

600

Étable (anglais). *Caractérologie :* intuition, relationnel, adaptabilité, médiation, fidélité.

B

C

Caelan
- de 100

Élancé (irlandais). *Caractérologie :* humanité, rêve, générosité, rectitude, tolérance.

Caleb
600 TOP 700

Audacieux (hébreu). *Caractérologie :* dynamisme, curiosité, courage, indépendance, organisation.

Calhoun
- de 30

Petit bois (irlandais). *Variante :* Colhoun. *Caractérologie :* réceptivité, bonté, diplomatie, sociabilité, loyauté.

Calixte
1 500 TOP 800

Le plus beau (grec). *Variantes :* Cali, Calix, Calliste, Callixte. *Caractérologie :* décision, réceptivité, sociabilité, logique, diplomatie.

Callum
- de 100

Colombe (latin). Masculin écossais et anglais. *Caractérologie :* ambition, passion, habileté, force, management.

Calvin
4 000 TOP 600

Chauve (latin). Calvin est répandu dans les pays anglophones. *Caractérologie :* savoir, indépendance, méditation, intelligence, décision.

Cameron
4 000 TOP 300

Nez crochu (écossais). Cameron est répandu en Écosse et dans les pays anglophones. *Variantes :* Camron, Camerone, Kameron. *Caractérologie :* volonté, raisonnement, équilibre, sens des responsabilités, famille.

Camil
2 000 TOP 500

Variante de Camille ou Camel. *Caractérologie :* fidélité, intuition, relationnel, médiation, adaptabilité.

Camilien
- de 30

Jeune assistant de cérémonies (étrusque). *Caractérologie :* créativité, pragmatisme, communication, optimisme, résolution.

Camille
36 000 TOP 100

Jeune assistant de cérémonies (étrusque). Voir le zoom sur Camille p. 53. *Variantes :* Camil, Camillo, Camilo, Kamillo. *Caractérologie :* énergie, innovation, ambition, résolution, autorité.

Candide
180

D'un blanc éclatant (latin). *Variante :* Candido. *Caractérologie :* résolution, efficacité, structure, sécurité, persévérance.

Carel
140

Force (germanique). *Caractérologie :* originalité, audace, énergie, découverte, charisme.

Carl
5 000 TOP 600

Force (germanique). Carl est très répandu en Allemagne et dans les pays anglophones. C'est aussi un choix traditionnel alsacien. Forme occitane : Carle. *Caractérologie :* sagesse, intelligence, méditation, savoir, indépendance.

Carlo
1 500

Force (germanique). Masculin italien. On peut estimer que moins de 30 enfants seront prénommés ainsi en 2021. *Caractérologie :* méthode, raisonnement, ténacité, fiabilité, engagement.

Carlos
10 000 TOP 2 000

Force (germanique). Carlos est très répandu dans les pays hispanophones et lusophones. On peut estimer que moins de 30 enfants seront prénommés ainsi en 2021. *Variantes :* Carles, Carlito. *Caractérologie :* audace, énergie, découverte, originalité, logique.

Carmelo
1 000

Vigne divine (hébreu). *Variantes :* Carmel, Carmello. *Caractérologie :* sécurité, persévérance, caractère, structure, logique.

Carmin
- de 100

Chanson, hymne (latin). *Variante :* Carmine. *Caractérologie :* efficacité, détermination, sécurité, persévérance, structure.

Carol
450

Force (germanique). Masculin anglais. *Variantes :* Carolus, Caryl. *Caractérologie :* fiabilité, ténacité, engagement, méthode, logique.

Casimir
2 000

Assemblée, paix (slave). Masculin russe et slave. Casimir est également un choix traditionnel occitan. *Variantes :* Casimiro, Casimo, Kasimir, Kazimir. *Caractérologie :* ouverture d'esprit, rêve, humanité, rectitude, générosité.

Cassien
200

Vide (latin). *Variantes :* Cassian, Cassius. *Caractérologie :* connaissances, sagacité, spiritualité, originalité, détermination.

Cecil
- de 100

Aveugle (latin). Voir Célio. On rencontre également cette forme masculine anglaise de Cécile avec l'accent aigu. *Variantes :* Cécilien, Cécilio. *Caractérologie :* dynamisme, curiosité, courage, indépendance, charisme.

Cécilien
150

Aveugle (latin). Voir Célio. *Caractérologie :* paix, bienveillance, conseil, sagesse, conscience.

Cédric
149 000 TOP 1 000

Chef de bataille (anglais). Prénom gallois, anglais et français. Moine anglais au VIIe siècle, saint Cédric évangélisa les Saxons et devint évêque. Fondateur de plusieurs abbayes, il mourut de la peste en soignant les malades qui en étaient infectés. *Variantes :* Céderic, Cédrique, Cédrix, Cédryc, Ceydric, Sédric. *Caractérologie :* paix, sagesse, conscience, bienveillance, conseil.

Cédrick
2 000

Chef de bataille (anglais). Masculin français. *Caractérologie :* habileté, force, ambition, passion, management.

Célestin
5 000 TOP 300

Qui se rapporte au ciel (latin). *Variantes :* Céleste, Celestino, Colestin. *Caractérologie :* paix, organisation, bienveillance, résolution, conscience.

Célian
6 000 TOP 400

Aveugle (latin). Voir Célio. Masculin français. *Caractérologie :* ardeur, détermination, stratégie, achèvement, vitalité.

Célien
350

Aveugle (latin). Voir Célio. *Caractérologie :* adaptation, communication, pratique, générosité, enthousiasme.

Célio
600

Aveugle (latin). Cette forme accentuée de l'italien Celio, comme les féminins Cécile et Célia, tire ses origines de Caecilii, nom d'une puissante famille romaine. *Caractérologie :* stratégie, achèvement, ardeur, vitalité, raisonnement.

César
8 000 TOP 200

Tête aux cheveux longs (latin). En latin, César (ou Cæsar) est le titre honorifique qui désigne les empereurs. Brillant homme d'État romain, Jules César (11-44 avant J.-C.)

C

Prénoms qui montent et perles rares

Qu'on le veuille ou non, la mode influence la façon dont nous prénommons nos enfants. Tel un baromètre qui prédit le temps, elle désigne les prénoms les plus tendance, et par défaut ceux qui ne le sont pas. Source d'inspiration pour les uns, elle est aussi indispensable aux parents qui souhaitent attribuer un prénom original ou à contre-courant.

Les choix de prénoms rares ne dérogent pas à cette emprise invisible. De nombreuses variantes profitent du succès de leurs homophones pour faire carrière (exemples : Ayden, Lukas, Lyam, etc.). Des prénoms originaux parviennent également à se démarquer, comme Philéas, Éloïs ou Sirius, en jouant sur des sonorités peu communes. Mais ce phénomène de distinction n'est-il pas lui-même devenu « branché » ?

Difficile donc d'échapper à la mode... Heureusement que celle-ci laisse une place à la créativité ! La marmite des prénoms de demain mitonne bien des saveurs, voyons d'un peu plus près les tendances qui s'en dégagent.

Les prénoms en forte croissance dans le top 100

Aaron, Ali, Côme, Isaac, Marceau, Marius, Léon, Élio, Ilyan et Auguste se font particulièrement remarquer. Certains de ces prénoms évoluent dans le top 40 et pourraient prochainement s'imposer dans l'élite.

Les prénoms de demain

Dans le top 200, Basile, Milan et Issa ambitionnent d'intégrer les 100 premiers rangs et grandissent vigoureusement. Ils devancent Thiago, Malone et Marcel qui se profilent à l'horizon.

Les choix originaux

Vous recherchez des prénoms rares aux sonorités variées ? Ci-dessous un bouquet de prénoms qui devraient être attribués à moins de 30 Français en 2021.

Adelin, Alcide, Amiel, Antime, Aramis, Audren, Avel, Aventin, Cassien, Ciaran, Colas, Cosma, Cosmin, Cyriel, Daël, Dao, Edgard, Élior, Éole, Évane, Ferréol, Gian, Horace, Iago, Igor, Kolia, Laélien, Lemuel, Léonor, Lilien, Lilo, Loric, Louan, Maloé, Maximin, Oan, Octavien, Oreste, Orian, Oriel, Orson, Paol, Rodin, Séverin, Sully, Téoman, Téophile, Ugolin, Urbain, Vivien, Winter, Yoram, Yoris.

La génération 2000

Nés dans les années 2000 en France, ces petits noms grandissent au fil des saisons :

Agenor, Alonzo, Athanaël, Carmin, Cosmin, Darian, Diango, Dolan, Édan, Edris, Eloïm, Elouane, Elvio, Énaël, Eris, Ethane, Éthaniel, Évence, Faust, Gilane, Gohan, Guerlain, Ilio, Iloan, Ion, Jaden, Joah, Kaylan, Kéane, Kéoni, Lenzo, Léonis, Lilo, Lilouan, Loam, Loevan, Lolan, Maëlo, Maho, Manao, Manéo, Mathéis, Maxent, Mayan, Mayas, Menzo, Milhane, Milio, Nathéo, Nikos, Nilo, Pharell, Reyane, Sirius, Théliau, Thelo, Thémis, Théoden, Théossian, Tilian, Tilio, Timaël, Timéo, Ylian, Zao.

conquit la Gaule et repoussa les frontières de son empire jusqu'au Rhin. Peu après avoir été nommé consul et dictateur à vie, il fut assassiné par des conspirateurs en plein sénat. C'est Brutus, son protégé, qui l'acheva du vingt-troisième et ultime coup de poignard. Saint César de Bus, le fondateur des Pères de la doctrine chrétienne, porta également ce prénom au XVIIe siècle. Cesar est particulièrement usité dans les pays hispanophones, au Portugal et en Occitanie. *Variantes :* Césaire, César, Cesareo, Cesari, Cesarino, Cesario. *Caractérologie :* dynamisme, audace, direction, indépendance, décision.

Ceylan
- de 100

Ce nom, qui désignait le Sri Lanka avant 1972, est également un prénom turc d'origine perse signifiant « gazelle ». *Caractérologie :* conseil, conscience, amitié, bienveillance, paix.

Chad
500

Bataille, guerrier (celte). Masculin anglais. *Caractérologie :* sagacité, spiritualité, connaissances, originalité, philosophie.

C

Chahine
2 000 TOP 500

Le roi des rois (arabe). Chahine est également un prénom arménien d'origine perse. *Variantes :* Chahan, Chahin. *Caractérologie :* pratique, communication, enthousiasme, adaptation, résolution.

Chaï
120

Un présent (hébreu). *Caractérologie :* pratique, enthousiasme, communication, générosité, adaptation.

Chaïm
120

Vie (hébreu). Chaim est assez répandu aux États-Unis et dans les cultures juives. *Variante :* Chaym. *Caractérologie :* méditation, savoir, intelligence, sagesse, indépendance.

Chakib
1 000

Rétribution, don (arabe). *Caractérologie :* originalité, gestion, connaissances, sagacité, spiritualité.

Cham
- de 100

Travailleur assidu (vietnamien). *Caractérologie :* savoir, intelligence, méditation, indépendance, sagesse.

Chan
- de 100

Explication, exposition (chinois), arbuste aromatique (cambodgien). Nom de famille très courant en Chine. *Caractérologie :* ambition, management, habileté, passion, force.

Charlélie
650

Contraction de Charles et Élie. *Variante :* Charlély. *Caractérologie :* innovation, autorité, énergie, ambition, décision.

Charlemagne
250

Force (germanique). Héritier du royaume de Pépin le Bref, Charlemagne fut roi des Francs de 768 à 814 et empereur d'Occident de 800 à 814. *Caractérologie :* bienveillance, paix, conscience, réalisation, ressort.

Charles
93 000 TOP 200

Force (germanique). Au cours des siècles, dix rois de France, sept empereurs d'Allemagne et plusieurs rois anglais, suédois et espagnols ont porté ce nom. Malgré ce passé riche en histoire, Charles est peu répandu avant la Restauration. En 1660, le retour puis le couronnement de Charles II en Angleterre donnent une impulsion au prénom. Lorsque Charles Dickens (1812) et Charles Baudelaire (1821) voient le jour, Charles et ses différentes graphies connaissent une très grande vogue en Europe. En France, ce prénom reste prisé tout au long de la vie de Charles de

Gaulle (1890-1970). Il n'a jamais disparu des maternités depuis son repli dans les années 1920. ◇ Issu d'une famille noble italienne, saint Charles fit le choix de vivre pauvrement et d'accomplir sa vocation religieuse. Archevêque de Milan, il soigna lui-même les malades de la peste en 1576. *Variantes :* Charle, Charlet, Charlot. Formes basques : Karol, Thales. *Caractérologie :* détermination, communication, pragmatisme, optimisme, créativité.

Charles-Antoine
800

Forme composée de Charles et Antoine. Masculin français. *Caractérologie :* rêve, rectitude, humanité, finesse, analyse.

Charles-Édouard
1 000

Forme composée de Charles et Édouard. Masculin français. *Caractérologie :* vitalité, achèvement, stratégie, volonté, raisonnement.

Charles-Élie
250

Forme composée de Charles et Élie. Masculin français. *Caractérologie :* résolution, spiritualité, sagacité, originalité, connaissances.

Charles-Henri
2 000

Forme composée de Charles et Henri. Masculin français. *Caractérologie :* pratique, communication, adaptation, enthousiasme, décision.

Charles-Louis
150

Forme composée de Charles et Louis. Masculin français. *Caractérologie :* connaissances, logique, sagacité, spiritualité, décision.

Charley
950

Force (germanique). *Caractérologie :* sympathie, altruisme, idéalisme, intégrité, ressort.

Charlie
13 000 TOP 100 ↘

Force (germanique). Charles Spencer Chaplin, plus connu sous le nom de Charlie Chaplin (1889-1977), est sans doute le plus célèbre des Charlie. L'illustre acteur et réalisateur britannique a choisi ce prénom alors qu'il venait de percer aux États-Unis. Découvert en France dans les années 1930, Charlie reste longtemps dans l'ombre d'un Charles glorieux. Il décolle au début des années 2000 et s'envole peu après le succès du film de Tim Burton *Charlie et la Chocolaterie* (2005). Avant l'attentat contre Charlie Hebdo, en janvier 2015, et la chute consécutive de ses attributions (de 50 %), il faisait jeu égal avec Charly et talonnait Charles dans le top 100 masculin. Après un rebond en 2016, le nombre de ses attributions recule légèrement. *Variantes :* Charli, Charly. *Caractérologie :* médiation, relationnel, intuition, fidélité, détermination.

Charly
21 000 TOP 100 ↘

Force (germanique). Masculin anglais et français. *Caractérologie :* structure, sécurité, persévérance, efficacité, action.

Cheick
850 TOP 900 →

Le maître que l'expérience a rempli de sagesse (arabe). *Variantes :* Cheik, Cheikh. *Caractérologie :* enthousiasme, pratique, communication, adaptation, finesse.

Chems
300 TOP 2 000 ↗

Soleil (arabe). *Variantes :* Chams, Shams, Shems. *Caractérologie :* optimisme, pragmatisme, communication, créativité, sociabilité.

Chems-Eddine
350 ↗

Forme composée de Chems et Eddine. Cette composition est particulièrement attribuée dans les cultures arabes et musulmanes francophones. *Caractérologie :* habileté, force, ambition, passion, détermination.

Chérif
2 000 TOP 1 000

De haut rang (arabe). *Variantes :* Charaf, Charef, Charif, Chériff, Sharif, Sherif. *Caractérologie :* ténacité, fiabilité, engagement, méthode, logique.

Chrétien
150

Messie (grec). Très courant au Moyen Âge et à l'époque des croisades, ce prénom délaissé pour Christian n'est plus attribué en France depuis les années 1960. Poète français du XIIe siècle, Chrétien de Troyes écrivit les *Romans de la Table Ronde*, œuvre inspirée par des récits médiévaux et les légendes celtes et bretonnes. *Caractérologie :* direction, indépendance, dynamisme, attention, audace.

Chris
5 000 TOP 600

Diminutif des prénoms formés avec Christ. Chris est très répandu aux Pays-Bas, dans les pays anglophones et scandinaves. *Variante :* Chrys. *Caractérologie :* pratique, communication, enthousiasme, adaptation, générosité.

Christian
325 000 TOP 600

Messie (grec). Sous ses différentes graphies, ce prénom porté par une longue lignée de rois danois apparaît au XVIIe siècle dans plusieurs pays européens. Au début du XXe siècle, il est encore peu connu lorsque Christiane commence sa carrière française. Parti sur les traces de son féminin, Christian connaît le succès et pointe, dès le lendemain de la Seconde Guerre mondiale, dans les dix premiers rangs masculins. Il restera dans le groupe de tête durant 15 ans, culminant à la 5e place en 1954. Sa gloire est fatale à Chrétien, une forme ancienne du prénom qui disparaît totalement dans les années 1960. ◇ Évangélisateur de la Pologne au XIe siècle, saint Christian fut assassiné avec ses frères moines venus d'Italie. Il est fêté le 12 novembre. *Variantes :* Christ, Christel, Christiaen, Christien, Christin, Kristian. *Caractérologie :* relationnel, décision, intuition, attention, médiation.

Christophe
358 000 TOP 2 000

Porte-Christ (grec). Selon la légende, saint Christophe était un passeur syrien qui aida un enfant à traverser les eaux tumultueuses d'un fleuve. Lorsqu'il découvrit que son passager était le Christ, il se fit baptiser. La notoriété du patron des voyageurs est ancienne : le prénom est recensé dans les pays chrétiens dès le Moyen Âge. Sa fréquence augmente au XVIe siècle grâce à l'exploit de Christophe Colomb (1451-1506), navigateur rendu célèbre par la découverte de l'Amérique. Christophe se fait plus discret au XIXe siècle, mais il revient au siècle suivant dans de nombreux pays occidentaux. En France, il a trôné sur le palmarès masculin de 1967 à 1970 avant de reprendre par deux fois la couronne de Stéphane. Il s'est ensuite maintenu dans les premiers prénoms jusqu'au début des années 1980. On peut estimer que moins de 30 enfants seront prénommés ainsi en 2021. *Variantes :* Christo, Christobal, Christos, Christy, Chrystophe, Cristofe, Cristophe, Cristopher, Cristovao. *Caractérologie :* persévérance, sécurité, finesse, analyse, structure.

Christopher
38 000 TOP 1 000

Porte-Christ (grec). Christopher est très répandu dans les pays européens et anglophones. *Variantes :* Christofer, Chrystopher, Kristofer. *Caractérologie :* logique, méthode, ténacité, fiabilité, attention.

Ciaran
– de 100

Brun (irlandais). *Caractérologie :* autonomie, autorité, résolution, énergie, ambition.

Clair
300

Illustre (latin). Masculin français et anglais. Clair est également un choix traditionnel occitan. *Caractérologie :* méditation, sagesse, intelligence, savoir, indépendance.

Clancy
- de 30

Descendant (irlandais). Masculin anglais et irlandais. *Caractérologie :* engagement, ténacité, méthode, fiabilité, sympathie.

Clarel
- de 100

Illustre (latin). *Caractérologie :* paix, bienveillance, conscience, résolution, conseil.

Clarence
2 000 TOP 900

Illustre (latin). Masculin anglais. *Variantes :* Clarel, Clarens, Claris, Clarius. *Caractérologie :* sagacité, connaissances, spiritualité, originalité, résolution.

Clark
200 TOP 2 000

Secrétaire, clerc (anglais). *Caractérologie :* humanité, rectitude, organisation, ouverture d'esprit, rêve.

Claude
254 000

Boiteux (latin). Deux empereurs romains portent le nom latin Claudius aux premiers siècles, mais c'est au VIIe siècle que saint Claude, l'évêque de Besançon, introduit le prénom en Franche-Comté. Claude est alors inexistant et se propage très lentement. Une dizaine de siècles lui seront nécessaires pour être finalement connu en France et en Angleterre. Si sa carrière devenue florissante tourne court au XIXe siècle, c'est pour mieux briller au suivant. Au masculin, Claude figure parmi les dix premiers rangs français de 1930 à 1950. Il s'affichera même 3e à son point culminant (1936). Par comparaison, l'envol de Claude au féminin est resté discret. ◇ Saint Claude La Colombière, jésuite au XVIIe siècle, confesseur de sainte Marguerite-Marie, est fêté le 15 février. *Variantes :* Claudi, Claudie, Claudien, Claudino, Claudius, Clodius. *Caractérologie :* audace, direction, indépendance, dynamisme, assurance.

Claudio
1 500

Boiteux (latin). Masculin italien, espagnol et portugais. *Caractérologie :* réceptivité, sociabilité, diplomatie, raisonnement, loyauté.

Claudius
950

Boiteux (latin). *Caractérologie :* humanité, rêve, rectitude, générosité, tolérance.

Claudy
1 000

Boiteux (latin). Formes occitanes : Glaudi, Claudi. Formes basques : Kauldi, Klaudi, Klaudio. *Caractérologie :* pratique, communication, adaptation, réalisation, enthousiasme.

Clayton
550

Qui habite sur un sol d'argile (anglais). *Variante :* Clay. *Caractérologie :* altruisme, idéalisme, organisation, intégrité, bonté.

Cléandre
- de 100

Gloire, homme (grec). *Caractérologie :* habileté, ambition, management, passion, détermination.

Clémenceau
- de 30

Ce patronyme devenu prénom tire ses origines de Clément (du latin *clemens*, « doux », « bon »). Georges Clemenceau (1841-1929), homme d'État français, fut l'une des plus grandes figures de la IIIe République. Son patriotisme et sa pugnacité en tant que président du Conseil à partir de 1917 lui valurent d'être longtemps surnommé le « Père la Victoire » par les Français. Il est le plus célèbre des Clemenceau. *Caractérologie :*

C

autorité, autonomie, ambition, énergie, innovation.

Clément
157 000 TOP 50

Douceur, bonté (latin). La renommée de ce prénom, porté par 14 papes, est immense. Pour autant, Clément n'a jamais connu d'engouement comparable à celui de référents chrétiens qui, tels Jean ou Pierre, prénommèrent tant d'enfants. Boudé en Angleterre et dans les pays anglophones, Clément a surtout été populaire en France au Moyen Âge. Modestement attribué au XIXe siècle, il s'éclipse une grande partie du siècle suivant avant de renaître dans les années 1990. C'est en devenant le 8e choix préféré des Français en 1998 qu'il obtient son meilleur classement. Saint Clément de Rome, le premier pape qui porta ce prénom, est le troisième successeur de saint Pierre. *Variante :* Clemens. Variante corse : Clemente. *Caractérologie :* altruisme, idéalisme, intégrité, réflexion, dévouement.

Clémentin
190

Douceur, bonté (latin). *Caractérologie :* dynamisme, indépendance, curiosité, courage, charisme.

Cléo
500

Gloire, célébrité (grec). Cleo est recensé dans les pays anglophones. *Caractérologie :* achèvement, leadership, vitalité, stratégie, ardeur.

Cléon
- de 30

Gloire, célébrité (grec). *Caractérologie :* organisation, sécurité, persévérance, efficacité, honnêteté.

Cléophas
- de 30

Célébration (grec). *Caractérologie :* connaissances, sagacité, spiritualité, cœur, originalité.

Cliff
200

Falaise (anglais). Masculin anglais. *Caractérologie :* réflexion, intégrité, altruisme, raisonnement, idéalisme.

Clifford
140

Ville proche d'une falaise (anglais). Masculin anglais. *Caractérologie :* indépendance, audace, direction, dynamisme, logique.

Clint
- de 100

Village sur une colline (anglo-saxon). *Variante :* Clinton. *Caractérologie :* honnêteté, structure, efficacité, persévérance, sécurité.

Clotaire
1 500 TOP 2 000

Gloire, puissance (germanique). Clotaire fut illustré par quatre rois mérovingiens et fut très populaire chez les Francs du Ve au VIIIe siècle. On peut estimer que moins de 30 enfants seront prénommés ainsi en 2021. *Variante :* Clothaire. *Caractérologie :* réceptivité, sociabilité, diplomatie, raisonnement, détermination.

Clovis
6 000 TOP 500

Illustre au combat (germanique). Clovis, roi des Francs de 481 à 511, se fit baptiser par l'évêque de Reims en 496. Il est considéré comme le premier roi catholique de France. *Caractérologie :* vitalité, achèvement, ardeur, stratégie, logique.

Clyde
350

Qui habite près de la rivière Clyde (celte). Masculin anglais. *Caractérologie :* persévérance, sécurité, structure, sympathie, efficacité.

Cody
500

Coussin (anglo-saxon). Masculin anglais. *Variante :* Coddy. *Caractérologie :* réceptivité, sociabilité, loyauté, diplomatie, bonté.

C

Colas
700

Victoire du peuple (grec). *Caractérologie :* curiosité, dynamisme, courage, charisme, indépendance.

Colbert
180

Cou (latin). Plus fréquent sous forme de patronyme. Masculin anglais. *Caractérologie :* communication, pratique, enthousiasme, adaptation, analyse.

Colby
- de 30

Ville minière (anglais). Masculin anglais. *Caractérologie :* pratique, communication, adaptation, enthousiasme, générosité.

Colin
6 000 TOP 700

Victoire du peuple (grec). En dehors de l'Hexagone, Colin est répandu en Écosse et dans les pays anglophones. *Variante :* Collin. Forme basque : Kolin. *Caractérologie :* habileté, ambition, force, raisonnement, passion.

Colomban
200

Colombe (latin). Prénom corse. *Caractérologie :* organisation, optimisme, communication, pragmatisme, volonté.

Côme
12 000 TOP 100

Univers (grec). Prénom français. Médecin syrien au IIIe siècle, saint Côme consacra sa vie à soigner les pauvres avant d'être condamné au martyre par Lysias, le gouverneur de la région. Il est le patron des médecins. *Caractérologie :* rêve, humanité, rectitude, tolérance, volonté.

Conogan
- de 30

Blanc, courage (celte). Masculin breton. *Caractérologie :* amitié, conseil, conscience, paix, bienveillance.

Conrad
450

Conseiller courageux (germanique). Masculin allemand. *Variantes :* Conrado, Corado. *Caractérologie :* dynamisme, volonté, direction, raisonnement, audace.

Constant
5 000 TOP 700

Constant (latin). Masculin français. *Variante :* Constans. *Caractérologie :* intelligence, savoir, indépendance, gestion, méditation.

Constantin
3 000 TOP 600

Constant (latin). De nombreux empereurs d'Orient, plusieurs saints et un pape ont porté ce prénom. Le 21 mai célèbre saint Constantin Ier le Grand, le plus célèbre d'entre eux. Constantin le Grand imposa le christianisme à son empire après s'être converti en 313. En renommant Byzance Constantinople (« la ville de Constantin »), il dota l'Empire romain d'une seconde capitale. Ce prénom est particulièrement répandu en Bulgarie, en Russie et en Roumanie. C'est aussi un choix traditionnel occitan. *Variantes :* Constantino, Costantino. *Caractérologie :* communication, pragmatisme, optimisme, résolution, analyse.

Corentin
56 000 TOP 200

Ami (celte). Masculin français. *Variantes :* Coranthin, Corantin, Corentyn. *Caractérologie :* achèvement, vitalité, stratégie, raisonnement, ardeur.

Corneille
- de 100

Cornu, corneille (latin). Centenier romain établi à Césarée. Il était d'origine païenne, mais il craignait Dieu. Il devint chrétien après que l'apôtre Pierre lui eut annoncé l'Évangile. *Caractérologie :* adaptation, communication, pratique, enthousiasme, analyse.

C

Côme

Fête :
26 septembre

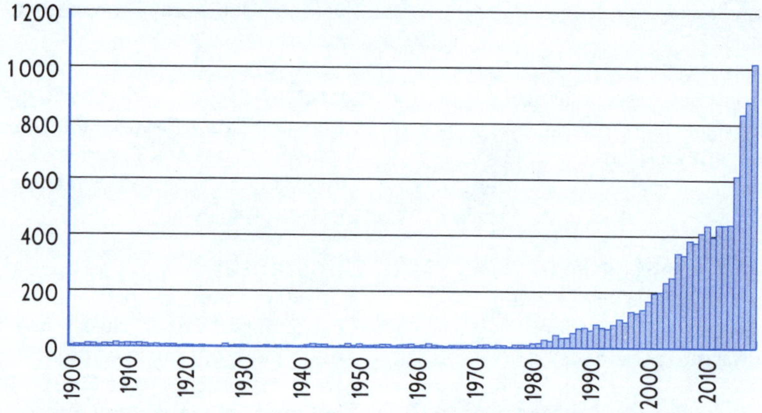

Étymologie

En grec, *kosmos* signifie « univers » et, par extension, ordre et harmonie. Cette dimension universelle sied tout à fait à la famille des Médicis qui donne ses lettres de noblesse au prénom. La fameuse dynastie florentine a été fondée par Côme l'Ancien, banquier et homme d'État. Devenu le plus riche marchand de Florence, il s'intéressa à la peinture et à l'architecture. Il y investit généreusement sa fortune, au point de rester connu comme le prince des arts et des sciences dans l'histoire. Durant le « Quattrocento » italien, au XVe siècle, l'un de ses descendants, nommé Côme également, perpétue cette tradition familiale de mécénat culturel.

Toujours en Italie, mais au Nord cette fois, le lac de Côme et ses rives romantiques inspirèrent des musiciens et écrivains les plus illustres. Franz Liszt y connut l'amour fou avec la comtesse et écrivaine Marie d'Agoult. De leur union naquit une fille, Cosima (version féminine de Côme en italien), qui convola en justes noces avec Wagner. Les grandes figures de la littérature succomberont également à son charme. George Sand vint y pleurer ses amours malheureuses avec Alfred de Musset. Enfin, dans *La Chartreuse de Parme* de Stendhal, le site lacustre est le théâtre de l'enfance du héros.

Ce prénom français ancien, autrefois orthographié Cosme, est longtemps resté d'usage confidentiel. Attribué à une poignée de Français jusque dans les années 1980, il s'élance avec la fougue d'un prénom neuf, et plus rien ne semble l'arrêter aujourd'hui. Il vient de s'imposer dans le top 30 parisien et pourrait bientôt faire de même au niveau national.

En dehors de l'Hexagone, Côme a jailli dans le top 30 wallon. Il fluctue dans les tops 50 romand et québécois.

Cosma, Cosmo et Cosimo, ses variantes les plus connues, sont italiennes. Leur féminin Cosima est très rare en France.

Saint Côme, patron des chirurgiens, pratiquait la médecine au secours des pauvres ; il aurait procédé à la première greffe de jambe sur un patient gangréné. Il fut persécuté par les Romains au IIIe siècle après J.-C.

Personne célèbre
Côme de Médicis, banquier et homme d'État florentin, fondateur de la dynastie politique des Médicis (1389-1464).

Statistiques
Côme est le 162e prénom masculin le plus donné en France depuis l'an 2000. Ce prénom est attribué à près d'un garçon sur 300 aujourd'hui.

Cornélius
- de 30

Cornu, corneille (latin). Ancien patronyme romain. *Variantes :* Cornel, Cornélien, Cornélio, Cornélis, Cornély, Cornil, Korneli, Kornelio. *Caractérologie :* vigueur, raison, motivation, achèvement, stratégie.

Corto
600

Petit (latin). Masculin espagnol. *Caractérologie :* force, ambition, habileté, passion, raisonnement.

Corwin
- de 100

Ami intime (anglais). Masculin anglais. *Variantes :* Corwinn, Corwyn, Corwynn. *Caractérologie :* énergie, autorité, innovation, raisonnement, ambition.

Cory
140

Ravin, crevasse (irlandais). *Variante :* Corey. *Caractérologie :* savoir, méditation, logique, indépendance, intelligence.

Cosme
250

Univers (grec). Cosme a été plus traditionnellement usité en Occitanie, notamment en Provence. *Variante :* Cosma. *Caractérologie :* innovation, autorité, volonté, ambition, énergie.

Cosmin
- de 100

Univers (grec). Cette forme roumaine de Cosme est apparue pour la première fois en France en 2005. *Caractérologie :* innovation, raisonnement, audace, volonté, autonomie.

Costa
180

Diminutif grec de Constantin : constant (latin). Costa est également un nom de famille répandu dans les cultures hispanophones, lusophones et italophones. *Caractérologie :* sécurité, efficacité, persévérance, structure, organisation.

Craig
140

Rocher (gallois). Ce prénom gallois est usité dans les pays anglophones. *Variante :* Kraig. *Caractérologie :* diplomatie, loyauté, réceptivité, bonté, sociabilité.

Crépin
160

Crépu (latin). Formes occitanes : Crespin, Crispin. *Caractérologie :* relationnel, intuition, médiation, fidélité, cœur.

Crescent
- de 100

Croître (latin). *Variante :* Crescence. *Caractérologie :* paix, bienveillance, organisation, conscience, détermination.

Cristian
350 TOP 2 000

Messie (grec). Masculin espagnol et occitan. *Variantes :* Cristian, Cristiano, Christiano, Cristino. Forme occitane : Crestian. *Caractérologie :* pratique, communication, gestion, décision, enthousiasme.

Cristiano
1 000 TOP 2 000

Messie (grec). Masculin italien et portugais. *Caractérologie :* rectitude, humanité, raisonnement, générosité, ouverture d'esprit.

C

Cristobal
200

Porte-Christ (grec). Prénom espagnol. *Caractérologie :* rêve, rectitude, humanité, gestion, logique.

Curtis
2 000 TOP 800

Enclos (latin). Masculin anglais. *Variantes :* Curt, Kurtis. *Caractérologie :* idéalisme, altruisme, réflexion, organisation, intégrité.

Cylian
300

Lune (grec). Se rapporte également à un nom de lieu romain. *Caractérologie :* décision, cœur, innovation, autorité, énergie.

Cyprien
8 000 TOP 2 000

Qui vient de Chypre (grec). *Variantes :* Ciriac, Ciprian, Ciprien, Cipriano, Cyprian, Cypriane, Cypriano, Cypriaque. *Caractérologie :* idéalisme, altruisme, amitié, intégrité, réflexion.

Cyr
250

Seigneur (grec). *Caractérologie :* ambition, autorité, innovation, énergie, autonomie.

C

Cyrano
- de 100

Habitant de Cyrène, ancienne ville grecque. Cyrano est également le héros romantique de *Cyrano de Bergerac*, la pièce de théâtre d'Edmond Rostand écrite en 1897. *Caractérologie :* ténacité, fiabilité, méthode, amitié, raisonnement.

Cyrian
500

Seigneur (grec). *Caractérologie :* intelligence, savoir, méditation, décision, cœur.

Cyriaque
1 500 TOP 2 000

Seigneur (grec). On peut estimer que moins de 30 enfants seront prénommés ainsi en 2021. *Variantes :* Cyriac, Cyrius. Forme basque : Ziriako. *Caractérologie :* humanité, rectitude, cœur, action, rêve.

Cyriel
170

Seigneur (grec). *Caractérologie :* idéalisme, altruisme, réflexion, intégrité, cœur.

Cyril
86 000 TOP 2 000

Seigneur (grec). En dehors de l'Hexagone, Cyril est répandu dans les pays anglophones. *Caractérologie :* persévérance, structure, honnêteté, sécurité, efficacité.

Cyrille
33 000

Seigneur (grec). Masculin français. On peut estimer que moins de 30 enfants seront prénommés ainsi en 2021. *Variantes :* Ciryl, Cyrile. *Caractérologie :* communication, pragmatisme, optimisme, cœur, créativité.

Cyrus
300

Seigneur (grec). Cyrus II le Grand, fondateur de l'Empire perse, vécut au VIe siècle avant J.-C. Ce vieux prénom perse est essentiellement usité aux États-Unis et en Inde aujourd'hui. *Variantes :* Cyrius, Sirius, Syrius. *Caractérologie :* courage, dynamisme, indépendance, charisme, curiosité.

Czeslaw
550

Gloire immense (slave). Prénom polonais. *Variantes :* Ceslas, Ceszlaw. *Caractérologie :* rectitude, rêve, humanité, ouverture d'esprit, générosité.

D

Daegan
- de 100

Jour (vieux norrois), variante de Dagan. *Caractérologie :* dynamisme, courage, curiosité, indépendance, réalisation.

Dael
- de 100

Vallée (vieil anglais). Dael est également le nom d'une ville syrienne. *Caractérologie :* ténacité, fiabilité, méthode, sens du devoir, engagement.

Dagan
- de 100

Dieu des Semences et de l'Agriculture des populations sémitiques du Nord-Ouest, Dagan fut notamment révéré par les Philistins. Dagan signifie « grains » en hébreu. *Variantes :* Daeg, Dag, Dagane, Dagen. *Caractérologie :* rêve, humanité, rectitude, réalisation, ouverture d'esprit.

Dale
- de 100

Vallée (vieil anglais). Masculin anglais. *Caractérologie :* structure, sécurité, persévérance, honnêteté, efficacité.

Daley
- de 30

Fils de l'assemblée (irlandais). *Caractérologie :* relationnel, réussite, médiation, cœur, intuition.

Dalil
1 500 TOP 2 000

Guide (arabe). *Caractérologie :* diplomatie, sociabilité, réceptivité, bonté, loyauté.

Dalmar
- de 30

La mer (latin). *Caractérologie :* fiabilité, ténacité, sens du devoir, méthode, engagement.

Damian
1 500 TOP 700

Dompter (grec). Masculin anglais, roumain et néerlandais. Damian est également un choix traditionnel occitan et provençal. *Variante :* Damiano. *Caractérologie :* conseil, bienveillance, paix, décision, conscience.

Damien
122 000 TOP 600

Dompter (grec). Prénom français. Médecin syrien au IIIe siècle, saint Damien consacra sa vie à soigner les pauvres avant d'être condamné au martyre par Lysias, le gouverneur de la région. Il est le patron des médecins. *Variantes :* Damias, Damiens, Damijan, Damion, Damon. *Caractérologie :* autorité, innovation, ambition, énergie, décision.

Damon
450 TOP 2 000

Dompter (grec). Damon et Pythias symbolisent le lien indéfectible de l'amitié. Au Ve siècle avant J.-C., lorsque Pythéas fut condamné à mort par Denys le Jeune, le tyran de Syracuse, Damon se porta garant de Pythéas en l'absence de ce dernier. Il était sur le point d'être supplicié lorsque Pythéas apparut. Damon voulut mourir à la place de son ami et le combat qui s'ensuivit émut tant le tyran qu'il renonça à sa sentence en échange de leur amitié. Cette forme anglophone de Damien est plus particulièrement répandue aux États-Unis. *Caractérologie :* adaptabilité, relationnel, volonté, fidélité, médiation.

Dan
4 000 TOP 800

Dieu est mon juge (hébreu). Dan est très répandu dans les pays anglophones. Personnage biblique, Dan est le patriarche de la tribu des Danites, l'une des 12 tribus d'Israël. *Variantes :* Dane, Dann. *Caractérologie :* direction, audace, indépendance, dynamisme, assurance.

Danaël
250 TOP 2 000

Combinaison moderne de Daniel et Maël, ou fusion de « Dan » et « aël». *Caractérologie :* direction, indépendance, innovation, énergie, ambition.

Danaos
- de 30

Dans la mythologie grecque, Danaos est choisi par les dieux pour devenir roi d'Argos. *Caractérologie :* caractère, volonté, intégrité, réflexion, dévouement.

Danick
- de 100

L'étoile du matin (slave). *Caractérologie :* conscience, organisation, paix, bienveillance, détermination.

Daniel
324 000 TOP 200

Dieu est mon juge (hébreu). Un prophète de la Bible et plusieurs saints ont, dès les premiers siècles, popularisé ce nom dans l'Empire romain d'Orient. À la fin du Moyen Âge, Daniel devient assez fréquent dans les pays chrétiens, y compris slaves, se maintenant avec constance jusqu'au début du XIXe siècle. À l'issue d'une période de décrue, ce prénom rejaillit et brille sur la 3e marche du podium français en 1946. Il reste ensuite très attribué jusqu'au milieu des années 1970. ◇ L'Ancien Testament présente Daniel comme l'un de ses quatre grands prophètes. Lorsqu'il est capturé par Nabuchodonosor, le roi de Babylone, il ne reste pas longtemps son prisonnier : ses visions divines et sa faculté d'expliquer les songes en font rapidement l'un de ses plus proches conseillers. ◇ Prêtre solitaire, saint Daniel le Styliste vécut en Asie Mineure au Ve siècle. Il est fêté le 11 décembre. *Variantes :* Danaël, Danijel, Danilo, Danillo, Danyl. *Caractérologie :* intégrité, idéalisme, réflexion, altruisme, résolution.

Danny
3 000 TOP 900

Dieu est mon juge (hébreu). Masculin anglais. *Caractérologie :* persévérance, structure, sécurité, efficacité, réalisation.

Dante
600 TOP 2 000

Endurant (latin). Prénom italien. *Variante :* Dantes. *Caractérologie :* ambition, habileté, management, force, passion.

Dany
17 000 TOP 500

Dieu est mon juge (hébreu). Masculin français. *Variante :* Dani. *Caractérologie :* achèvement, vitalité, réussite, stratégie, ardeur.

Dao
- de 100

Philosophies (vietnamien). *Caractérologie :* intuition, relationnel, médiation, fidélité, adaptabilité.

Daoud
1 000 TOP 800

Forme arabe de David : aimé, chéri (hébreu). *Caractérologie :* rêve, rectitude, générosité, humanité, ouverture d'esprit.

Daouda
1 500 TOP 700

Forme africaine de David : aimé, chéri (hébreu). *Caractérologie :* innovation, autorité, énergie, ambition, autonomie.

Dara
160

Chêne (celte), perle de sagesse (hébreu), étoile (cambodgien), chef (turc), riche (persan), beau (swahili). *Caractérologie :* bienveillance, conscience, paix, conseil, sagesse.

Darcy
- de 100

Qui a le teint mat (irlandais). Ce prénom anglophone masculin est également attribué aux filles dans l'Hexagone. *Variante :* Darcie. *Caractérologie :* bienveillance, conscience, réussite, paix, conseil.

D

Darian
- de 100

Grec (latin). *Caractérologie :* résolution, intuition, fidélité, adaptabilité, médiation.

Dario
2 000 TOP 600

Voir Darius. Masculin italien. *Caractérologie :* relationnel, intuition, adaptabilité, médiation, fidélité.

Darius
1 500 TOP 500

Forme latine du perse antique *daraya*, « posséder », et *vahu*, « bon ». Trois rois perses ont porté ce prénom. Darius Ier, l'un des plus grands souverains de l'Asie occidentale, était d'une énergie et d'une intelligence vives. Il reconstitua l'unité de l'Empire perse et le légua à son fils Darius II. Vaincu par Alexandre, son petit-fils, Darius III, fut le dernier descendant des Achéménides. Dans l'Hexagone, ce prénom est plus traditionnellement usité en Occitanie. *Caractérologie :* humanité, tolérance, rectitude, rêve, générosité.

Daron
- de 30

Nom d'une province historique d'Arménie (arménien). *Caractérologie :* connaissances, sagacité, spiritualité, détermination, volonté.

Darren
1 000 TOP 800

Grand (irlandais). Masculin anglais. *Variante :* Daren. *Caractérologie :* famille, résolution, équilibre, influence, sens des responsabilités.

Daryl
1 500 TOP 700

Aimé (anglo-saxon). Masculin anglais. *Variantes :* Darrel, Darryl. *Caractérologie :* équilibre, famille, influence, sens des responsabilités, réalisation.

Dave
1 000

Aimé, chéri (hébreu). Masculin anglais. *Caractérologie :* dynamisme, curiosité, courage, charisme, indépendance.

David
303 000 TOP 100

Aimé, chéri (hébreu). Dans l'Ancien Testament, David est célèbre pour avoir terrassé le géant Goliath avec sa fronde, mettant un terme à la guerre qui opposait les Philistins à l'armée d'Israël. Cet épisode biblique a inspiré les œuvres de Michel-Ange, Titien et bien d'autres artistes. David est très répandu dans les pays anglophones depuis le Moyen Âge, notamment en Écosse qui a compté deux rois porteurs du nom. Malgré sa notoriété, ce prénom est rare avant le milieu du XXe siècle en France. Il rencontre un fort engouement une fois redécouvert, s'illustrant dans les cinq premiers rangs français tout au long des années 1970. On rencontre David et ses variantes (Daoud, Davud, Davo, Davut, etc.) dans le monde entier. ◇ Jeune berger dans l'Ancien Testament, David se distingue à la cour du roi grâce à ses talents de poète et de musicien hors pair. Il épouse la fille du roi Saül, et s'il commet l'adultère avec Bethsabée, son repentir n'en est pas moins exemplaire. Devenu roi, David rassemble les Hébreux et leur offre Jérusalem pour capitale. *Variantes :* Davey, Davi, Davie, Davit, Davo, Dawid, Deve. *Caractérologie :* engagement, ténacité, méthode, sens du devoir, fiabilité.

Davide
550

Aimé, chéri (hébreu). Masculin italien et corse. *Caractérologie :* rêve, ouverture d'esprit, rectitude, décision, humanité.

Davis
250

Fils de David (anglais). Plus courant sous forme de patronyme anglophone. *Variantes :* Davidson, Davison. *Caractérologie :* direction, dynamisme, audace, assurance, indépendance.

D

Davor
- de 30

Amour (slave). Masculin croate, serbe et slovène. *Caractérologie :* équilibre, affection, conseil, conscience, volonté.

Davut
160

Aimé, chéri (hébreu). Prénom suisse allemand. *Caractérologie :* audace, énergie, originalité, gestion, découverte.

Davy
9 000 TOP 2 000

Aimé, chéri (hébreu). On peut estimer que moins de 30 enfants seront prénommés ainsi en 2021. *Caractérologie :* sagacité, connaissances, spiritualité, réussite, originalité.

Dawson
1 000 TOP 2 000

Aimé, chéri (hébreu). Cette forme anglophone de David est apparue dans l'Hexagone à la suite de la série *Dawson*, diffusée sur TF1 en 1999. *Variante :* Dowson. *Caractérologie :* efficacité, persévérance, sécurité, structure, caractère.

Dayan
1 000 TOP 600

Juge (hébreu). Dayan est également un nom de famille particulièrement usité en Algérie ou au Maroc. *Variante :* Dayane. *Caractérologie :* humanité, rectitude, générosité, réalisation, ouverture d'esprit.

Dean
850 TOP 900

Vallée (vieil anglais). Masculin anglais et néerlandais. *Caractérologie :* exigence, influence, famille, équilibre, sens des responsabilités.

Delane
- de 30

Enfant de rival (irlandais). *Variantes :* Delaine, Delainey, Delan, Delaney, Delano, Delayno. *Caractérologie :* découverte, énergie, audace, séduction, originalité.

Delmar
- de 30

Mer (latin). Masculin anglais. *Variantes :* Delmor, Delmore. *Caractérologie :* habileté, passion, force, détermination, ambition.

Delphin
500

Dauphin (latin). Masculin français et anglais relativement répandu en Belgique. Dans l'Hexagone, le dérivé masculin Delphe est rarissime. *Variante :* Dauphin. Forme basque : Delfin. *Caractérologie :* audace, énergie, découverte, cœur, action.

Demba
1 500 TOP 1 000

Le troisième-né (soninké). Le soninké est une langue parlée en Afrique de l'Ouest. *Caractérologie :* sagacité, connaissances, philosophie, originalité, spiritualité.

Démétrien
- de 30

Amoureux de la terre (grec). *Caractérologie :* sociabilité, créativité, optimisme, pragmatisme, communication.

Denis
125 000 TOP 600

Fils de Dieu (grec). Dieu du Vin dans la mythologie grecque, Dionysos donne des racines anciennes à ce nom. Porté par un saint du IIIe siècle et attesté au Moyen Âge, Denis s'implante outre-Manche sous le règne de Guillaume le Conquérant. Il y devient assez fréquent et maintient son niveau d'occurrences jusqu'au XVIIe siècle. Son essor français est bien plus tardif : Denis monte aux portes du top 20 dans les années 1960 et prénomme plus de 1 000 nouveau-nés par an jusqu'en 1979.
◇ Missionnaire en Gaule au IIIe siècle, saint Denis fut le premier évêque de Paris. L'empereur Domitien le jugea trop influent et le fit décapiter sur le mont des Martyrs (aujourd'hui connu sous le nom de Montmartre). Saint Denis est le patron de la France. *Variantes :* Danis, Deniz, Dennis. *Caractérologie :* bienveillance, paix, conseil, détermination, conscience.

D

Les basques, bretons, corses et occitans

Les prénoms les plus attribués sur le plan national font décidément recette en régions. De la Picardie à la Provence, en passant par l'Auvergne, les classements régionaux font la part belle à Gabriel, Raphaël, Léo et Louis, les stars du palmarès français. Cela ne signifie pas que les prénoms à forte identité régionale ont disparu. Redécouverts et attribués par davantage de parents chaque année, ces derniers sont en plein essor, notamment en Bretagne, en Corse, au Pays basque ou en Occitanie. Certains gardent une identité régionale très marquée. Le basque Iban et le corse Lisandru sont presque exclusivement attribués dans leurs régions respectives.

D'autres prénoms connaissent tant de succès que leurs origines s'en trouvent oubliées. Matheo et Maël ont beau s'être répandus dans l'ensemble de la France, ils n'en restent pas moins bretons. Parce qu'ils grandissent dans l'ombre de stars nationales, ces petits noms apparaissent rarement dans les classements régionaux. Pour leur redonner une voix, nous avons réuni la garde montante des prénoms de tradition et d'identités basques, bretonnes, corses et occitanes. Ils sont dépourvus d'accents, conformément à l'usage traditionnel.

Les basques

Agustin, Aitor, Alfredo, Andoni, Andrea, Armando, Arno, Diego, Eneko, Esteban, Ettore, Fabrizio, Faustin, Felipe, Goran, Iban, Jaime, Javier, Joan, Jon, Julian, Julio, Leandro, Manuel, Martin, Mikel, Ozan, Pablo, Paco, Rafael, Ruben, Saverio, Stefan, Yael, Yan, Yoann, Yohan, Yorick, Youcef, Zacharia.

Notons que Rafael, Esteban et Martin maintiennent leur suprématie à la tête du palmarès basque.

Les bretons

Alan, Armel, Arthur, Bastian, Brendan, Brieuc, Elouan, Evan, Ewan, Gael, Goulven, Gildas, Gurvan, Gwenael, Gwendal, Josselin, Judicael, Kenan, Loan, Loïc, Mael, Malo, Matheo, Morgan, Nolan, Pol, Renan, Ronan, Suliac, Tanguy, Titouan*, Yael, Yann, Yoan, Youenn, Yves.

Dans les prénoms bretons, Arthur et Mael détiennent les records d'attribution.

Les corses

Andrea, Andria, Ange, Ange-Marie, Carlu, Lisandru, Lucca, Marc-Antoine, Marc'Andria, Marcu, Matteu, Orsu, Petru, Saverin, Salvo, Vito.

Gabriel, Baptiste et Antoine sont en tête des attributions actuelles dans l'île de Beauté, mais Andria, Marc-Antoine et Lisandru se distinguent dans les prénoms typiquement corses.

Les occitans

Agustin, Alan, Andeol, Andrea, Andrieu, Antime, Antoni, Arnaud, Auban, Aubin, Aumaric, Calixte, Carles, Cosme, Emilian, Enric, Esteve, Fabian, Felix, Felip, Gabin, Guibert, Guilhem, Jan, Joan, Jordan, Jordi, Julian, Leon, Lino, Lois, Martin, Matias, Roman, Titouan, Vital, Vivian.

Dans la sélection occitane, les choix dominants sont Gabin, Martin et Titouan.

Sur le plan national, Arthur, Gabin, Martin et Rafael sont les choix régionaux qui ont connu les plus fortes progressions.

*Bien que Titouan ait des origines occitanes, il est presque exclusivement attribué en Bretagne aujourd'hui.

Deniz
1 500 TOP 900

Mer (turc). Prénom mixte. *Caractérologie :* structure, sécurité, persévérance, efficacité, honnêteté.

Denovan
250

Puissant gouverneur (celte). Masculin anglais. *Caractérologie :* pratique, communication, adaptation, caractère, enthousiasme.

Denys
1 000

Fils de Dieu (grec). *Variantes :* Denny, Dennys. *Caractérologie :* méthode, fiabilité, engagement, ténacité, réalisation.

Denzel
400

Se rapporte au patronyme Denzil qui fut porté dès le XVIe siècle en Cornouailles, notamment par l'homme d'État Denzil Holles. Il signifierait « forteresse » en cornique. *Caractérologie :* sociabilité, communication, créativité, pragmatisme, optimisme.

Derek
450 TOP 2 000

Gouverneur du peuple (germanique). Masculin anglais. *Variantes :* Darrick, Darrik, Darryk, Dereck, Derrick. *Caractérologie :* savoir, intelligence, indépendance, méditation, sagesse.

Derick
140

Gouverneur du peuple (germanique). *Caractérologie :* énergie, originalité, audace, découverte, séduction.

Désiré
4 000

Désiré (latin). On peut estimer que moins de 30 enfants seront prénommés ainsi en 2021. *Variantes :* Désir, Désirat. *Caractérologie :* conseil, paix, bienveillance, détermination, conscience.

Desmond
- de 100 TOP 2 000

Homme du monde (celte). Masculin anglais et irlandais. *Caractérologie :* réceptivité, diplomatie, sociabilité, caractère, loyauté.

Devin
- de 30

Poète (gaélique). *Caractérologie :* idéalisme, intégrité, réflexion, dévouement, altruisme.

Devon
600 TOP 2 000

Dérivé de Devin, essentiellement féminin en Irlande et dans les pays anglophones. *Variante :* Davon. *Caractérologie :* conscience, bienveillance, paix, conseil, volonté.

Devy
250

Aimé, chéri (hébreu). *Variante :* Dewi. *Caractérologie :* médiation, relationnel, intuition, fidélité, adaptabilité.

Dewitt
- de 30

Blanc (néerlandais). Porté aussi sous forme de patronyme. *Caractérologie :* rectitude, rêve, humanité, ouverture d'esprit, générosité.

Diango
- de 100

Prénom malien dont la signification est inconnue. *Variante :* Django. *Caractérologie :* volonté, réussite, indépendance, curiosité, charisme.

Dick
- de 30

Puissant gouverneur (germanique). *Variante :* Dix. *Caractérologie :* rectitude, ouverture d'esprit, rêve, humanité, générosité.

Didier
211 000

Désiré, attendu (latin). Bien qu'il ait donné son nom à plusieurs saints et à de nombreuses communes françaises, Didier a été peu attribué par le passé. Il s'élance comme une nouveauté au

D

début des années 1940, et s'élève au point d'atteindre le 7e rang à son pic (en 1958). Il reste quelque temps dans l'élite avant de s'éclipser en fin de siècle. ◇Archevêque de Vienne au VIIe siècle, saint Didier fut assassiné sur l'ordre de la reine Brunehaut. La population scella son crime à jamais en bâtissant la commune de Saint-Didier-de-Chalarone autour du tombeau de l'archevêque. Il est fêté le 23 mai. On peut estimer que moins de 30 enfants seront prénommés ainsi en 2021. *Variante :* Diadie. *Caractérologie :* persévérance, sécurité, structure, efficacité, honnêteté.

Diego

19 000 TOP 100

Supplanter, talonner (hébreu). Cette forme espagnole de Jacques est très répandue dans les pays hispanophones. *Variante :* Diegue. *Caractérologie :* sécurité, structure, persévérance, volonté, efficacité.

Dieter

110

Gouverneur du peuple (germanique). Masculin allemand. *Caractérologie :* spiritualité, sagacité, connaissances, originalité, philosophie.

Dilan

1 000

Mer (gallois). *Variantes :* Dillan, Dilane, Dilhan. *Caractérologie :* méthode, fiabilité, ténacité, engagement, résolution.

Dimitri

38 000 TOP 400

Amoureux de la terre (grec). Dimitri est très répandu en Russie, en Italie, en Serbie et dans les pays slaves. *Variantes :* Dimitrios, Dimitris. *Caractérologie :* innovation, énergie, autorité, ambition, autonomie.

Dimitry

2 000

Amoureux de la terre (grec). Masculin anglais. On peut estimer que moins de 30 enfants seront prénommés ainsi en 2021. *Caractérologie :* habileté, force, ambition, management, passion.

Dino

1 000

Diminutif des prénoms qui se terminent avec le suffixe « dino ». *Caractérologie :* équilibre, famille, influence, sens des responsabilités, volonté.

Diogène

- de 30

De la famille de Dieu (grec). Masculin corse. *Caractérologie :* audace, découverte, originalité, énergie, volonté.

Diogo

1 000 TOP 1 000

Supplanter, talonner (hébreu). Ce prénom est particulièrement répandu au Portugal. *Caractérologie :* dynamisme, charisme, courage, indépendance, curiosité.

Dionisio

- de 100

Fils de Dieu (grec). *Variantes :* Dion, Dioni, Dionis. *Caractérologie :* résolution, sécurité, structure, volonté, persévérance.

Djamal

1 500

D'une grande beauté physique et morale (arabe). *Variante :* Djamale. *Caractérologie :* courage, dynamisme, indépendance, curiosité, charisme.

Djamel

7 000

D'une grande beauté physique et morale (arabe). On peut estimer que moins de 30 enfants seront prénommés ainsi en 2021. *Variantes :* Djamele, Djamil, Djemel. *Caractérologie :* altruisme, idéalisme, intégrité, réflexion, dévouement.

Djibril

7 000 TOP 300

Forme arabe de Gabriel : force de Dieu (hébreu). Dans le Coran, Djibril est l'ange porteur d'ordres et de châtiments divins. C'est lui qui révèle le Coran à Mahomet. Djibril est largement attribué dans les

D

cultures musulmanes. *Variante :* Jibril. *Caractérologie :* idéalisme, organisation, réflexion, gestion, intégrité.

Djilali
1 000

Respectable (kabyle). *Caractérologie :* adaptation, enthousiasme, générosité, pratique, communication.

Dolan
- de 100

Cheveux bruns (irlandais). Ce patronyme existe également sous forme de prénom. *Caractérologie :* assurance, ténacité, vision, ambition, indépendance.

Domenico
800

Qui appartient au Seigneur (latin). Domenico est très répandu en Italie. *Caractérologie :* analyse, équilibre, famille, volonté, éthique.

Domingo
450

Qui appartient au Seigneur (latin). Ce prénom est particulièrement répandu au Portugal. *Variante :* Mingo. *Caractérologie :* découverte, énergie, audace, caractère, originalité.

D

Dominique
205 000 TOP 2 000

Qui appartient au Seigneur (latin). Dérivés du latin *dominicus*, Dominique et ses différentes graphies (Dominic en Angleterre, Domingo en Espagne, Domenico en Italie, etc.) sont attribués dès le Moyen Âge. Ils deviennent, au fil du temps, très courants dans les familles catholiques. Dominique s'efface au XIXe siècle dans l'Hexagone et on le trouve en petite forme avant la Deuxième Guerre mondiale. Sa renaissance entraîne l'émergence, puis le vif succès de son féminin, ce qui le transforme en prénom mixte. Dans les deux genres, il brillera dans le top 10 français une bonne partie des années 1950. Aujourd'hui, Dominique est porté par une courte majorité d'hommes (58 %). ◇ Originaire de Castille, saint Dominique de Guzman fut prédicateur dans les campagnes du Languedoc. Il eut pour mission de combattre l'hérésie cathare et de ramener les Albigeois à la foi catholique. Fondateur en 1206 de l'ordre des Frères prêcheurs (plus tard appelé ordre des Dominicains), il est l'un des pères de l'Inquisition. On peut estimer que moins de 30 enfants seront prénommés ainsi en 2021. *Variantes :* Dom, Domen, Domengo, Dominico, Dominick, Dominik, Menault. *Caractérologie :* caractère, force, ambition, habileté, logique.

Domitien
- de 30

Celui qui a soumis (latin). *Variante :* Domitian. *Caractérologie :* stratégie, ardeur, achèvement, volonté, vitalité.

Don
500

Puissant gouverneur (celte). Masculin anglais. *Caractérologie :* conscience, bienveillance, paix, conseil, volonté.

Donagan
- de 30

Fête (arménien). *Caractérologie :* réalisation, réceptivité, diplomatie, sociabilité, volonté.

Donald
950

Puissant gouverneur (celte). Masculin écossais et anglais. *Caractérologie :* audace, originalité, découverte, énergie, caractère.

Donatien
2 000

Donation (latin). On peut estimer que moins de 30 enfants seront prénommés ainsi en 2021. *Variantes :* Donat, Donatio. *Caractérologie :* énergie, autorité, innovation, détermination, volonté.

Donovan
7 000 TOP 800

Ancien patronyme irlandais signifiant « brun foncé ». Donovan est très répandu en Irlande et dans les pays anglophones. *Variantes :* Donavan, Donovane, Donovann. *Caractérologie :* méthode, ténacité, fiabilité, engagement, volonté.

Doran
- de 100

Prénom anglophone inspiré d'un nom de famille irlandais signifiant « descendant de l'exil ». *Caractérologie :* intelligence, savoir, résolution, volonté, méditation.

Dorian
33 000 TOP 400

Don de Dieu (grec). Masculin anglais et occitan. *Variantes :* Doriand, Doriann. *Caractérologie :* savoir, décision, caractère, intelligence, méditation.

Doris
250

Don de Dieu (grec). *Caractérologie :* relationnel, médiation, intuition, fidélité, adaptabilité.

Doryan
1 500 TOP 2 000

Don de Dieu (grec). On peut estimer que moins de 30 enfants seront prénommés ainsi en 2021. *Variante :* Doryann. *Caractérologie :* dynamisme, volonté, réalisation, curiosité, courage.

Douglas
1 000

Rivière bleu foncé (celte). Masculin écossais et anglais. *Variante :* Doug. *Caractérologie :* spiritualité, sagacité, connaissances, originalité, réussite.

Dov
350 TOP 2 000

Ours (hébreu). *Caractérologie :* énergie, découverte, audace, originalité, séduction.

Dragan
700

Précieux (slave). Prénom serbe, croate, slovène et macédonien. *Caractérologie :* altruisme, intégrité, idéalisme, décision, réussite.

Drake
- de 30

Dragon (latin). Masculin anglais. *Variante :* Drago. *Caractérologie :* communication, créativité, pragmatisme, optimisme, détermination.

Driss
5 000 TOP 1 000

Diminutif d'Idriss : études, connaissance (arabe). *Variantes :* Dris, Dryss, Drice, Drisse. *Caractérologie :* sens des responsabilités, équilibre, famille, influence, exigence.

Duane
120

De petite taille, brun (irlandais). *Variantes :* Doan, Doane. *Caractérologie :* rectitude, humanité, générosité, ouverture d'esprit, rêve.

Duarte
300

Gardien des richesses (germanique). Ce prénom est particulièrement répandu au Portugal. *Caractérologie :* conscience, bienveillance, paix, organisation, résolution.

Duc
170

Désir (vietnamien). *Caractérologie :* audace, direction, indépendance, dynamisme, assurance.

Duncan
1 500

Tête brune (celte). Masculin écossais et anglais. On peut estimer que moins de 30 enfants seront prénommés ainsi en 2021. *Variante :* Dunkan. *Caractérologie :* créativité, communication, optimisme, pragmatisme, sociabilité.

Dusan
- de 100

Spirituel (slave). Prénom tchèque, serbe et slovaque. *Caractérologie :* découverte, originalité, énergie, audace, séduction.

Dusty
170

Se rapporte au patronyme Dustin qui signifie « pierre de Thor » (scandinave).

Variante : Dustin. *Caractérologie :* réalisation, vitalité, stratégie, achèvement, organisation.

Dylan
67 000 TOP 200

Mer (gallois). Dans les contes médiévaux des Mabinogion, Dylan disparaît dans la mer peu après sa naissance, ce qui lui vaut le surnom de « fils de la vague ». Ce masculin gallois est établi de longue date au pays de Galles. Il était inconnu en France jusqu'à son jaillissement, à la fin du XXe siècle. Sans même prendre le temps de se faire connaître, Dylan a bondi au 6e rang français en 1996 avant de se replier plus lentement. Il est désormais très répandu dans les pays anglophones et néerlandophones. *Variantes :* Dylane, Dylann, Dyllan. *Caractérologie :* réceptivité, sociabilité, diplomatie, réalisation, sympathie.

E

Ea
- de 30

Feu (irlandais). *Caractérologie :* sens des responsabilités, équilibre, famille, influence, exigence.

Earvin
110

Ami (germanique). *Caractérologie :* paix, bienveillance, conscience, conseil, résolution.

Édan
500 TOP 900

Variante d'Aïdan : petit feu (celte). *Caractérologie :* sagesse, conscience, paix, bienveillance, conseil.

Eddie
4 000

Diminutif des prénoms formés avec Ed. Masculin anglais. On peut estimer que moins de 30 enfants seront prénommés ainsi en 2021. *Variantes :* Ed, Eddi, Edi, Edie. *Caractérologie :* intégrité, altruisme, réflexion, idéalisme, dévouement.

Eddine
300

Religion (arabe). *Caractérologie :* dynamisme, curiosité, courage, indépendance, charisme.

Eddy
24 000 TOP 2 000

Diminutif des prénoms formés avec Ed. Eddy est très répandu dans les pays anglophones. *Variante :* Edy. *Caractérologie :* relationnel, médiation, intuition, fidélité, adaptabilité.

Éden
19 000 TOP 50

L'étymologie de ce prénom ne fait pas l'unanimité. Il pourrait signifier « délices » en hébreu, « fructueux » en araméen, et « plaine », ou « steppe », en akkadien. *Caractérologie :* énergie, innovation, autonomie, ambition, autorité.

Edern
400

De très grande taille (gallois). Masculin gallois et breton. *Caractérologie :* direction, assurance, audace, dynamisme, indépendance.

Edgar
7 000 TOP 400

Lance riche (germanique). Edgar est répandu dans les pays anglophones. *Caractérologie :* stratégie, vitalité, achèvement, détermination, réalisation.

Edgard
3 000

Lance riche (germanique). Masculin français. On peut estimer que moins de 30 enfants seront prénommés ainsi en 2021. *Caractérologie :* réalisation,

Éden

Fête :
1er novembre

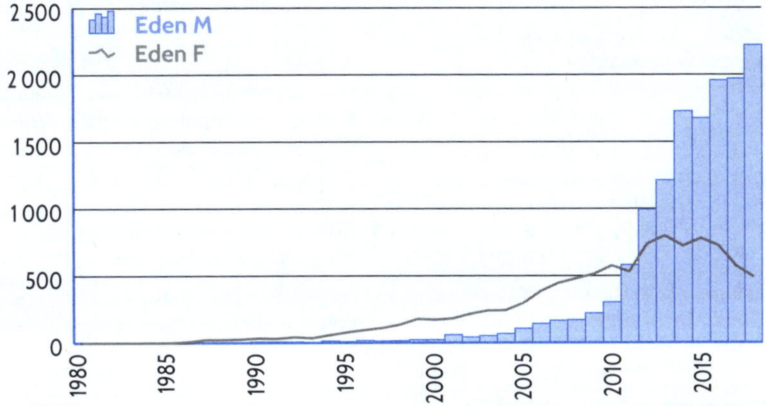

Étymologie

L'étymologie de ce prénom ne fait pas l'unanimité. Il pourrait signifier « délices » en hébreu, « fructueux » en araméen, et « plaine », ou « steppe », en akkadien. Mais dans la Genèse, le jardin d'Éden est sans équivoque le jardin des Délices. Un lieu planté par Dieu lui-même, dans lequel vécurent Adam et Ève, le premier couple de l'humanité. Ce jardin merveilleux évoque la notion de paradis terrestre.

Usité par les puritains anglais au XVIIe siècle, Éden apparaît pour la première fois en France en 1977. Ce prénom est alors exclusivement masculin, mais il change très vite de genre, au point que 85 % des enfants nés sous ce nom en 2002 sont des filles. Cela ne l'empêche pas de nous surprendre de nouveau : en 2011, en pleine poussée de croissance, la forme masculine reprend l'avantage et propulse Éden en 27e position. Il ne s'est pas arrêté en si bon chemin puisqu'il devrait s'imposer dans le top 20 national en 2021. Il peut également se prévaloir d'être l'un des prénoms mixtes les plus attribués en France.

En dehors de l'Hexagone, Éden a percé dans les tableaux masculins suisse et wallon. C'est au féminin qu'il frémit dans les pays anglophones.

Eden est le titre d'un manga d'Hiroki Endo et d'une bande dessinée de Maret et Cabrera, ouvrages parus dans les années 2000. En 1999, Vince a également fait paraître une bande dessinée portant ce titre homonyme. Dans un autre registre, Éden est le nom choisi par Étienne Daho pour intituler son album sorti en 1996 (idée reprise par le groupe Fawn en 2011). Dans les années 1950, ce nom a inspiré un roman célèbre, *À l'est d'Éden*, de John Steinbeck dont Elia Kazan a tiré un film.

Personnes célèbres

Eden Hazard, footballeur international belge, né en 1991 ; Eden Ben Basat, footballeur international israélien, né en 1986.

Statistiques

Éden est le 93e prénom masculin le plus donné en France depuis l'an 2000. Il est attribué à près d'un garçon sur 145 aujourd'hui. Au féminin, Éden devrait prénommer une fille sur 800 cette année.
À noter : Éden est masculin dans 86 % de ses attributions dans l'Hexagone.

E

communication, pratique, enthousiasme, détermination.

Edis
- de 100

Gardien des richesses (germanique). *Caractérologie :* autorité, innovation, ambition, décision, énergie.

Edmond
13 000 TOP 2 000

Riche protecteur (germanique). Masculin français et occitan. On peut estimer que moins de 30 enfants seront prénommés ainsi en 2021. *Variantes :* Edmé, Edmon, Edmondo, Edmont, Edmund. *Caractérologie :* autorité, innovation, énergie, volonté, ambition.

Édouard
36 000 TOP 200

Gardien des richesses (germanique). Ce nom porté par huit rois d'Angleterre (Edward) est très courant outre-Manche depuis le haut Moyen Âge. Sa vogue, plus tardive en France, se manifeste essentiellement au XIXe siècle. Au début des années 1900, il figure encore dans les quarante premiers rangs avant de se faire plus discret. Édouard n'a jamais disparu des maternités ; il pourrait redécoller dans les prochaines années. ◇ Couronné roi d'Angleterre en 1041, Édouard fut l'un des souverains les plus aimés des Anglais. Pieux et bon, il protégea les pauvres en diminuant leurs impôts et en favorisant le développement d'une justice pour tous. Contrairement à ses successeurs, il s'efforça de préserver la paix sous son règne. Il est appelé « saint Édouard le Confesseur » en hommage à sa compassion et à sa capacité d'écoute. *Caractérologie :* courage, curiosité, raisonnement, volonté, dynamisme.

Édric
- de 100

Prospère, puissant (germanique). Masculin anglais. *Caractérologie :* optimisme, communication, pragmatisme, créativité, sociabilité.

Edris
- de 100

Puissant, prospère (germanique), ou variante moderne d'Idriss. *Caractérologie :* dynamisme, direction, indépendance, audace, détermination.

Eduardo
950 TOP 2 000

Gardien des richesses (germanique). Eduardo est répandu en Italie. *Variante :* Edouardo. *Caractérologie :* volonté, courage, dynamisme, curiosité, analyse.

Edur
- de 30

Neige (basque). *Caractérologie :* optimisme, pragmatisme, communication, sociabilité, créativité.

Edward
2 000 TOP 900

Gardien des richesses (germanique). Masculin anglais. *Variantes :* Édard, Édouart, Edvard, Edwart. *Caractérologie :* innovation, autorité, énergie, décision, ambition.

Edwin
3 000 TOP 2 000

Riche ami (germanique). Masculin anglais. *Variantes :* Edvin, Edwyn. *Caractérologie :* innovation, autorité, énergie, autonomie, ambition.

Efflam
250

Rayonnant, brillant (celte). Prénom breton. *Caractérologie :* intelligence, caractère, savoir, méditation, indépendance.

Egan
- de 100

Feu (celte). Masculin irlandais. *Variantes :* Egann, Egon. *Caractérologie :* indépendance, curiosité, dynamisme, courage, charisme.

Egun
- de 30

Jour (basque). *Caractérologie :* sympathie, sociabilité, réceptivité, loyauté, diplomatie.

E

Éli
1 500 TOP 400

Le Seigneur est mon Dieu (hébreu). Eli est très répandu en Israël, dans les pays anglophones et scandinaves. C'est aussi un choix traditionnel occitan. *Caractérologie :* ambition, habileté, passion, force, management.

Élia
350

Le Seigneur est mon Dieu (hébreu). Elia est plus traditionnellement usité en Italie et en Corse. Malgré sa mixité, Élia est très largement féminin. *Variantes :* Élya, Elyo, Ilia, Ilya. *Caractérologie :* idéalisme, réflexion, altruisme, détermination, intégrité.

Eliad
- de 100

Dieu éternel (hébreu). Masculin anglais. *Variante :* Elead. *Caractérologie :* persévérance, structure, sécurité, efficacité, décision.

Éliam
700 TOP 600

Dieu du peuple (hébreu). *Caractérologie :* ténacité, détermination, méthode, fiabilité, engagement.

Élian
3 000 TOP 600

Le Seigneur est mon Dieu (hébreu). *Variante :* Élien. *Caractérologie :* dynamisme, curiosité, courage, indépendance, décision.

Élias
15 000 TOP 200

Le Seigneur est mon Dieu (hébreu). Masculin grec, portugais, allemand, scandinave, également usité dans les cultures arabes et musulmanes (Élias est une variante d'Élie, prophète reconnu par le Coran). *Variantes :* Éliasse, Éllias, Hélias. *Caractérologie :* énergie, autorité, ambition, détermination, innovation.

Eliaz
700 TOP 1 000

Le Seigneur est mon Dieu (hébreu). Prénom breton. *Variante :* Eliez. *Caractérologie :* achèvement, vitalité, stratégie, ardeur, détermination.

Élie
20 000 TOP 200

Forme francisée du nom hébreu Elijah signifiant « le Seigneur est mon Dieu ». L'histoire d'Élie est ancienne, puisqu'on le recense sous la forme d'Élias chez les Grecs et les Latins. Élias et ses formes dérivées se propagent à partir du IXe siècle, après le martyre de saint Élie, un prêtre espagnol de Cordoue. Au XVIe siècle, la Réforme fait redécouvrir Ellis, Eliott, Hélias et Élie en Europe. Sauvés de l'oubli, ces prénoms réapparaissent épisodiquement, comme aux XIXe et XXe siècles. À défaut d'avoir connu la gloire, Élie a remporté, aux côtés du Héli breton, quelques succès récents : il reprend depuis les années 1980 un cours ascendant. ◊ Prophète de l'Ancien Testament, Élie annonce à Achab, le roi d'Israël, que son culte impie sera sanctionné par la colère du dieu Yahvé. Après plusieurs années de sécheresse, Élie convoque le peuple et les prêtres de Baal sur le mont Carmel. Il prédit alors le retour de la pluie au peuple converti d'Israël. Plus tard, lorsque Jéhu succède au roi Achab, Élie choisit Élisée comme successeur avant de s'élever vers le ciel sur un char de feu. *Variantes :* Éliel, Élien, Ellis, Elly, Ély. *Caractérologie :* efficacité, sécurité, structure, honnêteté, persévérance.

Eliel
400 TOP 2 000

Le Seigneur est mon Dieu (hébreu). *Caractérologie :* sagacité, philosophie, connaissances, spiritualité, originalité.

Eliezer
250

Le Seigneur est mon Dieu (hébreu). *Caractérologie :* stratégie, vitalité, ardeur, achèvement, leadership.

La législation française

Les parents d'aujourd'hui ont une liberté de choix de prénom qui leur fut longtemps contestée. Pendant la Révolution, les lois françaises imposaient aux parents de choisir les prénoms selon qu'ils étaient en usage dans les différents calendriers ou dans une liste qui incluait des personnages de l'histoire ancienne. Un prénom peu conformiste n'avait aucune chance d'être accepté par les fonctionnaires d'État.

Dans les années 1960, la montée des identités régionales pousse de nombreuses familles à se rebeller contre le système. Bon nombre de parents décident alors de maintenir leur choix de prénoms, au risque de priver l'enfant d'une existence civile reconnue. L'instruction ministérielle du 12 avril 1966 élargit, fort heureusement, le répertoire de prénoms recevables à des prénoms tirés de la mythologie, aux prénoms régionaux et aux prénoms composés. Elle tolère même, dans certains cas, les diminutifs et les variations.

Ce n'est qu'en 1993 que la loi s'assouplit réellement, garantissant l'acceptabilité de n'importe quel prénom dans la mesure où il ne contrevient pas à l'intérêt de l'enfant. De tels cas ne surviennent que très rarement. Cependant, un prénom qui paraît grossier ou péjoratif, qui présente une consonance ridicule ou semble d'une extrême complexité à porter, peut être contesté par l'officier de l'état civil. De plus, la préservation du droit des tiers à voir protéger leur nom de famille interdit, en théorie, l'attribution de prénoms qui sont des patronymes célèbres.

Dans les cas où ces limites ne sont pas respectées, l'officier d'état civil informe le procureur de la République du choix effectué par les parents. Le procureur peut alors à son tour saisir le juge aux affaires familiales. Si ce dernier estime que le prénom sort du cadre autorisé par la loi, il en ordonne la suppression des registres d'état civil. Dans ce cas de figure, le juge a le pouvoir d'attribuer un autre prénom, à moins que les parents ne conviennent d'un nouveau choix légalement acceptable.

Titeuf, Princesse-Rebecca, Fraise et Nutella recalés

En 2012, un enfant prénommé Titeuf s'est vu interdire son prénom par la justice. La Cour de cassation, qui avait été saisie en appel, a expliqué ainsi son jugement : « L'association au personnage de pré-adolescent naïf et maladroit risque de constituer un réel handicap pour l'enfant devenu adolescent puis adulte, tant dans ses relations personnelles que professionnelles. »

En 2015, le tribunal de Besançon a jugé que Princesse-Rebecca, choisi par des parents originaires du Togo, avait une consonance trop ridicule ou fantaisiste, et l'a interdit. La même année, Nutella, nom commercial d'une pâte à tartiner, a été interdit pour des raisons évidentes. Puis ce fut le tour de Fraise, dont le juge craignait qu'elle soit « nécessairement à l'origine de moqueries, notamment avec l'utilisation de l'expression "Ramène ta fraise" ».

Le juge a proposé Fraisine qui figure désormais, avec Framboise, dans l'inventaire des prénoms français. Notons que Cerise, Prune et Pomme prénomment à eux trois plus de 4 000 Françaises et que les expressions contenant ces noms peuvent également être utilisées négativement (« bien fait pour ta pomme », « se prendre une prune », « avoir la cerise »).

Poteau pour Griezmann Mbappé !

En 2018, quelques mois après la coupe du monde de football, à Brive, des parents fans de ballon rond ont voulu baptiser leur fils Griezmann Mbappé. Ce choix n'a pas passé les sélections des services d'état civil. Le

E

procureur, saisi par le juge aux affaires familiales, a invité les parents à choisir un autre prénom. C'est chose faite : le petit corrézien s'appelle désormais Dany Noé !

Jihad transformé en Jahid
En 2018, un juge aux affaires familiales de Toulouse a invalidé le choix de prénom Jihad. Une année plus tard, la situation s'est reproduite à Dijon. Dans le contexte des attentats commis au nom du djihadisme, les juges ont choisi, dans l'intérêt de l'enfant, d'intervertir deux des voyelles du prénom, et c'est Jahid qui a été inscrit dans les registres d'état civil.

Signes diacritiques
Après maints refus de la justice et plusieurs appels depuis le début des années 2000, un projet de décret devrait autoriser, en 2020, l'attribution de prénoms régionaux comportant des signes diacritiques. Si ce décret est voté, Aña, Fañch et Martí pourront enfin arborer leurs identités basque, bretonne et catalane.

Élio
9 000 TOP 100 ↑

Le Seigneur est mon Dieu (hébreu). Elio (sans accent) est très répandu en Italie. *Variante :* Élyo. *Caractérologie :* courage, curiosité, indépendance, dynamisme, analyse.

Elior
250 TOP 2 000 ↘

Dieu est ma lumière (hébreu). *Caractérologie :* découverte, raisonnement, audace, séduction, originalité.

Eliot
11 000 TOP 200 →

Le Seigneur est mon Dieu (hébreu). Eliot est particulièrement répandu dans les pays anglophones. *Caractérologie :* indépendance, intelligence, savoir, méditation, raisonnement.

Eliott
23 000 TOP 50 →

Il est vraisemblable qu'Eliott se rattache, comme Élie, à une forme francisée du nom hébreu Elijah signifiant « le Seigneur est mon Dieu ». Ce prénom répandu dans les pays anglophones a peu de passé en France. Il s'y envole soudainement en 1983, l'année suivant l'immense succès d'*E.T.* (film de Steven Spielberg dans lequel le jeune héros se prénomme Eliott). Ce prénom progresse dans le classement national et vient de percer dans le top 50. *Caractérologie :* tolérance, rectitude, humanité, rêve, analyse.

Elis
- de 100

Le Seigneur est mon Dieu (hébreu). *Caractérologie :* idéalisme, altruisme, réflexion, volonté, intégrité.

Élisée
550 ↗

Dieu a aidé (hébreu). *Variantes :* Élisien, Elisio. Forme basque : Eliseo. *Caractérologie :* audace, direction, dynamisme, indépendance, détermination.

Elliot
8 000 TOP 300 →

Le Seigneur est mon Dieu (hébreu). Elliot est particulièrement répandu dans les pays anglophones. *Caractérologie :* analyse, direction, audace, dynamisme, indépendance.

Elliott
2 000 TOP 500 ↗

Le Seigneur est mon Dieu (hébreu). Masculin anglais. *Caractérologie :* communication, enthousiasme, raisonnement, pratique, adaptation.

Elmer
- de 30

Noble, célèbre (germanique). Masculin anglais. *Variante :* Ulmer. *Caractérologie :*

E

vitalité, achèvement, leadership, stratégie, ardeur.

Elmo
- de 30

Amical (grec). Masculin italien et anglais. *Caractérologie :* rectitude, humanité, rêve, volonté, ouverture d'esprit.

Éloan
2 000 TOP 500

Lumière (celte). Ce dérivé récent d'Élouan s'orthographie également sans accent. *Variantes :* Eloann, Iloan. *Caractérologie :* relationnel, intuition, fidélité, adaptabilité, médiation.

Éloi
6 000 TOP 400

Élu (latin). Masculin français. *Caractérologie :* découverte, énergie, audace, originalité, logique.

Eloïm
- de 100

Forme francisée d'Elohim : la main de Dieu (hébreu). *Caractérologie :* rectitude, humanité, volonté, générosité, analyse.

Éloïs
300

Illustre au combat (germanique). *Caractérologie :* décision, paix, bienveillance, conscience, logique.

Élouan
8 000 TOP 400

Lumière (celte). Originaire d'Irlande, saint Elouan mena une vie d'ermite en Bretagne au VIIᵉ siècle. Il est honoré dans une chapelle de Saint-Guen (Côtes-d'Armor), où se trouve son tombeau. Ce prénom est très populaire en Bretagne. *Variantes :* Élouann, Élouen, Élouane. *Caractérologie :* curiosité, indépendance, dynamisme, courage, charisme.

Éloy
300 TOP 2 000

Élu (latin). Prénom espagnol. *Caractérologie :* communication, enthousiasme, pratique, adaptation, bonté.

Elrad
- de 30

Dieu commande (hébreu). *Caractérologie :* décision, méthode, fiabilité, ténacité, engagement.

Elric
700

Roi de tous (germanique). *Variante :* Elrick. *Caractérologie :* intuition, relationnel, médiation, fidélité, adaptabilité.

Elton
170

De la vieille ville (anglais). Masculin anglais. *Caractérologie :* communication, pratique, enthousiasme, adaptation, générosité.

Elvin
600

Elfe, ami (vieil anglais). *Variante :* Elwin. *Caractérologie :* ambition, management, passion, force, habileté.

Elvis
2 000 TOP 2 000

Ce prénom, rendu célèbre par le chanteur américain Elvis Presley (1935-1977), est une variante d'Alvis, prénom scandinave signifiant, en vieux norrois, « omniscient », ou une variante anglaise d'Elwin. Masculin anglais. On peut estimer que moins de 30 enfants seront prénommés ainsi en 2021. *Variante :* Elwis. *Caractérologie :* ténacité, méthode, fiabilité, engagement, résolution.

Élyas
3 000 TOP 300

Forme arabe et persane d'Élie : le Seigneur est mon Dieu (hébreu). *Variante :* Élyass. *Caractérologie :* achèvement, sympathie, stratégie, vitalité, ardeur.

Élyes
4 000 TOP 600

Forme arabe et persane d'Élie : le Seigneur est mon Dieu (hébreu). *Variantes :* Élies, Éliesse, Élyess, Élyesse, Hélies. *Caractérologie :* pratique,

E

communication, enthousiasme, adaptation, bonté.

Élysée
- de 100

Dieu est serment (hébreu). *Caractérologie :* ambition, passion, force, habileté, sympathie.

Elzéar
- de 100

Secours de Dieu (hébreu). Elzear est plus traditionnellement usité en Occitanie, notamment en Provence. *Variante :* Elzéard. *Caractérologie :* méthode, fiabilité, ténacité, engagement, détermination.

Emanuel
1 000 TOP 1 000

Dieu est avec nous (hébreu). Masculin allemand et scandinave. *Caractérologie :* vitalité, achèvement, ardeur, stratégie, leadership.

Émeric
9 000 TOP 2 000

Puissant (germanique). Masculin français. On peut estimer que moins de 30 enfants seront prénommés ainsi en 2021. *Variantes :* Émerick, Émerik, Émery, Émeryc, Émmeric, Émmerie, Émmery. *Caractérologie :* stratégie, achèvement, ardeur, leadership, vitalité.

Emerson
250

Fils d'Emery (vieil anglais). *Caractérologie :* habileté, détermination, force, volonté, ambition.

Emil
750 TOP 1 000

Travailleur (germanique). Masculin allemand, slave, scandinave et anglais. *Caractérologie :* créativité, optimisme, sociabilité, pragmatisme, communication.

Émile
35 000 TOP 200

Travailleur (germanique). Ce nom porté par une grande famille romaine renaît en France au XVIe siècle. Il atteint son sommet durant la vie d'Émile Zola (1840-1902), se manifestant aussi bien en Allemagne (Emil) qu'au Portugal ou en Espagne (Emilio). Émile reste assez attribué dans l'Hexagone jusqu'à sa disparition progressive dans les années 1920. Mais le retour du rétro le fait frémir de nouveau. Émile pourrait briguer de nouveaux trophées dans les prochaines années. ◇ Général romain né vers 230 avant J.-C, Lucius Æmilius Paullus vainquit Persée, le dernier roi de Macédoine, à Pydna. Au IIIe siècle, un saint portant ce nom fut condamné au martyre à Carthage pour avoir proclamé sa foi. *Caractérologie :* vitalité, achèvement, stratégie, leadership, ardeur.

Émilien
17 000 TOP 500

Travailleur (germanique). Ermite espagnol, saint Émilien fonda l'ermitage de San Millan à Tarragone au VIe siècle. Émilien est un prénom français. *Caractérologie :* engagement, ténacité, méthode, sens du devoir, fiabilité.

Emilio
4 000 TOP 300

Travailleur (germanique). Emilio est très répandu en Italie, dans les pays hispanophones et lusophones. *Variantes :* Emil, Emilian, Emiland, Emiliano, Emilion, Emille, Mil, Milio. *Caractérologie :* intégrité, altruisme, idéalisme, raisonnement, volonté.

Émin
750 TOP 900

Loyal, digne de confiance (arabe). *Variante :* Émine. *Caractérologie :* charisme, indépendance, dynamisme, curiosité, courage.

Emir
4 000 TOP 300

Gouverneur, décret (turc). *Variantes :* Emire, Emirhan, Emircan. *Caractérologie :* humanité, rectitude, rêve, ouverture d'esprit, générosité.

E

Emmanuel
120 000 TOP 300

Dieu est avec nous (hébreu). Masculin français et anglais. En donnant ce nom à l'enfant que portait une jeune femme vierge, le prophète Isaïe désigna avec une certaine ambiguïté le Messie à venir. Par la suite, Emmanuel a été identifié au Christ par les chrétiens. Forme basque : Imanol. *Caractérologie :* adaptation, générosité, enthousiasme, pratique, communication.

Emre
3 000 TOP 1 000

Frère (turc). *Variantes :* Emra, Emrah. *Caractérologie :* courage, indépendance, charisme, dynamisme, curiosité.

Emrick
550

Maître de maison (germanique). *Variante :* Emric. *Caractérologie :* indépendance, curiosité, dynamisme, courage, charisme.

Emrys
1 000 TOP 700

Forme galloise d'Ambroise, du grec *ambrosios*, immortel. Emrys apparaît comme l'un des noms de Merlin dans les textes de Geoffroy de Monmouth. Ces écrits datent du XIIe siècle et constituent la source principale de la légende arthurienne. *Variante :* Emris. *Caractérologie :* force, habileté, ambition, détermination, réalisation.

Énaël
1 500 TOP 400

Combinaison de la sonorité « én » et des prénoms se terminant en « aël ». *Caractérologie :* assurance, dynamisme, audace, indépendance, direction.

Eneko
900 TOP 900

À moi (basque). Eneko est également une forme basque d'Ignace signifiant « feu » en latin. *Caractérologie :* énergie, découverte, audace, séduction, originalité.

Enes
3 000 TOP 500

Ami (turc). *Caractérologie :* intuition, relationnel, fidélité, médiation, résolution.

Enguerran
750

Ange, corbeau (germanique). Voir Enguerrand. *Variante :* Engueran. *Caractérologie :* fiabilité, méthode, détermination, ténacité, bonté.

Enguerrand
1 500

Ange, corbeau (germanique). Enguerrand de Marigny fut le ministre du roi Philippe IV le Bel, mais c'est grâce aux *Rois maudits*, de Maurice Druon, que ce prénom français a été redécouvert. Enguerrand est un choix traditionnel occitan. On peut estimer que moins de 30 enfants seront prénommés ainsi en 2021. *Variante :* Enguerand. *Caractérologie :* sympathie, vitalité, stratégie, achèvement, réalisation.

Enis
1 000 TOP 2 000

Ami (turc). *Variantes :* Enis, Ennis, Enys. *Caractérologie :* résolution, diplomatie, sociabilité, réceptivité, loyauté.

Enki
350

Dans la mythologie sumérienne, Enki est le dieu des Eaux souterraines. Enes Bilal, dit Enki Bilal, né en 1951 à Belgrade, est un réalisateur, dessinateur de bandes dessinées français. *Caractérologie :* optimisme, sociabilité, pragmatisme, communication, créativité.

Énoah
180 TOP 2 000

Combinaison de la lettre É et de Noah, ou variante d'Enoha. *Caractérologie :* savoir, médiation, culture, intelligence, sagesse.

Enoha
1 000 TOP 600

Parfums (tahitien). *Caractérologie :* sagacité, philosophie, spiritualité, originalité, connaissances.

E

Enos
- de 30

Être humain (hébreu). *Caractérologie :* passion, ambition, force, habileté, management.

Enrick
750

Maître de maison (germanique). Variante catalane et occitane : Enric. *Caractérologie :* famille, équilibre, influence, sens des responsabilités, exigence.

Enrico
600

Maître de maison (germanique). Masculin italien. *Variante :* Enriko. *Caractérologie :* audace, indépendance, direction, dynamisme, raisonnement.

Enrique
2 000 TOP 2 000

Maître de maison (germanique). Masculin espagnol. On peut estimer que moins de 30 enfants seront prénommés ainsi en 2021. *Caractérologie :* habileté, ambition, force, passion, management.

Enver
- de 100

Beauté, intelligence (turc). *Caractérologie :* ambition, innovation, autorité, autonomie, énergie.

Enzo
115 000 TOP 50

Forme italienne d'Henri, du germain *heim*, « maison », et *ric*, « puissant », d'où la signification « maître de maison ». C'est en 1988 que *Le Grand Bleu* sort sur les écrans et qu'Enzo, l'un de ses héros, séduit le public. L'impact du film de Luc Besson est immédiat. Propulsé au zénith à une vitesse fulgurante, Enzo trône sur le palmarès français de 2004 à 2007, avant de céder sa couronne à Lucas.
◇ Fils naturel de l'empereur germanique Frédéric II, Enzo devint roi de Sardaigne en 1242. Il s'illustra par son courage en combattant, aux côtés de son père, contre le pape et les Génois à la Meloria. Mais après avoir conquis une grande partie du Milanais, il fut vaincu et capturé. Prisonnier, il fut assigné à résidence dans un palais bolognais où il établit une cour somptueuse jusqu'à sa mort, en 1272. *Variante :* Enso. *Caractérologie :* équilibre, influence, éthique, famille, exigence.

Eoen
- de 30

Bien né (grec). Cette forme irlandaise d'Eugène est connue en Irlande et dans les pays anglophones. *Caractérologie :* créativité, pragmatisme, communication, adéquation, optimisme.

Eoghan
- de 100

Bien né (grec). Eoghan est une forme irlandaise et écossaise d'Eugène. *Variante :* Eogan. *Caractérologie :* dynamisme, curiosité, charisme, courage, indépendance.

Éole
200 TOP 2 000

Soleil (breton), vent (grec). Dans la mythologie grecque, Éole est le maître des vents. *Caractérologie :* dynamisme, direction, audace, indépendance, assurance.

Éphraïm
600 TOP 2 000

Fructueux (hébreu). Éphraïm est le fils de Joseph dans l'Ancien Testament. *Variante :* Éphrem. *Caractérologie :* connaissances, spiritualité, sagacité, ressort, réalisation.

Épiphane
200

Illustre (grec). Nom porté par plusieurs souverains qui succédèrent à Alexandre le Grand. Épiphane est également un surnom que l'on appliquait aux dieux de l'Olympe. *Caractérologie :* générosité, résolution, fiabilité, idéalisme, détermination.

Eren
2 000 TOP 600

Saint (turc). *Caractérologie :* paix, bienveillance, conscience, sagesse, conseil.

Erhan
300

Chef courageux (turc). *Variantes :* Eran, Érane. *Caractérologie :* innovation, autorité, ambition, énergie, décision.

Éric
299 000 TOP 500 →

Noble souverain (germanique). Voir Erik. Ce grand prénom scandinave a été, sous ses différentes graphies, porté par plus de 20 rois suédois et danois. Issu d'une autre lignée, Erik le Rouge, navigateur et explorateur norvégien du Xe siècle, est également célèbre pour avoir fondé la première colonie du Groenland. En dehors de son berceau nordique, Erik émerge en Allemagne et en Angleterre au XIXe siècle. Il gagne la France bien plus tard, dans les années 1940. Doté d'un « c » final, il se hisse au 3e rang masculin en 1965 avant de chuter fortement.
◇ Saint Erik, roi de Suède, améliora la condition des femmes et christianisa son pays au XIIe siècle. Il mourut assassiné par un prince danois à Uppsala. *Caractérologie :* ambition, force, passion, habileté, management.

Erich
200

Noble souverain (germanique). Masculin allemand. *Caractérologie :* savoir, intelligence, méditation, indépendance, sagesse.

Erick
6 000 TOP 2 000 ↑

Noble souverain (germanique). En dehors de l'Hexagone, ce prénom est particulièrement porté dans les pays anglophones. *Variante :* Erico. *Caractérologie :* indépendance, dynamisme, audace, direction, assurance.

Erik
3 000 ↗

Noble souverain (germanique). Plus de 20 rois suédois et danois ont porté ce prénom. Saint Erik, roi de Suède, améliora la condition des femmes et christianisa son pays au XIIe siècle. Il mourut assassiné par un prince danois à Uppsala. *Caractérologie :* sagacité, philosophie, connaissances, spiritualité, originalité.

Ernest
10 000 TOP 300 ↑

Qui mérite (germanique). En dehors de l'Hexagone, ce prénom est particulièrement porté dans les pays anglophones et en Allemagne. *Variantes :* Arnst, Erneste, Ernie, Erno, Ernst. *Caractérologie :* résolution, idéalisme, intégrité, altruisme, réflexion.

Ernesto
550 ↗

Qui mérite (germanique). Masculin italien, espagnol, portugais et occitan. *Caractérologie :* paix, détermination, bienveillance, conscience, conseil.

Erol
350

Noble (anglais), fort, courageux (turc). *Caractérologie :* énergie, découverte, originalité, audace, logique.

Éros
500 →

Fils d'Aphrodite, Éros est le dieu de l'Amour dans la mythologie grecque. *Caractérologie :* pratique, communication, enthousiasme, adaptation, décision.

Ersin
350

Illuminé (turc). *Caractérologie :* engagement, diplomatie, résolution, loyauté, intuition.

Ervin
350 ↘

Ami (germanique). *Caractérologie :* originalité, audace, découverte, énergie, séduction.

Erwan
39 000 TOP 200 ↘

If (celte). Masculin français et breton. *Variantes :* Ervan, Ervin, Erwoan. *Caractérologie :* sagacité, spiritualité, originalité, connaissances, détermination.

E

Ethan

Pas de fête connue

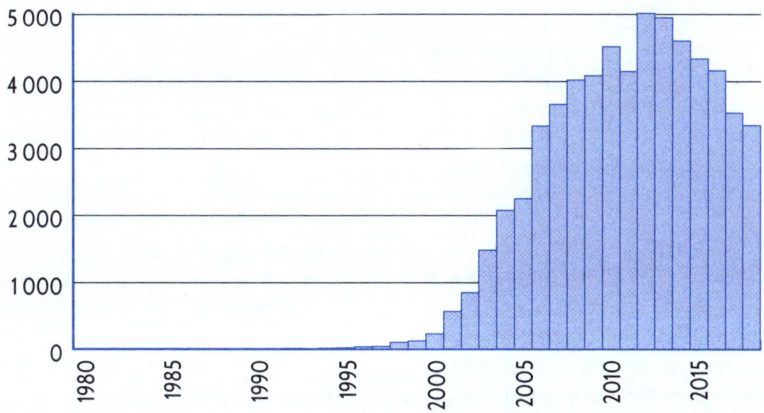

Étymologie

Forme d'Etan qui signifie en hébreu « fort, ferme ». Redécouvert outre-Atlantique dans les années 1990, ce prénom biblique renaît après deux millénaires d'éclipse. Et de quelle manière ! Sa diffusion est planétaire. Son parcours français ne fait pas figure d'exception. Après avoir timidement émergé en 1989 (trois naissances), puis plus résolument les années suivantes, Ethan s'est envolé. Il se maintient aujourd'hui dans le top 15 masculin.

Plusieurs éléments expliquent cette percée. Outre le fait qu'Ethan ait déjà fait carrière dans les pays anglophones, ce choix de cinq lettres s'inscrit dans la vogue française des prénoms courts. De plus, sa carrière a été galvanisée par la gloire des terminaisons en « an » (Kylian, Nathan, Nolan).

En dehors de l'Hexagone, Ethan se maintient en haut du palmarès de nombreux pays anglophones. En Espagne, sa forme ibérique, Izan, se place au 17e rang. Sa cote est aussi observée dans la bulle francophone, où il se distingue dans les tops 20 wallon et romand. Il grandit également au Québec, où l'on pensait que sa forte identité anglophone freinerait ses ambitions. Notons que la forme hébraïque Etan (aussi orthographiée Etân) est peu usitée en France.

Etan est un prénom porté par trois personnages de l'Ancien Testament. Le premier, lévite, chante et joue de la cymbale pendant le transfert de l'Arche à Jérusalem ; le deuxième, fils de Mahol, fait preuve d'une si grande sagesse qu'elle est comparée à celle du roi Salomon ; le troisième est l'un des petits-fils de Judas.

Personnes célèbres

Ethan Coen, un cinéaste américain qui a produit, avec son frère Joel, les films *Fargo* (1996) et *The Barber* (2001) ; Ethan Hawke, acteur et réalisateur américain, né en 1970.

Statistiques

Ethan est le 19e prénom masculin le plus donné en France depuis l'an 2000. Il est attribué à près d'un garçon sur 120 aujourd'hui.

E

Erwann
7 000 TOP 800

If (celte). Masculin français et breton. *Caractérologie :* communication, pragmatisme, optimisme, créativité, résolution.

Erwin
2 000

Ami (germanique). On peut estimer que moins de 30 enfants seront prénommés ainsi en 2021. *Variante :* Erwine. *Caractérologie :* équilibre, sens des responsabilités, famille, exigence, influence.

Ésaïe
650 TOP 2 000

Dieu est mon salut (hébreu). Prophète de l'Ancien Testament, Isaïe dénonça les pratiques impies du peuple et du roi Manassé. Il mourut martyr sur l'ordre de ce dernier vers 701. Ésaïe est la forme francisée. *Caractérologie :* communication, pratique, enthousiasme, détermination, adaptation.

Esteban
30 000 TOP 100

Couronné (grec). Cette forme espagnole d'Étienne a émergé dans les années 1980, au moment où le dessin animé *Les Mystérieuses Cités d'or* était diffusé pour la première fois. Esteban, le personnage héroïque de cette série, a fait bien des émules. *Variantes :* Estebane, Estebann, Estefan, Estevan, Estheban. *Caractérologie :* optimisme, communication, créativité, pragmatisme, sociabilité.

Estève
250

Couronné (grec). Dans l'Hexagone, Estève est plus traditionnellement usité en Occitanie et en Provence. C'est aussi un choix traditionnel catalan. Formes basques : Estebe, Istebe. *Caractérologie :* honnêteté, persévérance, structure, sécurité, efficacité.

Ethan
67 000 TOP 50

Fort, ferme (hébreu). *Variantes :* Etan, Etane, Etann, Ethane, Ethann. *Caractérologie :* pratique, enthousiasme, adaptation, communication, sensibilité.

Éthaniel
- de 100

Contraction d'Ethan et Daniel. *Caractérologie :* intuition, relationnel, finesse, médiation, résolution.

Étienne
51 000 TOP 500

Couronné (grec). De nombreux saints, plusieurs papes et souverains ont porté cette forme française de Stéphane. La popularité de saint Étienne, l'un des premiers diacres martyrs de l'Église, fut si grande que ce prénom supplanta Stéphane à partir du XIVe siècle. Sa prééminence, d'une grande longévité, ne prit fin qu'à la gloire naissante de Stéphane à la fin des années 1950. Étienne figurait dans le top 70 masculin à la fin des années 1990 et se raréfie aujourd'hui. *Caractérologie :* humanité, rectitude, rêve, tolérance, générosité.

Ettore
110

Constant, qui retient (grec). Ce prénom italien est également usité dans le Pays basque. *Variante :* Etore. *Caractérologie :* intuition, relationnel, fidélité, médiation, adaptabilité.

Euclide
- de 30

Bon, juste, gloire (grec). Né vers -300 avant J.-C., Euclide est l'un des plus grands mathématiciens de l'Antiquité. Ses travaux et découvertes ont servi de base à la géométrie pendant plus de 2 000 ans. Aujourd'hui encore, les collégiens le connaissent bien grâce aux divisions euclidiennes. *Caractérologie :* séduction, découverte, énergie, originalité, audace.

E

Eudes
550 ↘

Noble, fortuné (latin). *Variante :* Eudelin. *Caractérologie :* idéalisme, intégrité, réflexion, altruisme, dévouement.

Eudore
- de 30

Beau présent (grec). *Caractérologie :* dynamisme, analyse, courage, indépendance, caractère.

Eugène
16 000 TOP 600 ↗

Bien né (grec). Comme son étymologie l'indique, ce nom désignait à l'origine le fils de bonnes familles. Il fut, dès les premiers siècles, porté par plusieurs saints. Quatre papes assurèrent ensuite sa visibilité tout au long du Moyen Âge. Eugène et ses variantes se propagent dans toutes les langues européennes, notamment dans les pays slaves et en Russie, où il est révéré par les orthodoxes. Au sommet de sa carrière française dans la seconde moitié du XIXe siècle, il s'illustre parmi les dix premiers rangs. Eugène est encore placé 20e en 1908, au seuil d'un reflux qui le voit disparaître dans les années 1960. Il devrait se manifester de nouveau dans les prochaines années. ◇ Au VIe siècle, saint Eugène de Carthage défendit l'Église malgré les persécutions d'Huméric, le roi des Vandales. *Variantes :* Eoen, Eugen, Eugénien, Eugenius, Eugenio, Gènes. *Caractérologie :* pratique, cœur, communication, enthousiasme, adaptation.

Eustache
400

Récolte abondante (grec). *Caractérologie :* gestion, audace, direction, attention, dynamisme.

Eutrope
- de 100

De tempérament calme (grec). *Caractérologie :* autorité, énergie, cœur, innovation, logique.

Evan
44 000 TOP 100 ↘

If (celte), bien né, jeune guerrier (vieil irlandais), ou forme galloise de Jean. À l'exception du pays de Galles, où ses occurrences se multiplient à partir du XVIe siècle, Evan n'a guère été attribué autrement que sous une forme patronymique (Evan, Ievan). C'est bien plus tard que le prénom se propage hors de son berceau gallois pour gagner l'ensemble des pays anglophones. L'engouement pour les prénoms irlando-bretons a favorisé son essor en France à la fin des années 1990. Il s'est hissé au seuil du top 20 masculin en 2010 à son apogée. *Variantes :* Évane, Ivane. *Caractérologie :* famille, équilibre, éthique, influence, exigence.

Évandre
- de 30

Variante d'Évariste ou contraction d'Evan et Alexandre d'usage moderne. *Caractérologie :* paix, conscience, bienveillance, résolution, conseil.

Evann
5 000 TOP 500 ↘

Voir Evan. Evann est répandu dans les pays anglophones. *Caractérologie :* sociabilité, diplomatie, loyauté, réceptivité, bonté.

Evans
1 000 TOP 2 000 ↘

Fils d'Evan (anglais). Masculin anglais. *Caractérologie :* philosophie, connaissances, spiritualité, sagacité, originalité.

Évariste
600

Agréable (grec). *Variante :* Evaristo. *Caractérologie :* altruisme, idéalisme, détermination, intégrité, réflexion.

Even
1 500 TOP 800 ↘

Île, chance, victoire (vieux norrois), forme bretonne d'Yves. Masculin breton et scandinave. *Variante :* Iwen. *Caractérologie :* dynamisme, direction, audace, indépendance, assurance.

E

Évence
- de 100

Forme francisée du prénom Evans : fils d'Evan (anglais). Évence est apparu dans les années 2000 dans l'Hexagone. *Caractérologie :* idéalisme, dévouement, réflexion, altruisme, intégrité.

Évrard
350

Puissant ours sauvage (germanique). Évrard est plus traditionnellement usité en Alsace, dans les Flandres et en Provence. *Variantes :* Éberhard, Everard, Everhard. *Caractérologie :* audace, découverte, originalité, énergie, décision.

Ewan
6 000 TOP 600

If (celte), bien né, jeune guerrier (vieil irlandais), ou forme galloise de Jean. Voir Evan. Ewan est très répandu dans les pays anglophones. C'est aussi un choix breton traditionnel. *Variante :* Ewann. *Caractérologie :* savoir, indépendance, méditation, intelligence, sagesse.

Ewen
12 000 TOP 200

Voir Evan. Ewen est particulièrement attribué en Angleterre et en Bretagne. *Variantes :* Ewenn, Ewin, Evyn, Evon, Iwan. *Caractérologie :* réceptivité, diplomatie, sociabilité, bonté, loyauté.

Eymeric
800

Puissant (germanique). *Variantes :* Eymard, Eymerick. *Caractérologie :* équilibre, sens des responsabilités, famille, sympathie, influence.

Eytan
900 TOP 2 000

Fort, ferme (hébreu). *Variante :* Eythan. *Caractérologie :* intuition, relationnel, médiation, adaptabilité, fidélité.

Ézéchiel
1 500 TOP 600

Dieu donne la force (hébreu). *Caractérologie :* énergie, innovation, ambition, autorité, autonomie.

Ezio
5 000 TOP 200

Aigle (latin). Prénom italien. *Caractérologie :* autorité, énergie, innovation, autonomie, ambition.

Ezra
1 000 TOP 300

Aide (hébreu). Selon un livre de l'Ancien Testament qui porte son nom, Ezra est un prophète qui a mené environ 5 000 exilés judéens de Babylone à Jérusalem en 459 avant J.-C. Ce prénom a été particulièrement usité durant la Réforme dans les pays anglophones. *Caractérologie :* curiosité, dynamisme, indépendance, détermination, originalité.

E

F

Fabian
4 000 TOP 2 000

Fève (latin). Masculin anglais, allemand, roumain et occitan. On peut estimer que moins de 30 enfants seront prénommés ainsi en 2021. *Variante :* Fabiano. *Caractérologie :* famille, éthique, équilibre, détermination, influence.

Fabien
107 000 TOP 2 000

Fève (latin). Masculin français. *Caractérologie :* direction, audace, indépendance, décision, dynamisme.

Fabio
8 000 TOP 400

Fève (latin). Masculin italien. *Variante :* Fabricio. *Caractérologie :* famille, influence, équilibre, éthique, exigence.

Fabrice
128 000 TOP 2 000

Fabricateur (latin). Au XIXe siècle, Stendhal a contribué à la vogue de ce prénom en faisant de Fabrice del Dongo le héros de son roman *La Chartreuse de Parme.* ◇ On sait peu de choses sur saint Fabrice de Tolède, si ce n'est qu'il mourut martyr au IIIe siècle. Ce prénom français est un choix traditionnel occitan et provençal. On peut estimer que moins de 30 enfants seront prénommés ainsi en 2021. *Caractérologie :* vitalité, stratégie, résolution, achèvement, analyse.

Fabrizio
650

Fabricateur (latin). Masculin italien. *Caractérologie :* découverte, audace, originalité, séduction, énergie.

Fadi
1 000 TOP 2 000

Celui qui porte secours (arabe). *Variante :* Fady. *Caractérologie :* intuition, adaptabilité, médiation, relationnel, fidélité.

Faël
400 TOP 2 000

Heureux présage (arabe). *Caractérologie :* sagesse, paix, bienveillance, conseil, conscience.

Fahim
1 000 TOP 600

Intelligent, qui apprend facilement (arabe). *Variantes :* Fahem, Fahmi. *Caractérologie :* ambition, autonomie, innovation, autorité, énergie.

Falco
- de 30

Faucon (basque). *Caractérologie :* famille, équilibre, exigence, sens des responsabilités, influence.

Fanch
300

Forme bretonne de François : libre, français (latin). Fañch est l'orthographe originale qui pourrait bientôt être officiellement reconnue. Après maints refus de la justice et plusieurs appels depuis le début des années 2000, un projet de décret devrait autoriser en 2020 l'attribution de prénoms régionaux comportant des signes diacritiques. Si ce décret est voté, Aña, Fañch et Martí pourront enfin arborer leurs identités basque, bretonne et catalane. *Caractérologie :* audace, énergie, originalité, découverte, séduction.

Faniel
- de 30

Heureux (vieil anglais). Masculin anglais. *Variante :* Fane. *Caractérologie :* résolution, analyse, intuition, médiation, relationnel.

Fantin
450

Enfant (latin). *Caractérologie :* énergie, innovation, ambition, résolution, autorité.

Faouzi
1 500

Victorieux (arabe). On peut estimer que moins de 30 enfants seront prénommés ainsi en 2021. *Variante :*

Fawzi. *Caractérologie :* analyse, équilibre, influence, famille, sens des responsabilités.

Farès
8 000 TOP 300

Chevalier, valeureux comme un lion (arabe). *Variantes :* Faress, Faresse. *Caractérologie :* efficacité, sécurité, structure, persévérance, décision.

Farid
17 000 TOP 2 000

Unique (arabe). Ce prénom est particulièrement répandu dans les cultures musulmanes francophones. On peut estimer que moins de 30 enfants seront prénommés ainsi en 2021. *Variantes :* Faride, Farrid, Férid. *Caractérologie :* intuition, adaptabilité, relationnel, médiation, fidélité.

Faris
550

Chevalier, valeureux comme un lion (arabe). *Caractérologie :* achèvement, stratégie, ardeur, leadership, vitalité.

Farouk
2 000

Celui qui discerne le bien du mal (arabe). On peut estimer que moins de 30 enfants seront prénommés ainsi en 2021. *Variantes :* Farik, Faruk. *Caractérologie :* altruisme, intégrité, idéalisme, gestion, logique.

Fatih
2 000 TOP 2 000

Victorieux (arabe). On peut estimer que moins de 30 enfants seront prénommés ainsi en 2021. *Variantes :* Fatah, Fatèh, Fathi, Fathy, Fati, Feti, Fety, Fethy. *Caractérologie :* ambition, force, habileté, management, passion.

Faust
- de 100

Heureux, fortuné (latin). Masculin anglais. *Variante :* Fauste. *Caractérologie :* structure, sécurité, organisation, persévérance, efficacité.

Faustin
1 500 TOP 1 000

Heureux, fortuné (latin). Dans l'Hexagone, Faustin est plus traditionnellement usité au Pays basque et en Occitanie. *Variantes :* Faustino, Fausto. *Caractérologie :* humanité, rectitude, rêve, détermination, raisonnement.

Fayçal
3 000 TOP 2 000

Juge (arabe). *Variantes :* Faïçal, Faïsal, Faïssal, Fayçel, Faysal, Fayssal. *Caractérologie :* enthousiasme, pratique, communication, adaptation, générosité.

Federico
400

Pouvoir de la paix (germanique). Federico est très répandu dans les pays hispanophones et en Italie. *Caractérologie :* logique, médiation, relationnel, caractère, intuition.

Félicien
3 000 TOP 2 000

Heureux (latin). On peut estimer que moins de 30 enfants seront prénommés ainsi en 2021. *Variantes :* Félice, Felician, Feliciano. *Caractérologie :* logique, ouverture d'esprit, rêve, humanité, rectitude.

Felipe
850

Qui aime les chevaux (grec). Ce prénom espagnol est très répandu dans les pays hispanophones. Forme occitane : Felip. *Caractérologie :* stratégie, sympathie, vitalité, achèvement, analyse.

Félix
23 000 TOP 200

Heureux (latin). En dehors de l'Hexagone, Felix est très répandu en Allemagne et en Autriche. Formes basques et bretonnes : Feliz, Filiz, Heliz. *Caractérologie :* intuition, relationnel, médiation, analyse, fidélité.

Ferdinand
4 000 TOP 600

Courageux, aventurier (germanique). Masculin allemand, français, néerlandais, tchèque et occitan. *Variante :* Ferdi.

F

Les tops 20 québécois, romand et wallon

Les palmarès ci-dessous sont fondés sur les données les plus récentes des instituts statistiques du Québec (Régie des rentes du Québec), de la Suisse (Office fédéral suisse de la statistique), et de la Belgique (Institut national de statistique de la Belgique). Les prénoms sont classés par ordre décroissant d'attribution.

Le top 20 québécois (2019)

1. Liam
2. William
3. Thomas
4. Léo
5. Noah
6. Logan
7. Nathan
8. Félix
9. Raphaël
10. Édouard
11. Émile
12. Jacob
13. Arthur
14. Charles
15. Alexis
16. Louis
17. Adam
18. James
19. Samuel
20. Victor

Le top 20 suisse romand (2018)

1. Liam
2. Gabriel
3. Arthur
4. Noah
5. Louis
6. Léo
7. Nathan
8. Lucas*
9. Enzo
10. Ethan
11. Adam
12. Léon
13. Nolan
14. Thomas
15. Luca*
16. Matteo
17. Aaron
18. Evan
19. Théo
20. Samuel

Le top 20 wallon (2018)

1. Gabriel
2. Louis
3. Hugo
4. Jules
5. Arthur
6. Liam
7. Victor
8. Raphaël
9. Noah
10. Tom
11. Nathan
12. Lucas
13. Théo
14. Éden
15. Adam
16. Ethan
17. Sacha
18. Léo
19. Diego
20. Baptiste

La tendance irlando-celte a trouvé en Liam une nouvelle figure de proue : ce dernier conforte sa place dans les élites francophones et parvient même à supplanter William en 1re position au Québec.

Relégué aux portes du top 20 québécois, Gabriel continue de régner sans partage dans les classements wallon et suisse romand. Il vient renforcer, si besoin en était, la vague des prénoms de l'Ancien Testament qui se déploie chez les parents francophones. Ainsi, ils placent souvent Adam, Ethan, Jacob, Noah, Nathan et Samuel dans leurs premiers choix. Après avoir longtemps plébiscité David, les Suisses romands font entrer Aaron dans la course. Éden, présent dans le top 20 belge depuis plus de 5 ans, doit probablement plus son succès aux prouesses du champion de football, Éden Hazard, qu'à une influence biblique.

Autre dynamique qui ne faiblit pas, les prénoms rétro. Mais là encore, chaque contrée assume ses goûts. Nos voisins du plat pays portent au pinacle Louis et Jules, et ressuscitent Baptiste, peu prisé dans les autres régions francophones. De l'autre côté des Alpes, Arthur et Louis tiennent leurs rangs dans le top 5, et sortent Léon de l'anonymat. Ce prénom, en pleine ascension en France, mais absent du top 20, prend les devants en Suisse. Les Québécois, tout aussi sensibles au charme désuet de ces prénoms, ont jeté leur dévolu sur Émile, Édouard, Charles et Victor.

Les Romands font également la part belle aux prénoms italiens qui résonnent bien dans la partie italophone du pays. Matteo et Enzo, en perte de vitesse dans les autres pays, continuent à séduire les Helvètes. Et si l'on additionnait ses deux graphies, Luca(s)* prendrait la 1re place du top suisse romand.

Les Québécois aiment se distinguer tant de leur voisin américain que de leurs anciens cousins français. Ils jonglent avec les sonorités francophone et anglophone et créent leurs propres tendances. Ainsi continuent-ils d'apprécier Logan. Mais ce prénom, qui désigne une voiture de marque française, aura du mal à percer sur le Vieux Continent. Alexis, avec sa prononciation atypique, pourra difficilement convaincre au-delà de leur frontière sud.

Caractérologie : communication, pragmatisme, résolution, optimisme, volonté.

Fergus
- de 30

Choix (irlandais). Masculin écossais et irlandais. *Caractérologie* : sympathie, sécurité, persévérance, structure, analyse.

Fernand
24 000

Courageux, aventurier (germanique). Navigateur portugais, Fernand de Magellan a découvert en 1520 le détroit auquel il a donné son nom. En France, Fernand s'est placé à la 21e place du classement masculin en 1920, son dernier pic de popularité. *Variantes* : Ferando, Fernandez, Ferran, Ferrando. *Caractérologie* : achèvement, vitalité, volonté, stratégie, détermination.

Fernando
4 000

Courageux, aventurier (germanique). Fernando est très répandu dans les pays hispanophones et lusophones. *Caractérologie* : résolution, courage, dynamisme, volonté, curiosité.

Ferréol
300

De fer (latin). *Variantes* : Féréol, Ferrero, Ferruccio, Ferrucio, Feruccio, Ferucio, Ferrer. *Caractérologie* : savoir, intelligence, méditation, indépendance, logique.

Fiacre
- de 100

Se rapporte à saint Fiacre, moine irlandais qui vécut en France au VIIe siècle. Il est le patron des jardiniers. Fiacre est plus traditionnellement usité en Occitanie. *Caractérologie* : résolution, sens des responsabilités, famille, équilibre, analyse.

Filipe
2 000

Qui aime les chevaux (grec). Ce prénom est particulièrement répandu au Portugal. On peut estimer que moins de 30 enfants seront prénommés ainsi en 2021. *Variantes* : Filip, Filipp, Filipo, Filipus, Filippo. *Caractérologie* : pratique, sympathie, analyse, communication, enthousiasme.

Finn
140

Blanc, clair (gaélique). *Caractérologie* : indépendance, méditation, intelligence, sagesse, savoir.

Firmin
3 000 TOP 900

Fermeté, rigueur (latin). Prénom français. Saint Firmin, évêque d'Uzès au VIe siècle, est invoqué venir en aide aux caractères faibles. Forme basque : Fermin. *Caractérologie* : paix, bienveillance, conseil, conscience, volonté.

Flavien
14 000 TOP 2 000

Couleur jaune, blond (latin). Masculin français. On peut estimer que moins de 30 enfants seront prénommés ainsi en 2021. *Variantes* : Flavian, Flavy. *Caractérologie* : famille, équilibre, caractère, sens des responsabilités, logique.

Flavio
4 000 TOP 500

Couleur jaune, blond (latin). Masculin italien, espagnol et portugais. Dans l'Hexagone, Flavio est plus traditionnellement usité en Provence. *Caractérologie* : diplomatie, sociabilité, loyauté, analyse, réceptivité.

Fleury
190

En floraison (latin). *Variante* : Florimon. *Caractérologie* : conscience, bienveillance, sympathie, paix, analyse.

Flint
- de 30

Ruisseau (anglo-saxon). Masculin anglais. *Caractérologie* : sagacité, spiritualité, connaissances, analyse, originalité.

Floran
550

En floraison (latin). *Variantes* : Florant, Florancio. *Caractérologie* : analyse, pragmatisme, communication, optimisme, résolution.

F

Floréal
500

En floraison (latin). Ce nom désignait également la période du printemps dans le calendrier révolutionnaire. *Caractérologie :* conscience, paix, bienveillance, logique, décision.

Florent
65 000 TOP 700

En floraison (latin). Masculin français. *Caractérologie :* altruisme, idéalisme, réflexion, intégrité, logique.

Florentin
5 000 TOP 2 000

En floraison (latin). Florentin est plus particulièrement répandu en Roumanie. On peut estimer que moins de 30 enfants seront prénommés ainsi en 2021. *Variante :* Florentino. *Caractérologie :* découverte, énergie, audace, analyse, originalité.

Florestan
300

En floraison (latin). *Caractérologie :* réceptivité, sociabilité, diplomatie, décision, logique.

Florian
125 000 TOP 500

En floraison (latin). En dehors de l'Hexagone, Florian est répandu dans les pays anglophones et germanophones. Saint Florian est le patron de l'Autriche. *Variantes :* Florain, Floriant, Florien, Florin, Floride, Flory, Floryan. Forme basque : Floriano. *Caractérologie :* détermination, pratique, raisonnement, communication, enthousiasme.

Florient
600

En floraison (latin). *Caractérologie :* idéalisme, altruisme, intégrité, réflexion, analyse.

Florimond
550

En floraison (latin). *Variante :* Florimon. *Caractérologie :* méditation, savoir, intelligence, caractère, logique.

Floris
800

En floraison (latin). Floris est plus particulièrement répandu dans les cultures néerlandophones. *Variante :* Florice. *Caractérologie :* sagacité, philosophie, raisonnement, spiritualité, originalité.

Floyd
160

Cheveux gris (gallois). *Caractérologie :* achèvement, vitalité, ardeur, leadership, stratégie.

Forrest
- de 30

Patronyme anglophone dérivé du nom *forest* (« forêt » en ancien français). Forrest est également le prénom du héros de *Forrest Gump*, film très célèbre de Robert Zemeckis produit en 1994. Les premiers Forrest de France sont nés en 1996. *Caractérologie :* intuition, relationnel, médiation, fidélité, détermination.

Fortune
650

Heureux, fortuné (latin). *Caractérologie :* raisonnement, altruisme, intégrité, idéalisme, réflexion.

Foster
- de 30

Gardien de forêt (anglais). Masculin anglais. *Caractérologie :* fidélité, intuition, relationnel, médiation, décision.

Fouad
5 000 TOP 2 000

Généreux, qui a du cœur (arabe). On peut estimer que moins de 30 enfants seront prénommés ainsi en 2021. *Variantes :* Foad, Fouaad, Fouade, Fouede, Fouhad. *Caractérologie :* adaptabilité, relationnel, intuition, fidélité, médiation.

Foucauld
650 TOP 2 000

Peuple de la forêt (germanique). Se rapporte également à Charles de Foucauld, prêtre assassiné en 1916 à Tamanrasset. *Variante :* Foucault. *Caractérologie :* intuition, médiation, adaptabilité, relationnel, fidélité.

F

Foued
1 000 ↗

Généreux, qui a du cœur (arabe). *Variante :* Fouhed. *Caractérologie :* bienveillance, conscience, caractère, paix, conseil.

Foulques
170

Peuple (germanique). *Caractérologie :* résolution, relationnel, raisonnement, assurance, sociabilité.

Franc
800

Libre, français (latin). *Caractérologie :* équilibre, détermination, sens des responsabilités, famille, raisonnement.

France
650

Libre, français (latin). *Caractérologie :* sociabilité, diplomatie, réceptivité, décision, logique.

Francesco
3 000 TOP 2 000 →

Libre, français (latin). Masculin italien. On peut estimer que moins de 30 enfants seront prénommés ainsi en 2021. *Caractérologie :* enthousiasme, pratique, communication, raisonnement, détermination.

F

Francis
111 000 TOP 2 000 →

Libre, français (latin). Cette forme anglaise de François, répandue depuis des siècles dans les pays anglophones, a connu son apogée en France en 1952. Après avoir culminé au 20e rang masculin, elle s'est repliée pour disparaître à la fin du siècle. On peut estimer que moins de 30 enfants seront prénommés ainsi en 2021. *Variante :* Francys. *Caractérologie :* savoir, intelligence, méditation, analyse, résolution.

Francisco
6 000 TOP 2 000 ↗

Libre, français (latin). Masculin espagnol et portugais. *Caractérologie :* détermination, spiritualité, connaissances, raisonnement, sagacité.

Francisque
600

Libre, français (latin). *Caractérologie :* analyse, audace, énergie, découverte, résolution.

Franck
168 000 TOP 2 000 ↘

Libre, français (latin). Évocateur du peuple des Francs, ce diminutif de Francis a surgi dans l'Hexagone au milieu des années 1960. Sans faire de grandes vagues, Franck s'est placé au 13e rang français à son sommet. Il est beaucoup moins répandu que le Frank anglophone ou germanophone qui a décollé dès le milieu du XIXe siècle dans de nombreux pays. On peut estimer que moins de 30 enfants seront prénommés ainsi en 2021. *Caractérologie :* stratégie, achèvement, détermination, vitalité, raisonnement.

Francky
2 000

Libre, français (latin). *Variantes :* Franco, Francki, Franckie, Franki, Frankie. Formes bretonnes : Soaig, Soizic. *Caractérologie :* sympathie, sens des responsabilités, équilibre, famille, analyse.

Franco
2 000

Libre, français (latin). Masculin espagnol et italien. *Caractérologie :* raisonnement, pragmatisme, communication, optimisme, créativité.

François
230 000 TOP 600 →

Ce prénom ancien a été porté par plusieurs saints, deux rois de France, et plus récemment, deux présidents français et un pape. Il vient du latin *francus*, « homme libre », et signifie également « le Français » depuis que saint François d'Assise, né sous le nom de Giovanni, fut renommé Francesco par son père : ce dernier revenait si heureux d'un voyage d'affaires en France qu'il voulut ainsi rendre hommage à ce pays. Au XIIIe siècle, Francesco et François se

Changement de prénom

En 2016, la loi de modernisation de la justice du XXIe siècle a grandement simplifié la procédure du changement de prénom. Avant cette loi, il fallait passer par un avocat, déposer la requête au tribunal, puis être entendu par un juge aux affaires familiales et un procureur. Autant dire que la démarche était longue et coûteuse... Depuis février 2017, il suffit de déposer un dossier, à sa mairie de naissance ou de résidence, auprès d'un officier d'état civil.

Contrairement au changement de patronyme, cette procédure est gratuite. Plus simple, elle n'est pas automatique pour autant. L'officier d'état civil doit en apprécier « l'intérêt légitime ». La circulaire du 17 février 2017 est venue éclaircir les zones d'ombre qui persistaient dans l'application de la loi et a notamment précisé ces critères. Ainsi, il y a un « intérêt légitime » à changer de prénom dans les cas suivants :

- la suppression ou la modification d'un prénom ridicule (seul ou associé au nom) ;
- les difficultés pour les porteurs d'un prénom vis-à-vis des autorités étrangères (pour l'orthographe ou la prononciation) ;
- la « francisation » d'un prénom ;
- l'ajout ou la suppression d'un tiret dans un prénom composé ;
- le retour au prénom d'origine lorsque le changement n'a pas été fait par la personne qui porte le prénom ;
- la perpétuation d'une coutume familiale ;
- l'usage prolongé d'un autre nom que celui figurant à l'état civil.

Il convient de fournir à l'officier d'état civil des pièces justifiant le bien-fondé de sa requête, par exemple, des documents prouvant que l'on est connu sous le prénom souhaité par son entourage familial, professionnel, amical, sportif... Si le bénéficiaire du changement est mineur, la demande doit être faite par son représentant légal. S'il a plus de 13 ans, son accord est obligatoire.

La procédure en justice intervient lorsque l'officier d'état civil considère que la demande n'est pas recevable. Dans ce cas, il saisit le procureur de la République et, si ce dernier s'oppose au changement de prénom, le demandeur peut alors saisir le juge aux affaires familiales.

diffusent ensemble, puis François devient la forme française prédominante. Il est très répandu au moment du règne de François Ier, au XVIe siècle, et restera l'un des 10 prénoms les plus attribués jusqu'au XIXe siècle. Il fallait que François reprenne son souffle pour se hisser aux portes du top 20 français en 1961, son dernier point culminant. Il est aujourd'hui un prénom rare pour les nouveau-nés. ◇ Le 4 octobre célèbre la fête de saint François d'Assise (1182-1226), le plus connu des saints porteurs du nom. Saint François d'Assise vendit ses biens au profit des pauvres, fonda un ordre qui porta son nom et partit évangéliser les campagnes. Il prêcha la foi aux musulmans de Syrie et d'Égypte, et plaida pour l'arrêt de la guerre opposant chrétiens et musulmans auprès du sultan de Damiette. ◇ Artisan de la Réforme catholique, saint François de Sales (1567-1622) est le patron des journalistes. Il est fêté le 24 janvier. *Caractérologie :* structure, sécurité, persévérance, raisonnement, détermination.

François-Xavier

7 000

Forme composée de François et Xavier. Masculin français. On peut estimer que moins de 30 enfants seront prénommés ainsi en 2021. *Caractérologie :* volonté, intuition, médiation, relationnel, analyse.

Frank
10 000 ↘

Libre, français (latin). En dehors de l'Hexagone, Frank est très répandu dans les pays anglophones, germanophones et néerlandophones. On peut estimer que moins de 30 enfants seront prénommés ainsi en 2021. *Caractérologie :* courage, dynamisme, curiosité, indépendance, détermination.

Franklin
750

Libre, français (latin). Masculin anglais. *Caractérologie :* persévérance, résolution, structure, sécurité, analyse.

Franky
650

Libre, français (latin). *Caractérologie :* créativité, optimisme, communication, pragmatisme, détermination.

Frantz
5 000

Libre, français (latin). *Variante :* Frans. *Caractérologie :* structure, sécurité, sensibilité, persévérance, détermination.

Franz
900

Libre, français (latin). Masculin allemand. *Caractérologie :* médiation, fidélité, détermination, relationnel, intuition.

F

Fraser
- de 30

Fraise (écossais). *Caractérologie :* ténacité, engagement, méthode, fiabilité, résolution.

Fred
4 000 →

Diminutif des prénoms formés avec Fred. Masculin anglais, néerlandais, allemand et français. On peut estimer que moins de 30 enfants seront prénommés ainsi en 2021. *Variante :* Frede. *Caractérologie :* famille, équilibre, sens des responsabilités, influence, volonté.

Freddy
16 000 ↘

Pouvoir de la paix (germanique). On peut estimer que moins de 30 enfants seront prénommés ainsi en 2021. *Variantes :* Fredy, Freddie. *Caractérologie :* ténacité, méthode, fiabilité, engagement, volonté.

Frédéric
300 000 ↘

Pouvoir de la paix (germanique). Ce grand prénom royal a été, sous ses différentes graphies, porté par une trentaine de souverains germaniques, prusses, danois, suédois et norvégiens. Il est fréquent dans les pays anglo-saxons et scandinaves à partir du XVIIIe siècle mais peine à briller en France. C'est bien plus tard, au terme d'une progression lente mais constante, qu'il se révèle au XXe siècle. Il culmine au 4e rang masculin en 1973, après la gloire d'Éric, avant de chuter brutalement. Il s'orthographie sans accent en dehors de l'Hexagone. ◇ Surnommé Barberousse, Frédéric Ier (Friedrich en allemand) fut le premier roi de Prusse au XVIIIe siècle. Son fils et successeur, Frédéric II le Grand, réorganisa ses États et fit de son armée une force militaire redoutable. Intellectuel francophile, il tissa des liens avec Voltaire et les plus grands savants de son époque. On peut estimer que moins de 30 enfants seront prénommés ainsi en 2021. *Caractérologie :* dynamisme, curiosité, logique, courage, caractère.

Frederick
5 000

Pouvoir de la paix (germanique). Masculin anglais. *Variantes :* Frederi, Frederich, Frederico, Fredric, Friedrich, Fritz. *Caractérologie :* méditation, savoir, volonté, intelligence, raisonnement.

Frederik
1 000

Pouvoir de la paix (germanique). *Caractérologie :* fiabilité, méthode, engagement, ténacité, caractère.

Fulbert
450

Peuple brillant (germanique). *Caractérologie :* enthousiasme, communication, adaptation, pratique, analyse.

Fulgence
- de 30

Fulgurant (latin). *Variantes :* Fulgencio, Fulgent. *Caractérologie :* direction, dynamisme, audace, cœur, indépendance.

Fulvio
- de 100

Couleur jaune, blond (latin). Masculin italien. *Variante :* Fulvien. *Caractérologie :* ténacité, méthode, fiabilité, engagement, logique.

G

Gabin
43 000 TOP 50

Qui vient de Gabium, une ancienne ville d'Italie centrale (latin). *Variantes :* Gabino, Gabyn. *Caractérologie :* paix, bienveillance, conscience, conseil, décision.

Gabriel
129 000 TOP 50

Force de Dieu (hébreu). *Variantes :* Gabe, Gabi, Gabirel, Gabriele, Gabryel. *Caractérologie :* altruisme, idéalisme, détermination, amitié, intégrité.

Gaby
2 000 TOP 500

Force de Dieu (hébreu). Masculin anglais. *Caractérologie :* force, ambition, habileté, passion, management.

Gad
350

Heureux, fortuné (hébreu). Dans l'Ancien Testament, Gad est le fils de Jacob et de Zilpa, la servante de Léa. *Caractérologie :* communication, pratique, enthousiasme, réalisation, adaptation.

Gadiel
- de 30

Fortune de Dieu (hébreu). *Caractérologie :* intuition, relationnel, réussite, médiation, cœur.

Gaël
34 000 TOP 300

Seigneur généreux (celte). Ancien peuple celte, les Gaëls s'établirent en Irlande à la fin du Ve siècle. Ce prénom breton s'orthographie souvent sans tréma. *Variante :* Gaelig. *Caractérologie :* méditation, savoir, intelligence, cœur, indépendance.

Gaétan
50 000 TOP 400

De Gaète, ville d'Italie (latin). Gaëtan peut également s'orthographier avec un tréma, mais il n'en porte aucun dans sa forme traditionnelle provençale. *Variante :* Gaéthan. *Caractérologie :* communication, enthousiasme, pratique, générosité, adaptation.

Gaetano
550

De Gaète, ville d'Italie (latin). *Caractérologie :* altruisme, réflexion, dévouement, intégrité, idéalisme.

Gaïl
- de 30

Variante anglophone de Gaël. Masculin anglais. *Caractérologie :* sensibilité, médiation, fidélité, conseil, intuition.

Gaïus
- de 30

Variante de Caius, ancien prénom latin issu du grec *gaia*, la terre. *Caractérologie :* communication, générosité, pratique, adaptation, enthousiasme.

Gamiel
- de 30

Dieu est ma récompense (hébreu). *Caractérologie :* relationnel, sympathie, intuition, médiation, réalisation.

Garry
1 500

Lance, gouverner (germanique). *Caractérologie :* influence, famille, sens des responsabilités, exigence, équilibre.

Gary
5 000 TOP 2 000

Lance, gouverner (germanique). Masculin anglais. *Caractérologie :* paix, sagesse, bienveillance, conscience, conseil.

Gaspard
22 000 TOP 50

Gardien du trésor (hébreu). *Variantes :* Caspar, Casper, Gaspar, Jasper. *Caractérologie :* optimisme, communication, créativité, pragmatisme, réalisation.

Gaston
16 000 TOP 300

Accueillant (germanique). Masculin français. Évêque d'Arras, Gaston (ou saint Vaast) aurait été l'instructeur religieux de Clovis avant son baptême. *Caractérologie :* fiabilité, engagement, méthode, ténacité, sens du devoir.

Gatien
3 000 TOP 1 000

Grâce (latin). *Caractérologie :* sociabilité, réceptivité, diplomatie, résolution, loyauté.

Gaultier
600

Commander, gouverner (germanique). *Variante :* Gaulthier. *Caractérologie :* communication, détermination, enthousiasme, amitié, pratique.

Gauthier
17 000 TOP 300

Commander, gouverner (germanique). Masculin français. *Caractérologie :* stratégie, achèvement, vitalité, attention, action.

Gautier
9 000 TOP 2 000

Commander, gouverner (germanique). Masculin français et occitan. *Caractérologie :* rêve, détermination, humanité, amitié, rectitude.

Gauvain
700 TOP 500

Faucon de plaine (gallois). Gawain, le neveu du roi Arthur, est considéré comme l'un des meilleurs chevaliers de la Table ronde. Gauvain est la forme française de ce prénom. *Variantes :* Gavin, Gauvin. *Caractérologie :* optimisme, pragmatisme, réalisation, amitié, communication.

Gaylord
2 000

Gaillard (vieux français). Masculin anglais. *Variante :* Gaylor. *Caractérologie :* dynamisme, audace, réalisation, analyse, direction.

Gédéon
350

Qui coupe les arbres (hébreu). *Caractérologie :* originalité, énergie, découverte, caractère, audace.

Geoffray
1 500

La paix de Dieu (germanique). Masculin français. *Caractérologie :* relationnel, médiation, intuition, fidélité, décision.

Geoffrey
27 000 TOP 2 000

La paix de Dieu (germanique). En dehors de l'Hexagone, Geoffrey est répandu dans les pays anglophones. On peut estimer que moins de 30 enfants seront prénommés ainsi en 2021. *Variante :* Gottfried. *Caractérologie :* bienveillance, paix, conscience, sagesse, conseil.

Geoffroy
8 000

La paix de Dieu (germanique). Dans l'Hexagone, Geoffroy est plus traditionnellement usité dans les

G

Gabin

Fête :
19 février

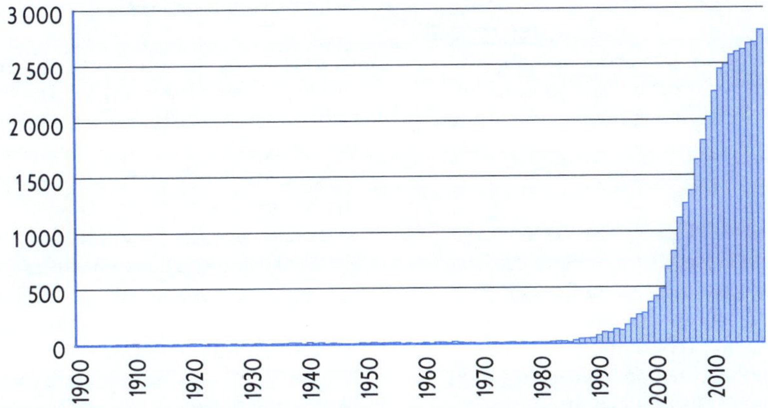

Étymologie

Se rapporte à *Gabinus*, un adjectif latin qui signifiait : « qui vient de Gabium » (ce terme désigne une ancienne ville du Latium, en Italie centrale). Mais l'origine pouvant expliquer l'essor de ce prénom est très différente. Gabin aurait pour ancêtre Gauvain, le neveu du roi Arthur. Chevalier de la Table ronde, Gauvain avait toutes les qualités d'un gentleman et portait souvent l'épée Excalibur. Selon la légende, sa force se trouvait décuplée avec la lumière du soleil. Véhiculée par les légendes arthuriennes au Moyen Âge, la popularité de ce personnage assura au prénom une large diffusion en France et en Grande-Bretagne*.

Gawain réapparaît en Écosse au XVIe siècle et surgit sous la forme de Gabin en Occitanie, notamment en Provence. C'est précisément cette graphie qui renaît dans les années 1980 en France. L'acteur Jean Gabin (1904-1976) a peut-être contribué à son succès, et peu importe que son nom de naissance ait été Jean-Alexis Moncorgé. Aujourd'hui, Gabin s'envole avec toute la fougue d'un prénom neuf. Il devrait conforter sa place dans le top 20 national en 2021. À l'exception de la Wallonie, où il atteint le 76e rang, sa progression internationale est imperceptible.

Sous le règne de l'empereur Dioclétien au IIIe siècle, **saint Gavino** mourut martyr avec sa fille en Sardaigne.

Personnage de l'Ancien Testament, **Jabin**, le roi de Hazor (en Galilée), dirige une coalition contre les Israélites. Il est vaincu par les troupes de Josué et la ville est brûlée.

Personne célèbre

Gabin Nuissier, chorégraphe français, né en 1965.

Statistiques

Gabin est le 41e prénom masculin le plus donné en France depuis l'an 2000. Il est attribué à près d'un garçon sur 125 aujourd'hui.

*Gawain était alors l'équivalent anglais de Gauvain. Aujourd'hui, la forme anglophone la plus usitée est Gavin.

G

Flandres. On peut estimer que moins de 30 enfants seront prénommés ainsi en 2021. *Variantes :* Geoffroi, Goeffrey. *Caractérologie :* connaissances, sagacité, originalité, spiritualité, philosophie.

George

1 000 TOP 2 000

Labourer le sol (grec). Prénom anglais et roumain. *Caractérologie :* optimisme, créativité, pragmatisme, communication, sociabilité.

Georges

125 000 TOP 300

Labourer le sol (grec). Peu connu par le passé, Georges entame une carrière anglaise sous le règne de George Ier (1714-1727). Ce patronage royal assure le succès du prénom dans le monde anglophone avant de le propulser dans l'Hexagone. Bien qu'il ait atteint son apogée à la fin du XIXe siècle, Georges se maintient parmi les dix premiers choix français de 1900 à 1929. Une longévité qui fait de lui le 17e prénom le plus attribué du XXe siècle en France. ◇ Soldat romain né en Cappadoce, saint Georges mourut martyr en 303 sous le règne de Dioclétien. Une légende raconte qu'il aurait tué un dragon dans un camp libyen afin de sauver une princesse qui allait lui être sacrifiée. Patron de l'Angleterre, saint Georges a inspiré la création de la croix de saint Georges, récompense attribuée aux plus braves et courageux. George Washington (1732-1799), le premier président des États-Unis, Georges Pompidou (1911-1974), président français, et plusieurs rois d'Angleterre ont illustré ce prénom. Et depuis l'été 2013, un nouvel héritier à la couronne britannique se prénomme George : le fils de Kate Middleton et du prince William. *Variantes :* Georgie, Georgio, Georgy, Jurgen, Jorj. *Caractérologie :* structure, sécurité, persévérance, efficacité, détermination.

Gérald

29 000

Lance, gouverner (germanique). Masculin français et anglais. *Variantes :* Géralde, Geraldo, Geraldy. *Caractérologie :* sociabilité, réceptivité, diplomatie, réalisation, sympathie.

Gérard

266 000

Lance puissante (germanique). Les troupes normandes de Guillaume le Conquérant ont introduit ce prénom en Angleterre au XIe siècle. Il y fait tant d'émules qu'il se propage aux pays anglo-saxons, où sa carrière est stable jusqu'au XVIIe siècle. En France comme outre-Manche, Gérard renaît dans les années 1920. Il s'est imposé dans les dix premiers rangs français de 1938 à 1950. ◇ Abbé de Brogne au Xe siècle, saint Gérard réforma plusieurs abbayes dans le nord-est de la France. *Variantes :* Gérardin, Gerardo, Gerbert, Gerhard. Variante alsacienne : Guerard. *Caractérologie :* décision, achèvement, vitalité, stratégie, réussite.

Géraud

2 000

Lance, gouverner (germanique). Géraud d'Aurillac, comte et fondateur de l'abbaye d'Aurillac, vécut au IXe siècle. On peut estimer que moins de 30 enfants seront prénommés ainsi en 2021. *Caractérologie :* relationnel, médiation, intuition, sympathie, réalisation.

Germain

12 000 TOP 1 000

De même sang (latin). Masculin français. *Variante :* Germano. Variante basque et occitane : German. *Caractérologie :* sécurité, structure, réalisation, persévérance, détermination.

Germinal

350

Période du début du printemps dans le calendrier révolutionnaire. *Caractérologie :* sagacité, sympathie, connaissances, réalisation, spiritualité.

G

Gabriel

Fête :
29 septembre

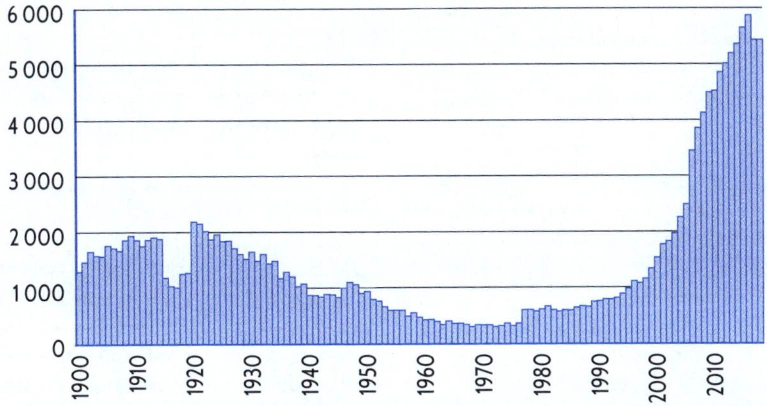

Étymologie

De l'hébreu *gabor*, et *el*, « force de Dieu ». Si Gabriel a connu une certaine faveur au Moyen Âge, l'engouement pour ce prénom s'estompe et se déplace de la France aux pays anglophones. Plusieurs siècles d'éclipse partielle lui sont imposés avant qu'il ne renaisse à la fin des années 1990. Et quel décollage ! Plus rien ne semble entraver l'élan qui le porte aujourd'hui. Après avoir brillé au 1er rang parisien de 2007 à 2019, il s'est imposé au sommet du classement national. Le jaillissement de Raphaël, qui rime avec lui, a encouragé ce retour, mais c'est à l'essor des prénoms de l'Ancien Testament qu'il doit sa gloire.

Comme la plupart des référents bibliques, Gabriel jouit d'une immense notoriété internationale. Bien que sa popularité soit variable selon les pays, il descend rarement en seconde division des classements. En zone francophone, il trône sur les palmarès suisse romand et wallon et n'a pas à rougir de sa position dominante au Québec. Gabriel se prête peu aux variations, mais le diminutif Gaby est attribué dans les deux genres.

La version féminine reprend quant à elle des couleurs. Plus de 1 000 petites filles recevront ce prénom cette année. Gabrielle a été propulsée au 16e rang parisien, soit une progression de 15 places en deux ans.

Gabriel est vénéré dans le judaïsme, le christianisme et l'islam. Dans l'Ancien Testament, il est le messager du ciel qui aide le prophète Daniel à interpréter ses songes. Il apparaît sous la même forme dans le Nouveau Testament pour annoncer à Marie qu'elle va mettre au monde l'Enfant Jésus. Enfin, dans le Coran, **Djibril** (l'équivalent arabe de Gabriel) est considéré comme l'ange porteur d'ordres et de châtiments divins. C'est lui qui révèle le Coran à Mahomet.

L'archange Gabriel est le patron des postiers et de nombreux métiers de la communication.

Statistiques

Gabriel est le 9e prénom masculin le plus donné en France depuis l'an 2000. Il est attribué à près d'un garçon sur 70 aujourd'hui.

G

Gérôme
1 500

Nom sacré (grec). Voir Jérôme. *Caractérologie :* rêve, tolérance, volonté, rectitude, humanité.

Gervais
2 000

Prêt au combat (germanique). Masculin français. *Caractérologie :* détermination, humanité, rectitude, rêve, réalisation.

Géry
1 000

Diminutif des prénoms formés avec Ger. *Variante :* Gerry. *Caractérologie :* autorité, innovation, ambition, autonomie, énergie.

Ghislain
11 000

Doux (germanique). Masculin français. On peut estimer que moins de 30 enfants seront prénommés ainsi en 2021. *Variantes :* Ghyslain, Gyslain. *Caractérologie :* sympathie, intelligence, méditation, savoir, ressort.

Giacomo
500

Supplanter, substituer (hébreu). Masculin italien. *Caractérologie :* idéalisme, intégrité, altruisme, logique, réussite.

G

Gian
250

Dieu fait grâce (hébreu). Prénom italien. *Variante :* Gyan. *Caractérologie :* structure, sécurité, persévérance, efficacité, résolution.

Gianni
7 000 TOP 300

Dieu fait grâce (hébreu). Masculin italien. *Variantes :* Gian, Giani, Gianny. *Caractérologie :* idéalisme, décision, réflexion, humanité, fiabilité.

Gidéon
- de 100

Qui coupe les arbres (hébreu). *Caractérologie :* rêve, rectitude, ouverture d'esprit, humanité, caractère.

Gil
3 000

Diminutif des prénoms formés avec Gil. Masculin espagnol, portugais et anglais. *Caractérologie :* énergie, autorité, ambition, autonomie, innovation.

Gilane
- de 30

Contraction de Gilles et Anne. *Caractérologie :* communication, pragmatisme, détermination, créativité, amitié.

Gilbert
93 000

Promesse brillante (germanique). Évêque de Meaux au XIIe siècle, saint Gilbert fonda deux monastères, l'un dans l'Allier et l'autre dans le Puy-de-Dôme. En dehors de l'Hexagone, Gilbert est très répandu dans les pays anglophones et en Allemagne. *Variante :* Wilbert. *Caractérologie :* direction, dynamisme, audace, indépendance, sympathie.

Gilberto
250

Promesse brillante (germanique). Gilberto est très répandu dans les pays hispanophones et lusophones. *Caractérologie :* méditation, savoir, logique, intelligence, cœur.

Gildas
7 000

Chevelure (celte), ou doré (vieil anglais). Prénom breton. *Variantes :* Gidas, Jildas, Jildaz. *Caractérologie :* connaissances, spiritualité, originalité, réalisation, sagacité.

Gilles
153 000

Bouclier, protection (grec). De nombreuses légendes entourent ce prénom français. Ermite dans le Gard au Ve siècle, saint Gilles fit bâtir un monastère sur l'un des chemins de Compostelle. Depuis, ce lieu est devenu le village de Saint-Gilles-du-Gard. ◇ On dit que l'égide, origine étymologique

Gaspard

Fête :
28 décembre, 6 janvier

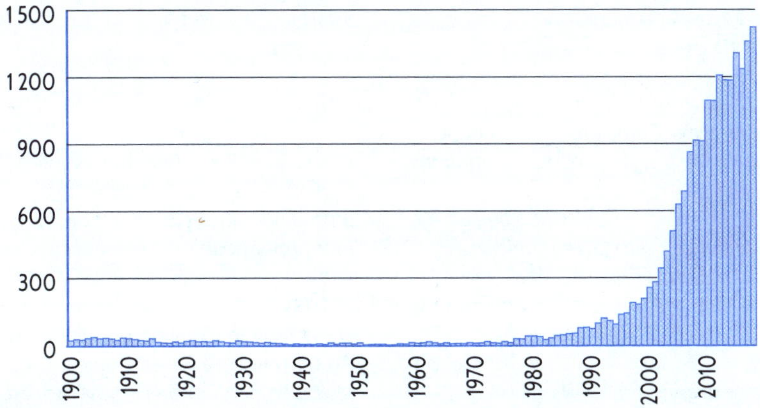

Étymologie

Gaspard se rapporte à *ghizbar*, un nom hébreu d'origine perse signifiant « gardien du trésor ». L'*Évangile selon saint Matthieu* raconte que des mages venus d'Orient se laissèrent guider par une étoile jusqu'à Bethléem pour honorer Jésus nouveau-né. Au VIe siècle, l'Église nomma ces mages Gaspard, Melchior et Balthazar, mais c'est au XIIe siècle que leur double reconnaissance, liturgique et iconographique, lança la carrière des prénoms.

Gaspard est en faveur du Moyen Âge au début du XIXe siècle, mais il se raréfie ensuite au point de ne prénommer aucun Français en 1955. Sa renaissance est singulièrement lente jusqu'à la fin des années 1980, où ses attributions frémissent dans la capitale. Il s'est imposé dans les 10 premiers rangs parisiens en 2018 et a intégré dans la foulée le top 50 national.

Dans les peintures du XIIe siècle, Gaspard apparaît sous les traits d'un jeune homme imberbe au teint clair, agenouillé pour offrir l'or à Jésus. À ses côtés, Melchior, le plus âgé des trois, offre l'encens pendant que Balthazar, le roi maure coiffé d'un turban, tend la myrrhe. Ensemble, ils représentent les peuples et les continents connus de l'époque ; l'Asie, l'Europe et l'Afrique. Cet épisode biblique fut également immortalisé par Rubens au début du XVIIe siècle.

Saint Gaspard del Bufalo, évangélisateur italien au XVIIIe siècle, est fêté le 28 décembre.

Personnes célèbres

Gaspard Koenig, écrivain français, né en 1982 ; Gaspard Ulliel, acteur français, né en 1984 ; Gaspard Proust, humoriste français, né en 1976.

Statistiques

Gaspard est le 81e prénom masculin le plus donné en France depuis l'an 2000. Il est attribué à près d'un garçon sur 240 aujourd'hui. Notons que son féminin Gasparine n'a pas été attribué depuis 1927.

G

de Gilles, était le bouclier miraculeux d'Athéna et de Zeus. On peut estimer que moins de 30 enfants seront prénommés ainsi en 2021. *Variantes :* Ghiles, Giles, Gille, Gilian, Gillian, Gill. Forme occitane : Geli. *Caractérologie :* cœur, énergie, autorité, innovation, décision.

Gillian
600

De la famille romaine de Iule (latin). Masculin anglais. *Caractérologie :* énergie, bonté, autorité, innovation, détermination.

Gino
5 000 TOP 600

Royal (latin). Masculin italien. *Variantes :* Gine, Ginno. *Caractérologie :* idéalisme, altruisme, intégrité, réflexion, dévouement.

Giordano
- de 100

Descendre (hébreu). En plus d'être italien, Giordano est également un choix traditionnel basque. *Caractérologie :* diplomatie, sociabilité, volonté, réceptivité, réalisation.

Giorgio
450 TOP 2 000

Labourer le sol (grec). Masculin italien. *Caractérologie :* vitalité, ardeur, leadership, achèvement, stratégie.

Giovanni
11 000 TOP 400

Dieu fait grâce (hébreu). Masculin italien. *Variantes :* Giovani, Giovany, Giovanny, Jovanny. *Caractérologie :* audace, direction, dynamisme, caractère, réussite.

Giovanny
1 000 TOP 2 000

Dieu fait grâce (hébreu). *Caractérologie :* volonté, habileté, réalisation, force, ambition.

Girard
150

Lance puissante (germanique). Dans l'Hexagone, Girard est plus traditionnellement usité en Occitanie, notamment en Provence. *Variante :* Giraud. *Caractérologie :* communication, optimisme, créativité, pragmatisme, réussite.

Gislain
450

Doux (germanique). *Caractérologie :* stratégie, achèvement, cœur, vitalité, décision.

Giulian
2 000 TOP 300

De la famille romaine de Iule (latin). Masculin italien. *Variantes :* Giulian, Giuliano, Giullian. *Caractérologie :* innovation, énergie, ambition, décision, indépendance.

Giulio
750 TOP 900

De la famille romaine de Iule (latin). Prénom italien. *Caractérologie :* raisonnement, énergie, autorité, ambition, innovation.

Giuseppe
2 000 TOP 2 000

Dieu ajoutera (hébreu). Masculin italien. *Caractérologie :* décision, habileté, force, ambition, cœur.

Glen
500

Vallée boisée (irlandais). *Caractérologie :* sociabilité, réceptivité, diplomatie, loyauté, cœur.

Glenn
1 500 TOP 2 000

Vallée boisée (irlandais). Masculin écossais et anglais. *Caractérologie :* cœur, méditation, intelligence, savoir, indépendance.

Godard
- de 30

Divinement ferme (germanique). *Caractérologie :* fiabilité, ténacité, méthode, réussite, engagement.

Godefroy
800

La paix de Dieu (germanique). *Variante :* Godefroi. *Caractérologie :* indépendance, volonté, courage, dynamisme, curiosité.

G

Gohan
250 TOP 800 ↑

Chouette (celte), riz cuit (japonais). Gohan est également un personnage du manga *Dragon Ball*. *Caractérologie :* rêve, humanité, ouverture d'esprit, rectitude, générosité.

Gonthier
- de 30

Combat, armée (germanique). Dans l'Hexagone, Gonthier est plus traditionnellement usité en Alsace. *Caractérologie :* paix, conscience, bienveillance, sensibilité, action.

Gontran
750

Combat, corbeau (germanique). Roi de Bourgogne de 561 à 592, saint Gontran œuvra pour la paix et la christianisation de la population. Ce prénom rare a traversé les siècles sans pour autant disparaître. Il est plus traditionnellement usité en Provence. *Caractérologie :* achèvement, vitalité, stratégie, résolution, ardeur.

Gonzague
1 500 ↘

Ce prénom français se rapporte au nom d'une famille noble italienne du XVIe siècle. On peut estimer que moins de 30 enfants seront prénommés ainsi en 2021. *Caractérologie :* conscience, paix, conseil, bienveillance, cœur.

Goran
950 →

Croix sacrée (basque). *Caractérologie :* indépendance, audace, direction, dynamisme, résolution.

Gordon
400

Colline triangulaire (anglais). Masculin écossais et anglais. *Caractérologie :* audace, dynamisme, direction, caractère, indépendance.

Gorka
140

Dérivé basque de Georges : labourer le sol (grec). *Caractérologie :* connaissances, spiritualité, philosophie, sagacité, originalité.

Goulven
1 000

Blanc, heureux (celte). Prénom breton. *Variante :* Goulwen. *Caractérologie :* sens des responsabilités, équilibre, amitié, famille, volonté.

Gracien
- de 30

Grâce (latin). *Variante :* Grace. *Caractérologie :* communication, optimisme, résolution, pragmatisme, sympathie.

Graham
- de 100

Maison grise (anglo-saxon), patronyme écossais ancien. Graham est recensé dans les pays anglophones. *Variante :* Grahem. *Caractérologie :* pratique, communication, ressort, réalisation, enthousiasme.

Grant
- de 30

Grand, généreux (anglais). Masculin écossais et anglais. *Caractérologie :* paix, bienveillance, conseil, conscience, décision.

Gratien
600

Grâce (latin). Masculin français. *Variantes :* Gratian, Graziano. *Caractérologie :* loyauté, sociabilité, résolution, réceptivité, diplomatie.

Greg
750

Veilleur, vigilant (grec). Masculin anglais. *Variantes :* Graig, Gregg. *Caractérologie :* direction, audace, indépendance, assurance, dynamisme.

Grégoire
24 000 TOP 500 ↘

Veilleur, vigilant (grec). Prénom français. Auteur des *Dialogues* et pape en 590, Grégoire Ier le Grand est l'un des quatre Pères de l'Église d'Occident. Sa popularité

Destin et évolution de la forme composée...

Depuis l'assouplissement de la législation, en 1993, le catalogue des choix composés s'est enrichi de compositions inédites. Certaines sont devenues si célèbres (Lily-Rose, Lou-Anne) qu'elles s'exportent au-delà des frontières. Malgré ce succès, seuls 4 % des prénoms attribués sont des composés. Ce chiffre, en deçà de la réalité (les compositions qui sont données à moins de trois personnes éludent les recensements), est comparable au niveau d'attribution observé dans les années 1900. Revenons en arrière pour mieux apprécier leur évolution...

Les années 1900-1940

En 1900, on dénombre près de 90 compositions attribuées à plus de trois personnes en France, soit 5 % des attributions totales. Le répertoire est alors beaucoup plus restreint, et la législation laisse peu de liberté aux parents. Dans ce contexte, on peut s'étonner que la forme composée n'ait pas été plus massivement utilisée pour former des assemblages originaux : les officiers d'état civil, si prompts à refuser les choix peu ordinaires, n'auraient pas pu rejeter l'association de deux grands noms. Mais au début du XXe siècle, le genre composé n'est pas vraiment en faveur. Seuls Marie-Louise et Jean-Baptiste, respectivement placés 45e et 78e, figurent dans les 100 premiers choix français.

Les années 1940-1970

Durant la première partie du XXe siècle, toutes les compositions sont formées de Jean pour les garçons, Marie pour les filles. Anne-Marie, l'unique innovation qui ose placer Anne avant Marie, ne s'envole qu'à la fin des années 1940. C'est précisément à cette époque que l'engouement pour les compositions se précise, portant rapidement Jean-Pierre et Jean-Claude aux 20 premiers rangs du classement. Sans compter la multitude d'assemblages qui les suit de près. Leur envolée se poursuit dans les deux genres et culmine en 1955, où 25 d'entre eux percent dans le top 100, Jean-Pierre et Marie-Christine en tête. Cette décennie historique marque l'apogée du prénom composé.

Dans les années qui suivent, le genre composé décline mais ne disparaît pas. Il bénéficie même d'une certaine prospérité jusque dans les années 1970. Durant cette période, on dénombre 15 à 20 assemblages dans l'élite des classements annuels. Anne-Sophie prend la tête des duos féminins en 1975, mais Marie en reste un élément clé jusque dans les années 2000. De son côté, Jean-Baptiste règne sur le palmarès composé et la dynastie des Jean de 1981 à 2007.

Les années 1980-1990

La décennie 1980 marque le déclin des prénoms assemblés. À l'exception d'Anne-Sophie et de Jean-Baptiste, les compositions s'effacent progressivement du top 100. Elles en disparaissent totalement en 1999 et n'auraient peut-être pas ressurgi si Lou-Ann(e) ne s'était pas imposée dans le top 80 français en 2004. Son succès fait sensation, au point que Louane tout court s'envole rapidement au sommet. Lou-Ann(e) ouvre la voie à Lily-Rose, une nouveauté qui fleurit en France et dans les pays francophones. Dans le même temps, Léo-Paul et Pierre-Louis deviennent des choix chics et originaux, incontournables dans le registre masculin. Nous n'aurions jamais observé ce retour si Pierre, Charles, Paul et Louis, Lou, Lily et Rose ne s'étaient pas rebellés contre Marie et Jean.

Les années 2000
Aujourd'hui, Jean-Pierre, Jean-Claude, Marie-Christine et Marie-Claude sont, dans leur immense majorité, grands-parents, témoins d'une autre génération. Jean n'est plus le composant indispensable des compositions, et Marie s'est effacée au profit de Lily, Lou et Rose. Autre évolution majeure, le succès des compositions arabes n'a jamais été aussi éclatant. Particulièrement chez les garçons. Car si Fatima-Zahra est bien seule au 3e rang des attributions féminines, Mohamed compose quatre d'entre elles dans le top 10 masculin. Depuis que Mohamed-Amine a supplanté Jean-Baptiste en 2008, l'ascension des compositions arabes s'est accélérée. La révolution du genre composé est en marche, elle n'a sans doute pas fini de nous surprendre...

nourrit le succès de ce prénom pendant des siècles. Parmi ses successeurs, 15 papes se firent prénommer Grégoire. *Caractérologie :* communication, pragmatisme, optimisme, créativité, sociabilité.

Grégory
90 000 TOP 1 000

Veilleur, vigilant (grec). En dehors de l'Hexagone, Gregory est très répandu dans les pays anglophones. *Variantes :* Gregor, Grégori, Grégorie, Grégorio. *Caractérologie :* dynamisme, courage, charisme, curiosité, indépendance.

Griffin
- de 30

Noble (celte). Masculin anglais. *Variante :* Griffith. *Caractérologie :* sens des responsabilités, équilibre, famille, influence, exigence.

Guénael
1 500

Blanc, heureux, prince (celte). Prénom breton. On peut estimer que moins de 30 enfants seront prénommés ainsi en 2021. *Variante :* Ganael. *Caractérologie :* loyauté, sympathie, sociabilité, réceptivité, diplomatie.

Guenhael
250

Blanc, heureux, généreux (celte). Prénom breton. *Caractérologie :* autorité, énergie, ambition, amitié, innovation.

Guénolé
800

Blanc, heureux, valeur (celte). Prénom breton. *Caractérologie :* savoir, indépendance, méditation, intelligence, sympathie.

Guérande
- de 30

Célèbre nom des salines bretonnes de Guérande. *Caractérologie :* optimisme, communication, pragmatisme, sympathie, réalisation.

Guerric
400

Puissant protecteur (germanique). *Caractérologie :* rectitude, sympathie, ouverture d'esprit, rêve, humanité.

Gui
- de 100

Forêt (germanique). Dans l'Hexagone, Gui est plus traditionnellement usité en Occitanie et en Provence. *Caractérologie :* autonomie, autorité, innovation, ambition, énergie.

Guido
500

Guide (latin). Masculin italien. *Caractérologie :* loyauté, raisonnement, adaptabilité, intuition, médiation.

Guilhem
8 000 TOP 800

Protecteur résolu (germanique). Dans l'Hexagone, Guilhem est plus traditionnellement usité en Occitanie.

Caractérologie : communication, enthousiasme, pratique, ressort, sympathie.

Guilian
250

Doux (germanique). *Caractérologie :* énergie, innovation, résolution, sympathie, autorité.

Guillaume
207 000 TOP 600

Protecteur résolu (germanique). Ce prénom riche en histoire doit beaucoup à Guillaume le Conquérant (1027-1087), duc de Normandie célèbre pour avoir été roi d'Angleterre. Très courant en France à la fin du Moyen Âge, Guillaume reste un choix prisé jusqu'à la fin du XVIIIe siècle. Il renaît dans les années 1960 alors que Guy tombe en défaveur, et culmine au 3e rang masculin au milieu des années 1980. Il n'a pas encore disparu des maternités aujourd'hui. ◊ À la mort d'Édouard le Confesseur, Guillaume de Normandie affirma qu'il était le successeur désigné du roi anglais. Mais son cousin Harold, qui revendiquait la même chose, se fit couronner en premier. Guillaume souleva une armée et partit à la conquête du trône anglais. Vainqueur, il se fit couronner en 1066 et devint l'un des souverains les plus puissants de l'Occident. *Variantes :* Guilem, Guilhelm, Guilherme, Guillermo, Guilhaume, Guillemin, Guyllaume, Gwilherm. *Caractérologie :* relationnel, médiation, intuition, réussite, cœur.

Guillem
800 TOP 2 000

Protecteur résolu (germanique). Masculin catalan et occitan. *Caractérologie :* originalité, sagacité, connaissances, amitié, spiritualité.

Guirec
450

Ambre (celte). Prénom breton. *Caractérologie :* idéalisme, altruisme, réflexion, sympathie, intégrité.

Gunther
300

Combat, armée (germanique). Masculin allemand. *Variante :* Gunter. *Caractérologie :* communication, pratique, action, enthousiasme, sensibilité.

Gurval
- de 100

Sagesse, bravoure, valeur (celte). Masculin breton. *Caractérologie :* humanité, rêve, rectitude, ouverture d'esprit, réalisation.

Gurvan
2 000

Sagesse (celte). Prénom breton. On peut estimer que moins de 30 enfants seront prénommés ainsi en 2021. *Variantes :* Gurvann, Gurwan. *Caractérologie :* réceptivité, réalisation, sociabilité, diplomatie, bonté.

Gustave
8 000 TOP 200

Combattant (germanique). Masculin germanique d'origine scandinave, Gustave serait moins connu s'il n'avait pas été porté par une lignée de six rois suédois. La notoriété du deuxième d'entre eux, Gustave II Adolphe (1594-1632), lance la diffusion progressive du prénom en Europe. Il connaîtra, sous ses différentes formes, une certaine vogue au XIXe siècle. En France, il est illustré par deux célébrités qui ont transcendé les siècles, l'écrivain Gustave Flaubert (1821-1880) et le peintre Gustave Courbet (1819-1877). En perte de vitesse au début du XXe siècle, Gustave quitte rapidement le top 40 français. Il bourgeonne depuis peu et pourrait renaître dans les prochaines années. ◊ Gustave II Adolphe le Grand, roi de Suède, fut si respecté pour son génie militaire qu'il fut surnommé « le Lion du Nord ». Les réformes qu'il mit en place et ses interventions durant la guerre de Trente Ans permirent d'élever la Suède au rang des grandes puissances européennes. Il mourut au combat durant la bataille de

G

Lützen le 16 novembre 1632. *Variantes :* Gustav, Gustavo. *Caractérologie :* curiosité, dynamisme, cœur, réussite, courage.

Guy
160 000

Forêt (germanique). Comme d'autres prénoms médiévaux avant lui, Guy a refait surface dans un passé récent. Diffusé par le culte de plusieurs saints, il fut assez fréquent en Europe du Xe au XVe siècle. Après une période de retrait, il renaît à l'aube du XXe siècle, peut-être sous l'impulsion de Guy de Maupassant (1850-1893), et connaît un succès durable dans l'Hexagone (de 1930 à 1960). Guy a été le 39e prénom le plus attribué du siècle dernier en France. On peut estimer que moins de 30 enfants seront prénommés ainsi en 2021. *Caractérologie :* achèvement, vitalité, stratégie, ardeur, leadership.

Guylain
400

Doux (germanique). *Variantes :* Gislain, Guilain, Guilen, Guillain, Guillian, Guislain, Guylian. *Caractérologie :* achèvement, stratégie, décision, vitalité, cœur.

Gweltaz
350

Chevelure (celte). Masculin breton. *Caractérologie :* attention, persévérance, structure, sécurité, cœur.

Gwen
500

Blanc, heureux (celte). Prénom breton. *Variante :* Gwenn. *Caractérologie :* fiabilité, ténacité, engagement, méthode, sens du devoir.

Gwenael
9 000 TOP 2 000

Blanc, heureux, prince (celte). Prénom breton. On peut estimer que moins de 30 enfants seront prénommés ainsi en 2021. *Variantes :* Gwanal, Gwanael, Gwenal, Gwenel, Gwenhael, Gwennael. *Caractérologie :* sécurité, efficacité, persévérance, structure, bonté.

Gwendal
6 000 TOP 2 000

Blanc, heureux, paiement (celte). Prénom breton. On peut estimer que moins de 30 enfants seront prénommés ainsi en 2021. *Caractérologie :* pratique, réalisation, communication, enthousiasme, bonté.

Gwenole
900

Blanc, heureux, valeur (celte). Prénom breton. *Variante :* Gwennole. *Caractérologie :* rectitude, cœur, humanité, ouverture d'esprit, rêve.

Gwenvael
200

Contraction de Gwenn et Maël. Prénom breton. *Caractérologie :* habileté, force, ambition, amitié, réalisation.

H

Habib
3 000 TOP 900

Aimé, généreux (arabe). *Caractérologie :* structure, persévérance, efficacité, sécurité, honnêteté.

Hadi
550 TOP 2 000

Qui guide au droit chemin (arabe). *Variantes :* Haddi, Hady. *Caractérologie :* sécurité, efficacité, honnêteté, persévérance, structure.

Hadriel
120

La majesté de Dieu (hébreu). *Caractérologie :* pragmatisme, créativité, communication, décision, optimisme.

Hadrien
7 000 TOP 600

La forme latine Adrianus était portée par une famille romaine habitant la ville d'Adria. C'est elle qui a donné son nom à la mer Adriatique et au célèbre empereur Hadrien. Ce prénom est apparu pour la première fois en France en 1972. Surfant sur la vogue d'Adrien, sans pour autant s'envoler, il se fait remarquer au milieu des années 1990. Aujourd'hui, Hadrien est rarement attribué aux nouveau-nés, mais il est connu sous cette orthographe. ◊Hadrien succède à Trajan en 117 et règne sur l'Empire romain jusqu'en 138. Homme politique brillant et cultivé, il réorganise l'administration et protège son empire des invasions barbares en fortifiant ses frontières. L'Angleterre lui doit notamment la construction du célèbre mur d'Hadrien. Dans la littérature, Hadrien a inspiré un roman de Marguerite Yourcenar et de nombreux récits. *Variante :* Hadrian. *Caractérologie :* découverte, énergie, audace, résolution, originalité.

Hafid
1 500

Celui qui protège (arabe). *Variantes :* Hafed, Hafide. *Caractérologie :* dynamisme, audace, direction, indépendance, assurance.

Hai
- de 100

Rivière (vietnamien). *Caractérologie :* dévouement, réflexion, altruisme, idéalisme, intégrité.

Haïm
200

La vie (hébreu). *Variante :* Haym. *Caractérologie :* efficacité, persévérance, structure, honnêteté, sécurité.

Hakim
10 000 TOP 600

Qui est juste et sage (arabe). *Variantes :* Hachim, Hakime. *Caractérologie :* conseil, bienveillance, conscience, sagesse, paix.

Halil
900 TOP 2 000

Amitié, loyauté (turc). *Caractérologie :* conseil, conscience, paix, bienveillance, sagesse.

Halim
1 500 TOP 1 000

Indulgent (arabe). *Variantes :* Alim, Halime. *Caractérologie :* intelligence, savoir, méditation, indépendance, sagesse.

Hamed
2 000 TOP 2 000

Digne d'éloges (arabe). *Caractérologie :* structure, persévérance, sécurité, honnêteté, efficacité.

Hamid
4 000 TOP 2 000

Digne d'éloges (arabe). *Variantes :* Hamida, Hamide, Hamidou. *Caractérologie :* vitalité, stratégie, achèvement, ardeur, leadership.

Hamilton
120

Château fort (anglais). *Caractérologie :* réceptivité, sociabilité, diplomatie, sensibilité, raisonnement.

Hamza
15 000 TOP 200

Puissant (arabe). *Variantes :* Amza, Hamsa. *Caractérologie :* méthode, fiabilité, ténacité, engagement, sens du devoir.

Hans
2 000 TOP 2 000

Dieu fait grâce (hébreu). Ce prénom allemand est également répandu dans les pays scandinaves et néerlandophones. *Variantes :* Hane, Hänsel. *Caractérologie :* paix, bienveillance, conscience, sagesse, conseil.

Harald
250

Puissant général d'armée (scandinave). Masculin allemand et scandinave. Plusieurs rois du Danemarck ont porté ce nom. *Variante :* Hal. *Caractérologie :* ardeur, leadership, achèvement, stratégie, vitalité.

H

Haris
700 TOP 2 000

Fils d'Henri (germanique). Haris est plus particulièrement répandu dans les pays anglophones et en Grèce. *Caractérologie :* autonomie, autorité, énergie, innovation, ambition.

Harley
- de 100

La prairie du lièvre (anglais). *Caractérologie :* bienveillance, paix, conscience, amitié, action.

Harold
3 000 TOP 2 000

Puissant général d'armée (scandinave). Masculin anglais. Plusieurs rois d'Angleterre ont porté ce nom. On peut estimer que moins de 30 enfants seront prénommés ainsi en 2021. *Variante :* Arold. *Caractérologie :* ténacité, raisonnement, fiabilité, méthode, engagement.

Haroun
4 000 TOP 200

Forme arabe d'Aaron : esprit (hébreu). *Variantes :* Arun, Arouna, Harouna, Harun. *Caractérologie :* courage, dynamisme, résolution, curiosité, analyse.

Harrison
400 TOP 2 000

Fils d'Henri (anglais). Plus courant sous forme de patronyme anglophone. *Variante :* Harris. *Caractérologie :* enthousiasme, communication, adaptation, résolution, pratique.

Harry
5 000 TOP 400

Maître de foyer (germanique). Masculin anglais. *Variante :* Hary. *Caractérologie :* intelligence, indépendance, action, savoir, méditation.

Hasan
2 000 TOP 2 000

Beau (arabe). *Variantes :* Assan, Assen, Hassane. *Caractérologie :* connaissances, spiritualité, philosophie, sagacité, originalité.

Hassan
5 000 TOP 500

Beau (arabe). *Caractérologie :* force, ambition, management, passion, habileté.

Hassen
2 000

Beau (arabe). On peut estimer que moins de 30 enfants seront prénommés ainsi en 2021. *Variantes :* Hassein, Hassene. *Caractérologie :* pragmatisme, communication, créativité, optimisme, sociabilité.

Hatem
1 000 TOP 2 000

Générosité (arabe). *Variantes :* Atime, Hatim, Hatime. *Caractérologie :* médiation, intuition, fidélité, relationnel, sensibilité.

Hayden
4 000 TOP 200

Se rapporte au compositeur Josef Haydn (1732-1809). Hayden est également une nouvelle forme d'Aidan. Masculin anglais. *Caractérologie :* réalisation, créativité, pragmatisme, optimisme, communication.

Hector
6 000 TOP 200

Constant, qui retient (grec). Masculin anglais et français. Époux d'Andromaque et fils du roi Priam, Hector est l'un des héros de la guerre de Troie dans la mythologie grecque. *Caractérologie :* paix, conscience, logique, bienveillance, attention.

Hédi
4 000 TOP 700

Qui guide au droit chemin (arabe). *Variantes :* Heddi, Heddy, Hédy. *Caractérologie :* vitalité, stratégie, ardeur, achèvement, leadership.

Heinrich
- de 100

Maître de maison (germanique). Masculin allemand. *Variantes :* Heinrick, Heinz. *Caractérologie :* réceptivité, sociabilité, diplomatie, loyauté, bonté.

Hélian
190

Éclat du soleil (grec). *Caractérologie :* structure, sécurité, persévérance, efficacité, décision.

Hélie
400 TOP 2 000

Le Seigneur est mon Dieu (hébreu). Variante bretonne : Heli. *Caractérologie :* enthousiasme, adaptation, communication, pratique, générosité.

Héliodore
- de 30

Don du soleil (grec). *Variante :* Éléodore. *Caractérologie :* caractère, dynamisme, audace, direction, logique.

Hélios
1 000 TOP 600

Soleil (grec). Dans la mythologie grecque, Hélios est le dieu du Soleil et de la Lumière. *Variantes :* Hélias, Hélio. *Caractérologie :* découverte, énergie, audace, logique, décision.

Helmut
140

Protection, casque (germanique). Masculin allemand. *Variantes :* Hellmut, Hellmuth, Helmi. *Caractérologie :* intelligence, savoir, méditation, indépendance, finesse.

Helori
- de 100

Noble, seigneur, généreux (celte). Prénom breton. *Variante :* Helory. *Caractérologie :* persévérance, structure, logique, efficacité, sécurité.

Hendrick
500

Maître de maison (germanique). *Variantes :* Endrick, Hendrik, Hendrix, Hendryk. *Caractérologie :* humanité, finesse, rêve, rectitude, ouverture d'esprit.

Henri
110 000 TOP 300

Maître de maison (germanique). Sous ses différentes graphies (Henry, Harry, Enrique, Enrico, Heinrich, etc.), ce prénom royal fut porté par quatre rois de France, huit rois anglais et de nombreux souverains castillans et germaniques. Henri est recensé au Moyen Âge, mais il décolle véritablement dans les pays européens au XVIIe siècle. À la fin du XIXe siècle, il est très attribué en France (dans les cinq premiers rangs masculins jusque dans les années 1900). Malgré son déclin subséquent, Henri n'a jamais déserté les maternités. ◇ Surnommé le Vert-Galant en référence à ses nombreuses maîtresses, Henri IV est resté dans l'histoire comme un roi doué d'une grande intelligence politique. Assassiné en 1610 par Ravaillac, un catholique fanatique, il fut pleuré par le peuple envers lequel il avait été généreux. ◇ Le 13 juillet célèbre un empereur germanique du XIe siècle, Henri II, qui œuvra pour la propagation de la foi chrétienne. *Caractérologie :* altruisme, idéalisme, intégrité, réflexion, dévouement.

Henrick
500

Maître de maison (germanique). Dans l'Hexagone, ce prénom est plus traditionnellement usité dans les Flandres. *Variantes :* Henrick, Henrie, Henrik, Henrico, Henriko, Henryk. *Caractérologie :* attention, courage, dynamisme, indépendance, curiosité.

Henrique
1 000

Maître de maison (germanique). *Caractérologie :* originalité, sagacité, connaissances, philosophie, spiritualité.

Henry
6 000 TOP 700

Maître de maison (germanique). Henry est très répandu dans les pays anglophones. *Caractérologie :* spiritualité, connaissances, sagacité, originalité, action.

H

Heol
- de 100

Soleil (breton), vent (grec). *Caractérologie :* ténacité, engagement, fiabilité, méthode, sens du devoir.

Herald
- de 100

Le porteur de nouvelles (anglais). Masculin hongrois. *Caractérologie :* créativité, communication, optimisme, pragmatisme, détermination.

Herbert
700

Soldat glorieux (germanique). Masculin anglais et allemand. *Variantes :* Hébert, Herb, Heribert. *Caractérologie :* méthode, fiabilité, engagement, ténacité, sensibilité.

Herbod
- de 30

Audacieux (germanique). Masculin breton. *Caractérologie :* caractère, méditation, savoir, intelligence, attention.

Hercule
- de 30

Gloire majestueuse (grec). *Variantes :* Ercole, Hercules. *Caractérologie :* dévouement, intégrité, altruisme, idéalisme, réflexion.

Hermann
1 500

Soldat (germanique). Masculin anglais, allemand et scandinave. *Variantes :* Erman, Hermand, Herman, Hermelin. *Caractérologie :* détermination, audace, dynamisme, direction, indépendance.

Hermès
300

Dans la mythologie grecque, Hermès est le fils de Maia et Zeus. Il est le dieu des Voyageurs et le messager des dieux. Masculin italien et portugais. *Variante :* Ermès. *Caractérologie :* énergie, découverte, audace, décision, originalité.

Hérode
- de 30

Grand roi de Judée en 37 avant J.-C., Hérode a procuré à son royaume un développement économique prospère. Il est à l'origine de la construction de nombreuses villes et monuments historiques que l'on peut encore visiter aujourd'hui. *Caractérologie :* dynamisme, direction, audace, indépendance, assurance.

Hervé
121 000

Fort, combattant (celte). Aveugle de naissance, saint Hervé vécut au VIe siècle. La légende raconte que ce moine breton marchait accompagné d'un loup en guise de guide. Très populaire en Bretagne, saint Hervé est le protecteur des chevaux. On peut estimer que moins de 30 enfants seront prénommés ainsi en 2021. *Variante :* Harvey. Formes bretonnes : Herve, Veig. *Caractérologie :* sécurité, persévérance, efficacité, structure, honnêteté.

Hicham
6 000 TOP 2 000

Celui qui est généreux (arabe). *Variantes :* Icham, Hichame, Hicheme, Ichaï, Ihsan, Ihsane. *Caractérologie :* famille, équilibre, influence, sens des responsabilités, exigence.

Hichem
3 000 TOP 2 000

Celui qui est généreux (arabe). On peut estimer que moins de 30 enfants seront prénommés ainsi en 2021. *Variantes :* Ichem, Hicheme. *Caractérologie :* audace, indépendance, dynamisme, direction, assurance.

Hilaire
1 500

Joyeux (latin). On peut estimer que moins de 30 enfants seront prénommés ainsi en 2021. *Variantes :* Halari, Hilario. *Caractérologie :* détermination, vitalité, stratégie, ardeur, achèvement.

H

Hippolyte
5 000 TOP 400

Dompteur de chevaux (grec). Masculin français. *Variantes :* Hipolyte, Hippolite, Hippolythe, Hypolite, Hypolyte, Hyppolite, Hyppolyte. *Caractérologie :* raisonnement, idéalisme, altruisme, sensibilité, intégrité.

Hoang
200

Rose (vietnamien). Au Vietnam, la rose est le symbole de l'amour. *Caractérologie :* rêve, générosité, humanité, rectitude, ouverture d'esprit.

Hocine
4 000 TOP 2 000

Excellence, beauté (arabe). On peut estimer que moins de 30 enfants seront prénommés ainsi en 2021. *Variantes :* Hacène, Houcine, Hosni. *Caractérologie :* idéalisme, intégrité, altruisme, raisonnement, réflexion.

Hoel
500

Noble, au-dessus (celte). Prénom breton. *Caractérologie :* ténacité, méthode, fiabilité, engagement, sens du devoir.

Homère
- de 100

Otage, promesse, sécurité (grec). Poète épique grec, auteur de *L'Iliade* et de *L'Odyssée*, Homère aurait vécu au VIIIe siècle avant J.-C. Ses textes occupent une place importante dans la culture classique européenne. *Caractérologie :* autorité, énergie, ambition, innovation, volonté.

Honoré
2 000 TOP 2 000

Honoré (latin). Masculin français. *Variante :* Honorat. *Caractérologie :* communication, pratique, générosité, adaptation, enthousiasme.

Honorin
- de 100

Honoré (latin). *Caractérologie :* pragmatisme, communication, créativité, optimisme, sociabilité.

Horace
250

Voir (grec). Masculin français et anglais. *Variantes :* Horacio, Horatio, Otis. *Caractérologie :* découverte, audace, énergie, logique, décision.

Horacio
250

Voir (grec). Masculin espagnol et portugais. *Variante :* Horatio. *Caractérologie :* raisonnement, harmonie, volonté, affection, conseil.

Howard
150

Esprit courageux (germanique). Masculin anglais. *Caractérologie :* paix, bienveillance, volonté, conscience, résolution.

Hubert
39 000

Esprit brillant (germanique). Fils d'un duc d'Aquitaine, au VIIe siècle, Hubert chassait dans la forêt des Ardennes lorsqu'il remarqua une croix plantée entre les bois d'un magnifique cerf. Cet incident, qui le fit s'engager dans la vie monastique, fait également de saint Hubert le patron des chasseurs. En dehors de l'Hexagone, Hubert est plus particulièrement répandu dans les pays anglophones et en Allemagne. On peut estimer que moins de 30 enfants seront prénommés ainsi en 2021. *Variantes :* Huberto, Ubert, Ubertino, Uberto. *Caractérologie :* diplomatie, sociabilité, loyauté, réceptivité, finesse.

Hugo
145 000 TOP 50

Esprit, intelligence (germanique). *Variante :* Ugo. *Caractérologie :* bienveillance, paix, conscience, conseil, sagesse.

Hugolin
140

Esprit, intelligence (germanique). *Variante :* Ugolin. *Caractérologie :* logique, découverte, audace, énergie, action.

H

Hugo

Fête :
1er avril

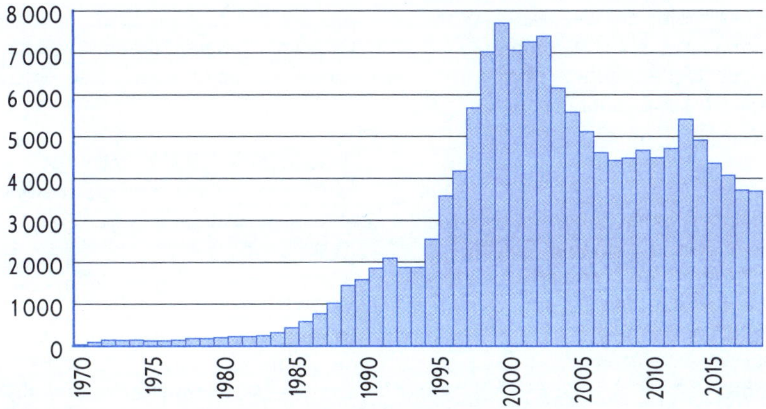

Étymologie

Du germain *hug*, « esprit, intelligence ». Patronyme que l'auteur des *Misérables* a rendu mondialement célèbre, Hugo a pourtant été peu attribué avant les années 1980. Il doit son succès éclair à sa terminaison en « o », sa petite taille (quatre lettres) et sa jeunesse. Après s'être imposé au 4e rang du palmarès en 2000, son reflux se précise, mais il devrait se maintenir dans le top 20 français en 2021.

Il est difficile de déterminer si les campagnes publicitaires et l'image sexy de la marque Hugo Boss ont influencé sa redécouverte. Toujours est-il que sa popularité a dépassé celle d'Hugues, un grand nom du Moyen Âge dont on aurait pu attendre la renaissance. Un temps portés par la gloire d'Hugo, les élans d'Ugo sont vite retombés. Ce dernier figure désormais dans le top 400, loin devant Hugolin.

Dans les régions francophones, Hugo est davantage attribué en Romandie qu'au Québec, mais c'est en Belgique qu'il brille le plus. Du nord au sud de l'Europe, ce prénom, qui s'adapte facilement à toutes les langues, est très prisé par les parents.

Hugues Capet est le fondateur de la troisième dynastie des rois de France. De nombreux comtes et ducs illustrèrent ce prénom en France.

Saint Hugues fut évêque de Grenoble, puis bénédictin de la Chaise-Dieu au XIIe siècle.

Personnes célèbres

Hugo Chávez, président du Venezuela de 1999 à sa mort en 2013 ; Hugo Lloris, footballeur international français, né en 1986.

Statistiques

Hugo est le 3e prénom masculin le plus donné en France depuis l'an 2000. Il est attribué à près d'un garçon sur 100 aujourd'hui.

Hugues
21 000 TOP 2 000

Esprit, intelligence (germanique). Hugues Capet, fondateur de la troisième dynastie des rois de France au Xe siècle, et saint Hugues, évêque de Grenoble en 1080, illustrèrent ce prénom français. On peut estimer que moins de 30 enfants seront prénommés ainsi en 2021. *Variantes :* Hugh, Ugue, Ugues. *Caractérologie :* idéalisme, altruisme, amitié, intégrité, réflexion.

Humbert
300

Esprit brillant (germanique). Masculin anglais et allemand. Forme basque : Umbert. *Caractérologie :* influence, équilibre, famille, sens des responsabilités, sensibilité.

Humberto
250

Esprit brillant (germanique). Masculin espagnol. *Caractérologie :* optimisme, générosité, finesse, raisonnement, pragmatisme.

Huseyin
1 500 TOP 2 000

Beauté (arabe). On peut estimer que moins de 30 enfants seront prénommés ainsi en 2021. *Variantes :* Hossein, Hussein. *Caractérologie :* action, sociabilité, diplomatie, amitié, réceptivité.

Huy
- de 100

Projection de lumière, splendide (vietnamien). *Caractérologie :* humanité, rêve, générosité, rectitude, ouverture d'esprit.

Hyacinthe
1 500 TOP 2 000

Pierre (grec). On peut estimer que moins de 30 enfants seront prénommés ainsi en 2021. *Variantes :* Hyacinth, Hyacinte. *Caractérologie :* enthousiasme, communication, pratique, ressort, finesse.

I

Iago
170 TOP 2 000

Supplanter, talonner (hébreu). Iago est un personnage de la pièce de théâtre *Othello*, de Shakespeare. Masculin écossais, gallois, espagnol et portugais. *Variante :* Yago. *Caractérologie :* dynamisme, courage, indépendance, curiosité, charisme.

Ian
2 000 TOP 2 000

Dieu fait grâce (hébreu). Ian est une forme irlandaise et écossaise de Jean. *Variantes :* Iain, Iann. *Caractérologie :* paix, conscience, résolution, bienveillance, conseil.

Ianis
1 500 TOP 2 000

Dieu fait grâce (hébreu). On peut estimer que moins de 30 enfants seront prénommés ainsi en 2021. *Caractérologie :* originalité, spiritualité, sagacité, connaissances, résolution.

Iannis
200

Dieu fait grâce (hébreu). *Caractérologie :* communication, pragmatisme, optimisme, créativité, détermination.

Iban
2 000 TOP 2 000

Forme basque de Jean : Dieu fait grâce (hébreu). On peut estimer que moins de 30 enfants seront prénommés ainsi en 2021. *Caractérologie :* achèvement, vitalité, détermination, ardeur, stratégie.

Ibrahim
19 000 TOP 100

Forme arabe d'Abraham : père des nations (hébreu). *Caractérologie :* paix, bienveillance, conscience, conseil, sagesse.

Ibrahima
3 000 TOP 400

Forme arabe d'Abraham : père des nations (hébreu). *Caractérologie :* connaissances, spiritualité, originalité, sagacité, philosophie.

Ido
- de 30

Son témoin (hébreu). Dans l'Ancien Testament, Ido est le grand-père du prophète Zacharie. *Caractérologie :* innovation, énergie, autorité, autonomie, ambition.

Idris
3 000 TOP 400

Gouverneur impétueux (gallois), ou variante d'Idriss. *Caractérologie :* dynamisme, curiosité, charisme, indépendance, courage.

Idriss
8 000 TOP 200

Études, connaissance (arabe). *Variantes :* Idrissa, Idrisse, Ydris, Ydriss. *Caractérologie :* conseil, bienveillance, paix, conscience, sagesse.

Ifan
- de 30

Dieu fait grâce (hébreu). Variante galloise de Jean. *Caractérologie :* communication, pragmatisme, optimisme, créativité, décision.

Ignace
1 000 TOP 2 000

Feu (latin). Masculin français. *Variantes :* Ignaci, Inacio, Ignacy, Ignazio. *Caractérologie :* enthousiasme, pratique, communication, résolution, sympathie.

Igor
3 000

Fils, protection (germanique). Igor est très répandu en Russie, en Italie et dans les pays slaves. On peut estimer que moins de 30 enfants seront prénommés ainsi en 2021. *Caractérologie :* méthode, ténacité, sens du devoir, fiabilité, engagement.

Ilan
13 000 TOP 200

Arbre (hébreu). En dehors de l'Hexagone, Ilan est très répandu en Israël. *Variantes :* Hilan, Ilane, Ilhan, Illan, Ilann. *Caractérologie :* réflexion, altruisme, idéalisme, intégrité, décision.

Ilario
650 TOP 2 000

Joyeux (latin). Masculin italien et basque. *Variantes :* Hilari, Hilario, Lari. *Caractérologie :* ambition, autorité, innovation, énergie, analyse.

Ilhan
4 000 TOP 400

Arbre (hébreu). *Caractérologie :* passion, force, ambition, décision, habileté.

Ilian
5 000 TOP 400

Qui vient de Dieu (arabe), le Seigneur est mon Dieu (hébreu). *Variantes :* Iliane, Iliano, Ylian, Yliane. *Caractérologie :* idéalisme, réflexion, décision, altruisme, intégrité.

Ilias
3 000 TOP 800

Qui vient de Dieu (arabe), le Seigneur est mon Dieu (hébreu). *Variantes :* Iliass, Iliasse. *Caractérologie :* indépendance, courage, dynamisme, curiosité, charisme.

Ilies
4 000 TOP 2 000

Qui vient de Dieu (arabe), le Seigneur est mon Dieu (hébreu). *Variantes :* Iliess, Iliesse. *Caractérologie :* réflexion, idéalisme, altruisme, décision, intégrité.

Ilio
- de 100

Soleil (grec). *Caractérologie :* tolérance, altruisme, rectitude, raisonnement, générosité.

Illan
2 000 TOP 300 ↘

Arbre (hébreu), jeunesse (basque). *Caractérologie :* décision, pratique, communication, adaptation, enthousiasme.

Iloan
140

Lumière (celte). Originaire d'Irlande, saint Elouan mena une vie d'ermite en Bretagne au VIIe siècle. Il est honoré dans une chapelle de Saint-Guen (Côtes-d'Armor), où se trouve son tombeau. Ce prénom est très populaire en Bretagne. *Variantes :* Elouann, Elouen, Elouane. *Caractérologie :* logique, bienveillance, paix, conscience, décision.

Ilyan
6 000 TOP 50 ↗

Qui vient de Dieu (arabe), le Seigneur est mon Dieu (hébreu). Masculin russe, anglais, aussi répandu dans les cultures juives. *Caractérologie :* connaissances, sympathie, résolution, sagacité, spiritualité.

Ilyas
7 000 TOP 200 →

Qui vient de Dieu (arabe), le Seigneur est mon Dieu (hébreu). *Variantes :* Ilya, Ilyass, Ilyasse. *Caractérologie :* communication, enthousiasme, pratique, générosité, adaptation.

Ilyes
21 000 TOP 100 →

Qui vient de Dieu (arabe), le Seigneur est mon Dieu (hébreu). *Variantes :* Illies, Illyes, Ilyess, Ilyesse. *Caractérologie :* résolution, savoir, sympathie, méditation, intelligence.

Imad
3 000 TOP 800 →

Celui qui soutient (arabe). *Variantes :* Imade, Imed. Forme composée : Imad-Eddine. *Caractérologie :* rectitude, générosité, humanité, rêve, tolérance.

Imanol
850 ↓

Forme basque d'Emmanuel : Dieu est avec nous (hébreu). *Caractérologie :* raisonnement, ténacité, audace, indépendance, décision.

Imran
11 000 TOP 100 ↑

Fleurissant, épanoui (arabe). *Variantes :* Amran, Imrane. *Caractérologie :* autorité, innovation, énergie, ambition, résolution.

Iñaki
350 →

Feu (latin). *Variante :* Inacio. *Caractérologie :* habileté, ambition, passion, force, décision.

Indiana
- de 100

Divin (latin), nom d'un État américain. Au masculin, ce prénom est apparu en France en 1991, dix ans après le succès retentissant des *Aventuriers de l'Arche perdue* (ou *Indiana Jones*), film de Steven Spielberg. On rencontre plus particulièrement ce prénom aux États-Unis. *Caractérologie :* spiritualité, connaissances, originalité, résolution, sagacité.

Indy
200 TOP 2 000 →

Forme d'India ou Indiana. Masculin anglais et néerlandais. *Caractérologie :* méditation, intelligence, savoir, indépendance, sagesse.

Innocent
190

Innocent (latin). *Caractérologie :* engagement, ténacité, analyse, méthode, fiabilité.

Ioan
300 ↗

Dieu fait grâce (hébreu). Ce prénom est plus particulièrement usité au pays de Galles, en Roumanie et dans les pays slaves. *Variante :* Ioanes. *Caractérologie :* créativité, pragmatisme, communication, optimisme, décision.

Ioen
- de 100

If (celte), bien né, jeune guerrier (vieil irlandais), ou forme galloise de Jean.

I

Caractérologie : philosophie, sagacité, connaissances, originalité, spiritualité.

Iolan
- de 30

Aube (grec), violette (latin). *Caractérologie :* raisonnement, conseil, éthique, conscience, volonté.

Ion
160

Dieu fait grâce (hébreu). Masculin roumain et basque. *Caractérologie :* intuition, fidélité, affection, engagement, relationnel.

Iovan
- de 30

Variante d'Ivan : Dieu fait grâce (hébreu). Iovan Iorgovan, l'équivalent d'Hercule dans la mythologie roumaine, est surnommé « fils de Rome » dans les légendes. *Caractérologie :* vivacité, raisonnement, culture, liberté, résolution.

Irénée
1 000

Paix (grec). Ce prénom mixte est plus courant au masculin. *Caractérologie :* adaptabilité, intuition, médiation, fidélité, relationnel.

Iris
- de 100

Arc-en-ciel (grec). Masculin anglais, néerlandais, grec et scandinave. *Caractérologie :* direction, assurance, audace, indépendance, dynamisme.

Irmin
- de 30

Se rapporte à Irmin, dieu païen (germanique). *Caractérologie :* rectitude, humanité, rêve, ouverture d'esprit, générosité.

Irvin
550

Beau (celte). Masculin anglais. *Variantes :* Irvine, Irving, Irwin. *Caractérologie :* altruisme, intégrité, idéalisme, dévouement, réflexion.

Isaac
15 000 TOP 50

Rire (hébreu). Dans l'Ancien Testament, Isaac est le fils de Sarah et Abraham. Lorsque Sarah apprend à l'âge de 90 ans qu'elle attend un enfant, elle est secouée d'un petit rire, d'où l'origine (« rire ») du prénom Isaac. En succédant à Abraham, Isaac devient le deuxième grand patriarche d'Israël. Ce prénom a connu une certaine faveur auprès des puritains américains au XVIIe siècle. Il est de longue date attribué dans les cultures juives. *Variantes :* Isa, Isaak, Isac. *Caractérologie :* éthique, exigence, équilibre, influence, famille.

Isaïe
550 TOP 2 000

Dieu est mon salut (hébreu). Prophète de l'Ancien Testament, Ésaïe (ou Isaïe) dénonça les pratiques impies du peuple et du roi Manassé. Il mourut martyr sur l'ordre de ce dernier vers 701. *Variantes :* Isaï, Jesaïa. *Caractérologie :* intelligence, savoir, méditation, indépendance, détermination.

Isandro
- de 30

Défense de l'humanité (grec). *Variantes :* Isandre, Isandro, Ysandro. *Caractérologie :* volonté, intégrité, fiabilité, tolérance, idéalisme.

Isao
300 TOP 1 000

Mérite, exploit (japonais). *Caractérologie :* management, ambition, force, passion, habileté.

Isas
- de 30

Celui qui mérite (japonais). *Caractérologie :* pragmatisme, optimisme, créativité, communication, sociabilité.

Ishak
1 500 TOP 400

Forme arabe d'Isaac : rire (hébreu). *Caractérologie :* communication, créativité, optimisme, sociabilité, pragmatisme.

I

Isaac

Fête :
20 décembre

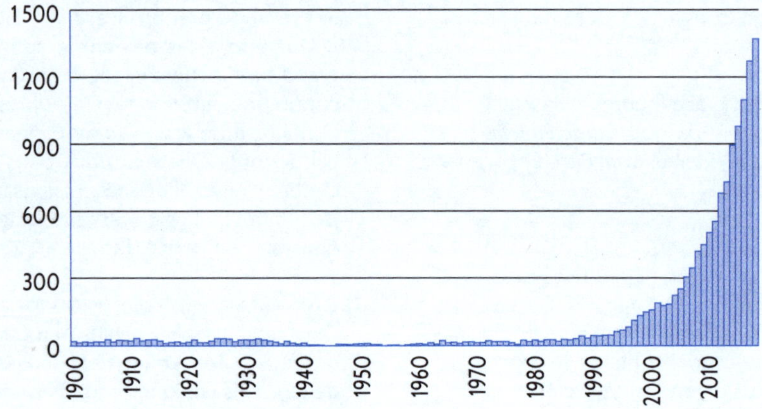

Étymologie

Dans l'Ancien Testament, Isaac est le fils de Sarah et Abraham, premier patriarche du peuple juif. Lorsque Sarah apprend à l'âge de 90 ans qu'elle attend son premier enfant, elle ne peut retenir un rire d'incrédulité, d'où l'origine du prénom Isaac (« rire » en hébreu). Son destin ne fut pourtant pas toujours placé sous le signe de la bonne humeur. En effet, le Livre de la Genèse raconte que Dieu, voulant mettre la foi d'Abraham à l'épreuve, lui demanda d'immoler son fils. Isaac fut épargné *in extremis* par l'Ange qui offrit à sa place un bélier. Le sacrifice de ce fils miraculeux et miraculé inspira les plus grands artistes tels que Rembrandt, Le Caravage ou Chagall.

Ce prénom a connu une certaine faveur auprès des puritains américains au XVIIe siècle et n'est jamais tombé en désuétude dans les pays anglophones. Considéré comme le deuxième patriarche du peuple juif, Isaac a été fréquemment usité dans les communautés hébraïques du monde entier, et il a été plus particulièrement attribué dans les familles protestantes en France à partir de la Réforme (XVIe siècle). Pour ces raisons, il n'encourait pas les faveurs des familles catholiques, même si des saints chrétiens portent ce nom.

Son engouement actuel dépasse largement les choix communautaires. Car aujourd'hui, les prénoms issus de l'Ancien Testament sont sous les feux de la rampe. Cette mode venue des États-Unis a lancé les carrières d'Aaron et d'Adam. Et voilà qu'aujourd'hui Isaac semble vouloir réclamer sa part de notoriété. Il faut dire que ces prénoms bibliques cumulent tous les critères du succès. Ils sont courts et apparaissent aux parents, croyants ou non, tant insolites qu'intemporels. Aux États-Unis, Jacob a régné sans partage au premier rang masculin de 1999 à 2012. Cette tendance anglo-saxonne ferait-elle des émules en France ?

Dans l'Hexagone, le nombre d'attributions de ce prénom a été multiplié par 5 en moins de 10 ans. De sorte qu'Isaac se trouve aujourd'hui propulsé

I

dans le top 50 français et les dix premiers rangs parisiens. Cette onde se fait ressentir en Suisse romande et au Québec (top 50), et dans une moindre mesure, en Belgique francophone (top 100).

Personnes célèbres

Isaac Newton (1642-1727), philosophe et scientifique britannique qui a formulé le premier la théorie de la gravitation universelle et inventé le télescope ; Isaac Asimov (1920-1992), l'un des plus grands écrivains de la littérature de science-fiction ; Isaac Bashevis-Singer, prix Nobel de littérature (1902-1991) ; Isaac Stern (1920-2001), célèbre violoniste américain né en Pologne.

Statistiques

Isaac est le 122e prénom masculin le plus donné en France depuis l'an 2000. Ce prénom est attribué à près d'un garçon sur 225 aujourd'hui.

Isidore
1 500 TOP 2 000

Don d'Isis (grec). Masculin anglais et français. *Variantes :* Isidor, Isidoro, Isidro. *Caractérologie :* savoir, intelligence, résolution, méditation, volonté.

Islem
1 500 TOP 600

Salut et paix dans la soumission à Dieu (arabe). *Variante :* Islam. *Caractérologie :* méthode, engagement, fiabilité, ténacité, résolution.

Ismaël
21 000 TOP 100

Dieu a entendu (hébreu). Personnage de la Genèse et du Coran, Ismaël est le premier fils d'Abraham et d'Hagar, une servante de son épouse Sarah. Après des années d'attente, Sarah enfante à son tour Isaac et obtient qu'Ismaël et sa mère soient chassés. Abandonnés dans le désert, ils sont entendus par Dieu qui leur révèle un puits, d'où le sens donné au prénom. Ismaël vivra et deviendra l'ancêtre des peuples arabes. Ce prénom est plus particulièrement attribué dans les cultures musulmanes ; il est aussi présent dans les cultures juives. *Caractérologie :* courage, curiosité, indépendance, dynamisme, détermination.

Ismaïl
9 000 TOP 200

Dieu a entendu (hébreu). Voir Ismaël. *Variantes :* Esmaël, Ismayil, Ismaïla. *Caractérologie :* humanité, rectitude, générosité, ouverture d'esprit, rêve.

Israël
750 TOP 2 000

Qui débat avec Dieu (hébreu). *Caractérologie :* autorité, innovation, détermination, énergie, ambition.

Issa
8 000 TOP 200

Jésus (arabe), Dieu sauve (hébreu). *Caractérologie :* enthousiasme, communication, pratique, générosité, adaptation.

Issam
6 000 TOP 300

Engagement (arabe). *Variantes :* Isam, Issame. *Caractérologie :* savoir, intelligence, indépendance, méditation, sagesse.

Iulian
- de 100

De la famille romaine de Iule (latin). Masculin roumain. *Caractérologie :* inventivité, ténacité, patience, confiance, famille.

Ivan
9 000 TOP 600

Dieu fait grâce (hébreu). Ivan est très répandu en Russie et dans les pays slaves. *Variante :* Ivann. *Caractérologie :* décision, vision, assurance, dynamisme, autonomie.

I

Ivo
200 ➔

If (celte). Prénom breton. *Variante :* Yvo. *Caractérologie :* dynamisme, audace, direction, indépendance, assurance.

Iwan
800 ↘

Forme galloise et bretonne de Jean : Dieu fait grâce (hébreu). *Caractérologie :* diplomatie, sociabilité, réceptivité, loyauté, détermination.

Iyad
3 000 TOP 200 ↗

Soutien (arabe). *Caractérologie :* pratique, communication, enthousiasme, réalisation, adaptation.

Izan
- de 100

Fort, ferme (hébreu). Izan est une forme espagnole moderne d'Ethan. *Caractérologie :* énergie, découverte, originalité, détermination, audace.

J

Jack
9 000 TOP 600 ➔

Malgré sa ressemblance avec Jacques, Jack est une forme moderne de Jankin, un diminutif de Jean très courant au Moyen Âge dans les pays anglophones. Jack est très en vogue en Angleterre. *Variantes :* Jac, Jacq, Jacmé. *Caractérologie :* sagacité, connaissances, spiritualité, originalité, organisation.

Jacki
2 000

Diminutif de Jack, la forme anglaise de Jacques. *Caractérologie :* intelligence, indépendance, savoir, méditation, organisation.

Jackie
13 000

Diminutif de Jack, la forme anglaise de Jacques. Masculin anglais et français. *Caractérologie :* communication, optimisme, pragmatisme, détermination, organisation.

Jackson
800 TOP 2 000 ↗

Fils de Jacques (vieil anglais). Masculin anglais. *Caractérologie :* énergie, autorité, innovation, ambition, organisation.

Jacky
57 000 ↘

Diminutif de Jack, la forme anglaise de Jacques. Masculin anglais et français. On peut estimer que moins de 30 enfants seront prénommés ainsi en 2021. *Caractérologie :* audace, découverte, originalité, énergie, gestion.

Jacob
2 000 TOP 400 ↗

Supplanter, talonner (hébreu). L'étymologie de Jacob fait référence aux circonstances de sa naissance : la Bible le décrit tenant le talon de son jumeau Ésaü au moment de leur naissance. Ce prénom biblique est établi de longue date dans les cultures juives, mais les puritains ont également alimenté son succès au XVIIe siècle dans les pays anglophones. Héros de la saga américaine *Twilight*, Jacob a trôné sur le palmarès américain dans les années 2000. Il est répandu dans les pays néerlandophones et scandinaves mais peine encore à décoller en France. ◇ Fils d'Isaac et de Rébecca dans l'Ancien Testament, Jacob rachète à son frère jumeau Ésaü son droit d'aînesse contre un plat de lentilles. Léa et Rachel, ses épouses successives, mettent au monde les futurs patriarches des 12 tribus d'Israël. *Variantes :* Jacobin, Iacob, Iacov.

Forme basque : Jacobe. *Caractérologie :* structure, persévérance, sécurité, organisation, efficacité.

Jacques

263 000 TOP 400

Supplanter, talonner (hébreu). Cette forme française de Jacob se propage à la fin du Moyen Âge et devient très usitée jusqu'au XVIIIe siècle. Jacques se fait plus discret avant de resurgir au début du XXe siècle, s'imposant dans les dix premiers prénoms de 1926 à 1953. Il est beaucoup plus rare aujourd'hui mais sa renaissance est à envisager. De son côté, le Jack anglais ne l'a pas attendu pour briller outre-Manche dans les années 1990 et 2000. ◇ Jacques de Molay, le dernier grand maître des Templiers, est célèbre pour avoir lancé une malédiction sur les Capétiens avant de périr sur le bûcher à Paris, en 1314. Deux apôtres du Christ, martyrs à Rome au Ier siècle, portèrent ce prénom. Jacques le Majeur et Jacques le Mineur sont respectivement fêtés les 25 juillet et 3 mai. *Variantes :* Jacque, Jacquelin, Jacquemin, Jacquot, Jaques, Jeacques. Forme bretonne : Kou. Variantes irlandaises : Seamus, Shamus. *Caractérologie :* efficacité, structure, persévérance, sécurité, honnêteté.

Jacquie

600

Supplanter, talonner (hébreu). *Variantes :* Jacqui, Jacquies, Jacquis, Jacquit. *Caractérologie :* communication, résolution, pratique, enthousiasme, adaptation.

Jacquy

1 500

Supplanter, talonner (hébreu). *Variante :* Jaquy. *Caractérologie :* originalité, découverte, énergie, audace, séduction.

Jad

3 000 TOP 300

Excellent, généreux (arabe). *Caractérologie :* exigence, sens des responsabilités, influence, équilibre, famille.

Jaden

1 500 TOP 400

Ce dérivé masculin de Jade, né en France dans les années 2000, désigne une pierre fine de couleur verte. Masculin anglais. *Variante :* Jayden. *Caractérologie :* connaissances, sagacité, originalité, philosophie, spiritualité.

Jaï

- de 30

Victorieux (sanscrit). *Caractérologie :* fidélité, intuition, adaptabilité, médiation, relationnel.

Jaime

800 TOP 2 000

Supplanter, talonner (hébreu). Ce prénom basque est très répandu dans les pays hispanophones et lusophones. *Variantes :* Jaume, Jayme. *Caractérologie :* loyauté, sociabilité, résolution, diplomatie, réceptivité.

Jaky

600

Supplanter, talonner (hébreu). *Variantes :* Jakes, Jaki, Jakie. Forme bretonne : Jak. *Caractérologie :* médiation, adaptabilité, intuition, fidélité, relationnel.

Jalil

1 500 TOP 1 000

Qui est grand (arabe). *Variantes :* Djelal, Djelali, Djeloul, Djelloul, Jalal, Jalale, Jalel, Jallal, Jelal. *Caractérologie :* ambition, management, force, habileté, passion.

Jamal

3 000 TOP 2 000

D'une grande beauté physique et morale (arabe). *Variantes :* Jamale, Jamil, Jémil. *Caractérologie :* ambition, autorité, innovation, autonomie, énergie.

Jamel

4 000

D'une grande beauté physique et morale (arabe). On peut estimer que moins de 30 enfants seront prénommés ainsi en

J

2021. *Caractérologie :* énergie, audace, originalité, découverte, séduction.

James
20 000 TOP 200 ↗

Supplanter, talonner (hébreu). Ce prénom anglais est très répandu dans les pays anglophones. *Variantes :* Jame, Jamie, Jammes. *Caractérologie :* optimisme, communication, créativité, pragmatisme, sociabilité.

Jamie
450 TOP 2 000 ↗

Supplanter, talonner (hébreu). Masculin écossais et anglais. *Variante :* Jaimie. *Caractérologie :* fidélité, relationnel, intuition, décision, médiation.

Jamy
450 ↗

Supplanter, talonner (hébreu). *Variante :* Jammy. *Caractérologie :* sécurité, structure, efficacité, réalisation, persévérance.

Jan
1 500 TOP 2 000 ↘

Dieu fait grâce (hébreu). Masculin allemand, néerlandais, suédois, occitan et provençal. On peut estimer que moins de 30 enfants seront prénommés ainsi en 2021. *Caractérologie :* sagesse, intelligence, savoir, méditation, indépendance.

J

Janick
1 500

Dieu fait grâce (hébreu). Prénom breton. *Variantes :* Janic, Janik, Janis, Janssen. *Caractérologie :* détermination, communication, pratique, enthousiasme, organisation.

Janis
450 ↘

Dieu fait grâce (hébreu). Masculin anglais. *Caractérologie :* ambition, passion, habileté, détermination, force.

Janvier
- de 100

Correspond au mois de l'année (latin). *Caractérologie :* sagacité, connaissances, originalité, résolution, spiritualité.

Jany
1 500

Dieu fait grâce (hébreu). *Variante :* Janny. *Caractérologie :* découverte, audace, énergie, séduction, originalité.

Jao
170

Se rapporte au nom d'une divinité inca. Jao est répandu au Brésil et au Portugal. *Caractérologie :* ambition, habileté, force, management, passion.

Jarod
3 000 TOP 500 →

Celui qui descendra (hébreu). *Caractérologie :* pragmatisme, créativité, communication, sociabilité, optimisme.

Jasmin
550 TOP 2 000 ↑

Prénom arabe emprunté au persan signifiant « fleur de jasmin ». En dehors de l'Hexagone, Jasmin est plus particulièrement attribué dans les pays anglophones, germanophones et néerlandophones. *Variantes :* Yasmin, Asmin. *Caractérologie :* pratique, enthousiasme, communication, adaptation, résolution.

Jason
21 000 TOP 500 →

Dieu sauve (hébreu). Jason est très répandu dans les pays anglophones et aux Pays-Bas. *Variante :* Djason. *Caractérologie :* originalité, énergie, découverte, séduction, audace.

Javier
850 ↑

Maison neuve (basque). Masculin espagnol, portugais et occitan. *Caractérologie :* réceptivité, diplomatie, sociabilité, loyauté, décision.

Jawad
4 000 TOP 700 ↘

Celui qui est bon et généreux (arabe). *Variantes :* Djawad, Jawade, Jawed. *Caractérologie :* enthousiasme, communication, adaptation, générosité, pratique.

Jay
250 ↗

Victorieux (sanscrit), diminutif anglophone des prénoms commençant par le préfixe « Ja ». *Caractérologie :* humanité, rêve, générosité, ouverture d'esprit, rectitude.

Jayden
3 000 TOP 200 ↗

Ce dérivé masculin de Jade, né en France dans les années 2000, désigne une pierre fine de couleur verte. Masculin anglais et néerlandais. *Variante :* Jaiden. *Caractérologie :* dynamisme, réalisation, indépendance, courage, curiosité.

Jayson
3 000 TOP 600 ↘

Dieu sauve (hébreu). *Variantes :* Jaison, Jeason, Jeson, Jeyson. *Caractérologie :* optimisme, pragmatisme, créativité, communication, sociabilité.

Jazz
180

Se rapporte au jazz, style de musique né aux États-Unis à la fin du XIXe siècle. *Caractérologie :* idéalisme, dévouement, intégrité, réflexion, altruisme.

Jean
933 000 TOP 100 →

Dieu fait grâce (hébreu). L'apôtre Jean et saint Jean-Baptiste ont, dès le Ier siècle, assuré le succès de Jean. Sa diffusion a été renforcée par les nombreux saints, papes et rois porteurs du nom à différents moments de l'histoire. Jean grandit en Orient avant de se propager en Occident chrétien, où il est très attribué au Moyen Âge. Sous ses différentes graphies (John, Juan, Giovanni, Johannes, Jan, Ivan, etc.), il se maintient tout premier ou presque du XIVe au XIXe siècle. En France, sa prééminence est encore incontestée durant la première partie du XXe siècle, où il règne sans interruption jusqu'à ce que Philippe le détrône en 1959. Il est encore aujourd'hui le prénom le plus porté en France. ◊ Infatigable prêcheur des foules qui s'amassaient sur les rives du Jourdain, Jean le Baptiste (aujourd'hui Jean-Baptiste) baptisa Jésus et de nombreux convertis dans l'eau du fleuve. Il est le patron des Québécois, des cordeliers, des rémouleurs et des tonneliers. *Caractérologie :* adaptation, pratique, générosité, communication, enthousiasme.

Jean-Baptiste
39 000 TOP 800 ↘

Forme composée de Jean et Baptiste. Fils de Zacharie et d'Élisabeth, Jean naquit en Palestine au Ier siècle. Infatigable prêcheur des foules qui s'amassaient sur les rives du Jourdain, il baptisa Jésus et de nombreux convertis dans l'eau du fleuve, ce qui lui valut le surnom de Jean le Baptiste (aujourd'hui Jean-Baptiste). Il est le patron des Québécois, des cordeliers, des rémouleurs et des tonneliers. Notons que le vrai nom de Molière était Jean-Baptiste Poquelin. *Caractérologie :* audace, énergie, découverte, résolution, originalité.

Jean-Charles
18 000 ↘

Forme composée de Jean et Charles. Masculin français. On peut estimer que moins de 30 enfants seront prénommés ainsi en 2021. *Caractérologie :* paix, bienveillance, conseil, conscience, décision.

Jean-Christophe
30 000

Forme composée de Jean et Christophe. Masculin français. *Caractérologie :* sagacité, spiritualité, connaissances, sensibilité, raisonnement.

Jean-Claude
137 000 →

Forme composée de Jean et Claude. Masculin français. On peut estimer que moins de 30 enfants seront prénommés ainsi en 2021. *Caractérologie :* structure,

J

sécurité, efficacité, persévérance, honnêteté.

Jean-David
1 500

Forme composée de Jean et David. Masculin français. *Caractérologie :* méditation, savoir, indépendance, intelligence, résolution.

Jean-Denis
2 000

Forme composée de Jean et Denis. Masculin français. *Caractérologie :* humanité, rectitude, rêve, détermination, tolérance.

Jean-Emmanuel
1 000

Forme composée de Jean et Emmanuel. Masculin français. *Caractérologie :* équilibre, famille, influence, sens des responsabilités, exigence.

Jean-François
90 000

Forme composée de Jean et François. Masculin français. On peut estimer que moins de 30 enfants seront prénommés ainsi en 2021. *Caractérologie :* savoir, intelligence, méditation, détermination, raisonnement.

Jean-Gabriel
1 500

Forme composée de Jean et Gabriel. Masculin français. On peut estimer que moins de 30 enfants seront prénommés ainsi en 2021. *Caractérologie :* communication, pratique, enthousiasme, sympathie, résolution.

Jean-Jacques
45 000

Forme composée de Jean et Jacques. Masculin français. *Caractérologie :* connaissances, spiritualité, sagacité, originalité, philosophie.

Jean-Joseph
1 000

Forme composée de Jean et Joseph. Masculin français. *Caractérologie :* honnêteté, sécurité, structure, efficacité, persévérance.

Jean-Louis
66 000

Forme composée de Jean et Louis. Masculin français. On peut estimer que moins de 30 enfants seront prénommés ainsi en 2021. *Caractérologie :* sagacité, connaissances, décision, spiritualité, logique.

Jean-Loup
3 000

Forme composée de Jean et Loup. Masculin français. *Caractérologie :* efficacité, structure, persévérance, sympathie, sécurité.

Jean-Luc
105 000

Forme composée de Jean et Luc. Masculin français. On peut estimer que moins de 30 enfants seront prénommés ainsi en 2021. *Caractérologie :* communication, pratique, enthousiasme, adaptation, générosité.

Jean-Marc
82 000 TOP 2 000

Forme composée de Jean et Marc. Masculin français. On peut estimer que moins de 30 enfants seront prénommés ainsi en 2021. *Caractérologie :* réceptivité, sociabilité, résolution, diplomatie, loyauté.

Jean-Marie
68 000

Forme composée de Jean et Marie. Masculin français. On peut estimer que moins de 30 enfants seront prénommés ainsi en 2021. *Caractérologie :* engagement, ténacité, méthode, fiabilité, résolution.

Jean-Matthieu
250

Forme composée de Jean et Matthieu. Masculin français. *Caractérologie :* audace, détermination, dynamisme, sensibilité, direction.

J

Les prénoms parisiens

La mairie de Paris a publié la liste des prénoms déclarés à l'état civil entre 2004 et 2019 sur son site Internet **Open Data Paris**. Ci-dessous le classement des 20 prénoms masculins les plus attribués dans la capitale en 2019.

1. Gabriel
2. Adam
3. Arthur
4. Raphaël
5. Louis
6. Mohamed
7. Victor
8. Léon
9. Paul
10. Isaac
11. Joseph
12. Noah
13. Gaspard
14. Alexandre
15. Léo
16. Lucas
17. Sacha
18. Oscar
19. Antoine
20. Hugo

Depuis 13 ans, Gabriel maintient sa suprématie en occupant la première place. Mais les assauts d'Adam se précisent et Arthur, Raphaël et Louis ne sont pas en reste dans cette course au sommet.

L'engouement pour les prénoms bibliques date de la fin des années 1990. Et cette année encore, les prénoms de l'Ancien Testament confirment leur hégémonie. En témoignent Gabriel, Adam et Raphaël, qui s'ancrent dans le top 5 parisien. Le rebond de Noah et le jaillissement d'Isaac (+ 9 places en un an) viennent renforcer cet élan. Courts et intemporels, ces prénoms sont des valeurs sûres pour les parents, croyants ou non, car ils sont chargés d'histoire.

Paris est également une belle mosaïque. Mohamed, marqueur identitaire des familles musulmanes, est mieux placé dans la capitale (6e rang) qu'en province. Restent les prénoms rétro ou de saints (Louis, Léon, Paul, Victor) qui font florès parce qu'ils sont classiques et ont une valeur distinctive.

Une soif de nouveaux horizons transparaît également dans le triomphe des choix internationaux. Lucas, Hugo et Oscar sont de vrais prénoms voyageurs qui évoluent sur plusieurs continents ! Mais comme toujours, la capitale est sélective. Liam, le nouvel étendard des sonorités irlandaises en France, a été admis au palmarès parisien en 2017, mais il n'a tenu qu'un an.

L'engouement pour le rétro, précurseur à Paris, a lancé la carrière nationale de Léon et Victor, mais les tendances hexagonales influencent également les choix parisiens. Ainsi, Jules et Léo se sont envolés à Paris bien après avoir conquis maintes villes françaises. De là à penser que toute star nationale puisse rayonner dans la capitale, il y a un pas que nous ne franchirons pas. Comme disait un certain Sacha Guitry : « Être parisien, ce n'est pas être né à Paris, c'est y renaître. »

En 2020, certains prénoms préparent leur entrée probable dans l'élite. Alors qu'Augustin a quitté le top 20, Auguste s'en approche. Au 23e rang, Noé a lui aussi des chances de percer dans l'élite. Le fera-t-il avant Ibrahim qui le suit de près ?

Jean-Michel
78 000

Forme composée de Jean et Michel. Masculin français. On peut estimer que moins de 30 enfants seront prénommés ainsi en 2021. *Caractérologie :* stratégie, vitalité, ardeur, décision, achèvement.

Jeannot
1 500

Dieu fait grâce (hébreu). *Caractérologie :* spiritualité, originalité, sagacité, connaissances, philosophie.

Jean-Pascal
5 000

Forme composée de Jean et Pascal. Masculin français. *Caractérologie :* indépendance, audace, direction, dynamisme, bonté.

Jean-Patrick
2 000

Forme composée de Jean et Patrick. Masculin français. *Caractérologie :* intégrité, décision, cœur, idéalisme, altruisme.

Jean-Paul
73 000

Forme composée de Jean et Paul. Masculin français. On peut estimer que moins de 30 enfants seront prénommés ainsi en 2021. *Caractérologie :* ambition, passion, force, habileté, bonté.

Jean-Philippe
43 000

Forme composée de Jean et Philippe. Masculin français. On peut estimer que moins de 30 enfants seront prénommés ainsi en 2021. *Caractérologie :* structure, persévérance, sécurité, sympathie, ressort.

Jean-Pierre
173 000

Forme composée de Jean et Pierre. Elle a brillé dans le top 20 français au milieu des années 1940, alors que le prénom composé connaissait son âge d'or. Jean-Pierre est aujourd'hui la composition masculine la plus portée en France. On peut estimer que moins de 30 enfants seront prénommés ainsi en 2021. *Caractérologie :* relationnel, fidélité, intuition, médiation, décision.

Jean-Sébastien
5 000

Forme composée de Jean et Sébastien. Masculin français. *Caractérologie :* méditation, savoir, intelligence, indépendance, décision.

Jean-Victor
400

Forme composée de Jean et Victor. Masculin français. *Caractérologie :* intégrité, idéalisme, altruisme, volonté, analyse.

Jean-Yves
33 000

Forme composée de Jean et Yves. Masculin français. *Caractérologie :* diplomatie, sociabilité, réceptivité, loyauté, réalisation.

Jeff
1 500

La paix de Dieu (germanique). Masculin anglais. On peut estimer que moins de 30 enfants seront prénommés ainsi en 2021. *Variante :* Jef. *Caractérologie :* humanité, générosité, rectitude, rêve, tolérance.

Jefferson
1 500

Fils de Jeffrey (anglais). Patronyme porté par Thomas Jefferson, le deuxième président des États-Unis. On peut estimer que moins de 30 enfants seront prénommés ainsi en 2021. *Caractérologie :* vitalité, achèvement, ardeur, stratégie, décision.

Jeffrey
2 000

La paix de Dieu (germanique). On peut estimer que moins de 30 enfants seront prénommés ainsi en 2021. *Variante :* Jeffry. *Caractérologie :* communication, pratique, enthousiasme, adaptation, décision.

Jehan
750

Dieu fait grâce (hébreu). Masculin français. *Caractérologie :* intuition, relationnel, médiation, adaptabilité, fidélité.

Jeoffrey
1 000

La paix de Dieu (germanique). *Variante :* Jeoffray. *Caractérologie :* humanité, rectitude, rêve, ouverture d'esprit, décision.

Jérémi
1 500

Dieu élève (hébreu). Masculin hongrois. *Variantes :* Gérémie, Gérémy, Gérémi, Jéremiah, Jérémias. *Caractérologie :* résolution, sens des responsabilités, famille, influence, équilibre.

Jérémie
30 000 TOP 700

Dieu élève (hébreu). Peu attribué par le passé, ce prénom biblique connaît une certaine faveur à la fin des années 1980. Il rencontre toutefois moins de succès que la forme anglophone Jeremy, et se trouve quatre fois moins porté qu'elle dans l'Hexagone. ◇ Personnage biblique, Jérémie est l'un des trois grands prophètes d'Israël. Il demande à son peuple d'accepter la domination babylonienne comme une épreuve sous peine d'être châtié par Yahvé. Mais il est rejeté par le peuple et ses oracles se concrétisent lorsque la ville de Jérusalem et le Temple sont détruits. L'immense peine de Jérémie est décrite dans les *Lamentations* de Jérémie (celles-là mêmes qui ont donné naissance au nom « jérémiade ») dans l'Ancien Testament. *Caractérologie :* relationnel, médiation, intuition, résolution, fidélité.

Jérémy
133 000 TOP 500

Dieu élève (hébreu). Ce prénom biblique est massivement choisi par les protestants anglais puis américains au XVIIe siècle. Il est très fréquent dans le monde anglophone lorsqu'il apparaît en France dans les années 1960. Son succès rapide lui permet d'éclipser la forme française Jérémie et de bondir au 4e rang masculin en 1987. Malgré son repli subséquent, il est, encore aujourd'hui, un prénom de choix. *Caractérologie :* structure, persévérance, détermination, sécurité, réalisation.

Jérôme
198 000

Nom sacré (grec). Au Ve siècle, saint Jérôme traduisit de l'hébreu en latin une grande partie de la Bible. Malgré cette production titanesque, le nom du patron des traducteurs inspira peu de parents avant le XIXe siècle. Après avoir fait de timides percées outre-Manche, Jérôme s'élance finalement en France. On le trouve au 6e rang à son point culminant, en 1974, avant son reflux accéléré à la fin du siècle. Il n'est pas apparenté à Jérémy mais a peut-être, par ses premières lettres en commun, favorisé l'essor de ce dernier. On peut estimer que moins de 30 enfants seront prénommés ainsi en 2021. *Variantes :* Gérôme, Géronimo, Girolamo, Jeroen, Jéronime, Jéronimo, Yerom. Forme basque : Jerolin. *Caractérologie :* communication, enthousiasme, volonté, pratique, résolution.

Jerry
1 500

Nom sacré (grec). Masculin anglais. On peut estimer que moins de 30 enfants seront prénommés ainsi en 2021. *Caractérologie :* fiabilité, résolution, méthode, ténacité, engagement.

Jesse
1 000 TOP 2 000

Un présent (hébreu). Jesse est plus particulièrement répandu en Finlande, dans les pays anglophones et aux Pays-Bas. *Variante :* Jess. *Caractérologie :*

J

méthode, fiabilité, ténacité, sens du devoir, engagement.

Jessim
3 000 TOP 400 ↗

Grand, majestueux (arabe). *Variante :* Jassim. *Caractérologie :* adaptation, communication, pratique, enthousiasme, résolution.

Jessy
13 000 TOP 600 ↘

Un présent (hébreu). Jessy est très répandu dans les pays anglophones. *Variantes :* Djessy, Jessi. *Caractérologie :* équilibre, sens des responsabilités, famille, influence, exigence.

Jésus
1 500 ↑

Dieu sauve (hébreu). Ce prénom biblique est très peu répandu en dehors de l'Espagne et du Portugal. *Caractérologie :* loyauté, réceptivité, diplomatie, sociabilité, bonté.

Jibriel
- de 30

Contraction de Jibril et Gabriel. *Caractérologie :* détermination, diplomatie, organisation, sociabilité, réceptivité.

Jibril
3 000 TOP 500 ↘

Forme arabe de Gabriel : force de Dieu (hébreu). Voir Djibril. *Variantes :* Gebril, Gibril, Jebril. *Caractérologie :* conseil, bienveillance, organisation, conscience, sagesse.

Jilani
180

Nom du fondateur de la Qadiriya, branche soufie de l'islam créée au XIe siècle en Iraq. *Caractérologie :* dynamisme, direction, détermination, indépendance, assurance.

Jillian
200

De la famille romaine de Iule (latin). Masculin anglais. *Variante :* Jilian. *Caractérologie :* structure, efficacité, persévérance, détermination, sécurité.

Jim
2 000 TOP 2 000 ↘

Supplanter, talonner (hébreu). Masculin anglais. On peut estimer que moins de 30 enfants seront prénommés ainsi en 2021. *Variante :* Gim. *Caractérologie :* dynamisme, curiosité, courage, charisme, indépendance.

Jimmy
35 000 TOP 500 ↘

Supplanter, talonner (hébreu). Jimmy est très répandu dans les pays anglophones. *Variantes :* Djimmy, Gimmy, Jimi, Jimy. *Caractérologie :* sagacité, spiritualité, connaissances, réalisation, originalité.

Joachim
10 000 TOP 300 →

Dieu a établi (hébreu). Roi de Juda au VIe siècle, Joachim complota avec les Égyptiens contre le protectorat babylonien dirigé par Nabuchodonosor. *Variantes :* Akim, Kimo, Joachin, Joackim, Joakim, Joakin, Jochim, Johakim. *Caractérologie :* indépendance, curiosité, analyse, dynamisme, courage.

Joakim
1 500 TOP 1 000 ↘

Dieu a établi (hébreu). Masculin scandinave, serbe et macédonien. *Caractérologie :* audace, originalité, énergie, séduction, découverte.

Joan
7 000 TOP 500 ↘

Dieu fait grâce (hébreu). Voir Joan au féminin. Masculin catalan et occitan. *Caractérologie :* sens du devoir, engagement, méthode, ténacité, fiabilité.

Joanis
- de 100

Dieu fait grâce (hébreu). *Variante :* Joannis. *Caractérologie :* curiosité, dynamisme, indépendance, courage, détermination.

Joannes
850

Dieu fait grâce (hébreu). Joannes est assez répandu dans les cultures néerlandophones. Formes basques :

Joanes, Joanko. *Caractérologie :* conscience, paix, conseil, sagesse, bienveillance.

Joanny

900

Dieu fait grâce (hébreu). *Variantes :* Joannet, Joanni, Joannic, Joannick, Joannin, Joanis, Joannis, Joany. *Caractérologie :* sagesse, méditation, indépendance, savoir, intelligence.

Joao

4 000 TOP 700

Dieu fait grâce (hébreu). João est très répandu au Brésil et au Portugal. *Caractérologie :* originalité, énergie, découverte, séduction, audace.

Joaquim

4 000 TOP 700

Dieu a établi (hébreu). Joaquim est très répandu au Portugal. *Caractérologie :* dynamisme, curiosité, courage, indépendance, logique.

Joaquin

950

Dieu a établi (hébreu). Roi de Juda au VIe siècle, Joachim complota avec les Égyptiens contre le protectorat babylonien dirigé par Nabuchodonosor. *Variantes :* Akim, Kimo, Joachin, Joackim, Joakim, Joakin, Jochim, Johakim. *Caractérologie :* bienveillance, conscience, paix, détermination, raisonnement.

Joas

110

Supplanter, talonner (hébreu). *Caractérologie :* altruisme, intégrité, réflexion, idéalisme, dévouement.

Jocelin

700

Étymologie possible : doux prince (germanique). *Caractérologie :* audace, découverte, énergie, analyse, résolution.

Jocelyn

12 000

Étymologie possible : doux prince (germanique). Masculin français et anglais. Fils de Judaël, le roi de Domnonée, saint Josse refusa la couronne pour se consacrer à la vie monastique au VIIe siècle. Voir Judicaël. On peut estimer que moins de 30 enfants seront prénommés ainsi en 2021. *Variantes :* Jocelin, Joscelyn. *Caractérologie :* adaptation, pratique, communication, amitié, enthousiasme.

Jody

250

Diminutif anglophone de Joseph. Masculin anglais. *Caractérologie :* réalisation, humanité, ouverture d'esprit, rêve, rectitude.

Joé

2 000 TOP 2 000

Diminutif des prénoms formés avec Jo. Masculin anglais. On peut estimer que moins de 30 enfants seront prénommés ainsi en 2021. *Caractérologie :* optimisme, communication, pragmatisme, créativité, sociabilité.

Joël

125 000 TOP 800

Dieu est Dieu (hébreu). Joël est l'un des 12 « petits prophètes » de l'Ancien Testament. Il convainquit le peuple de se repentir de son éloignement de Dieu. Cette pénitence fit cesser la sécheresse et l'invasion de sauterelles qu'il avait prophétisées. Ce prénom français est répandu dans les cultures néerlandophones. *Caractérologie :* famille, éthique, influence, équilibre, exigence.

Joévin

300

Jupiter, jeune (latin). *Caractérologie :* pragmatisme, optimisme, décision, communication, caractère.

Joey

3 000 TOP 800

Diminutif anglophone des prénoms formés avec Jo. *Caractérologie :* audace, dynamisme, direction, indépendance, assurance.

J

Joseph

Fête :
19 mars

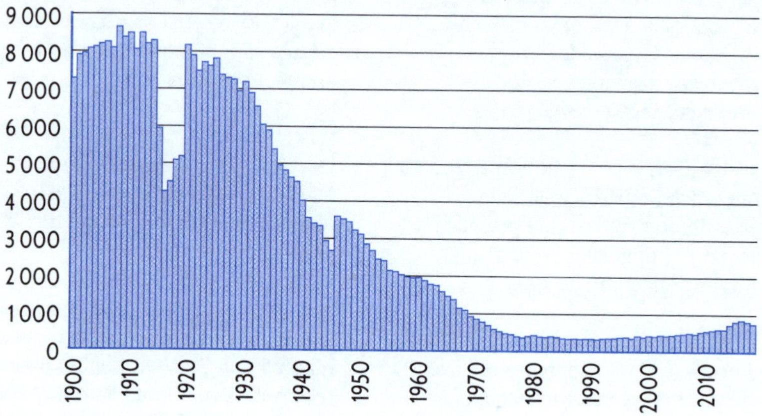

J

Étymologie

Dans le Livre de la Genèse, il est dit que Jacob et Rachel ont choisi de nommer leur fils Joseph, qui signifie « Dieu ajoutera » en hébreu, car ils espéraient avoir une grande descendance. L'islam considère Joseph (Youssef) comme un prophète et lui consacre une sourate. Enfin, dans le Nouveau Testament, Joseph est l'époux de Marie de Nazareth et le père nourricier de Jésus-Christ.

À tout le moins, ce personnage emblématique des trois religions monothéistes laissait présager une carrière brillante pour le prénom. C'est surtout à partir de la Réforme protestante, propice à l'expansion des prénoms de l'Ancien Testament, qu'il devient courant. Les puritains anglophones le diffusent sur les terres anglo-saxonnes et plusieurs souverains européens marqueront d'un sceau royal ce prénom (Joseph I et II, empereurs d'Autriche, Joseph Bonaparte, roi de Naples, puis d'Espagne). Joseph fait fi des frontières et des modes. C'est ainsi qu'on le retrouve sous de nombreuses graphies (José, Giuseppe, Iosef, Youssef et Josep) dans tous les pays, y compris slaves.

En France, il monopolise les premiers rangs de la fin du XIXe siècle aux années 1900. Il ne quitte le top 10 masculin qu'à la fin de la Première Guerre mondiale. Mais le saint patron des charpentiers n'ira jamais au purgatoire et restera discrètement présent. À partir des années 2000, il reprend son bâton de pèlerin et connaît l'essor qui le propulse dans le top 10 parisien en 2017. Son envol national est moins probant. Il peine, tout comme sa consœur Joséphine, à rebondir dans les 100 premières places.

Joseph a ses disciples dans les pays francophones et pourrait continuer à progresser. En revanche, les auspices lui sont moins favorables à l'international. Il parvient difficilement à se départir de son côté désuet, y compris dans les pays anglophones, terres traditionnellement acquises. Il figure au 23e rang des attributions aux États-

Unis mais y connaît un lent déclin depuis plusieurs années.

Dans l'histoire

Dans l'Ancien Testament, Joseph, le fils préféré de Jacob, est vendu comme esclave par ses frères jaloux. Malgré sa nouvelle condition, Joseph, qui a le don d'interpréter les rêves, est remarqué par le pharaon. Il le nomme gouverneur, ce qui épargne la famine aux Égyptiens. Plus tard, Joseph pardonne à ses frères et renoue avec sa famille.

Personnes célèbres

Joseph Fiennes, acteur anglais, né en 1970 ; Joseph L. Mankiewicz, cinéaste américain (1909-1993) ; Joseph Kessel, aventurier et écrivain (1898-1979) ; Joseph Staline, homme d'État russe (1879-1953) ; Joseph Haydn, compositeur autrichien (1732-1809).

Statistiques

Joseph est le 132e prénom masculin le plus donné en France depuis l'an 2000. Il est attribué à près d'un garçon sur 500 aujourd'hui.

Joffrey

8 000

La paix de Dieu (germanique). Masculin français. On peut estimer que moins de 30 enfants seront prénommés ainsi en 2021. *Variantes :* Joeffrey, Jofrey, Joffray, Joffre. *Caractérologie :* structure, persévérance, efficacité, sécurité, résolution.

Johan

34 000 TOP 300

Dieu fait grâce (hébreu). En dehors de l'Hexagone, Johan est très répandu en Allemagne, dans les pays scandinaves et néerlandophones. Il est aussi un prénom traditionnel en Alsace et dans le Pays basque. *Variante :* Johane. *Caractérologie :* pratique, enthousiasme, communication, adaptation, générosité.

Johann

19 000 TOP 600

Dieu fait grâce (hébreu). En dehors de l'Hexagone, Johann est très répandu en Allemagne. *Caractérologie :* force, ambition, habileté, passion, management.

Johannes

650

Dieu fait grâce (hébreu). Johannes est plus particulièrement usité en Allemagne, dans les pays néerlandophones et scandinaves. *Variantes :* Johanes, Johanne, Johannis, Johanny, Johany. *Caractérologie :* curiosité, courage, dynamisme, charisme, indépendance.

John

13 000 TOP 600

Dieu fait grâce (hébreu). Ce prénom est très répandu dans les pays anglophones et en Suède. *Caractérologie :* intuition, médiation, relationnel, fidélité, adaptabilité.

Johnny

15 000 TOP 2 000

Dieu fait grâce (hébreu). Masculin anglais. On peut estimer que moins de 30 enfants seront prénommés ainsi en 2021. *Variante :* Johny. *Caractérologie :* énergie, originalité, découverte, audace, séduction.

Jolan

2 000 TOP 2 000

Vallée aux chênes morts (amérindien), variante de Yolan. *Caractérologie :* connaissances, spiritualité, sagacité, originalité, philosophie.

Jon

850 TOP 2 000

Dieu fait grâce (hébreu). Dans l'Hexagone, Jon est plus traditionnellement usité au Pays basque. *Caractérologie :* communication, pratique, enthousiasme, adaptation, générosité.

Jonaël
190

Contraction de Jonas et Joël. *Caractérologie :* communication, pragmatisme, optimisme, créativité, sociabilité.

Jonas
8 000 TOP 300

Colombe (hébreu). Grâce à la popularité de l'histoire de Jonas dans la Bible, ce prénom, sous ses différentes formes, est connu dès le Moyen Âge dans la chrétienté. Il devient plus fréquent au XVIIe siècle grâce aux puritains anglophones qui le choisissent massivement. Jonas est bien rare en France jusqu'à son apparition dans les années 1970, et grandit lentement depuis. Il est plus particulièrement répandu dans les pays anglo-saxons, scandinaves et néerlandophones aujourd'hui. ◇ Jonas est un personnage de l'Ancien Testament. Le Coran lui consacre également un chapître dans la sourate Yunus. Lorsque Dieu ordonne à Jonas de convertir la ville païenne de Ninive, il fuit sa mission en s'embarquant sur un bateau. Mais un violent orage éclate et l'équipage doit jeter Jonas par-dessus bord afin d'apaiser la colère divine. Avalé par une baleine, Jonas se repent et accepte son mandat. L'ordre religieux est promptement rétabli à Ninive et Dieu épargne la ville de ses châtiments. Maints peintres et artistes ont immortalisé ces scènes bibliques. *Variantes :* Jonah, Yonas. *Caractérologie :* découverte, énergie, audace, séduction, originalité.

Jonathan
104 000 TOP 500

Dieu a donné (hébreu). Ce prénom biblique s'est propagé dans les pays anglophones à partir du XVIIe siècle, mais il est longtemps resté inconnu en France. Au début des années 1960, avant son jaillissement, il ne prénomme qu'une poignée de Français chaque année. Qui aurait imaginé qu'il s'élève au 5e rang masculin en l'espace de 15 ans ? Son repli se poursuit aujourd'hui et ne l'a pas fait disparaître. Jonathan est très répandu dans les pays anglophones, germanophones, néerlandophones et scandinaves. ◇ Dans l'Ancien Testament, Jonathan, le fils du roi Saül, est le jeune officier qui repousse l'armée ennemie en tuant le général des Philistins. Son courage, sa générosité et son intelligence sont légendaires. *Variantes :* Janathan, Johnatan, Johnathan, Jonatan, Jonathane, Jonathann, Jonnathan. *Caractérologie :* intuition, médiation, fidélité, finesse, relationnel.

Jonel
- de 30

Dieu fait grâce (hébreu). *Caractérologie :* intuition, relationnel, médiation, fidélité, adaptabilité.

Joram
- de 100

Labourer le sol (grec). *Caractérologie :* optimisme, communication, adaptation, pragmatisme, art.

Joran
700

Labourer le sol (grec). Joran est plus particulièrement usité dans les pays scandinaves et en Bretagne. *Caractérologie :* structure, sécurité, efficacité, persévérance, décision.

Jordan
54 000 TOP 300

Descendre (hébreu). Nom anglais désignant le fleuve (Jourdain) dans lequel Jésus-Christ a été baptisé par saint Jean-Baptiste. Ce prénom répandu dans les pays anglophones a connu un pic de popularité en Occitanie dans les années 1990. *Variantes :* Djordan, Jourdain. *Caractérologie :* décision, ambition, force, caractère, habileté.

Jordane
3 000

Descendre (hébreu). *Variantes :* Djordan, Jordann, Jordhan. *Caractérologie :*

J

persévérance, structure, sécurité, décision, caractère.

Jordi
1 500

Labourer le sol (grec). Dans l'Hexagone, ce prénom catalan est plus traditionnellement usité en Occitanie. On peut estimer que moins de 30 enfants seront prénommés ainsi en 2021. *Variante :* Jorgi. *Caractérologie :* diplomatie, sociabilité, réceptivité, loyauté, bonté.

Jordy
3 000 TOP 2 000

Labourer le sol (grec). On peut estimer que moins de 30 enfants seront prénommés ainsi en 2021. *Caractérologie :* humanité, rectitude, rêve, ouverture d'esprit, réussite.

Jorge
2 000

Labourer le sol (grec). Jorge est très répandu dans les pays hispanophones et lusophones. *Caractérologie :* innovation, énergie, autorité, décision, ambition.

Joris
16 000 TOP 500

Forme néerlandaise de Georges : labourer le sol (grec). Cette forme néerlandaise de Georges est répandue aux Pays-Bas. *Variantes :* Jauris, Jorick, Jorris, Jory, Jorys. *Caractérologie :* ambition, force, habileté, management, passion.

José
50 000 TOP 900

Dieu ajoutera (hébreu). En dehors de l'Hexagone, José est très répandu dans les pays hispanophones et lusophones. *Caractérologie :* méthode, fiabilité, sens du devoir, ténacité, engagement.

Joseph
114 000 TOP 200

Dieu ajoutera (hébreu). *Variantes :* Josef, Josèphe, Josephus. *Caractérologie :* autorité, innovation, énergie, ambition, autonomie.

Joséphin
- de 30

Dieu ajoutera (hébreu). *Caractérologie :* paix, conscience, bienveillance, détermination, action.

Joshua
11 000 TOP 200

Dieu aidera (hébreu). Cette forme anglophone de Josué est très répandue dans les pays anglo-saxons, notamment aux États-Unis. Elle est également populaire dans les cultures juives anglophones. Voir Josué. *Variantes :* Josh, Josiah, Jossua, Josua, Josuah, Josuha. *Caractérologie :* sociabilité, réceptivité, loyauté, bonté, diplomatie.

Josian
1 500

Dieu ajoutera (hébreu). Dans l'Hexagone, Josian est plus traditionnellement usité au Pays basque. *Caractérologie :* dynamisme, indépendance, curiosité, courage, résolution.

Josias
350 TOP 2 000

Dieu me soutient (hébreu). *Caractérologie :* autorité, innovation, autonomie, ambition, énergie.

Josse
350

Étymologie possible : doux prince (germanique). Fils de Judaël, le roi de Domnonée, saint Josse refusa la couronne pour se consacrer à la vie monastique (VIIe siècle). Josse est un prénom breton. *Variante :* Joss. *Caractérologie :* dynamisme, curiosité, indépendance, courage, charisme.

Josselin
5 000 TOP 2 000

Étymologie possible : doux prince (germanique). Masculin français et breton. On peut estimer que moins de 30 enfants seront prénommés ainsi en 2021. *Variantes :* Josselyn, Judoc. *Caractérologie :* analyse, structure, persévérance, résolution, sécurité.

J

Josselyn
350

Étymologie possible : doux prince (germanique). *Caractérologie :* relationnel, médiation, fidélité, sympathie, intuition.

Josserand
- de 100

Se rapporte à Gauz, divinité teutonne (germanique). *Caractérologie :* équilibre, résolution, famille, sens des responsabilités, volonté.

Josué
4 000 TOP 800

Dieu aidera (hébreu). Dans l'Ancien Testament, Josué, le successeur de Moïse, guide les Hébreux vers la Terre promise. On rencontre plus souvent ce prénom rare dans les cultures juives francophones. *Variante :* Jossué. *Caractérologie :* indépendance, intelligence, savoir, méditation, sagesse.

Jovan
450 TOP 2 000

Jupiter, jeune (latin). Dans l'Hexagone, Jovan est plus traditionnellement usité en Bretagne. *Caractérologie :* passion, volonté, habileté, ambition, force.

Joyce
550

Allégresse (latin). Masculin anglais. *Caractérologie :* ténacité, méthode, engagement, fiabilité, bonté.

Juan
8 000 TOP 700

Dieu fait grâce (hébreu). Masculin espagnol. *Caractérologie :* autorité, innovation, énergie, autonomie, ambition.

Juanito
550 TOP 2 000

Dieu fait grâce (hébreu). Masculin espagnol. *Caractérologie :* humanité, rêve, détermination, raisonnement, rectitude.

Jude
1 500 TOP 800

Loué, félicité (hébreu). Masculin anglais. *Caractérologie :* ténacité, engagement, méthode, fiabilité, sens du devoir.

Judicaël
3 000

Seigneur généreux (celte). Fils aîné de Judaël, le roi de Domnonée, saint Judicaël refusa la couronne et se retira dans le monastère de Gaël. Il dut cependant monter sur le trône lorsque son frère (saint Josse) déclina ce même honneur. Roi des Bretons malgré lui, saint Judicaël gouverna avec sagesse pendant 20 ans. On peut estimer que moins de 30 enfants seront prénommés ainsi en 2021. *Variantes :* Jekel, Jezekael, Jikael, Jikel, Judikael. *Caractérologie :* relationnel, intuition, fidélité, médiation, résolution.

Julen
600 TOP 2 000

De la famille romaine de Iule (latin). Prénom basque. *Caractérologie :* stratégie, vitalité, leadership, ardeur, achèvement.

Jules
96 000 TOP 50

De la famille romaine de Iule (latin). *Caractérologie :* engagement, fiabilité, méthode, ténacité, sens du devoir.

Julian
18 000 TOP 200

De la famille romaine de Iule (latin). Julian est très répandu dans les pays anglophones, hispanophones et néerlandophones. Dans l'Hexagone, il est plus particulièrement attribué en Occitanie et au Pays basque. *Caractérologie :* ténacité, décision, méthode, engagement, fiabilité.

Julien
295 000 TOP 300

De la famille romaine de Iule (latin). Encore très méconnu au XIXe siècle, Julien aurait pu rester invisible si Stendhal n'en avait pas fait le héros de son roman *Le Rouge et le Noir*. Un saint légendaire inspira également Gustave Flaubert dans *La Légende de saint Julien l'Hospitalier*, paru en 1877. Mais malgré ces percées littéraires, Julien reste dans

Jules

Fête :
12 avril

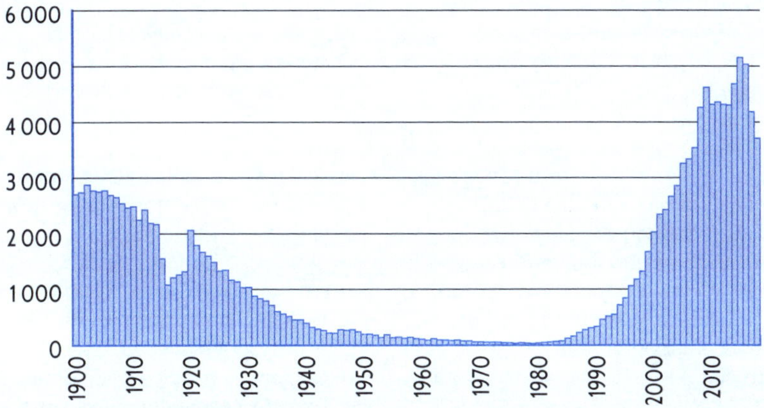

Étymologie

Conformément à ses origines latines, Jules se rapporte à la grande famille romaine de Iule. Usité du temps de Rome à nos jours, ce prénom français a connu des pics de popularité à la Renaissance et au XIXe siècle. Au plus bas de ses attributions dans les années 1970, il est menacé de disparition. Mais le déclin de Julien et la vague des prénoms rétro le font resurgir dans le top 10 français en 2008. Il s'y maintient encore aujourd'hui.

En dehors de l'Hexagone, ce prénom s'est répandu dans les pays anglophones et aux Pays-Bas à partir de la fin du XIXe siècle. Il a fait parler de lui en Wallonie et en Romandie, mais il reste éclipsé par Julian dans de nombreux pays occidentaux.

Dans l'histoire

Brillant homme d'État romain, **Jules César** (101-44 avant J.-C.) conquit la Gaule et repoussa les frontières de son empire jusqu'au Rhin. Peu après avoir été nommé consul et dictateur à vie, il fut assassiné par des conspirateurs en plein sénat. C'est Brutus, son protégé, qui l'acheva du vingt-troisième et ultime coup de poignard.

Saint Jules est le premier pape romain qui choisit ce prénom au IVe siècle. Durant sa papauté, il fit construire de nombreuses églises à Rome et établit la primauté de la capitale italienne sur les autres Églises.

Jules II, le pape qui succéda à Pie III en 1503, restaura la puissance politique des papes en Italie.

Personnes célèbres

Jules Verne, écrivain français (1828-1905), laisse à la postérité *Vingt Mille Lieues sous les mers*, *L'Île mystérieuse* et *Le Tour du monde en quatre-vingts jours*, romans parus dans les années 1870. Jules Renard, écrivain français (1864-1910), est particulièrement célèbre pour sa nouvelle *Poil de carotte*.

Statistiques

Jules est le 12e prénom masculin le plus donné en France depuis l'an 2000. Il est attribué à près d'un garçon sur 90 aujourd'hui.

l'ombre de Jules dont il est dérivé. Il y restera jusqu'au XXe siècle, où sa glorieuse carrière est comparable à celle de Julian dans les pays anglophones et hispanophones. Julien brille dans les trois premiers rangs français de 1979 à 1990 avant de décliner. *Variantes :* Juliann, Juliano, Jullian, Jullien. *Caractérologie :* ambition, force, passion, habileté, détermination.

Julio
2 000 TOP 700

De la famille romaine de Iule (latin). Julio est très répandu dans les pays hispanophones et lusophones. C'est également un choix traditionnel occitan. *Variante :* Giulio. *Caractérologie :* efficacité, persévérance, raisonnement, sécurité, structure.

Julius
350

De la famille romaine de Iule (latin). *Caractérologie :* réceptivité, loyauté, sociabilité, bonté, diplomatie.

Junien
- de 30

Mois de juin (latin). *Variantes :* Jun, Junian. *Caractérologie :* autorité, énergie, innovation, ambition, détermination.

Junior
1 500 TOP 800

Jeunesse (latin). *Variante :* Juvenal. *Caractérologie :* bienveillance, détermination, paix, raisonnement, conscience.

Juste
160

Juste (latin). *Variante :* Just. *Caractérologie :* communication, enthousiasme, pratique, organisation, adaptation.

Justin
13 000 TOP 300

Juste (latin). Justin est répandu dans les pays anglophones et aux Pays-Bas. Dans l'Hexagone, il est plus traditionnellement usité en Occitanie. *Variantes :* Justinian, Justinien, Justino, Justo, Justyn, Tin. Forme bretonne : Jestin. *Caractérologie :* pragmatisme, optimisme, organisation, résolution, communication.

K

K

Kaan
1 000 TOP 2 000

Celui qui gouverne (turc). *Caractérologie :* réflexion, idéalisme, altruisme, intégrité, dévouement.

Kader
1 500

Riche, puissant (arabe). On peut estimer que moins de 30 enfants seront prénommés ainsi en 2021. *Variantes :* Kada, Kadda, Kadder. *Caractérologie :* optimisme, pragmatisme, créativité, communication, décision.

Kadir
950

Riche, puissant (arabe). *Caractérologie :* philosophie, connaissances, originalité, sagacité, spiritualité.

Kael
650 TOP 800

Seigneur généreux (celte). *Caractérologie :* réceptivité, diplomatie, sociabilité, loyauté, organisation.

Kaelig
500

Seigneur généreux (celte). Prénom breton. *Caractérologie :* altruisme, détermination, intégrité, idéalisme, bonté.

Kahil
900 TOP 800 ↑

Ami, confident (arabe). *Variante :* Kaïl. *Caractérologie :* altruisme, organisation, intégrité, dévouement, réflexion.

Kaï
170

Mer (hawaïen), terre (japonais), variante galloise de Caius, et diminutif masculin moderne de Catherine. L'éventuelle origine scandinave de Kai reste à démontrer. *Caractérologie :* pragmatisme, sociabilité, optimisme, créativité, communication.

Kaïs
16 000 TOP 100 →

Fierté (arabe). *Variantes :* Caïs, Caïss, Kaïss, Kays. *Caractérologie :* méthode, ténacité, fiabilité, engagement, sens du devoir.

Kalvin
1 500 TOP 900 ↘

Chauve (latin). *Caractérologie :* paix, conscience, bienveillance, organisation, détermination.

Kamel
13 000 TOP 2 000 →

Parfait, achevé (arabe). Ce prénom est particulièrement répandu dans les cultures musulmanes francophones. On peut estimer que moins de 30 enfants seront prénommés ainsi en 2021. *Variantes :* Camal, Camel, Kamal, Kamale, Kamil, Kemal, Kemel, Kemil. *Caractérologie :* famille, sens des responsabilités, influence, équilibre, organisation.

Kan
- de 30

Forme bretonne de Candice : d'un blanc éclatant (latin). *Caractérologie :* leadership, vitalité, achèvement, ardeur, stratégie.

Kane
- de 30

Bataille (celte), beau (gallois), homme, ciel de l'est (hawaïen), argent, cloche (japonais). *Caractérologie :* efficacité, persévérance, structure, sécurité, honnêteté.

Kaori
- de 30

Puissant, fort (japonais). *Caractérologie :* idéalisme, intégrité, réflexion, altruisme, dévouement.

Karan
- de 100

Instrument de musique (sanscrit), parent (vieux breton). *Variante :* Karanteg. *Caractérologie :* décision, idéalisme, altruisme, réflexion, intégrité.

Karel
700 TOP 2 000 →

Pur (grec). Karel est plus particulièrement répandu dans les régions néerlandophones et en Tchéquie. *Caractérologie :* diplomatie, réceptivité, sociabilité, gestion, décision.

Karim
37 000 TOP 500 ↘

Bien né, généreux (arabe). Ce prénom est particulièrement répandu dans les cultures musulmanes francophones. *Variantes :* Carim, Karam, Karem, Karime, Karym. *Caractérologie :* originalité, spiritualité, connaissances, philosophie, sagacité.

Karl
10 000 TOP 600 →

Force (germanique). Karl est répandu en Allemagne. C'est aussi un choix traditionnel flamand. *Variantes :* Karlo, Karlos. *Caractérologie :* éthique, famille, influence, équilibre, organisation.

Kassim
3 000 TOP 200 ↑

Juste (arabe). *Variantes :* Kacem, Kassem, Kazim. *Caractérologie :* humanité, rectitude, générosité, rêve, ouverture d'esprit.

Kaylan
750 TOP 500 ↑

Élancé (irlandais). *Variante :* Kailan. *Caractérologie :* énergie, direction, indépendance, assurance, dynamisme.

K

Kazuo
- de 30

Le premier-né (japonais). *Caractérologie :* intuition, fidélité, organisation, médiation, relationnel.

Keane
- de 100

Forme francisée de Cian, de l'irlandais *cian*, « ancien ». *Variantes :* Kéan, Kéann. *Caractérologie :* générosité, idéalisme, rectitude, réflexion, loyauté.

Keanu
190

L'air de la montagne (hawaïen). Keanu est usité à Hawaï, dans les pays anglophones et scandinaves. *Caractérologie :* savoir, indépendance, intelligence, méditation, organisation.

Keith
150

Le vent (celte). Masculin écossais et anglais. *Caractérologie :* vitalité, achèvement, stratégie, ardeur, finesse.

Kelan
200 →

Élancé (irlandais). *Variante :* Kéalan. *Caractérologie :* intelligence, savoir, méditation, indépendance, gestion.

K

Kélian
3 000 TOP 700 ↘

Contestation ou église (irlandais). *Variantes :* Kealan, Keelan, Keelyan, Kelan, Keliann, Keilan, Kelyan, Keylian. *Caractérologie :* sagacité, connaissances, gestion, spiritualité, décision.

Kelig
250

Seigneur généreux (celte). Prénom breton. *Caractérologie :* passion, force, habileté, ambition, sympathie.

Kelil
- de 30

Parfait (hébreu). Masculin anglais. *Caractérologie :* persévérance, sécurité, structure, efficacité, honnêteté.

Kélio
450 TOP 700 ↑

Fusion de Kélian et de prénoms se terminant en « io » (Élio, Fabio, etc.). *Caractérologie :* méditation, logique, intelligence, savoir, indépendance.

Kellian
950 ↘

Contestation ou église (irlandais). *Caractérologie :* résolution, dynamisme, direction, audace, organisation.

Kelvin
2 000 TOP 800 ↘

Petite rivière (celte). Masculin anglais. *Caractérologie :* autorité, ambition, innovation, énergie, autonomie.

Kelyan
5 000 TOP 300 →

Contestation ou église (irlandais). *Caractérologie :* découverte, sympathie, organisation, courage, découverte.

Kemuel
160

Qui aide Dieu (hébreu). *Caractérologie :* ténacité, engagement, fiabilité, méthode, sens du devoir.

Ken
1 500 →

Identique (japonais). Diminutif des prénoms formés avec Ken. Ken est plus particulièrement répandu en Australie et au Japon. On peut estimer que moins de 30 enfants seront prénommés ainsi en 2021. *Caractérologie :* pragmatisme, optimisme, communication, créativité, sociabilité.

Kenan
3 000 TOP 500 →

Beau (celte), terre sainte (araméen). Kénan est l'un des patriarches cités dans le Livre de la Genèse. Prénom breton et turc. *Caractérologie :* ouverture d'esprit, humanité, rêve, rectitude, générosité.

Kendal
190

Vallée de la rivière Kent (anglais). Masculin anglais. *Variante :* Kendall.

Les prénoms chics et bobos

Qu'ils soient attribués par esprit de tradition, par snobisme ou par inspiration spontanée, les prénoms chics ne laissent pas les parents indifférents. Ils sont l'objet de discussions passionnées sur les forums de sites internet de parents. On les retrouve régulièrement dans les livres, dans les magazines et dans les émissions de radio. Non seulement le style chic n'est plus coincé mais, en outre, il est devenu tendance. Mais qu'est-ce qu'un prénom chic au juste ?

Condition indispensable mais non suffisante : un « bon » prénom chic doit marquer un signe d'appartenance à la haute bourgeoisie et revêt donc des caractéristiques précises. Ainsi, les vieux prénoms, portés par des personnages qui se sont illustrés dans l'histoire, les prénoms aristocrates ou royaux sont toujours des valeurs refuges. De fait, le registre médiéval est l'une des plus grandes sources d'inspiration de prénoms chics (exemples : Amaury, Éloi, Gonzague). D'ailleurs, dans les familles traditionnelles, les prénoms anciens se transmettent encore de génération en génération.

D'une manière générale, les parents qui recherchent un prénom chic pour leur enfant évitent ceux qui figurent dans le top 50 des attributions au moment de la grossesse. Ils se méfient également des petits noms trop modernes ou inventés, et des prénoms qui n'auraient pas été portés par un saint. La coquetterie supplémentaire consiste à choisir un prénom qui n'est pas mentionné dans les calendriers de la Poste. Mais en cas de doute, vous ne vous tromperez jamais en adoptant un prénom royal inusité !

Notre sélection de prénoms chics

Adhémar, Adrien, Alban, Albéric, Alexis, Amaury, Ambroise, Ancelin, Anselme, Armand, Arthur, Auguste, Aymeric, Basile, Baudoin, Cassien, Célestin, Charles-Édouard, Clément, Côme, Constant, Constantin, Cyriaque, Edgar, Édouard, Éloi, Enguerrand, Étienne, Eudes, Eugène, Évrard, Ferréol, Foulques, Gauthier, Gauvain, Geoffroy, Gildas, Gonzague, Grégoire, Guillaume, Henri, Hadrien, Hubert, Irénée, Jean, Josselin, Lothaire, Louis, Mathurin, Mayeul, Raoul, Rodrigue, Stanislas, Tancrède, Théobald, Thibault, Tugdual, Ulric, Vianney.

Certains prénoms chics peuvent être bobos, et *vice versa*, ce qui rend la distinction difficile. Mais tous les prénoms bobos ne sont pas chics. On les reconnaît avec leur côté titi parisien, artiste et poète, un brin désuet et B.C.B.G.

Nos coups de cœur des prénoms bobos

Achille, Amédée, Anatole, Antonin, Aristide, Arsène, Augustin, Barthélemy, Clovis, Cyprien, Domitien, Émile, Émilien, Félix, Ferdinand, Firmin, Gabin, Gaspard, Gaston, Gustave, Hector, Hippolyte, Honoré, Isidore, Joseph, Léandre, Léonce, Lucien, Marceau, Marcel, Marius, Martin, Octave, Oscar, Séraphin, Théophile, Virgile.

Caractérologie : relationnel, intuition, organisation, fidélité, médiation.

Kenji
1 500

Prénom traditionnellement attribué au deuxième garçon au Japon. On peut estimer que moins de 30 enfants seront prénommés ainsi en 2021. *Variante :* Kenjy. *Caractérologie :* sécurité, structure, persévérance, efficacité, résolution.

Kenneth
600

Très beau (irlandais). Masculin anglais et écossais. *Caractérologie :* énergie, audace, originalité, découverte, sensibilité.

Kenny
7 000 TOP 600

Très beau (irlandais). Kenny est répandu en Écosse et dans les pays anglophones. *Variante :* Keny. *Caractérologie :* conscience, conseil, bienveillance, sagesse, paix.

Kent
- de 100

Limite (anglais). Plus courant sous forme de patronyme. *Caractérologie :* audace, découverte, énergie, séduction, originalité.

K

Kenzi
950 TOP 1 000

Trésor (arabe). *Variante :* Kenzy. *Caractérologie :* diplomatie, sociabilité, attention, réceptivité, loyauté.

Kenzo
14 000 TOP 200

Trésor (arabe). Kenzo est également un prénom japonais ayant de nombreuses significations selon les kanji utilisés (« maison », « trésor », « éléphant » pour ne citer que trois d'entre elles). *Caractérologie :* vitalité, achèvement, stratégie, ardeur, sensibilité.

Kéo
500 TOP 2 000

Se rapporte à Keokuk, chef indien qui vécut dans les années 1830 (Amérique du Nord). *Caractérologie :* méthode, fiabilité, sécurité, détermination, résolution.

Keon
- de 30

Dérivé irlandais d'Ewan et variante moderne de Kian. *Caractérologie :* réflexion, intégrité, dévouement, altruisme, idéalisme.

Keoni
250 TOP 2 000

Dérivé hawaïen de John : Dieu fait grâce (hébreu). *Variante :* Keon. *Caractérologie :* générosité, rectitude, ouverture d'esprit, rêve, humanité.

Keran
1 000 TOP 2 000

Poutre de bois (arménien). *Variantes :* Kerane, Kerann. *Caractérologie :* engagement, ténacité, méthode, fiabilité, détermination.

Kerem
950 TOP 2 000

Vigne (hébreu), variante turque de Karim. *Caractérologie :* intelligence, sagesse, indépendance, savoir, méditation.

Kerwan
400

Brun (irlandais). *Variante :* Kervin. *Caractérologie :* intégrité, idéalisme, altruisme, réflexion, résolution.

Keryan
950 TOP 2 000

Dérivé de Kerrien, éponyme d'une commune du Finistère (Bretagne). *Variantes :* Kerian, Keryann, Kyrian. *Caractérologie :* intuition, relationnel, médiation, décision, fidélité.

Kevan
900 TOP 2 000

Beau garçon (irlandais). Masculin scandinave et anglais (francisé parfois avec l'accent aigu). *Variantes :* Keven, Keyvan, Kewan. *Caractérologie :* ambition, habileté, management, force, passion.

Prénoms par décennie

Les choix de prénoms ont beaucoup évolué en France de 1900 à nos jours. Durant la première partie du XXe siècle, Marie et Jean se sont distingués chaque année à la tête du classement national. On les croyait indéboulonnables. Mais c'était sans compter sur la venue des années 1960. Bien avant que les étudiants ne descendent dans les rues en mai 1968, Philippe avait supplanté Jean ! Une petite révolution qui marque un point de non-retour : Christophe, Nicolas et Thomas marqueront les dernières décennies du XXe siècle. Leur règne est plus court, et la valse des prénoms s'accélère davantage à partir des années 1990. Aujourd'hui, Kévin, Thomas, Enzo et Lucas ont cédé leur trône à Gabriel... Mais pour combien de temps ?

	1900-1909	1910-1919	1920-1929	1930-1939
1.	Jean	Jean	Jean	Jean
2.	Louis	André	André	Michel
3.	Pierre	Pierre	Pierre	André
4.	Marcel	Marcel	René	Pierre
5.	Henri	Louis	Roger	Claude
6.	André	René	Marcel	Jacques
7.	Joseph	Henri	Robert	René
8.	René	Georges	Georges	Roger
9.	Georges	Joseph	Louis	Robert
10.	Paul	Roger	Henri	Bernard
11.	Maurice	Maurice	Maurice	Marcel
12.	Charles	Paul	Jacques	Georges
13.	François	Robert	Joseph	Guy
14.	Émile	Raymond	Paul	Maurice
15.	Albert	Albert	Raymond	Henri
16.	Robert	Charles	Lucien	Louis
17.	Roger	Lucien	Michel	Joseph
18.	Lucien	François	Albert	Gérard
19.	Léon	Émile	François	Raymond
20.	Eugène	Léon	Charles	Paul

1940-1949	1950-1959
1. Jean	1. Jean
2. Michel	2. Michel
3. Daniel	3. Alain
4. Bernard	4. Patrick
5. Gérard	5. Christian
6. Alain	6. Philippe
7. Jacques	7. Bernard
8. Claude	8. Daniel
9. André	9. Gérard
10. Pierre	10. Dominique
11. Christian	11. Jacques
12. Guy	12. Didier
13. René	13. Jean-Pierre
14. Jean-Claude	14. Pierre
15. Robert	15. Claude
16. Jean-Pierre	16. Serge
17. Roger	17. André
18. Georges	18. Pascal
19. Yves	19. Joël
20. Marcel	20. Guy

1960-1969	1970-1979
1. Philippe	1. Christophe
2. Éric	2. David
3. Pascal	3. Stéphane
4. Thierry	4. Sébastien
5. Patrick	5. Frédéric
6. Christophe	6. Laurent
7. Jean	7. Olivier
8. Laurent	8. Jérôme
9. Alain	9. Nicolas
10. Bruno	10. Éric
11. Didier	11. Philippe
12. Frédéric	12. Franck
13. Michel	13. Cédric
14. Dominique	14. Fabrice
15. Stéphane	15. Vincent
16. Christian	16. Thierry
17. Olivier	17. Arnaud
18. Franck	18. Emmanuel
19. Gilles	19. Ludovic
20. Marc	20. Pascal

1980-1989	1990-1994
1. Nicolas	1. Kevin
2. Julien	2. Thomas
3. Sébastien	3. Nicolas
4. Guillaume	4. Alexandre
5. Alexandre	5. Maxime
6. David	6. Julien
7. Romain	7. Anthony
8. Thomas	8. Romain
9. Anthony	9. Jérémy
10. Cédric	10. Florian
11. Vincent	11. Guillaume
12. Jérémy	12. Benjamin
13. Jonathan	13. Quentin
14. Mathieu	14. Antoine
15. Jérôme	15. Pierre
16. Christophe	16. Clément
17. Mickael	17. Vincent
18. Damien	18. Jonathan
19. Kevin	19. Mathieu
20. Benjamin	20. Alexis

1995-1999	2000-2004
1. Thomas	1. Thomas
2. Alexandre	2. Lucas
3. Nicolas	3. Théo
4. Maxime	4. Hugo
5. Quentin	5. Maxime
6. Antoine	6. Enzo
7. Kevin	7. Alexandre
8. Julien	8. Antoine
9. Dylan	9. Clément
10. Lucas	10. Quentin
11. Valentin	11. Alexis
12. Alexis	12. Nicolas
13. Clément	13. Romain
14. Florian	14. Louis
15. Romain	15. Léo
16. Anthony	16. Nathan
17. Guillaume	17. Valentin
18. Pierre	18. Mathis
19. Hugo	19. Paul
20. Benjamin	20. Tom

K

2005-2009	2010-2014
1. Enzo	1. Lucas
2. Lucas	2. Nathan
3. Nathan	3. Gabriel
4. Mathis	4. Léo
5. Hugo	5. Louis
6. Thomas	6. Hugo
7. Louis	7. Enzo
8. Théo	8. Ethan
9. Tom	9. Jules
10. Raphaël	10. Raphaël
11. Clément	11. Arthur
12. Mathéo	12. Adam
13. Maxime	13. Timéo
14. Léo	14. Nolan
15. Jules	15. Théo
16. Yanis	16. Mathis
17. Gabriel	17. Tom
18. Noah	18. Maël
19. Arthur	19. Noah
20. Ethan	20. Clément

2015-2019
1. Gabriel
2. Raphaël
3. Léo
4. Louis
5. Jules
6. Lucas
7. Adam
8. Hugo
9. Ethan
10. Arthur
11. Maël
12. Liam
13. Nathan
14. Paul
15. Sacha
16. Tom
17. Gabin
18. Noah
19. Nolan
20. Timéo

Kevin
165 000 TOP 300

Beau garçon (irlandais). De longue date associé à l'Irlande, Kevin (ou Kévin) se propage dans les pays anglo-saxons au début du XXe siècle avant de gagner l'ensemble de l'Europe. Jaillissant de nulle part, il bondit peu après sa découverte au sommet masculin français, devenant numéro un de 1989 à 1994. Son déclin s'accentue depuis le début des années 2010. ◇ Ermite irlandais au VIe siècle, saint Kevin est le fondateur du monastère de Glendalough, situé près de Dublin. *Variantes :* Keveen, Keevin, Kevine, Kevy, Kewin. *Caractérologie :* indépendance, savoir, méditation, intelligence, sagesse.

Kevyn
800

Beau garçon (irlandais). *Caractérologie :* énergie, originalité, découverte, séduction, audace.

Keyne
- de 100

Beauté, richesse (celte). Masculin anglais. *Caractérologie :* bienveillance, conscience, paix, conseil, sagesse.

Keziah
1 500 TOP 700

Arbuste dont l'écorce produit des épices (hébreu). *Caractérologie :* équilibre, décision, famille, sens des responsabilités, attention.

Khaled
3 000 TOP 2 000

Éternel (arabe). *Caractérologie :* gestion, dynamisme, curiosité, courage, attention.

Khalid
4 000 TOP 2 000

Éternel (arabe). *Caractérologie :* rectitude, humanité, rêve, ouverture d'esprit, organisation.

Khalil
4 000 TOP 400

Ami fidèle (arabe). *Variantes :* Khallil, Khélil. *Caractérologie :* passion, force, ambition, habileté, organisation.

K

Kian
300 TOP 2 000

Kian est probablement dérivé de l'irlandais *cian*, « ancien ». Kian est également un prénom perse se rapportant aux quatre éléments de la vie : l'eau, la terre, le feu et l'air. *Variantes :* Cian, Kyan. *Caractérologie :* passion, force, ambition, habileté, décision.

Kieran
1 000 TOP 900

Brun (irlandais). Ce prénom irlandais est assez répandu dans les pays anglophones. Dans l'Hexagone, il est particulièrement attribué en Bretagne. *Variantes :* Keir, Keiran. *Caractérologie :* ténacité, résolution, méthode, fiabilité, engagement.

Kilian
11 000 TOP 800

Contestation ou église (irlandais). *Caractérologie :* réceptivité, sociabilité, diplomatie, gestion, décision.

Killiam
- de 100

Contestation ou église (irlandais). *Caractérologie :* organisation, méthode, engagement, ténacité, fiabilité.

K

Killian
22 000 TOP 1 000

Contestation ou église (irlandais). Voir Kylian. *Variantes :* Kilan, Kiliane, Kiliann, Killiane, Killiann, Kilien, Killien, Killyan, Kilyan, Kilyann. *Caractérologie :* curiosité, dynamisme, décision, gestion, courage.

Kilyan
3 000 TOP 800

Contestation ou église (irlandais). *Caractérologie :* rêve, humanité, résolution, sympathie, rectitude.

Kim
1 000

Diminutif anglophone de Kimberly : plaine royale (afrikaans), forme diminutive scandinave de Joachim. *Caractérologie :* influence, famille, équilibre, sens des responsabilités, exigence.

Kiran
300

Faisceau lumineux (sanscrit), brun (irlandais). Ce prénom est très répandu en Inde. *Variante :* Kyran. *Caractérologie :* force, résolution, ambition, habileté, passion.

Kiron
- de 30

Le maître sage (grec). Dans la mythologie grecque, Chiron est le fils de la nymphe Phylire et de Cronos. Centaure pacifique et cultivé, il enseigne la sagesse aux héros Achille, Ulysse, Castor et Pollux. *Caractérologie :* sens du devoir, structure, honnêteté, efficacité, persévérance.

Klaus
140

Victoire du peuple (grec). Masculin allemand et autrichien. *Variante :* Claus. *Caractérologie :* direction, indépendance, audace, dynamisme, organisation.

Kleber
1 500

Bâtisseur (germanique). Patronyme porté par un général français qui s'est particulièrement illustré durant les guerres de la Révolution à la fin du XVIIIe siècle. *Variante :* Klebert. *Caractérologie :* force, passion, ambition, habileté, management.

Koffi
- de 100

Né un vendredi (Afrique de l'Ouest). *Caractérologie :* réceptivité, loyauté, sociabilité, bonté, diplomatie.

Kolia
- de 100

Voix du Seigneur (hébreu). Kolia est également un diminutif russe de Nicolas. *Variante :* Kolya. *Caractérologie :* optimisme, pragmatisme, communication, organisation, raisonnement.

Konan
- de 100

Loup, chien (irlandais). Dans l'Hexagone, Konan est plus traditionnellement usité en Bretagne. *Variantes :* Conan, Connor, Conor. *Caractérologie :* direction, audace, dynamisme, assurance, indépendance.

Konrad
150

Conseiller courageux (germanique). *Caractérologie :* humanité, rêve, rectitude, détermination, volonté.

Korentin
400

Ami (celte). *Variante :* Korantin. *Caractérologie :* méditation, intelligence, savoir, indépendance, sagesse.

Kostia
- de 100

Combattant (germanique). Masculin finlandais. *Caractérologie :* adaptation, pratique, enthousiasme, communication, générosité.

Kris
650

Diminutif des prénoms formés avec « Chris ». Masculin anglais et scandinave. *Variantes :* Kriss, Krys. *Caractérologie :* pragmatisme, optimisme, communication, créativité, sociabilité.

Kristen
400

Messie (grec). Kristen est répandu dans les pays scandinaves. C'est aussi un prénom traditionnel mixte en Bretagne. *Caractérologie :* famille, équilibre, influence, éthique, détermination.

Kurt
650

Conseiller courageux (germanique). Masculin allemand. *Caractérologie :* sagesse, indépendance, intelligence, savoir, méditation.

Kyle
1 500 TOP 500

Élancé (irlandais), ou forme diminutive anglophone récente de Kylian. *Caractérologie :* ardeur, stratégie, vitalité, achèvement, sympathie.

Kylian
30 000 TOP 50

Contestation ou église (irlandais). Portés par une vague d'inspiration irlandaise, Kylian et ses dérivés ont connu leur apogée français au début des années 2000. *Variantes :* Kiel, Kylan, Kyliann, Kylliann, Kylyan, Kyliane, Kylien. *Caractérologie :* idéalisme, résolution, altruisme, intégrité, sympathie.

Kyllian
9 000 TOP 500

Contestation ou église (irlandais). *Caractérologie :* décision, pragmatisme, communication, optimisme, cœur.

Kyran
250 TOP 2 000

Faisceau lumineux (sanscrit), brun (irlandais). Ce prénom est très répandu en Inde. *Caractérologie :* résolution, équilibre, famille, sens des responsabilités, influence.

K

Les prénoms dans l'actualité

En 2019-2020, un petit nombre de prénoms ont été refusés par l'administration. Après des mois de batailles engagées par les parents, les décisions de justice ont été rendues... ou sont en passe de l'être. Tour d'horizon de ces prénoms qui ont défrayé la chronique.

Le feuilleton de Fañch

Un couple de parents finistériens ayant prénommé leur enfant Fañch* en mai 2017 se sont vu refuser le tilde sur le « n » par le procureur de Quimper. La raison ? Le tilde ne figure pas dans la liste des signes diacritiques autorisés par le ministère de la Justice. Dans le détail, la circulaire du 23 juillet 2014 précise que « seul l'alphabet romain peut être utilisé » et que « les seuls signes diacritiques admis sont les points, tréma, accents et cédilles ». Cette directive s'applique pour les prénoms comme pour les patronymes. L'objectif étant d'imposer un alphabet unique qui s'applique à toutes les administrations des communes françaises.

Victoire et désillusion

En novembre 2018, la Cour d'appel de Rennes tranche et le petit Fañch est autorisé à conserver son signe distinctif, car l'usage du tilde « *n'est pas inconnu de la langue française* ». De fait, il figure dans plusieurs dictionnaires et orne des patronymes reconnus officiellement (exemple : Laurent Nuñez, Secrétaire d'État auprès du ministère de l'Intérieur).
Les parents pensent l'affaire close, mais le soulagement est de courte durée : trois jours plus tard, le Parquet décide de faire appel de cette décision !

Nouveaux rebondissements

En octobre 2019, la Cour de cassation juge à son tour irrecevable le pourvoi formé par le Parquet, autorisant ainsi le petit garçon de 2 ans à garder son prénom. La décision tant attendue par les parents finistériens est enfin arrivée ! Mais la célébration est de courte durée : en novembre 2019, un autre couple breton voulant inscrire le même prénom à l'état civil se voit de nouveau opposer l'usage du tilde... par le parquet de Brest ! Cette 5e décision de justice est à mettre au compteur de Fañch qui n'en demandait pas tant !

Dénouement final ?

En février 2020, alors que Fañch est devenu très connu, la ministre de la Justice Nicole Belloubet intervient. Elle annonce qu'un projet de décret est en voie de finalisation. Il permettra aux petits Fañch et à tous les enfants portant des prénoms d'origine régionale de garder leurs signes diacritiques*. La ministre précise que leur utilisation devra se limiter aux seuls noms et prénoms des personnes, et n'affectera pas le principe énoncé à l'article 2 de la Constitution selon lequel la langue de la République est le français. L'affaire semble bien engagée, mais encore faudra-t-il que le Conseil d'État valide le décret. À suivre...

*Les Basques et les Catalans utilisent le « ñ » et le « í » et attendent eux aussi cette décision avec impatience.

Liam pour une fille et Ambre pour un garçon

En janvier 2020, la cour d'appel de Rennes a autorisé deux couples de parents à appeler leur fille Liam et leur garçon Ambre. Ces prénoms, autorisés en 2018 par le juge aux affaires familiales, avaient été invalidés par le parquet, estimant qu'ils pouvaient générer une « confusion de genre » chez les enfants.

Liam est effectivement masculin, mais il avait déjà été enregistré dans les registres d'état civil au féminin plus de 60 fois en 2018. De son côté, Ambre prénommait déjà plus de 30 Français. Il est bon de rappeler que certains prénoms, comme Anne, Marie ou Solène, ont été masculins par le passé. *Quid* des 1 200 Stéphane ou des 9 000 Éden portés par des Françaises... qui ne se portent pas si mal ! Au moment de l'impression de ce livre, le jugement de la Cour d'appel de Rennes n'était pas encore connu... Mais dans un genre comme dans l'autre, gageons que les carrières de Liam et Ambre sont loin d'être terminées !

L

Ladislas
650

Gouverneur puissant et renommé (slave). Prénom polonais. *Variantes :* Ladislav, Ladix, Lao. *Caractérologie :* découverte, audace, originalité, énergie, séduction.

Laël
450 TOP 1 000

Dédié à Dieu (hébreu). *Caractérologie :* enthousiasme, pratique, communication, adaptation, générosité.

Laélien
- de 100

Se rapporte à Laelianu, patronyme d'une famille espagnole noble du IIIe siècle. *Caractérologie :* structure, sécurité, persévérance, efficacité, décision.

Lamar
- de 30

Qui vient de la mer (latin). Porté aussi sous forme de patronyme. Masculin anglais. *Caractérologie :* idéalisme, altruisme, intégrité, dévouement, réflexion.

Lambert
1 500

Pays, brillant (germanique). Lambert est plus particulièrement répandu dans les pays anglophones, en Allemagne et dans les régions néerlandophones. *Variantes :* Lambrecht, Lanbert. *Caractérologie :* vitalité, achèvement, décision, stratégie, gestion.

Lamine
2 000 TOP 700

Loyal, digne de confiance (arabe). Lamine est plus particulièrement répandu dans les cultures musulmanes francophones. *Caractérologie :* rêve, détermination, ouverture d'esprit, rectitude, humanité.

Lancelot
1 500 TOP 2 000

Assistant (vieux français). Masculin anglais et français. Enlevé par la fée Vivianne à la mort de son père, Lancelot devient l'un des chevaliers les plus célèbres de la Table ronde. On peut estimer que moins de 30 enfants seront prénommés ainsi en 2021. *Variante :* Lance. *Caractérologie :* gestion, dynamisme, audace, indépendance, direction.

Landry
3 000 TOP 2 000

Gouverneur (anglais). Masculin anglais. On peut estimer que moins de 30 enfants seront prénommés ainsi en 2021. *Caractérologie :* intuition, relationnel, médiation, réussite, cœur.

Larry
1 000

Couronné de lauriers (latin). Masculin anglais. *Variante :* Lary. *Caractérologie :* loyauté, diplomatie, sociabilité, réceptivité, bonté.

Lassana
2 000 TOP 700

Beau (arabe). *Variantes :* Alassan, Alassane, Lassane, Lassen. *Caractérologie :* sens du devoir, ténacité, engagement, fiabilité, méthode.

Laszlo
500 TOP 2 000

Gouverneur puissant et renommé (slave). Masculin hongrois. *Variante :* Laslo. *Caractérologie :* ténacité, sens du devoir, méthode, fiabilité, engagement.

Laurent
299 000 TOP 2 000

Couronné de lauriers (latin). Sous ses différentes graphies, Laurent est apparu dans plusieurs pays européens au Moyen Âge, mais il est longtemps resté discret en France. C'est au cœur du XXe siècle qu'il démarre pour de bon. Escortant son féminin Laurence dans son ascension, il se hisse derrière Christophe au 2e rang masculin (en 1968). Après un long déclin, il a sombré au début des années 2000. ◊ Diacre du pape Sixte II au IIIe siècle, saint Laurent distribua le trésor de l'Église aux pauvres plutôt que de le livrer à son persécuteur, l'empereur Valérien. Il mourut martyr sur un gril trois jours après le martyre du pape. Il est le patron des pauvres. On peut estimer que moins de 30 enfants seront prénommés ainsi en 2021. *Variantes :* Lars, Laurel, Laurens, Laurentin, Laurentino, Laurentz, Laurenz, Lavr, Lawrence, Lorentz. Forme bretonne : Laorans. *Caractérologie :* détermination, direction, dynamisme, audace, organisation.

Laurian
170

Couronné de lauriers (latin). Prénom roumain. *Caractérologie :* ténacité, méthode, fiabilité, engagement, décision.

Lauric
300 ↘

Couronné de lauriers (latin). *Variantes :* Laurick, Lauris. *Caractérologie :* direction, dynamisme, audace, indépendance, assurance.

Lawrence
500 ↗

Couronné de lauriers (latin). Cette forme moderne de Laurence est apparue dans les pays anglophones à partir du XVIe siècle. Elle a remplacé Laurence qui est masculin dans les pays de langue anglaise. *Caractérologie :* motivation, rectitude, générosité, humanité, réflexion.

Lazare
1 500 TOP 2 000 →

Dieu a secouru (hébreu). Masculin français. *Variantes :* Lazar, Lazaro, Lazhar. *Caractérologie :* réflexion, altruisme, intégrité, idéalisme, détermination.

Léandre
13 000 TOP 100 →

Homme-lion (grec). Masculin français. *Caractérologie :* originalité, audace, découverte, énergie, décision.

Leandro
8 000 TOP 200 →

Homme-lion (grec). Leandro est particulièrement usité en Italie, dans les pays hispanophones et lusophones. C'est aussi un choix traditionnel basque. *Caractérologie :* conscience, paix, bienveillance, volonté, analyse.

Lee
300 ↘

Clairière (anglais), poétique (irlandais), force, tranchant, debout (chinois). Lee est également un patronyme chinois très répandu. *Variante :* Li. *Caractérologie :* sens du devoir, méthode, fiabilité, engagement, ténacité.

Leeroy
1 000 TOP 800 →

Clairière du roi (anglais). Masculin anglais. *Caractérologie :* achèvement, vitalité, stratégie, raisonnement, bonté.

Lélio
1 000 TOP 500 →

Se rapporte à Laelianu, patronyme d'une famille espagnole noble du IIIe siècle. Prénom italien. *Caractérologie :* force, ambition, passion, habileté, analyse.

Lemuel
- de 100

Consacré à Dieu (hébreu). Ce prénom a été illustré par un roi dans la Bible. *Caractérologie :* découverte, originalité, énergie, audace, séduction.

Lénaïc
1 500 TOP 2 000 →

Éclat du soleil (grec). Dans l'Hexagone, Lenaïc est plus traditionnellement usité en Bretagne. Ce prénom peut s'orthographier avec ou sans tréma. On peut estimer que moins de 30 enfants seront prénommés ainsi en 2021. *Variantes :* Lenaïck, Lenaïk. *Caractérologie :* vitalité, stratégie, achèvement, décision, ardeur.

L

Léo, Léon

Fête :
10 novembre

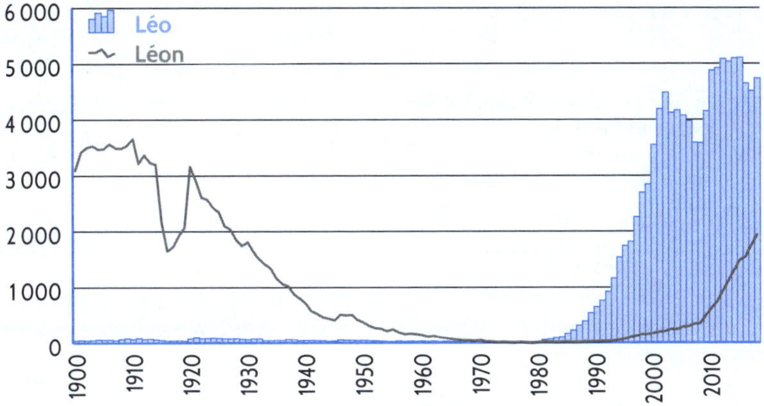

Étymologie

Du latin *leo*, « lion ». Employé sous différentes formes, Léon fut porté par six empereurs byzantins, deux empereurs romains, un roi de Petite Arménie et treize papes. Il se diffuse dès les premiers siècles dans les pays chrétiens et connaît une grande faveur au Ve siècle grâce à saint Léon le Grand. Il reste le choix privilégié des Français jusqu'à son effacement dans les années 1940. Ironiquement, c'est à son diminutif Léo qu'il doit sa renaissance actuelle. Après avoir volé la vedette à Léopold, un choix médiéval dont on croyait l'essor imminent, Léon a bondi au 8e rang parisien en 2019, soit une progression de 16 places en deux ans. Il s'élance à l'assaut du top 20 national aujourd'hui.

De son côté, Léo apparaît au XIXe siècle en France après avoir brillé outre-Manche (Leo est la forme anglaise de Léon). Il reste longtemps discret jusqu'à son décollage dans la décennie 1990. Malgré le repli des juxtapositions de voyelles (Théo, Mathéo), Léo se maintient dans les cinq premiers choix français depuis 2014. Nul doute que son côté rétro participe à sa gloire.

En dehors de l'Hexagone, ce prénom gagne du terrain dans les pays francophones, hispanophones et anglophones, de part et d'autre de l'Atlantique. Il a même repris vigueur en Angleterre, alors que sa gloire semblait consommée. En effet, qu'il est loin, le temps où Tony Blair enflamma la cote de ce prénom en l'attribuant à son fils…

Le pape **saint Léon le Grand** marqua l'histoire en convainquant Attila, le roi des Huns, de renoncer à l'assaut de Rome au Ve siècle. Il obtint ensuite que la population soit épargnée durant le sac de Rome par les Vandales.

Personnes célèbres

Léon Tolstoï, écrivain majeur de la littérature russe (1828-1910) ; Léon Trotsky, révolutionnaire russe assassiné par Staline (1879-1940) ; Léon Blum, chef du gouvernement français sous le Front populaire (1872-1950) ; Léo Ferré, poète et musicien français (1916-1991) ; Leo McCarey, cinéaste américain (1898-1969).

Statistiques

Léo est le 7e prénom masculin le plus donné en France depuis l'an 2000. Il est attribué à près d'un garçon sur 80 aujourd'hui. Léon devrait prénommer un garçon sur 160 et se placer 88e. rang de ce palmarès.

Léni
2 000 TOP 600

Lion (latin). Notons que l'étymologie de ce prénom diffère au féminin. *Caractérologie* : ténacité, méthode, engagement, sens du devoir, fiabilité.

Lenny
26 000 TOP 100

Lion (latin). Masculin français. *Caractérologie* : indépendance, méditation, intelligence, savoir, bonté.

Léno
- de 100

Éclat du soleil (grec). Masculin italien, occitan et provençal. *Caractérologie* : autorité, innovation, autonomie, énergie, ambition.

Lény
9 000 TOP 300

Lion (latin). Masculin anglais. *Caractérologie* : diplomatie, réceptivité, sociabilité, loyauté, cœur.

Lenzo
3 000 TOP 300

Couronné de lauriers (latin). Masculin italien. *Caractérologie* : rectitude, humanité, finesse, générosité, ouverture d'esprit.

Léo
112 000 TOP 50

Lion (latin). *Caractérologie* : curiosité, charisme, indépendance, dynamisme, courage.

Léon
34 000 TOP 50

Lion (latin). *Variantes* : Léonid, Léonidas, Léontin. Forme occitane : Leon. *Caractérologie* : énergie, innovation, autorité, ambition, autonomie.

Léonard
11 000 TOP 200

Lion (latin). Prénom français et anglais. Originaire de Toscane, Léonard de Vinci, peintre, architecte, sculpteur et inventeur génial, termina ses jours près d'Amboise en 1519. Le 6 novembre célèbre la mémoire d'un saint qui fut ermite dans la forêt orléanaise. *Variantes* : Léonar, Leonhard, Loni, Lonni, Lonis, Lony, Lonny. *Caractérologie* : bienveillance, paix, conscience, volonté, raisonnement.

Léonardo
2 000 TOP 500

Lion (latin). Leonardo est très répandu en Italie, dans les pays hispanophones et lusophones. *Caractérologie* : pragmatisme, optimisme, caractère, communication, logique.

Léonce
1 500 TOP 2 000

Lion (latin). Masculin français. *Variante* : Leoncio. *Caractérologie* : altruisme, idéalisme, intégrité, réflexion, dévouement.

Léonel
750 TOP 2 000

Lion (latin). *Caractérologie* : ouverture d'esprit, rêve, rectitude, générosité, humanité.

Leonis
350 TOP 2 000

La maison de Léon (vieil anglais). *Caractérologie* : résolution, intuition, médiation, analyse, relationnel.

Léonor
- de 30

Compassion (grec). *Caractérologie* : spiritualité, sagacité, originalité, analyse, connaissances.

Léontin
- de 30

Lion (latin). *Caractérologie* : force, raisonnement, habileté, ambition, passion.

Léo-Paul
2 000 TOP 800

Forme composée de Léo et Paul. Masculin français. *Caractérologie* : direction, audace, indépendance, dynamisme, cœur.

Léopold
8 000 TOP 300

Peuple courageux (germanique). En dehors de l'Hexagone, Leopold est particulièrement répandu dans les pays germanophones et anglophones.

L

Liam

Fête :
10 janvier

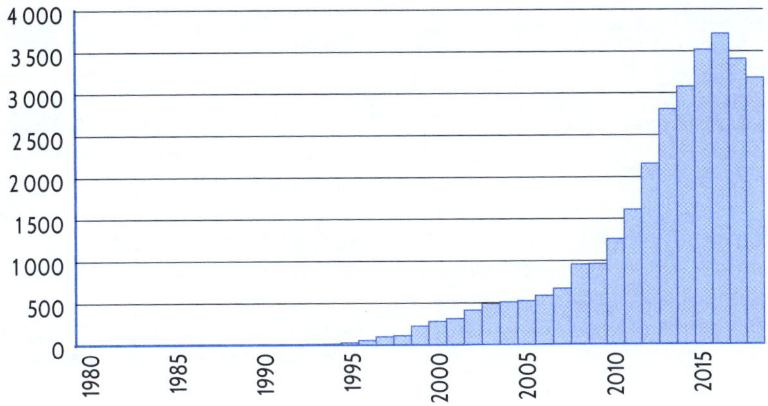

Étymologie

Ce diminutif irlandais de William est aussi un prénom d'origine hébraïque signifiant : « le peuple pour moi ». Liam est usité dès le IXe siècle dans les pays anglo-saxons, mais il décolle réellement lorsque Guillaume le Conquérant devient roi d'Angleterre en 1066. Il lance la carrière de William qui se répand en Angleterre avant de gagner le pays de Galles puis l'Irlande. La variante gaélique Uilliam, dans un premier temps, privilégiée, est alors rattrapée par Liam qui s'impose comme le raccourci naturel de William et Uilliam.

Liam disparaît ensuite partout sauf en Irlande, jusqu'à ce que la Grande Famine des années 1840 fasse émigrer des milliers de familles en Grande-Bretagne, aux États-Unis, au Canada et en Australie. Liam se propage dans ces terres d'accueil et devient dès les années 1930 un prénom à part entière. Mais c'est aujourd'hui que Liam accède à la gloire planétaire : il s'envole dans de nombreux pays européens et brille dans les tout premiers choix américains, scandinaves, australiens et néerlandais.

Il n'est pas en reste en France, où son ascension est fulgurante. Au point que ce prénom, encore inconnu il y a 30 ans, devrait figurer en 12e position en 2021. Avec un temps d'avance, il s'est déjà imposé sur les podiums wallon, québécois et romand.

Dans l'histoire

À la mort d'Édouard le Confesseur, **Guillaume le Conquérant,** qui était alors duc de Normandie, affirma qu'il était le successeur désigné du roi anglais. Mais son cousin Harold le prit de vitesse et se fit couronner à sa place. Guillaume souleva une armée et partit à la conquête du trône anglais. Vainqueur, il se fit couronner en 1066 et devint l'un des souverains les plus puissants de l'Occident.

Personnes célèbres

Liam O'Flaherty, écrivain irlandais (1897-1984) ; Liam Neeson, acteur irlandais, né en 1952 ; Liam Cunningham, acteur et réalisateur irlandais, né en 1961 ; Liam Gallagher, musicien et compositeur anglais d'origine irlandaise, né en 1972 ; Liam McMahon, acteur américain d'origine irlandaise.

Statistiques

Liam est le 51e prénom masculin le plus donné en France depuis l'an 2000. Il est attribué à près d'un garçon sur 120 aujourd'hui. Lyam devrait prénommer un garçon sur 320 et figurer au 164e rang de ce palmarès.

Variantes : Léopaul, Léopol, Leopoldo. *Caractérologie :* connaissances, sagacité, spiritualité, amitié, volonté.

Leroy
200

Roi (vieux français). Masculin anglais. *Caractérologie :* enthousiasme, communication, amitié, pratique, raisonnement.

Lévi
1 500 TOP 600

Qui accompagne (hébreu). Plus fréquent sous forme de patronyme. *Caractérologie :* enthousiasme, communication, pratique, adaptation, générosité.

Levy
1 000 TOP 700

Qui accompagne (hébreu). Plus fréquent sous forme de patronyme. *Caractérologie :* innovation, énergie, ambition, autorité, bonté.

Lewis
2 000 TOP 300

Illustre au combat (germanique). Masculin anglais. *Caractérologie :* séduction, découverte, audace, motivation, originalité.

Liam
37 000 TOP 50

Diminutif irlandais de William, le peuple pour moi (hébreu). *Variante :* Lyam. *Caractérologie :* achèvement, vitalité, stratégie, ardeur, leadership.

Liborio
- de 100

Liberté (latin). Liborio est plus particulièrement usité dans les pays lusophones. *Caractérologie :* force, passion, ambition, habileté, analyse.

Lilian
26 000 TOP 300

Lys (latin). En dehors de l'Hexagone, Lilian est répandu dans les pays anglophones. *Variantes :* Lilien, Lillian. *Caractérologie :* résolution, communication, optimisme, pragmatisme, créativité.

Lilio
1 000 TOP 500

Variante probable de Lélio. Prénom italien. *Caractérologie :* optimisme, communication, élégance, organisation, créativité.

Lilo
300

Ce qui est mien est à Lui (hébreu). Lilo est un prénom mixte dont la signification diffère au féminin. *Caractérologie :* logique, optimisme, sociabilité, communication, créativité.

Lilouan
200

Contraction de Lilian et Louan. *Caractérologie :* influence, équilibre, attention, conscience, exigence.

Lilyan
400

Lys (latin). *Caractérologie :* innovation, énergie, autorité, amitié, détermination.

Lin
200

Forêt, pierre précieuse (chinois). *Caractérologie :* achèvement, vitalité, stratégie, leadership, ardeur.

Lino
6 000 TOP 200

Lin (grec). Lino est très répandu en Italie, dans les pays hispanophones et lusophones. *Caractérologie :* curiosité, dynamisme, courage, logique, indépendance.

Lionel
83 000 TOP 2 000

Lion (latin). Masculin français et anglais. On peut estimer que moins de 30 enfants seront prénommés ainsi en 2021. *Caractérologie :* sécurité, structure, persévérance, efficacité, logique.

Lionnel
2 000

Lion (latin). *Caractérologie :* réflexion, altruisme, idéalisme, logique, intégrité.

L

Lior
600 TOP 1 000

La lumière est à moi (hébreu). Masculin anglais. *Variante :* Lyor. *Caractérologie :* analyse, humanité, rectitude, rêve, ouverture d'esprit.

Lisandre
250

Défense de l'humanité (grec). *Caractérologie :* résolution, ambition, autorité, innovation, énergie.

Lisandro
3 000 TOP 200

Défense de l'humanité (grec). Masculin espagnol. Variante italienne : Lissandro. *Caractérologie :* résolution, ambition, autorité, innovation, énergie.

Lisandru
950 TOP 900

Défense de l'humanité (grec). Cette forme corse d'Alexandre est très en vogue sur l'île de Beauté aujourd'hui. *Caractérologie :* achèvement, vitalité, stratégie, ardeur, résolution.

Livio
5 000 TOP 200

Livio est un nom latin qui fut porté par une famille influente de la Rome antique. Dans les pays anglophones, Livia est considéré comme un diminutif d'Olivia. Masculin italien. *Caractérologie :* méthode, ténacité, fiabilité, raisonnement, engagement.

Lloyd
650

Cheveux gris (gallois). Masculin anglais. *Caractérologie :* découverte, audace, séduction, énergie, originalité.

Loan
12 000 TOP 200

Lumière (celte). Après être sorti du berceau breton qui l'avait vu naître dans les années 1980, Loan s'est propagé dans toute la France. Aujourd'hui, Loan est essentiellement attribué aux garçons dans l'Hexagone. *Caractérologie :* influence, équilibre, famille, éthique, exigence.

Loann
3 000 TOP 900

Lumière (celte). Voir Loan. Prénom breton. *Caractérologie :* réceptivité, sociabilité, loyauté, diplomatie, bonté.

Loeiz
300

Forme bretonne de Louis : illustre au combat (germanique). *Caractérologie :* efficacité, structure, sécurité, persévérance, analyse.

Loevan
2 000 TOP 500

Prénom breton dérivé de sainte Sève. Voir Loeva. *Caractérologie :* conscience, raisonnement, conseil, caractère, sagesse.

Logan
15 000 TOP 100

Prairie (gaélique). Prénom écossais et anglais. Logan est le nom de marque d'une voiture commercialisée en Europe par Dacia, la filiale roumaine de Renault. *Variantes :* Logann, Loghan. *Caractérologie :* structure, persévérance, sécurité, sympathie, efficacité.

Lohan
5 000 TOP 400

Lumière (celte). Voir Loan. Prénom breton. *Variante :* Lohann. *Caractérologie :* indépendance, courage, curiosité, dynamisme, charisme.

Loïc
103 000 TOP 400

Illustre au combat (germanique). La ressemblance phonétique avec Loïg a fait renaître cette forme provençale de Louis en Bretagne, puis dans l'ensemble de l'Hexagone, à la fin des années 1980. *Variantes :* Lomig, Lowik. *Caractérologie :* logique, optimisme, communication, pragmatisme, créativité.

Loïck
3 000

Illustre au combat (germanique). Voir Loïc. Prénom breton. On peut estimer que moins de 30 enfants

L

seront prénommés ainsi en 2021. *Caractérologie :* énergie, découverte, audace, originalité, raisonnement.

Loïk
800

Illustre au combat (germanique). Voir Loïc. En Bretagne, ce prénom s'orthographie le plus souvent sans tréma. *Variante :* Loïg. *Caractérologie :* fidélité, relationnel, intuition, médiation, analyse.

Loïs
8 000 TOP 300

Illustre au combat (germanique). Au masculin comme au féminin, Loïs est plus traditionnellement usité en Occitanie. *Caractérologie :* innovation, autorité, analyse, ambition, énergie.

Lolan
- de 100

Contraction de « lo » et des prénoms se terminant par « lan ». *Caractérologie :* intégrité, idéalisme, altruisme, réflexion, dévouement.

Loman
- de 100

Enfant nu (gaélique). Nom d'un saint irlandais qui vécut au Ve siècle. *Caractérologie :* autonomie, caractère, innovation, énergie, ambition.

Lorenzo
27 000 TOP 200

Couronné de lauriers (latin). Cette forme italienne de Laurent était quasi inconnue en France avant les années 1990. Elle fait une belle percée actuellement. *Variantes :* Laurenzo, Lenzo, Lorent, Lorenz. *Caractérologie :* équilibre, famille, influence, raisonnement, éthique.

Loric
950 TOP 2 000

Couronné de lauriers (latin). *Variante :* Lorick. *Caractérologie :* créativité, optimisme, pragmatisme, communication, raisonnement.

Lorik
1 000 TOP 2 000

Petite caille (arménien). *Caractérologie :* fidélité, relationnel, médiation, raisonnement, intuition.

Loris
15 000 TOP 300

Couronné de lauriers (latin). Masculin français. *Variantes :* Lloris, Lorian, Lorin, Lorrain, Lorry, Lory, Lorys. *Caractérologie :* direction, dynamisme, audace, indépendance, logique.

Lorris
650

Couronné de lauriers (latin). *Caractérologie :* autorité, innovation, énergie, ambition, analyse.

Lothaire
400

Illustre guerrier (germanique). *Variantes :* Lothar, Luther. *Caractérologie :* connaissances, sagacité, spiritualité, sensibilité, raisonnement.

Lou
3 000 TOP 400

Illustre au combat (germanique), lumière (celte). En dehors de l'Hexagone, Lou est plus particulièrement répandu dans les pays anglophones. *Caractérologie :* créativité, optimisme, sociabilité, communication, pragmatisme.

Louan
1 500

Lumière (celte). Voir Loan. Prénom breton. On peut estimer que moins de 30 enfants seront prénommés ainsi en 2021. *Variante :* Louen. *Caractérologie :* intégrité, altruisme, idéalisme, dévouement, réflexion.

Louca
3 000 TOP 500

Lumière (latin). *Caractérologie :* originalité, spiritualité, sagacité, connaissances, philosophie.

Loucas
3 000 TOP 700

Lumière (latin). *Caractérologie :* leadership, vitalité, stratégie, ardeur, achèvement.

L

Louis
205 000 TOP 50

Illustre au combat (germanique). *Variantes :* Lewis, Lowie. *Caractérologie :* persévérance, structure, sécurité, efficacité, raisonnement.

Louis-Alexandre
300

Forme composée de Louis et Alexandre. Masculin français. *Caractérologie :* caractère, savoir, intelligence, logique, méditation.

Louis-Marie
2 000

Forme composée de Louis et Marie. Masculin français. On peut estimer que moins de 30 enfants seront prénommés ainsi en 2021. *Caractérologie :* curiosité, dynamisme, courage, caractère, logique.

Louison
5 000 TOP 400

Illustre au combat (germanique). Ce prénom mixte est désormais attribué à une majorité de filles. *Caractérologie :* décision, bienveillance, paix, conscience, logique.

Louis-Victor
170

Forme composée de Louis et Victor. Masculin français. *Caractérologie :* direction, dynamisme, audace, organisation, analyse.

Louka
13 000 TOP 200

Lumière (latin). Masculin anglais et grec. *Variante :* Louki. *Caractérologie :* famille, équilibre, influence, sens des responsabilités, gestion.

Loukas
2 000 TOP 500

Lumière (latin). *Caractérologie :* analyse, indépendance, courage, dynamisme, curiosité.

Lounès
2 000 TOP 700

Compagnon de fortune (arabe). *Variante :* Lounis. *Caractérologie :* audace, découverte, énergie, originalité, séduction.

Lounis
1 500 TOP 900

Compagnon de fortune (arabe). *Caractérologie :* logique, humanité, décision, rectitude, rêve.

Loup
2 000 TOP 400

Loup (latin). Saint Loup, évêque de Troyes en 426, convainquit le redouté Attila d'épargner sa ville du saccage. *Caractérologie :* innovation, autorité, énergie, autonomie, ambition.

Loyd
180

Cheveux gris (gallois). *Caractérologie :* médiation, fidélité, intuition, relationnel, adaptabilité.

Loys
350 TOP 2 000

Illustre au combat (germanique). *Caractérologie :* vitalité, achèvement, ardeur, stratégie, leadership.

Luan
700 TOP 2 000

Lumière (celte). Voir Loan. *Caractérologie :* enthousiasme, pratique, communication, adaptation, générosité.

Lubin
4 000 TOP 400

Loup (latin). Masculin français. *Caractérologie :* honnêteté, sécurité, persévérance, structure, efficacité.

Luc
57 000 TOP 600

Lumière (latin). Voir le zoom sur Lucas. *Caractérologie :* réflexion, intégrité, altruisme, idéalisme, dévouement.

Luca
15 000 TOP 200

Lumière (latin). Voir le zoom sur Lucas. *Caractérologie :* dynamisme, audace, direction, indépendance, assurance.

Lucas
175 000 TOP 50

Lumière (latin). *Variantes :* Lucca, Luck, Lucka, Luckas, Lucke. *Caractérologie :*

L

Louis

Fête :
25 août

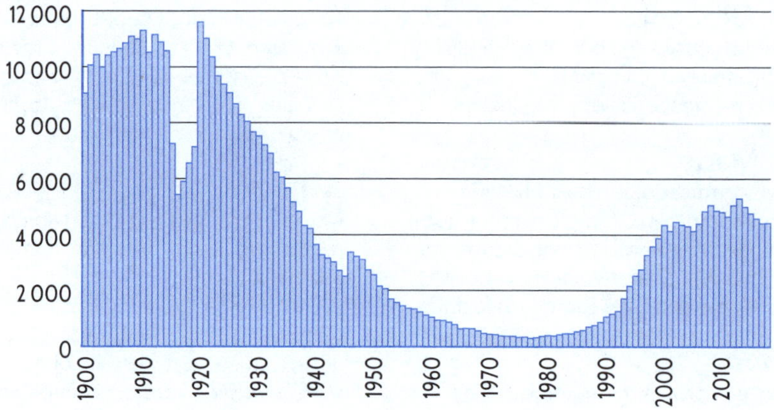

Étymologie

Du germain *hold*, « célèbre », et de *wig*, « combat », d'où le sens « illustre au combat ». Louis le Pieux, le fils de Charlemagne, était roi d'Aquitaine lorsqu'il fut couronné empereur à Aix-la-Chapelle en 813. Son sacre traça la voie d'une longue dynastie de Louis : 17 rois français portant ce nom se sont succédé jusqu'au XIXe siècle. Mais malgré ce passé prestigieux, Louis n'a guère été attribué en France.

Après avoir battu des records d'impopularité à la fin de la Révolution, à la suite de l'exécution de Louis XVI, le prénom renaît à la fin du XIXe siècle. Il suscite un tel engouement qu'il brille au 2e rang des attributions masculines de 1901 à 1908. Après une période très discrète, Louis renaît dans les années 1990. Il a longtemps tergiversé, mais il brille désormais dans les tops 5 parisien et national.

Comme bien d'autres prénoms bibliques, Louis cultive une carrière internationale. Il se positionne, aux côtés de Lewis et Luís, dans le top 60 de nombreux pays occidentaux. Dans la sphère francophone, il s'illustre parmi les premiers choix des parents wallons et suisses romands. Il reste plus en retrait au Québec.

Dans l'histoire

Louis IX, plus communément appelé **Saint Louis**, fut roi de France de 1226 à 1270. Passionné par la théologie dès son plus jeune âge, le souverain fit preuve de piété tout au long de sa vie. À l'origine de la construction de la Sainte-Chapelle à Paris, il dirigea plusieurs croisades pour soutenir les royaumes chrétiens d'Orient affaiblis. Il mourut en 1270, lors de la huitième croisade, au pied des remparts de Tunis. Saint Louis est le patron des coiffeurs et des passementiers.

Louis XIV (1638-1715) accéda au trône à l'âge de 5 ans. Afin de le préparer à son règne personnel, le jeune Louis fut placé, durant 18 ans, sous la régence de sa mère, Anne d'Autriche. Conseillé par Colbert, il développa le commerce et réorganisa l'armée, l'administration et les finances du pays. Contemporain de Molière, La Fontaine et Lully, le Roi-Soleil a favorisé le rayonnement des arts et des sciences de la France dans le monde.

Louis Pasteur (1822-1895), chimiste et biologiste français, découvrit le processus de pasteurisation et le vaccin contre la rage au XIXe siècle. **Louis Aragon** a fondé le mouvement surréaliste français au début du XXe siècle.

La naissance du prince **Louis de Cambridge** (né le 23 avril 2018) dans la famille royale britannique pourrait aider Louis à revenir sur le trône... des prénoms français. Chronique à suivre...

Statistiques

Louis est le 6e prénom masculin le plus donné en France depuis l'an 2000. Il est attribué à près d'un garçon sur 80 aujourd'hui.

réceptivité, sociabilité, diplomatie, bonté, loyauté.

Lucian

750 TOP 1 000

Lumière (latin). Prénom anglais, roumain et occitan. *Caractérologie :* exigence, influence, famille, équilibre, détermination.

Luciano

3 000 TOP 600

Lumière (latin). Luciano est très répandu en Italie et dans les pays hispanophones et lusophones. *Caractérologie :* enthousiasme, communication, résolution, pratique, analyse.

Lucien

62 000 TOP 200

Lumière (latin). La forme latine Lucius s'est diffusée en Orient chrétien et en Occident aux premiers siècles grâce au culte voué à plusieurs saints porteurs du nom. Lucien, la forme française moderne, émerge bien plus tard : elle devient très à la mode à la fin du XIXe siècle, après que Lucien Bonaparte (1775-1840) l'a illustrée. Elle pointe encore au 16e rang français au seuil de son déclin, en 1920. Après une période d'hibernation, Lucien bourgeonne depuis peu et semble prêt à fleurir de nouveau. *Variante :* Lulu. *Caractérologie :* dynamisme, direction, audace, indépendance, assurance.

Lucio

500 TOP 2 000

Lumière (latin). *Variante :* Lucius. *Caractérologie :* raisonnement, volonté, indulgence, influence, harmonie.

Lucky

200

Lumière (latin). *Caractérologie :* idéalisme, dévouement, intégrité, altruisme, réflexion.

Ludovic

121 000 TOP 2 000

Illustre au combat (germanique). Masculin anglais et français. On peut estimer que moins de 30 enfants seront prénommés ainsi en 2021. *Caractérologie :* équilibre, influence, famille, exigence, raisonnement.

Ludovick

200

Illustre au combat (germanique). *Variantes :* Ludo, Ludovic, Ludovik. Forme basque : Lodoviko. *Caractérologie :* connaissances, sagacité, spiritualité, originalité, logique.

Ludwig

3 000

Illustre au combat (germanique). Ludwig est plus particulièrement usité en Allemagne et en Alsace. On peut estimer que moins de 30 enfants seront prénommés ainsi en 2021. *Variantes :*

Ludwick, Ludwik. *Caractérologie :* ténacité, engagement, méthode, fiabilité, sympathie.

Luigi
4 000 TOP 2 000

Illustre au combat (germanique). Luigi est très répandu en Italie et en Corse. On peut estimer que moins de 30 enfants seront prénommés ainsi en 2021. *Variantes :* Luidgi, Luidji, Luiggi. *Caractérologie :* structure, persévérance, sécurité, honnêteté, efficacité.

Luis
9 000 TOP 300

Illustre au combat (germanique). Luís est très répandu dans les pays hispanophones et lusophones. *Variante :* Luiz. *Caractérologie :* méditation, intelligence, savoir, indépendance, sagesse.

Luka
10 000 TOP 200

Lumière (latin). Luka est répandu en Russie, en Macédoine et dans les pays slaves méridionaux. *Caractérologie :* rectitude, humanité, rêve, organisation, tolérance.

Lukas
9 000 TOP 300

Lumière (latin). Lukas est très répandu en Allemagne, en Autriche et dans les pays scandinaves. *Caractérologie :* dynamisme, audace, direction, indépendance, organisation.

Luke
1 500 TOP 800

Lumière (latin). Luke est très répandu dans les pays anglophones. *Caractérologie :* fiabilité, méthode, engagement, ténacité, sens du devoir.

Lyam
10 000 TOP 100

Voir Liam. Masculin irlandais, français et anglais. *Caractérologie :* réalisation, sagesse, conseil, paix, conscience.

Lydéric
250

Puissant, glorieux (germanique). Dans l'Hexagone, Lydéric est plus traditionnellement usité dans les Flandres. *Variante :* Ludéric. *Caractérologie :* persévérance, sécurité, structure, efficacité, sympathie.

Lyès
2 000 TOP 600

Seigneur Dieu (arabe). *Variante :* Lyess. *Caractérologie :* spiritualité, connaissances, sagacité, originalité, cœur.

Lylian
2 000 TOP 2 000

Lys (latin). On peut estimer que moins de 30 enfants seront prénommés ainsi en 2021. *Caractérologie :* direction, dynamisme, audace, résolution, sympathie.

Lyonel
600

Lion (latin). Masculin français. *Caractérologie :* médiation, relationnel, intuition, cœur, fidélité.

Lysandre
1 500 TOP 700

Défense de l'humanité (grec). Masculin français. *Caractérologie :* réalisation, force, ambition, habileté, bonté.

L

Lucas

Fête : 18 octobre

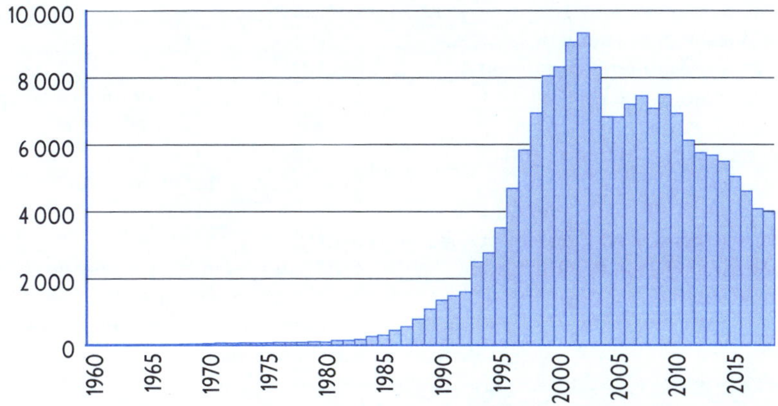

Étymologie

Dérivé de Luc, du latin *lux*, « lumière ». Ce prénom employé au Moyen Âge est longtemps resté dans l'ombre de Luc. Attribué en référence au saint qui en porta le nom, Luc se diffusa dans les pays chrétiens dès les premiers siècles, et traversa l'histoire sans jamais disparaître. Les années 1960 marquent le dernier boom de ses attributions françaises, particulièrement soutenues par le triomphe de Jean-Luc. Son reflux crée une opportunité que Lucas saisit dans les années 1980. Surgissant sous les traits d'un prénom neuf, il se précipite au sommet du classement en 2002. Il trône à maintes reprises sur ce dernier, prêtant ici et là sa couronne à Enzo et à Nathan, pour mieux la reprendre ensuite. Aujourd'hui encore, Lucas devrait se maintenir dans les dix premiers rangs masculins.

Sous ses différentes graphies, Lucas rayonne dans les palmarès de nombreux pays occidentaux. Les parents australiens, américains, brésiliens, scandinaves, canadiens, wallons et québécois privilégient l'orthographe française de Lucas, tandis que les Romands et les Italiens se passent plus volontiers du « s » final. Dans les pays slaves, c'est Lukas qui l'emporte, alors qu'en Allemagne, il est dépassé par la popularité de Luca et de Luka. En France, ces formes européennes n'ont pas vraiment convaincu.

Saint Luc parcourut la Gaule, l'Italie et la Macédoine dans l'objectif d'évangéliser ces régions. Auteur du troisième des quatre Évangiles, il mourut martyr au Ier siècle. Il est le patron des peintres.

Saint Lucas, missionnaire dominicain, vécut au Japon au XVIIe siècle.

Personnes célèbres

Lucas Belvaux, acteur et réalisateur belge, né en 1961 ; George Lucas, cinéaste et producteur américain de *Star Wars*, né en 1944 ; Lucas Pouille, champion de tennis français, né en 1994.

Statistiques

Lucas est le 1er prénom masculin le plus donné en France depuis l'an 2000. Il est attribué à près d'un garçon sur 100 aujourd'hui.

M

M
130

Dans le langage phonétique des textos, M pourrait s'apparenter au verbe aimer. Mais ce prénom est né en 1961, bien avant l'apparition des téléphones portables, et bien avant de devenir le nom de scène du chanteur Mathieu Chedid. D'autres lettres ont depuis fait leur chemin, mais on peut douter que les enfants prénommés A, N ou X fassent trop d'envieux...

Macaire
- de 100

Bienheureux (grec). Masculin français. *Variantes :* Macario, Makari, Makary. *Caractérologie :* dynamisme, curiosité, courage, indépendance, résolution.

Macéo
2 000 TOP 800

Arme médiévale, ou « du domaine de Matthieu » (vieux français). En dehors de l'Hexagone, Maceo est usité dans les pays anglophones. *Variantes :* Mace, Macey, Macy. *Caractérologie :* volonté, innovation, énergie, ambition, autonomie.

Madani
700

De la ville (arabe). *Caractérologie :* équilibre, sens des responsabilités, famille, influence, résolution.

Mady
1 000 TOP 600

Loué, félicité pour sa droiture (arabe). *Caractérologie :* réalisation, savoir, méditation, intelligence, indépendance.

Maé
6 000 TOP 200

Chef, prince (celte). *Caractérologie :* autorité, innovation, ambition, énergie, autonomie.

Maël
63 000 TOP 50

Chef, prince (celte). *Variantes :* Amaël, Maëlig, Maëlo, Maélio, Mahel, Mel, Mélaine. *Caractérologie :* efficacité, persévérance, structure, sécurité, honnêteté.

Maëlan
2 000 TOP 500

Chef, prince (celte). Prénom breton. *Variantes :* Maëlann, Maëlien. *Caractérologie :* énergie, autorité, innovation, autonomie, ambition.

Maëlig
350

Chef, prince (celte). Ce prénom breton peut également s'orthographier sans tréma. *Caractérologie :* relationnel, intuition, réussite, médiation, cœur.

Maëlo
350 TOP 2 000

Combinaison de Maël et des prénoms se terminant en « o ». *Caractérologie :* ambition, ténacité, direction, énergie, innovation.

Magnus
- de 100

Le grand (latin). Masculin scandinave. *Caractérologie :* communication, bonté, enthousiasme, réalisation, pratique.

Mahdi
2 000 TOP 500

Loué, félicité pour sa droiture (arabe). *Variantes :* Madi, Mady. *Caractérologie :* habileté, force, passion, ambition, management.

Mahé
9 000 TOP 100

Forme bretonne de Mathieu : don de Dieu (hébreu). Mahé est également le nom de l'île principale des Seychelles, dans l'océan Indien. Mahe s'écrit également sans accent. *Variante :* Mazen. *Caractérologie :* humanité, rectitude, rêve, générosité, tolérance.

M

Maël

Fête :
24 mai

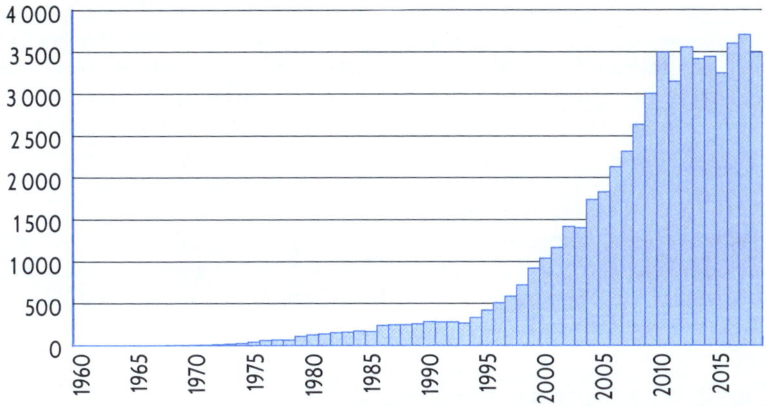

Étymologie

Du celte, « chef, prince ». Maël a longtemps été méconnu en dehors de son Armorique natale. Il le serait encore si la vague des prénoms bretons ne l'avait pas révélé. Parti avec une longueur d'avance sur Mathéo, Maël s'impose dans le top 40 français à la fin des années 1990. Il semble avoir atteint ses limites lorsque l'essor des prénoms bibliques lui redonne des ailes : le « el » de Maël ne rime-t-il pas avec Gabriel et Raphaël ? Fort de ce soutien inespéré, Maël pourrait battre tous ses records dans les 10 premiers rangs nationaux en 2021.

Ce rebond pourrait endiguer le reflux de dérivés féminins qui brillaient encore dans les années 2000. Parmi eux, citons les incontournables Maëlle, Maëlla, Maëlie/Maëly et Maëlys. Au masculin, Amaël, Maëlan, Maëlig et Mel sont restés discrets. Ils doivent envier le destin de Maé, devenu en quelques années l'un des prénoms mixtes les plus attribués en France.

Maël fait peu d'émules à l'international, mais il s'élève dans les tops 30 suisse romand et wallon.

Comme il est coutume de le faire en Bretagne, Mael et ses formes dérivées peuvent s'orthographier sans tréma.

D'origine irlandaise ou galloise, **saint Maël** est le neveu de saint Patrick (le patron des Irlandais) et le frère de Rieg. On sait peu de choses sur ce saint qui vécut au Ve siècle.

Personnes célèbres

Maël de Calan, candidat à la présidence des Républicains, ancien secrétaire national de l'UMP, né en 1980 ; Martin Leclerc, dit Maël, dessinateur de bandes dessinées, né en 1976.

Statistiques

Maël est le 27e prénom masculin le plus donné en France depuis l'an 2000. Il est attribué à près d'un garçon sur 100 aujourd'hui. Notons que Louis-Maël, Pierre-Maël, Jean-Maël et Yann-Maël bourgeonnent actuellement en France.

Maher
1 500 TOP 600

Celui qui excelle (arabe). *Variante :* Mahir. *Caractérologie :* ouverture d'esprit, rectitude, rêve, décision, humanité.

Mahin
- de 30

Puissant, extraordinaire (sanscrit). Masculin indien d'Asie. *Caractérologie :* idéalisme, résolution, réflexion, altruisme, intégrité.

Mahmoud
1 500 TOP 2 000

Digne d'éloges (arabe). *Variante :* Mamoud. *Caractérologie :* pragmatisme, optimisme, créativité, sociabilité, communication.

Maïeul
160

Le mois de mai (latin). *Caractérologie :* intelligence, savoir, méditation, indépendance, détermination.

Maïlan
120

Le féminin de ce prénom, une contraction de Mai Lan, signifie « fleur d'abricot et d'orchidée » en vietnamien. Au masculin, Maïlan est apparu dans les années 2010 dans l'Hexagone. *Caractérologie :* décision, méthode, famille, fiabilité, résolution.

Maixent
350 TOP 2 000

Le plus grand (latin). *Caractérologie :* audace, découverte, énergie, caractère, décision.

Majid
1 500

Noble, glorieux (arabe). On peut estimer que moins de 30 enfants seront prénommés ainsi en 2021. *Variantes :* Majdi, Madjid. *Caractérologie :* indépendance, assurance, direction, audace, dynamisme.

Majoric
- de 30

Grand (latin). *Caractérologie :* équilibre, sens des responsabilités, influence, famille, logique.

Malcolm
1 500 TOP 2 000

Disciple de sainte Colombe (gaélique). Masculin anglais. On peut estimer que moins de 30 enfants seront prénommés ainsi en 2021. *Variante :* Malcom. *Caractérologie :* conseil, bienveillance, sagesse, conscience, paix.

Malek
2 000 TOP 700

Roi (arabe). *Caractérologie :* sens des responsabilités, famille, équilibre, influence, organisation.

Malik
12 000 TOP 300

Roi (arabe). *Variantes :* Maelick, Malick, Malike, Melek, Mélih, Mélik. *Caractérologie :* ambition, autorité, organisation, innovation, énergie.

Mallory
650

Prince sage (celte). Masculin anglais. *Variantes :* Malaury, Mallaury. *Caractérologie :* paix, réussite, conscience, bienveillance, logique.

Malo
19 000 TOP 100

Prince sage (celte). Masculin breton. *Variante :* Malou. *Caractérologie :* curiosité, dynamisme, courage, indépendance, charisme.

Malone
6 000 TOP 200

Ancien patronyme irlandais signifiant « serviteur de saint John ». *Variante :* Malonn. *Caractérologie :* bienveillance, volonté, paix, conscience, conseil.

Malory
350

Prince sage (celte). Masculin anglais. *Caractérologie :* pratique, communication, réalisation, enthousiasme, analyse.

M

Les prénoms de rois

La vogue du rétro a fait renaître bien des prénoms oubliés. Curieusement, cet engouement ne s'est pas propagé aux prénoms royaux masculins qui, à l'exception de Louis, restent peu attribués. Prenons le temps de revisiter l'histoire sous cet angle particulier. Qui sait... Charles, Henri, François, Jean ou Philippe pourraient revenir dans les prochaines années... Les noms de ces monarques sont classés par ordre chronologique. Ils retracent les dynasties successives des Carolingiens, des Capétiens, des Valois et des Bourbons.

Les Carolingiens (715-987)

Pépin le Bref
Charles Ier ou Charlemagne
Louis Ier le Pieux
Charles II le Chauve
Louis II le Bègue
Louis III
Carloman
Charles le Gros
Eudes
Charles III le Simple
Robert Ier
Raoul de Bourgogne
Louis IV d'Outremer
Louis V le Fainéant

Les Capétiens (987-1328)

Hugues Capet
Robert II le Pieux
Henri Ier
Philippe Ier
Louis VI le Gros
Louis VII le Jeune
Philippe II Auguste
Louis VIII le Lion
Louis IX le Saint
Philippe III le Hardi
Philippe IV le Bel
Louis X le Hutin
Philippe V le Long
Charles IV le Bel

Les Valois (1328-1589)

Philippe VI de Valois
Jean II le Bon
Charles V le Sage
Charles VI le Fol
Charles VII le Victorieux
Louis XI
Charles VIII l'Affable
Louis XII Père du peuple
François Ier le Roi Chevalier
Henri II
François II
Charles IX
Henri III

Les Bourbons (1589-1830)

Henri IV le Vert Galant
Louis XIII le Juste
Louis XIV le Grand
Louis XV le Bien-Aimé
Louis XVI
Louis XVIII
Charles X

Les Orléans (1830-1848)

Louis-Philippe Ier

Malvin
300
Ami de l'assemblée (celte). Masculin anglais. *Variante :* Malween. *Caractérologie :* stratégie, vitalité, achèvement, ardeur, résolution.

Mamadou
7 000 TOP 300
Qui vient d'être sevré (arabe). Masculin sénégalais. *Caractérologie :* audace, énergie, découverte, originalité, séduction.

Manao
200 TOP 2 000
Nom de ville située sur la rive du Rio Negro, au Brésil. *Caractérologie :* passion, force, meneur, achèvement, habileté.

Mandel
- de 30
Amande (germanique). *Caractérologie :* fiabilité, ténacité, engagement, méthode, sens du devoir.

Manech
350
Dieu fait grâce (hébreu), d'une intelligence suprême (sanscrit). *Caractérologie :* vitalité, ardeur, leadership, stratégie, achèvement.

Manéo
140 TOP 2 000
Contraction de Manuel et Néo. *Caractérologie :* communication, créativité, pratique, optimisme, adaptation.

Manfred
550
Homme de paix (germanique). Masculin allemand, néerlandais et anglais. *Caractérologie :* intelligence, méditation, savoir, détermination, volonté.

Mani
650 TOP 2 000
Joyau (sanscrit). Prénom indien d'Asie. *Caractérologie :* énergie, décision, ambition, autorité, innovation.

Mano
800 TOP 2 000
Cœur, esprit (thaïlandais), requin, amoureux passionné (hawaïen), et diminutif hongrois et anglophone d'Emmanuel. *Caractérologie :* méditation, caractère, savoir, indépendance, intelligence.

Manoa
2 000 TOP 400
Reposé, apaisé (hébreu). *Caractérologie :* passion, habileté, volonté, force, ambition.

Manoah
1 000 TOP 800
Reposé, apaisé (hébreu). Dans l'Ancien Testament, Manoah est le père de Samson. *Variante :* Manoa. *Caractérologie :* connaissances, spiritualité, caractère, sagacité, originalité.

Manoé
2 000 TOP 300
Contraction d'Emmanuel et Noé. *Caractérologie :* pragmatisme, volonté, optimisme, créativité, communication.

Manoël
500
Contraction d'Emmanuel et Joël. *Variantes :* Manaël, Mano, Manoé, Manolis, Manolito, Manolo. *Caractérologie :* paix, bienveillance, conseil, conscience, caractère.

Manolo
1 000 TOP 2 000
Dieu est avec nous (hébreu). Prénom espagnol. *Caractérologie :* savoir, intelligence, ténacité, indépendance, méditation.

Mansour
1 000 TOP 2 000
Victorieux (arabe). *Variante :* Manssour. *Caractérologie :* volonté, sociabilité, diplomatie, réceptivité, raisonnement.

Manu
550
Penseur, sage (sanscrit), forme basque de Manuel : Dieu fait grâce (hébreu), oiseau (tahitien). *Caractérologie :* sécurité, efficacité, structure, persévérance, honnêteté.

Les prénoms composés

Ci-dessous le top 10 des prénoms composés masculins, estimé pour l'année 2021. Le classement a été effectué par ordre décroissant d'attribution.

1. Mohamed-Amine
2. Mohamed-Ali
3. Léo-Paul
4. Jean-Baptiste
5. Pierre-Louis
6. Mohamed-Amir
7. Saif-Eddine
8. Salah-Eddine
9. Mohamed-Lamine
10. Abdoul-Aziz

En 2008, Mohamed-Amine a tourné une page importante de l'histoire des prénoms composés. D'une part, il a supplanté Jean-Baptiste qui régnait sans partage depuis 1982. D'autre part, sa consécration a conforté la percée des compositions arabes. Aboutissement d'un phénomène d'envergure entamé dans les années 1980, sept d'entre elles devraient figurer dans le top 10 estimé pour 2021.

Qu'il semble lointain, le temps où Jean était incontournable ! Et pourtant, ce dernier dominait encore le tableau masculin au début des années 2000... Mais cette tendance est toute relative. Au firmament de cette sélection, Mohamed-Amine et Mohamed-Ali ne sont en réalité que 479e et 553e dans le classement national, avec respectivement 112 et 92 attributions en 2021.

Par ailleurs, le reflux des compositions traditionnelles ne signifie pas que ces dernières aient totalement disparu. Au demeurant, Mohamed et ses 85 formes composées ne font pas encore le poids face à Pierre, Louis et Paul qui en comptent plus de 200. Pas de quoi inquiéter Jean qui compose à lui seul 238 duos.

Dans le reste du classement, Jean-Baptiste reste une valeur sûre des choix classiques, mais il disparaît du peloton de tête. Un temps pressenti pour relancer la cote du prénom composé moderne, Pierre-Louis perd lui aussi de sa superbe. Dans ce contexte, le rebond de Léo-Paul, concomitant à celui de Léo et Paul, apparaît comme un baroud d'honneur.

À l'abri des regards, mais aux portes du top 10, Ange-Marie, Antoine-Marie et Marc-Antoine progressent dans le palmarès. Est-ce l'annonce d'une renaissance d'Antoine ? Ou bien de Marie ? Car Marie, en perte de vitesse dans les composés féminins, semble renaître au masculin. Affaire à suivre...

Retrouvez le **quiz des prénoms composés interdits** dans le carnet à la fin de l'ouvrage.

Manua
- de 100

L'oiseau porteur de bonheur (tahitien). *Caractérologie :* persévérance, structure, honnêteté, sens du devoir, efficacité.

Manuel
32 000 TOP 1 000

Dieu est avec nous (hébreu). Manuel est très répandu dans les pays germanophones, lusophones et hispanophones. C'est aussi un choix traditionnel basque. *Caractérologie :* pragmatisme, créativité, communication, optimisme, sociabilité.

Mao
850 TOP 600

Cet ancien prénom chinois et japonais a été popularisé au XXe siècle par l'homme politique chinois Mao Zedong, fondateur du maoïsme. Ayant surgit en France dans les années 1990 dans le sillon de Maho, une forme bretonne de Mathieu, Mao s'est également bretonnisé. *Caractérologie :* engagement, fidélité, communication, médiation, intuition.

Maodan
- de 100

Jeune, passionné (breton). *Variantes :* Maodez, Modan, Modanig. *Caractérologie :* volonté, optimisme, pragmatisme, créativité, communication.

Marc
187 000 TOP 400

Se rapporte à Mars, dieu romain de la Guerre. La forme latine Marcus est fréquente dans la Rome antique, mais Marc et ses différentes graphies (Mark, Marcos, Markus, Marek, etc.) se diffusent longtemps après le martyre de saint Marc l'évangéliste au Ier siècle. Mark monte en faveur auprès des puritains anglophones au XVIIe siècle et devient très attribué dans les années 1960 dans le monde occidental. Dans l'Hexagone, Marc connaîtra un certain succès de 1940 à 1980, suffisant pour le placer au 44e rang des prénoms les plus attribués en France au XXe siècle. *Caractérologie :* habileté, force, management, ambition, passion.

Marc-Alexandre
400

Forme composée de Marc et Alexandre. Masculin français. *Caractérologie :* intuition, médiation, relationnel, volonté, raisonnement.

Marc-Antoine
5 000

Forme composée de Marc et Antoine. Masculin français. On peut estimer que moins de 30 enfants seront prénommés ainsi en 2021. *Caractérologie :* énergie, audace, découverte, volonté, analyse.

Marceau
14 000 TOP 50

Se rapporte à Mars, le dieu romain de la Guerre (latin). Masculin français. *Caractérologie :* ambition, force, passion, habileté, résolution.

Marcel
114 000 TOP 200

Se rapporte à Mars, le dieu romain de la Guerre (latin). Ce diminutif de Marc a été porté par plusieurs saints, dont saint Marcel, un pape martyrisé au IVe siècle par l'empereur Dioclétien. Malgré sa notoriété, ce prénom tarde à se manifester dans l'Hexagone. Comme s'il avait attendu la naissance de Marcel Proust (1871-1922), ou celle de Marcel Duchamp (1887-1968), Marcel jaillit à la fin du XIXe siècle. Il figure parmi les dix premiers rangs masculins de 1900 à 1930 et se replie lentement ensuite. Frémissant depuis peu, Marcel est sorti de sa désuétude. Fera-t-il renaître ses formes anciennes Marcus, Marceau et Marcelin ? *Variantes :* Marcian, Marcien, Marcio. *Caractérologie :* intelligence, indépendance, savoir, décision, méditation.

M

Marceau

Fête :
16 janvier

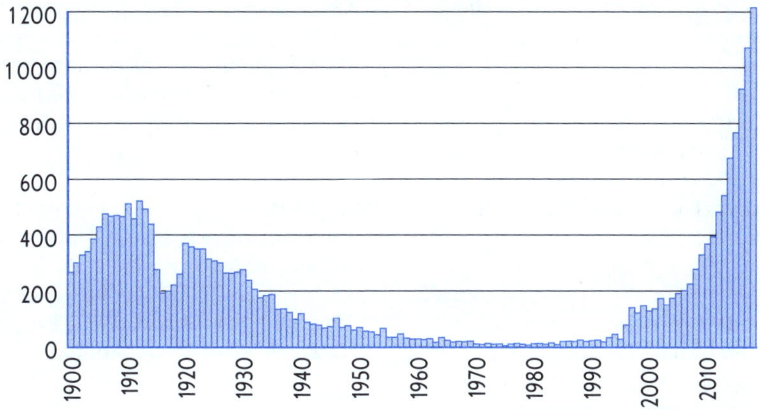

Étymologie

Cette variante de Marcel se rapporte à Mars, dieu de la Guerre. Seuls les batailles et les combats réjouissaient cette divinité romaine. Laissant les finesses stratégiques à Minerve, il avait le don de réveiller l'instinct guerrier des combattants. Bon sang ne saurait mentir, Marceau est un conquérant... Et révolutionnaire avec ça ! Présent dans le calendrier républicain (en référence au saule marsault), Marceau est aussi le nom porté par un général héros de l'armée révolutionnaire.

Le prénom reste présent tout au long du XIXe siècle jusqu'à connaître un pic en 1912, en se classant au 67e rang du classement national. Puis il entame un lent déclin. La vague des rétros et des terminaisons en « o » l'invitent à renaître à la fin du siècle. Il le fait d'autant mieux que la renommée du mime Marceau est à son sommet. Depuis la disparition du mime, en 2007, le prénom s'envole encore plus nettement, comme pour lui rendre hommage : Marceau est arrivé aux portes du top 40 et il ne devrait pas en rester là !

Son succès se propagera-t-il aux pays francophones et à l'échelle internationale ?

Son grand cousin Marcel, récemment sorti des oubliettes, s'envole lui aussi. Il vient d'être admis dans le top 100, loin devant Marcus, au 207e rang. Marcelin (ou Marcellin), Marcial et Marcelo restent quant à eux très discrets.

Personnes célèbres

Marcel Marceau, dit le mime Marceau (1923-2007), a marqué plusieurs générations, tant en France qu'à l'international, en portant son art à une perfection inégalée grâce à son personnage Bip, Pierrot des Temps modernes. Enfin, notre sémillante gloire nationale, Sophie Marceau, a choisi ce prénom comme pseudonyme et patronyme.

Marceau Long, haut fonctionnaire et grand serviteur de l'État (1926-2016) ; Marceau Constantin, peintre et dessinateur (1918-2017) ; Marceau Stricanne, Marceau Somerlinck et Marceau Lherminé, nés dans les années 1910-1920, tous trois footballeurs ; Marceau Fourcade, médaillé olympique en 1936.

Statistiques

Marceau est le 155e prénom masculin le plus donné en France depuis l'an 2000. Il est attribué à près d'un garçon sur 240 aujourd'hui.

M

Marcelin
1 000 TOP 2 000

Se rapporte à Mars, le dieu romain de la Guerre (latin). Masculin français. *Caractérologie :* détermination, enthousiasme, communication, pratique, adaptation.

Marcellin
1 000

Se rapporte à Mars, le dieu romain de la Guerre (latin). Masculin français. *Variante :* Marcelino. *Caractérologie :* sens des responsabilités, famille, influence, équilibre, résolution.

Marcello
550 TOP 2 000

Se rapporte à Mars, le dieu romain de la Guerre (latin). Prénom italien. *Caractérologie :* raisonnement, savoir, méditation, volonté, intelligence.

Marco
8 000 TOP 500

Se rapporte à Mars, le dieu romain de la Guerre (latin). Marco est très répandu en Italie, dans les pays hispanophones et lusophones. *Variantes :* Marcos, Marko. *Caractérologie :* analyse, courage, dynamisme, curiosité, indépendance.

M

Marc-Olivier
850

Forme composée de Marc et Olivier. Masculin français. *Caractérologie :* volonté, vitalité, achèvement, stratégie, analyse.

Marcus
4 000 TOP 300

Se rapporte à Mars, le dieu romain de la Guerre (latin). Ce prénom romain est plus particulièrement recensé aux Pays-Bas. *Variante :* Markus. *Caractérologie :* optimisme, communication, créativité, sociabilité, pragmatisme.

Marek
500 TOP 2 000

Se rapporte à Mars, le dieu romain de la Guerre (latin). Prénom polonais et tchèque. *Caractérologie :* pragmatisme, créativité, communication, optimisme, détermination.

Marian
1 500

Celui qui élève (hébreu). Prénom anglais et roumain. On peut estimer que moins de 30 enfants seront prénommés ainsi en 2021. *Caractérologie :* réceptivité, décision, sociabilité, diplomatie, loyauté.

Mariano
1 000 TOP 2 000

Celui qui élève (hébreu). Mariano est très répandu en Italie, dans les pays hispanophones et lusophones. *Variante :* Marianno. *Caractérologie :* détermination, force, ambition, volonté, habileté.

Marien
650

Celui qui élève (hébreu). *Caractérologie :* famille, équilibre, sens des responsabilités, influence, décision.

Marin
9 000 TOP 100

Mer (latin). Marin est plus particulièrement usité en Croatie. C'est aussi un choix traditionnel occitan. *Caractérologie :* ambition, décision, autorité, innovation, énergie.

Marino
500

Mer (latin). *Caractérologie :* intelligence, savoir, méditation, résolution, volonté.

Mario
14 000 TOP 800

Celui qui élève (hébreu). Mario est très répandu en Italie, dans les pays hispanophones et lusophones. *Caractérologie :* diplomatie, réceptivité, loyauté, sociabilité, bonté.

Marius
35 000 TOP 50

Voir le zoom sur ce prénom. *Variante :* Maryus. *Caractérologie :* humanité, rectitude, rêve, générosité, tolérance.

Marius

Fête : 19 janvier

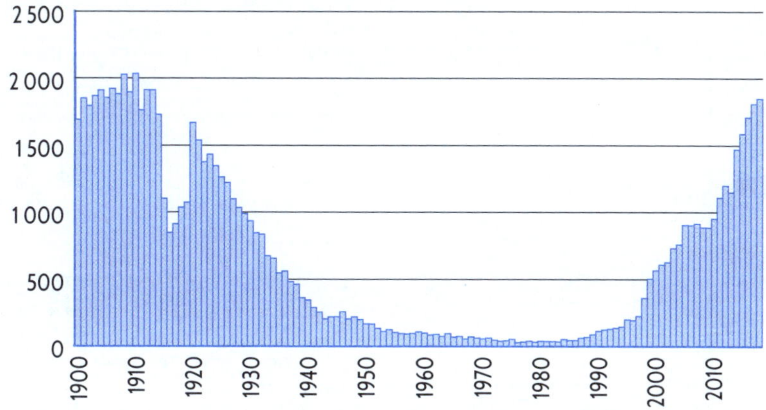

Étymologie

Du latin *maris*, de la mer. Marius est également le nom d'un général et homme d'État romain, Caius Marius (157-86 avant J.-C.), connu pour avoir réformé l'armée romaine. Ce patronyme émerge sous forme de prénom au XIXe siècle en France (notamment en Provence) et dans plusieurs pays européens. Il s'affiche au 27e rang national en 1910, son dernier point culminant, avant d'inspirer le premier volet de la trilogie marseillaise (*Marius*, *Fanny*, *César*) de Marcel Pagnol.

Cette pièce de théâtre, jouée dès 1929 à Paris, puis adaptée deux ans plus tard au cinéma, connaît un vif succès, stoppant temporairement le reflux du prénom en France. Marius rebondit dans l'Hexagone à la fin du XXe siècle, et brille singulièrement plus dans le Nord que dans le Sud. Son intégration dans le top 30 national est acquise.

Dans d'autres pays francophones, Marius fait des émules en Wallonie, mais il reste rarissime en Romandie et au Québec. Ailleurs, ce prénom est plus particulièrement répandu en Roumanie, dans les pays scandinaves et germanophones.

Dans l'histoire

Selon Geoffroy de Monmouth, auteur au XIIe siècle de l'*Histoire des rois de Bretagne*, Marius fut l'un des rois de l'île de Grande-Bretagne (alors appelée Bretagne) durant l'occupation romaine. Fils du roi Arviragus, il vainquit les Pictes de Scythie venus envahir l'île et fit régner la paix et la justice.

Personnes célèbres

Marius Petipa, danseur et chorégraphe français (1822-1910) ; Marius Constant, compositeur et chef d'orchestre français d'origine roumaine (1925-2004) ; Marius Trésor, footballeur international français, né en 1950.

Statistiques

Marius est le 68e prénom masculin le plus donné en France depuis l'an 2000. Il est attribué à près d'un garçon sur 180 aujourd'hui.

Martin

Fête :
11 novembre

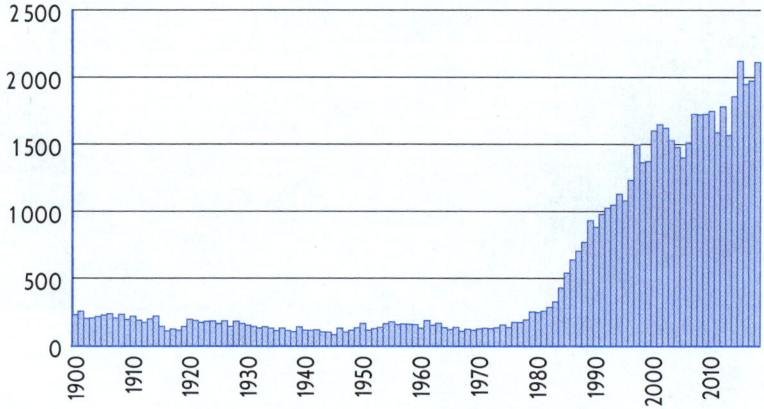

M

Étymologie

Ce dérivé du latin *martinus* se rapporte à Mars, le dieu romain de la Guerre. Martin est le patronyme le plus répandu en France, mais il est aussi très présent par le nombre de rues et lieux qui portent son nom. C'est l'immense popularité de saint Martin de Tours, évangélisateur de la Gaule au IVe siècle, qui fit prospérer le nom dans toute l'Europe. Au Moyen Âge, avant même d'être porté par une lignée de cinq papes, Martin est déjà très courant.

Après une période de retrait, Martin revient en faveur au XXe siècle dans les pays anglophones, germanophones, slaves et scandinaves. Sans descendre en deçà des 100 attributions annuelles, il végète de longues années en France avant de renaître dans les années 1990. Son ascension, lente mais constante, porte ses fruits : après avoir rejoint l'élite parisienne, il ambitionne l'entrée du top 20 national. Sa constance devrait porter ses fruits.

En dehors de l'Hexagone, Martin grandit en Wallonie et en Suisse romande. Des deux côtés de l'Atlantique, les parents hispanophones le plébiscitent, notamment en Espagne et au Chili. Cette percée augure peut-être des succès européens à venir…

Personnes célèbres

Le théologien **Martin Luther** (1483-1546) défie le pape en soutenant que la Bible est la seule source légitime d'autorité chrétienne. Banni en 1521 par Charles Quint, il traduit la Bible en allemand et s'attelle à la réforme de l'Église. Il est le père du protestantisme.

Pasteur baptiste afro-américain, militant non violent pour les droits des Noirs, **Martin Luther King** (1929-1968) organise des actions pacifiques pour défendre le droit de vote, abolir la ségrégation raciale et lutter contre les inégalités. Il est l'auteur du célèbre « *I have a dream* », cœur du discours prononcé le 28 août 1963 à Washington, dans lequel il promeut l'espoir d'une plus grande justice sociale et d'une fraternité entre les communautés. Il reçoit le prix Nobel de la paix en 1964 et meurt assassiné à Memphis en 1968.

Autres personnes célèbres
Martin Heidegger, philosophe allemand (1889-1976) ; Martin Scorcese, réalisateur américain, né en 1942 ; Martin Fourcade, biathlète français, quintuple champion olympique, né en 1988.

Statistiques
Martin est le 46e prénom masculin le plus donné en France depuis l'an 2000. Il est attribué à près d'un garçon sur 170 aujourd'hui.

Mark
2 000 TOP 1 000

Se rapporte à Mars, le dieu romain de la Guerre (latin). Masculin anglais, russe, néerlandais, slovène et hongrois. *Variante :* Marck. *Caractérologie :* connaissances, sagacité, spiritualité, originalité, philosophie.

Marley
4 000 TOP 300

De la terre des lacs (vieil anglais). *Caractérologie :* médiation, relationnel, intuition, réussite, cœur.

Marlon
4 000 TOP 300

Faucon (anglais). Ce prénom est particulièrement recensé aux États-Unis. *Variante :* Marlone. *Caractérologie :* audace, dynamisme, caractère, direction, logique.

Marouane
3 000 TOP 2 000

Roche, quartz (arabe). *Variantes :* Maroin, Maroine, Marouan, Marouen. *Caractérologie :* spiritualité, connaissances, volonté, sagacité, raisonnement.

Martial
26 000 TOP 2 000

Se rapporte à Mars, le dieu romain de la Guerre (latin). Masculin français. *Variantes :* Marcial, Mars, Martel, Marti, Martian, Martie, Marty. *Caractérologie :* intuition, organisation, médiation, relationnel, fidélité.

Martin
59 000 TOP 50

Se rapporte à Mars, le dieu romain de la Guerre (latin). *Variantes :* Marteen, Martino, Marty, Morten. *Caractérologie :* pratique, adaptation, communication, détermination, enthousiasme.

Marvin
12 000 TOP 300

Ami de la mer (anglais). Marvin est très répandu dans les pays anglophones. *Variantes :* Marveen, Marvine, Marving. *Caractérologie :* curiosité, dynamisme, courage, décision, indépendance.

Marvyn
2 000 TOP 1 000

Ami de la mer (anglais). *Variantes :* Marwen, Marwin. *Caractérologie :* enthousiasme, réalisation, communication, pratique, détermination.

Marwan
7 000 TOP 300

Roche, quartz (arabe). *Caractérologie :* intelligence, indépendance, méditation, savoir, résolution.

Marwane
3 000 TOP 1 000

Roche, quartz (arabe). *Caractérologie :* communication, pratique, adaptation, enthousiasme, détermination.

Maryan
500

Celui qui élève (hébreu). *Variante :* Mary. *Caractérologie :* humanité, rêve, réalisation, rectitude, résolution.

Massimo
950

Le plus grand (latin). Prénom italien. *Caractérologie :* management, ambition, force, habileté, passion.

Matei
700 TOP 900

Don de Dieu (hébreu). Masculin roumain et basque. *Variantes :* Matej, Matvei, Matvey. *Caractérologie :* pragmatisme, communication, décision, optimisme, créativité.

Mateo
20 000 TOP 200

Don de Dieu (hébreu). En faveur dans les années 1990, ce prénom venu d'Espagne a lancé la carrière de Mathéo. *Caractérologie :* intégrité, idéalisme, altruisme, réflexion, caractère.

Mathéis
1 500 TOP 700

Contraction de Mathéo et Mathis. Mathéis a été recensé pour la première fois dans l'Hexagone en 2008. *Caractérologie :* communication, générosité, détermination, adaptation, émotion.

Mathelin
- de 30

Don de Dieu (hébreu). *Variante :* Matelin. *Caractérologie :* direction, audace, sensibilité, détermination, dynamisme.

Mathéo
55 000 TOP 100

Don de Dieu (hébreu). Cette forme bretonne de Mathieu est apparue un an après l'émergence de Matteo. L'engouement des Français a été d'autant plus rapide que la vague des prénoms bretons propulsait déjà Maëlys, Lena et Maël vers le sommet. Mathéo s'est répandu dans toute la France pour s'imposer, au sommet de sa carrière, au 10e rang masculin en 2007. *Caractérologie :* ambition, force, caractère, habileté, attention.

Mathias
37 000 TOP 200

Don de Dieu (hébreu). En dehors de l'Hexagone, Mathias est répandu dans les pays germanophones et scandinaves. *Variante :* Matias. *Caractérologie :* force, habileté, passion, ambition, management.

Mathieu
145 000 TOP 300

Don de Dieu (hébreu). Doté d'un saint apôtre très célèbre, Mathieu est assez commun au Moyen Âge. Il connaît une faveur accrue au XVIe siècle, durant la Réforme, avant de se mettre en veille jusqu'à la fin du XXe siècle. Il renaît dans le monde occidental et les pays slaves sous ses nombreuses graphies (Mathew et Matthew en anglais, Matteo en espagnol, Mateo in italien, Matvei en russe, etc.). En France, Mathieu se place 11e en 1986, l'année de son apogée, avant d'être supplanté par Matteo et Mathéo.

◇ Percepteur des impôts au bureau de douane de Capharnaüm (en Galilée), saint Matthieu quitta son travail afin de suivre le Christ. Choisi comme apôtre, il écrivit le premier des quatre Évangiles et partit évangéliser l'Éthiopie. *Caractérologie :* découverte, énergie, audace, décision, attention.

Mathis
83 000 TOP 50

Don de Dieu (hébreu). Bien qu'il ait prénommé quelques garçons au début du XXe siècle, Mathis est pratiquement inconnu des Français avant les années 1990. C'est alors qu'il émerge avec tout l'attrait d'un prénom neuf, s'imposant comme l'héritier moderne de Mathias et Mathieu. Il bondit au 3e rang du palmarès en 2006, son plus grand coup d'éclat. *Caractérologie :* originalité, spiritualité, connaissances, philosophie, sagacité.

Mathurin
2 000 TOP 2 000

Maturité (latin). On peut estimer que moins de 30 enfants seront prénommés ainsi en 2021. *Caractérologie :* curiosité, courage, décision, dynamisme, attention.

Mathys
27 000 TOP 100

Don de Dieu (hébreu). Voir Mathis. *Caractérologie :* découverte, énergie, audace, réalisation, originalité.

M

Matis
6 000 TOP 600

Don de Dieu (hébreu). *Variantes :* Mathiss, Mathyss, Matiss, Mattis, Matys, Matyss, Matysse. *Caractérologie :* force, passion, ambition, habileté, management.

Matisse
3 000 TOP 800

Don de Dieu (hébreu). *Caractérologie :* résolution, originalité, découverte, énergie, audace.

Matt
3 000 TOP 600

Diminutif anglophone de Mathieu. *Caractérologie :* ouverture d'esprit, humanité, générosité, rêve, rectitude.

Matteo
39 000 TOP 100

Don de Dieu (hébreu). Ce prénom italien et corse a percé dans l'Hexagone dans les années 1990. Son succès a promu celui de Mathéo, la forme bretonne de Mathieu, qui s'est rapidement imposée en haut du palmarès masculin. *Variantes :* Mathéos, Mateos. *Caractérologie :* médiation, fidélité, relationnel, intuition, volonté.

Matthéo
4 000 TOP 900

Don de Dieu (hébreu). *Caractérologie :* direction, audace, dynamisme, attention, caractère.

Matthew
4 000 TOP 400

Don de Dieu (hébreu). Matthew est très répandu dans les pays anglophones. *Variantes :* Mathew, Matt, Matteu, Mattew, Mattie, Matthaeus, Mattheus. *Caractérologie :* rectitude, rêve, humanité, ouverture d'esprit, finesse.

Matthias
15 000 TOP 500

Don de Dieu (hébreu). Matthias est très répandu en Allemagne et en Grèce. *Variantes :* Mattia, Mattias. *Caractérologie :* audace, direction, dynamisme, indépendance, assurance.

Matthieu
80 000 TOP 400

Don de Dieu (hébreu). Percepteur des impôts au bureau de douane de Capharnaüm (en Galilée), saint Matthieu quitta son travail afin de suivre le Christ. Choisi comme apôtre, il écrivit le premier des quatre Évangiles et partit évangéliser l'Éthiopie. Saint Matthieu est le patron des banquiers, des comptables, des douaniers et des inspecteurs des impôts. *Variante :* Mattieu. *Caractérologie :* résolution, savoir, finesse, méditation, intelligence.

Matthis
3 000 TOP 2 000

Don de Dieu (hébreu). On peut estimer que moins de 30 enfants seront prénommés ainsi en 2021. *Variantes :* Mattis, Matthys, Mattys. *Caractérologie :* rectitude, rêve, tolérance, humanité, générosité.

Maurice
92 000 TOP 2 000

Sombre, foncé (latin). Général de la légion thébaine et martyr au IIIe siècle, saint Maurice est le patron des militaires et des teinturiers. En dehors de l'Hexagone, ce prénom est très répandu dans les pays anglophones. On peut estimer que moins de 30 enfants seront prénommés ainsi en 2021. *Variantes :* Mauricio, Maurilio, Moris, Moriss. *Caractérologie :* intelligence, méditation, savoir, décision, indépendance.

Maurin
200

Celui qui élève (hébreu). *Caractérologie :* efficacité, persévérance, structure, détermination, sécurité.

Maverick
550 TOP 2 000

L'indépendant (anglais). Maverick est essentiellement recensé aux États-Unis et en Irlande. *Variante :* Mavrick. *Caractérologie :* dynamisme, résolution, direction, organisation, audace.

M

Max
26 000 TOP 400

Le plus grand (latin). Max est répandu dans les pays germanophones, anglophones et scandinaves. C'est aussi un choix traditionnel occitan. Voir Maxime. *Caractérologie :* relationnel, intuition, adaptabilité, médiation, fidélité.

Maxandre
850 TOP 2 000

Contraction de Maxime et Alexandre. *Caractérologie :* force, ambition, résolution, habileté, volonté.

Maxence
61 000 TOP 100

Le plus grand (latin). Attesté au Moyen Âge, ce dérivé de Maxime est très rare jusqu'à son émergence dans les années 1970. Il rencontre alors un engouement qui le propulse dans les trente premiers rangs nationaux en 2005. Il n'a pas toujours été masculin comme c'est largement le cas aujourd'hui. Un empereur romain portant ce nom fut vaincu en 312 par Constantin, et sainte Maxence, une princesse écossaise, fut assassinée pour sa foi au Ve siècle. *Caractérologie :* diplomatie, réceptivité, sociabilité, loyauté, caractère.

M

Maxens
1 000 TOP 2 000

Le plus grand (latin). *Variante :* Maxance. *Caractérologie :* persévérance, structure, volonté, sécurité, efficacité.

Maxent
130

Le plus grand (latin). *Variante :* Maxen. *Caractérologie :* volonté, courage, indépendance, curiosité, charisme.

Maxim
3 000 TOP 800

Le plus grand (latin). Maxim est très répandu en Russie. *Caractérologie :* paix, conscience, conseil, bienveillance, sagesse.

Maxime
206 000 TOP 100

Le plus grand (latin). Ce prénom a été porté par trois empereurs romains et de nombreux saints. En dépit de sa postérité historique, il est peu attribué avant la fin des années 1970, époque charnière de son envol français. Il est l'un des 5 prénoms les plus donnés de 1992 à 2000, avant d'être happé par le repli des choix de source romaine (Adrien, Romain, Quentin). Il s'est maintenu dans le top 20 jusqu'au milieu des années 2010. Magnus Clemens Maximus, empereur romain de 383 à 388, établit sa capitale à Trèves et régna sur Rome, la Gaule et l'Espagne. Il fut vaincu par Théodose Ier alors qu'il venait de conquérir l'Italie. Le 14 avril honore la mémoire de saint Maxime, martyr à Rome au IIIe siècle. *Variantes :* Maïme, Maximien, Maximin, Maximino, Maximo, Maxym, Maxyme. *Caractérologie :* médiation, intuition, relationnel, caractère, décision.

Maximilien
10 000 TOP 500

Le plus grand (latin). Prénom français. La forme allemande et anglophone Maximilian est très en vogue en Allemagne actuellement. *Variantes :* Maximilian, Maximiliano, Maximillien. *Caractérologie :* innovation, autorité, énergie, volonté, raisonnement.

Maximin
2 000

Le plus grand (latin). On peut estimer que moins de 30 enfants seront prénommés ainsi en 2021. *Caractérologie :* relationnel, intuition, volonté, médiation, détermination.

Mayan
130

Masculin de Mayane, une contraction de Maya et Anne. *Caractérologie :* intégrité, altruisme, réflexion, idéalisme, réalisation.

Mayeul
2 000 TOP 600

Le mois de mai (latin). Prénom breton. *Variantes :* Maïeul, Mayol. *Caractérologie :* réussite, découverte, audace, cœur, énergie.

Maylan
450 TOP 1 000
Variante moderne de Mylan : aimé du peuple (slave). *Caractérologie :* pratique, communication, amitié, enthousiasme, réalisation.

Mayron
4 000 TOP 200
Myrrhe (araméen). *Variante :* Myron. *Caractérologie :* volonté, dynamisme, curiosité, courage, réalisation.

Medard
300
Fort (germanique). Dans l'Hexagone, ce prénom est plus traditionnellement usité en Occitanie et en Provence. *Caractérologie :* rectitude, ouverture d'esprit, rêve, humanité, détermination.

Meddy
1 500
Le guide éclairé par Dieu (arabe). On peut estimer que moins de 30 enfants seront prénommés ainsi en 2021. *Caractérologie :* influence, équilibre, famille, sens des responsabilités, exigence.

Médéric
3 000
Puissant, fort (germanique). On peut estimer que moins de 30 enfants seront prénommés ainsi en 2021. *Variante :* Médérick. *Caractérologie :* adaptation, pratique, enthousiasme, communication, générosité.

Medhi
4 000 TOP 2 000
Le guide éclairé par Dieu (arabe). On peut estimer que moins de 30 enfants seront prénommés ainsi en 2021. *Caractérologie :* adaptation, pratique, générosité, communication, enthousiasme.

Mehdi
45 000 TOP 200
Le guide éclairé par Dieu (arabe). Ce prénom est particulièrement porté dans les cultures musulmanes. *Variantes :* Mehdy, Medhy, Médi, Médy, Mehedi, Meidhi, Meidi, Meidy, Meihdi, Mhedi, Mheidi. *Caractérologie :* enthousiasme, générosité, pratique, communication, adaptation.

Mehmet
3 000 TOP 1 000
Digne d'éloges (arabe). *Caractérologie :* dynamisme, audace, sensibilité, direction, indépendance.

Meïr
250
Qui apporte la lumière (hébreu). *Caractérologie :* intégrité, altruisme, idéalisme, réflexion, dévouement.

Mel
400
Diminutif international des prénoms formés avec Mel, ou forme diminutive de Maël. *Caractérologie :* communication, optimisme, pragmatisme, créativité, sociabilité.

Mélaine
250
Noir, peau brune (grec), ou forme dérivée de Maël. Prénom breton. *Caractérologie :* dynamisme, curiosité, courage, résolution, indépendance.

Melchior
1 000 TOP 900
Roi (persan). Selon la tradition chrétienne, Melchior, l'un des trois Rois mages venus d'Orient, se laissa guider par une étoile jusqu'à Bethléem. Lorsqu'il se présenta devant l'Enfant Jésus, il lui offrit de l'encens pour l'honorer comme roi. *Caractérologie :* relationnel, médiation, intuition, caractère, logique.

Mélio
160 TOP 2 000
Travailleur (germanique). *Caractérologie :* altruisme, volonté, intégrité, idéalisme, raisonnement.

Melville
- de 100
Qui habite sur une mauvaise terre (vieux français). *Variante :* Melvil. *Caractérologie :* idéalisme, réflexion, altruisme, intégrité, dévouement.

M

Melvin
11 000 TOP 500 ↘

Ami de l'assemblée (celte). Melvin est répandu dans les pays anglophones. *Variante :* Melvine. *Caractérologie :* adaptation, communication, pratique, générosité, enthousiasme.

Melvyn
5 000 TOP 500 ↘

Ami de l'assemblée (celte). Masculin anglais. *Variante :* Melwin. *Caractérologie :* direction, audace, amitié, dynamisme, indépendance.

Menahem
450 TOP 2 000 →

Qui conforte (hébreu). *Caractérologie :* découverte, énergie, audace, originalité, séduction.

Mendel
300 →

Diminutif de Menahem : qui conforte (hébreu). *Caractérologie :* achèvement, vitalité, ardeur, stratégie, leadership.

Mendy
450 ↓

Diminutif masculin anglophone de Marie ou d'Emmanuel. Notons que l'étymologie de Mendy diffère au féminin. Forme basque : Mendi. *Caractérologie :* spiritualité, connaissances, originalité, philosophie, sagacité.

Menzo
500 TOP 800 ↑

Malgré sa ressemblance avec Enzo, Menzo n'est pas italien. On sait peu de choses sur ce prénom moderne, si ce n'est qu'il est recensé en France et aux États-Unis. *Caractérologie :* dynamisme, volonté, indépendance, audace, assurance.

Meo
- de 100

Diminutif probable de Bartolomeo : fils de Tolomai (araméen). *Caractérologie :* caractère, conscience, paix, conseil, bienveillance.

Meriadec
160

Front (celte). Prénom breton. *Variante :* Meriadeg. *Caractérologie :* fiabilité, ténacité, méthode, engagement, détermination.

Méric
130

Puissant (germanique). *Caractérologie :* communication, créativité, pragmatisme, sociabilité, optimisme.

Merlin
2 000 TOP 700 →

Forteresse sur la mer (gallois). Dans la légende arthurienne, Merlin, dit l'Enchanteur, est le magicien qui commande les éléments naturels et les animaux. *Caractérologie :* passion, force, ambition, habileté, management.

Merwan
1 500 ↘

Roche, quartz (arabe). On peut estimer que moins de 30 enfants seront prénommés ainsi en 2021. *Variantes :* Merouan, Merouane, Merwane. *Caractérologie :* médiation, relationnel, intuition, fidélité, résolution.

Meryl
350 ↗

Celui qui élève (hébreu). Masculin anglais. *Variantes :* Meril, Merryl, Mery, Merry, Meryll. *Caractérologie :* énergie, ambition, autorité, innovation, sympathie.

Messaoud
1 000 →

Porte-bonheur (arabe). *Caractérologie :* intelligence, savoir, méditation, caractère, indépendance.

Meven
700 TOP 2 000 ↓

Heureux, joyeux (celte). Prénom breton. *Caractérologie :* courage, curiosité, dynamisme, indépendance, charisme.

Michaël
87 000 TOP 700 →

Qui est comme Dieu (hébreu). En dehors de l'Hexagone, Michael est très répandu dans les pays anglophones. *Variantes :*

M

Milo

Fête :
22 mai

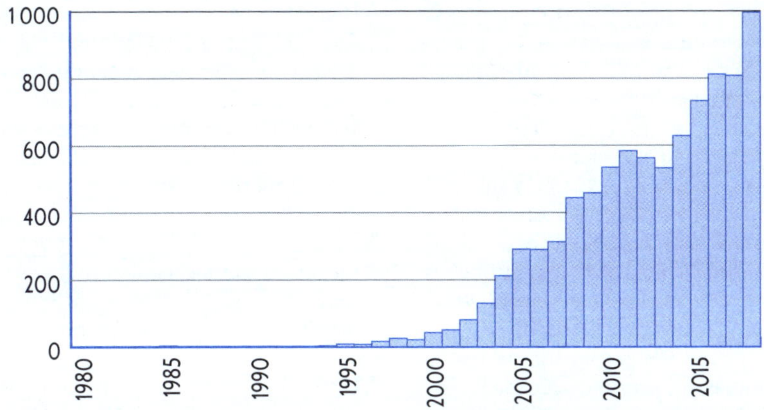

Étymologie

Milo pourrait tirer ses origines du latin *aemilius*, « émule » ou « qui rivalise », s'apparentant ainsi à Émile, dont il fut longtemps considéré comme le diminutif. Il s'est aujourd'hui affranchi de cette filiation et prend son envol comme un prénom à part entière.

L'évocation de Milo nous transporte immédiatement dans l'archipel des Cyclades. C'est en effet sur l'île grecque de Milo ou Milos que fut découverte en 1820 la fameuse Vénus. Cette statue, censée représenter Aphrodite, fait partie des œuvres mythiques exposées au Louvre, au même titre que la Joconde ou la Victoire de Samothrace.

Cette gloire artistique internationale n'a pourtant pas rejailli sur la carrière de Milo, qui fut tardive. Ce n'est qu'à l'orée du XXIe siècle qu'il fait son apparition dans les annales de l'INSEE. Il entame alors une brillante ascension. En 2010, le nombre de petits Milo voyant le jour atteint la barre des 500 naissances. Admis dans le top 100 en 2015, il frappe, 5 ans après, aux portes du top 50. Gageons qu'il y sera accueilli à bras ouverts ! Il vient en effet renouveler, avec ses émules Nino et Tiago, la vague des prénoms courts et italianisants qui propulsa Enzo au sommet.

La Wallonie cède également à son charme, tandis que la Suisse romande et le Québec sont plus circonspects. En Angleterre, aux Pays-Bas et en Suède, Milo trace son chemin et parvient même à distancer l'anglophone Miles.

Personnes célèbres

Milo Manara, né en 1945, auteur italien de bandes dessinées. C'est aussi le prénom choisi par l'actrice Chiara Mastroianni pour son fils né en 1996.

Statistiques

Milo est le 160e prénom masculin le plus donné en France depuis l'an 2000. Il est attribué à près d'un garçon sur 310 aujourd'hui.

Micaël, Micha, Micham, Micheal, Miel, Misha, Mitch. *Caractérologie :* résolution, famille, sens des responsabilités, influence, équilibre.

Michel
558 000 TOP 1 000

Qui est comme Dieu (hébreu). L'immense popularité de saint Michel a alimenté la diffusion du prénom en Orient (9 empereurs byzantins portèrent ce prénom du IXe au XIVe siècle) et en Occident chrétien. Du XIIe siècle au début du XIXe, Michel et ses nombreuses graphies (Michael, Miguel, Michal, Michele, Mikhail, etc.) sont très attribuées en Europe et dans les pays slaves. Dans l'Hexagone, Michel rejaillit dans les années 1920. Il prend tout son temps pour grimper au sommet, précédant Jean au 2e rang masculin en 1947 avant de décliner. Il est le 2e prénom le plus porté dans l'Hexagone aujourd'hui. ◇ Gouverneur des anges de la milice céleste, l'archange Michel représente les forces du bien dans la Bible. De nombreuses légendes auréolent ce saint qui inspira la construction du Mont-Saint-Michel et de maints édifices religieux. Au XIIIe siècle, Louis XI le déclara protecteur du royaume. Saint Michel est le patron de la Normandie, des boulangers, des pâtissiers, des escrimeurs, des parachutistes et des tonneliers. *Caractérologie :* charisme, curiosité, courage, dynamisme, indépendance.

Mickaël
120 000 TOP 500

Qui est comme Dieu (hébreu). Masculin français. *Variantes :* Mickail, Mickel, Mickey, Mihail, Mikhail, Myckaël. *Caractérologie :* rêve, rectitude, organisation, humanité, détermination.

Miguel
14 000 TOP 500

Qui est comme Dieu (hébreu). Miguel est très répandu dans les pays hispanophones et lusophones. C'est aussi un choix traditionnel corse. *Variantes :* Migel, Mikel, Miquel. *Caractérologie :* méthode, engagement, fiabilité, ténacité, bonté.

Mikaël
19 000 TOP 800

Qui est comme Dieu (hébreu). Mikael est plus particulièrement répandu dans les pays scandinaves. *Variantes :* Mika, Mikaïl, Mikayil, Mikhaël, Miky. *Caractérologie :* équilibre, sens des responsabilités, organisation, famille, détermination.

Mikaïl
3 000 TOP 600

Qui est comme Dieu (hébreu). *Caractérologie :* énergie, innovation, ambition, autorité, organisation.

Mike
8 000 TOP 800

Qui est comme Dieu (hébreu). Masculin anglais et néerlandais. *Variantes :* Mick, Micke, Micky, Myke. *Caractérologie :* bonté, sociabilité, réceptivité, diplomatie, loyauté.

Mikel
550

Qui est comme Dieu (hébreu). Dans l'Hexagone, Mikel est plus traditionnellement usité au Pays basque. *Caractérologie :* découverte, audace, énergie, originalité, séduction.

Milan
11 000 TOP 200

Aimé du peuple (slave). Nom de la ville italienne. En dehors de l'Hexagone, Milan est très répandu dans les pays slaves méridionaux. C'est aussi un choix prisé par les parents néerlandophones. *Variantes :* Milane, Milann, Milhane, Milian, Millan. *Caractérologie :* engagement, résolution, méthode, ténacité, fiabilité.

Milano
140 TOP 2 000

Se rapporte à la ville italienne du même nom. *Caractérologie :* partage, raison, communication, optimisme, détermination.

Miles
190

Militaire (latin). Masculin anglais. *Caractérologie :* structure, persévérance, sécurité, efficacité, résolution.

Milian
250

Diminutif d'Emilian ou Maximilian. Voir Émilien et Maximilien. *Caractérologie :* méthode, fiabilité, ténacité, décision, engagement.

Milio
190 TOP 2 000

Diminutif d'Emilio et patronyme d'origine grecque. Zachos Milios, révolutionnaire devenu célèbre, s'illustra dans la guerre d'indépendance grecque (1821-1830). *Variante :* Mélio. *Caractérologie :* raisonnement, ténacité, précision, organisation, fiabilité.

Milko
- de 100

Paix glorieuse (slave). Masculin slave et italien. *Variante :* Slawomir. *Caractérologie :* conscience, bienveillance, conseil, paix, raisonnement.

Milo
11 000 TOP 100

Travailleur (germanique). *Variantes :* Milou, Mylo. *Caractérologie :* ténacité, méthode, engagement, fiabilité, analyse.

Milos
300

Plaisant (grec). *Caractérologie :* audace, logique, énergie, découverte, originalité.

Milton
- de 100

Celui qui vit dans un moulin (anglais). Masculin anglais. *Caractérologie :* diplomatie, sociabilité, réceptivité, caractère, logique.

Minh
500

Intelligent, perspicace (vietnamien). *Caractérologie :* ambition, habileté, passion, force, management.

Miroslav
110

Gloire immense (slave). Prénom slave méridional. *Variante :* Miroslaw. *Caractérologie :* innovation, autorité, énergie, raisonnement, ambition.

Moana
200

Océan (tahitien). *Caractérologie :* achèvement, stratégie, ardeur, vitalité, caractère.

Modeste
350

Timide, discret (latin). *Variante :* Modesto. *Caractérologie :* humanité, rectitude, rêve, caractère, ouverture d'esprit.

Mohamed
90 000 TOP 50

Digne d'éloges (arabe). *Variantes :* Mahamadou, Mahmadou, Mahmad, Mahmed, Mahmoud, Mahmut, Mohamad, Mohammad, Mohammed, Mohamadou, Mouhamad, Mouhamed, Mouhammad, Muhamed, Muhamet. *Caractérologie :* courage, curiosité, indépendance, dynamisme, volonté.

Mohamed-Ali
2 000 TOP 600

Forme composée de Mohamed et Ali. Voir le zoom sur les prénoms composés. *Caractérologie :* rectitude, humanité, rêve, logique, caractère.

Mohamed-Amine
4 000 TOP 500

Forme composée de Mohamed et Amine. Voir le zoom sur les prénoms composés. *Variantes :* Mohamed-Amin, Mohammed-Amine. *Caractérologie :* intuition, relationnel, médiation, décision, caractère.

Mohammed
10 000 TOP 200

Digne d'éloges (arabe). *Caractérologie :* volonté, intégrité, altruisme, réflexion, idéalisme.

M

Mohamed

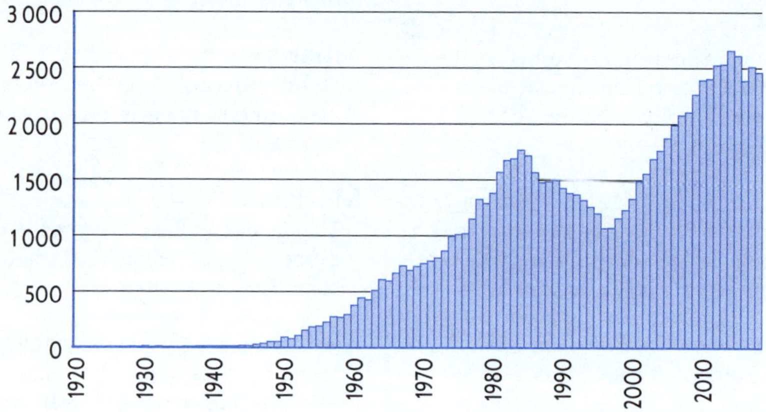

Étymologie

Forme française de Muhammad, prénom arabe qui signifie : « digne d'éloges ». Ce prénom doit son immense renommée à l'histoire du prophète fondateur de l'islam. En effet, ce dernier a légué à la postérité une religion et une culture qui ont influencé de nombreuses régions du monde.

M

Mohamed (désigné sous le nom de Mahomet en français) se répand conjointement à l'expansion de l'islam à partir du VIIe siècle. Traditionnellement attribué à l'aîné des fils, ce prénom devient très populaire dans le monde et les cultures musulmanes. Selon l'*Encyclopédie Britannica*, Mohamed est devenu, sous ses différentes graphies, le prénom le plus porté dans le monde.

En France, ce prénom est apparu à la fin des années 1950 et a pris une certaine ampleur au début des années 2000. Il s'affiche au 6e rang parisien et devrait évoluer dans le top 20 national cette année. Dans le reste de l'Europe, Mohamed brille dans les premiers rangs de plusieurs capitales (notamment Bruxelles et Londres).

Notons qu'il existe aussi de nombreuses compositions à partir de ce prénom. Dans l'Hexagone, Mohamed-Amine et Mohamed-Ali sont les deux prénoms composés les plus donnés aujourd'hui.

Dans l'histoire

Fondateur de l'islam dont il est considéré comme le prophète majeur, **Mahomet** est né vers 570 à La Mecque et mort le 8 juin 632 à Médine. Le Coran relate que Mahomet avait l'habitude de se recueillir dans la grotte Hira lorsqu'en 610, il reçut de l'archange Gabriel ses premières révélations (la parole de Dieu). Bouleversé par cet événement, le fondateur de l'islam tenta de faire adopter à la société mecquoise de nouvelles règles de vie conformes aux versets dictés par l'archange. Mais les notables, hostiles à tout changement, le rejetèrent. Pendant l'Hégire, Mahomet émigra avec une cinquantaine de convertis à Médine, où il s'imposa comme gouverneur. Son autorité religieuse, politique et militaire grandit de telle sorte qu'à la fin de sa vie, l'Arabie fut conquise et que le premier État musulman fut créé.

Personnes célèbres

Mohamed Ali (1942-2016), né sous le nom de Cassius Clay, multiple champion du monde des poids lourds, figure pacifiste de l'opposition à la guerre du Vietnam et du combat pour la reconnaissance de l'égalité des droits des Noirs américains, restera dans l'histoire comme l'un des plus célèbres des champions de boxe et une icône culturelle américaine. **Mohamed el-Baradei**, diplomate et homme d'État égyptien, a reçu le prix Nobel de la paix en 2005. **Muhammad Al-Khwarizmi** (780-850), mathématicien, géographe, astrologue, est l'auteur d'écrits qui ont permis, au XIIe siècle, l'introduction de l'algèbre en Europe.

Statistiques

Mohamed est le 35e prénom masculin le plus donné en France depuis l'an 2000. Il est attribué à près d'un garçon sur 145 aujourd'hui.

Mohan
180

Plaisant, charmant (sanscrit). Prénom indien d'Asie. *Caractérologie :* équilibre, famille, volonté, sens des responsabilités, influence.

Mohand
1 500 TOP 2 000

Loué, comblé de louanges (kabyle). On peut estimer que moins de 30 enfants seront prénommés ainsi en 2021. *Caractérologie :* volonté, audace, indépendance, dynamisme, direction.

Moïse
6 000 TOP 800

Sauvé des eaux (hébreu). Dans la Bible, lorsque le pharaon décrète que les nouveau-nés mâles hébreux doivent être tués, Moïse est placé dans un panier d'osier, puis déposé sur le Nil. Recueilli et adopté par la fille du pharaon, Moïse grandit et devient le prophète du peuple hébreu. Il libère son peuple d'Égypte et lui donne la Loi. Selon la tradition biblique, les dix commandements sont remis à Moïse sur le mont Sinaï. *Variantes :* Moïses, Moshé, Musa. *Caractérologie :* intelligence, méditation, savoir, caractère, décision.

Mokhtar
700 TOP 2 000

Celui qui est juste (arabe). *Variantes :* Moctar, Moktar, Moncef, Mouctar. *Caractérologie :* audace, énergie, découverte, séduction, originalité.

Morad
3 000

Désir (arabe). *Variante :* Morade. *Caractérologie :* paix, conscience, sagesse, bienveillance, conseil.

Morgan
30 000 TOP 300

Né de la mer (gallois). Morgan est très répandu dans les pays anglophones. C'est aussi un choix breton traditionnel. *Variantes :* Moran, Morane, Morgann. *Caractérologie :* caractère, courage, dynamisme, réussite, curiosité.

Morvan
250

Mer blanche (celte). Prénom breton. *Caractérologie :* diplomatie, caractère, réceptivité, sociabilité, décision.

Mouad
900 TOP 2 000

Protégé par Dieu (arabe). *Variantes :* Moad, Mohad, Mouaad. *Caractérologie :* altruisme, réflexion, idéalisme, intégrité, dévouement.

Moulay
950

Roi (arabe). *Caractérologie :* sens des responsabilités, famille, influence, équilibre, réalisation.

Mounir
6 000 TOP 2 000

Celui qui éclaire (arabe). On peut estimer que moins de 30 enfants seront prénommés ainsi en 2021. *Variantes :* Monir, Mounire. *Caractérologie :* rêve, humanité, rectitude, analyse, volonté.

Mourad
8 000 TOP 2 000

Désir (arabe). Mourad est attribué dans les cultures musulmanes francophones. C'est également un prénom arménien. *Variantes :* Mourade, Murad. *Caractérologie :* rêve, rectitude, humanité, analyse, tolérance.

Moussa
10 000 TOP 200

Sauvé des eaux (arabe). *Caractérologie :* méditation, savoir, intelligence, sagesse, indépendance.

Moustapha
2 000 TOP 600

Élu le meilleur (arabe). *Variantes :* Mostafa, Mostapha, Mostéfa, Moustafa. *Caractérologie :* conscience, réalisation, organisation, bienveillance, paix.

Muhammed
3 000 TOP 500

Digne d'éloges (arabe). *Variantes :* Muhammad, Muhammet. *Caractérologie :* paix, bienveillance, conscience, sagesse, conseil.

Murphy
- de 100

De la mer (irlandais). *Caractérologie :* réceptivité, sociabilité, ressort, diplomatie, loyauté.

Mustafa
4 000 TOP 700

Élu le meilleur (arabe). *Caractérologie :* rêve, gestion, humanité, rectitude, tolérance.

Mustapha
9 000 TOP 1 000

Élu le meilleur (arabe). *Caractérologie :* idéalisme, altruisme, réalisation, organisation, intégrité.

Mylan
4 000 TOP 200

Aimé du peuple (slave). Maculin anglais. *Variante :* Mylann. *Caractérologie :* réceptivité, sociabilité, réalisation, diplomatie, bonté.

N

Nabil
12 000 TOP 600

Noble, honorable (arabe). Ce prénom est particulièrement répandu dans les cultures musulmanes francophones. *Variantes :* Nabel, Nabile. *Caractérologie :* intuition, médiation, relationnel, résolution, organisation.

Nacer
1 500

Protection, victoire (arabe). On peut estimer que moins de 30 enfants seront prénommés ainsi en 2021. *Variantes :* Naceur, Nassar, Nassir. *Caractérologie :* audace, originalité, énergie, découverte, détermination.

Nacim
1 500 TOP 2 000

Air frais (arabe). On peut estimer que moins de 30 enfants seront prénommés ainsi en 2021. *Caractérologie :* ténacité, fiabilité, engagement, détermination, méthode.

Nadav
- de 30

Généreux (hébreu). *Caractérologie :* conscience, paix, influence, volonté, douceur.

Nadim
550
Compagnon qui boit (arabe). *Caractérologie :* curiosité, dynamisme, indépendance, courage, décision.

Nadir
5 000 TOP 900
Précieux, rare (arabe). *Variantes :* Nader, Nadhir, Nadire, Nédir. *Caractérologie :* audace, dynamisme, indépendance, direction, résolution.

Nadjim
400
Étoile (arabe). *Caractérologie :* famille, équilibre, sens des responsabilités, influence, décision.

Naël
23 000 TOP 50
Qui a étanché sa soif (arabe), diminutif des prénoms formés avec Naël (Gwenael, Nathanaël, etc.). *Caractérologie :* courage, curiosité, indépendance, dynamisme, charisme.

Nahel
4 000 TOP 200
Variante de Naël ou Nahil. *Caractérologie :* ténacité, méthode, fiabilité, engagement, sens du devoir.

Nahil
6 000 TOP 200
Qui a étanché sa soif (arabe). *Variantes :* Naïl, Nahel. *Caractérologie :* passion, détermination, habileté, force, ambition.

Naïm
12 000 TOP 100
Doux, délicieux (arabe), agréable (hébreu). *Variantes :* Naïme, Nahim. *Caractérologie :* indépendance, direction, audace, dynamisme, détermination.

Najib
1 500 TOP 2 000
De noble naissance (arabe). On peut estimer que moins de 30 enfants seront prénommés ainsi en 2021. *Caractérologie :* détermination, altruisme, idéalisme, réflexion, intégrité.

Najim
750
Étoile (arabe). *Variante :* Nejm. *Caractérologie :* fidélité, médiation, relationnel, intuition, détermination.

Nans
1 500 TOP 2 000
Forme provençale de Jean. *Caractérologie :* communication, optimisme, pragmatisme, sociabilité, créativité.

Nao
550 TOP 800
Fleur de pêcher (vietnamien), honnête (japonais). *Caractérologie :* pragmatisme, optimisme, sociabilité, communication, créativité.

Napoléon
- de 100
Nouvelle ville (grec). Général héroïque pendant la Révolution française, Napoléon fut sacré empereur en 1804. Il réforma le pays en créant le Code civil et les préfectures, et mena de nombreuses batailles contre la coalition européenne. Cependant, la grande campagne de Russie et la bataille de Waterloo se soldèrent par de cuisantes défaites. Emprisonné et déporté par les Britanniques sur l'île de Sainte-Hélène, il termina sa vie en exil forcé. *Caractérologie :* réceptivité, sociabilité, diplomatie, loyauté, sympathie.

Narcisse
950
Amour-propre (grec). Masculin français. *Caractérologie :* savoir, intelligence, méditation, indépendance, détermination.

Nasser
4 000 TOP 2 000
Protection, victoire (arabe). *Variantes :* Naser, Nasr, Nasri. *Caractérologie :* méthode, ténacité, engagement, fiabilité, décision.

Nassim
16 000 TOP 200
Air frais (arabe). Ce prénom est particulièrement répandu dans les cultures musulmanes francophones.

Variantes : Nacime, Nasim, Nasime, Nassime. *Caractérologie :* créativité, communication, pragmatisme, optimisme, résolution.

Natale
180

Jour de la naissance (latin). Masculin corse et italien. *Variantes :* Natal, Natalino. Variante basque et occitane : Nadal. *Caractérologie :* force, ambition, habileté, gestion, passion.

Natéo
1 000 TOP 500

Contraction de Nathan et Théo. *Caractérologie :* énergie, autorité, innovation, autonomie, ambition.

Nathaël
4 000 TOP 400

Combinaison de Nathan et des prénoms se terminant en « el ». *Caractérologie :* gestion, attention, sagacité, connaissances, spiritualité.

Nathan
114 000 TOP 50

Il a donné (hébreu). *Variantes :* Natan, Nathalan, Nathane, Nathanel, Nathel, Nattan, Natthan, Nathy, Nethanel. *Caractérologie :* structure, efficacité, sécurité, finesse, persévérance.

N

Nathanaël
14 000 TOP 200

Il a donné (hébreu). Nathanaël est répandu dans les pays anglophones. *Variantes :* Natanaël, Nathaël. *Caractérologie :* ténacité, fiabilité, finesse, méthode, organisation.

Nathaniel
1 500 TOP 800

Il a donné (hébreu). Masculin anglais. *Variante :* Nataniel. *Caractérologie :* pratique, enthousiasme, communication, détermination, sensibilité.

Nathéo
1 500 TOP 500

Contraction de Nathan et Théo. *Caractérologie :* intégrité, altruisme, sensibilité, idéalisme, réflexion.

Navid
130

Bonne nouvelle (persan). *Variante :* Naveed. *Caractérologie :* curiosité, dynamisme, courage, indépendance, résolution.

Nawfel
2 000 TOP 800

Beau et généreux (arabe). *Variante :* Naoufel. *Caractérologie :* philosophie, connaissances, spiritualité, originalité, sagacité.

Nazaire
300

Consacré (hébreu). *Caractérologie :* réceptivité, sociabilité, résolution, diplomatie, loyauté.

Nazim
1 000 TOP 2 000

Celui qui organise, met en ordre (arabe). *Caractérologie :* idéalisme, altruisme, intégrité, réflexion, décision.

Neal
450

Champion (celte). Masculin anglais. *Variantes :* Neals, Nigel, Nygel, Nyls. *Caractérologie :* indépendance, courage, dynamisme, curiosité, charisme.

Néhémie
250

Dieu réconforte (hébreu). *Variante :* Néhémiah. *Caractérologie :* énergie, découverte, audace, séduction, originalité.

Neil
2 000 TOP 500

Champion (celte). Masculin anglais, écossais et irlandais. *Variantes :* Nel, Nélio, Nello. *Caractérologie :* persévérance, efficacité, structure, honnêteté, sécurité.

Nelson
8 000 TOP 600

Fils de Neal (irlandais). Ce prénom est plus particulièrement porté dans les pays anglophones. *Caractérologie :* savoir, intelligence, méditation, indépendance, sagesse.

Nathan

Fête : 24 août

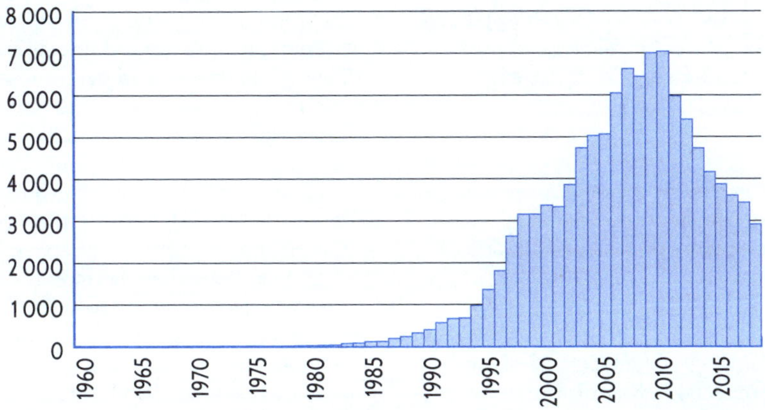

Étymologie

De l'hébreu, « Il a donné ». Il n'a rien à voir avec Nathanaël, prénom porté par le cinquième disciple de Jésus et plusieurs personnages de l'Ancien Testament. Nathan s'est diffusé dans les pays anglophones à partir du XVIe siècle, mais il a peu de passé en France. Redécouvert dans les années 1990, il surfe sur la vague des terminaisons irlandaises (Kylian, Ryan, Evan), et s'envole dans le sillon des prénoms bibliques. Il trône sur le classement 2010, mais chute si brutalement ensuite qu'il devrait se satisfaire d'un maintien dans le top 20 national.

En dehors de l'Hexagone, Nathan s'illustre dans les tops 50 de nombreux pays européens et anglophones. Mais c'est en zone francophone qu'il a raflé ses plus beaux trophées. Il brille encore dans les tops 10 romand, québécois et wallon.

À noter : il ne faut pas confondre Nathan et Ethan. Malgré une origine hébraïque commune, les significations de ces prénoms sont différentes (voir le zoom sur Ethan).

Prophète dans l'Ancien Testament et conseiller du roi David, **Nathan** reproche à ce dernier d'avoir envoyé Urie au front afin d'épouser sa veuve, Bethsabée. Il l'exhorte d'écarter son fils aîné du trône au profit de celui qui naîtra de sa nouvelle union. Suivant les injonctions de Nathan, le roi repenti acceptera de sacrer Salomon de son vivant.

Personnes célèbres

Nathan Altman (1889-1970), premier illustrateur des *Contes du chat perché* ; Nathan Söderblom (1866-1931), pasteur luthérien suédois qui reçut le prix Nobel de la paix en 1930.

Statistiques

Nathan est le 4e prénom masculin le plus donné en France depuis l'an 2000. Il est attribué à près d'un garçon sur 110 aujourd'hui.

Némo
250

Nom du capitaine de *Vingt Mille Lieues sous les mers*, de Jules Verne. *Caractérologie :* relationnel, fidélité, intuition, volonté, médiation.

Néo
3 000 TOP 300

Nouveau (grec). *Caractérologie :* savoir, intelligence, indépendance, sagesse, méditation.

Néréo
- de 30

Nom d'un dieu marin dans la mythologie grecque. *Caractérologie :* enthousiasme, communication, pratique, adaptation, générosité.

Nériah
- de 30

Dieu illumine (hébreu). *Caractérologie :* audace, direction, dynamisme, indépendance, décision.

Nessim
1 500 TOP 900

Fleur sauvage (arabe). *Caractérologie :* connaissances, originalité, spiritualité, sagacité, détermination.

Nestor
800

Voyageur, sagesse (grec). Ce prénom est plus particulièrement usité en Macédoine et en Serbie. *Caractérologie :* innovation, autorité, énergie, décision, ambition.

Neven
700 TOP 800

Ciel (celte). Prénom breton. *Caractérologie :* sens des responsabilités, influence, famille, équilibre, exigence.

Nicholas
750

Victoire du peuple (grec). Masculin anglais. *Caractérologie :* humanité, décision, rêve, rectitude, logique.

Nicodème
350

Victoire du peuple (grec). *Caractérologie :* audace, énergie, volonté, découverte, analyse.

Nicolas
386 000 TOP 200

Victoire du peuple (grec). De nombreux souverains, plusieurs saints et cinq papes ont porté ce prénom dans les pays chrétiens depuis le XIIe siècle. En France, on le trouve souvent placé dans les premiers rangs, non loin de Jean et Pierre, jusqu'à la fin du XVIIIe siècle. C'est après une longue parenthèse qu'il ressuscite dans les années 1960, faisant tant d'émules qu'il trône sur le palmarès français au début des années 1980. Il reste très attribué jusqu'au début des années 2000. On rencontre plus aisément ce prénom dans le nord de la France, où la tradition de la Saint-Nicolas s'est perpétuée. En dehors de l'Hexagone, Nicolas et ses nombreuses variantes sont très répandus dans le monde occidental, en Russie et dans les pays slaves. ◇ Saint Nicolas est le nom donné à l'évêque de Myre (Turquie) qui manifesta une grande bonté envers les enfants au IVe siècle. ◇ Nicolas Copernic est l'astronome polonais qui démontra en 1543 que la Terre n'est pas le centre de l'Univers et qu'elle tourne autour du Soleil. *Variantes :* Caelan, Nic, Nicaise, Nick, Nickolas, Nicky, Nico, Nicol, Nicolai, Nicolino, Nicolo, Nikita. Formes bretonnes : Kola, Kolaig, Kolaz, Koldo, Nikolaz. *Caractérologie :* dynamisme, audace, direction, logique, décision.

Nidal
500 TOP 2 000

Combat (arabe). *Variante :* Nidhal. *Caractérologie :* résolution, sécurité, persévérance, structure, efficacité.

Niels
3 000 TOP 800

Champion (celte). Niels est répandu dans les pays scandinaves et néerlandophones. *Caractérologie :* découverte, énergie, originalité, résolution, audace.

N

Les héros de la littérature

Les prénoms portent en eux une évocation spontanée de personnages réels ou imaginaires. Pourquoi ne pas chercher l'inspiration dans ces œuvres qui vous ont transporté(e) dans un ailleurs fait d'imagination, de chevalerie, d'aventures et de destins hors du commun. Une bibliothèque suffit à les rendre proches de la main, des yeux et du cœur. Précieux, rares, ou tout simplement évocateurs, les prénoms inspirés par la littérature vous invitent au voyage.

Sans pouvoir prétendre à l'exhaustivité, nous avons commencé pour vous une liste de prénoms qui portent en eux une biographie imaginaire, théâtrale ou romanesque. La source littéraire est intarissable, n'hésitez pas à vous en abreuver !

- Achille, *L'Iliade* d'Homère
- Adrian, *La Tempête* de Shakespeare
- Alexis, *Anna Karénine* de Tolstoï
- Ange, *Deux Cavaliers de l'orage* de Jean Giono
- Aramis, *Les Trois Mousquetaires* d'Alexandre Dumas
- Arsène, personnage récurrent de l'œuvre de Maurice Leblanc
- Arthur, *Perceval ou le conte du Graal* de Chrétien de Troyes
- Augustin, *Le Grand Meaulnes* d'Alain-Fournier
- Aurélien, *Aurélien* de Louis Aragon
- Blaise, *Jazz* de Marcel Pagnol
- Colin, *L'Écume des jours* de Boris Vian
- Dimitri, *Les Frères Karamazov* de Dostoïevski
- Dorian, *Le Portrait de Dorian Gray* d'Oscar Wilde
- Edmond, *Le Comte de Monte-Cristo* d'Alexandre Dumas
- Édouard, *Les Faux-Monnayeurs* d'André Gide
- Émile, *Émile ou de l'éducation* de Rousseau
- Fabrice, *La Chartreuse de Parme* de Stendhal
- Félix, *Le Lys dans la vallée* d'Honoré de Balzac
- Gauvain, *Lancelot ou le Chevalier de la charrette* de Chrétien de Troyes
- Georges, *Bel-Ami* de Guy de Maupassant
- Germain, *La Mare au diable* de George Sand
- Hippolyte, *Phèdre* de Racine
- Horace, *L'École des femmes* de Molière
- Ivanhoé, *Ivanhoé* de Walter Scott
- Jacques, *Jacques le Fataliste* de Diderot
- Joseph, *Un barrage contre le Pacifique* de Marguerite Duras
- Julien, *Le Rouge et le Noir* de Stendhal
- Lancelot, *Lancelot ou le Chevalier de la charrette* de Chrétien de Troyes
- Léandre, *Les Fourberies de Scapin* de Molière
- Léon, *La Modification* de Michel Butor
- Lucien, *Illusions perdues* et *Splendeurs et misères des courtisanes* d'Honoré de Balzac
- Marius et César, dans la *Trilogie marseillaise : Marius, Fanny et César* de Marcel Pagnol
- Michel, *Michel Strogoff* de Jules Verne
- Némo, *Vingt Mille Lieues sous les mers* de Jules Verne
- Nils, *Le merveilleux voyage de Nils Holgersson à travers la Suède* de Selma Lagerlöf
- Octave, *Au Bonheur des Dames* d'Émile Zola
- Oreste, *Andromaque* de Racine
- Paul, *Paul et Virginie* de Bernardin de Saint-Pierre
- Phileas, *Le Tour du monde en quatre-vingts jours* de Jules verne
- Quentin, *Quentin Durward* de Walter Scott
- Robinson, *Robinson Crusoé* de Daniel Defoe
- Rodrigue, *Le Cid* de Corneille
- Roméo, *Roméo et Juliette* de Shakespeare
- Solal, *Belle du Seigneur* d'Albert Cohen
- Swann, *À la recherche du temps perdu* de Marcel Proust
- Tristan, *Tristan et Iseult* (récit de la littérature médiévale)
- Ulysse, *L'Odyssée* d'Homère
- Zadig, *Zadig ou la Destinée* de Voltaire
- Zian, *Premier de cordée* de Frison-Roche

Nikita
450
Victoire du peuple (grec). Masculin russe, ukrainien, biélorusse et macédonien. *Caractérologie* : innovation, ambition, énergie, autorité, résolution.

Nikola
1 500 TOP 2 000
Victoire du peuple (grec). *Variantes* : Nikolas, Nikos. *Caractérologie* : logique, force, décision, ambition, habileté.

Nil
950 TOP 900
Voir Neal. Le Nil est, avec le l'Amazone, le fleuve le plus long du monde. Plusieurs saints chrétiens ont porté ce nom du IVe siècle (saint Nil du Sinaï) au XVIIe siècle (saint Nil, ermite au mont Athos). *Variantes* : Néala, Nèle. *Caractérologie* : force, habileté, passion, ambition, management.

Nils
7 000 TOP 400
Forme scandinave de Neal ou Nicolas. *Caractérologie* : rectitude, rêve, humanité, ouverture d'esprit, détermination.

Nino
17 000 TOP 100
Dieu fait grâce (hébreu). Masculin italien. *Caractérologie* : savoir, intelligence, méditation, sagesse, indépendance.

Noa
31 000 TOP 100
Reposé, apaisé (hébreu). *Caractérologie* : communication, enthousiasme, adaptation, pratique, générosité.

Noah
58 000 TOP 50
Reposé, apaisé (hébreu). *Variante* : Noha. *Caractérologie* : sociabilité, bonté, réceptivité, diplomatie, loyauté.

Noam
17 000 TOP 100
Sucré, bonheur (hébreu). En dehors de l'Hexagone, Noam est particulièrement répandu dans les pays anglophones et en Israël. *Caractérologie* : savoir, méditation, caractère, intelligence, indépendance.

Noan
2 000 TOP 700
Agneau (celte), ou dérivé d'Oanez (une forme bretonne d'Agnès signifiant « chaste, pur » en grec). Noan connaît un bel essor depuis le début des années 2000. Il est très largement masculin aujourd'hui. *Variantes* : Noann, Nohan, Nohann. *Caractérologie* : vitalité, achèvement, stratégie, ardeur, management.

Noé
43 000 TOP 50
Reposé, apaisé (hébreu). *Caractérologie* : sagacité, spiritualité, connaissances, philosophie, originalité.

Noël
30 000 TOP 2 000
Jour de la naissance (latin). Masculin français et anglais. *Caractérologie* : innovation, autonomie, ambition, autorité, énergie.

Noëlan
200 TOP 2 000
Fusion de Noël et des prénoms se terminant en « an ». *Variante* : Noëlig. *Caractérologie* : originalité, connaissances, sagacité, philosophie, spiritualité.

Noha
3 000 TOP 700
Esprit, sagesse (arabe), et variante moderne de Noah. *Caractérologie* : intuition, relationnel, fidélité, médiation, adaptabilité.

Noham
11 000 TOP 200
Sucré, bonheur (hébreu). *Caractérologie* : conseil, paix, conscience, bienveillance, caractère.

Nohan
3 000 TOP 500
Agneau (celte), ou dérivé d'Oanez (une forme bretonne d'Agnès signifiant « chaste, pur » en grec). *Caractérologie* : méditation, indépendance, intelligence, savoir, sagesse.

N

Noa, Noah, Noé

Fête :
10 novembre

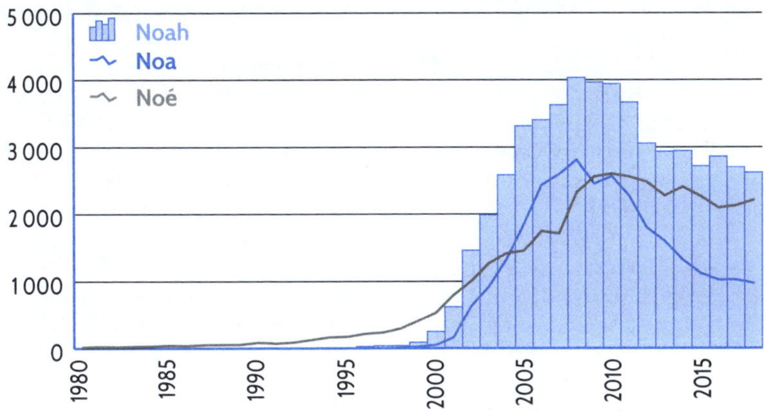

Étymologie

De l'hébreu *noah*, « reposé, apaisé ». Comme bien d'autres prénoms de l'Ancien Testament (Aaron, Adam, Raphaël), Noé n'a guère été usité avant la fin du XXe siècle en France. C'est en 1993 que ce prénom est pour la première fois attribué à plus de 100 garçons. Son envol ouvre la voie à Noah, qui le rattrape rapidement, pour le dépasser en 2002. La domination de ce dernier est toujours d'actualité, mais elle se réduit : en 2021, Noé pourrait talonner Noah dans le top 20 national.

Cette dynamique a nourri la découverte de Noa : cette variante, attribuée pour la première fois en France en 1998, s'est imposée parmi les 70 premiers choix masculins. Ce succès est encore plus étonnant si l'on considère que ce prénom, féminin* à ses débuts, est masculin dans 86 % de ses attributions aujourd'hui.

Le succès de Noah s'est propagé aux pays francophones. Après avoir été numéro un en Belgique, ce prénom évolue dans les 10 premiers rangs romands et québécois. En dehors de la zone francophone, Noah brille dans les pays scandinaves et anglophones. Sa carrière internationale est loin d'être terminée.

Fils de Lamech et descendant de Caïn, **Noé** est l'un des héros de la Bible. Parce qu'il est un homme juste et sincère, Dieu lui permet d'échapper au déluge destiné à noyer les hommes pervertis. Dieu ordonne à Noé de construire une arche et de s'y abriter avec sa famille et un couple de chaque espèce animale. Après plusieurs semaines de navigation sur une mer déchaînée, la tempête se calme et l'arche échoue sur le mont Ararat, en Turquie. Noé libère alors les animaux destinés à peupler la terre. L'histoire de Noé est mentionnée dans plusieurs passages du Coran. À noter : on attribue à Noé l'invention du vin.

Statistiques

Noah est le 23e prénom masculin le plus donné en France depuis l'an 2000. Il est attribué à près d'un garçon sur 140 aujourd'hui. Par comparaison, **Noé** devrait se placer 40e et prénommer un garçon sur 160 (contre un sur 380 pour **Noa**).

* Noa est en tête des attributions féminines en Israël. Fille de Celofehad dans l'Ancien Testament, **Noa** revendique auprès de Moïse un droit à l'héritage laissé par son père, qui a eu cinq filles et aucun fils. C'est grâce à elle que la loi régissant les successions est modifiée en faveur des femmes.

N

Nolan
48 000 TOP 50

Champion (celte). *Variantes :* Nohlan, Nolhan, Nolhann, Nolane, Nollan. *Caractérologie :* bonté, sociabilité, réceptivité, loyauté, diplomatie.

Nolann
7 000 TOP 400

Champion (celte). Nolann est répandu en Irlande et dans les pays anglophones. *Caractérologie :* indépendance, sagesse, savoir, intelligence, méditation.

Nominoe
- de 100

Roi de Bretagne de 830 à 851, Nominoë délivra les Bretons du joug des Francs. Il est considéré comme le père de la nation bretonne. *Caractérologie :* persévérance, structure, efficacité, sécurité, caractère.

Norbert
16 000

Célèbre homme du Nord (germanique). En dehors de l'Hexagone, ce prénom est particulièrement porté dans les pays anglophones et en Allemagne. *Variantes :* Nobert, Norberto. *Caractérologie :* fidélité, intuition, relationnel, médiation, adaptabilité.

Nordine
8 000

Lumière de la religion (arabe). On peut estimer que moins de 30 enfants seront prénommés ainsi en 2021. *Variantes :* Nordin, Noreddine, Noredine, Norredine. *Caractérologie :* volonté, indépendance, méditation, intelligence, savoir.

Nori
160

Règle, loi (japonais). *Caractérologie :* diplomatie, sociabilité, loyauté, réceptivité, bonté.

Norman
1 500

Homme du Nord (germanique). Masculin anglais. On peut estimer que moins de 30 enfants seront prénommés ainsi en 2021. *Variante :* Normann. *Caractérologie :* optimisme, communication, pragmatisme, résolution, volonté.

Nourdine
2 000

Lumière de la religion (arabe). On peut estimer que moins de 30 enfants seront prénommés ainsi en 2021. *Variantes :* Nour, Nourddine, Nourdin, Nouri, Noury, Nori, Nory, Nuri. *Caractérologie :* direction, dynamisme, audace, volonté, analyse.

Nouredine
900

Lumière de la religion (arabe). *Variantes :* Noureddine, Nouridine, Nourredine, Nourreddine. *Caractérologie :* famille, équilibre, volonté, sens des responsabilités, analyse.

Numa
950 TOP 2 000

Beau, agréable (latin). Ce prénom d'origine romaine fut porté par Numa Pompilius, le deuxième des sept rois traditionnels de Rome, qui transforma et modernisa le calendrier romain (715-673 avant J.-C.). En France, c'est en Provence qu'il est le plus répandu. *Caractérologie :* ténacité, méthode, engagement, sens du devoir, fiabilité.

Nuno
1 500 TOP 2 000

Grand-père ou moine (latin). Ce prénom est particulièrement répandu au Portugal. *Caractérologie :* indépendance, direction, audace, assurance, dynamisme.

N

Nolan

Fête :
6 décembre

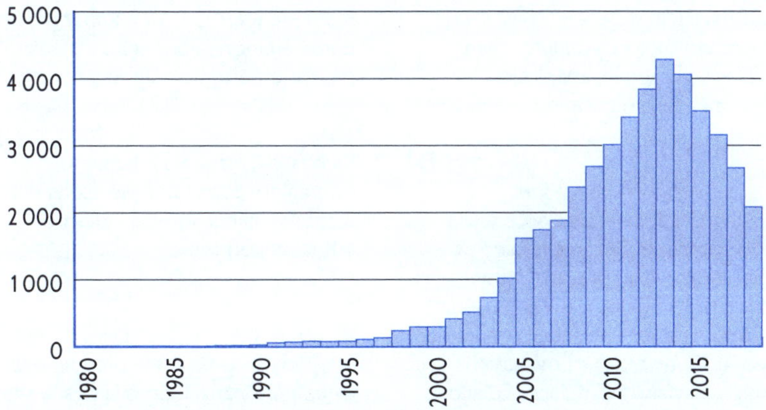

Étymologie

De l'irlandais *nuall*, « champion ». Si Nolan a été découvert récemment, le nom de famille O'Nuallian, « descendant de Nuallan », dont il est dérivé, est ancien. Le père de cette lignée, un seigneur irlandais du IIe siècle, aurait transmis à ses descendants de nombreuses terres. Et c'est au fil des siècles que les propriétaires terriens ont diffusé ce patronyme à l'ensemble de l'Irlande et des îles britanniques.

L'usage de O'Nuallian évolue en Grande-Bretagne à partir du XVIe siècle : de la perte de son préfixe à un usage étendu au prénom, la transformation n'est pas des moindres. Cependant, les occurrences patronymiques y éclipsent, aujourd'hui encore, celles du prénom. La situation de Nolan est tout à fait différente en France. Surfant sur la vague irlandaise d'Evan, Killian et Rayan, ce prénom né dans les années 1980 a grandi en Bretagne et a évolué dans le top 20 français de 2011 à 2020. Après avoir percé dans les élites romande, wallonne et québécoise, Nolan est rétrogradé dans le top 40. Mais ne le croyons pas vaincu pour autant, car la vague des prénoms irlandais est encore puissante.

Comme Niels, Nolan peut se fêter le 6 décembre.

Personnes célèbres

Nolan Bushnell, fondateur de la compagnie Atari et des premiers jeux vidéo, né en 1943 ; Barry Nolan, acteur et producteur américain, né en 1947.

Statistiques

Nolan est le 31e prénom masculin le plus donné en France depuis l'an 2000. Il est attribué à près d'un garçon sur 210 aujourd'hui.

O

Oan
150

Diminutif masculin d'Oanez : chaste, pur (grec). Masculin breton. *Variante :* Oanig. *Caractérologie :* pratique, adaptation, enthousiasme, communication, générosité.

Océan
350

Océan (grec). Masculin français et anglais. Fils d'Ouranos et de Gaia dans la mythologie grecque, Océan est l'aîné des Titans. Son union avec sa sœur Téthys engendre 3 000 fils, les Fleuves, et autant de filles, les Océanides (nymphes de la mer et des eaux). *Caractérologie :* médiation, relationnel, adaptabilité, intuition, fidélité.

Octave
5 000 TOP 200

Huitième (latin). Octavius, la forme latine originelle, et son féminin Octavie sont très répandus à l'époque romaine. Traditionnellement, ce nom désignait le huitième enfant né dans une famille. C'est ainsi que le fils adoptif de Jules César se nommait, avant de devenir Auguste, le premier empereur de Rome. En France, ce prénom se manifeste en toute discrétion à la fin du XIXe siècle, et renaît depuis les années 1990. Sa carrière est similaire dans les pays anglo-saxons, où on le trouve plus souvent sous la forme Octavian. Une émulation insuffisante pour éveiller notre Octavien français. *Variantes :* Octavio, Otavio, Ottavio. *Caractérologie :* communication, organisation, optimisme, pragmatisme, volonté.

Octavien
- de 100

Huitième (latin). Masculin français. *Variante :* Octavian. *Caractérologie :* force, achèvement, organisation, raisonnement, leadership.

Odelin
- de 100

Richesse (germanique). *Caractérologie :* dynamisme, courage, volonté, analyse, curiosité.

Odilon
350

Richesse (germanique). *Variante :* Odil. *Caractérologie :* conscience, bienveillance, raisonnement, volonté, paix.

Odin
700 TOP 2 000

Richesse (germanique). Masculin norvégien. *Caractérologie :* sens des responsabilités, famille, volonté, influence, équilibre.

Odon
- de 100

Richesse (germanique). Dans la mythologie scandinave, Odin est le premier des dieux principaux. Il est à la fois le sage, le mage et le roi des dieux. *Caractérologie :* enthousiasme, communication, pratique, volonté, adaptation.

Odran
130

Pâle (irlandais). *Caractérologie :* originalité, spiritualité, connaissances, philosophie, sagacité.

Ogier
- de 100

Richesse, lance (germanique). Ogier est plus traditionnellement usité dans les Flandres. *Variante :* Oger. *Caractérologie :* humanité, rêve, rectitude, tolérance, générosité.

Ohan
- de 100

Diminutif d'Hovannès, une forme arménienne de Jean : Dieu fait grâce (hébreu). *Caractérologie :* sociabilité, loyauté, diplomatie, réceptivité, bonté.

Oihan
1 000 TOP 2 000

Bosquet, bois (basque). *Caractérologie :* sociabilité, diplomatie, réceptivité, résolution, loyauté.

O

Olaf
110

Ancêtre (vieux norrois). Plusieurs rois danois et suédois ont illustré ce prénom scandinave. En Norvège, Olav V, le père du roi Harald, et plusieurs de leurs aïeux ont également porté ce prénom. *Variante :* Olavant. *Caractérologie :* intelligence, savoir, indépendance, méditation, sagesse.

Olan
150

Variante possible d'Olaf ou Alan. Recensé à la fin du XXe siècle aux États-Unis, Olan est apparu dans l'Hexagone à la fin des années 1990. L'Olan est un grand sommet du massif des Écrins, situé dans les Alpes françaises. *Caractérologie :* paix, affection, conscience, exigence, volonté.

Oleg
- de 100

Sacré (scandinave). *Caractérologie :* pragmatisme, optimisme, cœur, communication, créativité.

Olindo
- de 30

Aube (grec), violette (latin). *Caractérologie :* volonté, sens des responsabilités, équilibre, famille, analyse.

Oliver
2 000 TOP 600

Olive (latin). Une racine scandinave (*olafr*) pourrait également lui conférer le sens d'« ancêtre » en vieux norrois. Masculin anglais. *Caractérologie :* rectitude, humanité, rêve, logique, caractère.

Olivier
261 000 TOP 600

Olive (latin). Une racine scandinave (*olafr*) pourrait également lui conférer le sens d'« ancêtre » en vieux norrois. Compagnon et confident de Roland dans *La Chanson de Roland*, Olivier est attesté dès la fin du XIe siècle en France. Il fait néanmoins plus d'adeptes outre-Manche, où il maintient une visibilité durable (Oliver est aujourd'hui l'un des prénoms les plus portés dans les pays anglophones). Il est encore rare en France lorsqu'il émerge dans les années 1950, mais il parvient au 5e rang masculin au début des années 1970. Son déclin s'accentue depuis quelques années. ◇ Évêque irlandais au XVIIe siècle, saint Olivier Plunket fut faussement accusé d'avoir comploté contre la Couronne anglaise et fut exécuté. *Caractérologie :* idéalisme, altruisme, raisonnement, intégrité, volonté.

Omar
11 000 TOP 200

Le plus haut (arabe), qui prend la parole (hébreu). Sur le point d'assassiner le prophète Mahomet, Omar se rendit compte de son erreur et se convertit. Devenu le second calife de l'islam, il entreprit de conquérir la Palestine, la Mésopotamie, l'Égypte et la Perse avant d'être assassiné en 644 par l'un de ses esclaves. *Caractérologie :* sociabilité, bonté, loyauté, réceptivité, diplomatie.

Omer
4 000 TOP 500

Gerbe de blé (hébreu). Moine normand, saint Omer fut nommé évêque de Thérouanne par le roi Dagobert ; il évangélisa l'Artois et la Flandre au VIIe siècle. *Caractérologie :* équilibre, famille, sens des responsabilités, caractère, influence.

Onésime
120

Utile (grec). Masculin anglais. *Variante :* Onézime. *Caractérologie :* force, ambition, habileté, caractère, décision.

Oracio
- de 100

Voir (grec). *Caractérologie :* raisonnement, culture, vivacité, liberté, caractère.

O

Orain
- de 30

Au présent (basque). *Caractérologie :* communication, pragmatisme, détermination, créativité, optimisme.

Orazio
- de 100

Forme italienne d'Horace : voir (grec). *Caractérologie :* enthousiasme, générosité, adaptation, pratique, communication.

Orbert
- de 30

Riche (germanique). *Caractérologie :* paix, conscience, sagesse, bienveillance, conseil.

Orel
- de 100 TOP 2 000

En or (latin). *Variante :* Oriel. *Caractérologie :* force, raisonnement, indépendance, charisme, curiosité.

Oren
450 TOP 2 000 ↗

Pin (hébreu). *Variantes :* Aurène, Auren, Oran. *Caractérologie :* sagacité, originalité, connaissances, spiritualité, philosophie.

Orens
- de 30

Levant, orient (latin). Un saint évêque d'Auch porta ce nom au Vᵉ siècle. *Variante :* Orence. *Caractérologie :* aspiration, passion, vitalité, détermination, achèvement.

O

Oreste
110

Montagneux (grec). *Caractérologie :* énergie, innovation, autorité, décision, ambition.

Orfeo
- de 100

Variante italienne et espagnole d'Orphée, le musicien de la mythologie grecque qui descend dans le royaume d'Hadès afin de ramener sa femme, Eurydice, et échoue de peu. *Caractérologie :* découverte, séduction, énergie, audace, originalité.

Orian
250

En or (latin). *Caractérologie :* communication, pratique, résolution, enthousiasme, adaptation.

Oribel
- de 30

En or (latin). Masculin basque. *Caractérologie :* indépendance, savoir, intelligence, logique, méditation.

Oriol
- de 30

En or (latin). *Variante :* Orio. *Caractérologie :* famille, logique, sens des responsabilités, équilibre, influence.

Orion
350 TOP 2 000 ↗

Chasseur géant d'une force et d'une beauté prodigieuses dans la mythologie grecque, Orion fut transformé en amas d'étoiles par Zeus. Cette légende a laissé à la postérité une constellation portant son nom. Orion désigne également une commune française et un chanteur américain célèbre. *Variantes :* Orie, Orien. *Caractérologie :* ambition, habileté, management, force, passion.

Orlan
190

Gloire du pays (germanique). Masculin anglais. *Caractérologie :* paix, bienveillance, résolution, analyse, conscience.

Orlando
1 000 →

Gloire du pays (germanique). Nom d'une ville de Floride, aux États-Unis. Prénom italien. *Variante :* Orland. *Caractérologie :* intelligence, savoir, analyse, méditation, volonté.

Orphée
200 →

Prénom mixte révolutionnaire dont l'origine est obscure. *Variante :* Orfeo. *Caractérologie :* méthode, ténacité, fiabilité, engagement, ressort.

Orso
300 TOP 2 000 ↑

Ours (latin). *Caractérologie :* sécurité, persévérance, efficacité, structure, honnêteté.

Les héros de cinéma

Il n'est pas nécessaire d'être un pur cinéphile ou d'avoir passé toute son adolescence sur les strapontins des salles obscures pour se laisser inspirer par le 7e art. En termes de casting de prénoms, le grand écran nous offre un festival d'inspirations ! Qu'il s'agisse de péplums, de la nouvelle vague, de blockbusters ou de Bollywood, libre à vous de choisir l'univers qui vous ressemble.

Voici une sélection non exhaustive de prénoms liés au cinéma, pour rendre hommage à ceux qui nous ont fait rêver. Elle ne se veut nullement objective (c'est le jeu !) et doit être complétée à l'envi par vos propres souvenirs. Comme des albums photos qui ne demandent qu'à être feuilletés, certains personnages n'ont pas pris une ride, et d'autres sont, au contraire, plein de nostalgie d'une autre époque. Gros plans sur des prénoms plein de talent !

- Abel, comme Abel Gance, réalisateur de *Napoléon*
- Antoine, dans *Les Quatre Cents Coups* de François Truffaut
- Baptiste, dans *Les Enfants du Paradis* de Marcel Carné
- César, dans *César et Rosalie* de Claude Sautet
- Charlie, dans *Charlie et la Chocolaterie* de Tim Burton
- Colin, dans *Les Infiltrés* de Martin Scorsese
- Eliott, dans *E. T.* de Steven Spielberg
- Ethan, dans *Mission Impossible* de Brian De Palma
- Ferdinand, dans *Pierrot le Fou* de Jean-Luc Godard
- Forrest, dans *Forrest Gump* de Robert Zemeckis
- Fred, comme Fred Astair
- Guido, dans *Huit et demi* de Federico Fellini
- Gustave, dans *The Grand Budapest Hotel* de Wes Anderson et Hugo Guinness
- Harold, dans *Harold et Maud* de Hal Ashby
- Harry, dans *Harry Potter* de Chris Columbus
- Henry, dans *Le Roi* de David Michôd
- Indiana, dans *Les Aventuriers de l'Arche perdue* de Steven Spielberg
- Jack, dans *Titanic* de James Cameron
- Jacob, dans *Twilight* de Catherine Hardwicke
- Jim, comme Jim Jarmush, réalisateur de *Stranger than Paradise*
- Joel et Ethan Coen, frères et réalisateurs entre autres de *The Big Lebowski*, *Miller's Crossing* et *Inside Llewyn Davis*
- Joseph, dans *Interstellar* de Christopher Nolan
- Julien, dans *Jeux d'enfants* de Yann Samuell
- Léon, dans *Léon* de Luc Besson
- Luke et Owen, dans *Star Wars* de George Lucas
- Marceau, dans *La Règle du jeu* de Jean Renoir
- Max, dans *Mad Max* de George Miller
- Milos, comme Milos Forman, réalisateur notamment de *Ragtime* et *Amadeus*
- Nino, dans *Le Fabuleux destin d'Amélie Poulain* de Jean-Pierre Jeunet
- Nathan, dans *Le Monde de Nathan* de Morgan Matthews
- Neil, dans *Le Cercle des poètes disparus* de Peter Weir
- Néo, dans *Matrix* de Andy Wachowski
- Noé, dans *Noé* de Darren Aronofsky
- Oscar, dans *Oscar et la Dame rose* d'Éric-Emmanuel Schmitt
- Pedro, comme Pedro Almodóvar, réalisateur entre autres de *Talons Aiguilles*, *Femmes au bord de la crise de nerfs* et *Tout sur ma mère*
- Quentin, comme le célèbre réalisateur Quentin Tarantino
- Sami, comme Sami Frey dans *La Vérité* de Henri-Georges Clouzot et *César et Rosalie* de Claude Sautet
- Sandro, dans *L'Avventura* de Michelangelo Antonioni
- Thomas, dans *L'Affaire Thomas Crown* de Norman Jewison
- Stanley, comme Stanley Kubrick, réalisateur de nombreux films cultes
- Victor, dans *Casablanca* de Michael Curtiz
- Vincent, dans *Vincent, François, Paul et les autres* de Claude Sautet
- William, dans *Citizen Kane* d'Orson Welles
- Xavier, comme le héros de la trilogie de Cédric Klapisch, *L'Auberge espagnole*, *Les Poupées russes et Casse-tête chinois*

Oscar

Fête :
3 février

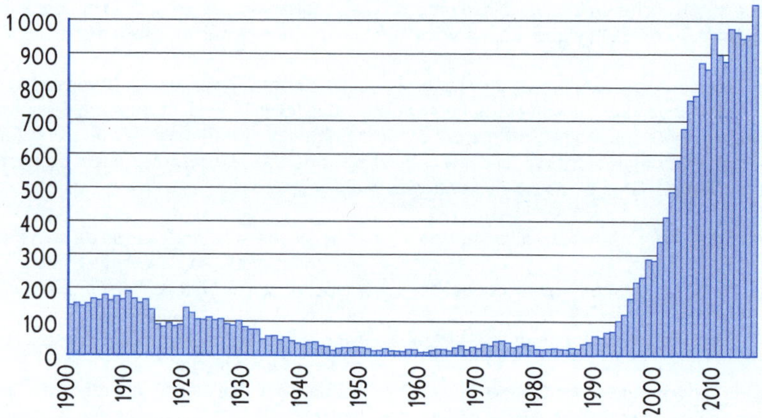

O

Étymologie

Du germain *ans* (*oss* en vieux norrois), qui se réfère à une divinité nordique, et de *gari*, « lance », d'où la signification « lance divine ». Ce prénom ancien a été très répandu dans les pays scandinaves et en Irlande, où il s'est diffusé à la suite des invasions vikings. Il s'envole dans les pays anglophones au milieu du XVIIIe siècle, porté par le succès de l'écrivain irlandais Oscar Wilde (1854-1900), puis par les écrits de James Macpherson. Le poète écossais prétendit avoir retrouvé et traduit des textes appartenant au cycle du poète Ossian. Il affirma qu'Oscar, guerrier héroïque, était le fils d'Ossian et le petit-fils de Fionn Mac Cumhaill, un personnage de la mythologie irlandaise. Bien que leur authenticité ait été mise en doute, ces récits ravivèrent l'intérêt du Vieux Continent pour la mythologie celtique. Napoléon, admirateur des légendes d'Ossian, donna lui-même le prénom d'Oscar à l'un de ses filleuls, lequel devint par la suite roi de Suède et de Norvège (Oscar I).

Ce prénom royal fait peu d'émules en dehors des pays anglophones et scandinaves. Notons tout de même une percée en Suisse (top 60) et en Wallonie (top 30). Dans l'Hexagone, il est encore loin de soulever l'enthousiasme qu'il suscite à Paris : Oscar stagne dans les 70 premiers rangs nationaux, loin derrière sa 18e place parisienne.

Le 3 février honore la mémoire de **saint Oscar**, ou **Anskaire**, moine picard d'origine saxonne qui évangélisa les pays scandinaves au IXe siècle.

Dans l'histoire

Oscar Ier de Suède, né Joseph François Oscar Bernadotte le 4 juillet 1799 à Paris, fut roi de Suède et de Norvège du 8 mars 1844 à sa mort (à Stockholm, en 1859). Durant son règne, il entreprit des réformes économiques et façonna une alliance avec la France et le Royaume-Uni pour protéger la Scandinavie. Son fils **Oscar II** (1829-1907) fut également roi de Suède et de Norvège jusqu'à la rupture de l'union personnelle entre la Suède et la Norvège en juin 1905.

Personnes célèbres
Oscar Peterson, pianiste et compositeur de jazz canadien (1925-2007) ; Oscar Niemeyer, architecte brésilien dont la renommée est mondiale (1907-2012) ; Óscar Domínguez, peintre surréaliste espagnol (1906-1957).

Statistiques
Oscar est le 97e prénom masculin le plus donné en France depuis l'an 2000. Il est attribué à près d'un garçon sur 325 aujourd'hui.

Orson
120

Ours (latin). *Variante :* Ursin. *Caractérologie :* intégrité, réflexion, idéalisme, décision, altruisme.

Oscar
19 000 TOP 100

Lance divine (germanique). *Variante :* Oskar. *Caractérologie :* sociabilité, réceptivité, diplomatie, loyauté, logique.

Osman
1 500 TOP 2 000

Jeune serpent (arabe). Osman fonda la dynastie ottomane au XIIIe siècle. *Variante :* Osmane. *Caractérologie :* force, ambition, passion, volonté, habileté.

Ossian
- de 100

Petit faon (celte). Masculin irlandais. *Caractérologie :* décision, dynamisme, curiosité, indépendance, courage.

Oswald
450

Divin, gouverneur (germanique). Masculin anglais. *Variantes :* Osval, Osvald, Osvaldo, Oswaldo. *Caractérologie :* réceptivité, sociabilité, volonté, loyauté, diplomatie.

Othello
- de 30

Riche, prospère (germanique). Othello est le personnage central de la tragédie Othello, écrite vers 1604 par William Shakespeare. *Variante :* Otello. *Caractérologie :* attention, sens des responsabilités, famille, influence, équilibre.

Othman
2 000 TOP 700

Jeune serpent (arabe). Troisième calife de l'islam au VIIe siècle, Othman fut le mari de Ruqayya, la fille du prophète Mahomet. C'est sous son califat que la première édition du Coran fut publiée. *Variantes :* Otman, Otmane, Ottman, Outman, Outmane. *Caractérologie :* ambition, force, volonté, habileté, sensibilité.

Othon
- de 100

Riche, prospère (germanique). Forme occitane : Oton. *Caractérologie :* rectitude, humanité, rêve, attention, ouverture d'esprit.

Otto
160

Riche, prospère (germanique). Otto est plus particulièrement usité en Allemagne, dans les pays scandinaves et au Pays basque. *Caractérologie :* méditation, intelligence, sagesse, savoir, indépendance.

Oualid
2 000

Nouveau-né (arabe). On peut estimer que moins de 30 enfants seront prénommés ainsi en 2021. *Caractérologie :* ambition, force, passion, analyse, habileté.

Oumar
3 000 TOP 400

Le plus haut (arabe). *Variante :* Oumarou. *Caractérologie :* indépendance, curiosité, dynamisme, analyse, courage.

Ouriel
300
Dieu est ma lumière (hébreu). *Caractérologie* : force, ambition, passion, habileté, analyse.

Ousmane
3 000 TOP 400
Jeune serpent (arabe). *Variantes* : Ousman, Usman. *Caractérologie* : savoir, méditation, intelligence, volonté, indépendance.

Oussama
3 000 TOP 900
Lion (arabe). *Variantes* : Ousama, Ossama, Oussema. *Caractérologie* : force, ambition, habileté, passion, management.

Ovide
- de 100
Se rapporte à un ancien patronyme romain. Poète latin resté célèbre pour ses *Métamorphoses*, Ovide vécut durant la naissance de l'Empire romain et mourut au début du Ier siècle. Forme basque : Ovidio. *Caractérologie* : direction, audace, volonté, dynamisme, indépendance.

Owen
11 000 TOP 100
Bien né (grec). Owen est très répandu en Irlande. *Variantes* : Owain, Owenn. *Caractérologie* : communication, pratique, enthousiasme, adaptation, générosité.

Ozan
1 000 TOP 2 000
Santé, remède (basque). *Caractérologie* : réceptivité, sociabilité, diplomatie, loyauté, bonté.

P

Pablo
14 000 TOP 100
Petit, faible (latin). Masculin espagnol. *Caractérologie* : autorité, énergie, innovation, ambition, gestion.

Paco
3 000 TOP 500
Forme abrégée de Pater Comunitatis (titre donné à saint François d'Assise et signifiant « père de la communauté » en latin). Paco est également un diminutif espagnol de Pacôme. *Caractérologie* : vitalité, stratégie, ardeur, achèvement, leadership.

Pacôme
3 000 TOP 600
Pacifier (latin). *Caractérologie* : achèvement, stratégie, vitalité, volonté, réalisation.

Palmyr
- de 30
Palmiers (hébreu). *Variantes* : Palmire, Palmyre. *Caractérologie* : structure, efficacité, persévérance, sécurité, réalisation.

Pamphile
- de 100
L'ami de tous (grec). *Caractérologie* : ressort, habileté, force, ambition, réalisation.

Pancrace
- de 30
Qui est tout-puissant (grec). *Caractérologie* : intelligence, méditation, savoir, décision, cœur.

Paol
250
Forme bretonne de Paul : petit, faible (latin). *Caractérologie* : vitalité, achèvement, chef, direction, impétuosité.

Les anticotes

Nous avons sélectionné des prénoms anticotes qui ont connu leurs heures de gloire à différentes périodes du XXe siècle.

Les anticotes du début du XXe siècle (1900-1929)

Adolphe, Alfred, Alphonse, Casimir, Claude, Désiré, Edgard, Edmond, Fernand, Gervais, Honoré, Jean-Marie, Marie, Maurice, Noël, Norbert, Raoul, Raymond, René, Roland, Valéry, Walter, Yvon.

Les anticotes de la période 1930-1949

André, Bernard, Claude, Fernand, Gérard, Gilbert, Guy, Jean-Claude, Jean-Pierre, Noël, Robert, Roger, Roland, Yves.

Les anticotes de la période 1950-1979

Bertrand, Carlos, Cyrille, Didier, Erick, Fabrice, Farid, Francis, Gérald, Gilles, François-Xavier, Gildas, Hervé, Hubert, Jacky, Jean-Christophe, Jean-François, Jean-Jacques, Jean-Louis, Jean-Luc, Jean-Marc, Jean-Michel, Jean-Paul, Jean-Philippe, Jean-Pierre, Jean-Yves, Jérôme, Pascal, Patrice, Régis, Roger, Serge, Stéphane, Wilfried.

Les anticotes de la période 1980-1999

Anthony, Aurélien, Cédric, Christophe, Damien, David, Fabien, Frank, Frédérick, Ghislain, Harold, Hervé, Jérôme, Kevin, Loïc, Ludovic, Mathieu, Mickaël, Nicolas, Olivier, Patrick, Renaud, Rodolphe, Sébastien, Sylvain, Thierry, Yannick.

Les anticotes en 2021

Les prénoms phares des années 2000 sont toujours d'actualité. Si vous recherchez des prénoms démodés, voici le top 20 des prénoms qui sont massivement portés (par plus de 120 000 Français), mais qui devraient être attribués moins de 30 fois dans l'Hexagone. Le nombre estimé d'attributions est indiqué entre parenthèses.

1. Bernard (5)
2. Claude (12)
3. Didier (3)
4. Dominique (21)
5. Fabrice (18)
6. Francis (18)
7. Franck (23)
8. Gérard (5)
9. Gilles (12)
10. Guy (8)
11. Hervé (6)
12. Jean-Claude (6)
13. Jean-Luc (4)
14. Jean-Pierre (7)
15. Patrice (6)
16. René (6)
17. Roger (8)
18. Serge (16)
19. Thierry (8)
20. Yves (26)

Notons que la moyenne d'âge des porteurs de ces prénoms n'a pas influencé leur popularité de la même manière. Ainsi, les Fabrice sont en moyenne âgés d'une quarantaine d'années, mais en 2021, ce prénom devrait être autant donné que les Francis dont la moyenne d'âge dépasse les 60 ans.

Paolo
7 000 TOP 300

Petit, faible (latin). Masculin italien. *Variantes :* Paol, Paolino. Forme bretonne : Paolig. *Caractérologie :* indépendance, courage, curiosité, dynamisme, charisme.

Paris
250

Dans la mythologie grecque, Pâris provoque la guerre de Troie en enlevant Hélène, épouse de Ménélas. *Caractérologie :* rectitude, humanité, rêve, générosité, ouverture d'esprit.

Parsam
- de 30

Fils des jeûnes (arménien). *Caractérologie :* dynamisme, curiosité, réussite, courage, indépendance.

Pascal
280 000

Passage (hébreu). Aux premiers temps du christianisme, ce nom était attribué aux enfants nés durant la période de Pâques. Bien qu'il soit porté par deux papes au Moyen Âge, ce prénom reste très rare jusqu'au milieu du XXe siècle. Il s'envole dans les années 1950 et atteint le 2e rang français en 1962, son point culminant. En dehors de l'Hexagone, Pascal est plus particulièrement répandu en Allemagne et aux Pays-Bas. On peut estimer que moins de 30 enfants seront prénommés ainsi en 2021. *Variantes :* Pascale, Pascalino, Pascual, Pasqual, Pasqualino. Variante basque et bretonne : Paskal. *Caractérologie :* intelligence, indépendance, méditation, savoir, sagesse.

Patric
800

Noble personne (latin). *Caractérologie :* ténacité, organisation, méthode, fiabilité, engagement.

Patrice
123 000

Noble personne (latin). On peut estimer que moins de 30 enfants seront prénommés ainsi en 2021. *Caractérologie :* altruisme, intégrité, résolution, idéalisme, sympathie.

Patrick
349 000 TOP 2 000

Noble personne (latin). On peut estimer que moins de 30 enfants seront prénommés ainsi en 2021. *Caractérologie :* famille, équilibre, influence, organisation, éthique.

Patxi
600

Forme basque de François : libre, français (latin). *Caractérologie :* sagacité, connaissances, spiritualité, philosophie, originalité.

Paul
195 000 TOP 50

Petit, faible (latin). *Variantes :* Havel, Pau, Paulien, Paulino, Paulo, Paulus, Pavel, Pavlo, Pol. *Caractérologie :* dynamisme, curiosité, charisme, courage, indépendance.

Paul-Alexandre
400

Forme composée de Paul et Alexandre. Masculin français. *Caractérologie :* achèvement, réalisation, vitalité, stratégie, analyse.

Paul-Antoine
1 000

Forme composée de Paul et Antoine. Masculin français. *Caractérologie :* réceptivité, sociabilité, diplomatie, cœur, logique.

Paul-Émile
800

Forme composée de Paul et Émile. Masculin français. *Caractérologie :* structure, sécurité, réalisation, persévérance, sympathie.

Paul-Étienne
150

Forme composée de Paul et Étienne. Masculin français. *Caractérologie :* énergie, cœur, découverte, audace, décision.

P

Paul

Fête :
29 juin

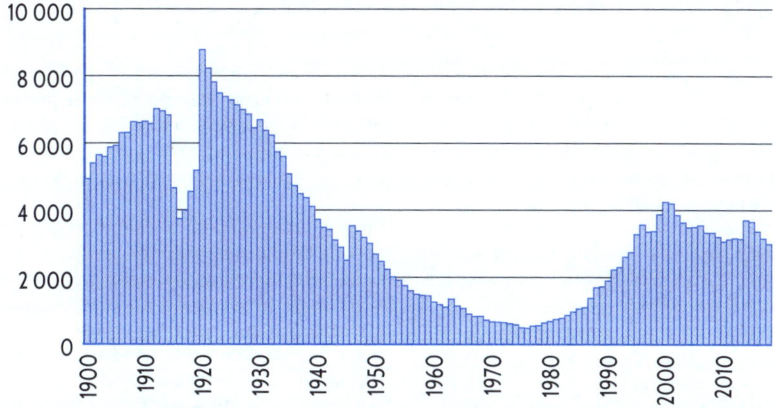

Étymologie

Du latin *paulus*, « petit, faible ». Usité en Asie Mineure et en Gaule dès les premiers siècles, Paul concurrence brièvement la forme latine Paulus avant de s'éclipser. Il renaît au XIIIe siècle dans les pays chrétiens, mais sa diffusion prend toute son ampleur durant la Réforme, au XVIe siècle, puis à la fin du XIXe siècle. Après une période de défaveur entamée dans les années 1920, Paul reprend des couleurs. Il occupe le 9e rang parisien et renoue avec les sommets au niveau national.

En dehors de l'Hexagone, Paul figure dans les trois premiers choix allemands et autrichiens, mais son absence des palmarès européens est surprenante. Ancré dans le top 5 espagnol, Pablo viendra-t-il lui prêter main-forte ? En attendant mieux, cette version hispanophone a rebondi au 79e rang masculin. Elle devance largement Paulin qui prénomme une centaine de Français chaque année.

Dans l'histoire

De nombreux rois, saints et papes ont porté ce prénom. Juif de Tarse (en Turquie) et citoyen romain au Ier siècle, **saint Paul** fut d'abord connu sous le nom hébraïque de Saül. Il combattit le christianisme naissant avec ferveur avant qu'une révélation ne l'incite à se convertir. Devenu apôtre de Jésus, il répandit la foi hors de Judée en évangélisant l'Asie Mineure et la Grèce. La profondeur de sa réflexion et sa doctrine en font l'un des premiers théologiens du christianisme.

Poète latin au Ve siècle, **Paulin de Nole** consacra sa vie à la foi. Il est fêté le 11 janvier.

Personnes célèbres

Paul Cézanne, peintre français (1839-1906) ; Paul Gauguin, peintre et sculpteur français (1848-1903) ; Paul Klee, peintre suisse (1879-1940) ; Paul Bocuse (1926-2018), chef cuisinier français ; Paul McCartney, chanteur anglais, ancien membre des Beatles, né en 1942 ; Paul Auster, écrivain américain, né en 1947 ; Paul Pogba, joueur de football international français, né en 1993.

Statistiques

Paul est le 17e prénom masculin le plus donné en France depuis l'an 2000. Il est attribué à près d'un garçon sur 130 aujourd'hui. De son côté, Pablo devrait prénommer un garçon sur 370.

P

Pratiques d'attribution des prénoms de 1900 à nos jours

Depuis l'assouplissement de la législation, en 1993, le répertoire des prénoms s'est élargi d'un tiers. Une expansion qui s'explique par l'arrivée massive de prénoms nouveaux et par la multiplication de variantes en tout genre. Qu'ils soient régionaux ou venus d'ailleurs, anciens ou inventés, ces prénoms originaux participent du désir des parents de donner une identité unique à leurs enfants.

Tant de changements en un peu plus d'un siècle... Nos arrière-grands-parents n'auraient jamais pu rêver avoir un tel embarras du choix ! Il faut dire que l'on recensait vingt fois moins de prénoms attribués en 1900 qu'aujourd'hui.

La diversité, reflet de notre société moderne

En termes de diversité, la situation entre les deux époques est incomparable. En 1900, les têtes d'affiches Marie et Jean prénommaient respectivement une fille sur cinq et un garçon sur douze. Mais cette année, Emma, la super star du tableau féminin devrait être attribuée à une fille sur 80. Fini le temps où un petit nom pouvait être porté par trois enfants dans une même classe !

Le graphique ci-dessous illustre cette évolution. Le net fléchissement des courbes à partir de 1966 correspond à un assouplissement de la loi du 11 germinal an XI (loi Bonaparte) qui imposait aux parents une liste de prénoms tirés de différents calendriers et de personnages de l'histoire ancienne. L'instruction ministérielle de 1966 élargit en effet la liste des choix recevables aux prénoms tirés de la mythologie, aux prénoms régionaux, aux diminutifs et aux variations. En 1993, la loi Bonaparte est totalement abolie. L'État laisse alors une liberté de choix quasi illimitée aux parents. Le stock des prénoms s'élargit dans les deux genres, ce qui explique la fusion des courbes à l'aube des années 2000.

Évolution du poids des 10 prénoms les plus attribués en pourcentage d'attributions, de 1900 à 2020

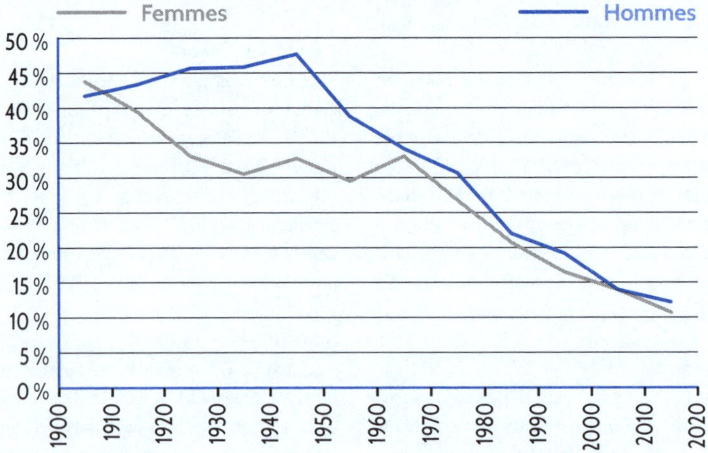

Le poids croissant des prénoms rares
Aujourd'hui, Marie n'est attribué que dans 0,3 % des naissances, et la plupart des prénoms donnés sont très rares. Parmi les 32 000 prénoms recensés dans le fichier de l'Insee, seuls 1 850 ont été attribués à 50 enfants ou plus cette année. Conséquence logique, le nombre de prénoms très répandus se réduit comme peau de chagrin. Seuls Marie, Jean et Michel sont encore portés par plus de 500 000 individus. Des témoins du temps passé qui ne laisseront pas d'héritiers aussi massivement portés...

Paul-Henri
1 000 ➔

Forme composée de Paul et Henri. Masculin français. *Caractérologie :* audace, énergie, découverte, sympathie, ressort.

Paulin
3 000 TOP 500 ➔

Petit, faible (latin). Masculin hongrois et occitan. ◇ Poète latin du Ve siècle, Paulin de Nole consacra sa vie à la foi. *Variantes :* Paulien, Paulino, Polin. *Caractérologie :* audace, direction, détermination, amitié, dynamisme.

Paulo
4 000 ↘

Petit, faible (latin). Masculin portugais et espagnol. On peut estimer que moins de 30 enfants seront prénommés ainsi en 2021. *Caractérologie :* diplomatie, sociabilité, réceptivité, loyauté, bonté.

Pavel
600 TOP 2 000 ➔

Petit, faible (latin). Cette forme slave de Paul est particulièrement répandue en Bulgarie. *Caractérologie :* sociabilité, réceptivité, diplomatie, cœur, réussite.

Pedro
5 000 TOP 900 ↘

Petit caillou (grec). Masculin espagnol et portugais. *Variantes :* Pedre, Peet, Peidro, Peire, Peit, Peitro, Peo. *Caractérologie :* fiabilité, ténacité, engagement, méthode, volonté.

Peio
800 TOP 2 000 ➔

Petit caillou (grec). Prénom basque. *Caractérologie :* rectitude, humanité, tolérance, idéalisme, générosité.

Pépin
160

Déterminé (germanique). *Caractérologie :* équilibre, sens des responsabilités, famille, influence, exigence.

Perceval
170

Perce la vallée (vieux français). Héros des légendes arthuriennes, Perceval fut élevé par sa mère dans une forêt isolée. Un jour, il croisa cinq chevaliers aux armures étincelantes et en fut bouleversé. Il se rendit à la cour du roi Arthur pour y être adoubé, et s'illustra dans d'innombrables aventures chevaleresques. *Variantes :* Perce, Percy. *Caractérologie :* innovation, autorité, réalisation, énergie, bonté.

Periclès
- de 30

Entouré de gloire (grec). *Caractérologie :* conscience, paix, bienveillance, détermination, bonté.

Peter
5 000 TOP 900 ➔

Petit caillou (grec). Masculin anglais, allemand et scandinave. *Variantes :* Petri, Petro, Petrus. Forme corse : Petru. *Caractérologie :* innovation, autonomie, autorité, énergie, ambition.

Peyo
450 ↘

Petit caillou (grec). Prénom breton. *Variante :* Peio. *Caractérologie :* sagacité, spiritualité, originalité, philosophie, connaissances.

Pharell
1 500 TOP 400 →

Courageux (irlandais). *Variante :* Pharel. *Caractérologie :* idéalisme, sympathie, altruisme, ressort, intégrité.

Phil
- de 100

Qui aime les chevaux (grec). *Caractérologie :* ouverture d'esprit, rêve, action, rectitude, humanité.

Philbert
- de 100

Qui aime les chevaux (grec). *Variante :* Filbert. *Caractérologie :* attention, idéalisme, intégrité, altruisme, action.

Philéas
600 TOP 2 000 ↗

Qui aime (grec). *Variante :* Phile. *Caractérologie :* intelligence, action, méditation, savoir, cœur.

Philémon
850 →

Affectueux, amical (grec). Philémon apparaît, avec son épouse Baucis, dans un mythe grec repris dans les *Métamorphoses* d'Ovide. Après avoir vécu une vie paisible et humble, Philémon et Baucis meurent ensemble et sont transformés en arbres aux feuillages emmêlés. Forme basque : Filemon. *Caractérologie :* raisonnement, sociabilité, réceptivité, volonté, diplomatie.

Philibert
1 000

Très brillant (germanique). *Caractérologie :* action, humanité, rêve, sensibilité, rectitude.

Philip
1 500 →

Qui aime les chevaux (grec). Prénom anglais, scandinave et néerlandais. On peut estimer que moins de 30 enfants seront prénommés ainsi en 2021. *Variantes :* Philipe, Philipp, Philippo, Phillip. *Caractérologie :* savoir, intelligence, méditation, indépendance, ressort.

Philippe
471 000 TOP 800 →

Qui aime les chevaux (grec). Ce vieux prénom fut illustré par plusieurs saints, six rois de France, cinq rois d'Espagne et un roi macédonien, Philippe II, le père d'Alexandre le Grand (382-386 avant J.-C.). Saint Philippe, l'un des premiers apôtres de Jésus, prêcha l'Évangile en Grèce et en Asie Mineure jusqu'à un âge avancé. Sous ses différentes graphies (Philip, Felipe, Filippo, etc.), ce prénom est très attribué dans les pays chrétiens durant et après le Moyen Âge. Après une période de retrait au XIXe siècle, Philippe revient de plus belle en France dans les années 1950. Il détrône Jean en 1959 et se maintient 1er jusqu'en 1964. Son déclin s'est accéléré depuis la fin des années 1980, mais il est aujourd'hui le 3e prénom le plus porté en France. *Caractérologie :* énergie, innovation, autorité, amitié, action.

Pierre
431 000 TOP 200 ↘

Petit caillou (grec). Si Pierre est l'un des prénoms les plus attribués en France du XVe au XXe siècle, il n'a guère eu l'occasion de devancer Jean, son plus grand rival. Faute de mieux, il s'est souvent contenté des deuxièmes rangs. Sa rébellion survient en 1981 : alors que Jean poursuit son reflux, Pierre se redresse et le dépasse. Il réintègre le top 20 masculin à la fin des années 1980 et ne le quittera qu'au début des années 2000. ◇ Le premier pape, une centaine de saints et de nombreux rois ont porté ce prénom très courant dans le monde occidental. Simon est le nom originel de l'apôtre qui devint saint Pierre. Jésus choisit ce nom pour lui en référence à la mission dont il fut investi, celle de bâtir des églises « solides comme de la

P

pierre ». L'immense popularité de saint Pierre participa à la diffusion du nom en Orient chrétien, puis en Occident. Il fut, sous ses nombreuses graphies, largement attribué au Moyen Âge, et dans un passé plus récent, porté par deux empereurs du Brésil et nombre de rois européens. Trois tsars russes, dont le fondateur de la ville de Saint-Pétersbourg (Pierre le Grand), ont également illustré ce prénom. *Caractérologie :* habileté, ambition, management, passion, force.

Pierre-Adrien
500

Forme composée de Pierre et Adrien. Masculin français. *Caractérologie :* courage, dynamisme, curiosité, réussite, décision.

Pierre-Alexandre
3 000

Forme composée de Pierre et Alexandre. Masculin français. On peut estimer que moins de 30 enfants seront prénommés ainsi en 2021. *Caractérologie :* réalisation, sociabilité, réceptivité, diplomatie, analyse.

Pierre-Alexis
900

Forme composée de Pierre et Alexis. Masculin français. *Caractérologie :* paix, analyse, bienveillance, conscience, sympathie.

Pierre-Antoine
4 000

Forme composée de Pierre et Antoine. Masculin français. On peut estimer que moins de 30 enfants seront prénommés ainsi en 2021. *Caractérologie :* indépendance, dynamisme, curiosité, résolution, courage.

Pierre-Emmanuel
3 000

Forme composée de Pierre et Emmanuel. Masculin français. On peut estimer que moins de 30 enfants seront prénommés ainsi en 2021. *Caractérologie :* sociabilité, réceptivité, diplomatie, amitié, réalisation.

Pierre-François
1 500

Forme composée de Pierre et François. Masculin français. *Caractérologie :* pragmatisme, optimisme, logique, cœur, communication.

Pierre-Henri
2 000

Forme composée de Pierre et Henri. Masculin français. *Caractérologie :* ardeur, action, achèvement, vitalité, stratégie.

Pierre-Jean
3 000

Forme composée de Pierre et Jean. Masculin français. On peut estimer que moins de 30 enfants seront prénommés ainsi en 2021. *Caractérologie :* réceptivité, décision, diplomatie, loyauté, sociabilité.

Pierre-Louis
6 000 TOP 1 000

Forme composée de Pierre et Louis. Masculin français. *Caractérologie :* enthousiasme, communication, sympathie, pratique, analyse.

Pierre-Loup
250

Forme composée de Pierre et Loup. Masculin français. *Caractérologie :* intégrité, sympathie, altruisme, idéalisme, analyse.

Pierre-Luc
650

Forme composée de Pierre et Luc. Masculin français. *Caractérologie :* stratégie, vitalité, achèvement, amitié, ardeur.

Pierre-Marie
4 000

Forme composée de Pierre et Marie. Masculin français. On peut estimer que moins de 30 enfants seront prénommés ainsi en 2021. *Caractérologie :* humanité, rectitude, décision, rêve, réussite.

Pierre-Olivier
2 000

Forme composée de Pierre et Olivier. Masculin français. *Caractérologie :* achèvement, vitalité, stratégie, logique, caractère.

P

Pierre-Yves
9 000

Forme composée de Pierre et Yves. Masculin français. *Caractérologie :* savoir, intelligence, méditation, détermination, réalisation.

Pierric
1 500

Petit caillou (grec). *Caractérologie :* paix, bienveillance, conseil, conscience, sympathie.

Pierrick
18 000

Petit caillou (grec). Masculin français. On peut estimer que moins de 30 enfants seront prénommés ainsi en 2021. *Variantes :* Perick, Perig, Pieric, Pierick, Pierig, Pierrig, Pierrik. *Caractérologie :* force, habileté, passion, ambition, bonté.

Pierrot
2 000

Petit caillou (grec). On peut estimer que moins de 30 enfants seront prénommés ainsi en 2021. *Variantes :* Perin, Pier, Piet, Pieter, Pierce, Pierino, Pierrino, Piero. *Caractérologie :* réceptivité, bonté, sociabilité, loyauté, diplomatie.

Pietro
1 000 TOP 2 000

Petit caillou (grec). Prénom italien. *Caractérologie :* intuition, médiation, relationnel, fidélité, adaptabilité.

Pio
500 TOP 400

Pieux (latin). Masculin italien et portugais. *Caractérologie :* persévérance, efficacité, sécurité, structure, honnêteté.

Placide
190

Placide, calme (latin). *Variante :* Placido. *Caractérologie :* audace, énergie, découverte, sympathie, réalisation.

Pol
1 500 TOP 2 000

Petit, faible (latin). Pol est plus traditionnellement usité en Irlande, en Écosse et en Bretagne. On peut estimer que moins de 30 enfants seront prénommés ainsi en 2021. *Caractérologie :* savoir, intelligence, méditation, indépendance, sagesse.

Preston
850 TOP 2 000

Domaine, bien du prêtre (anglais). Masculin anglais. *Caractérologie :* vitalité, ardeur, achèvement, détermination, stratégie.

Priam
450 TOP 800

Dans la mythologie grecque, Priam est le dernier roi de Troie. *Caractérologie :* pragmatisme, créativité, communication, optimisme, réalisation.

Primael
- de 100

Charismatique, prince (celte). Prénom breton. *Variante :* Primel. *Caractérologie :* sociabilité, réceptivité, réalisation, diplomatie, sympathie.

Primo
130

Premier (latin). Prénom italien. *Caractérologie :* force, ambition, habileté, management, passion.

Prince
700 TOP 900

En premier (latin). Plus courant sous forme de patronyme. Masculin anglais. *Caractérologie :* sociabilité, réceptivité, diplomatie, sympathie, loyauté.

Priscillien
- de 100

Ancien (latin). *Caractérologie :* rectitude, humanité, rêve, amitié, détermination.

Prosper
1 500

Avec bonheur (latin). Masculin anglais et français. On peut estimer que moins de 30 enfants seront prénommés ainsi en 2021. *Variante :* Prospert. *Caractérologie :* ambition, passion, force, habileté, décision.

Prudent
- de 100

Prudent (latin). *Caractérologie :* achèvement, vitalité, ardeur, stratégie, bonté.

P

Q

Qaïs
170

Fierté (arabe). *Caractérologie :* direction, audace, dynamisme, indépendance, assurance.

Qassim
1 500 TOP 300

Gracieux, qui redistribue (arabe). *Caractérologie :* paix, bienveillance, exigence, conscience, volonté.

Quang
160

Lumière, glorieux (vietnamien). *Caractérologie :* bienveillance, paix, conseil, amitié, conscience.

Quentin
127 000 TOP 300

Cinquième (latin). Quentin a connu la gloire dans les pays anglo-saxons au XIXe siècle, puis en France dans les années 1990. Citoyen romain, saint Quintinus se convertit au christianisme et partit évangéliser la Gaule au IIIe siècle. C'est en sa mémoire que Saint-Quentin, la capitale de la haute Picardie, porte son nom. *Variantes :* Kentin, Quantin, Quentyn, Quinten, Quinten, Quintino. *Caractérologie :* dynamisme, indépendance, sensibilité, direction, audace.

Quincy
190

Cinquième (latin). Masculin anglais. *Variantes :* Quincey, Quinto. *Caractérologie :* ambition, sympathie, force, habileté, ressort.

Quintilien
- de 30

S'inspirant de Cicéron, Quintilien fut rhéteur dans la Rome antique au Ier siècle. *Caractérologie :* diplomatie, loyauté, réceptivité, sociabilité, sensibilité.

Quirin
- de 100

Citoyen romain (latin). Plusieurs saints des premiers siècles ont porté ce nom. *Caractérologie :* originalité, spiritualité, connaissances, philosophie, sagacité.

Quoc
200

Nation (vietnamien). *Caractérologie :* relationnel, adaptabilité, intuition, médiation, fidélité.

Q

R

Rabah
3 000

Jardin (arabe). On peut estimer que moins de 30 enfants seront prénommés ainsi en 2021. *Variantes :* Raba, Rabbah, Rabia, Rabih. *Caractérologie :* enthousiasme, pratique, communication, adaptation, générosité.

Rachid
18 000

Bien guidé, qui a la foi (arabe). Ce prénom est particulièrement répandu dans les cultures musulmanes francophones. On peut estimer que moins de 30 enfants seront prénommés ainsi en 2021. *Variantes :* Rached, Rachide. *Caractérologie :* savoir, intelligence, sagesse, indépendance, méditation.

Rafael
21 000 TOP 100 ➔

Dieu a guéri (hébreu). Rafael est particulièrement répandu dans les pays hispanophones, scandinaves et germanophones. C'est aussi un choix traditionnel basque et catalan. *Caractérologie :* intelligence, savoir, méditation, analyse, résolution.

Rafik
1 500 ↘

Ami, tranquillité (arabe). On peut estimer que moins de 30 enfants seront prénommés ainsi en 2021. *Caractérologie :* intégrité, altruisme, idéalisme, réflexion, dévouement.

Rahim
850 TOP 600 ↗

Qui pardonne (arabe). *Caractérologie :* structure, persévérance, sécurité, efficacité, honnêteté.

Raimond
- de 100

Qui conseille avec sagesse (germanique). *Variantes :* Raimon, Raimondo, Raimundo, Ramond. *Caractérologie :* diplomatie, réceptivité, décision, sociabilité, caractère.

Rainier
- de 100

Conseil, décision (germanique). Dans l'Hexagone, Rainier est plus traditionnellement usité dans les Flandres et en Occitanie. *Variantes :* Régnier, Reiner. *Caractérologie :* réceptivité, sociabilité, résolution, diplomatie, loyauté.

Ralph
1 500 ➔

Loup renommé (germanique). Masculin anglais. On peut estimer que moins de 30 enfants seront prénommés ainsi en 2021. *Variantes :* Ralf, Rolph, Rolphe. *Caractérologie :* audace, dynamisme, direction, action, indépendance.

Rami
1 000 TOP 2 000 ➔

Habileté (arabe). *Variante :* Ramy. *Caractérologie :* audace, découverte, énergie, originalité, séduction.

Ramiro
110

Ce nom espagnol aurait des racines wisigothes et signifierait « grand juge ». Masculin espagnol et basque. Forme basque : Erramir. *Caractérologie :* sociabilité, réceptivité, diplomatie, loyauté, bonté.

Ramon
1 000 ➔

Qui conseille avec sagesse (germanique). Masculin espagnol, italien, occitan et catalan. *Caractérologie :* résolution, intelligence, savoir, méditation, volonté.

Ramsès
- de 100

Nom de plusieurs pharaons d'Égypte ancienne. *Caractérologie :* optimisme, pragmatisme, créativité, communication, décision.

Ramzi
2 000 ➔

Important (arabe). On peut estimer que moins de 30 enfants seront prénommés ainsi en 2021. *Variante :* Ramzy. *Caractérologie :* fiabilité, ténacité, méthode, engagement, sens du devoir.

Randy
2 000 TOP 2 000 ↓

Loup renommé (germanique). Masculin anglais. On peut estimer que moins de 30 enfants seront prénommés ainsi en 2021. *Variantes :* Randolf, Randolph. *Caractérologie :* habileté, décision, ambition, force, réussite.

Rankin
- de 30

Bouclier, protection (vieil anglais, celte). Masculin écossais et irlandais. *Caractérologie :* fiabilité, ténacité, engagement, méthode, résolution.

Raphaël

Fête :
29 septembre

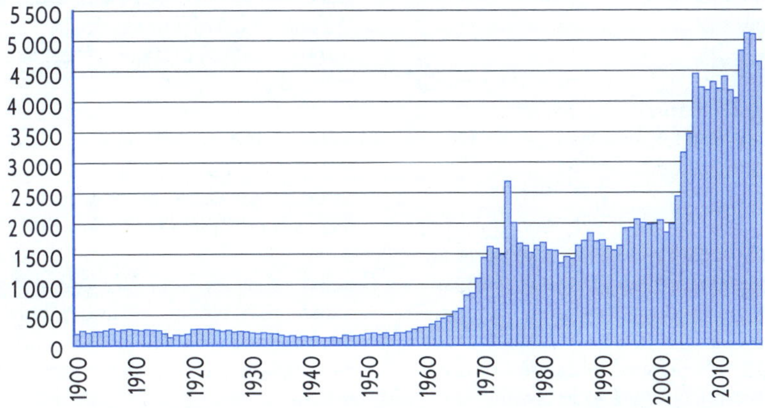

Étymologie

De l'hébreu *rephaël*, « Dieu a guéri ». Attribué en quantité constante mais modeste, ce prénom intemporel est longtemps resté discret dans les pays occidentaux. En France, à l'exception d'un pic d'attribution isolé en 1974, Raphaël est relativement peu répandu jusqu'en 2000, où sa croissance l'entraîne vers le sommet. L'essor des prénoms bibliques et la popularité du joueur de football Raphaël Varane ont sans doute joué en sa faveur. Aujourd'hui, ce prénom brille dans les tops 5 parisien et national.

Raphaël s'envole dans l'élite des prénoms romands, wallons et québécois. De son côté, Rafael ne cesse de grandir en Allemagne, en Autriche et dans les pays d'Amérique latine. Cette variante est même parvenue au seuil du top 50 français. Au féminin, la percée de Raphaëlle se fait attendre.

Ange de la guérison dans la Bible, **Raphaël** guérit le père de Tobie de la cécité et délivre Sara du démon qui l'a rendue veuve à sept reprises le soir de ses noces. Il est le patron des voyageurs.

Peintre et architecte, **Raphaël** (de son vrai nom Raffaello Sanzio) est l'un des plus célèbres peintres italiens de la Renaissance. Il laisse à la postérité la grâce et la beauté de ses Madones qui l'ont rendu si célèbre. Il meurt en 1520 à l'âge de 37 ans.

Personnes célèbres

Raphaël Enthoven, professeur de philosophie, animateur de télévision et de radio, né en 1975 ; Raphaël Haroche, chanteur français, né en 1972 ; Raphaël Ibanes, ancien international français de rugby, né en 1973 ; Raphaël Imbert, saxophoniste de jazz, chef d'orchestre et compositeur, né en 1974 ; Rafael Nadal, joueur de tennis professionnel espagnol, né en 1981 ; Raphaël Varane, joueur de football international français, né en 1993.

Statistiques

Raphaël est le 10e prénom masculin le plus donné en France depuis l'an 2000. Il est attribué à près d'un garçon sur 80 aujourd'hui. Rafael devrait prénommer un garçon sur 300 et figurer au 85e rang de ce palmarès.

Raoul
8 000 TOP 2 000

Loup renommé (germanique). Masculin français. *Variantes :* Raouf, Raoulin, Raul. Forme occitane : Raolf. *Caractérologie :* persévérance, structure, sécurité, logique, efficacité.

Raphaël
142 000 TOP 50

Dieu a guéri (hébreu). *Caractérologie :* ressort, sympathie, intelligence, méditation, savoir.

Rayan
39 000 TOP 50

Contraction de Ryan et Rayane. Porté par une vague d'inspiration irlandaise, Rayan émerge à la fin du XXe siècle et s'impose dans les quarante premiers rangs français en 2008. Ses origines lui confèrent une identité multiculturelle indissociable de son succès, encore tangible aujourd'hui. *Caractérologie :* courage, dynamisme, indépendance, curiosité, résolution.

Rayane
11 000 TOP 300

Beau, désaltéré (arabe), variante moderne de Ryan. *Variantes :* Raïan, Raïane, Rayann, Rayanne, Rayen, Reyan, Reyane. *Caractérologie :* innovation, énergie, autorité, ambition, détermination.

R

Rayhan
950

Beau, désaltéré (arabe), petit roi (irlandais). *Variantes :* Rahyan, Raïan, Raïhan, Raïhane. *Caractérologie :* persévérance, détermination, sécurité, action, structure.

Raymond
82 000 TOP 2 000

Qui conseille avec sagesse (germanique). Originaire de Catalogne, saint Raymond fut le conseiller du pape Grégoire IX au XIIIe siècle. Chef des dominicains, il écrivit plusieurs essais sur la théologie. En dehors de l'Hexagone, Raymond est très répandu dans les pays anglophones. *Variantes :* Ray, Raymon, Raymondo, Remon, Remond. *Caractérologie :* altruisme, idéalisme, intégrité, volonté, réalisation.

Raynald
3 000

Qui conseille avec sagesse (germanique). *Variante :* Raynal. *Caractérologie :* communication, pratique, réussite, enthousiasme, cœur.

Razi
- de 30

Mon secret (araméen). *Caractérologie :* altruisme, idéalisme, réflexion, dévouement, intégrité.

Réda
6 000 TOP 600

Satisfaction, plénitude (arabe). *Variantes :* Rédha, Rhéda. *Caractérologie :* audace, dynamisme, indépendance, direction, résolution.

Rédouane
3 000 TOP 2 000

Satisfaction, plénitude (arabe). *Variantes :* Radoin, Radoine, Radouan, Radouane, Radwan, Radwane, Rédoine, Rédouan, Redwan, Redwane, Ridouan, Ridouane, Ridvan, Ridwan, Ridwane. *Caractérologie :* volonté, analyse, sociabilité, diplomatie, réceptivité.

Réginald
800

Qui conseille avec sagesse (germanique). Masculin anglais et allemand. *Caractérologie :* méditation, cœur, savoir, intelligence, réussite.

Régis
55 000

Royal (latin). Masculin français. Regis est également un choix traditionnel occitan et provençal. *Caractérologie :* persévérance, structure, résolution, sécurité, efficacité.

Réhan
450

Basilic (arabe). *Caractérologie :* bienveillance, paix, conscience, conseil, détermination.

Les prénoms oubliés

Cette sélection rassemble des petits noms qui furent en faveur au début des années 1900. Après avoir sombré dans l'oubli, ces pépites retrouvent des couleurs. Certaines, comme Anatole, Félix ou Augustin, reprennent discrètement le chemin de l'école. D'autres, comme Léo, Louis, Jules ou Victor, s'ébattent déjà dans les cours de récréation !

Achille, Aimé, Albert, Alfred, Anatole, André, Antoine, Auguste, Augustin, Camille, Célestin, Charles, Edgar, Edmond, Émile, Ernest, Eugène, Félix, Fernand, François, Gaston, Georges, Gustave, Henri, Jacques, Jean, Joseph, Jules, Léon, Léopold, Louis, Lucien, Marcel, Marius, Maurice, Oscar, Paul, Pierre, Philémon, René, Robert, Roger, Théodore, Théophile, Victor, Victorin.

D'autres perles au côté suranné ne méritent pas le désintérêt qui les accable aujourd'hui.

Ci-dessous des prénoms qui furent attribués à une poignée d'enfants au tout début du XXe siècle... avant de disparaître des registres d'état civil. Avis aux amateurs...

Alphonse, Ancelin, Arsène, Auguste, Armand, Casimir, Clovis, Donatien, Élie, Émilien, Félicien, Ferdinand, Firmin, Fleury, Germain, Grégoire, Guislain, Hector, Honoré, Hugues, Irénée, Isidore, Jaquelin, Marcelin, Mathurin, Maximin, Octave, Pépin, Rosaire, Saturnin, Séraphin, Urbain, Valéry.

Réjan
- de 100 TOP 2 000

Roi (latin). *Variante :* Réjean. *Caractérologie :* pragmatisme, créativité, communication, optimisme, résolution.

Rémi
80 000 TOP 500

Rameur (latin). Rémi se rapporte aux Rèmes, le nom du peuple qui vivait dans la région de Reims. C'est dans la basilique rémoise que l'évêque Remi fit baptiser Clovis et ses troupes. Notons que ce prénom français peut être orthographié sans accent. Forme basque : Remigio. *Caractérologie :* tolérance, rêve, rectitude, humanité, générosité.

Rémy
60 000 TOP 800

Rameur (latin). Masculin français. *Caractérologie :* connaissances, sagacité, spiritualité, philosophie, originalité.

Rénald
2 000

Qui conseille avec sagesse (germanique). *Variantes :* Reinald, Rénal. *Caractérologie :* décision, altruisme, idéalisme, intégrité, réflexion.

Renaldo
400

Qui conseille avec sagesse (germanique). Masculin espagnol et portugais. *Variantes :* Reinaldo, Reinhard, Reinold. *Caractérologie :* paix, bienveillance, conscience, caractère, logique.

Renan
2 000

Petit phoque (irlandais). Prénom breton. On peut estimer que moins de 30 enfants seront prénommés ainsi en 2021. *Variante :* Reunan. *Caractérologie :* savoir, intelligence, méditation, indépendance, décision.

R

Les internationaux

Le tableau ci-dessous propose une sélection de prénoms francophones et leurs équivalents anglophones et hispanophones. Cette sélection sera utile aux parents qui souhaitent trouver un prénom dont l'orthographe ou la prononciation reste identique dans de nombreuses régions du monde.

Prénom francophone	Prénom anglophone	Prénom hispanophone
Adam	Adam	Adam
Aaron	Aaron	Aaron
Alexandre	Alexander	Alejandro
Adrien	Adrian	Adrían
Charles	Charles	Carlos
Daniel	Daniel	Daniel
Ethan	Ethan	Izan
Évan	Évan	Ivan
Gabriel	Gabriel	Gabriel
Henri	Henry	Enrique
Hugo	Hugo	Hugo
Jacques	Jack	Diego, Jaime
Jérémie, Jérémy	Jeremy	Jeremías
Joseph	Joseph	José
Jules	Jules	Julio
Julien	Julian	Julián
Léo	Leo	Leo
Liam	Liam	Liam
Louis	Lewis, Luis	Luis
Lucas	Lucas, Luke	Lucas
Marc	Mark	Marcos, Marco
Martin	Martin	Martín
Michel	Mickael	Miguel

R

Prénom francophone	Prénom anglophone	Prénom hispanophone
Nathan	Nathan	Natán
Nicolas	Nicholas	Nicolás
Noah	Noah	Noah
Nolan	Nolan	Nolan
Oscar	Oscar	Óscar
Paul	Paul	Pablo
Raphaël	Raphael	Rafael
Rayan, Ryan	Ryan	Ryan
Robin	Robin	Roberto
Ruben	Ruben	Ruben
Samuel	Samuel	Samuel
Simon	Simon	Simon
Théo	Theo	Téo
Thomas	Thomas	Tomás
Tom	Tom	Tom
Victor	Victor	Victor, Victoriano
William	William	William
Zacharie, Zachary	Zachary	Zacarías

Renato
900 ↗

Renaître (latin). Renato est particulièrement répandu en Italie, en Corse et dans les pays hispanophones et lusophones. Forme occitane : Renat. *Caractérologie :* ambition, autorité, innovation, énergie, détermination.

Renaud
23 000 →

Qui conseille avec sagesse (germanique). Masculin français. On peut estimer que moins de 30 enfants seront prénommés ainsi en 2021. *Variantes :* Renauld, Renaut, Reno. *Caractérologie :* rêve, rectitude, humanité, ouverture d'esprit, résolution.

René
155 000 →

Renaître (latin). La forme latine Renatus fut assez populaire dans les pays chrétiens au Moyen Âge. Elle se raréfie au XVIIe siècle, alors que saint René Goupil est tué par des Iroquois juste après s'être signé devant eux. Plusieurs ducs de France, un comte de Provence, un roi napolitain et le célèbre physicien et philosophe français René Descartes (1596-1650) ont donné une grande notoriété au prénom. Pour autant, ce dernier ne prend pas de véritable essor avant la fin du XIXe siècle. Il s'illustre dans les cinq premiers rangs dans les années 1920 et prend tout son temps pour se faire oublier ensuite. On peut estimer que moins de 30 enfants seront prénommés ainsi en 2021. *Caractérologie :* conscience, conseil, bienveillance, paix, sagesse.

Renzo
550 →

Diminutif de Lorenzo : couronné de lauriers (latin). Masculin italien. *Variante :* Renso. *Caractérologie :* sens des responsabilités, équilibre, exigence, famille, influence.

Reuben
- de 100

« C'est un fils ! » (hébreu). *Caractérologie :* loyauté, réceptivité, diplomatie, bonté, sociabilité.

Reuel
- de 30

Ami de Dieu, terre rouge (hébreu). Ce nom hébraïque est porté par plusieurs figures de l'Ancien Testament. *Caractérologie :* intelligence, méditation, sagesse, savoir, indépendance.

Reymond
170

Qui conseille avec sagesse (germanique). *Caractérologie :* sécurité, caractère, persévérance, efficacité, structure.

Reynald
5 000

Qui conseille avec sagesse (germanique). Masculin français. *Variantes :* Reynal, Reynaldo, Reynaud, Reynold. *Caractérologie :* savoir, intelligence, méditation, réalisation, sympathie.

Rhys
- de 30

Héros (gallois). *Caractérologie :* intelligence, ressort, indépendance, méditation, savoir.

Riad
3 000 TOP 800 →

Jardin (arabe). *Variantes :* Riade, Riadh, Riyadh. *Caractérologie :* découverte, originalité, audace, énergie, séduction.

Ricardo
3 000 TOP 1 000 ↗

Puissant gouverneur (germanique). Ricardo est très répandu dans les pays hispanophones et lusophones. *Variantes :* Ricard, Riccardo. *Caractérologie :* courage, logique, indépendance, curiosité, dynamisme.

Richard
71 000 TOP 1 000 →

Puissant gouverneur (germanique). Masculin anglais et français. *Variante :* Rick. *Caractérologie :* connaissances, originalité, sagacité, philosophie, spiritualité.

R

Rida
1 500

Satisfaction, plénitude (arabe). On peut estimer que moins de 30 enfants seront prénommés ainsi en 2021. *Variante :* Ridha. *Caractérologie :* audace, énergie, séduction, originalité, découverte.

Rigobert
400

Brillant, gloire (germanique). *Caractérologie :* honnêteté, sécurité, structure, persévérance, efficacité.

Riley
700 TOP 800

On sait peu de choses sur ce patronyme anglophone devenu prénom. Riley est mixte, à dominante féminine aux États-Unis, et masculine outre-Manche. En France, il est essentiellement masculin. Depuis le début des années 2000, Riley s'est popularisé en devenant le nom d'un Pokémon. *Caractérologie :* amitié, conscience, paix, bienveillance, conseil.

Rinaldo
180

Qui conseille avec sagesse (germanique). Prénom italien. *Caractérologie :* caractère, énergie, autorité, innovation, logique.

Rino
250

Renaître (latin). Masculin italien. *Caractérologie :* sociabilité, réceptivité, loyauté, diplomatie, bonté.

Ritchy
500

Puissant gouverneur (germanique). *Variantes :* Ricci, Rich, Richie, Ritchie, Rick, Ricky, Ritchi. *Caractérologie :* fidélité, relationnel, intuition, ressort, médiation.

Riwal
160

Roi, valeur (celte). Prénom breton. *Caractérologie :* réflexion, détermination, intégrité, altruisme, idéalisme.

Riwan
850

Roi, valeur (celte). Prénom breton. *Variante :* Rywan. *Caractérologie :* décision, diplomatie, sociabilité, loyauté, réceptivité.

Riyad
3 000 TOP 500

Serein, épanoui (arabe). *Caractérologie :* réalisation, pratique, enthousiasme, communication, adaptation.

Roald
- de 30

Qui conseille avec sagesse (germanique). Masculin anglais. *Caractérologie :* curiosité, dynamisme, courage, logique, indépendance.

Roan
500 TOP 2 000

Voir Rohan. *Caractérologie :* pragmatisme, optimisme, sociabilité, communication, résolution.

Robert
149 000 TOP 900

Brillant, gloire (germanique). Deux rois de France et trois rois d'Écosse ont porté ce prénom très répandu en France et en Angleterre au Moyen Âge. Le père de Guillaume le Conquérant se nommait ainsi, tout comme son contemporain Robert de Molesme, le saint qui fonda l'ordre de Cîteaux au XIe siècle. Ce prénom ne disparaît pas après la période médiévale, mais son dernier coup d'éclat remonte aux années 1920, durant lesquelles il s'impose dans les dix premiers choix français (jusqu'en 1939). Bien qu'il ait disparu des maternités dans les années 1980, Robert, Roberto et leurs dérivés sont très répandus dans le monde occidental aujourd'hui. *Variantes :* Rob, Robbie, Robby, Rober, Robertino, Roby. *Caractérologie :* bienveillance, conscience, conseil, paix, sagesse.

Roberto
3 000

Brillant, gloire (germanique). Roberto est répandu dans les pays hispanophones,

Robin

Fête :
30 avril

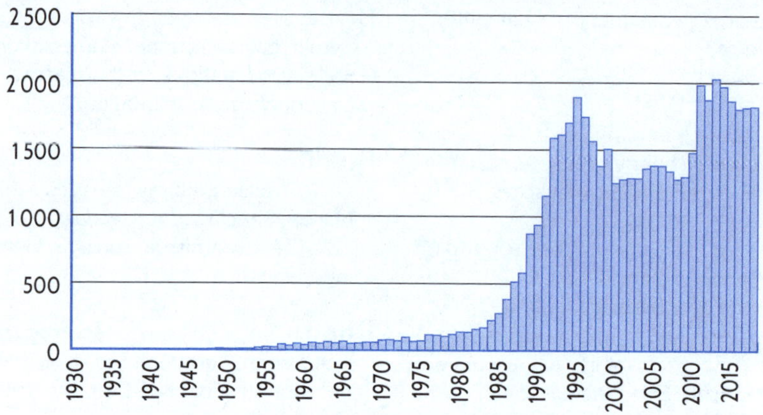

Étymologie

Ce diminutif de Robert est attesté en France au Moyen Âge, mais il rencontre beaucoup plus de succès outre-Manche. Il y est déjà répandu au XVe siècle, lorsque des contes et ballades populaires diffusent les exploits de Robin des Bois, le célèbre brigand défenseur des pauvres. Au début du XXe siècle, Robin renaît en Angleterre et aux États-Unis, où il émerge au féminin. Avec sa variante Robyn, nouvelle pour les années 1930, il prénomme une proportion croissante de filles. Il ne lui faut guère de temps pour devenir mixte dans les deux pays, puis changer de genre outre-Atlantique. Au milieu des années 1960, Robin s'impose au 25e rang des prénoms féminins américains, son dernier point culminant. Comment expliquer ce changement de sexe si récent ? Il est possible qu'en pleine Seconde Guerre mondiale, les parents américains aient voulu donner à leurs filles un prénom évoquant la grâce et la gaieté du rouge-gorge car cet oiseau répond lui aussi au nom anglais de *robin*.

Dans un genre comme dans l'autre, Robin chute dans les classements anglophones, et c'est au masculin qu'il décolle en France. Il se cantonne pour le moment dans le top 40 national. Sous forme de patronyme, Robin est très répandu dans les pays de langue anglaise. Il est assez fréquent dans l'Hexagone, et bien connu grâce à l'humoriste française Muriel Robin.

Dans la Littérature

La première référence à Robin des Bois a été faite par William Langland dans *Piers Plowman* (*Pierre le laboureur* en français), un poème allégorique de plus de 7 000 vers composés entre 1360 et 1387. Robin est également le fidèle acolyte de Batman, un personnage de fiction créé par Bob Kane et Bill Finger, qui parut pour la première fois dans *Detective Comics* en 1939, et dont les aventures ont inspiré de nombreux films.

Personnes célèbres

Robin Gibbs, musicien britannique, fondateur des Bee Gees (1949-2012) ; Robin Cook, médecin et écrivain américain, né en 1940 ; Robin Williams, acteur américain (1951-2014) ; Robin Renucci, acteur français, né en 1956 ; Robin Wright Penn, actrice américaine, née en 1966 ; Robin McKelle, chanteuse de jazz américaine, née en 1976.

Statistiques
Robin est le 52e prénom masculin le plus donné en France depuis l'an 2000. Il est attribué à près d'un garçon sur 200 aujourd'hui.

lusophones et en Italie. On peut estimer que moins de 30 enfants seront prénommés ainsi en 2021. *Caractérologie :* sociabilité, communication, optimisme, créativité, pragmatisme.

Robin
53 000 TOP 50

Brillant, gloire (germanique). *Variantes :* Roban, Robyn. *Caractérologie :* sécurité, structure, persévérance, efficacité, honnêteté.

Robinson
1 500 TOP 2 000

Fils de Robin (anglais). Masculin anglais et français. *Caractérologie :* connaissances, sagacité, décision, spiritualité, originalité.

Rocco
750

Reposé (germanique), Il est Guide (hébreu). Prénom italien. *Caractérologie :* ouverture d'esprit, rectitude, raisonnement, humanité, rêve.

Roch
1 500 TOP 2 000

Reposé (germanique), Il est Guide (hébreu). Masculin français. On peut estimer que moins de 30 enfants seront prénommés ainsi en 2021. *Caractérologie :* vitalité, achèvement, stratégie, ardeur, raisonnement.

Rocky
300

Rocheux (anglais). *Caractérologie :* analyse, intégrité, altruisme, idéalisme, réflexion.

Roderick
110

Glorieux, puissant (germanique). *Caractérologie :* relationnel, intuition, médiation, volonté, raisonnement.

Rodney
450

Glorieux, puissant (germanique). Masculin anglais. *Caractérologie :* idéalisme, altruisme, intégrité, réflexion, caractère.

Rodolphe
20 000

Loup renommé (germanique). Masculin français. On peut estimer que moins de 30 enfants seront prénommés ainsi en 2021. *Variantes :* Rodolf, Rodolfo, Rodolph, Rolf. *Caractérologie :* optimisme, communication, pragmatisme, volonté, raisonnement.

Rodrigo
1 000 TOP 2 000

Glorieux, puissant (germanique). Masculin italien et espagnol. *Caractérologie :* audace, séduction, énergie, découverte, originalité.

Rodrigue
8 000

Glorieux, puissant (germanique). Masculin français. On peut estimer que moins de 30 enfants seront prénommés ainsi en 2021. *Variantes :* Rodriguez. Forme basque : Ruy. *Caractérologie :* raisonnement, connaissances, sagacité, spiritualité, volonté.

Roger
131 000

Lance glorieuse (germanique). Ce prénom médiéval s'est propagé en Angleterre lors de la conquête normande. Du IXe au XVIIe siècle, il a été porté par plusieurs saints et un célèbre philosophe anglais (Roger Bacon, 1214-1294). En France comme outre-Manche, il est fréquent à la fin du Moyen Âge et resurgit épisodiquement au cours des siècles suivants. Son dernier coup d'éclat remonte au milieu des années 1920,

R

où il culmine devant Robert au 5e rang français. *Variantes :* Roge, Rogelio, Rogerio, Ruggero. Forme occitane : Rotger. *Caractérologie :* rêve, humanité, générosité, rectitude, tolérance.

Rohan

1 500 TOP 900

En ascension, bois de santal (sanscrit), roux (irlandais). Ce prénom est très répandu en Inde. *Variantes :* Roan, Roann, Roanne, Rowan. *Caractérologie :* diplomatie, réceptivité, sociabilité, loyauté, résolution.

Roland

70 000

Gloire du pays (germanique). Ce prénom médiéval a connu sa dernière renaissance au milieu du siècle dernier. En dehors de l'Hexagone, il est plus particulièrement recensé dans les pays anglophones. *Variantes :* Rolan, Rolando, Roldan. *Caractérologie :* direction, audace, dynamisme, logique, caractère.

Rolland

4 000

Gloire du pays (germanique). Masculin anglais. *Caractérologie :* méthode, ténacité, volonté, fiabilité, analyse.

Romain

186 000 TOP 300

Romain (latin). Romain, ou Roman, fut porté par quatre empereurs byzantins, un pape et un saint qui fonda les monastères du mont Jura au ve siècle. Malgré ce passé riche en histoire, Romain peine à se manifester avant la fin du xxe siècle en France. Il s'élance comme un prénom neuf à la fin des années 1960 pour briller au 3e rang masculin en 1987-1988. Bien qu'il ait passé le flambeau à Roman et Romane, il reste un choix prisé par les parents aujourd'hui. *Caractérologie :* connaissances, spiritualité, sagacité, décision, caractère.

Roman

9 000 TOP 400

Romain (latin). Roman est particulièrement attribué en Allemagne, en Occitanie et dans les pays slaves et anglophones. *Variantes :* Romane, Romann, Romano, Romin. *Caractérologie :* sagacité, connaissances, détermination, spiritualité, volonté.

Romaric

5 000 TOP 2 000

Célèbre, puissant (germanique). Masculin français. On peut estimer que moins de 30 enfants seront prénommés ainsi en 2021. *Variantes :* Romarick, Romary. *Caractérologie :* curiosité, courage, dynamisme, indépendance, logique.

Romarin

- de 30

Se rapporte au romarin, plante dont le nom signifie « rosée de mer » (latin). *Caractérologie :* philosophie, culture, volonté, originalité, vivacité.

Roméo

10 000 TOP 200

De Rome (latin). Roméo est très répandu en Italie. *Caractérologie :* pratique, enthousiasme, adaptation, communication, volonté.

Romuald

19 000

Glorieux gouverneur (germanique). En dehors de l'Hexagone, Romuald est particulièrement usité en Pologne. On peut estimer que moins de 30 enfants seront prénommés ainsi en 2021. *Variante :* Romualdo. *Caractérologie :* créativité, raisonnement, pragmatisme, communication, optimisme.

Ronald

3 000

Qui conseille avec sagesse (germanique). Masculin anglais. *Variante :* Ron. *Caractérologie :* dynamisme, audace, direction, logique, caractère.

Ronaldo
300 ↘

Qui conseille avec sagesse (germanique). *Caractérologie :* connaissances, volonté, spiritualité, analyse, sagacité.

Ronan
16 000 TOP 900 ↘

Petit phoque (irlandais). Dans l'Hexagone, Ronan est plus particulièrement attribué en Bretagne. *Caractérologie :* vitalité, achèvement, stratégie, ardeur, décision.

Ronel
- de 100

Chant de Dieu (hébreu). Nom d'une commune située dans le département du Tarn, en France. *Caractérologie :* autorité, énergie, innovation, ambition, raisonnement.

Rony
1 500 ↘

Qui conseille avec sagesse (germanique). Ce diminutif de Ronald est connu dans les pays anglophones. On peut estimer que moins de 30 enfants seront prénommés ainsi en 2021. *Variantes :* Ronnie, Ronny. *Caractérologie :* idéalisme, réflexion, intégrité, altruisme, dévouement.

Roque
- de 100

Reposé (germanique), Il est Guide (hébreu). *Caractérologie :* méthode, ténacité, raisonnement, engagement, fiabilité.

Rosan
600

Rose (latin). *Caractérologie :* méthode, fiabilité, engagement, ténacité, détermination.

Rosario
650

Rose (latin). *Variantes :* Rosaire, Rosalio, Roscoe, Roselin, Rosemond. *Caractérologie :* énergie, séduction, audace, découverte, originalité.

Roselin
- de 30

Rose (latin). *Caractérologie :* sociabilité, décision, logique, réceptivité, diplomatie.

Roshan
140

Lumière brillante (persan), éclairé (sanscrit). *Caractérologie :* adaptation, pratique, communication, générosité, enthousiasme.

Ross
- de 100

Cheval (germanique), promontoire (gaélique). Masculin écossais et anglais. *Caractérologie :* ambition, force, habileté, management, passion.

Rowan
450 TOP 2 000 →

En ascension, bois de santal (sanscrit), roux (irlandais). Ce prénom est également dérivé du patronyme irlandais O'Ruadhán (« descendant de Ruadhán »). *Caractérologie :* achèvement, vitalité, résolution, stratégie, ardeur.

Roy
700 TOP 2 000 →

Roi (latin). Masculin anglais. *Variante :* Rex. *Caractérologie :* sécurité, persévérance, efficacité, honnêteté, structure.

Ruben
15 000 TOP 200 ↘

« C'est un fils ! » (hébreu). Ce prénom biblique est établi de longue date dans les cultures juives. Les puritains anglophones ont relancé sa carrière au XVIIe siècle, mais il est longtemps resté inconnu en France. Il ne cesse d'y grandir depuis son émergence dans les années 1980. *Caractérologie :* équilibre, famille, éthique, influence, exigence.

Rubens
850 ↓

« C'est un fils ! » (hébreu). *Caractérologie :* sagacité, connaissances, spiritualité, organisation, résolution.

Ruddy
3 000

Loup renommé (germanique). Masculin anglais. *Caractérologie :* rectitude, générosité, humanité, ouverture d'esprit, rêve.

Rudolphe
400

Loup renommé (germanique). *Variantes :* Rudolf, Rudolph. *Caractérologie :* caractère, rectitude, humanité, logique, rêve.

Rudy
20 000 TOP 1 000

Loup renommé (germanique). Rudy est très répandu dans les pays anglophones. *Variantes :* Rody, Rudi. *Caractérologie :* énergie, découverte, audace, séduction, originalité.

Rufino
- de 30

Roux (latin), rouge (basque). Masculin italien, espagnol et portugais. *Variantes :* Ruffin, Rufin. *Caractérologie :* intuition, médiation, relationnel, fidélité, analyse.

Rufus
- de 30

Roux (latin). *Caractérologie :* raisonnement, efficacité, sécurité, structure, persévérance.

Rui
1 500

Loup renommé (germanique). *Caractérologie :* adaptation, communication, enthousiasme, pratique, générosité.

Rupert
- de 30

Brillant, gloire (germanique). Masculin allemand, néerlandais, anglais et occitan. *Caractérologie :* habileté, ambition, amitié, force, passion.

Russell
- de 100

Comme un renard (anglo-saxon). *Variantes :* Russ, Russel. *Caractérologie :* spiritualité, résolution, sagacité, originalité, connaissances.

Ryad
4 000 TOP 600

Jardin (arabe). *Caractérologie :* enthousiasme, réalisation, pratique, communication, adaptation.

Ryan
19 000 TOP 300

Petit roi (irlandais). Porté par une vague d'inspiration irlandaise, Ryan a connu son apogée dans le top 80 français au début des années 2000. Il est très répandu en Irlande et dans les Pays-Bas. Saint Rhian, abbé gallois dont on sait peu de choses, aurait donné son nom à Llanrhian, un petit village du Pembrokeshire (pays de Galles). *Variantes :* Raïan, Rian, Riane, Rihan, Riyan, Ryane, Ryann, Ryhan. *Caractérologie :* structure, efficacité, persévérance, sécurité, détermination.

S

Saad
2 000 TOP 500

Heureux, que le destin favorise (arabe), l'aide de Dieu (hébreu). *Variantes :* Saadi, Saaïd, Saïdi. *Caractérologie :* originalité, philosophie, connaissances, spiritualité, sagacité.

Sabin
190

Habitant d'Italie centrale (latin). *Variantes :* Sabien, Sabino. *Caractérologie :* décision, rectitude, rêve, humanité, ouverture d'esprit.

Sabri
5 000 TOP 1 000

Calme et patient (arabe). *Variantes :* Sabir, Sabri. *Caractérologie :* ténacité, fiabilité, engagement, sens du devoir, méthode.

Sacha
53 000 TOP 50

Défense de l'humanité (grec). *Caractérologie :* découverte, énergie, séduction, audace, originalité.

Saël
550 TOP 2 000

Conciliant (arabe). *Caractérologie :* direction, indépendance, dynamisme, audace, assurance.

Sahel
550 TOP 2 000

Conciliant (arabe). *Variante :* Sahil. *Caractérologie :* idéalisme, altruisme, dévouement, intégrité, réflexion.

Saïd
12 000 TOP 500

Heureux, que le destin favorise (arabe). Saïd est particulièrement répandu dans les cultures musulmanes francophones. *Variantes :* Sadi, Sadio, Saïdou. *Caractérologie :* sagesse, conscience, bienveillance, conseil, paix.

Salah
4 000 TOP 700

Bon, vertueux (arabe). *Caractérologie :* indépendance, charisme, courage, curiosité, dynamisme.

Salem
2 000 TOP 2 000

Pur, intact, en sécurité (arabe). On peut estimer que moins de 30 enfants seront prénommés ainsi en 2021. *Caractérologie :* audace, découverte, originalité, énergie, séduction.

Salim
10 000 TOP 300

Pur, intact, en sécurité (arabe). *Variantes :* Aslam, Salime, Salimou, Salman, Salmane, Slimen. *Caractérologie :* idéalisme, altruisme, intégrité, dévouement, réflexion.

Salomon
950 TOP 2 000

Paix (hébreu). En dehors de l'Hexagone, Salomon est particulièrement usité dans les pays scandinaves. *Variantes :* Soliman, Solomon, Solly. *Caractérologie :* vitalité, stratégie, achèvement, ardeur, caractère.

Salvador
1 500 TOP 900

Sauveur (latin). Prénom espagnol. *Variante :* Salvator. *Caractérologie :* diplomatie, réceptivité, sociabilité, loyauté, raisonnement.

Salvatore
3 000

Sauveur (latin). Salvatore est très répandu en Italie. On peut estimer que moins de 30 enfants seront prénommés ainsi en 2021. Forme corse : Salvadore. *Caractérologie :* énergie, découverte, audace, volonté, analyse.

Sam
6 000 TOP 300

Son nom est Dieu (hébreu). De diminutif anglophone à prénom à part entière, Sam a fait son chemin : il est désormais attribué dans toutes les cultures judéo-chrétiennes. *Caractérologie :* bienveillance, conscience, paix, conseil, sagesse.

Samba
2 000 TOP 900

Le deuxième-né (soninké). Le soninké est une langue parlée en Afrique de l'Ouest. *Caractérologie :* rêve, humanité, rectitude, ouverture d'esprit, générosité.

Sami
14 000 TOP 300

Son nom est Dieu (hébreu), élevé, admirable (arabe). C'est en tant que diminutif de Samuel que Sami a d'abord pris son envol en France dans les années 1960. Avec le temps, les origines arabes de Sami ont fait de lui un prénom en vogue dans les cultures musulanes francophones. *Caractérologie :* paix, conscience, sagesse, bienveillance, conseil.

Samir
16 000 TOP 2 000

Conversation intime pendant la nuit (arabe). Ce prénom est particulièrement répandu dans les cultures musulmanes francophones. *Variantes :* Samire, Samyr, Sémir. *Caractérologie :* sens des responsabilités, famille, équilibre, influence, exigence.

Sammy
1 500

Son nom est Dieu (hébreu), élevé, admirable (arabe). Voir Sami. On peut estimer que moins de 30 enfants seront prénommés ainsi en 2021. *Caractérologie :* vitalité, achèvement, ardeur, stratégie, réalisation.

Samson
1 000 TOP 2 000

Soleil (hébreu). Masculin anglais. *Caractérologie :* idéalisme, intégrité, réflexion, volonté, altruisme.

Samuel
89 000 TOP 50

Son nom est Dieu (hébreu). *Caractérologie :* ambition, passion, force, habileté, management.

Samy
17 000 TOP 300

Son nom est Dieu (hébreu), élevé, admirable (arabe). Voir Sami. Samy est très répandu dans les pays anglophones. *Caractérologie :* structure, sécurité, persévérance, efficacité, réussite.

Sandro
9 000 TOP 100

Défense de l'humanité (grec). Sandro est très répandu en Italie. *Caractérologie :* vitalité, achèvement, stratégie, volonté, résolution.

Sandy
2 000

Défense de l'humanité (grec). Masculin anglais. *Caractérologie :* altruisme, réalisation, idéalisme, intégrité, réflexion.

Sanjay
300

Triomphant (sanscrit). Prénom indien d'Asie. *Caractérologie :* connaissances, sagacité, philosophie, originalité, spiritualité.

Santiago
1 500 TOP 500

Contraction espagnole de *santo* (« saint ») et Iago (forme dérivée de Jacques). Santiago est le patron de l'Espagne. *Caractérologie :* curiosité, courage, détermination, dynamisme, indépendance.

Saphir
400

Pierre précieuse bleue (grec), ambassadeur (arabe). Masculin anglais. *Caractérologie :* ambition, force, habileté, passion, ressort.

Sariel
- de 30

Prince de Dieu (hébreu). Dans la tradition juive, Sariel est un archange préposé aux esprits des hommes qui pèchent contre l'Esprit. *Caractérologie :* énergie, innovation, ambition, autorité, détermination.

Sarkis
- de 100

Servir (latin). Masculin arménien. *Caractérologie :* audace, découverte, séduction, énergie, originalité.

Sasha
9 000 TOP 200

Défense de l'humanité (grec). En dehors de l'Hexagone, Sasha est très répandu en Russie. *Variante :* Sascha. *Caractérologie :* optimisme, créativité, pragmatisme, sociabilité, communication.

Saturnin
350

Saturne (latin). *Variante :* Saturnino. *Caractérologie :* achèvement, stratégie, gestion, décision, vitalité.

S

Sacha

Fête :
22 avril

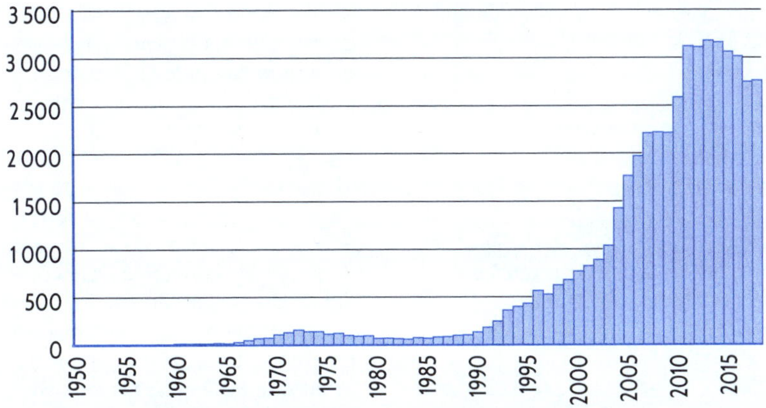

Étymologie

Du grec *alexein*, « repousser, défendre », et *andros*, « homme », d'où la signification « défense de l'humanité ». Cette forme russe d'Alexandre s'est propagée en Europe au début du XXe siècle et en France à partir des années 1960. Son meilleur ambassadeur fut Sacha Guitry, dramaturge dont les pièces de théâtre connaissent un succès persistant. Ce prénom a grandi dans l'ombre d'Alexandre, étoile du top 10 français de 1982 à 2002, avant de s'affirmer davantage. Il bénéficie aujourd'hui d'une position acquise dans les tops 20 national et parisien.

Dans la sphère francophone, Sacha est inconnu au Québec, mais il est en vogue en Wallonie. Quant à Sasha, la forme préférée des anglophones, elle est essentiellement féminine dans les pays de langue anglaise. Sa faveur est née dans les années 1930 grâce à Sasha, la princesse russe du roman *Orlando*, de Virginia Woolf. En France, cette graphie mixte se féminise, contrairement à Sacha qui est masculin dans 98 % de ses attributions.

Note : Sy, le diminutif anglophone de Sacha, est porté par une vingtaine de filles en France.

Personnes célèbres

Sacha Guitry (de son vrai nom Alexandre Georges-Pierre Guitry), comédien, acteur, dramaturge et metteur en scène, né à Saint-Pétersbourg en 1885 et mort à Paris en 1957 ; Sacha Distel, guitariste, compositeur et chanteur français d'origine russe (1933-2004) ; Sacha Noam Baron Cohen, acteur et humoriste britannique, né en 1971 ; Sacha Judaszko, comédien et humoriste français, né en 1978.

Statistiques

Sacha est le 32e prénom masculin le plus donné en France depuis l'an 2000. Il est attribué à près d'un garçon sur 140 aujourd'hui. De son côté, Sasha devrait prénommer un garçon sur 700 (contre une fille sur 1 000) et se placer au 206e rang du podium masculin.

S

Saül
850 TOP 400 ↑

Demandé par Dieu (hébreu). Désigné par le prophète Samuel, Saül devint le premier roi d'Israël. Ce prénom biblique est établi de longue date dans les cultures juives. *Caractérologie :* ardeur, achèvement, leadership, vitalité, stratégie.

Sauveur
1 500

Sauveur (latin). *Caractérologie :* ambition, habileté, passion, détermination, force.

Saverio
190

Maison neuve (basque). *Caractérologie :* décision, ambition, force, habileté, caractère.

Savinien
250

Habitant d'Italie centrale (latin). *Variantes :* Savin, Savino. *Caractérologie :* optimisme, pragmatisme, créativité, communication, décision.

Sayan
650 TOP 2 000 →

Prénom indien et sri-lankais qui pourrait signifier « lien, ami précieux ». *Variante :* Sayane. *Caractérologie :* équilibre, bienveillance, confiance, influence, responsabilité.

Scipion
- de 30

Baguette de bois (latin). *Caractérologie :* fiabilité, méthode, analyse, sympathie, ténacité.

Scott
1 500 TOP 600 ↗

Écossais (celte). Masculin écossais et anglais. *Variante :* Scotty. *Caractérologie :* dynamisme, curiosité, courage, indépendance, organisation.

Sean
3 000 TOP 2 000 ↘

Forme irlandaise de Jean : Dieu fait grâce (hébreu). Cette forme irlandaise de Jean est assez répandue dans les pays anglophones. *Caractérologie :* enthousiasme, communication, pratique, adaptation, générosité.

Sébastian
1 500 TOP 2 000 ↗

Respecté, vénéré (grec). Masculin anglais, allemand, scandinave, espagnol et occitan. *Variante :* Sebastiano. *Caractérologie :* rectitude, humanité, décision, ouverture d'esprit, rêve.

Sébastien
294 000 TOP 600 ↘

Respecté, vénéré (grec). La forme latine Sebastianus, portée au Ve siècle par un empereur romain, est l'ancêtre du Sebastian anglais, allemand, scandinave et espagnol en usage au Moyen Âge. En France, Sébastien fait peu d'émules avant que *Belle et Sébastien* soit diffusé en 1965. Le nombre de ses attributions, décuplées par le succès de la série télévisée, le propulse au 1er rang masculin de 1975 à 1979, puis au 2e jusqu'en 1985. Son reflux s'est accentué au début du IIIe millénaire.
◇ Capitaine dans l'armée de Dioclétien au IIIe siècle, saint Sébastien fut battu à mort par ses soldats lorsque ceux-ci découvrirent qu'il était chrétien. Il est le patron des prisonniers. Ce prénom fut également porté par un roi du Portugal au XVIe siècle. *Caractérologie :* ténacité, méthode, fiabilité, engagement, détermination.

Sélim
6 000 TOP 300 →

Pur, intact, en sécurité (arabe). *Variante :* Célim. *Caractérologie :* structure, persévérance, sécurité, détermination, efficacité.

Selyan
1 500 TOP 500 →

Lune (grec). *Variante :* Celyan. *Caractérologie :* persévérance, structure, sécurité, efficacité, bonté.

S

Samuel

Fête :
20 août

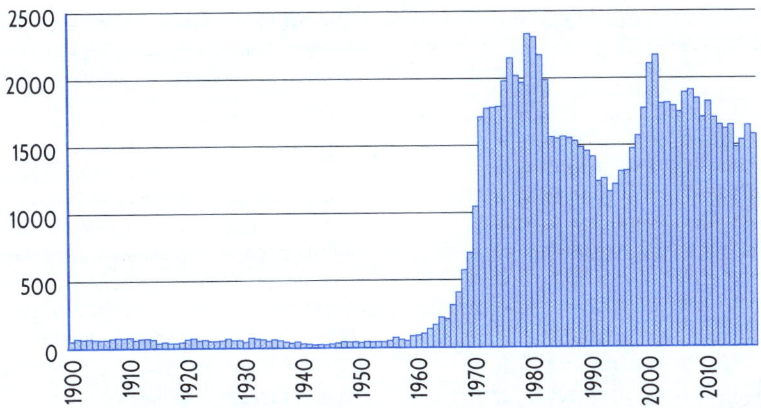

Étymologie

De l'hébreu *Shemuel*, « Son nom est Dieu ». Classique et intemporel dans les pays anglophones, où il s'est répandu à partir de la Réforme (XVIIe siècle), ce prénom peine à s'imposer en France. Après une première tentative ratée dans les années 1960, il décolle dans les premiers rangs parisiens en 2006, puis dans le top 50 français. D'aucuns y verront les signes d'un nouveau départ : Samuel ne rime-t-il pas avec Gabriel et Raphaël ? En arborant leur « el » (« Dieu » en hébreu), ce trio est porté par la vague des prénoms bibliques. Aujourd'hui, il s'affiche dans le top 40, à Paris comme dans l'ensemble de l'Hexagone.

Samuel n'a pas attendu sa renaissance française pour triompher dans d'autres pays. Après avoir franchi des sommets en terres francophones, il se maintient dans les 30 premiers rangs québécois, romands et wallons. Il est aussi répandu dans les pays hispanophones, lusophones, en Pologne, en Tchéquie, en Slovaquie et dans les pays scandinaves. Malgré ses 3 lettres très tendance, son diminutif Sam ne décolle pas. Il devrait tout juste prénommer 200 Français en 2021.

Samuel, premier grand juge et prophète, désigna Saül comme le premier roi d'Israël, puis David à sa succession. Deux livres de la Bible portent son nom.

Personnes célèbres

Samuel Beckett (1906-1989), romancier irlandais et auteur de *En attendant Godot*, a reçu le prix Nobel de littérature en 1969. Samuel Morse (1791-1872), physicien américain, est l'inventeur du code morse, système de télécommunication abandonné par la marine en 1999.

Statistiques

Samuel est le 45e prénom masculin le plus donné en France depuis l'an 2000. On peut estimer qu'il sera attribué à un garçon sur 220 aujourd'hui.

Semih
1 500 TOP 1 000

Généreux, magnanime (arabe). *Variante :* Semy. *Caractérologie :* intégrité, idéalisme, altruisme, résolution, réflexion.

Septime
- de 100

Septième (latin). *Caractérologie :* paix, décision, bienveillance, conscience, réussite.

Séraphin
1 500 TOP 2 000

Ardent (latin). Masculin français. On peut estimer que moins de 30 enfants seront prénommés ainsi en 2021. *Variante :* Seraphino. *Caractérologie :* action, rectitude, humanité, rêve, décision.

Serge
160 000 TOP 2 000

Servir (latin). Ce nom porté par une puissante famille romaine se diffuse en Orient après le martyre de saint Serge de Rafasa, officier romain décapité pour sa foi en Syrie au IVe siècle. Au fil des siècles, Serge et ses différentes graphies deviennent très fréquents en Grèce et dans la chrétienté orthodoxe. Au XVe siècle, le moine Serge de Radonège devient le saint patron de la Russie, ce qui propulse Sergei au sommet des attributions. Et c'est sous l'influence de l'immigration russe, au début du XXe siècle, que Serge émerge en Europe. Peu après son envol en Italie, dans les pays hispanophones et lusophones (Sergio), Serge s'élance en France dans les années 1950. Il s'impose rapidement dans les vingt premiers rangs mais s'évapore à la fin du siècle. On peut estimer que moins de 30 enfants seront prénommés ainsi en 2021. *Variantes :* Serges, Sergei, Sergio, Serguei. *Caractérologie :* idéalisme, altruisme, réflexion, décision, intégrité.

Sergio
3 000 TOP 2 000

Servir (latin). Sergio est très répandu dans les pays hispanophones, lusophones et en Italie. En France, il est plus traditionnellement usité en Corse. On peut estimer que moins de 30 enfants seront prénommés ainsi en 2021. *Variante :* Serjio. *Caractérologie :* direction, audace, dynamisme, indépendance, résolution.

Servan
300

Qui est respectueux (celte). Prénom breton. *Caractérologie :* méditation, indépendance, savoir, intelligence, détermination.

Seth
300 TOP 1 000

Dieu a désigné (hébreu). Masculin anglais. *Caractérologie :* savoir, méditation, intelligence, indépendance, finesse.

Sevan
2 000 TOP 800

Nom d'un lac d'Arménie (arménien). *Caractérologie :* méditation, indépendance, savoir, sagesse, intelligence.

Seven
190

Sept (anglais), variante de Sevan (arménien). Masculin anglais. *Caractérologie :* relationnel, adaptabilité, médiation, intuition, fidélité.

Séverin
1 500

Grave, sérieux (latin). Masculin français. Dans l'Hexagone, Severin a été plus traditionnellement attribué en Occitanie. On peut estimer que moins de 30 enfants seront prénommés ainsi en 2021. *Variantes :* Sever, Séverian, Severino. *Caractérologie :* réceptivité, décision, sociabilité, loyauté, diplomatie.

Seymour
- de 30

Qui vit près de la mer (anglais). Masculin anglais. *Caractérologie :* force, ambition, habileté, réussite, logique.

Shad
170

Bataille, guerrier (celte). Masculin anglais. *Caractérologie :* charisme, courage, dynamisme, curiosité, indépendance.

S

Le top 100 du XXe siècle

Les prénoms de ce palmarès sont classés par ordre décroissant d'attribution. Jean, Pierre et Michel sont les trois prénoms masculins les plus attribués du siècle dernier.

1. Jean
2. Pierre
3. Michel
4. André
5. Philippe
6. René
7. Alain
8. Jacques
9. Bernard
10. Marcel
11. Louis
12. Daniel
13. Roger
14. Robert
15. Claude
16. Christian
17. Georges
18. Henri
19. Patrick
20. François
21. Gérard
22. Christophe
23. Joseph
24. Nicolas
25. Paul
26. Maurice
27. Laurent
28. Frédéric
29. Éric
30. Julien
31. Pascal
32. Stéphane
33. Sébastien
34. David
35. Thierry
36. Olivier
37. Raymond
38. Guy
39. Dominique
40. Alexandre
41. Didier
42. Marc
43. Yves
44. Charles
45. Serge
46. Bruno
47. Vincent
48. Antoine
49. Lucien
50. Jérôme
51. Jean-Pierre
52. Albert
53. Guillaume
54. Thomas
55. Gilbert
56. Franck
57. Gilles
58. Francis
59. Jean-Claude
60. Émile
61. Denis
62. Romain
63. Anthony
64. Cédric
65. Maxime
66. Joël
67. Kevin
68. Hervé
69. Patrice
70. Fabrice
71. Roland
72. Sylvain
73. Emmanuel
74. Arnaud
75. Mathieu
76. Ludovic
77. Benoît
78. Jérémy
79. Fernand
80. Benjamin
81. Mickaël
82. Jean-Luc
83. Damien
84. Xavier
85. Léon
86. Eugène
87. Fabien
88. Clément
89. Gabriel
90. Adrien
91. Florian
92. Jean-François
93. Jonathan
94. Alexis
95. Lionel
96. Gaston
97. Loïc
98. Michaël
99. Jean-Marc
100. Victor

S

Shaï
350

Don, présent (hébreu). *Caractérologie :* ambition, énergie, innovation, autonomie, autorité.

Shane
300

Dieu fait grâce (hébreu). *Caractérologie :* intuition, fidélité, adaptabilité, médiation, relationnel.

Shawn
1 000 TOP 2 000

Dieu fait grâce (hébreu). *Variantes :* Shan, Shaun, Shun. *Caractérologie :* relationnel, adaptabilité, intuition, fidélité, médiation.

Sheldon
400 TOP 2 000

Colline protégée (vieil anglais). Masculin anglais. *Caractérologie :* découverte, énergie, originalité, audace, volonté.

Sidi
1 500 TOP 2 000

Habitant de Sidon (latin), lion (arabe). On peut estimer que moins de 30 enfants seront prénommés ainsi en 2021. *Variantes :* Sid, Sidy. Forme composée rare mais en forte croissance : Sidi-Mohamed. *Caractérologie :* audace, énergie, originalité, séduction, découverte.

S

Sidney
1 500 TOP 2 000

Habitant de Sidon (latin). Patronyme anglais ancien. Prénom anglophone. Sidon, l'une des plus vieilles cités de la Phénicie, aurait été fondée par Canaan, le petit-fils de Noé. Cette ville au destin exceptionnel surmonta la destruction infligée par les Perses (en 343) puis par les Assyriens (en 677). Située sur la côte libanaise, Sidon est appelée Sayda aujourd'hui. On peut estimer que moins de 30 enfants seront prénommés ainsi en 2021. *Variante :* Saens. *Caractérologie :* persévérance, structure, sécurité, réussite, décision.

Sidoine
300

Habitant de Sidon (latin). *Caractérologie :* communication, caractère, enthousiasme, pratique, décision.

Siegfried
950

Victoire, paix (germanique). Siegfried est très répandu en Allemagne. *Variantes :* Siegfrid, Siegrid, Sigfried. *Caractérologie :* direction, audace, caractère, dynamisme, réussite.

Silas
1 000 TOP 600

Demander (araméen). Masculin anglais. *Caractérologie :* bienveillance, conscience, paix, conseil, sagesse.

Silvain
600

Forêt (latin). *Variantes :* Seva, Silvano, Silver, Silvin, Silvino. Forme bretonne : Sev. *Caractérologie :* dynamisme, courage, curiosité, détermination, indépendance.

Silvère
1 000

Forêt (latin). *Caractérologie :* ouverture d'esprit, rectitude, humanité, rêve, décision.

Silvio
1 000

Forêt (latin). Prénom italien, espagnol et portugais. *Variante :* Silbio. *Caractérologie :* audace, énergie, découverte, originalité, raisonnement.

Simao
550 TOP 2 000

Qui est exaucé (hébreu). Ce prénom est particulièrement répandu au Portugal. *Caractérologie :* optimisme, communication, créativité, pragmatisme, sociabilité.

Siméo
500 TOP 2 000

Contraction de Simon et Théo. *Caractérologie :* spiritualité, indépendance, volonté, connaissances, originalité.

Siméon
3 000 TOP 500

Qui est exaucé (hébreu). Simeon est répandu en Russie, en Bulgarie et en Serbie. *Caractérologie :* pragmatisme, communication, optimisme, détermination, volonté.

Simon
79 000 TOP 100

Qui est exaucé (hébreu). Ce nom mentionné dans l'Ancien Testament est très ancien. Il fut porté par Simon Macchabée, gouverneur juif de la Judée et fondateur de la dynastie des Hasmonéens au IIe siècle avant J.-C. Il fut également porté par plusieurs saints, dont deux apôtres. Simon se diffuse au Moyen Âge, connaît une envolée durant la Réforme, et maintient ses attributions dans les pays de culture judéo-chrétienne jusqu'au XIXe siècle. Son retour français est tardif, et somme toute modeste, puisqu'il ne dépasse pas le 35e rang masculin à son pic (au début des années 1990). ◇ Simon est le nom originel de l'apôtre qui devint saint Pierre. Jésus choisit ce nom pour lui en référence à la mission dont il fut investi, celle de bâtir des églises « solides comme de la pierre ». Apôtre de Jésus lui aussi, saint Simon, appelé le « zélote », aurait prêché l'Évangile en Perse avant de mourir martyr. Dans l'Ancien Testament, Simon, le fils de Jacob et Léa, est le fondateur d'une des 12 tribus d'Israël. ◇ Général et homme d'État sud-américain, Simon Bolívar combattit pour l'indépendance des colonies espagnoles d'Amérique. Il est le libérateur du Venezuela, de la Colombie, de l'Équateur et du Pérou. *Variantes :* Shimon, Siméo, Simson, Syméon, Symon. *Caractérologie :* résolution, méditation, savoir, volonté, intelligence.

Sinan
1 000 TOP 2 000

Protecteur (arabe). *Caractérologie :* pratique, communication, décision, enthousiasme, adaptation.

Sinclair
120

Se rapporte à Saint-Clair, nom de plusieurs villages français. Patronyme écossais assez courant. *Caractérologie :* sécurité, structure, efficacité, résolution, persévérance.

Sirius
190 TOP 2 000

Se rapporte au nom de l'étoile principale de la constellation du Grand Chien. Vue de la Terre, Sirius est l'étoile la plus brillante du ciel après le Soleil. *Caractérologie :* originalité, séduction, courage, dynamisme, énergie.

Sixte
400 TOP 2 000

Le sixième (latin). *Caractérologie :* audace, découverte, résolution, énergie, originalité.

Slimane
3 000 TOP 1 000

Intact, d'origine (arabe). *Variantes :* Slim, Sliman. *Caractérologie :* ambition, innovation, autorité, détermination, énergie.

Sloan
1 000 TOP 900

Guerrier (celte). Masculin anglais. *Caractérologie :* spiritualité, sagacité, philosophie, connaissances, originalité.

Smaïl
2 000

Forme arabe d'Ismaël : Dieu a entendu (hébreu). On peut estimer que moins de 30 enfants seront prénommés ainsi en 2021. *Variantes :* Smaël, Smaïn, Smaïne. *Caractérologie :* idéalisme, altruisme, dévouement, intégrité, réflexion.

Soan
10 000 TOP 100

Variante de Sohan ou forme de Jean usitée dans les îles Wallis-et-Futuna. Vainqueur de l'émission *Nouvelle Star* en 2009, Julien Decroix, dit Soan, a sans doute contribué au décollage fulgurant de ce prénom. *Variantes :* Soane, Soann, Soen, Sohann, Sohane. *Caractérologie :* engagement, méthode, ténacité, sens du devoir, fiabilité.

Les graines de stars

Nous nous intéressons de plus en plus au monde du spectacle et cet intérêt se répercute sur les prénoms que nous donnons à nos enfants. Nous les appelons comme nos vedettes préférées, mais aussi, parfois, comme leurs propres bébés.

Voici un bouquet de prénoms choisis par des people pour leur fils :

- Aaron chez Robert De Niro
- Adam chez David Pujadas
- Alessio chez Florian Thauvin et Charlotte Pirroni
- Alexander chez Amal et George Clooney
- Andrea chez Nicolas Devauchelle
- Andy chez Marilou Berry
- Angus chez Romain Bardet
- Archie chez Meghan Markle et le prince Harry
- Arthur chez Pippa Middleton
- Arzhel chez Alain Ducasse
- August chez Mark Zuckerberg
- Balthazar chez Clémentine Célarié
- Charlie chez Alice Taglioni
- Darius chez Claude Berri
- Ennis chez Kirsten Dunst
- Enzo chez Flavie Flament et Benjamin Castaldi
- Ethan chez Dany Boon
- Étienne chez Louise Bourgoin
- Evan chez Bruce Springsteen
- Félix chez Philippe Vandel et Dorothée Olliéric
- Gabin chez Karl Zéro
- Gaspard chez Jean-Louis Murat
- George chez Kate Middleton et le prince William
- Giacomo chez Sting
- Gustave chez Clémentine Célarié
- Hippolyte chez Blandine Bury et Nicolas Herman
- Isaac chez Virginie Ledoyen
- Isaiah chez Christina Milian et M. Pokora
- Jack chez Vanessa Paradis et Johnny Depp
- Joseph-Ali chez Brahim Asloum
- Kelyan chez Noémie Lenoir et Claude Makelele
- Léo chez Roger Federer
- Léon chez Jamel Debbouze
- Léonard chez Élodie Gossuin
- Léopold chez Michel Field
- Liam chez Calista Flockhart et Harrison Ford
- Lino chez Cécile de France

S

- Louis chez Kate Middleton et le prince William
- Luca chez Zinédine Zidane
- Lucien chez Serge Gainsbourg et Bambou
- Maël chez Yoan Gourcuff et Karine Ferri
- Mahé chez Maud Fontenoy
- Malo chez Samuel Étienne
- Marcel chez Guillaume Canet et Marion Cotillard
- Marin chez Nolwenn Leroy
- Mathis chez Joey Star
- Maxim chez Natalia Vodianova et Antoine Arnault
- Maximilian chez Andrea Casiraghi
- Milann chez Nabilla Benattia et Thomas Vergara
- Milo chez Lucie Lucas
- Nathan chez Anne-Sophie Pic
- Nino chez Clovis Cornillac
- Noah chez Laurent Koscielny
- Noé chez Judith Godrèche et Dany Boon
- Orlando chez Laetitia Casta
- Oscar chez Patrick Bruel
- Pablo chez Vincent Perez et Karine Silla
- Raoul chez Romane Bohringer et Philippe Rebbot
- Raphaël chez Juliette Binoche
- Roan chez Sharon Stone
- Roman chez MC Solaar
- Roméo chez Sylvie Tellier
- Ruben chez Raphaël Varane
- Sacha chez Laurent Delahousse
- Sam chez Tiger Woods
- Samuel chez Jennifer Garner et Ben Affleck
- Santiago chez Eva Longoria
- Sean chez Pascal Obispo
- Simon chez Jean Dujardin
- Souleiman chez Leïla Bekhti
- Tadéo chez Julie Gayet
- Thiago chez Lionel Messi
- Tristan chez Thierry Henry
- Ulysse chez Mathilda May et Gérard Darmon
- Victor chez Thierry Lhermitte
- Winter chez Alanis Morissette et Mario Souleye
- Yannis chez Grand Corps Malade

Socrate
- de 100

Salut et force (grec). Socrate, philosophe de la Grèce antique (Ve siècle avant J.-C.), n'a laissé aucun écrit. Il est connu par les témoignages de ses contemporains et les écrits de son disciple Platon. *Caractérologie :* humanité, rectitude, analyse, rêve, résolution.

Soen
2 000 TOP 400

Forme cornouaillaise d'Yves, étoile (japonais) et variante moderne de Soan. *Variante :* Sowen. *Caractérologie :* habileté, ambition, management, passion, force.

Sofian
6 000 TOP 2 000

Dévoué (arabe). On peut estimer que moins de 30 enfants seront prénommés ainsi en 2021. *Caractérologie :* innovation, ambition, autorité, énergie, détermination.

Sofiane
24 000 TOP 300

Dévoué (arabe). Ce prénom est particulièrement répandu dans les cultures musulmanes francophones. *Variantes :* Saufiane, Sofyan, Sofyane. *Caractérologie :* bienveillance, paix, conscience, conseil, résolution.

S

Sofien
1 000

Dévoué (arabe). *Variantes :* Sofiene, Sofienne, Sofyen. *Caractérologie :* audace, énergie, originalité, découverte, détermination.

Sohan
9 000 TOP 100

Étoile (arabe), beau, magnifique (sanscrit). *Variantes :* Soane, Soann, Soen, Sohann, Sohane. *Caractérologie :* ambition, force, management, passion, habileté.

Soïg
- de 100

Forme bretonne de François : libre, français (latin). *Caractérologie :* énergie, originalité, séduction, audace, découverte.

Sol
- de 100

Soleil (latin), et diminutif anglophone de Solomon. *Caractérologie :* dynamisme, audace, indépendance, assurance, direction.

Solal
4 000 TOP 300

Celui qui fraie un chemin (hébreu). *Caractérologie :* courage, curiosité, dynamisme, charisme, indépendance.

Solan
1 000 TOP 600

Solennel (latin). *Variantes :* Solane, Solann. *Caractérologie :* philosophie, originalité, connaissances, sagacité, spiritualité.

Sonny
3 000 TOP 2 000

Fils, garçon (anglais). Masculin anglais. On peut estimer que moins de 30 enfants seront prénommés ainsi en 2021. *Caractérologie :* bienveillance, conscience, conseil, paix, sagesse.

Sony
1 500

Fils, garçon (anglais). Masculin anglais. On peut estimer que moins de 30 enfants seront prénommés ainsi en 2021. *Variante :* Soni. *Caractérologie :* dynamisme, audace, assurance, direction, indépendance.

Sophian
1 000

Dévoué (arabe). *Variantes :* Sophiane, Sophien. *Caractérologie :* action, audace, dynamisme, détermination, direction.

Sorel
150

Sorbier (allemand). Masculin anglais. *Caractérologie :* exigence, influence, famille, équilibre, patience.

Soren
4 000 TOP 300

Grave, sérieux (latin). Soren est très répandu dans les pays scandinaves. *Caractérologie :* leadership, vitalité, achèvement, stratégie, détermination.

Les prénoms des tempêtes

Changement climatique ou pas, chaque année, des tempêtes se déchaînent aux quatre coins du monde. Les médias relayent alors des alertes dont les noms gracieux (Amélie, Gloria, Hervé, Ciara, etc.) ne sont pas le fruit du hasard ou de la créativité d'un météorologue isolé, loin de là…

Les scientifiques ont constaté que la population est beaucoup plus attentive aux consignes de sécurité quand la menace est clairement identifiée et nommée. L'annonce d'une tempête qui porte un prénom courant est davantage prise au sérieux. C'est la raison pour laquelle un typhon balayant le Japon se nommera Noru ou Usagi, tandis qu'un ouragan australien sera appelé Kate ou Jack.

Au niveau mondial, l'OMM (Organisation météorologique mondiale) établit et met à jour des listes qui suivent l'ordre alphabétique et respectent des critères de parité (alternance de prénoms masculins et féminins). Six listes alphabétiques sont utilisées en rotation chaque année (la liste de 2021 sera ainsi reprise en 2027). Mais si un cyclone est particulièrement dévastateur, son nom est retiré de la liste. Ainsi, Martin et Owen vont remplacer Matthew et Otto, qui ont laissé un souvenir ravageur de Cuba au Costa Rica en 2016.

Depuis 1954, l'Université libre de Berlin baptise anticyclones et dépressions. Les années paires, les anticyclones portent des noms masculins et les dépressions des noms féminins, et inversement les années impaires.

Enfin, depuis le 1er décembre 2017, en Europe, c'est au pays touché en premier par la tempête que revient le privilège de la baptiser. Ce système a le mérite d'uniformiser le nom de la perturbation météorologique quel que soit son parcours. Mais en période de Brexit, cette volonté d'harmonisation semble avoir du mal à s'imposer. Si la France, l'Espagne et le Portugal (bientôt probablement rejoints par l'Italie et la Grèce) sont parvenus à établir une liste commune, publiée chaque année en septembre, le Royaume-Uni et l'Irlande font bande à part et ont leur propre inventaire.

Pour ajouter à la confusion, depuis 2002, l'Institut météorologique de Berlin propose au grand public d'acheter le nom d'un futur phénomène météorologique sur le site « Adopt a vortex ». Les dépressions coûtent environ 199 € et les anticyclones, moins fréquents et plus étalés dans le temps, justifient un tarif plus élevé (299 €). Voilà une idée originale de cadeau de naissance pour votre futur bébé ! Mais attention, il faudra assumer les variations de pressions atmosphériques !

S

Sosthène

400 ↘

Celui dont la force est préservée (grec). Forme corse : Sostene. *Caractérologie :* conseil, conscience, paix, sensibilité, bienveillance.

Soufiane

4 000 TOP 2 000 ↘

Dévoué (arabe). On peut estimer que moins de 30 enfants seront prénommés ainsi en 2021. *Variantes :* Soufian, Souphiane, Soufien. *Caractérologie :* humanité, décision, rectitude, rêve, logique.

Souhéil

700 TOP 2 000 ↘

Préparer, faciliter un projet (arabe). *Variantes :* Sohaïl, Sohéil, Souhaïl, Souhayl. *Caractérologie :* résolution, ambition, force, analyse, habileté.

Souleymane
4 000 TOP 200

Sain, intact, en sécurité (arabe). *Variantes :* Soleiman, Souleiman, Soulemane, Souleyman, Souliman, Soulimane, Sulayman, Suliman. *Caractérologie :* ténacité, fiabilité, méthode, volonté, réalisation.

Sovan
- de 100

Or (cambodgien). *Variante :* Sovann. *Caractérologie :* achèvement, vitalité, stratégie, ardeur, volonté.

Spencer
150

Qui distribue des provisions (anglais). Masculin anglais. *Variante :* Spence. *Caractérologie :* habileté, détermination, force, ambition, bonté.

Stan
3 000 TOP 500

Diminutif des prénoms formés avec Stan. Masculin anglais et néerlandais. *Caractérologie :* altruisme, réflexion, idéalisme, intégrité, dévouement.

Stanislas
15 000 TOP 500

Forme francisée de Stanislav : commandeur glorieux (slave). *Variantes :* Stanis, Stanislav, Stanislawa, Stany, Stanyslas. *Caractérologie :* famille, décision, gestion, équilibre, sens des responsabilités.

S

Stanislaw
300

Commandeur glorieux (slave). *Caractérologie :* direction, dynamisme, décision, audace, gestion.

Stanley
3 000 TOP 900

Clairière rocailleuse (anglais). Masculin anglais. *Caractérologie :* famille, équilibre, organisation, sens des responsabilités, bonté.

Steeve
10 000

Couronné (grec). En dehors de l'Hexagone, ce prénom est particulièrement porté dans les pays anglophones. On peut estimer que moins de 30 enfants seront prénommés ainsi en 2021. *Variantes :* Steave, Steeves. *Caractérologie :* sécurité, efficacité, persévérance, structure, honnêteté.

Steeven
3 000

Couronné (grec). On peut estimer que moins de 30 enfants seront prénommés ainsi en 2021. *Variante :* Steevens. *Caractérologie :* idéalisme, dévouement, altruisme, intégrité, réflexion.

Steevy
700

Couronné (grec). *Variantes :* Steevie, Stevie, Stevy. *Caractérologie :* sens des responsabilités, famille, équilibre, influence, réussite.

Stefan
3 000 TOP 900

Couronné (grec). Stefan est très répandu en Allemagne, en Scandinavie et dans les pays slaves méridionaux. C'est aussi un choix traditionnel basque. *Caractérologie :* intuition, fidélité, relationnel, médiation, adaptabilité.

Stellio
- de 100

Étoile (latin). *Variante :* Stelio. *Caractérologie :* relationnel, décision, médiation, intuition, logique.

Sten
- de 100

Caillou (suédois). Masculin scandinave. *Caractérologie :* efficacité, sécurité, honnêteté, persévérance, structure.

Stéphan
12 000

Couronné (grec). Masculin allemand. *Variantes :* Stéfane, Stefano, Stéphann, Stéphanne. *Caractérologie :* médiation, fidélité, intuition, finesse, relationnel.

Stéphane
293 000 TOP 900

Couronné (grec). De nombreux saints, plusieurs papes et souverains ont porté ce prénom très répandu dans les pays occidentaux. Sous ses différentes graphies

(Stephan, Stefan, Stephen), il s'épanouit dans les pays chrétiens, grecs et latins, dès les premiers siècles. Mais à la fin du Moyen Âge, Stéphane est progressivement remplacé par Étienne, une forme française du prénom apparue après lui. Stéphane devient très rare en France jusqu'au milieu XXe siècle. Il rejaillit alors, avec toute la fougue d'un prénom neuf, pour rejoindre les premiers rangs masculins dans les années 1970. Loin devant Étienne, Stéphane trône sur le classement français à deux reprises. Il reste visible jusqu'à la fin du siècle avant de sombrer dans l'abîme. *Caractérologie :* savoir, indépendance, méditation, intelligence, finesse.

Stephen
6 000 ↘

Couronné (grec). Masculin anglais. On peut estimer que moins de 30 enfants seront prénommés ainsi en 2021. *Variantes :* Stefen, Steffen. *Caractérologie :* paix, bienveillance, conscience, conseil, finesse.

Stevan
900 ↘

Couronné (grec). Ce prénom est plus particulièrement répandu en Serbie et dans les pays anglophones. *Caractérologie :* altruisme, idéalisme, intégrité, réflexion, dévouement.

Steve
22 000 TOP 2 000 ↘

Couronné (grec). En dehors de l'Hexagone, ce prénom est particulièrement porté dans les pays anglophones. On peut estimer que moins de 30 enfants seront prénommés ainsi en 2021. *Variantes :* Steves, Stive, Stivy, Styve. *Caractérologie :* vitalité, achèvement, leadership, stratégie, ardeur.

Steven
33 000 TOP 1 000 ↘

Couronné (grec). Steven est très répandu dans les pays anglophones. *Variantes :* Steveen, Stevenn, Stewen, Stiven. *Caractérologie :* structure, persévérance, sécurité, efficacité, honnêteté.

Stevens
2 000

Couronné (grec). Masculin anglais. *Caractérologie :* découverte, audace, originalité, énergie, séduction.

Stevenson
110

Fils de Steven (anglais). Masculin anglais. *Caractérologie :* sagacité, connaissances, caractère, originalité, spiritualité.

Stig
- de 30

Le grand marcheur (scandinave). *Caractérologie :* assurance, audace, dynamisme, direction, indépendance.

Stuart
140

Qui prend soin (anglais). Ancien patronyme écossais. *Variante :* Stewart. *Caractérologie :* rectitude, humanité, rêve, ouverture d'esprit, gestion.

Styven
400

Couronné (grec). *Caractérologie :* influence, équilibre, famille, sens des responsabilités, réalisation.

Suleyman
1 000 TOP 900 ↗

Sain, intact, en sécurité (arabe). *Caractérologie :* sociabilité, réceptivité, diplomatie, cœur, réussite.

Suliac
- de 100

Soleil (celte). Masculin breton. *Variante :* Suliag. *Caractérologie :* sociabilité, diplomatie, loyauté, réceptivité, bonté.

Sullivan
6 000 TOP 2 000 ↘

Champ retourné sur une colline (vieil anglais). Patronyme anglophone assez répandu. On peut estimer que moins de 30 enfants seront prénommés ainsi en 2021. *Variante :* Sulivan. *Caractérologie :* fidélité, médiation, intuition, relationnel, détermination.

Sully
2 000 TOP 2 000 ➔

Nom de plusieurs villes et lieux du monde. Sully est également porté aussi sous forme de patronyme. On peut estimer que moins de 30 enfants seront prénommés ainsi en 2021. *Caractérologie :* achèvement, vitalité, ardeur, leadership, stratégie.

Sullyvan
2 000 TOP 2 000 ↘

Champ retourné sur une colline (vieil anglais). On peut estimer que moins de 30 enfants seront prénommés ainsi en 2021. *Variante :* Sulyvan. *Caractérologie :* altruisme, idéalisme, intégrité, réalisation, sympathie.

Sulpice
- de 100

Aide (latin). *Caractérologie :* structure, persévérance, sécurité, amitié, détermination.

Sunny
650 TOP 2 000 ↘

Ensoleillé (anglais). Masculin anglais. *Caractérologie :* amitié, créativité, optimisme, communication, pragmatisme.

Sven
1 500 TOP 900 ↘

Jeunesse (scandinave). Prénom suédois et néerlandais. *Variantes :* Svenn, Swen. *Caractérologie :* bienveillance, paix, sagesse, conscience, conseil.

Swan
4 000 TOP 200 ➔

Cygne (anglais). Prénom anglais. *Caractérologie :* générosité, pratique, enthousiasme, communication, adaptation.

Swann
5 000 TOP 300 ➔

Cygne (anglais). Masculin anglais. *Caractérologie :* achèvement, vitalité, stratégie, ardeur, leadership.

Swany
350 TOP 2 000 ↑

Cygne (anglais). *Variante :* Swanny. *Caractérologie :* dynamisme, indépendance, direction, assurance, audace.

Sydney
800 ➔

Habitant de Sidon (latin). Patronyme anglais ancien. Masculin anglais. *Caractérologie :* relationnel, intuition, fidélité, médiation, réalisation.

Sylvain
124 000 TOP 2 000 ➔

Forêt (latin). Prénom français. Dans la mythologie romaine, Sylvain était le dieu des Forêts et des Champs. On peut estimer que moins de 30 enfants seront prénommés ainsi en 2021. *Caractérologie :* pratique, communication, cœur, réussite, enthousiasme.

Sylvère
1 500

Forêt (latin). *Variantes :* Sylve, Sylver. *Caractérologie :* connaissances, sagacité, cœur, réussite, spiritualité.

Sylvestre
2 000

Habitant de la forêt (latin). *Variantes :* Silvester, Silvestre, Sylvester. *Caractérologie :* énergie, autorité, innovation, réalisation, sympathie.

Sylvian
550

Forêt (latin). *Variantes :* Sylvano, Sylvin. *Caractérologie :* communication, optimisme, réalisation, pragmatisme, bonté.

Sylvio
1 500 ➔

Forêt (latin). Prénom italien. On peut estimer que moins de 30 enfants seront prénommés ainsi en 2021. *Caractérologie :* enthousiasme, communication, réalisation, raisonnement, pratique.

Symphorien
- de 100

Unir, porter (grec). *Caractérologie :* intelligence, savoir, méditation, réalisation, volonté.

S

Variations orthographiques et inventions

Les inventions enrichissent chaque année le patrimoine français des prénoms. Qu'elles se traduisent par l'apparition de nouvelles consonances ou par la combinaison de plusieurs prénoms, elles sont de plus en plus prisées par les parents.

La plupart des combinaisons sont vouées à rester uniques et anonymes. Cependant, une poignée d'entre elles parviennent chaque année à se diffuser. C'est le cas de Danaël (Daniel et Maël), Timaé (variante de Timaël ou combinaison de Tim et des prénoms se terminant par « aé »), Lilwenn (Lily et Nolwenn) et Anaé (Anne et Hanaé) ou Kaëlys (Kaëlia et Maëlys), qui ont acquis une notoriété nationale.

Autre procédé utilisé, le recours aux variations : il est devenu très fréquent ces 20 dernières années. L'opération est simple : l'orthographe du prénom est altérée, mais sa prononciation reste inchangée. Aucun prénom répandu n'échappe à cette pratique. Même les plus improbables. Avec leurs trois lettres, Léo, Tom, Éva et Zoé auraient pu sembler hors d'atteinte, et pourtant... leurs homonymes Lého, Tome, Eeva et Zoey ne cessent de grandir, gonflant le cortège des Maëll, Enzzo, Anays, Camill et Mannon, pour ne citer que les plus visibles d'entre eux. Notons qu'avec 1 100 naissances estimées pour 2021, Lyam obtient la palme de la plus forte progression.

Dans ce contexte, on ne s'étonne plus que de nouveaux venus fassent tant d'émules en se couvrant de gloire. Comme Rihana, qui, en l'espace d'une décennie, s'est retrouvée affublée d'une quinzaine de variantes. Ou Aïdan, dont les dérivés se multiplient en France et dans les pays anglophones. Reste Kylian qui détient, avec plus de 50 graphies, le nombre record des altérations.

Le phénomène des inventions n'est pas nouveau et les prénoms difficiles à porter existent depuis belle lurette. Pour autant, un prénom excentrique, une variante orthographique peu commune ou difficile à prononcer sont le plus souvent portés comme un fardeau. Ils condamnent à épeler l'orthographe précise du prénom tout au long de la vie. Enfin, les moqueries d'enfants ou d'adultes sont rarement tendres. Elles peuvent causer des dégâts psychologiques et créer un réel handicap sur le long terme.

En Angleterre, en 2019, un sondage révélait qu'un parent sur sept regrettait le prénom choisi pour son enfant. Parmi ces parents, 14 % envisagent même de le faire modifier officiellement ! Leur première cause de regret est la trop grande popularité du prénom, mais les prénoms jugés très inhabituels ou difficiles à épeler sont également mis en cause... Le sondage a été réalisé par Channelmum.com auprès de 2 000 Britanniques.

Ces conclusions ne font que renforcer ce que nous venons d'évoquer. D'où la nécessité pour les parents de se poser les bonnes questions avant de faire leur choix de prénom !

T

Tadeusz
350

Courageux (grec). *Variantes :* Tadéo, Tadeus, Tadeuz, Thadeus, Thadeusz. *Caractérologie :* organisation, sens des responsabilités, équilibre, famille, finesse.

Tahar
2 000

Pureté, innocence (arabe). On peut estimer que moins de 30 enfants seront prénommés ainsi en 2021. *Variantes :* Taher, Tahir. *Caractérologie :* pratique, communication, enthousiasme, adaptation, générosité.

Tal
- de 100

Rosée (hébreu). *Caractérologie :* famille, équilibre, sens des responsabilités, influence, organisation.

Talha
500 TOP 2 000

Fleur d'acacia (arabe). *Caractérologie :* conscience, paix, bienveillance, conseil, gestion.

Tam
- de 30

Centre, cœur, esprit (vietnamien). *Caractérologie :* connaissances, philosophie, sagacité, spiritualité, originalité.

Tan
- de 100

Nouveau (vietnamien). *Caractérologie :* achèvement, leadership, stratégie, vitalité, ardeur.

Tancrède
700

Noble paix (germanique). *Caractérologie :* sagacité, spiritualité, organisation, détermination, connaissances.

Taner
170

Lumière du matin (turc). *Caractérologie :* efficacité, structure, sécurité, persévérance, résolution.

Tanguy
18 000

Chien ou guerrier de feu (celte). Masculin français et breton. On peut estimer que moins de 30 enfants seront prénommés ainsi en 2021. *Variante :* Tangui. *Caractérologie :* savoir, intelligence, méditation, organisation, bonté.

Tao
5 000 TOP 300

Voie, méthode, création (chinois), respectueux de ses parents (vietnamien). *Caractérologie :* ouverture d'esprit, rectitude, humanité, rêve, générosité.

Taran
- de 30

Paradisiaque (sanscrit), tonnerre (breton). Se prononce « Tarane ». Taran est très répandu en Inde. *Caractérologie :* altruisme, intégrité, réflexion, résolution, idéalisme.

Tarek
2 000 TOP 2 000

Étoile du matin (arabe). On peut estimer que moins de 30 enfants seront prénommés ainsi en 2021. *Caractérologie :* innovation, autorité, énergie, résolution, ambition.

Tarik
4 000 TOP 2 000

Étoile du matin (arabe). On peut estimer que moins de 30 enfants seront prénommés ainsi en 2021. *Variantes :* Tarak, Tarick, Tariq. *Caractérologie :* découverte, énergie, originalité, audace, séduction.

Tayeb
1 000 TOP 2 000

De nature calme et bienveillante (arabe). *Caractérologie :* passion, force, habileté, ambition, management.

Taylor
1 000 TOP 900

Tailleur (anglais). Patronyme anglais ancien. Masculin anglais. *Caractérologie :* autorité, énergie, organisation, innovation, analyse.

Tayron
1 500 TOP 500

Du comté d'Eoghan (irlandais). Masculin anglais. *Caractérologie :* pratique, communication, enthousiasme, adaptation, résolution.

Ted
500

Don de Dieu (grec). *Caractérologie :* intuition, médiation, adaptabilité, relationnel, fidélité.

Teddy
23 000 TOP 800

Don de Dieu (grec). Ce prénom est plus particulièrement répandu aux États-Unis. *Variantes :* Teddie, Tedy, Theddy. *Caractérologie :* ténacité, méthode, fiabilité, engagement, sens du devoir.

Teiki
- de 100

Le roi des dieux rêveurs (tahitien). *Caractérologie :* rectitude, rêve, humanité, générosité, ouverture d'esprit.

Télémaque
- de 30

Combat à distance (grec). *Caractérologie :* rectitude, gestion, rêve, attention, humanité.

Télio
1 500 TOP 400

Dérivé de Téliau, nom du saint qui fonda au VIe siècle le monastère de Llandav (pays de Galles), dont il fut évêque. Téliau (aussi orthographié Télo) est le patron de plusieurs villages bretons. *Variantes :* Teilo, Téliau, Télo, Thélau, Théliau, Thélio, Tilio. *Caractérologie :* intelligence, savoir, méditation, indépendance, logique.

Telmo
- de 100

Protection divine (germanique). Masculin espagnol et portugais. *Caractérologie :* médiation, relationnel, intuition, fidélité, volonté.

Téo
10 000 TOP 400

Dieu (grec). Téo est particulièrement répandu en Italie et dans les pays hispanophones. *Caractérologie :* efficacité, sécurité, persévérance, structure, honnêteté.

Teoman
350

Nom du chanteur et compositeur turc Fazli Teoman. On trouve également Téoman écrit avec l'accent aigu. *Caractérologie :* originalité, audace, découverte, énergie, caractère.

Térence
3 000 TOP 1 000

Tendre, gracieux (grec). Masculin anglais. *Variantes :* Terrence, Therence. *Caractérologie :* indépendance, sagesse, méditation, savoir, intelligence.

Terry
3 000 TOP 2 000

Tendre, gracieux (grec). Masculin anglais. On peut estimer que moins de 30 enfants seront prénommés ainsi en 2021. *Variantes :* Tery, Therry, Théry. *Caractérologie :* séduction, énergie, découverte, originalité, audace.

Teva
750

Grand voyageur (tahitien). Écrit avec un accent, Téva signifie également « fruit de la nature » en hébreu. *Caractérologie :* optimisme, pragmatisme, communication, sociabilité, créativité.

Thaddée
250

Courageux (araméen). *Variantes :* Thad, Thade, Thadée. *Caractérologie :* sensibilité, sociabilité, réceptivité, loyauté, diplomatie.

T

Thaï
- de 100

Plusieurs (vietnamien). *Caractérologie :* fidélité, relationnel, adaptabilité, intuition, médiation.

Thaïs
1 000 TOP 700

En grec, thais signifie « lien, bandage ». Voir Thaïs au féminin. *Caractérologie :* pratique, adaptation, communication, enthousiasme, générosité.

Thanh
350

Fin, clair, couleur bleue ou muraille (idée de solidité), achevé (vietnamien). *Caractérologie :* sens des responsabilités, équilibre, famille, influence, sensibilité.

Thao
1 000 TOP 500

Respectueux de ses parents (vietnamien). Nom d'une ethnie autochtone de Taïwan parlant le thao. *Caractérologie :* vitalité, achèvement, stratégie, ardeur, leadership.

Théau
800

Dieu (grec). *Caractérologie :* innovation, autorité, énergie, sensibilité, organisation.

T

Thècle
- de 30

Gloire de Dieu (grec). *Caractérologie :* stratégie, vitalité, ardeur, achèvement, attention.

Théo
124 000 TOP 50

Dieu (grec). *Caractérologie :* communication, pragmatisme, optimisme, créativité, attention.

Théobald
- de 100

Peuple courageux (germanique). Théobald est plus particulièrement usité dans les pays anglophones, en Allemagne et en Alsace. *Variantes :* Téobald, Théobaldo. *Caractérologie :* sécurité, persévérance, structure, caractère, attention.

Théoden
140

Théoden est un personnage de fiction. Il est le roi de Rohan dans *Le Seigneur des Anneaux*, de Tolkien. Dans l'Hexagone, les premières attributions de Théoden ont été recensées en 2004. *Caractérologie :* volonté, finesse, stratégie, vitalité, attention.

Théodore
7 000 TOP 300

Don de Dieu (grec). Deux papes, deux empereurs et de nombreux saints ont illustré ce prénom. Soldat romain chrétien au IIIe siècle, saint Théodore mourut martyr à Amasée, en Asie Mineure. Théodore est un prénom anglais et français. *Variantes :* Fedor, Feodor, Téodor, Téodore, Téodoric, Téodorick, Téodoro, Theodor, Théodoric. *Caractérologie :* altruisme, volonté, intégrité, idéalisme, finesse.

Théodose
- de 30

Don de Dieu (grec). Théodose Ier le Grand est le dernier empereur qui régna sur un Empire romain unifié. Il fonda la dynastie théodosienne qui vit fleurir les premiers empereurs d'Orient. *Caractérologie :* dynamisme, direction, sensibilité, indépendance, volonté.

Théodosio
- de 30

Don de Dieu (grec). *Variantes :* Téodosio, Théodose. *Caractérologie :* relationnel, intuition, attention, médiation, caractère.

Théodule
120

Serviteur de Dieu (grec). *Caractérologie :* diplomatie, loyauté, volonté, sociabilité, écoute.

Théophane
1 500

Apparition divine (grec). On peut estimer que moins de 30 enfants seront prénommés ainsi en 2021. *Variante :* Téophane. *Caractérologie :* diplomatie, réceptivité, sociabilité, attention, loyauté.

Théo

Fête :
9 novembre

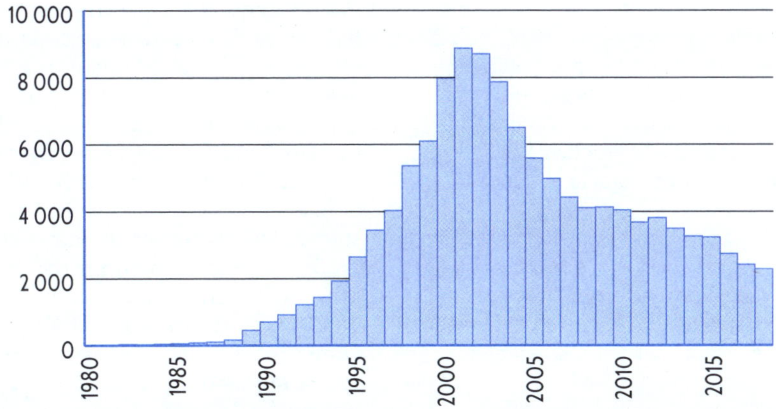

Étymologie

Du grec *theos*, « Dieu ». Si Théo est un prénom à part entière, il fut longtemps utilisé comme diminutif de Théodore (Théophane, Théotime, etc.). Ces prénoms de tradition grecque se sont diffusés en Europe à partir du XVIe siècle ; ils doivent leur côté rétro au pic d'attribution français qui les distingua au XIXe siècle.

À la fin des années 1980, l'essor des prénoms courts fait pour la première fois surgir Théo dans l'Hexagone. Il prend l'avantage sur Théodore d'autant plus aisément que ce dernier est au plus bas de sa popularité. Dès lors, sa carrière est lancée. Théo brille dans les trois premiers rangs masculins de 2000 à 2003 et se maintient, aujourd'hui encore, dans le top 30 national.

L'essor de Théo a donné un nouvel élan à Timothée et Théotime, dont Timéo a brièvement bénéficié. Malgré son incursion dans le top 30 féminin en 2018, Théa n'a pas convaincu. Elle a cependant entraîné dans son sillage des variantes créatives comme Théoxane, Théonie et Théotine.

Théo a séduit de nombreux parents francophones. S'il n'a pas encore percé dans le top 20 québécois, il évolue en haut des tableaux suisses romands et wallons. Mais son succès se mesure également dans les pays scandinaves et anglophones. Ce qui n'empêche pas Théodore de briller dans les tops 20 anglais et canadien.

Soldat de l'armée romaine au temps de Maximien (vers 303), **saint Théodore** fut martyrisé à Amasée (Turquie) après avoir déclaré sa foi et incendié un temple païen dédié à la déesse Rhéa. Théodore est le patron des soldats.

Personnes célèbres

Théodore Roosevelt, président des États-Unis de 1901 à 1909, qui reçut le prix Nobel de la paix en 1906 ; Théodore Géricault (1791-1824), peintre français auquel on doit *Le Radeau de la Méduse*.

Statistiques

Théo est le 5e prénom masculin le plus donné en France depuis l'an 2000. Il est attribué à près d'un garçon sur 180 aujourd'hui.

T

Théophile
8 000 TOP 500
Qui aime Dieu (grec). Masculin français. *Variantes :* Téophile, Théofil, Théophil. *Caractérologie :* habileté, force, ambition, analyse, finesse.

Théotime
1 500 TOP 2 000
Honorer Dieu (grec). On peut estimer que moins de 30 enfants seront prénommés ainsi en 2021. *Variantes :* Théotim, Théotine. *Caractérologie :* attention, courage, caractère, curiosité, dynamisme.

Thiago
5 000 TOP 200
Forme lusophone de Tiago. *Variante :* Thyago. *Caractérologie :* équilibre, famille, sens des responsabilités, influence, action.

Thibaud
15 000 TOP 1 000
Peuple courageux (germanique). *Variantes :* Thibauld, Thiébaud, Thiebault, Thiébaut, Thuriau, Thybault, Tibald, Tibaud, Tibauld, Tibault. *Caractérologie :* sociabilité, réceptivité, diplomatie, organisation, loyauté.

T

Thibault
54 000 TOP 200
Peuple courageux (germanique). Masculin français. *Caractérologie :* pratique, communication, enthousiasme, adaptation, organisation.

Thibaut
36 000 TOP 400
Peuple courageux (germanique). Masculin français. *Caractérologie :* intégrité, idéalisme, réflexion, gestion, altruisme.

Thiefaine
200
Apparition divine (grec). *Variante :* Tiephaine. *Caractérologie :* énergie, sensibilité, découverte, détermination, audace.

Thierry
269 000
Gouverneur du peuple (germanique). Un roi des Francs et un saint fondateur de l'abbaye du Mont-d'Or (près de Reims) ont porté ce nom au VIe siècle. Malgré sa notoriété, Thierry peine à se diffuser en France. C'est au cœur du XXe siècle qu'il s'élance de nouveau, avec tant de vigueur qu'il lui faut moins d'une décennie pour atteindre l'élite des attributions. Le succès du feuilleton télévisé *Thierry la Fronde*, diffusé en 1963, a indéniablement soutenu son accession au trône (en 1965). On peut estimer que moins de 30 enfants seront prénommés ainsi en 2021. *Variantes :* Thierno, Tierry. *Caractérologie :* sécurité, persévérance, structure, ressort, finesse.

Thiery
950
Gouverneur du peuple (germanique). *Caractérologie :* structure, persévérance, sécurité, ressort, finesse.

Thiméo
3 000 TOP 400
Honorer Dieu (grec). *Caractérologie :* intelligence, volonté, savoir, méditation, sensibilité.

Thom
400 TOP 2 000
Ananas, parfumé (vietnamien), diminutif anglophone de Thomas. *Caractérologie :* médiation, intuition, relationnel, fidélité, adaptabilité.

Thomas
273 000 TOP 100
Jumeau (araméen). *Variante :* Thoma. *Caractérologie :* ténacité, méthode, fiabilité, sens du devoir, engagement.

Thomy
160
Jumeau (araméen). *Caractérologie :* rectitude, humanité, rêve, générosité, ouverture d'esprit.

Thomas, Tom

Fêtes :
28 janvier, 3 juillet

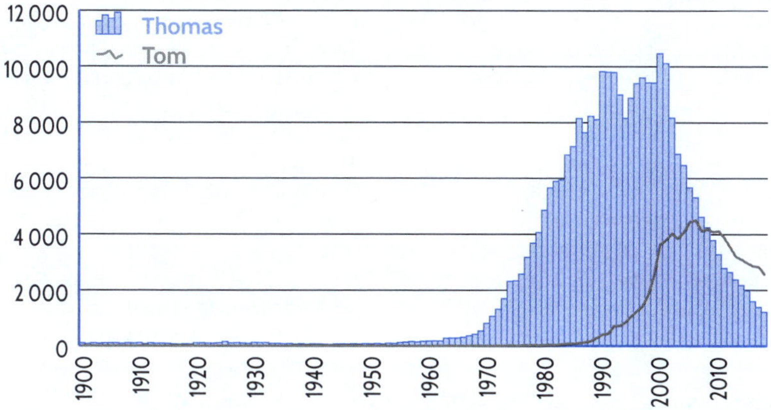

Étymologie

De l'araméen *toma*, « jumeau ». Ce vieux prénom doit sa notoriété au fait qu'il fut porté par de nombreux saints. Attribué depuis des siècles dans les pays anglophones, Thomas n'émerge pourtant pas en France avant les années 1980. De quelle manière comble-t-il son retard ! Propulsé par une croissance fulgurante, il s'impose à la tête des prénoms français en 1996 et s'y maintient pendant six ans. Aujourd'hui, son reflux le fait chuter dans le top 70 national.

En attendant plus ample dérive française, Thomas résiste encore dans les tops 20 québécois et suisse romand. Par ailleurs, il est encore prisé au Royaume-Uni et en Australie.

Tom résiste beaucoup mieux. Ce prénom, courant aux États-Unis au XIXe siècle, a été découvert dans les années 1980 en France. Soutenu par la vogue des prénoms courts et sa jeunesse, il a intégré le top 20 national en 2003. Il devrait se maintenir dans les 25 premières places en 2021.

Saint Thomas, apôtre de Jésus au Ier siècle, est célèbre pour avoir douté de la résurrection du Christ avant de lui proclamer sa foi. Il est le patron des architectes et des maçons.

Saint Thomas d'Aquin vécut au XIIIe siècle. Auteur de la *Somme théologique*, il est considéré comme l'un des plus grands théologiens de l'histoire chrétienne. Il est le patron des universités.

Personnes célèbres

Thomas Hobbes, philosophe anglais (1588-1679) ; Thomas Jefferson, président des États-Unis (1743-1826) ; Thomas Paine, écrivain anglais (1737-1809) ; Thomas Edison, inventeur américain du premier phonographe et de l'électricité (1847-1931) ; Thomas Pesquet, spationaute français, né en 1978 ; Thomas Dutronc, musicien, né en 1973 ; Tom Hanks, acteur américain, né en 1956.

Statistiques

Thomas est le 8e prénom masculin le plus donné en France depuis l'an 2000. Il est attribué à près d'un garçon sur 350 aujourd'hui. Placé au 15e rang du classement, **Tom** devrait prénommer un garçon sur 150.

Thony
450

Inestimable (latin), fleur (grec). *Caractérologie :* innovation, énergie, autorité, sensibilité, ambition.

Thyméo
2 000 TOP 500

Honorer Dieu (grec). *Caractérologie :* sensibilité, curiosité, dynamisme, courage, volonté.

Tiago
18 000 TOP 50

Supplanter, talonner (hébreu). Voir Santiago. Tiago est très répandu au Portugal. *Variante :* Tyago. *Caractérologie :* intelligence, méditation, spiritualité, savoir, sensibilité.

Tibère
- de 100

Autel, lieu saint (anglais). *Variantes :* Tiber, Tibor. *Caractérologie :* curiosité, courage, dynamisme, charisme, indépendance.

Tibo
750 TOP 2 000

Peuple courageux (germanique). *Caractérologie :* dynamisme, direction, assurance, audace, indépendance.

T

Tidiane
1 500 TOP 600

Prénom sénégalais dont l'origine est inconnue. *Caractérologie :* vitalité, achèvement, détermination, stratégie, ardeur.

Tifenn
180

Apparition divine (grec). Masculin breton. *Variante :* Thiphaine. *Caractérologie :* courage, dynamisme, charisme, curiosité, indépendance.

Tilian
300

Combatif (germanique). *Variantes :* Tylan, Tylian, Tilien. *Caractérologie :* organisation, médiation, volonté, fidélité, relationnel.

Tilio
2 000 TOP 400

Dérivé de Téliau, nom du saint qui fonda au VIe siècle le monastère de Llandav (pays de Galles), dont il fut évêque. Téliau (aussi orthographié Télo) est le patron de plusieurs villages bretons. Telo, évêque de Llandav (pays de Galles) au VIe siècle, est le patron de plusieurs villages bretons (Landeleau, Leuhan, Saint-Thélo et Montertelot). *Variantes :* Till, Tillo, Tylio. *Caractérologie :* intuition, relationnel, médiation, raisonnement, adaptabilité.

Tim
7 000 TOP 300

Honorer Dieu (grec). Tim est très en vogue dans les pays germanophones, anglophones et néerlandophones. *Caractérologie :* paix, bienveillance, conseil, conscience, sagesse.

Timaé
700 TOP 500

Variante de Timaël, combinaison de Tim et des prénoms se terminant par « aé ». *Caractérologie :* optimisme, partage, détermination, dialogue, adaptation.

Timaël
1 500 TOP 500

Contraction de Timéo et Maël. Timaël a été attribué pour la première fois dans l'Hexagone en 1999. *Variante :* Tymaël. *Caractérologie :* conscience, organisation, conseil, paix, bienveillance.

Timao
300 TOP 2 000

Variante possible de Timéo, ou contraction du préfixe « Ti » et « Mao ». *Caractérologie :* sécurité, structure, persévérance, honnêteté, efficacité.

Timéo
43 000 TOP 50

Comme Timothée, Timéo tire ses origines du grec *timè*, « tenir en honneur », et *théos*, « Dieu », d'où le sens : « honorer Dieu ». Le premier Timéo de France naît en 1998, au moment où Théo s'envole vers les cimes du classement. Figure de proue des terminaisons en « éo », Théo aspire Mathéo, Hugo et Léo dans son sillage, puis fait renaître ses ancêtres Timothée, Théodore et Théotime. Timéo s'est imposé dans le top 20 français en 2007 et s'y est maintenu durant 10 ans. *Variantes :* Thiméo, Thyméo, Timo. *Caractérologie :* vitalité, achèvement, caractère, ardeur, stratégie.

Timo
600 TOP 2 000

Honorer Dieu (grec). Masculin allemand, scandinave, espagnol, italien et néerlandais. *Caractérologie :* communication, pragmatisme, sociabilité, optimisme, créativité.

Timothé
15 000 TOP 200

Honorer Dieu (grec). Masculin français. *Caractérologie :* idéalisme, finesse, volonté, intégrité, altruisme.

Timothée
21 000 TOP 200

Honorer Dieu (grec). Disciple de Paul au Ier siècle, saint Timothée fut martyrisé à Éphèse (en Turquie). Timothée est un prénom français. *Variantes :* Timmy, Timon, Timoté, Timotei, Timotéo, Thimoté, Thimotée, Thimothé, Timothey, Tymothé. *Caractérologie :* dynamisme, curiosité, courage, attention, caractère.

Timothy
2 000 TOP 2 000

Honorer Dieu (grec). Masculin anglais. *Variante :* Timoty. *Caractérologie :* réceptivité, ressort, loyauté, diplomatie, sociabilité.

Timour
250

De grande taille (hébreu). *Variante :* Timur. *Caractérologie :* paix, conseil, bienveillance, conscience, analyse.

Tino
3 000 TOP 400

Diminutif des prénoms se terminant par « Tino ». Masculin italien. *Caractérologie :* sens du devoir, structure, honnêteté, efficacité, persévérance.

Titien
- de 100

Honorable (grec). *Caractérologie :* énergie, originalité, découverte, audace, séduction.

Tito
250

Honorable (grec). Masculin italien, espagnol et portugais. *Caractérologie :* autorité, innovation, énergie, autonomie, ambition.

Titouan
21 000 TOP 300

Petit Antoine (occitan). Malgré ses racines occitanes, Titouan est essentiellement attribué en Bretagne aujourd'hui. Bon nombre de parents choisissent ce prénom en hommage au navigateur et artiste Titouan Lamazou. *Caractérologie :* direction, dynamisme, audace, raisonnement, détermination.

Titus
- de 30

Qui rend honneur (latin). Ce prénom romain est plus traditionnellement usité en Corse. *Variante :* Tiziano. *Caractérologie :* ambition, force, habileté, passion, gestion.

Tiziano
950 TOP 900

Qui rend honneur (latin). Prénom italien. *Caractérologie :* engagement, finesse, fiabilité, ténacité, responsabilité.

Tobias
2 000 TOP 400

Dieu est bon (hébreu). Tobias est particulièrement répandu dans les pays scandinaves et aux Pays-Bas. *Variantes :* Tobie, Toby. *Caractérologie :* sociabilité, pragmatisme, communication, créativité, optimisme.

T

Tobie
- de 100

Dieu est bon (hébreu). *Caractérologie :* influence, famille, sens des responsabilités, exigence, équilibre.

Todd
- de 100

Renard (anglais). *Caractérologie :* spiritualité, connaissances, originalité, philosophie, sagacité.

Tom
87 000 TOP 50

Jumeau (araméen). *Caractérologie :* pragmatisme, créativité, optimisme, sociabilité, communication.

Tomas
2 000 TOP 700

Jumeau (araméen). Masculin écossais, espagnol, portugais, scandinave et tchèque. *Variantes :* Toma, Tomaso, Tomi. *Caractérologie :* découverte, énergie, audace, originalité, séduction.

Tomislav
- de 100

Jumeau (araméen). Tomislav est particulièrement répandu en Croatie et en Pologne. *Caractérologie :* communication, pratique, enthousiasme, organisation, analyse.

T

Tommy
6 000 TOP 800

Jumeau (araméen). Ce prénom est particulièrement recensé aux États-Unis. *Caractérologie :* originalité, audace, énergie, découverte, séduction.

Tomy
1 500 TOP 2 000

Jumeau (araméen). Masculin anglais. *Caractérologie :* énergie, ambition, innovation, autonomie, autorité.

Toni
2 000 TOP 2 000

Inestimable (latin), fleur (grec). Toni est particulièrement usité dans les pays germanophones, anglophones, en Italie et en Provence (Tòni). On peut estimer que moins de 30 enfants seront prénommés ainsi en 2021. *Caractérologie :* persévérance, sécurité, honnêteté, efficacité, structure.

Tony
50 000 TOP 400

Inestimable (latin), fleur (grec). Tony est répandu dans les pays anglophones. *Variantes :* Tonio, Tonny. *Caractérologie :* diplomatie, sociabilité, réceptivité, loyauté, bonté.

Toufik
2 000

Succès, harmonie (arabe). On peut estimer que moins de 30 enfants seront prénommés ainsi en 2021. *Variantes :* Tofik, Toufic, Toufike. *Caractérologie :* raisonnement, ambition, autorité, énergie, innovation.

Toussaint
1 500

« Tous les saints » (latin). *Caractérologie :* pratique, enthousiasme, communication, analyse, résolution.

Trevis
450

Le passeur (vieux français). Masculin anglais. *Variante :* Travis. *Caractérologie :* pragmatisme, créativité, communication, optimisme, résolution.

Trévor
350

Grande victoire (gallois). Ce prénom gallois est usité dans les pays anglophones. C'est aussi un choix traditionnel breton. *Caractérologie :* force, ambition, habileté, passion, caractère.

Tristan
41 000 TOP 200

Révolte, tumulte (celte). Ce prénom médiéval, rendu célèbre par la légende de *Tristan et Iseut*, est peu usité jusqu'à la fin du XXe siècle. Il renaît dans les pays anglophones (particulièrement aux États-Unis) et en France, où il atteint le 50e rang en 2001. Malgré son déclin subséquent, Tristan est encore un prénom de choix aujourd'hui. ◇ Chevalier de la Table ronde, Tristan était éperdument amoureux d'Iseut la blonde, mais il dut se résoudre à épouser Iseut aux blanches mains. Le récit de cette passion tragique a transcendé les siècles et inspiré nombre de poètes et musiciens. *Caractérologie :* diplomatie, sociabilité, décision, loyauté, réceptivité.

Trystan
1 500 TOP 2 000 ↘

Révolte, tumulte (celte). Voir Tristan. On peut estimer que moins de 30 enfants seront prénommés ainsi en 2021. *Caractérologie :* altruisme, intégrité, réflexion, détermination, idéalisme.

Tuan
150

Talent, savoir (vietnamien). *Caractérologie :* organisation, intuition, relationnel, médiation, fidélité.

Tugdual
650

Peuple, valeur (celte). Prénom breton. *Caractérologie :* dynamisme, curiosité, courage, gestion, réussite.

Tullio
- de 30

Se rapporte au patronyme italien Tullius. Masculin italien. *Variante :* Tulio. *Caractérologie :* stratégie, achèvement, vitalité, raisonnement, ardeur.

Txomin
250 →

Qui appartient au Seigneur (latin). *Caractérologie :* dynamisme, curiosité, indépendance, caractère, courage.

Ty
- de 100

Bâtisseur de maisons (anglais). *Caractérologie :* humanité, ouverture d'esprit, rêve, rectitude, générosité.

Tyler
2 000 TOP 400 →

Bâtisseur de maisons (anglais). Masculin anglais. *Caractérologie :* force, ambition, passion, habileté, bonté.

Tylian
1 000 TOP 700 →

Puissance, combat (germanique). *Caractérologie :* humanité, détermination, rectitude, amitié, rêve.

Tylio
1 500 TOP 300 ↗

Variante moderne de Tilio. Voir ce prénom. *Caractérologie :* raisonnement, résolution, résilience, générosité, indulgence.

Tyméo
5 000 TOP 300 →

Honorer Dieu (grec). Masculin français. *Caractérologie :* influence, caractère, équilibre, famille, sens des responsabilités.

Tyron
2 000 TOP 600 ↘

Du comté d'Eoghan (irlandais). *Variante :* Tyrone. *Caractérologie :* relationnel, médiation, intuition, adaptabilité, fidélité.

Tyson
650 TOP 2 000 →

Braises (vieux français). *Variante :* Tayson. *Caractérologie :* adaptation, pratique, communication, générosité, enthousiasme.

U

Ugo
11 000 TOP 500 ↘

Esprit, intelligence (germanique). Masculin italien. *Caractérologie :* spiritualité, connaissances, sagacité, originalité, philosophie.

Ugolin
- de 100

Esprit, intelligence (germanique). Dans l'Hexagone, Ugolin a été plus traditionnellement usité en Occitanie et en Provence. *Caractérologie :* logique, cœur, conscience, bienveillance, paix.

Ulric
600

Puissance (germanique). Masculin anglais. Dans l'Hexagone, Ulric est plus traditionnellement usité en Occitanie. *Variante :* Ulrico. *Caractérologie :* altruisme, réflexion, dévouement, intégrité, idéalisme.

Ulrich
3 000 ↘

Puissance (germanique). En dehors de l'Hexagone, Ulrich est plus particulièrement usité en Allemagne. On peut estimer que moins de 30 enfants seront prénommés ainsi en 2021. *Variantes :* Uli, Ulrick, Ulrik, Ulrike, Ulrique. *Caractérologie :* ambition, force, management, habileté, passion.

Ulysse
8 000 TOP 200 ↗

Courroucé (latin). Héros de la mythologie grecque, Ulysse est l'un des personnages principaux de *L'Iliade* et de *L'Odyssée*. Habile et ingénieux, Ulysse invente le stratagème du cheval de Troie qui cause la perte de la ville. Dans *L'Odyssée*, Homère relate le voyage semé d'embûches qu'Ulysse doit surmonter pour regagner Ithaque, sa patrie. Ulysse est un prénom français. *Variantes :* Ulisse, Ulix, Ulyxes. *Caractérologie :* fidélité, relationnel, intuition, médiation, cœur.

Umberto
500

Esprit brillant (germanique). Masculin italien. *Variantes :* Umbert, Umbertino. *Caractérologie :* sécurité, persévérance, structure, volonté, raisonnement.

Umea
- de 30

Enfant (basque). *Caractérologie :* ténacité, méthode, engagement, sens du devoir, fiabilité.

Urbain
950

De la ville (latin). *Variante :* Urban. *Caractérologie :* organisation, résolution, médiation, relationnel, intuition.

Uriel
500 TOP 2 000 ↑

Dieu est ma lumière (hébreu). Prénom breton. *Variantes :* Uriah, Urias. *Caractérologie :* médiation, intuition, fidélité, relationnel, adaptabilité.

U

V

Vaclav
- de 30

Gloire immense (slave). Masculin tchèque. *Caractérologie :* méditation, savoir, intelligence, sagesse, indépendance.

Vadim
3 000 TOP 400

Règne glorieux (slave). Ce prénom russe est répandu dans les pays slaves et en Roumanie. *Caractérologie :* structure, sécurité, persévérance, efficacité, honnêteté.

Vahe
200

Le meilleur (prénom arménien d'origine iranienne). *Caractérologie :* intégrité, altruisme, idéalisme, réflexion, dévouement.

Valentin
106 000 TOP 50

Vaillant (latin). Le 14 février célèbre la mémoire de saint Valentin, un prêtre romain martyrisé par l'empereur Claudius au IIIe siècle. Le culte dont il fit l'objet répandit le nom parmi les premiers chrétiens. Il se raréfia ensuite, et le pape qui choisit ce nom au IXe siècle ne put enrayer son reflux. Valentin renaît au moment où un conte médiéval folklorique, *Valentin et Orson*, le remet au goût du jour (au XIIIe siècle). Il se propage alors à l'Angleterre, où l'on trouve Valentine attribué dans les deux genres, et se manifeste plus irrégulièrement en France jusqu'à la fin du XXe siècle. En 1996, Valentin s'est hissé au 12e rang masculin après un jaillissement soudain. Il jouit d'une certaine popularité aujourd'hui. ◇ L'origine de la Saint-Valentin, la fête des amoureux, remonte au XVe siècle et à l'idée reçue que les oiseaux s'accouplent à ce moment-là. *Variantes :* Valentino, Valence, Valens. Forme basque : Balentin. *Caractérologie :* méditation, savoir, organisation, intelligence, résolution.

Valentino
1 500 TOP 600

Vaillant (latin). Prénom italien. *Caractérologie :* méthode, logique, ténacité, caractère, fiabilité.

Valère
2 000

Valeureux (latin). On peut estimer que moins de 30 enfants seront prénommés ainsi en 2021. *Caractérologie :* rêve, humanité, tolérance, rectitude, décision.

Valérian
3 000 TOP 700

Valeureux (latin). Masculin français. *Caractérologie :* direction, indépendance, audace, dynamisme, résolution.

Valérien
120

Valeureux (latin). *Caractérologie :* courage, curiosité, détermination, indépendance, dynamisme.

Valéry
4 000

Valeureux (latin). Prénom russe. *Variantes :* Valéri, Valeriano. Formes basques : Balere, Baleri. *Caractérologie :* intuition, relationnel, sympathie, médiation, réalisation.

Valmont
- de 100

Protection du gouverneur (germanique). *Variantes :* Valmon, Valmond. *Caractérologie :* gestion, connaissances, spiritualité, caractère, sagacité.

Valter
160

Commander, gouverner (germanique). *Caractérologie :* bienveillance, paix, organisation, détermination, conscience.

Van
550

Bourg (arménien). Au Vietnam, Van est traditionnellement attribué comme deuxième prénom pour indiquer le sexe (masculin) de l'individu. *Caractérologie :* innovation, énergie, ambition, autorité, autonomie.

Vania
- de 100

Diminutif russe d'Ivan (Jean en français) : Dieu fait grâce (hébreu). *Variante :* Vanya. *Caractérologie :* médiation, relationnel, intuition, fidélité, résolution.

Vartan
- de 100

Rose (arménien). *Caractérologie :* persévérance, structure, résolution, sécurité, efficacité.

Vasco
700 TOP 2 000

Masculin espagnol, italien et portugais. Dérivé possible de Velasco. Ce patronyme espagnol, en usage au Moyen Âge, signifierait « corbeau » en basque. Vasco de Gama, grand navigateur portugais, est le premier Européen qui arriva aux Indes par voie maritime en contournant le cap de Bonne-Espérance, en 1498. *Caractérologie :* sens des responsabilités, volonté, exigence, confiance, sagesse.

Vassili
600

Roi (grec). *Variantes :* Vasili, Vassilis, Vassily, Wassily. *Caractérologie :* ambition, autorité, innovation, énergie, autonomie.

Veli
200

Frère (finnois), gardien (turc). *Caractérologie :* enthousiasme, pratique, communication, adaptation, générosité.

Venceslas
250

Gloire immense (slave). *Caractérologie :* direction, indépendance, audace, dynamisme, assurance.

Veran
- de 30

Vrai (latin), foi (slave). Masculin serbe. Dans l'Hexagone, Veran a été plus traditionnellement usité en Occitanie. *Variante :* Verano. *Caractérologie :* sens des responsabilités, équilibre, famille, détermination, influence.

Vianney
5 000 TOP 700

Se rapporte à Jean-Marie Vianney, curé d'Ars qui fut canonisé au XXe siècle. *Caractérologie :* idéalisme, intégrité, altruisme, réussite, décision.

Vicente
1 000

Qui triomphe (latin). Prénom espagnol. *Variante :* Vicenzo. *Caractérologie :* influence, équilibre, famille, sens des responsabilités, exigence.

Victor
83 000 TOP 50

Victorieux (latin). ◇ Soldat chrétien au IIIe siècle, saint Victor mourut martyr à Marseille. *Variantes :* Bittor, Viance, Vic, Vicky, Victoric, Victorice, Viktor, Vitor. *Caractérologie :* famille, équilibre, influence, éthique, raisonnement.

Victor-Emmanuel
190

Forme composée de Victor et Emmanuel. Masculin français. *Caractérologie :* idéalisme, caractère, altruisme, intégrité, logique.

Victorien
4 000 TOP 2 000

Victorieux (latin). Masculin français. On peut estimer que moins de 30 enfants seront prénommés ainsi en 2021. *Variantes :* Victorino, Victorio, Vittorio. *Caractérologie :* spiritualité, volonté, sagacité, connaissances, analyse.

Victorin
300

Victorieux (latin). *Caractérologie :* intuition, volonté, médiation, analyse, relationnel.

Vijay
- de 100

Victoire (sanscrit). Vijay est très répandu en Inde. *Caractérologie :* réalisation, fiabilité, méthode, ténacité, engagement.

V

Vincent
214 000 TOP 500

Qui triomphe (latin). Vincent a été porté par plusieurs saints aux premiers siècles, mais c'est le culte voué à saint Vincent de Saragosse, martyr espagnol au IVe siècle, qui propage ce nom. Sous ses différentes formes, il devient plus fréquent en Europe à la fin du Moyen Âge, puis au XIXe siècle au moment où vécut Vincent van Gogh (1853-1890). En perte de vitesse durant plusieurs décennies, Vincent renaît au cœur du XXe siècle et s'impose dans les dix premiers rangs français au début des années 1980. Loin d'avoir disparu, ce prénom intemporel est encore volontiers choisi par les parents. ◇ Prêtre au XVIIe siècle, saint Vincent de Paul consacra sa vie aux œuvres caritatives. Il fonda plusieurs confréries de charité pour aider les pauvres, et la congrégation de la Mission pour la formation des prêtres. *Variantes :* Vince, Vincente, Vinny, Viny. *Caractérologie :* équilibre, influence, famille, exigence, éthique.

Vincenzo
2 000 TOP 2 000

Qui triomphe (latin). Prénom italien. *Caractérologie :* rêve, rectitude, humanité, logique, caractère.

Vinh
130

Glorieux, honorable (vietnamien). *Caractérologie :* stratégie, leadership, vitalité, achèvement, ardeur.

Virgil
2 000

Qui porte une canne (latin). Prénom anglais et roumain. On peut estimer que moins de 30 enfants seront prénommés ainsi en 2021. *Caractérologie :* curiosité, courage, dynamisme, indépendance, charisme.

Virgile
7 000 TOP 800

Qui porte une canne (latin). Masculin français. *Variantes :* Virgyl, Virgilio. *Caractérologie :* indépendance, direction, audace, cœur, dynamisme.

Virginien
- de 30

Pur, vierge (latin). *Variante :* Virginio. *Caractérologie :* force, stratégie, chef, ardeur, vie.

Vital
700

Vie (latin). Dans l'Hexagone, Vital est plus traditionnellement usité en Occitanie. *Caractérologie :* dynamisme, audace, indépendance, direction, gestion.

Vito
850

Victorieux (latin). *Caractérologie :* pratique, enthousiasme, communication, générosité, adaptation.

Vittorio
500

Victorieux (latin). Prénom italien. *Caractérologie :* intuition, fidélité, médiation, adaptabilité, relationnel.

Vivian
2 000

Vivant (latin). Vivian est répandu dans les pays anglophones et scandinaves. C'est aussi un choix traditionnel occitan et provençal. On peut estimer que moins de 30 enfants seront prénommés ainsi en 2021. *Caractérologie :* dynamisme, curiosité, courage, résolution, indépendance.

Vivien
9 000

Vivant (latin). Masculin français. On peut estimer que moins de 30 enfants seront prénommés ainsi en 2021. *Caractérologie :* intégrité, idéalisme, altruisme, dévouement, réflexion.

Victor

Fête :
21 juillet

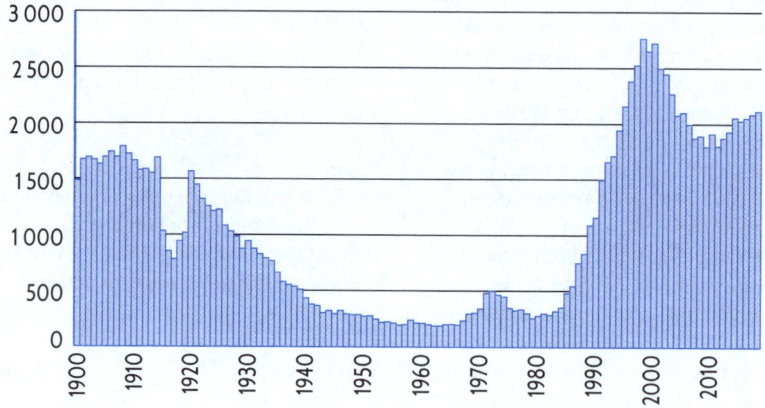

Étymologie

Victor, « vainqueur » au sens littéral en latin, ne saurait faire mentir ses origines. Trois papes et plusieurs saints ont arboré ce prénom conquérant. Répandu aux premiers temps du christianisme, il se raréfia au Moyen Âge. Soldat chrétien au IIIe siècle, **saint Victor** mourut en martyr à Marseille.

À la fin du XVIIIe, quand la Rome Antique fascine artistes et esthètes, Victor retrouve sa couronne de lauriers et séduit de part et d'autre de l'Atlantique. Porté par Victor Hugo (1802-1885), sa figure tutélaire, il ne quittera pas les sommets pendant plus d'un siècle.

Simple concordance des temps ou persistance de l'aura de l'écrivain après sa mort, Victor restera dans le top 30 français, jusqu'à la veille de la Première Guerre mondiale. Il se fera ensuite oublier pendant plusieurs décennies avant de revenir dans les années 1990. Son parcours national est accidenté, à l'opposé de la constance qu'il affiche dans le top 20 parisien depuis plus de 10 ans. Mais aujourd'hui, Victor semble prêt à repartir à l'assaut du classement français. Il devrait figurer en 25e position du palmarès national en 2021.

Sa popularité s'étend bien au-delà de la francophonie. Il est en effet très courant dans les pays hispanophones, anglophones et lusophones.

International par nature, vainqueur par étymologie, ayant traversé les siècles sans perdre de sa superbe, intemporel ou rétro, suivons de près ce champion hors catégorie !

Personnes célèbres

Victor Hugo (1802-1885), dramaturge, poète, romancier et homme politique engagé contre la peine de mort et la défense des valeurs républicaines ; Victor Grignard (1871-1935), prix Nobel de chimie ; Victor Fleming

V

(1889-1949), réalisateur de cinéma américain ; Vittorio De Sica (1901-1974), acteur et réalisateur italien ; Victor Vasarely (1906-1997), plasticien hongrois naturalisé français ; Víctor Pecci, tennisman paraguayen, né en 1955.

Statistiques
Victor est le 37e prénom masculin le plus donné en France depuis l'an 2000. Ce prénom est attribué à près d'un garçon sur 170 aujourd'hui.

Vladan
- de 100

Prénom composé à partir des premières syllabes de Vladimir et Lénine. Vladimir Ilitch Oulianov Lénine est le nom complet du célèbre homme d'État russe (1870-1924). Masculin slave. *Caractérologie :* rectitude, humanité, rêve, ouverture d'esprit, générosité.

Vladimir
2 000 TOP 2 000

Règne glorieux (slave). Vladimir est particulièrement répandu en Russie et dans les pays slaves. *Caractérologie :* sagacité, spiritualité, connaissances, philosophie, originalité.

Voltaire
- de 100

Prénom révolutionnaire et pseudonyme de l'écrivain et philosophe français François-Marie Arouet (1694-1778). *Caractérologie :* pratique, enthousiasme, volonté, communication, analyse.

W

Waclaw
- de 100

Gloire immense (slave). Masculin tchèque. *Caractérologie :* altruisme, idéalisme, intégrité, dévouement, réflexion.

Waël
5 000 TOP 300

Celui qui cherche refuge dans la spiritualité (arabe). *Variantes :* Waïl, Wahil. *Caractérologie :* courage, curiosité, indépendance, dynamisme, charisme.

Wahib
550

Charitable (arabe). *Variantes :* Ouahib, Waheb. *Caractérologie :* spiritualité, connaissances, détermination, sagacité, sensibilité.

Wahid
700

Unique (arabe). *Variantes :* Ouaïd, Ouahid. *Caractérologie :* intégrité, idéalisme, réflexion, altruisme, décision.

Walbert
- de 30

Mur consolidé (germanique). Masculin anglais. *Caractérologie :* rectitude, organisation, rêve, humanité, détermination.

Waldemar
- de 100

Illustre commandeur (scandinave). *Variante :* Valdemar. *Caractérologie :* dynamisme, indépendance, curiosité, courage, détermination.

Waldo
- de 30

Celui qui a arraché sa victoire (scandinave). *Caractérologie :* innovation, ambition, autorité, énergie, volonté.

Walid
12 000 TOP 400
Nouveau-né (arabe). *Variantes :* Walide, Wallid. *Caractérologie :* structure, persévérance, efficacité, sécurité, détermination.

Wallace
180
Du pays de Galles (anglais). Masculin anglais et écossais. *Caractérologie :* pragmatisme, optimisme, sociabilité, communication, créativité.

Wallerand
- de 100
Qui gouverne, corbeau (germanique). Des rois goths portèrent ce nom qui se répandit au Moyen Âge. *Caractérologie :* altruisme, idéalisme, intégrité, dévouement, réflexion.

Walter
5 000
Commander, gouverner (germanique). Walter est particulièrement répandu en Allemagne, dans les pays anglophones et scandinaves. *Variante :* Walther. *Caractérologie :* connaissances, sagacité, organisation, spiritualité, résolution.

W

Waly
250
Du pays de Galles (anglais). Masculin anglais. *Variantes :* Wali, Wally. *Caractérologie :* méditation, indépendance, cœur, savoir, intelligence.

Wandrille
650
Nom de saint dont l'étymologie est inconnue. *Caractérologie :* stratégie, résolution, achèvement, ardeur, vitalité.

Warren
6 000 TOP 300
Qui protège les jardins (germanique). Warren est très répandu dans les pays anglophones. *Variante :* Waren. *Caractérologie :* sagacité, connaissances, spiritualité, originalité, décision.

Wassil
950 TOP 2 000
Maturation spirituelle (arabe). *Variante :* Wacil. *Caractérologie :* intuition, relationnel, médiation, fidélité, détermination.

Wassim
13 000 TOP 100
Beau, gracieux (arabe). *Variantes :* Wacim, Wasim, Wassime. *Caractérologie :* communication, pragmatisme, créativité, optimisme, décision.

Wayne
600 TOP 2 000
Qui construit des wagons (anglais). Masculin anglais. *Caractérologie :* originalité, énergie, audace, séduction, découverte.

Wen
- de 30
Culture, écriture (chinois). *Caractérologie :* paix, harmonie, éthique, conscience, influence.

Wenceslas
500
Gloire immense (slave). *Caractérologie :* sociabilité, diplomatie, loyauté, bonté, réceptivité.

Wendel
- de 100
Marcheur (germanique). Masculin allemand, néerlandais et grec. *Variante :* Wendelin. *Caractérologie :* idéalisme, intégrité, altruisme, réflexion, dévouement.

Wendy
450
Branche fine (germanique). Masculin anglais. *Caractérologie :* ardeur, vitalité, achèvement, stratégie, leadership.

Werner
650
Armée protectrice (germanique). Werner est particulièrement répandu en Allemagne, aux Pays-Bas et dans les pays scandinaves. *Variante :* Wernert.

Caractérologie : médiation, relationnel, fidélité, adaptabilité, intuition.

Wesley
5 000 TOP 500

Prairie de l'Ouest (anglais). Wesley est répandu dans les pays anglophones. *Caractérologie :* ambition, habileté, cœur, force, passion.

Wilfrid
7 000

Déterminé à amener la paix (germanique). *Variantes :* Vilfrid, Wielfried, Wilf, Wilfred. *Caractérologie :* intégrité, altruisme, volonté, idéalisme, raisonnement.

Wilfried
13 000

Déterminé à amener la paix (germanique). Masculin allemand. On peut estimer que moins de 30 enfants seront prénommés ainsi en 2021. *Caractérologie :* dynamisme, courage, raisonnement, curiosité, volonté.

Wilhem
700

Protecteur résolu (germanique). Masculin allemand. *Variantes :* Wilhelm, Willelm, Willem, Willen. *Caractérologie :* savoir, intelligence, méditation, indépendance, sagesse.

Willem
1 000

Protecteur résolu (germanique). Willem est plus particulièrement recensé aux Pays-Bas aujourd'hui. *Caractérologie :* relationnel, sympathie, amitié, intuition, médiation.

William
70 000 TOP 200

Protecteur résolu (germanique). Dans sa conquête du trône anglais, Guillaume le Conquérant (1027-1087) a lancé la brillante carrière de William. Cette forme anglaise de Guillaume est devenue, avec John, un prénom classique très populaire dans les pays anglo-saxons. Voir Guillaume. *Variantes :* Vili, Viliam, Wiliam, Will, Willyam, Wylliam. *Caractérologie :* savoir, méditation, intelligence, indépendance, décision.

Williams
3 000 TOP 2 000

Protecteur résolu (germanique). Masculin anglais. *Caractérologie :* force, ambition, passion, résolution, habileté.

Willis
130

Protecteur résolu (germanique). *Caractérologie :* communication, détermination, adaptation, pratique, enthousiasme.

Willow
140 TOP 2 000

Saule (anglais). Ce prénom est exclusivement féminin dans les pays anglophones. *Caractérologie :* ténacité, raisonnenent, fiabilité, méthode, engagement.

Willy
16 000 TOP 2 000

Protecteur résolu (germanique). En dehors de l'Hexagone, Willy est plus particulièrement porté dans les pays anglophones et en Suisse alémanique. On peut estimer que moins de 30 enfants seront prénommés ainsi en 2021. *Variantes :* Willi, Willie, Willys. *Caractérologie :* rectitude, humanité, rêve, ouverture d'esprit, sympathie.

Wilmer
- de 30

Volonté, renommée (germanique). Masculin anglais. *Caractérologie :* stratégie, achèvement, vitalité, leadership, ardeur.

Wilson
3 000 TOP 2 000

Fils de William (anglais). Plus fréquent sous forme de patronyme anglophone. *Variante :* Williamson. *Caractérologie :* diplomatie, raisonnement, détermination, sociabilité, réceptivité.

W

Winfried
- de 30

Ami de la paix (germanique). Masculin allemand. *Variante :* Winfrid. *Caractérologie :* sagacité, connaissances, spiritualité, volonté, originalité.

Windy
- de 100

Venteux (anglais), ou variante de Wendy. *Caractérologie :* communication, optimisme, créativité, pratique, adaptation.

Winston
130

Pierre de joie (anglais). Masculin anglais. *Caractérologie :* sens des responsabilités, famille, équilibre, influence, décision.

Winter
- de 100

Hiver (anglais). Masculin anglais. *Caractérologie :* ambition, force, management, passion, habileté.

Wissam
2 000 TOP 700

Honoré de médailles (arabe). *Variantes :* Ouisam, Ouissam, Wisam. *Caractérologie :* pratique, communication, enthousiasme, détermination, adaptation.

Wissem
2 000 TOP 800

Honoré de médailles (arabe). *Variantes :* Ouisem, Ouissem, Wisem. *Caractérologie :* sagacité, spiritualité, connaissances, originalité, décision.

Wit
- de 30

Vie (polonais), blanc (néerlandais). Wit est plus particulièrement usité en Pologne et aux Pays-Bas. *Variante :* Dewitt. *Caractérologie :* connaissances, spiritualité, philosophie, sagacité, originalité.

Wladimir
650

Règne glorieux (slave). *Variantes :* Waldi, Waldimir. *Caractérologie :* passion, force, habileté, résolution, ambition.

Wladislaw
200

Gouverneur puissant et renommé (slave). Prénom polonais. *Variantes :* Vladislas, Vladislav, Vladislaw, Wadislas, Wadislav, Wadyslas, Wadyslaw, Wladislas, Wladislav, Wladyslaw. *Caractérologie :* énergie, originalité, découverte, audace, décision.

Wolf
- de 100

Loup (germanique). Dans l'Hexagone, Wolf est plus traditionnellement usité en Alsace. *Variantes :* Wolff, Wulf. *Caractérologie :* médiation, fidélité, relationnel, adaptabilité, intuition.

Wolfgang
450

Loup qui avance (germanique). Masculin allemand. *Variante :* Wolfang. *Caractérologie :* persévérance, sécurité, structure, efficacité, cœur.

Woody
120

Règne glorieux (slave). Masculin anglais. *Caractérologie :* audace, direction, indépendance, dynamisme, volonté.

Wulfran
110

Loup, corbeau (germanique). *Variante :* Wulfram. *Caractérologie :* curiosité, dynamisme, courage, résolution, analyse.

Wyatt
2 000 TOP 300

Combat, courage (germanique). Se rapporte également à un ancien patronyme anglo-saxon. *Caractérologie :* force, passion, management, ambition, habileté.

X

Xabi

550

Maison neuve (basque). *Caractérologie :* idéalisme, intégrité, altruisme, réflexion, dévouement.

Xan

600

Dieu fait grâce (hébreu). Prénom basque. *Caractérologie :* pragmatisme, optimisme, créativité, sociabilité, communication.

Xanti

- de 30

Dérivé basque de Jacques ou Diego. *Variante :* Xanthie. *Caractérologie :* audace, énergie, originalité, résolution, découverte.

Xavier

101 000 TOP 800

Maison neuve (basque). Jésuite missionnaire au XVIe siècle, saint François-Xavier partit, à la demande du pape Paul III, prêcher en Indes orientales et au Japon. Il est le patron des missionnaires. Ce prénom français est plus traditionnellement usité au Pays basque et en Occitanie. *Variantes :* Jabier, Xabier, Xaver, Xidi. *Caractérologie :* connaissances, sagacité, spiritualité, détermination, volonté.

Xian

- de 30

Sophistiqué, compétent (chinois). *Caractérologie :* détermination, créativité, adaptation, optimisme, communication.

Ximun

150

Forme basque de Simon : qui est exaucé (hébreu). *Caractérologie :* volonté, idéalisme, tolérance, résolution, rectitude.

Xuan

- de 100

Printemps, jeunesse (vietnamien). *Caractérologie :* famille, équilibre, sens des responsabilités, influence, exigence.

X

Y

Yaacov

200 TOP 2 000

Supplanter, talonner (hébreu). *Caractérologie :* méthode, engagement, fiabilité, réussite, ténacité.

Yacine

15 000 TOP 300

Se rapporte aux premières lettres de la 36e sourate du Coran (arabe). Ce prénom est particulièrement porté dans les cultures musulmanes. *Variante :* Yacin. *Caractérologie :* communication, enthousiasme, pratique, résolution, sympathie.

Yaël

5 000 TOP 400

Forme basque et bretonne de Joël : Dieu est Dieu (hébreu). Au féminin, Yaël est un prénom biblique dont l'étymologie est différente. *Caractérologie :* connaissances, spiritualité, sagacité, originalité, bonté.

Yago

140

Forme espagnole de Jacques : supplanter, talonner (hébreu). *Caractérologie :* communication, générosité, pratique, adaptation, enthousiasme.

Les prénoms autour du monde

Les effets de la globalisation n'épargnent pas les prénoms. De Melbourne à Washington, en passant par Paris, les stars du moment partent à la conquête de vastes empires. Ainsi, Adam, Ethan, Gabriel, Léo, Liam, Lucas (Luca, Lukas), Noah et Oscar rencontrent un succès retentissant en Europe et dans les pays anglophones. Chez les filles, c'est à l'échelle planétaire qu'Alice (Alicia), Anna, Emma, Eva (Ava), Julia, Mia, Olivia, Sophia (Sofia) et Victoria se propagent. Dans le même temps, la décote des stars d'hier prend des ampleurs inédites. Ainsi, après avoir longtemps brillé, Nathan, Thomas, Lily et Lucie (Lucy) accusent une décroissance généralisée dans de nombreux pays.

L'engouement pour les prénoms venus d'ailleurs est l'une des dynamiques de cette globalisation. Il permet la diffusion de prénoms oubliés, de choix inédits, inventés ou débusqués à l'autre bout du monde. Les parents désireux de trouver la perle rare ont d'autant plus de facilité qu'Internet leur ouvre toutes les frontières. Cette liberté s'est traduite par l'essor de prénoms hindous, perses et indiens d'Amérique (exemples : Cheyenne, Indira) aux États-Unis comme en Angleterre. En France, cette quête d'exotisme a introduit des nouveautés chinoises (Meï, Tao), indiennes (Uma, Mani, Rohan), japonaises (Ken, Hanaé), slaves (Milan, Vadim, Mila, Tania), scandinaves (Liv, Solveig, Nils, Sven) et tahitiennes (Teva, Moana). Sans oublier l'arrivée d'innombrables succès européens.

Au milieu de cette déferlante, la vague des prénoms anglo-américains est toujours puissante, mais l'influence des choix européens est devenue incontournable. La percée de petits noms italiens (Clara, Giulia, Enzo, Nino), espagnols (Inès, Lola, Pablo) et irlandais (Aïdan, Evan, Liam, Nolan) n'est pas uniquement observée dans leurs terres d'origine. Ils se répandent dans toute l'Europe et bien au-delà (outre-Atlantique notamment).

Évidemment, tous les prénoms ne s'exportent pas n'importe où. Les succès de Maëlys, Camille, Romane et Manon n'ont guère fait d'émules en dehors des contrées francophones. Il est vrai que ces sonorités sont spécifiquement françaises. Reste que pour s'adapter à un pays d'accueil, de petits moyens font souvent l'affaire. Pour s'épanouir en terres hispanophones, Anna se déleste souvent d'un « n ». Pour séduire les parents anglophones, quoi de plus simple pour Nicolas que d'arborer un « h » ? Il arrive aussi qu'un prénom change du tout au tout. C'est le cas d'Ethan qui s'est transformé en Izan pour conquérir l'Espagne. Une stratégie qui porte ses fruits.

Yamine
1 500 TOP 900 ↗

Prénom arabe emprunté au persan signifiant « fleur de jasmin ». *Variante :* Yamin. *Caractérologie :* persévérance, décision, structure, sécurité, réussite.

Yan
5 000 TOP 2 000 ↘

Ce dérivé basque de Jean est également un patronyme chinois et un nom qui signifie « hirondelle ». On peut estimer que moins de 30 enfants seront prénommés ainsi en 2021. *Caractérologie :* sécurité, persévérance, efficacité, structure, honnêteté.

Yanaël
550 TOP 2 000 ↗

Combinaison de Yan et des prénoms se terminant par « aël ». *Caractérologie :* amitié, invention, fiabilité, engagement, ténacité.

Yani
1 000 TOP 2 000 ↘

Dieu fait grâce (hébreu). *Caractérologie :* efficacité, persévérance, détermination, structure, sécurité.

Yanick
2 000

Dieu fait grâce (hébreu). *Caractérologie :* humanité, rectitude, sympathie, rêve, résolution.

Yanis
61 000 TOP 100 ↘

Dieu fait grâce (hébreu). Après avoir embrassé maints prénoms européens, les Français ont découvert cette forme grecque de Jean. Un engouement tardif puisque Yanis ne dépasse même pas le seuil des 70 naissances avant 1988. Peu importe, puisque son essor est fulgurant : Yanis atteint le 11e rang du classement masculin en 2007 avant de se faire plus discret. *Variantes :* Yanice, Yaniss, Yanisse, Yannice. *Caractérologie :* découverte, audace, énergie, résolution, originalité.

Yanko
- de 30

Dieu fait grâce (hébreu). *Caractérologie :* optimisme, pratique, communication, adéquation, partage.

Yann
84 000 TOP 300 ↘

Dieu fait grâce (hébreu). Masculin français et breton. *Variante :* Yane. *Caractérologie :* humanité, rectitude, tolérance, générosité, rêve.

Yanni
600 TOP 2 000 ↑

Dieu fait grâce (hébreu). *Caractérologie :* humanité, résolution, rectitude, générosité, détermination.

Yannick
82 000 TOP 2 000 ↘

Dieu fait grâce (hébreu). Masculin français et breton. On peut estimer que moins de 30 enfants seront prénommés ainsi en 2021. *Variantes :* Yaneck, Yanek, Yanic, Yanik, Yaniv, Yannic, Yannik. *Caractérologie :* curiosité, dynamisme, courage, sympathie, résolution.

Yannig
400

Dieu fait grâce (hébreu). Prénom breton. *Caractérologie :* intelligence, savoir, indépendance, décision, méditation.

Yannis
14 000 TOP 600 ↘

Dieu fait grâce (hébreu). Voir Yanis. *Caractérologie :* direction, dynamisme, indépendance, audace, détermination.

Yao
- de 100

Né un jeudi (akan). Ce prénom d'Afrique de l'Ouest est principalement recensé au Ghana, au Togo et en Côte d'Ivoire. Yao est également un patronyme et un nom qui fut porté par un roi légendaire chinois au IIIe siècle avant J.-C. *Caractérologie :* curiosité, charisme, indépendance, dynamisme, courage.

Yasin
3 000 TOP 600

Se rapporte aux premières lettres de la 36e sourate du Coran (arabe). *Variante :* Yasine. *Caractérologie :* énergie, détermination, découverte, audace, originalité.

Yasser
3 000 TOP 400

Riche (arabe). *Variante :* Yacer. *Caractérologie :* bienveillance, conscience, conseil, paix, détermination.

Yassin
5 000 TOP 400

Se rapporte aux premières lettres de la 36e sourate du Coran (arabe). *Caractérologie :* bienveillance, paix, conseil, conscience, décision.

Yassine
20 000 TOP 200

Se rapporte aux premières lettres de la 36e sourate du Coran (arabe). Ce prénom est particulièrement répandu dans les cultures musulmanes francophones. *Caractérologie :* sociabilité, diplomatie, réceptivité, décision, loyauté.

Yassir
1 500 TOP 700

Riche (arabe). *Caractérologie :* autonomie, autorité, innovation, énergie, ambition.

Yasuo
- de 30

Calme, pacifique (japonais). *Caractérologie :* humanité, rectitude, rêve, ouverture d'esprit, générosité.

Yazid
4 000 TOP 400

Le meilleur (arabe). *Variante :* Yazide. *Caractérologie :* intuition, ressort, médiation, relationnel, réalisation.

Yehiel
- de 100

Que le Seigneur vive (hébreu). *Caractérologie :* audace, direction, dynamisme, action, bonté.

Yéhouda
120

Remercier (hébreu). *Caractérologie :* savoir, intelligence, volonté, méditation, réalisation.

Yen
- de 30

Paix, hirondelle (vietnamien). *Caractérologie :* achèvement, vitalité, ardeur, stratégie, leadership.

Yeram
- de 30

Bande d'oiseaux (arménien). *Caractérologie :* habileté, force, détermination, réalisation, ambition.

Yeraz
- de 30

Rêve (arménien). *Caractérologie :* communication, décision, pragmatisme, optimisme, action.

Ylan
6 000 TOP 300

Arbre (hébreu). Masculin français. *Variante :* Ylann. *Caractérologie :* connaissances, spiritualité, sagacité, originalité, bonté.

Ylenzo
350 TOP 2 000

Combinaison de la lettre Y et du prénom Lenzo. Ce nouveau prénom est en vogue dans les cultures gitanes francophones aujourd'hui. *Caractérologie :* tolérance, sagacité, amitié, bonté, caractère.

Ylias
200

Qui vient de Dieu (arabe), le Seigneur est mon Dieu (hébreu). *Caractérologie :* sociabilité, communication, pragmatisme, créativité, optimisme.

Ylies
1 500 TOP 2 000

Qui vient de Dieu (arabe), le Seigneur est mon Dieu (hébreu). On peut estimer que moins de 30 enfants seront prénommés ainsi en 2021. *Variante :* Yliess. *Caractérologie :* savoir, méditation, intelligence, sympathie, résolution.

Yoah
- de 30

Dieu, frère (hébreu). *Caractérologie :* structure, sécurité, persévérance, efficacité, honnêteté.

Yoan
16 000 TOP 800

Dieu fait grâce (hébreu). Masculin espagnol (cubain), bulgare, basque et breton. *Caractérologie :* autorité, ambition, autonomie, énergie, innovation.

Yoann
42 000 TOP 700

Dieu fait grâce (hébreu). Dans l'Hexagone, Yoann est plus traditionnellement usité en Bretagne et au Pays basque. *Variantes :* Ioannis, Yoane. *Caractérologie :* paix, bienveillance, conscience, sagesse, conseil.

Yoanne
400

Dieu fait grâce (hébreu). *Caractérologie :* sociabilité, loyauté, réceptivité, diplomatie, bonté.

Yoav
170

Dieu, père (hébreu). *Caractérologie :* humanité, ouverture d'esprit, rêve, réalisation, rectitude.

Yoël
700

Dieu est Dieu (hébreu). *Caractérologie :* pragmatisme, communication, créativité, optimisme, sympathie.

Yohan
24 000 TOP 600

Dieu fait grâce (hébreu). Masculin français et basque. *Caractérologie :* rectitude, tolérance, générosité, rêve, humanité.

Yohann
23 000 TOP 900

Dieu fait grâce (hébreu). Masculin français. *Variantes :* Yohanan, Yohane, Yohanne. *Caractérologie :* dynamisme, courage, indépendance, curiosité, charisme.

Yolan
800 TOP 2 000

Aube (grec), violette (latin). *Variante :* Yoland. *Caractérologie :* méthode, ténacité, engagement, sympathie, fiabilité.

Yon
300

Colombe (hébreu). *Caractérologie :* humanité, rectitude, rêve, ouverture d'esprit, générosité.

Yonaël
- de 30

Variante de Jonaël. *Caractérologie :* humanité, rectitude, bonté, idéalisme, ouverture d'esprit.

Yonah
- de 100 TOP 2 000

Colombe (hébreu). *Caractérologie :* réflexion, rêve, partage, fiabilité, intégrité.

Yonathan
400

Dieu a donné (hébreu). *Caractérologie :* finesse, vitalité, achèvement, stratégie, ardeur.

Yonel
170

Diminutif de Lionel, variante de Jean ou des prénoms commençant par « Yon ». *Variante :* Yonnel. *Caractérologie :* bonté, passion, force, humour, vivacité.

Yoni
4 000 TOP 700

Diminutif de Yonathan : Dieu a donné (hébreu). Masculin français. *Variantes :* Yona, Yonni, Yony. *Caractérologie :* rectitude, humanité, rêve, générosité, tolérance.

Yoram
300

Nom sacré (grec). *Caractérologie :* rectitude, rêve, ouverture d'esprit, humanité, réalisation.

Yoran
350

Dieu est exalté (hébreu). *Caractérologie :* dynamisme, audace, direction, décision, indépendance.

Yori
110

Fiable, digne de confiance (japonais). *Caractérologie :* sens du devoir, ténacité, méthode, engagement, fiabilité.

Yorick
900

Labourer le sol (grec). Dans l'Hexagone, Yorick est plus traditionnellement usité au Pays basque. *Variantes :* Yorik, Yorrick. *Caractérologie :* idéalisme, altruisme, analyse, intégrité, réflexion.

Yoris
450 TOP 2 000

Variante de Joris ou combinaison de prénoms présentant ces sonorités (exemples : Yohan et Loris). *Caractérologie :* courage, séduction, indépendance, charisme, curiosité.

Youcef
6 000 TOP 400

Forme arabe de Joseph : Dieu ajoutera (hébreu). *Caractérologie :* optimisme, créativité, cœur, pragmatisme, communication.

Youen
900 TOP 2 000

Forme bretonne d'Yves : if (celte). *Variantes :* Yoen, Youn. *Caractérologie :* habileté, passion, ambition, force, cœur.

Youenn
2 000 TOP 2 000

Forme bretonne d'Yves : if (celte). *Caractérologie :* méthode, cœur, ténacité, engagement, fiabilité.

Younes
18 000 TOP 100

Proche de Dieu (arabe). Ce prénom est particulièrement répandu dans les cultures musulmanes francophones. *Variantes :* Yunus, Younus. *Caractérologie :* idéalisme, cœur, réflexion, intégrité, altruisme.

Youness
3 000 TOP 800

Proche de Dieu (arabe). *Variantes :* Younesse, Younous, Youns, Younsse. *Caractérologie :* autorité, innovation, énergie, amitié, ambition.

Youri
3 000 TOP 700

Forme francisée de Yuri, l'équivalent russe de Georges. *Variantes :* Iouri, Youry. *Caractérologie :* méditation, intelligence, raisonnement, savoir, indépendance.

Youssef
19 000 TOP 100

Forme arabe de Joseph : Dieu ajoutera (hébreu). Youssef est particulièrement répandu dans les cultures musulmanes francophones. *Variantes :* Yossef, Yousef, Youssaf. *Caractérologie :* sociabilité, réceptivité, diplomatie, loyauté, bonté.

Youssouf
3 000 TOP 300

Forme arabe de Joseph : Dieu ajoutera (hébreu). *Caractérologie :* conscience, bienveillance, conseil, paix, sagesse.

Yovan
200

Dieu fait grâce (hébreu). *Caractérologie :* dynamisme, volonté, réalisation, courage, curiosité.

Yoven
- de 30

Dieu fait grâce (hébreu). *Caractérologie :* réflexion, intégrité, fiabilité, ténacité, communication.

Yrian
- de 30

Labourer le sol (grec). Cette forme suédoise de Jurian (Georges en français) a été attestée dès le début du XVe siècle en Suède. *Caractérologie :* méthode, patience, détermination, confiance, créativité.

Yrieix
- de 100

Rayon (latin). Plusieurs communes françaises et un saint ayant vécu au VIe siècle se sont nommés ainsi. *Caractérologie :* rectitude, réflexion, dévouement, idéalisme, altruisme.

Y

Yun
- de 100

Dieu fait grâce (hébreu). Dans l'Hexagone, ce prénom est plus traditionnellement attribué en Bretagne. *Caractérologie :* conscience, conseil, bienveillance, paix, sympathie.

Yunus
1 000 TOP 2 000

Forme arabe de Jonas : colombe (hébreu). *Caractérologie :* innovation, ambition, énergie, cœur, autorité.

Yuri
500 TOP 1 000

Forme russe de Georges : labourer le sol (grec). Ce prénom est très répandu en Russie. *Caractérologie :* direction, indépendance, audace, dynamisme, assurance.

Yusuf
4 000 TOP 400

Forme arabe de Joseph : Dieu ajoutera (hébreu). *Caractérologie :* relationnel, intuition, fidélité, adaptabilité, médiation.

Yvain
500

If (celte). Masculin français et breton. *Caractérologie :* force, ambition, réussite, habileté, décision.

Yvan
21 000 TOP 900

Dieu fait grâce (hébreu). Yvan est répandu dans les pays slaves et anglophones. *Variante :* Yvani. *Caractérologie :* vitalité, achèvement, ardeur, stratégie, réussite.

Yvane
200

Dieu fait grâce (hébreu). *Caractérologie :* méthode, engagement, fiabilité, réalisation, ténacité.

Yvann
2 000 TOP 1 000

Dieu fait grâce (hébreu). *Caractérologie :* structure, efficacité, persévérance, sécurité, réalisation.

Yvelin
- de 30

If (celte). *Variante :* Ivelin. *Caractérologie :* équilibre, famille, sens des responsabilités, influence, cœur.

Yves
142 000 TOP 2 000

If (celte). Yves s'est diffusé en Bretagne dès le Moyen Âge en raison du culte voué à Yves Hélori de Kermartin (1250-1303), son saint patron. Avocat de profession, il se rendit populaire en défendant brillamment les plus pauvres avant de devenir prêtre. Yves est sorti de son berceau breton au début du XXe siècle et s'est progressivement diffusé dans l'Hexagone. Il s'est imposé dans les dix premiers rangs masculins à la fin des années 1940. À l'image d'Yves Saint Laurent (1936-2008), Yves est spécifiquement français. On peut estimer que moins de 30 enfants seront prénommés ainsi en 2021. *Variantes :* Iv, Ivelin, Ioen, Yvelin, Yven, Wanig. *Caractérologie :* force, ambition, passion, réussite, habileté.

Yves-Marie
1 000

Forme composée de Yves et Marie. Masculin français. *Caractérologie :* rectitude, humanité, rêve, résolution, réalisation.

Yvon
26 000

If (celte). Masculin français et breton. On peut estimer que moins de 30 enfants seront prénommés ainsi en 2021. *Variantes :* Ivon, Ivonig. *Caractérologie :* persévérance, structure, efficacité, sécurité, caractère.

Yvonnick
1 500

If (celte). *Variantes :* Yvonic, Yvonick, Yvonnic. *Caractérologie :* dynamisme, courage, caractère, logique, curiosité.

Y

Ywan

- de 100

If (celte), bien né, jeune guerrier (vieil irlandais), ou forme galloise de Jean. Voir Evan. *Variantes :* Iv, Ivelin, Ioen, Yvelin, Yven, Ywann, Wanig. *Caractérologie :* humanité, fiabilité, rêve, bienveillance, intégrité.

Z

Zacharia

750 TOP 2 000

Dieu se souvient (hébreu). Attribué dans le Pays basque et les pays de cultures musulmanes, ce prénom d'origine hébraïque est plus multiculturel qu'il n'y paraît. *Variantes :* Sakaria, Zacharias, Zackaria, Zaccharia. *Caractérologie :* structure, persévérance, efficacité, sécurité, honnêteté.

Zacharie

4 000 TOP 400

Dieu se souvient (hébreu). Un pape du VIIIe siècle et plusieurs saints ont illustré ce prénom. Saint Zacharie, le père de saint Jean-Baptiste, est fêté le 5 novembre. ◇ Dans l'Ancien Testament, Zacharie le Prophète fait accélérer la reconstruction du temple de Jérusalem. *Variantes :* Zaccharie, Zachari, Zakarie. *Caractérologie :* stratégie, vitalité, ardeur, achèvement, détermination.

Zachary

2 000 TOP 700

Dieu se souvient (hébreu). Masculin anglais. *Variantes :* Zacchary, Zackary. *Caractérologie :* direction, audace, dynamisme, indépendance, action.

Zack

1 500 TOP 400

Dieu se souvient (hébreu). *Caractérologie :* courage, dynamisme, indépendance, curiosité, organisation.

Zadig

550 TOP 2 000

Dérivé de Pascal : passage (hébreu). Zadig est également le personnage central de *Zadig ou la Destinée*, un conte philosophique de Voltaire resté célèbre, publié pour la première fois en 1747. *Caractérologie :* ressort, diplomatie, sociabilité, réceptivité, réalisation.

Zahir

500

Rayonnant (arabe). *Variantes :* Zaher, Zaïr, Zohir. *Caractérologie :* achèvement, vitalité, ardeur, leadership, stratégie.

Zaïd

800 TOP 2 000

L'ascète (arabe). *Variante :* Zayd. *Caractérologie :* méthode, ténacité, engagement, fiabilité, sens du devoir.

Zaïm

600 TOP 600

Le chef (arabe). *Caractérologie :* dynamisme, curiosité, charisme, originalité, courage.

Zak

190

Dieu se souvient (hébreu). *Caractérologie :* loyauté, réceptivité, sociabilité, diplomatie, bonté.

Zakaria

12 000 TOP 200

Forme arabe de Zacharie : Dieu se souvient (hébreu). *Variantes :* Zakari, Zakariya, Zakarya. *Caractérologie :* ténacité, méthode, fiabilité, sens du devoir, engagement.

Zakary
750 TOP 2 000 ↘

Dieu se souvient (hébreu). Zakary est plus particulièrement usité dans les pays anglophones. *Caractérologie :* énergie, innovation, ambition, autorité, action.

Zaki
500 →

Intelligent, pur (arabe). *Variante :* Zéki. *Caractérologie :* réceptivité, sociabilité, loyauté, diplomatie, bonté.

Zao
- de 100

Commencement, construction (chinois). Prénom mixte. Zao Wou-Ki (1920-2013), peintre et graveur chinois de renommée internationale, naturalisé français en 1964, a peut-être contribué à l'émergence de ce prénom. Dans les deux genres, Zao est apparu dans les registres d'état civil français à partir de 2009. *Caractérologie :* humilité, harmonie, exigence, influence, éthique.

Zaven
500 TOP 400 ↑

Prénom arménien d'origine iranienne signifiant « aide ». *Caractérologie :* originalité, audace, séduction, énergie, découverte.

Zayn
1 500 TOP 200 ↑

Beau (arabe). *Variante :* Zaïn. *Caractérologie :* enthousiasme, pratique, adaptation, communication, générosité.

Zébulon
- de 30

Exalté (hébreu). *Caractérologie :* découverte, audace, énergie, originalité, attention.

Zélio
- de 100

Se rapporte au patronyme italien Azeglio. Massimo d'Azeglio (1798-1866), issu d'une famille de marquis, fut homme d'État, écrivain et peintre italien. Il termina sa carrière en dirigeant la galerie Sabauda de Turin. Une commune de la province de Turin porte désormais le nom d'Azeglio en sa mémoire. *Caractérologie :* ténacité, logique, fiabilité, méthode, engagement.

Zeno
- de 100

Hospitalier (grec). *Caractérologie :* sens des responsabilités, famille, équilibre, exigence, influence.

Zenon
160

Hospitalier (grec). *Caractérologie :* sociabilité, bonté, réceptivité, diplomatie, loyauté.

Zéphirin
110

Vent doux (grec). *Variante :* Zéphyrin. *Caractérologie :* paix, conscience, conseil, bienveillance, action.

Zéphyr
450 TOP 2 000 ↑

Vent doux (grec). Dans la mythologie grecque, Zéphyr était la personnification divine des vents. Dans l'Hexagone, Zéphyr est plus traditionnellement usité au Pays basque. *Variante :* Zéphir. *Caractérologie :* audace, indépendance, dynamisme, ressort, direction.

Ziad
2 000 TOP 400 →

Croissance (arabe). *Caractérologie :* ténacité, fiabilité, méthode, engagement, sens du devoir.

Zian
500 TOP 2 000 →

Élégant (arabe). Prêtre de l'Église orthodoxe roumaine, Arsénie Boca (1910-1989), né Zian Boca, est considéré comme l'un des maîtres spirituels de la Roumanie. Zian est le héros du roman de Frison-Roche *Premier de cordée*. Son succès n'a pas eu d'impact immédiat sur le prénom puisque le premier Zian de France est né en 1993, 50 ans après la date de parution du livre. *Caractérologie :* curiosité, dynamisme, découverte, séduction, audace.

Zidane
400

Ce patronyme a été enregistré en tant que prénom à l'état civil pour la première fois en 1948. *Caractérologie :* courage, dynamisme, curiosité, indépendance, détermination.

Zied
650 TOP 2 000

Croissance (arabe). *Caractérologie :* habileté, ambition, passion, force, management.

Ziggy
140

Diminutif allemand et anglophone de Siegfried : victoire, paix (germanique). *Caractérologie :* médiation, autonomie, intuition, ambition, audace.

Zinedine
2 000 TOP 1 000

L'emblème de la religion (arabe). *Variantes :* Zine, Zineddine. Forme composée : Zine-Eddine. *Caractérologie :* curiosité, dynamisme, indépendance, courage, charisme.

Z

Zlatko
- de 100

Doré (slave). Masculin slave méridional. *Caractérologie :* structure, persévérance, sécurité, efficacité, gestion.

Zoël
- de 30

Vie (grec). *Caractérologie :* méthode, ténacité, sens du devoir, fiabilité, engagement.

Zola
- de 100

Ce patronyme porté par Émile Zola, le célèbre écrivain français (1840-1902), est un prénom usité dans les pays anglophones depuis le XIXe siècle. « Calme », d'après sa signification en zoulou, il est également recensé en Afrique du Sud. Dans l'Hexagone, Zola a été attribué pour la première fois à des garçons en 1988 et à des filles en 1998. *Caractérologie :* réflexion, idéalisme, intégrité, dévouement, altruisme.

Zoran
800 TOP 2 000

Fleur, blancheur lumineuse (arabe). Prénom slave méridional. *Caractérologie :* diplomatie, loyauté, réceptivité, détermination, sociabilité.

Zuri
- de 30

Blanc (basque). *Caractérologie :* diplomatie, loyauté, réceptivité, sociabilité, bonté.

Zyad
1 500 TOP 800

Croissance (arabe). *Variantes :* Ziyad, Ziyed, Zyed. *Caractérologie :* relationnel, connaissances, fidélité, réalisation, médiation.

Les prénoms par départements

Chaque année, les palmarès de prénoms par départements affichent des différences avec le classement national. Si l'on retrouve généralement les stars françaises dans les dix premiers rangs, nombre de prénoms inattendus créent la surprise. Ainsi, Antoine et Inès sont 1ers en Lozère et dans l'Orne et nulle part ailleurs. En Haute-Marne, c'est Camille (au féminin) qui triomphe à contre-courant de son reflux général. On observe également que Mia et Éden n'ont pas attendu leur consécration nationale pour briller dans le Haut-Rhin et la Nièvre.

Dans les îles françaises d'outre-mer, Kylian et Sarah dominent le palmarès de la Guyane tandis qu'en Guadeloupe, en Martinique et à la Réunion, Ethan et Jade règnent à l'unisson.

Dans les prénoms régionaux, Malo, Ewen et Maïwenn obtiennent leurs meilleurs classements en Bretagne tandis que Oihan, Eneki, Enea, Elaia et Nahia se démarquent au Pays basque. Mais c'est en Corse que les prénoms issus des traditions se distinguent le plus. Confortée par Lesia, Livia et Anghjulina, Ghjulia trône au 1er rang féminin. Dans le top 20 masculin, Lisandru (2e), Andria (3e), Petru (9e) et Marc'Andria (22e), quasi inconnus en dehors de l'île de Beauté, affichent leur singularité.

Ci-dessous les palmarès des départements français. Les prénoms ont été classés par ordre décroissant d'attribution selon le fichier des prénoms de l'Insee (édition 2019).

Et découvrez **les nouveaux tops 10 par départements**, suite à la mise à jour des statistiques prénoms de l'Insee (édition 2020), en scannant cette page avec l'application lisez! disponible sur l'App Store et Google Play.

01 - Ain

1. Emma	1. Lucas
2. Mila	2. Gabriel
3. Alice	3. Léo
4. Jade	4. Ethan
5. Chloé	5. Jules
6. Agathe	6. Louis
7. Julia	7. Maël
8. Lina	8. Robin
9. Ambre	9. Timéo
10. Giulia	10. Aaron

02 - Aisne

1. Louise	1. Léo
2. Emma	2. Raphaël
3. Jade	3. Jules
4. Rose	4. Gabriel
5. Ambre	5. Hugo
6. Léa	6. Louis
7. Mia	7. Timéo
8. Alice	8. Maël
9. Chloé	9. Nathan
10. Lola	10. Ethan

03 - Allier

1. Emma	1. Jules
2. Alice	2. Hugo
3. Jade	3. Louis
4. Romane	4. Gabriel
5. Lola	5. Gabin
6. Anna	6. Léo
7. Chloé	7. Maël
8. Léa	8. Raphaël
9. Mia	9. Arthur
10. Ambre	10. Lucas

04 - Alpes-de-Haute-Provence

1. Mila	1. Gabriel
2. Emma	2. Lucas
3. Lola	3. Maël
4. Mia	4. Sacha
5. Léa	5. Liam
6. Léna	6. Léo
7. Louna	7. Lorenzo
8. Luna	8. Maxime
9. Inaya	9. Raphaël
10. Julia	10. Aaron

05 - Hautes-Alpes

1. Emma	1. Gabriel
2. Anna	2. Tom
3. Olivia	3. Arthur
4. Alice	4. Léo
5. Iris	5. Nathan
6. Louise	6. Hugo
7. Rose	7. Jules
8. Clara	8. Maël
9. Giulia	9. Noa
10. Romy	10. Sacha

06 - Alpes-Maritimes

1. Emma	1. Gabriel
2. Lina	2. Raphaël
3. Mila	3. Adam
4. Nina	4. Léo
5. Chloé	5. Louis
6. Jade	6. Liam
7. Anna	7. Nathan
8. Léna	8. Jules
9. Louise	9. Hugo
10. Alice	10. Lucas

07 - Ardèche

1. Jade	1. Ethan
2. Chloé	2. Gabriel
3. Emma	3. Louis
4. Léa	4. Léo
5. Manon	5. Lucas
6. Agathe	6. Liam
7. Mila	7. Eden
8. Alice	8. Gabin
9. Anna	9. Hugo
10. Léna	10. Noé

08 - Ardennes

1. Ambre	1. Louis
2. Jade	2. Léo
3. Emma	3. Lucas
4. Louise	4. Arthur
5. Alice	5. Hugo
6. Camille	6. Jules
7. Léna	7. Maël
8. Lola	8. Martin
9. Lou	9. Tom
10. Julia	10. Eden

09 - Ariège

1. Juliette
2. Alice
3. Inès
4. Julia
5. Léana
6. Mila
7. Rose
8. Chloé
9. Louise
10. Luna

1. Arthur
2. Gabriel
3. Timéo
4. Ethan
5. Lucas
6. Tom
7. Benjamin
8. Clément
9. Hugo
10. Paul

10 - Aube

1. Jade
2. Rose
3. Ambre
4. Chloé
5. Emma
6. Louise
7. Lina
8. Zoé
9. Agathe
10. Inaya

1. Jules
2. Gabriel
3. Léo
4. Paul
5. Raphaël
6. Ethan
7. Lucas
8. Adam
9. Hugo
10. Louis

11 - Aude

1. Chloé
2. Emma
3. Julia
4. Lola
5. Lou
6. Inès
7. Léna
8. Lina
9. Léa
10. Nina

1. Louis
2. Léo
3. Gabriel
4. Jules
5. Gabin
6. Hugo
7. Arthur
8. Nathan
9. Tom
10. Timéo

12 - Aveyron

1. Jade
2. Alice
3. Agathe
4. Emma
5. Juliette
6. Léa
7. Romane
8. Rose
9. Mila
10. Inès

1. Gabriel
2. Louis
3. Maël
4. Gabin
5. Liam
6. Théo
7. Marius
8. Raphaël
9. Nathan
10. Sacha

13 - Bouches-du-Rhône

1. Emma
2. Lina
3. Anna
4. Jade
5. Chloé
6. Mila
7. Louise
8. Manon
9. Giulia
10. Léa

1. Adam
2. Gabriel
3. Léo
4. Raphaël
5. Mohamed
6. Lucas
7. Louis
8. Hugo
9. Aaron
10. Ethan

14 - Calvados

1. Jade
2. Ambre
3. Louise
4. Alice
5. Emma
6. Juliette
7. Rose
8. Léa
9. Mila
10. Lola

1. Raphaël
2. Paul
3. Gabriel
4. Lucas
5. Louis
6. Tom
7. Hugo
8. Sacha
9. Gabin
10. Maël

15 - Cantal

1. Mila
2. Agathe
3. Jade
4. Jeanne
5. Louise
6. Alice
7. Manon
8. Zoé
9. Ambre
10. Emma

1. Louis
2. Marius
3. Axel
4. Gabriel
5. Hugo
6. Lucas
7. Arthur
8. Gabin
9. Mathis
10. Maxime

16 - Charente

1. Emma
2. Jade
3. Louise
4. Chloé
5. Mila
6. Alice
7. Ambre
8. Anna
9. Lola
10. Rose

1. Gabriel
2. Léo
3. Raphaël
4. Gabin
5. Liam
6. Lucas
7. Sacha
8. Arthur
9. Louis
10. Hugo

17 - Charente-Maritime

1. Lou
2. Alice
3. Jade
4. Lola
5. Louise
6. Anna
7. Mila
8. Rose
9. Jeanne
10. Zoé

1. Lucas
2. Léo
3. Jules
4. Louis
5. Maël
6. Raphaël
7. Gabriel
8. Arthur
9. Tom
10. Hugo

18 - Cher

1. Emma
2. Julia
3. Léna
4. Lou
5. Louise
6. Mia
7. Agathe
8. Inès
9. Jade
10. Jeanne

1. Louis
2. Lucas
3. Aaron
4. Gabin
5. Liam
6. Paul
7. Raphaël
8. Arthur
9. Hugo
10. Léo

19 - Corrèze

1. Alice
2. Léa
3. Anna
4. Julia
5. Emma
6. Jade
7. Louise
8. Chloé
9. Juliette
10. Léna

1. Gabriel
2. Raphaël
3. Gabin
4. Jules
5. Liam
6. Léo
7. Lucas
8. Maël
9. Hugo
10. Louis

20 - Corse

1. Ghjulia
2. Anna
3. Livia
4. Lina
5. Emma
6. Lena
7. Anghjulina
8. Lesia
9. Louise
10. Elena

1. Baptiste
2. Lisandru
3. Andria
4. Gabriel
5. Louis
6. Lucas
7. Adam
8. Ange
9. Petru
10. Mohamed

21 - Côte-d'Or

1. Louise	1. Louis
2. Emma	2. Gabriel
3. Jade	3. Hugo
4. Anna	4. Lucas
5. Jeanne	5. Léo
6. Agathe	6. Paul
7. Alice	7. Jules
8. Chloé	8. Arthur
9. Léa	9. Sacha
10. Manon	10. Maël

22 - Côtes-d'Armor

1. Emma	1. Léo
2. Jade	2. Lucas
3. Louise	3. Raphaël
4. Alice	4. Malo
5. Lola	5. Arthur
6. Chloé	6. Gabin
7. Lou	7. Tom
8. Julia	8. Jules
9. Manon	9. Liam
10. Inès	10. Hugo

23 - Creuse

1. Jade	1. Gabriel
2. Lucie	2. Léo
3. Mila	3. Lucas
4. Julia	4. Paul
5. Léna	5. Timéo
6. Lina	6. Noé
7. Louise	7. Tiago
8. Mia	8. Léon
9. Agathe	9. Mathis
10. Emma	10. Théo

24 - Dordogne

1. Louise	1. Gabin
2. Jade	2. Léo
3. Chloé	3. Jules
4. Emma	4. Arthur
5. Léa	5. Hugo
6. Lou	6. Liam
7. Nina	7. Gabriel
8. Alice	8. Lucas
9. Lola	9. Louis
10. Louna	10. Raphaël

25 - Doubs

1. Louise	1. Louis
2. Emma	2. Gabriel
3. Mila	3. Maël
4. Rose	4. Jules
5. Nina	5. Lucas
6. Ambre	6. Nathan
7. Camille	7. Hugo
8. Chloé	8. Léo
9. Alice	9. Sacha
10. Jade	10. Tom

26 - Drôme

1. Emma	1. Gabriel
2. Jade	2. Léo
3. Louise	3. Jules
4. Mila	4. Maël
5. Chloé	5. Louis
6. Léna	6. Hugo
7. Alice	7. Marius
8. Aya	8. Nathan
9. Julia	9. Sacha
10. Lina	10. Gabin

27 - Eure

1. Alice	1. Gabriel
2. Jade	2. Lucas
3. Louise	3. Léo
4. Ambre	4. Maël
5. Emma	5. Raphaël
6. Léa	6. Ethan
7. Rose	7. Hugo
8. Chloé	8. Jules
9. Léana	9. Liam
10. Lola	10. Louis

28 - Eure-et-Loir

1. Emma	1. Gabriel
2. Louise	2. Jules
3. Jade	3. Lucas
4. Rose	4. Louis
5. Lina	5. Liam
6. Alice	6. Raphael
7. Ambre	7. Tom
8. Elena	8. Aaron
9. Camille	9. Arthur
10. Lola	10. Enzo

29 - Finistère

1. Emma	1. Léo
2. Louise	2. Arthur
3. Jade	3. Hugo
4. Alice	4. Malo
5. Léa	5. Raphaël
6. Rose	6. Gabriel
7. Anna	7. Maël
8. Inès	8. Louis
9. Ambre	9. Lucas
10. Adèle	10. Gabin

30 - Gard

1. Emma	1. Léo
2. Jade	2. Adam
3. Anna	3. Raphaël
4. Léna	4. Amir
5. Lina	5. Gabriel
6. Alice	6. Louis
7. Inaya	7. Mohamed
8. Mila	8. Maël
9. Inès	9. Lucas
10. Léa	10. Ethan

31 - Haute-Garonne

1. Emma	1. Gabriel
2. Louise	2. Raphaël
3. Alice	3. Adam
4. Jade	4. Léo
5. Chloé	5. Louis
6. Mila	6. Arthur
7. Anna	7. Lucas
8. Léna	8. Jules
9. Juliette	9. Hugo
10. Inès	10. Maël

32 - Gers

1. Ambre	1. Gabriel
2. Jade	2. Ethan
3. Juliette	3. Jules
4. Louise	4. Louis
5. Lucie	5. Raphaël
6. Lou	6. Hugo
7. Nina	7. Paul
8. Charlotte	8. Maël
9. Emma	9. Clément
10. Eva	10. Kylian

33 - Gironde

1. Louise	1. Gabriel
2. Emma	2. Louis
3. Jade	3. Raphaël
4. Alice	4. Paul
5. Chloé	5. Arthur
6. Juliette	6. Léo
7. Jeanne	7. Jules
8. Rose	8. Hugo
9. Julia	9. Lucas
10. Léa	10. Adam

34 - Hérault

1. Emma	1. Gabriel
2. Jade	2. Léo
3. Lina	3. Adam
4. Louise	4. Raphaël
5. Mila	5. Louis
6. Alice	6. Lucas
7. Rose	7. Arthur
8. Chloé	8. Jules
9. Léna	9. Amir
10. Lou	10. Mohamed

35 - Ille-et-Vilaine

1. Louise	1. Arthur
2. Adèle	2. Gabriel
3. Alice	3. Léo
4. Emma	4. Gabin
5. Rose	5. Malo
6. Inès	6. Maël
7. Léa	7. Louis
8. Chloé	8. Paul
9. Jade	9. Raphaël
10. Juliette	10. Lucas

36 - Indre

1. Jade	1. Jules
2. Lola	2. Louis
3. Anna	3. Gabriel
4. Emma	4. Arthur
5. Mia	5. Liam
6. Alice	6. Raphaël
7. Léna	7. Sacha
8. Lucie	8. Enzo
9. Rose	9. Gabin
10. Ambre	10. Tiago

37 - Indre-et-Loire

1. Louise	1. Louis
2. Alice	2. Arthur
3. Chloé	3. Gabriel
4. Emma	4. Lucas
5. Jade	5. Jules
6. Manon	6. Hugo
7. Mia	7. Paul
8. Léna	8. Raphaël
9. Lina	9. Léo
10. Margaux	10. Gabin

38 - Isère

1. Emma	1. Gabriel
2. Lina	2. Léo
3. Chloé	3. Lucas
4. Léa	4. Nathan
5. Anna	5. Raphaël
6. Alice	6. Liam
7. Manon	7. Hugo
8. Louise	8. Arthur
9. Mila	9. Adam
10. Rose	10. Mathis

39 - Jura

1. Jade
2. Emma
3. Alice
4. Manon
5. Louise
6. Chloé
7. Rose
8. Julia
9. Ambre
10. Juliette

1. Gabriel
2. Jules
3. Léo
4. Nino
5. Arthur
6. Hugo
7. Louis
8. Tom
9. Nathan
10. Raphaël

40 - Landes

1. Manon
2. Louise
3. Julia
4. Chloé
5. Inès
6. Jade
7. Léa
8. Emma
9. Mila
10. Ambre

1. Léo
2. Raphaël
3. Liam
4. Paul
5. Gabriel
6. Louis
7. Enzo
8. Lucas
9. Tom
10. Martin

41 - Loir-et-Cher

1. Emma
2. Louise
3. Juliette
4. Lola
5. Ambre
6. Victoire
7. Alice
8. Jade
9. Léna
10. Lina

1. Raphaël
2. Jules
3. Paul
4. Gabriel
5. Louis
6. Léo
7. Arthur
8. Noé
9. Gabin
10. Hugo

42 - Loire

1. Emma
2. Jade
3. Chloé
4. Louise
5. Léna
6. Romane
7. Anna
8. Inaya
9. Alice
10. Léa

1. Louis
2. Léo
3. Lucas
4. Maël
5. Adam
6. Hugo
7. Jules
8. Nathan
9. Sacha
10. Gabriel

43 - Haute-Loire

1. Julia
2. Léa
3. Léna
4. Emma
5. Jade
6. Juliette
7. Louise
8. Ambre
9. Inès
10. Lou

1. Léo
2. Axel
3. Louis
4. Lucas
5. Léon
6. Raphaël
7. Baptiste
8. Maël
9. Nathan
10. Noé

44 - Loire-Atlantique

1. Louise
2. Alice
3. Emma
4. Juliette
5. Chloé
6. Jade
7. Rose
8. Inès
9. Léa
10. Adèle

1. Raphaël
2. Léo
3. Arthur
4. Louis
5. Gabriel
6. Maël
7. Hugo
8. Jules
9. Lucas
10. Paul

45 - Loiret

1. Jade
2. Emma
3. Inès
4. Louise
5. Anna
6. Agathe
7. Chloé
8. Léa
9. Mila
10. Alice

1. Louis
2. Lucas
3. Raphaël
4. Arthur
5. Gabriel
6. Léo
7. Maël
8. Paul
9. Adam
10. Nolan

46 - Lot

1. Léa
2. Mila
3. Inès
4. Jade
5. Lola
6. Mia
7. Romane
8. Agathe
9. Ambre
10. Chloé

1. Gabriel
2. Léo
3. Hugo
4. Lucas
5. Soan
6. Louis
7. Arthur
8. Gabin
9. Mathis
10. Paul

47 - Lot-et-Garonne

1. Jade
2. Emma
3. Mia
4. Léa
5. Ambre
6. Lola
7. Louise
8. Alice
9. Julia
10. Anna

1. Léo
2. Hugo
3. Raphaël
4. Gabriel
5. Gabin
6. Nathan
7. Louis
8. Amir
9. Lucas
10. Arthur

48 - Lozère

1. Emma
2. Inès
3. Julia
4. Camille
5. Emmy
6. Jade
7. Léa
8. Leïla
9. Léna
10. Louise

1. Antoine
2. Gabin
3. Ethan
4. Evan
5. Hugo
6. Maël
7. Paul
8. Théo
9. Axel
10. Baptiste

49 - Maine-et-Loire

1. Jade
2. Louise
3. Emma
4. Jeanne
5. Juliette
6. Adèle
7. Rose
8. Alice
9. Chloé
10. Agathe

1. Gabriel
2. Raphaël
3. Paul
4. Arthur
5. Jules
6. Léo
7. Lucas
8. Louis
9. Maël
10. Hugo

50 - Manche

1. Louise
2. Emma
3. Jade
4. Rose
5. Juliette
6. Alice
7. Manon
8. Léa
9. Jeanne
10. Clémence

1. Léo
2. Lucas
3. Raphaël
4. Louis
5. Gabriel
6. Arthur
7. Jules
8. Marceau
9. Gabin
10. Hugo

51 - Marne

1. Louise
2. Alice
3. Emma
4. Jade
5. Chloé
6. Rose
7. Anna
8. Zoé
9. Lou
10. Ambre

1. Jules
2. Nathan
3. Gabriel
4. Léo
5. Raphaël
6. Louis
7. Maël
8. Adam
9. Gabin
10. Hugo

52 - Haute-Marne

1. Camille
2. Alice
3. Lola
4. Mya
5. Jade
6. Lina
7. Louane
8. Chloé
9. Emma
10. Juliette

1. Tom
2. Lucas
3. Ethan
4. Hugo
5. Jules
6. Louis
7. Sacha
8. Timéo
9. Gabriel
10. Léo

53 - Mayenne

1. Jade
2. Louise
3. Emma
4. Camille
5. Julia
6. Manon
7. Rose
8. Alice
9. Adèle
10. Ambre

1. Maël
2. Hugo
3. Sacha
4. Ethan
5. Gabriel
6. Lucas
7. Gabin
8. Arthur
9. Eden
10. Jules

54 - Meurthe-et-Moselle

1. Emma
2. Louise
3. Chloé
4. Jade
5. Lucie
6. Lina
7. Alice
8. Ambre
9. Anna
10. Léa

1. Léo
2. Gabriel
3. Louis
4. Jules
5. Hugo
6. Raphaël
7. Adam
8. Arthur
9. Maël
10. Sacha

55 - Meuse

1. Louise
2. Ambre
3. Inès
4. Jade
5. Léna
6. Lola
7. Alice
8. Emma
9. Julia
10. Lucie

1. Gabriel
2. Gabin
3. Hugo
4. Léo
5. Jules
6. Arthur
7. Eden
8. Maxence
9. Noé
10. Sacha

56 - Morbihan

1. Emma
2. Inès
3. Jade
4. Louise
5. Léa
6. Rose
7. Alice
8. Lou
9. Chloé
10. Mila

1. Raphaël
2. Léo
3. Maël
4. Gabriel
5. Ethan
6. Louis
7. Gabin
8. Malo
9. Arthur
10. Hugo

57 - Moselle

1. Emma	1. Gabriel
2. Louise	2. Léo
3. Alice	3. Louis
4. Anna	4. Jules
5. Jade	5. Liam
6. Chloé	6. Hugo
7. Lina	7. Raphaël
8. Mila	8. Lucas
9. Rose	9. Théo
10. Lucie	10. Arthur

58 - Nièvre

1. Agathe	1. Eden
2. Chloé	2. Nathan
3. Emma	3. Aaron
4. Louna	4. Gabin
5. Alice	5. Jules
6. Louise	6. Léo
7. Lucie	7. Liam
8. Ambre	8. Noé
9. Jade	9. Paul
10. Lise	10. Raphaël

59 - Nord

1. Jade	1. Raphaël
2. Emma	2. Louis
3. Alice	3. Gabriel
4. Louise	4. Léo
5. Léa	5. Hugo
6. Lina	6. Adam
7. Rose	7. Jules
8. Chloé	8. Arthur
9. Zoé	9. Lucas
10. Anna	10. Gabin

60 - Oise

1. Jade	1. Gabriel
2. Emma	2. Adam
3. Louise	3. Ethan
4. Lina	4. Jules
5. Alice	5. Louis
6. Rose	6. Lucas
7. Lola	7. Raphaël
8. Eva	8. Nathan
9. Julia	9. Sacha
10. Ambre	10. Hugo

61 - Orne

1. Inès	1. Ethan
2. Jade	2. Maël
3. Louise	3. Louis
4. Emma	4. Gabin
5. Rose	5. Jules
6. Chloé	6. Lucas
7. Léa	7. Léo
8. Zoé	8. Raphaël
9. Adèle	9. Hugo
10. Romane	10. Tom

62 - Pas-de-Calais

1. Jade	1. Raphaël
2. Emma	2. Léo
3. Louise	3. Louis
4. Ambre	4. Jules
5. Zoé	5. Hugo
6. Alice	6. Gabriel
7. Mia	7. Gabin
8. Romane	8. Maël
9. Lou	9. Martin
10. Rose	10. Lucas

63 - Puy-de-Dôme

1. Emma	1. Gabriel
2. Léa	2. Léo
3. Louise	3. Raphaël
4. Jade	4. Arthur
5. Alice	5. Nathan
6. Léna	6. Jules
7. Manon	7. Lucas
8. Mila	8. Gabin
9. Chloé	9. Liam
10. Juliette	10. Louis

64 - Pyrénées-Atlantiques

1. Mila	1. Gabriel
2. Emma	2. Raphaël
3. Louise	3. Louis
4. Jade	4. Hugo
5. Julia	5. Léo
6. Juliette	6. Lucas
7. Charlotte	7. Arthur
8. Alice	8. Martin
9. Jeanne	9. Jules
10. Manon	10. Paul

65 - Hautes-Pyrénées

1. Emma	1. Louis
2. Alice	2. Hugo
3. Inès	3. Léo
4. Lucie	4. Raphaël
5. Jade	5. Gabin
6. Manon	6. Jules
7. Nina	7. Timéo
8. Chloé	8. Maël
9. Elena	9. Axel
10. Léa	10. Paul

66 - Pyrénées-Orientales

1. Louise	1. Gabriel
2. Jade	2. Léo
3. Emma	3. Ethan
4. Mia	4. Nathan
5. Mila	5. Hugo
6. Lina	6. Raphaël
7. Alice	7. Adam
8. Chloé	8. Lucas
9. Lou	9. Timéo
10. Lucie	10. Jules

67 - Bas-Rhin

1. Lucie	1. Léo
2. Emma	2. Gabriel
3. Lina	3. Arthur
4. Louise	4. Louis
5. Anna	5. Hugo
6. Léa	6. Léon
7. Jade	7. Jules
8. Alice	8. Raphaël
9. Eva	9. Lucas
10. Chloé	10. Martin

68 - Haut-Rhin

1. Mia	1. Léo
2. Emma	2. Gabriel
3. Lina	3. Adam
4. Anna	4. Liam
5. Louise	5. Ethan
6. Alice	6. Noé
7. Chloé	7. Lucas
8. Jade	8. Louis
9. Léa	9. Nathan
10. Mila	10. Maël

69 - Rhône

1. Emma	1. Gabriel
2. Lina	2. Adam
3. Alice	3. Louis
4. Jade	4. Arthur
5. Louise	5. Léo
6. Chloé	6. Lucas
7. Anna	7. Mohamed
8. Mila	8. Raphaël
9. Ambre	9. Paul
10. Juliette	10. Jules

70 - Haute-Saône

1. Emma	1. Jules
2. Lilou	2. Louis
3. Agathe	3. Tom
4. Jade	4. Léo
5. Alice	5. Gabriel
6. Anna	6. Maël
7. Camille	7. Augustin
8. Léonie	8. Axel
9. Elyna	9. Enzo
10. Inaya	10. Lucas

71 - Saône-et-Loire

1. Emma	1. Gabriel
2. Jade	2. Louis
3. Lina	3. Léo
4. Alice	4. Jules
5. Louise	5. Arthur
6. Chloé	6. Hugo
7. Lou	7. Maël
8. Agathe	8. Paul
9. Léa	9. Ethan
10. Juliette	10. Lucas

72 - Sarthe

1. Jade	1. Gabriel
2. Louise	2. Raphaël
3. Alice	3. Louis
4. Ambre	4. Lucas
5. Emma	5. Gabin
6. Juliette	6. Hugo
7. Lola	7. Paul
8. Léa	8. Jules
9. Lina	9. Arthur
10. Romane	10. Sacha

73 - Savoie

1. Alice	1. Gabriel
2. Emma	2. Louis
3. Louise	3. Arthur
4. Mila	4. Jules
5. Chloé	5. Lucas
6. Jade	6. Nathan
7. Mia	7. Léo
8. Anna	8. Gabin
9. Léa	9. Raphaël
10. Inès	10. Aaron

74 - Haute-Savoie

1. Emma	1. Gabriel
2. Chloé	2. Léo
3. Rose	3. Lucas
4. Alice	4. Louis
5. Louise	5. Jules
6. Léa	6. Arthur
7. Juliette	7. Hugo
8. Lina	8. Raphaël
9. Ambre	9. Liam
10. Mila	10. Paul

75 - Paris

1. Louise	1. Gabriel
2. Alice	2. Adam
3. Emma	3. Arthur
4. Jeanne	4. Raphaël
5. Chloé	5. Louis
6. Anna	6. Victor
7. Rose	7. Paul
8. Léa	8. Mohamed
9. Charlotte	9. Alexandre
10. Inès	10. Gaspard

76 - Seine-Maritime

1. Jade	1. Raphaël
2. Emma	2. Jules
3. Louise	3. Gabriel
4. Alice	4. Léo
5. Rose	5. Louis
6. Chloé	6. Hugo
7. Inès	7. Gabin
8. Lola	8. Maël
9. Lou	9. Adam
10. Mila	10. Sacha

77 - Seine-et-Marne

1. Jade	1. Raphaël
2. Emma	2. Gabriel
3. Louise	3. Lucas
4. Chloé	4. Adam
5. Lina	5. Ethan
6. Ambre	6. Liam
7. Eva	7. Léo
8. Inès	8. Louis
9. Léna	9. Hugo
10. Alice	10. Nathan

78 - Yvelines

1. Emma	1. Gabriel
2. Jade	2. Raphaël
3. Chloé	3. Adam
4. Louise	4. Lucas
5. Rose	5. Arthur
6. Alice	6. Léo
7. Lina	7. Louis
8. Léa	8. Mohamed
9. Mila	9. Maël
10. Inès	10. Hugo

79 - Deux-Sèvres

1. Agathe	1. Hugo
2. Emma	2. Gabriel
3. Jade	3. Gabin
4. Louise	4. Lucas
5. Alice	5. Liam
6. Margaux	6. Louis
7. Juliette	7. Maël
8. Ambre	8. Arthur
9. Julia	9. Ethan
10. Mila	10. Noé

80 - Somme

1. Emma	1. Raphaël
2. Jade	2. Gabriel
3. Louise	3. Gabin
4. Ambre	4. Louis
5. Léa	5. Léo
6. Julia	6. Paul
7. Zoé	7. Hugo
8. Alice	8. Lucas
9. Jeanne	9. Jules
10. Juliette	10. Maël

81 - Tarn

1. Alice
2. Emma
3. Jade
4. Louise
5. Anna
6. Chloé
7. Camille
8. Ambre
9. Lola
10. Lina

1. Léo
2. Louis
3. Jules
4. Lucas
5. Gabriel
6. Hugo
7. Raphaël
8. Adam
9. Enzo
10. Paul

82 - Tarn-et-Garonne

1. Jade
2. Emma
3. Louise
4. Aya
5. Lola
6. Giulia
7. Julia
8. Léna
9. Chloé
10. Lina

1. Louis
2. Gabriel
3. Tom
4. Adam
5. Léo
6. Lucas
7. Raphaël
8. Ethan
9. Arthur
10. Jules

83 - Var

1. Lina
2. Emma
3. Louise
4. Jade
5. Anna
6. Mila
7. Rose
8. Léa
9. Giulia
10. Chloé

1. Gabriel
2. Raphaël
3. Léo
4. Louis
5. Hugo
6. Jules
7. Adam
8. Ethan
9. Lucas
10. Aaron

84 - Vaucluse

1. Lina
2. Emma
3. Jade
4. Mila
5. Nour
6. Chloé
7. Mia
8. Inès
9. Louise
10. Anna

1. Léo
2. Louis
3. Adam
4. Gabriel
5. Amir
6. Mohamed
7. Raphaël
8. Liam
9. Hugo
10. Imran

85 - Vendée

1. Jade
2. Rose
3. Louise
4. Ambre
5. Emma
6. Chloé
7. Alice
8. Julia
9. Juliette
10. Lola

1. Gabriel
2. Jules
3. Louis
4. Arthur
5. Maël
6. Léo
7. Gabin
8. Tom
9. Liam
10. Nathan

86 - Vienne

1. Emma
2. Jade
3. Louise
4. Rose
5. Mila
6. Chloé
7. Alice
8. Inès
9. Nina
10. Romane

1. Hugo
2. Gabriel
3. Lucas
4. Arthur
5. Léo
6. Louis
7. Maël
8. Ethan
9. Raphaël
10. Jules

87 - Haute-Vienne

1. Chloé
2. Emma
3. Alice
4. Jade
5. Inès
6. Léna
7. Rose
8. Louise
9. Agathe
10. Eva

1. Raphaël
2. Louis
3. Léo
4. Gabriel
5. Jules
6. Gabin
7. Arthur
8. Liam
9. Lucas
10. Ethan

88 - Vosges

1. Emma
2. Jade
3. Lola
4. Louise
5. Rose
6. Agathe
7. Alice
8. Anna
9. Lana
10. Manon

1. Louis
2. Hugo
3. Ethan
4. Jules
5. Nathan
6. Tom
7. Léo
8. Mathis
9. Gabin
10. Gabriel

89 - Yonne

1. Emma
2. Louise
3. Jade
4. Alice
5. Léonie
6. Lina
7. Agathe
8. Ambre
9. Rose
10. Clémence

1. Ethan
2. Hugo
3. Louis
4. Jules
5. Sacha
6. Aaron
7. Timéo
8. Léo
9. Liam
10. Raphaël

90 - Territoire de Belfort

1. Jade
2. Lina
3. Rose
4. Emma
5. Léa
6. Lucie
7. Chloé
8. Louise
9. Camille
10. Léna

1. Adam
2. Mohamed
3. Arthur
4. Imran
5. Liam
6. Jules
7. Louis
8. Lucas
9. Ethan
10. Hugo

91 - Essonne

1. Jade
2. Emma
3. Chloé
4. Lina
5. Léa
6. Louise
7. Julia
8. Rose
9. Mila
10. Inaya

1. Adam
2. Gabriel
3. Lucas
4. Mohamed
5. Nathan
6. Ethan
7. Liam
8. Noah
9. Raphaël
10. Léo

92 - Hauts-de-Seine

1. Emma
2. Alice
3. Chloé
4. Inès
5. Lina
6. Louise
7. Jade
8. Léa
9. Sarah
10. Rose

1. Adam
2. Gabriel
3. Raphaël
4. Arthur
5. Louis
6. Lucas
7. Noah
8. Mohamed
9. Jules
10. Paul

93 - Seine-Saint-Denis

1. Lina	1. Mohamed
2. Sarah	2. Adam
3. Inaya	3. Ibrahim
4. Aya	4. Gabriel
5. Sofia	5. Rayan
6. Yasmine	6. Amir
7. Nour	7. Ismaël
8. Assia	8. Imran
9. Jade	9. Liam
10. Mariam	10. Isaac

94 - Val-de-Marne

1. Emma	1. Adam
2. Lina	2. Gabriel
3. Chloé	3. Mohamed
4. Léa	4. Lucas
5. Jade	5. Liam
6. Louise	6. Raphaël
7. Alice	7. Noah
8. Inaya	8. Léo
9. Sarah	9. Ethan
10. Inès	10. Louis

95 - Val-d'Oise

1. Lina	1. Adam
2. Jade	2. Gabriel
3. Emma	3. Mohamed
4. Chloé	4. Raphaël
5. Nour	5. Lucas
6. Inaya	6. Ethan
7. Aya	7. Liam
8. Inès	8. Noah
9. Eva	9. Aaron
10. Léa	10. Ibrahim

971 - Guadeloupe

1. Jade	1. Ethan
2. Emma	2. Gabriel
3. Chloé	3. Liam
4. Lya	4. Mathéo
5. Thaïs	5. Enzo
6. Clara	6. Noah
7. Mia	7. Lucas
8. Océane	8. Nathan
9. Shaïna	9. Théo
10. Anna	10. Eden

972 - Martinique

1. Jade	1. Ethan
2. Mya	2. Noah
3. Chloé	3. Kylian
4. Emma	4. Liam
5. Thaïs	5. Lucas
6. Louane	6. Mathéo
7. Maëlys	7. Nolan
8. Ambre	8. Maël
9. Eva	9. Gabriel
10. Soraya	10. Eden

973 - Guyane française

1. Sarah	1. Kylian
2. Jade	2. Samuel
3. Alicia	3. Ethan
4. Maëlys	4. David
5. Laura	5. Gabriel
6. Emma	6. Enzo
7. Ruth	7. Nathan
8. Ana	8. Emmanuel
9. Anaïs	9. Dylan
10. Chloé	10. Noah

974 - Réunion

1. Jade	1. Ethan
2. Marie	2. Raphaël
3. Mia	3. Gabriel
4. Inaya	4. Noah
5. Camille	5. Liam
6. Mya	6. Lyam
7. Emma	7. Enzo
8. Maëlys	8. Kylian
9. Léa	9. Théo
10. Louna	10. Hugo

Prénoms en fête

Les prénoms ci-dessous sont classés par ordre alphabétique et sont accompagnés de leurs jours de fête. Cette sélection inclut des prénoms répandus et d'autres qui le sont moins mais dont la croissance est prometteuse. Les prénoms cités dans les encadrés thématiques de cet ouvrage (prénoms régionaux, courants de prénoms dans le vent, palmarès des prénoms francophones, etc.) figurent dans ce répertoire.

A

Aaron ♂ .... 1er juillet
Abel ♂ .... 5 août
Abélard ♂ .... 5 août
Abraham ♂ .... 20 décembre
Achille ♂ .... 12 mai
Adam ♂ .... 16 mai
Adélaïde ♀ .... 16 décembre
Adèle ♀ .... 24 décembre
Adeline ♀ .... 20 octobre
Adrian ♂ .... 8 septembre
Adriana ♀ .... 8 septembre
Adrien ♂ .... 8 septembre
Adrienne ♀ .... 8 septembre
Agathe ♀ .... 5 février
Aglaé ♀ .... 14 mai
Agnès ♀ .... 21 janvier
Aidan ♂ .... 23 août
Aimé ♂ .... 13 septembre
Aimée ♀ .... 20 février
Alain ♂ .... 9 septembre
Alan ♂ .... 9 septembre ou 27 novembre
Alaric ♂ .... 29 septembre
Alban ♂ .... 22 juin
Albane ♀ .... 22 juin
Albanie ♀ .... 22 juin
Albert ♂ .... 15 novembre
Albin ♂ .... 1er mars
Aldo ♂ .... 17 septembre
Aldric ♂ .... 7 janvier
Alex ♂ .... 22 avril
Alexa ♀ .... 17 février
Alexandra ♀ .... 20 mars
Alexandre ♂ .... 22 avril
Alexandrine ♀ .... 2 avril
Alexane ♀ .... 17 février
Alexia ♀ .... 17 février
Alexis ♂ .... 17 février
Alexy ♂ .... 17 février
Alfred ♂ .... 15 août
Alice ♀ .... 16 décembre
Alicia ♀ .... 16 décembre
Aliénor ♀ .... 25 juin
Aline ♀ .... 20 octobre
Alison ♀ .... 16 décembre
Alix ♀ .... 9 janvier
Alix ♂ .... 9 janvier
Alizée ♀ .... 16 décembre
Aloïs ♂ .... 25 août
Alphonse ♂ .... 1er août
Alyssa ♀ .... 16 décembre
Amadéo ♂ .... 30 mars
Amanda ♀ .... 9 juillet
Amandine ♀ .... 9 juillet
Amaury ♂ .... 9 août
Amaya ♀ .... 13 septembre
Ambre ♀ .... 7 décembre
Ambroise ♂ .... 7 décembre
Amédée ♂ .... 30 mars
Amélia ♀ .... 19 septembre
Amélie ♀ .... 19 septembre
Ana ♀ .... 26 juillet
Anaëlle ♀ .... 26 juillet
Anaïs ♀ .... 26 juillet
Anastasia ♀ .... 10 mars, 15 avril
Anastasie ♀ .... 10 mars, 15 avril
Anatole ♂ .... 3 février
André ♂ .... 30 novembre
Andrea ♂ .... 30 novembre
Andréa ♀ .... 9 juillet
Andrée ♀ .... 9 juillet
Ange ♂ .... 5 mai
Angel ♂ .... 27 janvier
Angéla ♀ .... 27 janvier
Angèle ♀ .... 27 janvier
Angelina ♀ .... 27 janvier
Angeline ♀ .... 27 janvier
Angélique ♀ .... 27 janvier
Angelo ♂ .... 27 janvier
Anita ♀ .... 26 juillet
Anna ♀ .... 26 juillet
Annabella ♀ .... 26 juillet
Annabelle ♀ .... 26 juillet
Annaïg ♀ .... 26 juillet

Anne ♀ .... 26 juillet
Anselme ♂ .... 21 avril
Anthéa ♀ .... 5 octobre
Anthime ♂ .... 27 avril
Anthony ♂ .... 13 juin
Antoine ♂ .... 13 juin
Antoinette ♀ .... 27 octobre
Antonia ♀ .... 28 février
Antonin ♂ .... 5 mai
Antonio ♂ .... 13 juin
Antony ♂ .... 13 juin
Apolline ♀ .... 9 février
Ariane ♀ ...... 18 septembre
Arielle ♀ .... 1er octobre
Armand ♂ ..... 23 décembre
Armande ♀ ... 23 décembre
Armel ♂ .... 16 août
Armelle ♀ .... 16 août
Arnaud ♂ .... 10 février
Arno ♂ .... 10 février
Arthur ♂ .... 15 novembre
Astrée ♀ .... 27 novembre
Astrid ♀ .... 27 novembre
Aubin ♂ .... 1er mars
Aude ♀ .... 18 novembre
Audran ♂ .... 7 février
Audrey ♀ .... 23 juin
Auguste ♂ .... 7 octobre
Augustin ♂ .... 28 août
Augustine ♀ .... 28 août
Aure ♀ .... 4 octobre
Auregane ♀ .... 15 janvier
Aurel ♂ .... 20 juillet
Aurèle ♂ .... 20 juillet
Aurélia ♀ .... 15 octobre
Aurélie ♀ .... 15 octobre
Aurélien ♂ .... 16 juin
Auriane ♀ .... 4 octobre
Aurore ♀ .... 4 octobre ou 13 décembre
Austin ♂ .... 28 août
Auxane ♀ ...... 3 septembre
Ava ♀ .... 6 septembre
Axel ♂ .... 21 mars
Axelle ♀ .... 21 mars
Aymeric ♂ ..... 4 novembre

B

Balthazar ♂ .... 6 janvier
Baptiste ♂ .... 24 juin
Barbara ♀ ...... 4 décembre
Barnabé ♂ .... 11 juin
Barthélemy ♂ .... 24 août
Basile ♂ .... 2 janvier
Bastien ♂ .... 20 janvier
Baudouin ♂ ...... 17 octobre
Béatrice ♀ .... 13 février
Beatrix ♀ .... 29 juillet
Bénédicte ♀ .... 16 mars
Benjamin ♂ .... 31 mars
Benoît ♂ .... 11 juillet
Béranger ♂ .... 26 mai
Bérangère ♀ .... 26 mai
Bérenger ♂ .... 26 mai
Bérengère ♀ .... 26 mai
Bérénice ♀ .... 4 février ou 4 octobre
Bernadette ♀ ...... 18 février
Bernard ♂ .... 20 août
Berthe ♀ .... 4 juillet
Bertille ♀ .... 6 novembre
Bertrand ♂ ... 6 septembre
Béryl ♀ .... 29 juin
Bianca ♀ .... 3 octobre
Bilal ♂ .... Pas de fête connue
Blaise ♂ .... 3 février
Blanche ♀ .... 3 octobre
Blandine ♀ .... 2 juin
Boris ♂ .... 2 mai
Brenda ♀ .... 16 mai
Brendan ♂ .... 16 mai
Briac ♂ .... 18 décembre
Brian ♂ .... 18 décembre
Brice ♂ .... 13 novembre
Brieuc ♂ .... 1er mai
Brigitte ♀ .... 23 juillet
Bruna ♀ .... 6 octobre
Brunelle ♀ .... 6 octobre
Bruno ♂ .... 6 octobre
Bryan ♂ .... 18 décembre

C

Calista ♀ .... 14 octobre
Calixte ♀ .... 14 octobre
Camélia ♀ .... 14 juillet ou 5 octobre
Cameron ♂ .... 14 juillet
Camille ♀ .... 14 juillet
Camille ♂ .... 14 juillet
Candice ♀ .... 3 octobre
Candy ♀ .... 3 octobre
Capucine ♀ .... 5 octobre
Carine ♀ .... 24 mars, 7 novembre
Carl ♂ .... 2 mars, 4 novembre
Carla ♀ .... 17 juillet
Carole ♀ .... 17 juillet
Caroline ♀ .... 17 juillet
Casimir ♂ .... 4 mars
Cassandre ♀ .... Pas de fête connue
Catherine ♀ .... 24 mars ou 25 novembre
Cathy ♀ .... 24 mars ou 25 novembre

Cécile ♀ .... 22 novembre
Cécilia ♀ .... 22 novembre
Cédric ♂ .... 7 janvier
Céleste ♀ .... 19 mai
Célestin ♂ .... 19 mai
Célestine ♀ .... 19 mai
Célia ♀ .... 22 novembre
Célian ♂ .... 21 octobre
Célie ♀ .... 22 novembre
Céline ♀ .... 21 octobre
César ♂ .... 15 avril
Chaïma ♀ .... Pas de fête connue
Chantal ♀ .... 12 décembre
Charlène ♀ .... 17 juillet
Charles ♂ .... 2 mars, 4 novembre
Charley ♂ .... 2 mars, 4 novembre
Charlie ♀ .... 2 mars, 4 novembre
Charlie ♂ .... 2 mars, 4 novembre
Charline ♀ .... 17 juillet
Charlotte ♀ .... 17 juillet
Charly ♂ .... 2 mars, 4 novembre
Charlyne ♀ .... 17 juillet
Chiara ♀ .... 11 août
Chloé ♀ .... 5 octobre (date admise)
Chris ♂ .... 21 août
Christelle ♀ .... 24 juillet
Christian ♂ .... 12 novembre
Christiane ♀ .... 24 juillet
Christina ♀ .... 24 juillet
Christine ♀ .... 24 juillet
Christophe ♂ .... 21 août
Christopher ♂ .... 21 août
Chrystal ♀ .... 24 juillet
Chrystel ♀ .... 24 juillet
Cindy ♀ .... 9 juin
Claire ♀ .... 11 août
Clara ♀ .... 11 août
Clarisse ♀ .... 12 août
Claude ♀ .... 15 février
Claude ♂ .... 15 février
Claudette ♀ .... 15 février
Claudia ♀ .... 15 février
Claudie ♀ .... 15 février
Claudine ♀ .... 15 février
Cléa ♀ .... 13 juillet
Clélia ♀ .... 13 juillet
Clémence ♀ .... 21 mars
Clément ♂ .... 23 novembre
Clémentine ♀ .... 23 novembre
Cléo ♂ .... 19 octobre
Clio ♀ .... 4 juin
Clothilde ♀ .... 4 juin
Clotilde ♀ .... 4 juin
Clovis ♂ .... 25 août
Colette ♀ .... 6 mars
Colin ♂ .... 6 décembre
Coline ♀ .... 6 décembre
Colleen ♀ .... 6 décembre
Colombe ♀ .... 31 décembre
Colombine ♀ .... 31 décembre
Colyne ♀ .... 6 décembre
Côme ♂ .... 26 septembre
Conrad ♂ .... 26 novembre
Constance ♀ .... 23 septembre
Constant ♂ .... 23 septembre
Constantin ♂ .... 21 mai
Coralie ♀ .... 18 mai
Coraline ♀ .... 18 mai
Corentin ♂ .... 12 décembre
Corentine ♀ .... 12 décembre
Corinne ♀ .... 18 mai
Cynthia ♀ .... 9 juin
Cyprien ♂ .... 16 septembre
Cyriaque ♂ .... 8 août
Cyrielle ♀ .... 18 mars
Cyril ♂ .... 18 mars
Cyrille ♂ .... 18 mars

D

Daisy ♀ .... 5 octobre
Damien ♂ .... 26 septembre
Dan ♂ .... 11 décembre
Dana ♀ .... 11 décembre
Daniel ♂ .... 11 décembre
Danièle ♀ .... 11 décembre
Danielle ♀ .... 11 décembre
Danny ♂ .... 11 décembre
Dany ♂ .... 11 décembre
Daphné ♀ .... 5 octobre
Daphnée ♀ .... 5 octobre
Dauphine ♀ .... 26 novembre
Dave ♂ .... 29 décembre
David ♂ .... 29 décembre
Davy ♂ .... 20 septembre
Debbie ♀ .... 21 septembre
Débora ♀ .... 21 septembre
Déborah ♀ .... 21 septembre
Delphine ♀ .... 26 novembre
Denis ♂ .... 9 octobre
Denise ♀ .... 15 mai
Diana ♀ .... 9 juin
Diane ♀ .... 9 juin
Didier ♂ .... 23 mai
Diego ♂ .... 23 mai
Dimitri ♂ .... 26 octobre
Dimitry ♂ .... 26 octobre
Dolorès ♀ .... 15 septembre
Dominique ♀ .... 8 août
Dominique ♂ .... 8 août
Domitien ♂ .... 7 mai

Domitille ♀ .... 7 mai
Donald ♂ .... 15 juillet
Donatien ♂ .... 24 mai
Donatienne ♀ .... 24 mai
Donovan ♂ .... 15 juillet
Dora ♀ .... 11 février
Doria ♀ .... 25 octobre
Dorian ♂ .... 25 octobre
Doriane ♀ .... 25 octobre
Dorine ♀ .... 11 février
Doris ♀ .... 25 octobre
Dorothée ♀ .... 6 février
Doryan ♂ .... 25 octobre
Dustin ♂ .... 21 juin
Dylan ♂ Pas de fête connue

E

Éden ♀ ♂ ..... 1er novembre
Eddy ♂ .... 5 janvier
Edgar ♂ .... 8 juillet
Édith ♀ .... 16 septembre
Edmond ♂ ... 20 novembre
Edmonde ♀ . 20 novembre
Édouard ♂ .... 5 janvier
Edwige ♀ .... 16 octobre
Edwin ♂ .... 12 octobre
Églantine ♀ .... 5 octobre
Éléa ♀ .. Pas de fête connue
Éléna ♀ .... 18 août
Eléonore ♀ .... 25 juin
Élia ♀ .... 20 juillet
Élian ♂ .... 20 juillet
Éliane ♀ .... 20 juillet
Élias ♂ .... 20 juillet
Élie ♂ .... 20 juillet
Élina ♀ .... 20 juillet
Éline ♀ .... 18 août
Eliot ♂ .... 20 juillet
Eliott ♂ .... 20 juillet

Élisa ♀ .... 17 novembre
Élisabeth ♀ ... 17 novembre
Élise ♀ .... 17 novembre
Élisée ♀ .... 14 juin
Ella ♀ .... 1er février
Elliot ♂ .... 20 juillet
Elliott ♂ .... 20 juillet
Élodie ♀ .... 22 octobre
Éloi ♂ .... 1er décembre
Éloïse ♀ .... 15 mars
Élouan ♂ .... 28 août
Elsa ♀ .... 17 novembre
Émeline ♀ ...... 27 octobre
Émelyne ♀ ...... 27 octobre
Émeraude ♀ .... 29 juin
Émerence ♀ ..... 23 janvier
Émeric ♂ .... 4 novembre
Émie ♀ .... 19 septembre
Émile ♂ .... 22 mai
Émilia ♀ ..... 19 septembre
Émilie ♀ ..... 19 septembre
Émilien ♂ ..... 12 novembre
Émily ♀ ...... 19 septembre
Emma ♀ .... 19 avril
Emmanuel ♂ 25 décembre
Emmanuelle ♀ 25 décembre
Emmeline ♀ .... 27 octobre
Emmy ♀ ..... 19 septembre
Emy ♀ .... 19 septembre
Enguerrand ♂ .. 25 octobre
Enora ♀ .... 14 octobre
Enza ♀ .... 13 juillet
Enzo ♂ .... 13 juillet
Éric ♂ .... 18 mai
Erik ♂ .... 18 mai
Erika ♀ .... 18 mai
Ernest ♂ .... 7 novembre
Ernestine ♀ ... 7 novembre
Erwan ♂ .... 19 mai

Erwann ♂ .... 19 mai
Erwin ♂ .... 25 avril
Estéban ♂ .... 26 décembre
Estée ♀ .... 1er juillet
Estelle ♀ .... 11 mai
Esther ♀ .... 1er juillet
Ethan ♂ .... Pas de fête connue
Étienne ♂ ..... 26 décembre
Eudelin ♂ ..... 19 novembre
Eudes ♂ .... 19 novembre
Eudoxie ♀ .... 1er mars
Eugène ♂ .... 13 juillet
Eugénie ♀ .... 7 février
Eulalie ♀ .... 12 février ou 10 décembre
Éva ♀ .... 6 septembre
Évaëlle ♀ .... 24 mai ou 6 septembre
Evan ♂ .... 3 mai
Ève ♀ .... 6 septembre
Éveline ♀ ..... 6 septembre
Évelyne ♀ .... 6 septembre
Even ♂ .... 3 mai
Evrard ♂ .... 14 août
Ewen ♂ .... 3 mai

F

Fabian ♂ .... 20 janvier
Fabien ♂ .... 20 janvier
Fabienne ♀ .... 20 janvier
Fabio ♂ .... 20 janvier
Fabiola ♀ ..... 27 décembre
Fabrice ♂ .... 22 août
Fanny ♀ .... 6 janvier ou 4 octobre
Fanta ♀ .... 5 novembre
Fantin ♂ .... 30 août

Fantine ♀ .... 30 août
Fany ♀ .... 6 janvier ou 4 octobre
Faustine ♀ .... 15 janvier
Félicia ♀ .... 10 mai
Félicie ♀ .... 10 mai
Félicien ♂ .... 9 juin
Félicienne ♀ .... 10 mai
Félicité ♀ .... 7 mars
Félix ♂ .... 12 février
Ferdinand ♂ .... 30 mai
Fernand ♂ .... 27 juin
Fernande ♀ .... 27 juin
Firmin ♂ .... 11 octobre
Flavie ♀ .... 12 mai
Fleur ♀ .... 5 octobre
Flora ♀ .... 24 novembre
Flore ♀ .... 5 octobre
Florence ♀ .... 1er décembre
Florent ♂ .... 4 juillet
Florentin ♂ .... 24 octobre
Florentine ♀ .... 24 octobre
Florestan ♂ .... 5 octobre
Florian ♂ .... 4 mai
Floriane ♀ .... 4 mai
Florie ♀ .... 5 octobre
Florine ♀ .... 1er mai
France ♀ .... 9 mars
Francesca ♀ .... 9 mars
Francesco ♂ .... 24 janvier, 4 octobre
Francine ♀ .... 9 mars
Francis ♂ .... 24 janvier, 4 octobre
Franck ♂ .... 24 janvier, 4 octobre
François ♂ .... 24 janvier, 4 octobre
Françoise ♀ .... 9 mars
Freddy ♂ .... 18 juillet
Frédéric ♂ .... 18 juillet
Frederick ♂ .... 18 juillet
Frédérique ♀ .... 18 juillet

G

Gabin ♂ .... 19 février
Gabriel ♂ .... 29 septembre
Gabriella ♀ .... 29 septembre
Gabrielle ♀ .... 29 septembre
Gaël ♂ .... 17 décembre
Gaëlle ♀ .... 17 décembre
Gaétan ♂ .... 7 août
Gaétane ♀ .... 7 août
Garance ♀ .... 5 octobre
Gary ♂ .... 5 décembre
Gaspard ♂ .... 28 décembre, 6 janvier
Gaston ♂ .... 6 février
Gatien ♂ .... 18 décembre
Gauthier ♂ .... 9 avril
Gautier ♂ .... 9 avril
Geneviève ♀ .... 3 janvier
Geoffrey ♂ .... 8 novembre
Geoffroy ♂ .... 8 novembre
Georges ♂ .... 23 avril
Georgette ♀ .... 15 février
Georgie ♀ .... 15 février
Gérald ♂ .... 5 décembre
Géraldine ♀ .... 5 décembre
Gérard ♂ .... 3 octobre
Germain ♂ .... 28 mai
Germaine ♀ .... 15 juin
Ghislain ♂ .... 10 octobre
Ghislaine ♀ .... 10 octobre
Gianny ♂ .... 24 juin
Gilbert ♂ .... 7 juin
Gilberte ♀ .... 11 août
Gildas ♂ .... 29 janvier
Gilles ♂ .... 1er septembre
Gina ♀ .... 3 janvier
Ginger ♀ .... 7 janvier
Gino ♂ .... 16 juin
Giovanni ♂ .... 24 juin
Gisèle ♀ .... 7 mai
Giulia ♀ .... 8 avril
Gladys ♀ .... 29 mars
Glenn ♂ .... 11 septembre
Gontran ♂ .... 28 mars
Gonzague ♂ .... 21 juin
Goulven ♂ .... 1er juillet
Grace ♀ .... 21 août
Grégoire ♂ .... 3 septembre
Grégory ♂ .... 3 septembre
Guénaelle ♀ .... 3 novembre
Guibert ♂ .... 7 juin
Guilaine ♀ .... 10 octobre
Guilhem ♂ .... 28 mai
Guillaume ♂ .... 10 janvier
Guillemette ♀ .... 10 janvier
Gurvan ♂ .... 3 mai
Gustave ♂ .... 7 octobre
Guy ♂ .... 12 juin
Gwen ♀ .... 21 février
Gwenael ♂ .... 3 novembre
Gwenaelle ♀ .... 3 novembre
Gwendal ♂ .... 18 janvier
Gwendoline ♀ .... 14 octobre
Gwenn ♀ .... 21 février
Gwladys ♀ .... 29 mars

H

Habib ♂ .... 27 mars
Hadrien ♂ .... 8 septembre
Hanna ♀ .... 26 juillet
Harold ♂ .... 1er novembre
Harry ♂ .... 13 juillet
Heidi ♀ .... 16 octobre

Helena ♀ 18 août
Hélène ♀ 18 août
Héloïse ♀ 15 mars
Henri ♂ 13 juillet
Henriette ♀ 13 juillet
Henry ♂ 13 juillet
Herbert ♂ 20 mars
Hermance ♀ 25 septembre
Hermine ♀ 9 juillet
Hervé ♂ 17 juin
Hilarie ♀ 13 janvier
Hilary ♀ 13 janvier
Hilda ♀ 17 novembre
Hildegarde ♀ 17 septembre
Hippolyte ♂ 13 août
Honoré ♂ 16 mai
Honorine ♀ 27 février
Hortense ♀ 11 janvier ou 5 octobre
Howard ♂ 16 mai
Hubert ♂ 3 novembre
Hugo ♂ 1er avril
Hugues ♂ 1er avril
Huguette ♀ 1er avril
Humbert ♂ 25 mars
Hyacinthe ♂ 17 août

I

Ida ♀ 13 avril
Igor ♂ 5 juin
Illoa ♀ 18 août
Ilona ♀ 18 août
Inaya ♀ 7 février
Inès ♀ 10 septembre
Ingrid ♀ 2 septembre
Inna ♀ 20 janvier
Ioan ♂ 24 juin
Iphigénie ♀ 9 juillet
Irène ♀ 5 avril
Iris ♀ 4 septembre
Irma ♀ 24 décembre
Isaac ♂ 20 décembre
Isabelle ♀ 22 février
Isaline ♀ 22 février
Isaure ♀ 4 octobre
Iseult ♀ 22 février
Isidore ♂ 4 avril
Ivan ♂ 24 juin
Ivana ♀ 30 mai

J

Jack ♂ 3 mai, 25 juillet
Jackie ♀ 8 février
Jacky ♂ 3 mai, 25 juillet
Jacob ♂ 20 décembre
Jacqueline ♀ 8 février
Jacques ♂ 3 mai, 25 juillet
Jade ♀ 29 juin
James ♂ 3 mai, 25 juillet
Jan ♂ 24 juin
Jane ♀ 30 mai
Janice ♀ 30 mai
Janine ♀ 30 mai
Jasmine ♀ 5 octobre
Jason ♂ 12 juillet
Jean ♂ 24 juin
Jean-Baptiste ♂ 24 juin
Jeanne ♀ 30 mai
Jeff ♂ 8 novembre
Jefferson ♂ 8 novembre
Jeffrey ♂ 8 novembre
Jenna ♀ 30 mai
Jennifer ♀ 3 janvier
Jenny ♀ 3 janvier
Jérémie ♂ 1er mai
Jérémy ♂ 1er mai
Jérôme ♂ 30 septembre
Jerry ♂ 30 septembre
Jessica ♀ 4 novembre
Jessie ♀ 4 novembre
Jessy ♀ 4 novembre
Jessy ♂ 4 novembre
Jim ♂ 3 mai, 25 juillet
Jimmy ♂ 3 mai, 25 juillet
Joachim ♂ 26 juillet
Joan ♂ 24 juin
Joanna ♀ 30 mai
Joanne ♀ 30 mai
Jocelyn ♂ 13 décembre
Jocelyne ♀ 13 décembre
Jodie ♀ 5 mai
Joël ♂ 13 juillet
Joëlle ♀ 13 juillet
Joey ♂ 13 juillet
Joffrey ♂ 8 novembre
Johann ♂ 24 juin
Johanna ♀ 30 mai
Johanne ♀ 30 mai
John ♂ 24 juin
Johnny ♂ 24 juin
Jonas ♂ 21 septembre
Jonathan ♂ 1er mars
Jordan ♂ 13 février
Jordane ♀ 13 février
Jordane ♂ 13 février
Jordi ♂ 23 avril
Jordy ♂ 23 avril
Joris ♂ 23 avril
José ♂ 19 mars
Josée ♀ 19 mars
Joseph ♂ 19 mars
Joséphine ♀ 19 mars
Josette ♀ 19 mars
Joshua ♂ 1er septembre
Josiane ♀ 19 mars

Josselin ♂ ..... 13 décembre
Josseline ♀ ... 13 décembre
Josué ♂ .... 1er septembre
Joyce ♀ .... 19 mars
Judicael ♂ ...... 17 décembre
Judith ♀ .... 5 mai
Jules ♂ .... 12 avril
Julia ♀ .... 8 avril
Julian ♂ .... 2 août
Juliana ♀ .... 8 avril
Juliane ♀ .... 8 avril
Julie ♀ .... 8 avril
Julien ♂ .... 2 août
Juliette ♀ .... 30 juillet
Juline ♀ .... 8 avril
Juste ♂ .... 14 octobre
Justin ♂ .... 1er juin
Justine ♀ .... 12 mars

K

Kaïa ♀ .... 24 mars
ou 25 novembre
Karelle ♀ .... 24 mars,
ou 7 novembre
Karen ♀ .... 24 mars,
ou 7 novembre
Karine ♀ .... 24 mars,
ou 7 novembre
Karl ♂ .... 2 mars,
ou 4 novembre
Katell ♀ .... 24 mars
ou 25 novembre
Kathia ♀ .... 24 mars
ou 25 novembre
Kathleen ♀ .... 24 mars
ou 25 novembre
Kathy ♀ .... 24 mars
ou 25 novembre

Katia ♀ .... 24 mars
ou 25 novembre
Katy ♀ .... 24 mars
ou 25 novembre
Kelian ♂ .... 8 juillet
Kelly ♀ .... 8 juillet
Kenny ♂ .... 11 octobre
Kenza ♀ .... Pas de fête
connue
Ketty ♀ .... 24 mars
ou 25 novembre
Kevin ♂ .... 3 juin
Kiara ♀ .... 11 août
Kilian ♂ .... 8 juillet
Killian ♂ .... 8 juillet
Klervi ♀ .... 3 octobre
Kristel ♀ .... 24 juillet
Kylian ♂ .... 8 juillet
Kyllian ♂ .... 8 juillet

L

Ladislas ♂ .... 27 juin
Laeticia ♀ .... 18 août
Laetitia ♀ .... 18 août
Lalie ♀ .... 12 février
ou 10 décembre
Lana ♀ .... 18 août
Landry ♂ .... 10 juin
Lara ♀ .... 26 mars
ou 1er décembre
Larissa ♀ .... 26 mars
Laura ♀ .... 10 août
Laurane ♀ .... 10 août
Laure ♀ .... 10 août
Laureen ♀ .... 10 août
Laureline ♀ .... 10 août
Lauren ♀ .... 10 août
Laurena ♀ .... 10 août
Laurence ♀ .... 10 août

Laurène ♀ .... 10 août
Laurent ♂ .... 10 août
Laurette ♀ .... 10 août
Lauriane ♀ .... 10 août
Laurie ♀ .... 10 août
Laurine ♀ .... 10 août
Laury ♀ .... 10 août
Lauryn ♀ .... 10 août
Lauryne ♀ .... 10 août
Lazare ♂ .... 23 février
Léa ♀ .... 22 mars
Léana ♀ .... 10 novembre
Léandre ♂ .... 27 février
Léane ♀ .... 10 novembre
Lena ♀ .... 18 août
Lenaïc ♂ .... 18 août
Lenaïg ♀ .... 18 août
Léo ♂ .... 10 novembre
Léocadie ♂ ..... 9 décembre
Léon ♂ .... 10 novembre
Léonard ♂ .... 6 novembre
Léonie ♀ .... 10 novembre
Léonore ♀ .... 25 juin
Léontine ♀ .... 10 novembre
Léopold ♂ ..... 15 novembre
Léopoldine ♀ 15 novembre
Lexane ♀ .... 17 février
Lia ♀ .... 27 juillet
Liam ♂ .... 10 janvier
Liane ♀ .... 27 juillet
Lila ♀ .... 27 juillet
Lili ♀ .... 27 juillet
Lilian ♂ .... 27 juillet
Liliane ♀ .... 27 juillet
Lilou ♀ .... 15 mars
ou 27 juillet
Lily ♀ .... 27 juillet
Lina ♀ .... 27 janvier
Linda ♀ .... 28 août

Line ♀ ... 27 janvier
Lio ♀ ... 27 juillet
Lionel ♂ ... 10 novembre
Lisa ♀ ... 17 novembre
Lise ♀ ... 17 novembre
Lison ♀ ... 17 novembre
Livia ♀ ... 5 mars
Loan ♀ ... 28 août
Loan ♂ ... 28 août
Loana ♀ ... 28 août
Loane ♀ ... 28 août
Loïc ♂ ... 25 août
Loïck ♂ ... 25 août
Loïs ♂ ... 25 août
Loïse ♀ ... 15 mars
Lola ♀ ... 15 septembre
Lolita ♀ ... 15 septembre
Lorène ♀ ... 10 août
Lorenzo ♂ ... 10 août
Lorette ♀ ... 10 août
Loriane ♀ ... 10 août
Lorine ♀ ... 10 août
Loris ♂ ... 10 août
Lorraine ♀ ... 10 août
Lou ♀ ... 15 mars
Lou ♂ ... 25 août
Lou-Anne ♀ ... 28 août
Louane ♀ ... 28 août
Louis ♂ ... 25 août
Louisa ♀ ... 15 mars
Louise ♀ ... 15 mars
Louison ♂ ... 25 août
Louison ♀ ... 15 mars
Louka ♂ ... 18 octobre
Loup ♂ ... 29 juillet
Louna ♀ ... 9 juin
Luc ♂ ... 18 octobre
Luca ♂ ... 18 octobre
Lucas ♂ ... 18 octobre
Luce ♀ ... 13 décembre
Lucia ♀ ... 13 décembre
Lucie ♀ ... 13 décembre
Lucien ♂ ... 8 janvier
Lucienne ♀ ... 8 janvier ou 13 décembre
Lucile ♀ ... 13 décembre
Lucille ♀ ... 13 décembre
Lucy ♀ ... 13 décembre
Ludivine ♀ ... 14 avril
Ludovic ♂ ... 25 août
Ludwig ♂ ... 25 août
Luigi ♂ ... 25 août
Luis ♂ ... 25 août
Luna ♀ ... 9 juin
Luka ♂ ... 18 octobre
Lydia ♀ ... 3 août
Lydie ♀ ... 3 août
Lynda ♀ ... 28 août
Lysiane ♀ ... 17 novembre

M

Maddy ♀ ... 22 juillet
Madeleine ♀ ... 22 juillet
Madeline ♀ ... 22 juillet
Madison ♀ ... 14 mars
Maé ♀ ... 24 mai
Maël ♂ ... 24 mai
Maëliss ♀ ... 24 mai
Maëlle ♀ ... 24 mai
Maëlwenn ♀ ... 24 mai
Maëlys ♀ ... 24 mai
Maeva ♀ ... 30 octobre
Magali ♀ ... 16 novembre
Magalie ♀ ... 16 novembre
Magdalena ♀ ... 22 juillet
Maguy ♀ ... 16 novembre
Mahaut ♀ ... 14 mars
Maï ♀ ... 15 août
Maia ♀ ... 15 août
Maïana ♀ ... 26 juillet ou 15 août
Maïlys ♀ ... 15 août
Maïna ♀ ... 15 août
Maïté ♀ ... 15 août
Maïwenn ♀ ... 15 août
Malaury ♀ ... 15 novembre
Malcolm ♂ ... 9 juin
Mallaury ♀ ... 15 novembre
Malo ♂ ... 15 novembre
Malorie ♀ ... 15 novembre
Malory ♀ ... 15 novembre
Malory ♂ ... 15 novembre
Malvina ♀ ... 5 octobre
Mandy ♀ ... 23 décembre
Manel ♀ ... 25 décembre
Manoël ♂ ... 25 décembre
Manon ♀ ... 15 août
Manuel ♂ ... 25 décembre
Manuela ♀ ... 25 décembre
Manuella ♀ ... 25 décembre
Marc ♂ ... 25 avril
Marceau ♂ ... 16 janvier
Marcel ♂ ... 16 janvier
Marcelin ♂ ... 6 avril
Marceline ♀ ... 17 juillet
Marcelle ♀ ... 31 janvier
Marco ♂ ... 25 avril
Mareva ♀ ... 15 août ou 6 septembre
Margaux ♀ ... 16 novembre
Margot ♀ ... 16 novembre
Marguerite ♀ ... 16 novembre
Maria ♀ ... 15 août
Mariam ♀ ... 15 août
Mariane ♀ ... 26 mai
Marianne ♀ ... 26 mai

Marie ♀ 15 août
Marielle ♀ 15 août
Marilou ♀ 15 mars ou 15 août
Marilyn ♀ 15 août
Marilyne ♀ 15 août
Marin ♂ 3 mars
Marina ♀ 20 juillet
Marine ♀ 20 juillet
Marion ♀ 15 août
Marius ♂ 19 janvier
Marjolaine ♀ 16 novembre
Marjorie ♀ 16 novembre
Marlène ♀ 22 juillet
Martha ♀ 29 juillet
Marthe ♀ 29 juillet
Martial ♂ 30 juin
Martin ♂ 11 novembre
Martina ♀ 30 janvier
Martine ♀ 30 janvier
Mary ♀ 15 août
Maryam ♀ 15 août
Maryline ♀ 15 août
Maryne ♀ 20 juillet
Maryse ♀ 15 août
Matéa ♀ 21 septembre
Mateo ♂ 21 septembre
Mathéis ♂ 21 septembre
Mathéo ♂ 21 septembre
Mathias ♂ 14 mai
Mathieu ♂ 21 septembre
Mathilda ♀ 14 mars
Mathilde ♀ 14 mars
Mathis ♂ 21 septembre
Mathurin ♂ 14 mars
Matisse ♂ 21 septembre
Matteo ♂ 21 septembre
Matthew ♂ 21 septembre
Matthias ♂ 14 mai
Matthieu ♂ 21 septembre
Maud ♀ 14 mars
Maude ♀ 14 mars
Maurane ♀ 15 août
Maureen ♀ 15 août
Maurice ♂ 22 septembre
Maurine ♀ 15 août
Max ♂ 14 avril
Maxence ♂ 26 juin
Maxence ♀ 20 novembre
Maxime ♂ 14 avril
Maximilien ♂ 14 août
Maximin ♂ 29 mai
May ♀ 16 novembre ou 15 août
Mayeul ♂ 11 mai
Maylis ♀ 15 août
Médard ♂ 8 juin
Médéric ♂ 29 août
Megan ♀ 16 novembre
Mégane ♀ 16 novembre
Mélaine ♀ 6 janvier
Mélanie ♀ 26 janvier ou 31 décembre
Mélany ♀ 26 janvier ou 31 décembre
Melchior ♂ 6 janvier
Mélina ♀ 21 septembre
Mélinda ♀ 21 septembre
Méline ♀ 21 septembre
Mélisande ♀ 21 septembre
Mélisandre ♀ 21 septembre
Mélissa ♀ 21 septembre
Mélodie ♀ 1er octobre
Mélody ♀ 1er octobre
Mercedes ♀ 24 septembre
Meriem ♀ 15 août
Meryem ♀ 15 août
Meryl ♀ 15 août
Mia ♀ 15 août
Michaël ♂ 29 septembre
Michaëlle ♀ 29 septembre
Michel ♂ 29 septembre
Michèle ♀ 29 septembre
Micheline ♀ 19 juin
Michelle ♀ 29 septembre
Mickaël ♂ 29 septembre
Miguel ♂ 29 septembre
Mikaël ♂ 29 septembre
Mike ♂ 29 septembre
Mila ♀ 16 septembre
Miléna ♀ 15 août ou 18 août
Milène ♀ 15 août ou 18 août
Milo ♂ 22 mai
Mina ♀ 10 janvier
Mireille ♀ 15 août
Moïra ♀ 15 août
Moïse ♂ 4 septembre
Mona ♀ 27 août
Monica ♀ 27 août
Monique ♀ 27 août
Morane ♀ 16 mai
Morgan ♀ 8 octobre
Morgan ♂ 8 octobre
Morgane ♀ 8 octobre
Muriel ♀ 15 août
Murielle ♀ 15 août
Mylène ♀ 15 août ou 18 août
Myriam ♀ 15 août
Myrtille ♀ 5 octobre

N

Nadège ♀ 18 septembre
Nadia ♀ 18 septembre

Nadine ♀ .... 18 février ou 18 septembre
Nancy ♀ .... 26 juillet
Naomi ♀ .... 21 août
Naomie ♀ .... 21 août
Narcisse ♂ .... 29 octobre
Nastasia ♀ .... 27 juillet
Natacha ♀ .... 27 juillet
Nathalie ♀ .... 27 juillet
Nathan ♂ .... 24 août
Nathanaël ♂ .... 24 août
Nathanaëlle ♀ .... 24 août
Nelly ♀ .... 18 août ou 26 octobre
Nelson ♂ .... 3 février
Nestor ♂ .... 26 février
Nicolas ♂ .... 6 décembre
Nicole ♀ .... 6 décembre
Niels ♂ .... 6 décembre
Nikita ♀ .... 6 décembre
Nils ♂ .... 6 décembre
Nina ♀ .... 15 décembre, 14 janvier ou 16 septembre
Ninon ♀ .... 15 décembre
Noah ♂ .... 10 novembre
Noan ♀ .... 21 janvier
Noé ♂ .... 10 novembre
Noël ♂ .... 25 décembre
Noélie ♀ .... 25 décembre
Noéline ♀ .... 25 décembre
Noëlle ♀ .... 25 décembre
Noëllie ♀ .... 25 décembre
Noémie ♀ .... 21 août
Nolan ♂ .... 6 décembre
Nolwen ♀ .... 6 juillet
Nolwenn ♀ .... 6 juillet
Nora ♀ .... 25 juin
Norbert ♂ .... 6 juin
Nour ♀ .... 13 décembre

O

Océane ♀ .... 2 novembre
Octave ♂ .... 20 novembre
Octavie ♀ .... 20 novembre
Odette ♀ .... 20 avril
Odile ♀ .... 14 décembre
Olga ♀ .... 11 juillet
Olivia ♀ .... 5 mars
Olivier ♂ .... 12 juillet
Olympe ♀ .... 17 décembre
Ombeline ♀ .... 21 août
Ophélie ♀ .... 18 juin
Orane ♀ .... 4 octobre
Oriane ♀ .... 4 octobre
Orlane ♀ .... 13 mai
Ornella ♀ .... 18 août
Oscar ♂ .... 3 février
Othon ♂ .... 2 janvier
Otto ♂ .... 2 janvier

P

Pablo ♂ .... 29 juin
Pacôme ♂ .... 9 mai
Paola ♀ .... 26 janvier
Paolo ♂ .... 29 juin
Pascal ♂ .... 17 mai
Pascale ♀ .... 17 mai
Pascaline ♀ .... 17 mai
Patrice ♂ .... 17 mars
Patricia ♀ .... 17 mars
Patrick ♂ .... 17 mars
Paul ♂ .... 29 juin
Paula ♀ .... 26 janvier
Paule ♀ .... 26 janvier
Paulette ♀ .... 26 janvier
Paulin ♂ .... 11 janvier
Pauline ♀ .... 26 janvier
Peggy ♀ .... 16 novembre
Pénélope ♀ .... 18 août
Perle ♀ .... 16 novembre
Perrine ♀ .... 31 mai ou 29 juin
Peter ♂ .... 29 juin
Pétronille ♀ .... 31 mai
Philémon ♂ .... 22 novembre
Philibert ♂ .... 3 mai
Philippe ♂ .... 3 mai
Philippine ♀ .... 3 mai
Philomène ♀ .... 10 août
Pierre ♂ .... 29 juin
Pierrick ♂ .... 29 juin
Placide ♂ .... 5 octobre
Pol ♂ .... 12 mars
Prescilia ♀ .... 16 janvier
Prescillia ♀ .... 16 janvier
Prisca ♀ .... 18 janvier
Priscilla ♀ .... 16 janvier
Priscillia ♀ .... 16 janvier
Prosper ♂ .... 25 juin
Prudence ♀ .... 6 avril ou 6 mai

Q

Quentin ♂ .... 31 octobre
Quitterie ♀ .... 22 mai

R

Rachel ♀ .... 15 janvier
Rachelle ♀ .... 15 janvier
Rafaël ♂ .... 29 septembre
Ralph ♂ .... 7 juillet
Ramon ♂ .... 7 janvier
Randy ♂ .... 21 juin
Raoul ♂ .... 7 juillet
Raphaël ♂ .... 29 septembre
Raphaëlle ♀ .... 23 février
Raquel ♀ .... 15 janvier
Raymond ♂ .... 7 janvier

Raymonde ♀ ... 7 janvier
Rébecca ♀ ... 23 mars
Régine ♀ ... 7 septembre
Régis ♂ ... 16 juin
Réjane ♀ ... 7 septembre
Rémi ♂ ... 15 janvier
Rémy ♂ ... 15 janvier
Renan ♂ ... 1er juin
Renato ♂ ... 19 octobre
Renaud ♂ ... 17 septembre
Renaude ♀ ... 17 septembre
René ♂ ... 19 octobre
Renée ♀ ... 19 octobre
Reynald ♂ ... 17 septembre
Rhoda ♀ ... 23 août
Richard ♂ ... 3 avril
Rita ♀ ... 22 mai
Robert ♂ ... 30 avril
Roberte ♀ ... 30 avril
Roberto ♂ ... 30 avril
Robin ♂ ... 30 avril
Roch ♂ ... 16 août
Rodolphe ♂ ... 21 juin
Rodrigue ♂ ... 13 mars
Roger ♂ ... 30 décembre
Roland ♂ ... 15 septembre
Rolande ♀ ... 13 mai
Romain ♂ ... 28 février
Roman ♂ ... 28 février
Romane ♀ ... 28 février
Romaric ♂ ... 10 décembre
Romée ♀ ... 25 février
Roméo ♂ ... 25 février
Romuald ♂ ... 19 juin
Romy ♀ ... 23 août ou 25 février
Ronan ♂ ... 1er juin
Rosa ♀ ... 23 août
Rosalie ♀ ... 4 septembre
Rosane ♀ ... 23 août
Rose ♀ ... 23 août
Roseline ♀ ... 17 janvier
Roselyne ♀ ... 17 janvier
Rosie ♀ ... 23 août
Rosine ♀ ... 11 mars
Rozen ♀ ... 30 août
Ruben ♂ ... 22 août
Ruby ♀ ... 29 juin
Rudy ♂ ... 21 juin
Ruth ♀ ... 3 juillet
Ryan ♂ ... 8 mars

S

Sabine ♀ ... 29 août
Sabrina ♀ ... 29 août
Sacha ♀ ... 20 mars
Sacha ♂ ... 22 avril
Safia ♀ ... 25 mai
Sahra ♀ ... 9 octobre
Sally ♀ ... 9 octobre
Salomé ♀ ... 22 octobre
Salomée ♀ ... 22 octobre
Salomon ♂ ... 25 juin
Sam ♂ ... 20 août
Samantha ♀ ... 20 août
Sammy ♂ ... 20 août
Samson ♂ ... 28 juillet
Samuel ♂ ... 20 août
Samuelle ♀ ... 20 août
Samy ♂ ... 20 août
Sandie ♀ ... 20 mars
Sandra ♀ ... 20 mars
Sandrine ♀ ... 2 avril
Sandy ♀ ... 20 mars
Sara ♀ ... 9 octobre, 24 mai
Sarah ♀ ... 9 octobre
Sasha ♀ ... 20 mars
Sasha ♂ ... 22 avril
Saturnin ♂ ... 29 novembre
Scott ♂ ... 28 juillet
Sean ♂ ... 24 juin
Sébastien ♂ ... 20 janvier
Segal ♂ ... 18 octobre
Ségolène ♀ ... 24 juillet
Séléna ♀ ... 25 septembre
Selma ♀ ... 21 avril
Séraphin ♂ ... 12 octobre
Séraphine ♀ ... 9 septembre
Serge ♂ ... 7 octobre
Servane ♀ ... 1er juillet
Séverin ♂ ... 27 novembre
Séverine ♀ ... 27 novembre
Shania ♀ ... 30 mai
Sibel ♀ ... 9 octobre
Sibylle ♀ ... 9 octobre
Sidonie ♀ ... 21 août
Siméon ♂ ... 18 février
Simon ♂ ... 28 octobre
Simone ♀ ... 19 février
Sixtine ♀ ... 3 avril
Sofia ♀ ... 25 mai
Soizic ♀ ... 9 mars ou 5 novembre
Solange ♀ ... 10 mai
Solena ♀ ... 25 septembre
Solène ♀ ... 25 septembre
Solenn ♀ ... 25 septembre
Solenne ♀ ... 25 septembre
Soline ♀ ... 17 octobre
Sonia ♀ ... 25 mai
Sophia ♀ ... 25 mai
Sophie ♀ ... 25 mai
Stacie ♀ ... 10 mars, 15 avril
Stacy ♀ ... 10 mars, 15 avril
Stanislas ♂ ... 11 avril
Stecy ♀ ... 10 mars, 15 avril
Steeve ♂ ... 26 décembre
Steeven ♂ ... 26 décembre

Stefan ♂ 26 décembre
Stella ♀ 11 mai
Stéphane ♂ 26 décembre
Stéphanie ♀ 2 janvier ou 26 décembre
Stephen ♂ 26 décembre
Sterenn ♀ 21 octobre
Stessy ♀ 10 mars, 15 avril
Steve ♂ 26 décembre
Steven ♂ 26 décembre
Suzanne ♀ 11 août
Suzie ♀ 11 août
Suzy ♀ 11 août
Sven ♂ 26 février
Svetlana ♀ 20 mars
Sybille ♀ 9 octobre
Sydney ♀ 21 août
Sydney ♂ 21 août
Sylvain ♂ 4 mai
Sylvaine ♀ 4 mai
Sylvestre ♂ 31 décembre
Sylvette ♀ 4 mai
Sylvia ♀ 5 novembre
Sylviane ♀ 5 novembre
Sylvie ♀ 5 novembre

T

Talia ♀ 27 juillet
Tamara ♀ 1er mai
Tanguy ♂ 19 novembre
Tania ♀ 12 janvier
Tatiana ♀ 12 janvier
Téa ♀ 11 février
Teddy ♂ 9 novembre
Téo ♂ 9 novembre
Terence ♂ 21 juin
Terry ♂ 21 juin
Tess ♀ 1er ou 15 octobre
Tessa ♀ 1er ou 15 octobre
Thadée ♀ 28 octobre
Thaïs ♀ 8 octobre
Théa ♀ 11 février
Théana ♀ 11 février
Thelma ♀ 21 avril
Théo ♂ 9 novembre
Théodora ♀ 11 février
Théodore ♂ 9 novembre
Théophile ♂ 13 octobre
Théotime ♂ 16 mai
Théoxane ♀ 24 janvier
Thérésa ♀ 1er ou 15 octobre
Thérèse ♀ 1er ou 15 octobre
Thibaud ♂ 8 juillet
Thibaut ♂ 8 juillet
Thierry ♂ 1er juillet
Thomas ♂ 28 janvier, 3 juillet
Tiago ♂ 25 juillet
Tifany ♀ 6 janvier
Tifenn ♀ 6 janvier
Tiffanie ♀ 6 janvier
Tiffany ♀ 6 janvier
Tim ♂ 26 janvier
Timéa ♀ 26 janvier
Timéo ♂ 26 janvier
Timothé ♂ 26 janvier
Timothée ♂ 26 janvier
Timothy ♂ 26 janvier
Tina ♀ 24 juillet ou 28 août
Tiphaine ♀ 6 janvier
Tiphanie ♀ 6 janvier
Tiphany ♀ 6 janvier
Titouan ♂ 13 juin
Tom ♂ 28 janvier, 3 juillet
Tommy ♂ 28 janvier, 3 juillet
Tony ♂ 13 juin
Tracy ♀ 1er octobre ou 15 octobre
Tristan ♂ 12 novembre
Trixie ♀ 13 février
Trystan ♂ 12 novembre
Typhaine ♀ 6 janvier
Tyrone ♂ 1er octobre

U

Ugo ♂ 1er avril
Ulrich ♂ 10 juillet
Urbain ♂ 19 décembre
Uriel ♂ 1er octobre
Urielle ♀ 1er octobre
Ursula ♀ 29 mai ou 21 octobre
Ursule ♀ 29 mai ou 21 octobre

V

Vadim ♂ 15 juillet
Valentin ♂ 14 février
Valentine ♀ 25 juillet
Valère ♂ 1er avril
Valérian ♂ 1er avril
Valériane ♀ 1er avril
Valérie ♀ 28 avril
Valéry ♂ 1er avril
Vanessa ♀ 4 février
Venceslas ♂ 28 septembre
Véra ♀ 18 septembre
Vérane ♀ 11 novembre
Véronique ♀ 4 février
Vicky ♀ 15 novembre
Victoire ♀ 15 novembre
Victor ♂ 21 juillet
Victoria ♀ 15 novembre
Victorien ♂ 23 mars
Victorine ♀ 23 mars

Vincent ♂ .... 22 janvier, 27 septembre
Vincente ♀ .... 4 juin
Violaine ♀ .... 5 octobre
Violette ♀ .... 5 octobre
Virgil ♂ .... 5 mars
Virgile ♂ .... 5 mars
Virginie ♀ .... 7 janvier
Vital ♂ .... 28 avril
Viviane ♀ .... 2 décembre
Vivien ♂ .... 10 mars
Vladimir ♂ .... 15 juillet

W

Walter ♂ .... 9 avril
Wanda ♀ .... 17 avril
Wandrille ♀ .... 22 juillet
Wassily ♂ .... 2 janvier
Wendy ♀ .... 17 avril
Werner ♂ .... 19 avril
Wilfrid ♂ .... 12 octobre
Wilfried ♂ .... 12 octobre
Wilhem ♂ .... 10 janvier
William ♂ .... 10 janvier
Willy ♂ .... 10 janvier
Winnie ♀ .... 5 janvier
Winona ♀ .... 5 janvier
Wladimir ♂ .... 15 juillet

X

Xavier ♂ .... 3 décembre
Xavière ♀ .... 3 décembre

Y

Yaël ♀ .... 13 juillet
Yaël ♂ .... 13 juillet
Yaëlle ♀ .... 13 juillet
Yan ♂ .... 24 juin
Yanis ♂ .... 24 juin
Yann ♂ .... 24 juin
Yannick ♂ .... 24 juin
Yannis ♂ .... 24 juin
Ylona ♀ .... 18 août
Yoan ♂ .... 24 juin
Yoanie ♀ .... 30 mai
Yoann ♂ .... 24 juin
Yohan ♂ .... 24 juin
Yohann ♂ .... 24 juin
Yolaine ♀ .... 11 juin
Yolande ♀ .... 11 juin
Yolène ♀ .... 11 juin
Youcef ♂ .... 19 mars
Youri ♂ .... 23 avril
Youssef ♂ .... 19 mars
Ysabel ♀ .... 22 février
Ysaline ♀ .... 22 février
Yvain ♂ .... 19 mai
Yvan ♂ .... 24 juin
Yves ♂ .... 19 mai
Yvette ♀ .... 13 janvier
Yvon ♂ .... 19 mai
Yvonne ♀ .... 19 mai

Z

Zacharie ♂ .... 5 novembre
Zachary ♂ .... 5 novembre
Zakaria ♂ .... 5 novembre
Zélia ♀ .... 17 octobre
Zélie ♀ .... 17 octobre
Zéphir ♂ .... 26 août
Zéphirin ♂ .... 26 août
Zoé ♀ .... 2 mai

Le carnet de nos prénoms préférés

Laissez votre créativité et votre inspiration surgir au gré de ces pages qui vous accompagneront dans votre choix de prénom !

Les prénoms que nous aimons dans

La famille de maman

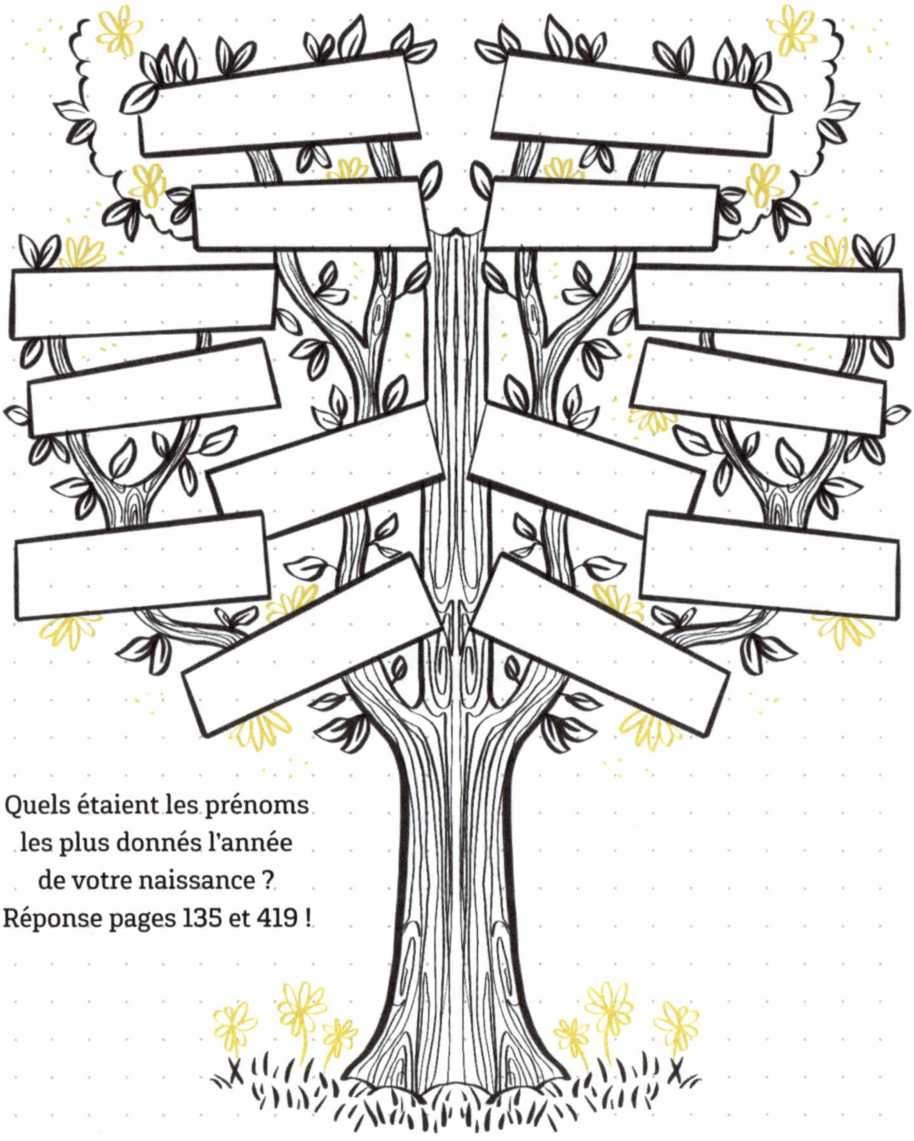

Quels étaient les prénoms
les plus donnés l'année
de votre naissance ?
Réponse pages 135 et 419 !

Les prénoms que nous aimons dans

la famille de papa

Quels sont les prénoms les plus donnés dans votre département ?
Voir les pages 545 à 562.

Les prénoms féminins qui nous touchent

Que vous soyez féru(e) de séries, de littérature, de BD, d'art, de cinéma, de sport ou d'histoire, à chacun ses héros. Fictifs ou réels, ils trouveront une place dans ces bulles.

Les héroïnes de la littérature et du cinéma : voir les pages 205 et 210.

Les prénoms masculins qui nous touchent

Les héros de la littérature et du cinéma :
voir les pages 465 et 473.

Les prénoms de notre entourage

Variantes et inventions :
le pour, le contre et les regrets.
Voir la page 515.

Camille, Éden ou Charlie ?
Des prénoms mixtes, en voilà !
Voir la page 269.

Quiz des prénoms composés interdits

Ces dernières années, nombre de prénoms ont été interdits par les tribunaux français. Les prénoms composés ne font pas exception. Sauriez-vous identifier, dans la liste ci-dessous, les prénoms composés qui ont été refusés ?

À l'exception de six d'entre eux, les prénoms de cette liste ont tous été inscrits sur les registres d'état civil français.

Ange-Toussaint
Anh-Thu
Anne-Katell
Aude-Claire
Aude-Marine
Chou-Fleur
David-Junior
Grâce-Divine
Jay-Z
Jean-Bosco
Karl-Heinz
Ky-Mani
Lee-Loo

Lee-Roy
Léo-Pard
Lou-Ange
Louis-Quatorze
Maria-Gorete
Marie-Automne
Marie-Bel
Marie-Conception
Marie-Gérard
Marie-Jésus
Marie-Lourdes
Meg-Anne
Mini-Cooper

N'Deye-Fatou
Philippe-Junior
Petite-Neige
Princesse-Rébecca
Prince-William
Quang-Minh
Reine-Claude
Saint-Cyr
Sainte-Catherine
Saint-Éloi
Saint-Just
Sue-Ellen
Ya-Sin

Résultats du quiz à la dernière page du carnet.

Les coups de ♥ de maman

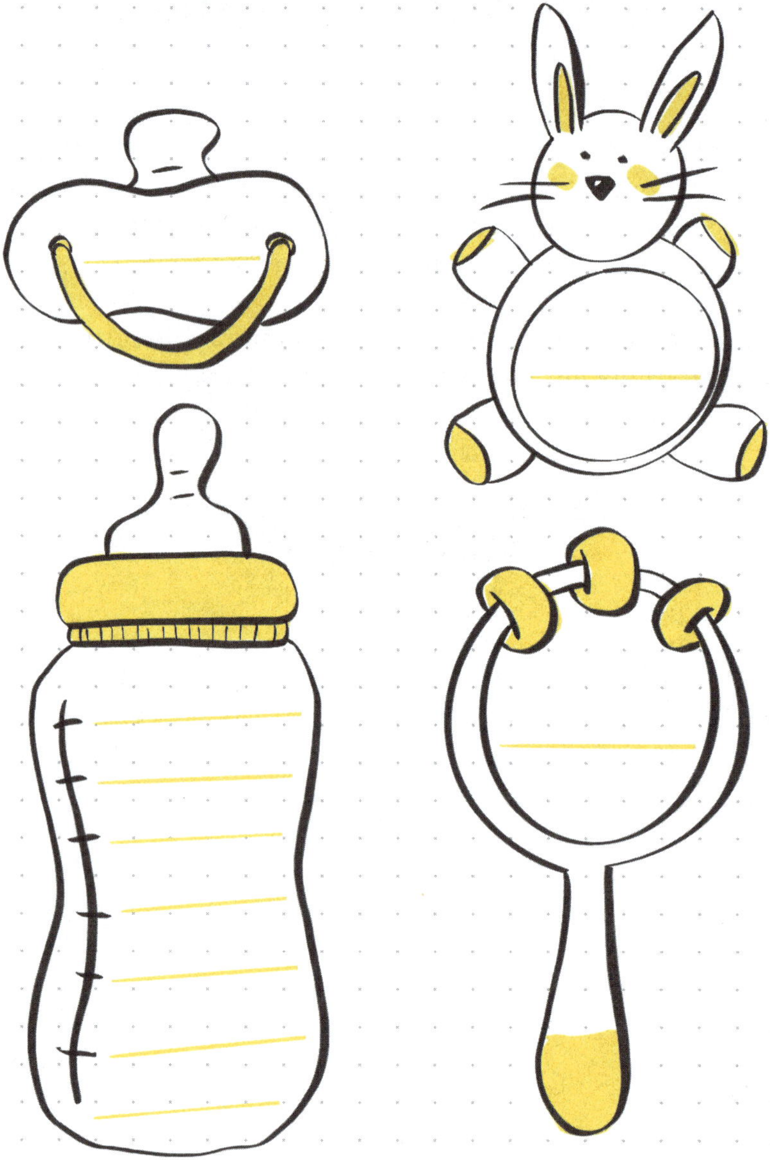

Parents d'aujourd'hui, parents d'hier : qu'est-ce qui a changé dans les choix de prénom ? Réponse page 536.

Avec le nom de famille

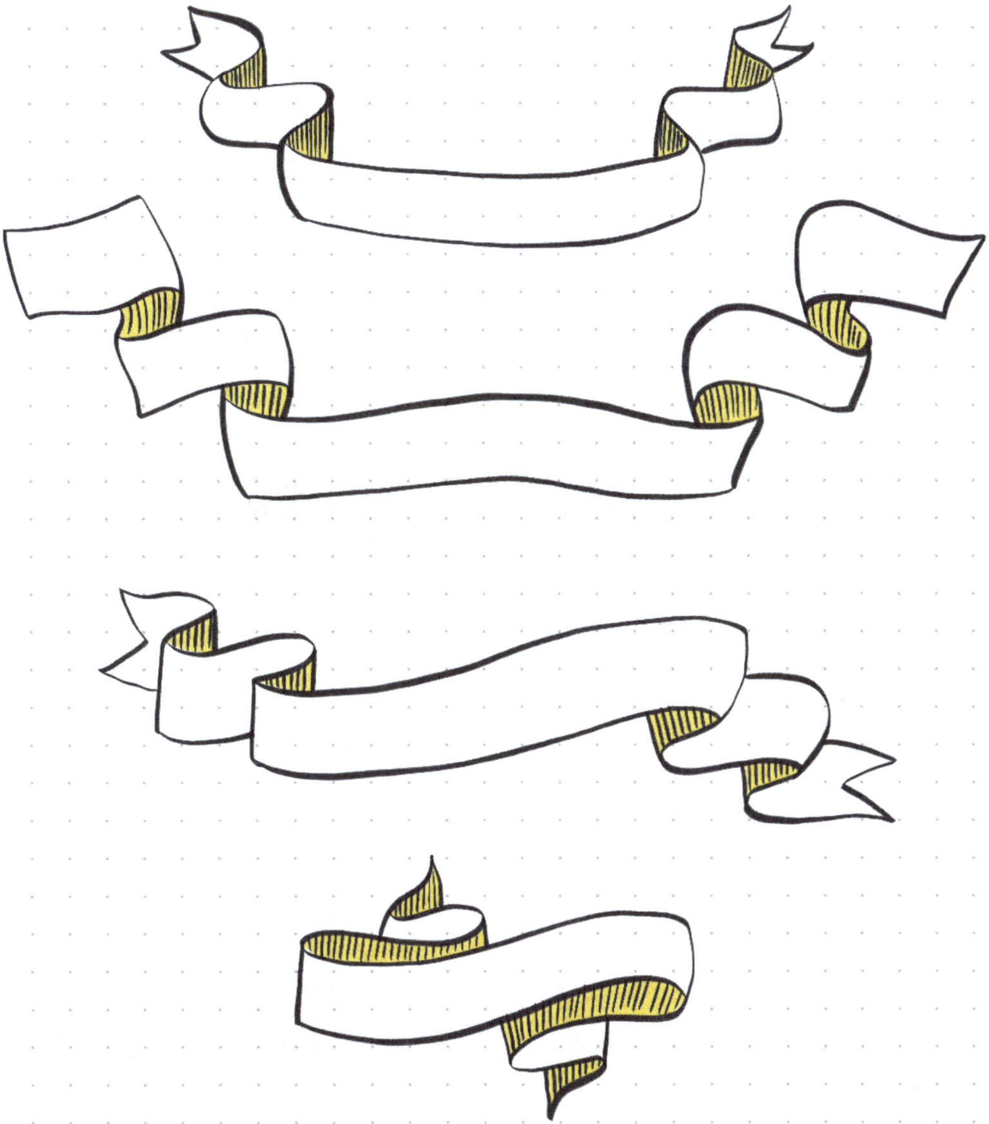

Le prénom de votre enfant sera-t-il en harmonie avec son nom de famille ?

Quelques outils à la page 143.

les coups de ♥ de papa

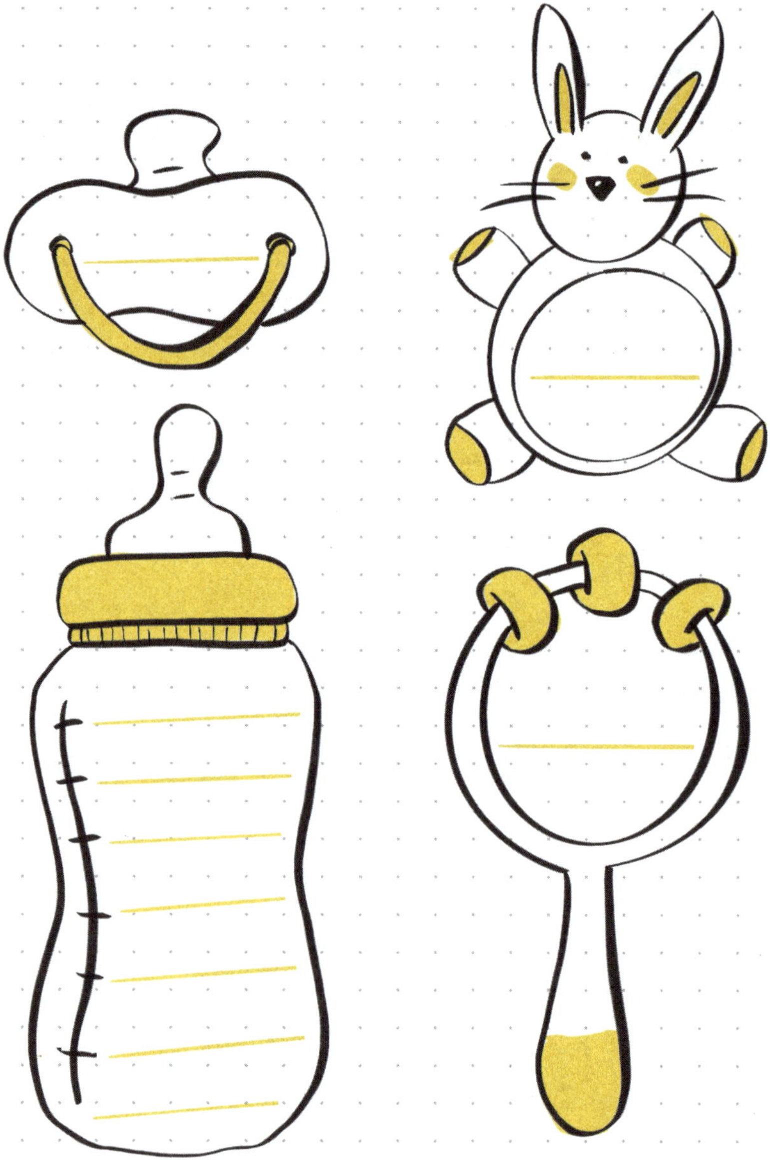

N'oubliez pas d'indiquer le numéro des pages de vos prénoms favoris pour les comparer plus facilement.

Avec le nom de famille

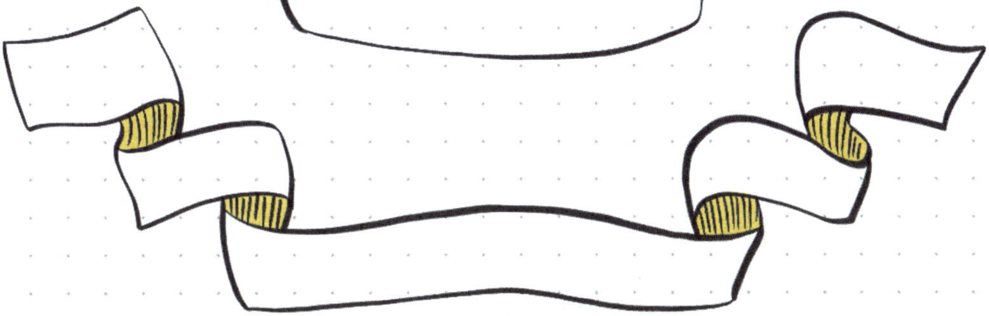

Le prénom de votre enfant sera-t-il en harmonie avec son nom de famille ?
Quelques outils à la page 143.

la short list de maman

la short list de papa

le prénom choisi pour une fille

Le prénom choisi pour un garçon

Les deuxièmes prénoms pour une fille

Avez-vous songé à un prénom international en deuxième prénom ?
Voir les prénoms triculturels page 232.

Les deuxièmes prénoms pour un garçon

Avez-vous songé à un prénom international en deuxième prénom ?
Voir les prénoms triculturels page 490.

Notre prénom féminin à travers les âges

Prénoms rétro, bibliques, médiévaux ou modernes... les thématiques tendance vous aideront à trouver l'inspiration ! Voir page 27.

Notre prénom masculin à travers les âges

Prénoms rétro, bibliques, médiévaux ou modernes... les thématiques tendance vous aideront à trouver l'inspiration ! Voir page 317.

Notre prénom féminin avec la fratrie

Notre prénom masculin avec la fratrie

Notre faire-part pour une fille

Notre faire-part pour un garçon

Résultats du quiz

Quelques indices…

Les composés avec « Saint » et « Sainte » ont été attribués sur une période allant des années 1920 (Sainte-Catherine, Saint-Éloi) aux années 1960 (Saint-Cyr). On reconnaîtra dans **Maria-Gorete, Marie-Jésus et Marie-Conception** des francisations de composés espagnols apparus dans les années 1960. Si **Sue-Ellen** vous rappelle l'héroïne de la série télévisée *Dallas*, vous ne vous trompez pas : une cinquantaine d'entre elles ont vu le jour en 1982 alors que la série battait son plein. Si vous doutez que **Reine-Claude** puisse être un prénom, notez que ce nom de fruit a été attribué jusque dans les années 1980, et que près de 400 Françaises le portent aujourd'hui. Il est dix fois plus courant qu'**Anne-Katell**, la version bretonne d'**Anne-Catherin**e qu'une oreille distraite pourrait entendre comme une question : « Anne qu'a-t-elle ? » De leur côté, **Ange-Toussaint** et **Grâce-Divine** sont plus rares (on en dénombre une cinquantaine au total). Ils sont, comme **David-Junior** et **Philippe-Junior**, nés en France dans les années 2000.

Les six compositions interdites

Si vous avez deviné que **« Prince-William »** était l'un d'entre eux, vous avez vu juste. Ce prénom, refusé en mars 2015 par le tribunal de Perpignan, faisait explicitement référence au prince William d'Angleterre et aurait exposé l'enfant à des moqueries. Même motif, même verdict pour **« Louis-Quatorze »**, mais à une tout autre époque, puisqu'il s'est vu interdire en 1907. **« Princesse-Rébecca »**, refusé par le tribunal de Besançon, était plus difficile à identifier. Le juge a motivé sa décision en expliquant que ce prénom serait « difficile à porter dans la mesure où il peut être entendu comme ayant une consonance ridicule ou, à tout le moins, fantaisiste ». Dans ces conditions, que penser de « **Marie-Automne** » ? Si vous ne trouvez rien à redire sur ce prénom, refusé en 1975 à Lille, vous n'avez pas tout à fait tort : Automne est désormais porté par 300 Françaises. Son assemblage avec Marie serait certainement accepté aujourd'hui. D'autant que des compositions bien plus hétéroclites passent encore entre les mailles du filet… Ainsi, les services d'état civil de la ville de Rennes ont retoqué **« Léo-Pard »** mais accordé Chou-Fleur ! Le sixième prénom refusé de cette liste est **« Mini-Cooper »**, que des parents perpignanais destinaient à leur fille. En revanche, les fans du rappeur et homme d'affaires américain Shawn Corey Carter, plus connu sous le nom de scène Jay-Z, n'ont pas été contrariés par l'administration : une dizaine de Français se prénomment ainsi aujourd'hui !